■2025年度中学受験用

慶應義塾中等部

10年間(＋３年間HP掲載)スーパー過去問

●収録内容一覧

入試問題と解説・解答の収録内容

年度	収録内容
2024年度（令和６年度）	算数・社会・理科・国語 実物解答用紙DL
2023年度（令和５年度）	算数・社会・理科・国語 実物解答用紙DL
2022年度（令和４年度）	算数・社会・理科・国語 実物解答用紙DL
2021年度（令和３年度）	算数・社会・理科・国語
2020年度（令和２年度）	算数・社会・理科・国語
2019年度（平成31年度）	算数・社会・理科・国語
2018年度（平成30年度）	算数・社会・理科・国語
平成29年度	算数・社会・理科・国語
平成28年度	算数・社会・理科・国語
平成27年度	算数・社会・理科・国語
平成26～24年度（HP掲載） 「カコ過去問」 （ユーザー名）koe （パスワード）w8ga5a1o 	問題・解答用紙・解説解答DL **◇著作権の都合により国語と一部の問題を削除しております。** ◇一部解答のみ（解説なし）となります。 ◇９月下旬までに全校アップロード予定です。 ◇掲載期限以降は予告なく削除される場合があります。

～本書ご利用上の注意～　以下の点について，あらかじめご了承ください。

★別冊解答用紙は巻末にございます。実物解答用紙は，弊社サイトの各校商品情報ページより，一部または全部をダウンロードできます。
★編集の都合上，学校実施のすべての試験を掲載していない場合がございます。
★当問題集のバックナンバーは，弊社には在庫がございません（ネット書店などに一部在庫あり）。

合格を勝ち取るための

『スーパー過去問』の使い方

本書に掲載されている過去問をご覧になって，「難しそう」と感じたかもしれません。でも，多くの受験生が同じように感じているはずです。なぜなら，中学入試で出題される問題は，小学校で習う内容よりも高度なものが多く，たくさんの知識や解き方のコツを身につけることも必要だからです。ですから，初めて本書に取り組むさいには，点数を気にしすぎないようにしましょう。本番でしっかり点数を取れることが大事なのです。

過去問で重要なのは「まちがえること」です。自分の弱点を知るために，過去問に取り組むのです。当然，まちがえた問題をそのままにしておいては意味がありません。

本書には，長年にわたって中学入試にたずさわっているスタッフによるていねいな解説がついています。まちがえた問題はしっかりと解説を読み，できるようになるまで何度も解き直しをしてください。理解できていないと感じた分野については，参考書や資料集などを活用し，改めて整理しておきましょう。

このページも参考にしてみましょう！

◆どの年度から解こうかな　「入試問題と解説・解答の収録内容一覧」

本書のはじめには収録内容が掲載されていますので，収録年度や収録されている入試回などを確認できます。

※著作権上の都合によって掲載できない問題が収録されている場合は，最新年度の問題の前に，ピンク色の紙を差しこんでご案内しています。

◆学校の情報を知ろう!!「学校紹介ページ」

このページのあとに，各学校の基本情報などを掲載しています。問題を解くのに疲れたら息ぬきに読んで，志望校合格への気持ちを新たにし，再び過去問に挑戦してみるのもよいでしょう。なお，最新の情報につきましては，学校のホームページなどでご確認ください。

◆入試に向けてどんな対策をしよう？「出題傾向＆対策」

「学校紹介ページ」に続いて，「出題傾向＆対策」ページがあります。過去にどのような分野の問題が出題され，どのように対策すればよいかをアドバイスしていますので，参考にしてください。

◇別冊「入試問題解答用紙編」

本書の巻末には，ぬき取って使える別冊の解答用紙が収録してあります。解答用紙が非公表の場合などを除き，（注）が記載されたページの指定倍率にしたがって拡大コピーをとれば，実際の入試問題とほぼ同じ解答欄の大きさで，何度でも過去問に取り組むことができます。このように，入試本番に近い条件で練習できるのも，本書の強みです。また，データが公表されている学校は別冊の１ページ目に過去の「入試結果表」を掲載しています。合格に必要な得点の目安として活用してください。

本書がみなさんの志望校合格の助けとなることを，心より願っています。

株式会社　声の教育社　編集部

慶應義塾中等部

所在地	〒108-0073 東京都港区三田2-17-10
電　話	03-5427-1677
ホームページ	https://www.kgc.keio.ac.jp/
交通案内	JR山手線・京浜東北線「田町駅」/都営三田線・浅草線「三田駅」/地下鉄南北線「麻布十番駅」より徒歩15分

くわしい情報はホームページへ

トピックス

★慶應義塾大学三田キャンパスに隣接する男女共学校。
★一次試験は例年，慶應義塾大学三田キャンパスにて行われる。

創立年 昭和22年　男女共学　高校募集あり

応募状況

年度	募集数		応募数	受験数	合格数	倍率
2024	男	約120名	861名	722名	142名	5.1倍
	女	約 50名	454名	349名	56名	6.2倍
2023	男	約120名	856名	697名	135名	5.2倍
	女	約 50名	448名	352名	58名	6.1倍
2022	男	約140名	1012名	891名	140名	6.4倍
	女	約 50名	475名	372名	60名	6.2倍
2021	男	約140名	1026名	891名	158名	5.6倍
	女	約 50名	496名	395名	62名	6.4倍

※合格数は二次試験の合格者数

入試情報（参考：昨年度）

・出願期間：①出願情報入力，入学検定料支払（インターネット）
　2023年12月21日～2024年1月11日
　②出願書類郵送
　2024年1月10日・11日　※消印有効

・試験日程：
　一次試験　2024年2月3日
　　筆記試験（国語・社会・理科・算数）
　〔一次合格発表　2024年2月4日〕
　二次試験　2024年2月5日　※一次合格者のみ
　　体育実技・保護者同席の面接
　〔合格発表　2024年2月6日〕

教育方針

円満な人格と豊かな人間性を持つ人を育てることを目標としています。学科においても，かたよらない知識を身につけてほしいとの観点から指導します。大学卒業後には社会の中枢の人物になり得る素地をつくるべく，学習環境を整えています。

本校の特色

・福澤諭吉がはやくから説いていた女子教育の重要さを反映し実現した学校で，男女共学です。
・将来，慶應義塾大学に進学するために，中学段階で習得するべき課程を学習します。
・形式にこだわらない校則のもとで独立自尊の精神を尊重しているため，生徒の行動は規律正しく，かつのびやかです。
・校友会活動（クラブ活動）は，運動部・学芸部ともに活発です。

併設高校への進学

併設の以下の高校への無試験入学制度があり，在学中の成績による中等部長推薦となっています。

男子…慶應義塾高等学校（日吉），慶應義塾志木高等学校（志木），慶應義塾ニューヨーク学院高等部（アメリカ）のいずれか

女子…慶應義塾女子高等学校（三田），慶應義塾ニューヨーク学院高等部（アメリカ）のいずれか

編集部注一本書の内容は2024年2月現在のものであり，変更されている場合があります。正式な情報は，学校のホームページ等で必ずご確認ください。

算数 出題傾向＆対策

◆基本データ（2024年度）

試験時間／満点	45分／100点
問題構成	・大問数…６題 計算・応用小問１題（５問）／応用小問２題（９問）／応用問題３題 ・小問数…21問
解答形式	解答用紙に答えのみ記入する形式。数字を１マスに１字ずつ書くようになっており，字体も決められている。
実際の問題用紙	Ａ４サイズ，小冊子形式
実際の解答用紙	縦約369mm×横約297mm

◆過去10年間の出題率トップ５

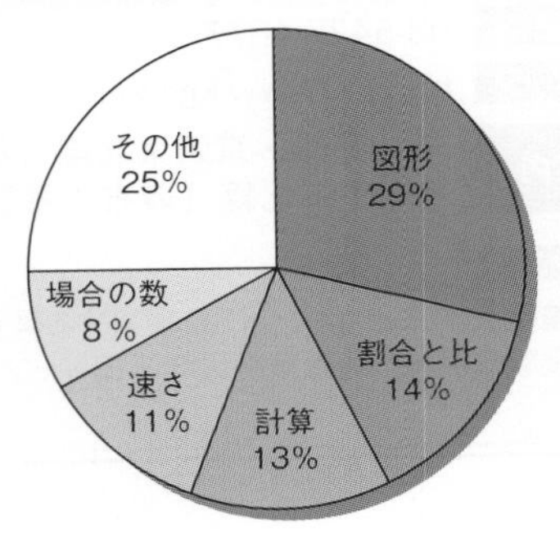

※　配点（推定ふくむ）をもとに算出

◆近年の出題内容

【 2024年度 】			【 2023年度 】		
大問	1	四則計算，計算のくふう，逆算，整数の性質，場合の数，相似，単位の計算	大問	1	四則計算，逆算，比の性質，周期算，場合の数
	2	濃度，仕事算，水の深さと体積，通過算，速さと比		2	濃度，流水算，平均とのべ，割合と比，相当算，構成
	3	角度，相似，辺の比と面積の比，面積，表面積		3	角度，長さ，相似，面積，表面積
	4	数列		4	割合と比
	5	グラフ		5	グラフ－水の深さと体積
	6	場合の数		6	条件の整理

◆出題傾向と内容

問題量に対して試験時間が短めなので，いそがしい試験といえるでしょう。

計算問題では，四則計算や逆算のほかに，単位や割合の計算，縮尺，数の性質の問題などもよく出題されています。

数の性質では，約数・倍数，数の範囲と規則性，場合の数などが多く，特に場合の数は頻出です。比は基礎的な問題が多く，割合，比例式，食塩水の濃度の計算などが応用小問の形で，また，特殊算は，速さと旅人算，平均算，つるかめ算，相当算などがよく顔を見せています。

図形では，角度・長さ・面積・体積などを求めるものに加えて，図形の性質を利用したものや，点や図形の移動にともなう面積変化を求めるものも取り上げられています。また，グラフを使った問題が重視されているようで，距離と時間，旅人算とも組み合わせて出題されています。

◆対策～合格点を取るには？～

対策としては，難問にあたることも不要とはいいませんが，それよりも平易な問題を一定時間内に正確にどれだけこなせるか，**つねにスピードと正確さを念頭において学習する**ほうが効果的でしょう。そのためには，まず計算力をつけることです。そのさい，時間をきちんと区切って，くり返しやってみましょう。毎日10～20分でもかまいません。コツコツと続けてください。

図形は面積・体積ばかりでなく，長さ・角度・展開図・縮図・面積比などのはば広い学習が必要となります。特に面積比に関する問題（相似）には注目しておきましょう。

特殊算は問題の内容を図でしめして考えるのも，理解を早めるのに役立ちます。

算数 出題分野分析表

分野 ＼ 年度		2024	2023	2022	2021	2020	2019	2018	2017	2016	2015
計算	四則計算・逆算	◎	◎	◎	◎	◎	◎	○	◎	○	●
	計算のくふう	○						○		○	
	単位の計算	○			○						○
和と差	和差算・分配算			○			○				
	消去算									○	
	つるかめ算				○	○				○	
	平均とのべ		○								
	過不足算・差集め算										○
	集まり										
	年齢算										
割合と比	割合と比		◎			○					
	正比例と反比例							○			
	還元算・相当算		○	○	○			○	○	○	○
	比の性質		○					○			○
	倍数算				○		○			○	○
	売買損益							○			
	濃度	○	○	○	○		○	○	○		
	仕事算	○			○						
	ニュートン算			○					○		
速さ	速さ							●	◎	◎	
	旅人算			○	○	○	◎	●		◎	◎
	通過算	○				○					
	流水算		○								○
	時計算				○		○			○	
	速さと比	○			○		○				○
図形	角度・面積・長さ	◎	●	◎	◎	○	◎	◎	○	●	◎
	辺の比と面積の比・相似	◎	○	○	◎	◎	○	◎	○	◎	◎
	体積・表面積	○	○	◎	○	○	○	○	◎	○	○
	水の深さと体積	○	○			○	○		○		
	展開図										
	構成・分割		○	○		○					
	図形・点の移動				○		○			○	○
表とグラフ		○	○	○	○	○		◎	○	○	
数の性質	約数と倍数										
	N進数										
	約束記号・文字式										○
	整数・小数・分数の性質	○		◎		○	○		◎	○	
規則性	植木算			○					○		
	周期算		○		○	○		●		○	
	数列	○				○					
	方陣算										
	図形と規則							◎			
場合の数		◎	○	○	○	○	○	◎	○	○	◎
調べ・推理・条件の整理			○	◎	○	○	○	◎	○	○	
その他											

※　○印はその分野の問題が１題，◎印は２題，●印は３題以上出題されたことをしめします。

社会　出題傾向＆対策

◆基本データ（2024年度）

試験時間／満点	25分／50点
問題構成	・大問数…５題 ・小問数…27問
解答形式	記号選択と用語の記入，記述問題がバランスよく出題されており，記号選択はすべて択一式となっている。記述問題は，20～50字の字数制限がある。
実際の問題用紙	Ａ４サイズ，小冊子形式
実際の解答用紙	縦約470mm×横約297mm

◆過去10年間の分野別出題率

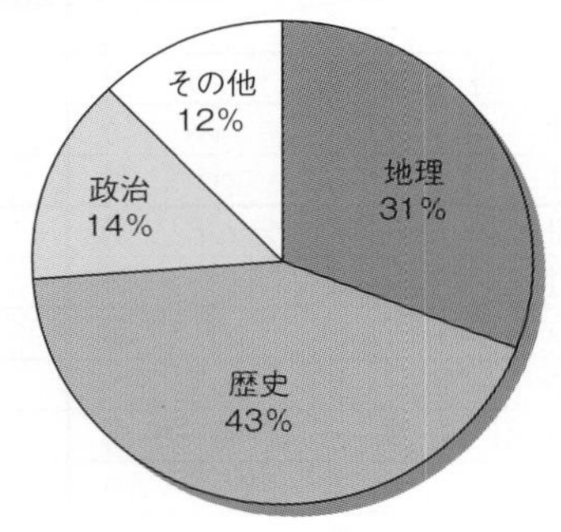

※　配点（推定ふくむ）をもとに算出

◆近年の出題内容

【 2024年度 】			【 2023年度 】		
大問	1	〔歴史〕日本と外国を題材とした問題	大問	1	〔政治〕プラスチックを題材とした問題
	2	〔総合〕地震災害を題材とした問題		2	〔総合〕食文化を題材とした問題
	3	〔政治〕外国為替を題材とした問題		3	〔政治〕現代の国際社会
	4	〔地理〕東北地方の自然についての問題		4	〔地理〕日本の気候や各地の特色，環境保全についての問題
	5	〔総合〕フェアトレード商品についての問題			

◆出題傾向と内容

出題分野別に見ると，**地理と歴史の割合が多く**をしめており，問題のレベルは政治経済分野に比べて，やや高度な内容になっています。また，最近の傾向としては，各分野の融合問題や，年中行事，食事のマナーといった，社会科のわくをこえた問題も目につきます。

●地理…地理総合問題がたびたび顔を見せています。中でも，地図に産業や歴史をからませた読図問題がよく出題されるのが特ちょうで，基本事項を細かく問うものがきわめて多くなっています。近年は災害や環境についての問題も見られます。

●歴史…古代から近現代までの広い範囲をあつかった総合問題，あるいは集合問題が多く見られ，人物とことがらを結びつけるもの，年代順に並べかえるもの，できごとと地図上の位置を結びつけるものなどがくり返し出題されています。

●政治…憲法で定める諸条項（国民の権利・義務，天皇，国会・内閣・裁判所）や国際連合についての設問ももちろん見られますが，国政選挙の結果や近年行われた国際会議，世界的なニュースなどといった時事的な内容が取り上げられるのも特ちょうの一つです。

◆対策～合格点を取るには？～

本校の出題の特ちょうともいえる融合問題への対策が重要となります。地理・歴史とわけて勉強するのではなく，地理を勉強するさいにも**地図帳・白地図**とともに**歴史の資料集**を使って各地方の特色・気候・産業と歴史的背景を関連づけ，歴史を勉強するさいにも，地形や気候との関連を考えておく必要があります。年代や用語は正確に覚えたうえで，歴史を流れではあくしておくことも大切になってきます。

慶應義塾の創立者である福沢諭吉についても，業績などを確認しておきましょう。政治では，特に**憲法**の基本的条文や**三権のしくみ**といった基礎知識をしっかり身につけておきましょう。また，日本や世界の文化に関心を持ち，社会科以外の科目やふだんの暮らしから学んだ，**生活に関する知識**をたくわえておくことも必要です。

出題分野分析表

分野 ＼ 年度			2024	2023	2022	2021	2020	2019	2018	2017	2016	2015
日本の地理	地図の見方					★						
	国土・自然・気候		○	○	○			★	○	★	○	○
	資源											
	農林水産業		○	○			○			○	★	
	工業											○
	交通・通信・貿易		○		○							
	人口・生活・文化				○						○	
	各地方の特色		★	○	★						★	
	地理総合			★								★
世界の地理			○							★		
日本の歴史	時代	原始～古代	○	○	○	○	○	○	○	○	○	★
		中世～近世	○	○	○	○	○	○	○	○	○	
		近代～現代	○	○	○	○	○	★	○	★	○	★
	テーマ	政治・法律史				★			★		★	
		産業・経済史										
		文化・宗教史			★	★			★			○
		外交・戦争史	★				★					
		歴史総合						★	★	★		★
世界の歴史												
政治	憲法				○		★				★	○
	国会・内閣・裁判所		○		○				★			○
	地方自治								○			
	経済		★									
	生活と福祉											
	国際関係・国際政治		○	★	○	○			★			
	政治総合					○						★
環境問題				★	○		★					
時事問題				○				○				
世界遺産				○								
複数分野総合			★	★	★	★	★	★	★	★		

※　原始～古代…平安時代以前，中世～近世…鎌倉時代～江戸時代，近代～現代…明治時代以降
※　★印は大問の中心となる分野をしめします。

理科　出題傾向＆対策

◆基本データ（2024年度）

試験時間／満点	25分／50点
問題構成	・大問数…４題 ・小問数…19問
解答形式	記号選択が大半をしめており，数字で答えさせる形式になっている。用語記入の解答らんは用紙の右側に配置されている。字数制限のある記述問題も見られる。
実際の問題用紙	Ａ４サイズ，小冊子形式
実際の解答用紙	縦約419mm×横約297mm

◆過去10年間の分野別出題率

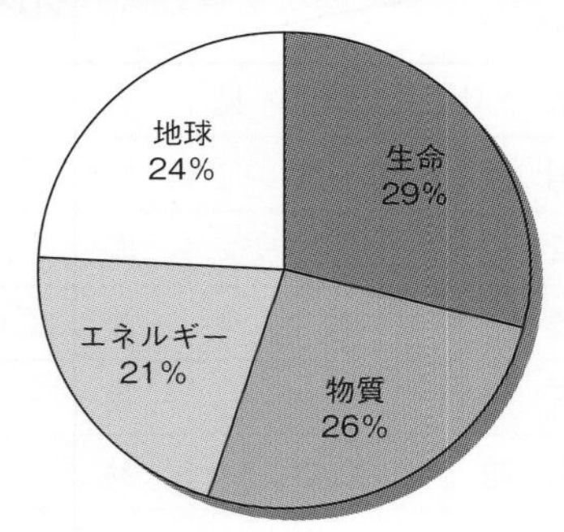

※　配点（推定ふくむ）をもとに算出

◆近年の出題内容

【 2024年度 】			【 2023年度 】		
大問	1	〔**地球**〕季節と星座	大問	1	〔**生命**〕「松竹梅」について
	2	〔**物質**〕プラスチック		2	〔**地球**〕星座と星
	3	〔**エネルギー**〕電磁石		3	〔**物質**〕物質の性質や反応
	4	〔**総合**〕身の回りの科学		4	〔**エネルギー**〕ふりこ

◆出題傾向と内容

出題内容は，**実験・観察・観測問題が大半**で，空らん補充といった単なる知識だけを問うものはあまり見あたりません。実験・観察問題には図・表・グラフが多く使われており，理科の読解問題といった性格のものがほとんどです。各問題とも基礎事項が中心ですが，かなりつっこんだ知識を問うものや，細かい知識に応用力が必要な問題もときどき出されます。また，実験・観察の方法や変化のようすなどを問うものも見られます。

出題分野を見ると，例年，「物質」，「生命」，「エネルギー」，「地球」から広く取り上げられることが多いようです。

●**生命**…植物，動物，人体からくまなく出されています。
●**物質**…水溶液・気体の性質がよく出題され，計算問題も見られます。
●**エネルギー**…電気，てこや浮力がよく出題されています。
●**地球**…天体（太陽・地球・月・星）とその動きの出題が目立ちます。

◆対策～合格点を取るには？～

上でのべたように，本校の出題範囲はかなり広く，いくつかの単元を除いて，問題のかたよりは見られません。受験生としては，まず全範囲をもれなく学ぶべきです。広く学ぶことは，深く理解することにもつながります。

本校の問題は，その多くが実験・観察・観測に関連した問題です。この種の問題の特ちょうは，新しく作られた問題というより，以前どこかで出題されたものと似ていることが少なくありません。したがって，**多くの問題にあたっておくことが何よりの対策となる**でしょう。また，身の回りに関連した問題が出されるのも本校の特ちょうです。そのような問題に対応するためには，学校での理科の実験・観察の授業には進んで取り組み，その結果をノートにまとめる作業をするとよいでしょう。観察した生物については，図鑑などで調べ，知識を深めることも大切です。さらに，科学に関するニュースにも目を向け，新聞や雑誌の記事，テレビのニュース番組や科学番組などを，できるだけ関心をもって見るようにしましょう。

理科 出題分野分析表

分野 \ 年度		2024	2023	2022	2021	2020	2019	2018	2017	2016	2015
生命	植物		★		★	○	★	★	○		★
	動物	○		★	★	○		★	○	○	★
	人体									★	
	生物と環境										
	季節と生物										
	生命総合								★		★
物質	物質のすがた	○		○	○						
	気体の性質		○							○	
	水溶液の性質		○		★		★		★	★	
	ものの溶け方			★		★					★
	金属の性質										
	ものの燃え方				○		○	★			
	物質総合	★	★		★	○					
エネルギー	てこ・滑車・輪軸			★				★			
	ばねののび方										
	ふりこ・物体の運動		★								
	浮力と密度・圧力						○	○		★	
	光の進み方	○									
	ものの温まり方										
	音の伝わり方										
	電気回路			★		★	○			★	
	磁石・電磁石	★							★		
	エネルギー総合						★				★
地球	地球・月・太陽系	○		★	★		★	★	★		
	星と星座	★	★			★				★	
	風・雲と天候						○				★
	気温・地温・湿度						○				
	流水のはたらき・地層と岩石						★				
	火山・地震										
	地球総合										
実験器具					○						
観察											
環境問題											
時事問題											
複数分野総合		★				★					

※　★印は大問の中心となる分野をしめします。

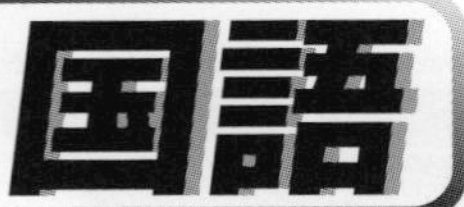

国語　出題傾向＆対策

◆基本データ（2024年度）

試験時間／満点	45分／100点
問題構成	・大問数…５題 文章読解題３題／知識問題２題 ・小問数…39問
解答形式	漢字の書き取り以外は記号選択がほとんど。記述問題は25字以内のものが１問出題されたのみである。
実際の問題用紙	Ａ４サイズ，小冊子形式
実際の解答用紙	縦約404mm×横約297mm

◆過去10年間の分野別出題率

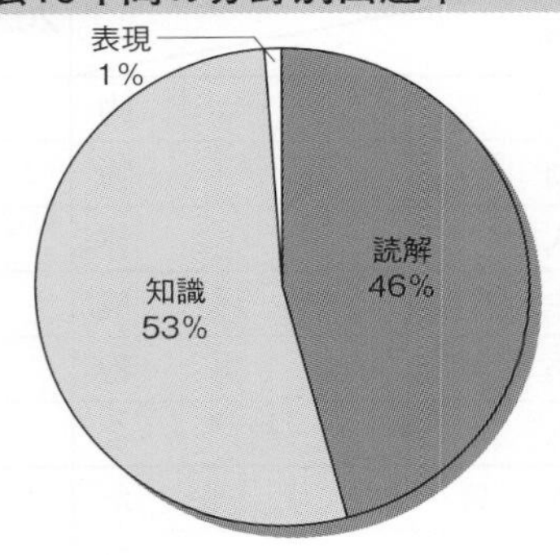

※　配点（推定ふくむ）をもとに算出

◆近年の出題内容

【 2024年度 】			【 2023年度 】		
大問	一	〔小説〕合唱のパートリーダーを任された「俺」が，その役割を果たそうとする文章（約3000字）	大問	一	〔小説〕他人に接するときの良夫の心構えを知った拓朗が自らをかえりみる文章（約2800字）
	二	〔説明文〕東京をどのような都市にしたいか，未来を生きる読者に問いかける文章（約2200字）		二	〔随筆〕「古典を学ぶ意義」に関し，筆者が回想しつつ語る文章（約1800字）
	三	〔随筆〕山本健吉編『現代の随想　28　山本健吉集』（約800字）		三	〔説明文〕二〇二二年六月十七日付朝日新聞「天声人語」（約600字）
	四	〔知識〕ことばのきまり		四	〔知識〕同じ漢字をふくむ熟語
	五	〔知識〕漢字の書き取り		五	〔知識〕漢字の書き取り

◆出題傾向と内容

文章読解の総合問題の題材は，説明文，随筆，物語，詩，俳句などです。設問は，内容の読み取り，語句の意味，指示語，ことばのきまりなど，あらゆるタイプのものが顔を見せています。小説は同年代の心の動きをつづった題材が取り上げられることが多く，登場人物の心情を読み解く力がためされています。知識問題としては，漢字の読み書き，慣用句や文学史などのほか，**一風変わった出題も多く**，たとえば，外来語や略語，しりとり，芝居のせりふ，数詞など，他校ではあまり見られないようなユニークな形式での出題が目立ちます。国語力というよりは，**社会常識**に属するようなことがらが問われると考えた方がよいかもしれません。本校では，国語力というものが，非常に広い意味でとらえられているともいえます。

◆対策～合格点を取るには？～

本校の国語は**長文の読解問題がメイン**であり，設問の内容がはば広いという特ちょうがあります。したがって，この読解問題にいかに対処するかが本校入試のポイントになります。読解力を養成するには，まず，多くの文章に接する必要があります。いうまでもなく，読書は読解力養成の基礎でありキーポイントでもあります。あらゆるジャンルの本を読んでください。

次に，**ことばのきまり・知識に関しては，参考書を１冊仕上げておけばよい**でしょう。ことわざ・慣用句は体の一部を用いたもの，動物の名前を用いたものなどに分類して覚えましょう。ことばのきまりは，ことばのかかり受け，品詞の識別などを中心に学習を進めます。また，漢字や熟語については，読み書きはもちろん，同音（訓）異義語，その意味についても辞書で調べておくようにするとよいでしょう。

出題分野分析表

分野		年度	2024	2023	2022	2021	2020	2019	2018	2017	2016	2015
読解	文章の種類	説明文・論説文	★	★		★	★	★	★	★	★	★
		小説・物語・伝記	★	★	★	★			★	★	★	★
		随筆・紀行・日記	★	★	★		★	★	★		★	
		会話・戯曲										
		詩										
		短歌・俳句		○	★					★		
	内容の分類	主題・要旨	○	○	○	○	○	○	○	○	○	○
		内容理解	○	○	○	○	○	○	○	○	○	○
		文脈・段落構成		○	○	○	○	○	○			
		指示語・接続語		○		○	○	○		○	○	○
		その他	○	○	○	○	○	○	○	○	○	○
知識	漢字	漢字の読み										
		漢字の書き取り	★	★	★	★	★	★	★	★	★	★
		部首・画数・筆順							○			
	語句	語句の意味	○	○		○		○	○			○
		かなづかい										
		熟語	○	★		★	★		○	○		
		慣用句・ことわざ		○	★	○	★	○	○	○		★
	文法	文の組み立て										
		品詞・用法	★									
		敬語									★	
	形式・技法		○									
	文学作品の知識		○	○		★						
	その他		○					★				
	知識総合								★	★		★
表現	作文											
	短文記述											
	その他											
放送問題												

※　★印は大問の中心となる分野をしめします。

2024年度

慶應義塾中等部

【算　数】（45分）〈満点：100点〉

〔注意〕　解答は，下の〔例〕にならって□の中に0から9までの数字を1字ずつ記入しなさい。

〔例〕

(1)　333mから303mをひくと□□mになります。　解答 3 0

(2)　2.34に6をかけると ア . イ になります。

ア		イ	
1	4	0	4

(3)　$\frac{5}{2}$に$\frac{1}{3}$をたすと $ア\frac{イ}{ウ}$ になります。

ア	イ	ウ
2	5	6

1　次の□に適当な数を入れなさい。

(1)　$3\frac{17}{24}-2\frac{2}{63}\div\left(1\frac{5}{9}\div2\frac{1}{12}\div0.7\right)=ア\frac{イ}{ウ}$

(2)　$(2.88\times7.43+2.57\times1.44\div0.5)\div\frac{ア}{イ}=1.2\times56$

(3)　6で割っても14で割っても5余る整数のうち，620にもっとも近い数は□□□です。

(4)　0，1，2，3，4の5個の数字の中から，異なる3個の数字を選んでつくることができる3桁（けた）の奇数（きすう）は，全部で□□通りです。

(5)　縮尺が1：25000の地図上で$18cm^2$の畑があります。この畑の実際の面積は ア . イ□□ km^2です。

2　次の□に適当な数を入れなさい。

(1)　2％の食塩水150ｇと10％の食塩水□□ｇを混ぜると，5％の食塩水になります。

(2)　A，B，Cの3人で行うと，9日間で終わる仕事があります。この仕事を，A，Bの2人で行うと18日間で終わり，Aだけで行うと45日間で終わります。この仕事を，まずCだけで9日間行い，次にBだけで7日間行い，残りをAだけで行うと，Cが仕事を始めてから□□日目にこの仕事は終わります。

(3)　1辺が5cmの正方形を底面とする直方体の容器に水を入れ，鉄球を完全に沈（しず）めたところ，水があふれ出ることはなく，水位が2cm上昇（じょうしょう）しました。$1cm^3$あたりの鉄の重さを7.9ｇとすると，この鉄球の重さは□□□ｇです。

(4)　長さ320mの列車Aが時速75kmの速さで走っています。列車Aが長さ400mの列車Bとすれ違（ちが）うのに15秒かかったとき，列車Bの速さは時速 ア□ . イ kmです。

(5)　父が2歩であるく距離（きょり）を子は3歩であるきます。また，父が4歩あるく間に子は5歩あるきます。いま，子が先に家を出発して20歩あるいたところで，父が家を出発して子を追いかけると，父は□□歩で子に追いつきます。

3 次の□に適当な数を入れなさい。ただし，円周率は3.14とします。

(1) 下の［図１］のように，正方形の内側と外側に正三角形を２つ組み合わせました。このとき，角 x の大きさは□度です。

(2) 下の［図２］のように，平行四辺形に対角線をひき，さらに底辺を三等分する点のうちの１つと平行四辺形の頂点を結んで，平行四辺形を４つの部分㋐～㋓に分けました。㋑の部分と㋒の部分の面積の和が26cm² であるとき，この平行四辺形の面積は ア $\frac{イ}{ウ}$ cm² です。

［図１］

x

［図２］

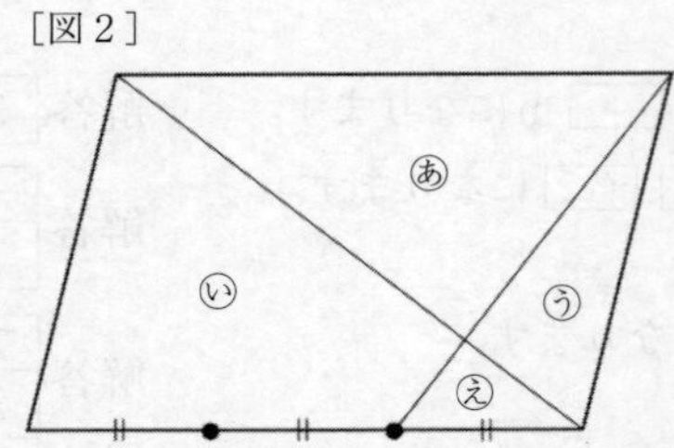

(3) 下の［図３］のように，おうぎの形と直角三角形を組み合わせました。色のついた部分の面積の和は ア . イ cm² です。

(4) 下の［図４］のような台形を，直線 AB を軸（じく）として１回転させてできる立体の表面の面積は ア . イ cm² です。

［図３］

60°
6 cm

［図４］

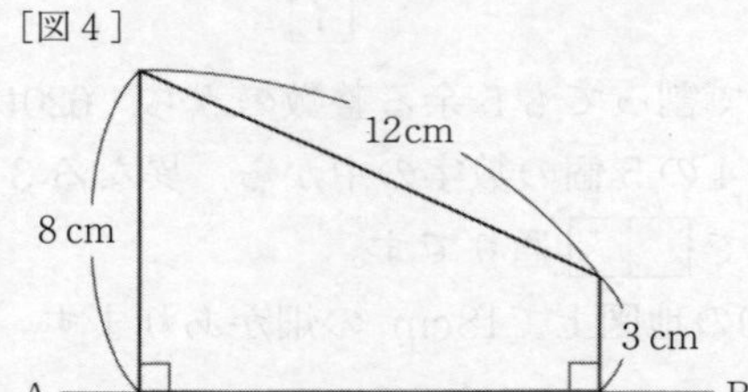

4 ある規則に従って，以下のように分数を並べました。

$\frac{1}{2}$, $\frac{1}{4}$, $\frac{3}{4}$, $\frac{1}{8}$, $\frac{3}{8}$, $\frac{5}{8}$, $\frac{7}{8}$, $\frac{1}{16}$, …

次の□に適当な数を入れなさい。

(1) $\frac{31}{64}$ ははじめから数えて□番目の分数です。

(2) はじめから数えて50番目から60番目までの分数をすべて加えると ア $\frac{イ}{ウ}$ になります。

5　２つの貯水槽（そう）A，Bにはそれぞれ水が320L，710L入っています。これから，２つの貯水槽からそれぞれ一定の割合で，常に水を排出していきます。また，それぞれの貯水槽には，貯水槽内の水量が200Lになると６時間続けて水が補給されますが，貯水槽A，Bに毎時補給される水量は等しいものとします。［図１］は現在の時刻からの経過時間と，各貯水槽内の貯水量の関係を表したものです。このとき，下の□に適当な数を入れなさい。

［図１］

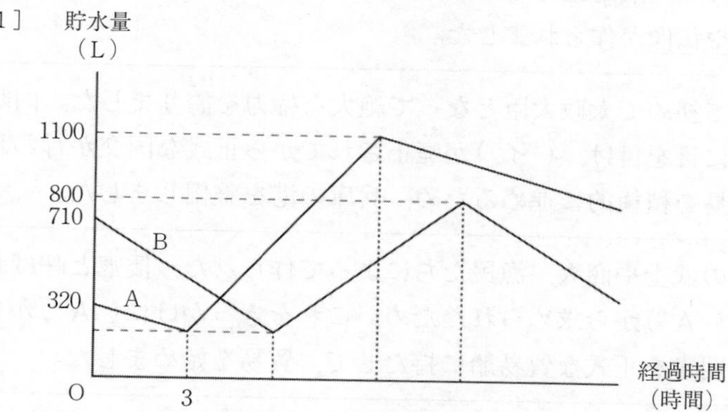

(1)　貯水槽A，Bに水が補給されているとき，それぞれに毎時□Lの水が補給されます。

(2)　貯水槽Bにはじめて水が補給されるのは，現在の時刻から ア 時間 イ 分後です。

(3)　貯水槽A，Bの貯水量が２回目に等しくなるのは，現在の時刻から ア$\frac{イ}{ウ}$時間後です。

6　同じ大きさの白色の正方形のタイルがたくさんあります。また，白色のタイルと同じ大きさの黒色の正方形のタイルもたくさんあります。これらのタイルの辺と辺をはり合わせて平面上に並べて図形をつくります。

［図１］　［図２］　［図３］　［図４］

例えば，正方形のタイルを５枚はり合わせるとき，［図１］の図形と［図２］の図形は，平面上で回転させると同じ図形になるので，１種類の図形とみなしますが，［図１］の図形と［図３］の図形は，平面上で回転させても同じ図形にならないので，異なる図形とみなします。また，［図１］の図形と［図４］の図形は，色の配置が違うので，異なる図形とみなします。このとき，次の□に適当な数を入れなさい。

(1)　白色の正方形のタイルを４枚はり合わせると，異なる図形は全部で□種類できます。

(2)　白色の正方形のタイルと黒色の正方形のタイルの両方を使って，４枚のタイルをはり合わせると，異なる図形は全部で□種類できます。

【社　会】 (25分) 〈満点：50点〉

1 日本と外国との歴史上のかかわりについて述べたⅠ～Ⅶの文を読み，各問に答えなさい。

Ⅰ	聖徳太子は，豪族の蘇我氏と協力しながら，数回にわたって中国に使節を派遣し，中国の進んだ文化や制度を取り入れようとしました。また，この時代に日本に伝わってきた仏教を信仰したので，飛鳥地方を中心に，おもに朝鮮半島からの(ア)の子孫によって，①多くの寺や仏像が作られました。
Ⅱ	平清盛は，武士として初めて太政大臣となって絶大な権力を誇りました。同時に，宋との貿易による利益に目を付け，(イ)が廃止されてから正式な国交が行われなくなっていた日中間の交易を積極的に進めるため，兵庫の港を整備しました。
Ⅲ	足利義満は，西日本の武士や商人，漁民たちによって作られた，倭寇と呼ばれる海賊集団の取り締まりを(A)から求められたため，これをきっかけに(A)から与えられた(ウ)という証明書を正式な貿易船に持たせて，貿易を始めました。
Ⅳ	ポルトガル人を乗せた中国船が種子島に流れ着いたり，(B)人のキリスト教宣教師であるフランシスコ・ザビエルが日本にやって来たりしたことをきっかけに，(エ)貿易と呼ばれる貿易が行われるようになりました。また，キリスト教の宣教師も次々に来日し，積極的に布教活動を行いました。しかし，後に豊臣秀吉は，キリスト教の布教を危険視して(オ)を出しました。
Ⅴ	徳川家康は，日本船の渡航を許す(カ)を発行し，ルソン(現在のフィリピン)・安南(現在のベトナム)・シャム(現在のタイ)など東南アジア諸国との貿易の発展に努めました。この貿易を(キ)貿易といいます。また，新たに(C)やイギリスからの貿易の願いを許すなどもしていました。
Ⅵ	日本と(D)は，朝鮮半島の権益をめぐって対立を深め，戦争が始まりました。日本はこの戦争に勝利し，下関条約が結ばれました。この条約で日本は(D)から遼東半島・台湾・澎湖諸島を獲得しましたが，中国東北部への進出をねらう(E)が，ドイツ・フランスとともに遼東半島を(D)に返還するよう勧告してきました。これを(ク)といいます。この圧力に対抗することができなかった日本は，勧告を受け入れざるを得ませんでした。
Ⅶ	日露戦争後，日本は中国東北部での勢力確保に成功し，経済的な権益の拡大に力を注いでいました。しかし，中国でこの地域の権益を日本から取り戻そうとする動きが強まったため，日本軍は軍事行動を起こし，この地域の主要部を占領しました。そして，(D)の最後の皇帝を元首とする(F)国の建国を宣言し，実質的に支配しました。しかし，このことが(ケ)で認められなかったため，日本は(ケ)を脱退しました。

問1　(**A**)～(**F**)に当てはまる国名を答えなさい。中国の場合は，その時代の国名を**漢字**で答えること。

問2　(**ア**)～(**ケ**)に当てはまるものを選びなさい。

1　勘合　2　遣唐使　3　国際連盟　4　三国干渉　5　朱印状
6　朱印船　7　渡来人　8　南蛮　9　バテレン追放令

問3　下線部①について，この時代に作られたものを選びなさい。

1

2

3

4

問4　Vの内容に続く，鎖国に至る流れを古い順に並べたときに，**2番目**と**4番目**のものを選びなさい。

1　家康が全国に禁教令を出す
2　オランダ人を出島に移す
3　島原・天草一揆が起こる
4　スペイン船の来航を禁止する
5　ポルトガル船の来航を禁止する

2　次の文章を読み，各問に答えなさい。

日本は地震のとても多い国です。全世界のマグニチュード6以上の地震のうち，2割弱が日本付近で発生しています。そのため，日本は地震大国ともいわれています。

今から100年ほど前の1923年，関東大震災が発生しました。このときの地震は，マグニチュード7.9とされています。土曜日の午前11時58分に発生したため，家屋が密集した下町では特に被害が拡大しました。そこで①当時の東京市は，対策として大小多くの公園を作りました。

遠く離れた場所で発生した地震の被害を受けることもあります。1960年には，南アメリカの(**あ**)で発生したマグニチュード9.5(観測史上最大)の大地震が津波を起こし，それが日本の太平洋側の地域にまで大きな被害をもたらしたこともありました。

首都圏への一極集中が進む中，再び巨大災害へのリスクが懸念されています。2023年，②明治維新以来初めて省庁の地方移転が行われましたが，これにはそのリスクを軽減する働きも期待されています。

問1　「防災の日」はいつですか。

1　1月17日　2　3月11日　3　4月14日　4　9月1日

問2　(あ)に入る国名を答えなさい。

問3　下線部①について，当時の東京市がこのような対策をとったのはなぜですか。20字以上50字以内で説明しなさい。

問4 下線部②について，移転した省庁を**1**～**4**の中から，移転先を**5**～**8**の中からそれぞれ選びなさい。

1 スポーツ庁　**2** デジタル庁　**3** 復興庁　**4** 文化庁
5 京都府　**6** 大阪府　**7** 広島県　**8** 福岡県

3 次の文章を読み，各問に答えなさい。

日本を含(ふく)む世界中の国々には，それぞれ自分の国のお金があります。そのお金は，原則として自分の国の国内でしか使えないため，海外旅行をしようとしたり，外国の品物を買おうとしたりする場合には，自分の国のお金と，相手国のお金を売り買いして交換(かん)する必要があります。こうして，各国のお金を様々な目的のために売買しているのが，外国為替(かわせ)市場です。以下，日本の円とアメリカのドルの場合で説明します。

円とドルの交換比率は，様々な原因によって変動します。その変動を引き起こす一例として，銀行にお金を預ける時につく金利＝預金金利をもとに考えてみます。

銀行にお金を預ける個人や企(き)業にしてみれば，預金金利が高い方が望ましいことは言うまでもありません。そこで，日本の銀行の預金金利がアメリカの銀行のそれよりも大幅(はば)に低い場合，どのようなことが起(お)こるでしょうか。

この場合，（ **ア** ）の銀行より（ **イ** ）の銀行にお金を預けた方が得ですね。そこで，多くの個人や企業が持っている（ **ウ** ）を（ **エ** ）に交換して（ **イ** ）の銀行にお金を預けるでしょう。つまり，（ **ウ** ）を売る人が増えるわけですから，外国為替市場では，（ **ウ** ）の価値は（ **オ** ）ことになる，すなわち（ **カ** ）となっていくわけです。

次に，具体的に数字を挙げてみましょう。例えば，ある時期に１ドル＝140円だったものが，１ドル＝150円に変動したとします。そうすると，これまで10ドルの品物を買うのに，日本円に直すと1,400円かかったものが1,500円になり，それだけ円の価値は（ **a** ）ことになります。すなわち（ **b** ）になっている，ということです。逆に，１ドル＝150円が１ドル＝140円になると，10ドルの品物を買うのに，日本円に直すと1,500円かかったものが1,400円になり，それだけ円の価値は（ **c** ）ことになります。すなわち（ **d** ）になっている，ということです。①こうした変動が，日米の経済に非常に大きな影響(えいきょう)を与えるのです。

問1 （ア）～（カ）の正しい組み合わせを選び，数字で答えなさい。

1 （ア）アメリカ　（イ）日本　（ウ）円
　（エ）ドル　（オ）下がる　（カ）円安
2 （ア）日本　（イ）アメリカ　（ウ）円
　（エ）ドル　（オ）下がる　（カ）円安
3 （ア）日本　（イ）アメリカ　（ウ）ドル
　（エ）円　（オ）上がる　（カ）円高
4 （ア）アメリカ　（イ）日本　（ウ）ドル
　（エ）円　（オ）上がる　（カ）円高

問2 （a）～（d）の正しい組み合わせを選び，数字で答えなさい。

1 （a）下がった　（b）円高　（c）上がった　（d）円安
2 （a）上がった　（b）円安　（c）下がった　（d）円高

3 （a）下がった（b）円安（c）上がった（d）円高
4 （a）上がった（b）円高（c）下がった（d）円安

問3 下線部①について，正しいものを**すべて選び**，記号で答えなさい。
A 一般に円安の動きが進むと，輸出関連企業の利益が増える
B 一般に円安の動きが進むと，日本からの海外旅行にかかる費用が割安になる
C 1980年代，アメリカは対日貿易赤字を減らすため，円安が進むように国際社会に働きかけた
D 2023年からの日本の物価上昇は円安による輸入品の価格上昇が原因のひとつに挙げられる

4 A先生とBさんの会話を読んで各問に答えなさい。

A「今日は東北地方について学習しましょう。それではBさん，調べたことを発表してください。」

B「はい。東北地方は，中心を南北に（ あ ）山脈が走り，その東西に北上高地と（ い ）山地がそれぞれ伸びています。（ あ ）山脈から流れ出した①河川は，途中に盆地や平野を形成しながら太平洋または日本海に注ぎます。北海道との間の津軽海峡に面したところには，②津軽半島と下北半島，太平洋側には（ う ）半島が突き出しています。海岸線は，日本海側は比較的単調で直線的であり，（ え ）半島が突き出しています。一方で太平洋側はそれとは様子が違います。」

A「確かにそうですね。東北地方の太平洋側に長さ約600kmにわたって続く海岸を三陸海岸といいます。「三つの陸」と書きますが，陸奥国が明治元(1868)年に5国に分割された際の「陸奥・陸中・③陸前」に由来します。」

B「調べてみてわかったのですが，その範囲は一般的に，青森県八戸市から宮城県の（ う ）半島までとされているそうです。沿岸部一帯が「三陸復興国立公園」に指定されています。」

A「海岸の様子は，宮古市より北側と南側で大きく異なります。北側では断崖絶壁が多くて，海岸に沿って階段状の地形が続いています。それに対して，④南側はせまい湾と入り江が入り込んだリアス海岸となっています。」

B「その沖合は，とても良い漁場であることでも知られています。それは⑤親潮と黒潮がぶつかる（ ㋐ ）となっているからです。」

A「その通り。北ヨーロッパの「ノルウェー沖」，カナダ・ニューファンドランド島沖の「グランドバンク」と並び，「三陸・金華山沖」は世界三大漁場のひとつに数えられており，世界にある漁場の中でも漁獲種が特に多く，豊かな海となっています。そのため，三陸海岸には大きな漁港があちこちに見られます。Bくん，代表的な漁港を紹介してください。」

B「例えば，（ ㋑ ）漁港は近海漁業だけでなく，遠洋カツオ，マグロ漁業なども盛んです。昔からサンマなどの水揚げが多く，フカヒレの原料となる（ ㋒ ）もよく獲れます。」

A「そうですね。話は変わりますが，この三陸海岸の沿岸のうち，慶應義塾は南三陸町に学校林を保有しています。その森は2015年に国際認証のFSC認証を受けました。これはきちんと管理された森林から作られた木材や製品に与えられる認証マークです。南三陸町は年降水量が少ない地域ですが，⑥春から夏にかけて吹く北東の風の影響によって森の木々が丈夫に成長しています。」

Ｂ「南三陸町の志津川湾は⑦ラムサール条約に登録されています。特に水鳥の生息地である湿地(海岸や干潟なども含む)の保全を目的としています。毎年，コクガンの渡来地になっていますが，これは自然が豊かな証拠ですね。」

Ａ「都市についてはどうでしたか？」

Ｂ「県庁所在地について調べました。（ **A** ）市は江戸時代に伊達氏が治めた城下町で，現在でも東北の経済の中心です。（ **B** ）市は，アメリカの新聞社が選ぶ「2023年に訪れるべき世界の52カ所」において，イギリスのロンドンに次いで第２位に輝きました。（ **C** ）市とその周辺では，秋になると伝統の芋煮が行われ，河原が大勢の人でにぎわいます。」

問１　(あ)～(え)の正しい組み合わせを選び，数字で答えなさい。

1　**あ**　奥羽　**い**　出羽　**う**　男鹿　**え**　牡鹿
2　**あ**　出羽　**い**　奥羽　**う**　牡鹿　**え**　男鹿
3　**あ**　奥羽　**い**　出羽　**う**　牡鹿　**え**　男鹿
4　**あ**　出羽　**い**　奥羽　**う**　男鹿　**え**　牡鹿

問２　下線部①について，次の河川のうち，河口が日本海側にあるものを**すべて選び**，記号で答えなさい。

A　阿武隈川　**B**　雄物川　**C**　最上川　**D**　米代川

問３　下線部②について，大まかに図で示してそれぞれの半島名を書き込み，さらに青函トンネルの入り口のところに◎で印をつけなさい。

問４　全国の品目別農業産出額(2021年度)について，米，果樹，野菜，畜産の円グラフのうち，果樹は**1**～**4**のどれですか。

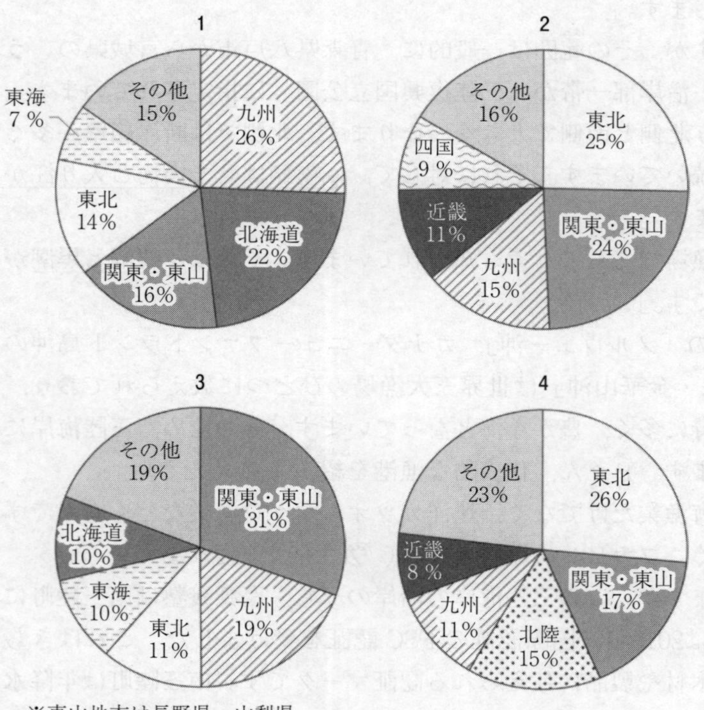

（東北農政局「東北の農業の特徴」より作成）

問5　東北地方の各県の農業についてまとめた次の表のうち，青森県と福島県に当てはまるものを選びなさい。

農業産出額の品種別ランキング（2021年度）

	1		2		3		4		5		6	
1位	りんご	1,027	ブロイラー	621	米	634	米	876	米	701	米	574
2位	米	389	米	460	肉用牛	264	豚	166	おうとう	319	もも	146
3位	ブロイラー	227	豚	318	鶏卵	157	鶏卵	92	ぶどう	148	鶏卵	138
4位	鶏卵	223	肉用牛	280	豚	129	肉用牛	52	豚	137	肉用牛	133
5位	豚	221	生乳	234	生乳	122	りんご	38	肉用牛	133	きゅうり	98

（単位：億円）

（農林水産省「農業産出額及び生産農業取得（都道府県別）」より作成）

問6　下線部③は，おもに現在の何県にあたりますか。

1　青森県　　2　岩手県　　3　宮城県　　4　福島県

問7　下線部④について，リアス海岸ではないものを選びなさい。

1　宇和海沿岸　　2　大村湾沿岸　　3　志摩半島

4　駿河湾沿岸　　5　若狭湾沿岸

問8　東北地方の各県の養殖業についてまとめた次の表のうち，宮城県に当てはまるものを選びなさい。

海面で養殖（しょく）された収穫量（2021年度）

	ぎんざけ	ほたてがい	かき類	ほや類	こんぶ類	わかめ類	のり類
1	—	78,552	—	144		37	—
2	—	—	6,208	1,464	6,937	13,442	—
3	15,806	7,335	22,335	4,355	933	19,024	13,022
4	—	—	—	—	5	203	—

（単位：トン）

※収穫量のごく少ないもの・集計値のないものは「—」で表している

（東北農政局「東北の海面養殖業の収穫量（令和3年度）」をもとに作成）

問9　下線部⑤のうち，暖流のものの正しい組み合わせを選びなさい。

1　サケ・マグロ　　2　カツオ・マグロ

3　カニ・サンマ　　4　カツオ・サンマ

問10　(ア)～(ウ)の正しい組み合わせを選び，数字で答えなさい。

1　㋐　潮目　㋑　石巻　　㋒　カレイ

2　㋐　潮目　㋑　気仙沼　㋒　サメ

3　㋐　渦（うず）潮　㋑　石巻　　㋒　サメ

4　㋐　渦潮　㋑　気仙沼　㋒　カレイ

問11　下線部⑥の風を**ひらがな3字**で答えなさい。

問12　下線部⑦について，**登録されていない**のはどれですか。

1　釧路湿原（タンチョウの生息地）

2　佐渡島（トキの生息地）

3　琵琶湖（ガンカモの渡来地）

4　中海（コハクチョウの渡来地）

問13 (A)～(C)の正しい組み合わせを選び，数字で答えなさい。

1 A 仙台 B 盛岡 C 山形

2 A 盛岡 B 仙台 C 山形

3 A 仙台 B 秋田 C 盛岡

5 次の文章を読み，各問に答えなさい。

コーヒーやカカオ(チョコレートの原料)，サトウキビ，(あ)は，おもに赤道付近の東南アジアやアフリカ，中南米の国々で育てられます。こうした地域の多くはかつて植民地であったことから，プランテーションが行われてきました。プランテーションとは単一作物の栽培を行う大規模農園のことです。

近年では，プランテーションにおいても農薬を抑えたオーガニック栽培が行われている農園があったり，労働環境の改善，公正な価格での取引などを目指した様々な取り組みが行われるようになったりしてきました。

また，過度な森林伐採を防ぐ取り組みもみられるようになりました。例えば，東南アジアのスマトラ島やカリマンタン島では，パーム油を手に入れるためにアブラヤシのプランテーションが行われています。森林伐採が進むことで(い)の数が減少してしまったため，森林を保護する動きがみられます。ちなみに，(い)はマレー語で「森の人」という意味があります。

他にも，アフリカ南部のザンビアで育てられた(あ)の茎から取り出された繊維をもとに，「(あ)ペーパー」が作られるようになりました。それまでは(あ)の実だけが取引されていましたが，廃棄されるだけであった茎の繊維を利用するのです。このように，途上国の貧困問題の解決と野生動物の保護を目的とした興味深い取り組みもみられます。

このようにして作られた商品には，①消費者も見分けやすいように認証マークが付けられています。

問1 (あ)に入るくだものを選びなさい。

1 バナナ 2 ブドウ 3 モモ 4 リンゴ

問2 (い)に入る動物を答えなさい。

1 オランウータン 2 ゴリラ 3 チンパンジー 4 テナガザル

問3 下線部①について，以下の問に答えなさい。

(1) 「発展途上国の人々の生活が成り立つように，「公正な価格」で取引された商品」にはどの認証マークが付いていますか。

1

2

3

4

(2) 商品に認証マークが付いていると，消費者はそれがどのような商品であるのかを知ることができます。では，その商品を売る企業にとって，認証マークを付けることにはどのような意味があると考えますか。20字以上50字以内で答えなさい。

【理　科】（25分）〈満点：50点〉

1　次の①，②の文章は，それぞれある季節に東京から見える星座を説明したものです。文章を読んであとの問いに答えなさい。

①　まずは東の空の高いところにある大三角が明るく見やすいので，はくちょう座の（ A ）・こと座の（ B ）・わし座の（ C ）を見つけましょう。（ A ）は「しっぽ」を意味していて，（ B ）と（ C ）の中間に，はくちょうの「くちばし」にあたる二重星アルビレオがあります。途中で左右に羽が伸びて，全体としては十字を描くので，はくちょう座は北十字とも言われています。

南の低い空には，さそり座の明るくて赤い星（ D ）が見えます。さそりの心臓です。（ D ）の名前の由来は近くを通る火星（アレス）に対抗するという意味です。

さそり座の隣には，いて座があります。いて座を見つけるときは，北斗七星のようなひしゃくの形をした6つの星，南斗六星が目印になります。

②　まずは南の空のオリオン座と大三角を見つけましょう。オリオン座の目印は三ツ星です。この三ツ星を囲むオリオン座の4つの星のうち，左上の赤い星が（ E ），右下の青い星が（ F ）です。さらに三ツ星を左下にのばしたところにある白い星は（ G ）座のシリウスです。

大三角はシリウスと（ E ）を結んで，左の方に正三角形を作るようにすると，（ H ）座の明るい星（ I ）が見つかります。

（ E ）と（ F ）を結んで右上に三角を作ると，おうし座の明るい星アルデバランが見つかります。アルデバランの右上には5，6個の星がかたまって見える星団（ J ）が見えます。

（ E ）と（ I ）を結んだ線の左上には仲良く並ぶ2つの明るい星が見えます。（ K ）座のカストルとポルックスです。

オリオン座を中心とした多くの星座が見られるのがこの季節の特徴ですね。

(1)　夏の星座を表しているのは①②のどちらですか。数字で答えなさい。

(2)　それぞれの季節の大三角を表すA・B・C・E・Iにあてはまる星を次の中から選び，番号で答えなさい。

1　アルタイル　**2**　スピカ　**3**　デネブ
4　プロキオン　**5**　ベガ　**6**　ベテルギウス

(3)　Dにあてはまる星を次の中から選び，番号で答えなさい。

1　アキレス　**2**　アークトゥルス　**3**　アンタレス
4　デネボラ　**5**　レグルス

(4)　F・Jにあてはまる星または星団の名前を次の中から選び，番号で答えなさい。

1　カペラ　**2**　すばる　**3**　リゲル

(5)　G・H・Kにあてはまる星座の名前を次の中から選び，番号で答えなさい。

1　うお　**2**　かに　**3**　こいぬ　**4**　こぐま
5　おおいぬ　**6**　おおぐま　**7**　ふたご

(6)　神話では，オリオンはある動物に殺されてしまうために，星座となってもその動物を恐れて同じ夜空には現われないと言われています。この，星座になっている動物を①，②の文章の中から抜き出して答えなさい。

2 プラスチックは私たちの生活に関わるいろいろなところに使われています。ひと口にプラスチックと言っても，さまざまな種類があり，性質も少しずつ異なります。次の表1を参考にして，あとの問いに答えなさい。

表1　主なプラスチックの略号と性質，使いみち

番号	プラスチックの名称	略号	比重	耐熱温度 燃えやすさ	薬品に対する強さ	使いみち
1	アクリル樹脂	PMMA	1.17～1.20	60～80℃ 燃えにくい	強いアルカリ性に弱い	定規，水槽，眼鏡のレンズ
2	ポリエチレン	PE	0.91～0.97	70～110℃ 燃えやすい	酸性にやや弱い	レジ袋，ラップ，バケツ
3	ポリエチレンテレフタレート	PET	1.38～1.40	85～200℃ 燃えやすい	とても強い	ペットボトル，卵の容器
4	ポリ塩化ビニル	PVC	1.16～1.45	60～80℃ 燃えにくい	強い	消しゴム，水道管，ホース
5	ポリスチレン	PS	1.04～1.07	70～90℃ 燃えやすい	強い	DVDケース，食品トレイ
6	ポリプロピレン	PP	0.90～0.91	100～140℃ 燃えやすい	強い	ペットボトルのふた，ストロー

※　「比重」とは，同じ体積の水の重さを1としたときの重さです。
※　耐熱温度とは，その形を保っていられる限界の温度です。
※　薬品とは，強い酸性，または強いアルカリ性の水溶液を指しています。

(1) プラスチックは金属の仲間と性質が異なることが多く，それぞれその性質が適することに使われています。次にあげる性質が，一般的に表1にあるプラスチックにあてはまるものであれば「**1**」を，金属にあてはまるものであれば「**2**」を解答欄に書きなさい。

(ア) 比重が小さい　　(イ) 電気を通さない　　(ウ) 熱をよく伝える
(エ) 不透明で，独特のつやがある　　(オ) たたくとのびたり広がったりする

(2) 表1の6種類のプラスチックの中から水にしずむものをすべて選び，その番号をかけ合わせた数と足し合わせた数の合計を次の例を参考に答えなさい。

(例)　1番と2番と5番を選んだとすると，(1×2×5)＋(1＋2＋5)＝18となるので，その場合は「**0 1 8**」と書きます。

(3) プラスチックが海洋生物に悪影響をあたえる原因として考えられているものを次の中から1つ選び，番号で答えなさい。

1　海水に溶ける。　　**2**　微生物のえさになる。
3　水に溶けている酸素を吸収する。　　**4**　紫外線によってボロボロになる。
5　酸性雨に反応して，有毒ガスを出す。

(4) PETが飲料など液体の容器に採用されている理由として，どのようなことが考えられますか。表1を参考にして10字以内で解答欄に書きなさい。

3 皆さんは鉄の棒に巻いたエナメル線(コイル)に電流を流すと，磁石のはたらきをすることを知っていますね。Kくんは，スイッチを切りかえるとコイルの近くに置いた方位磁石の針が反対向きになる装置を作ろうと考えました。このことについて次の問いに答えなさい。各問題の図のコイルの上にある○は方位磁石を表しています。

(1) 鉄の棒にエナメル線を1本だけ巻いたコイルと電池をつないで電流を流すと，方位磁石の針が**図1**の(ア)(イ)のようになりました。**図1**の(ア)のとき，コイルの端(はし)Aは磁石の何極になっていますか。次の中から選び，番号で答えなさい。なお，電流が流れていないときの方位磁石は**図2**のようになっています。

1 プラス極

2 マイナス極

3 N極

4 S極

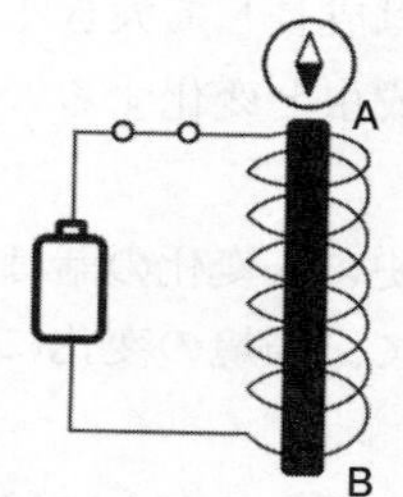

(ア) エナメル線はAから見て時計回りに巻いてある。

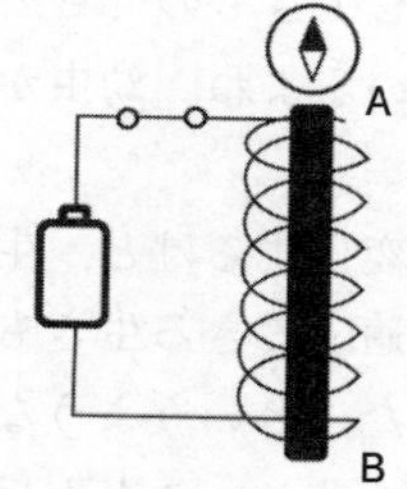

(イ) エナメル線はAから見て時計と反対回りに巻いてある。

図1

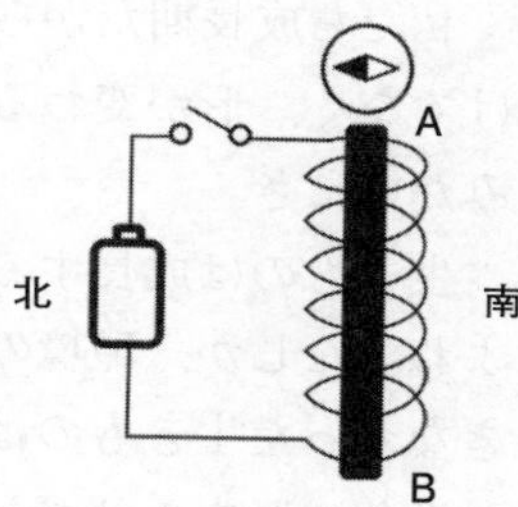

図2

(2) Kくんは，鉄の棒にエナメル線を2本重ねて巻くという方法を思いつきました。次の①～④のつなぎ方で，スイッチを切りかえると方位磁石の針の向きが変わる場合は**1**を，変わらない場合は**2**を解答欄に書きなさい。なお，鉄の棒に巻いてある2本のエナメル線はスイッチの部分以外ではつながっていません。

①・②→**ア**から**イ**のエナメル線は**A**から見て時計回りに，**ウ**から**エ**のエナメル線は時計と反対回りに巻いてある。

③・④→**ア**から**イ**のエナメル線も**ウ**から**エ**のエナメル線も**A**から見て時計回りに巻いてある。

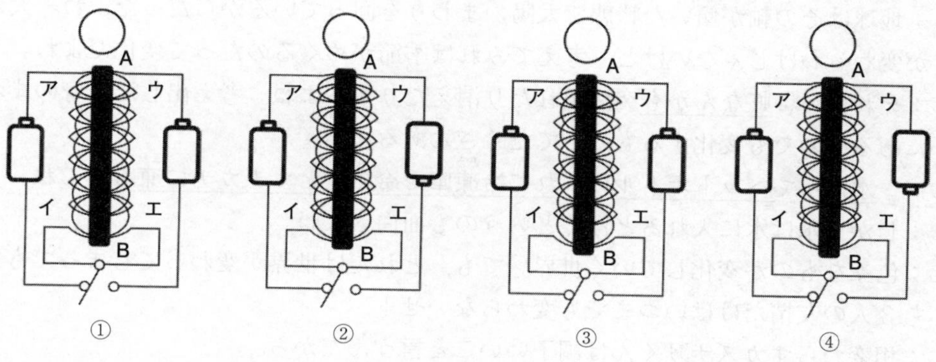

(3) 鉄の棒に巻くエナメル線が1本でも目的に合うしくみができました。そのしくみを次の**1**～**3**の中から1つ選び，番号で答えなさい。

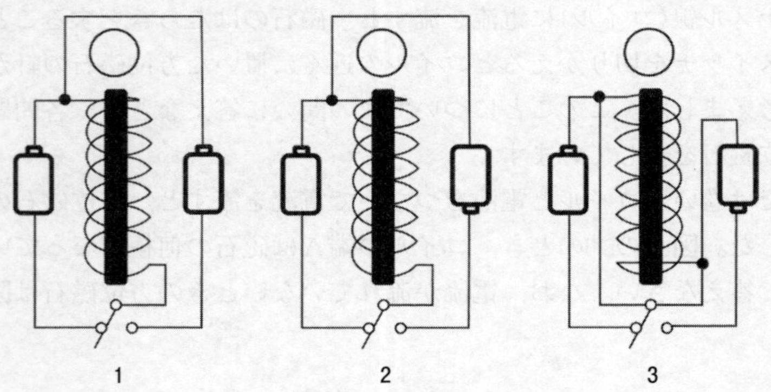

4　次の中等部生３人の会話を読んであとの問いに答えなさい。

カズナリくん：僕はこの１年間で身長が12cm も伸びたよ。

ユキコさん：私たち成長期だからね。同じ生きものでも，昆虫の中には成長して大きくなるだけでなく，形が変わるものもいるよね。幼虫からさなぎ，成虫と変化するア<u>チョウ</u>みたいにさ。

タカシくん：生きものは成長することで変化するけど，生きものの歴史にも変化の話はあったよね。たしか，環境の変化に適応できる生きものは繁栄して，環境の変化に適応できなかった生きものは絶滅した…というような。

ユキコさん：進化の歴史の話だね。でも，悲しいことだけれどイ<u>人間が関わることで絶滅してしまった動物もいる</u>んだよね。しかも，そのせいで生態系のバランスまで崩れてしまうこともあるとか…。

カズナリくん：そういえばこの前，日本でシカが増えすぎて被害が出ているってニュースで見たよ。

ユキコさん：人間も環境を守るために変わっていかないといけないよね。

タカシくん：ところで生きもの以外のことだけど，時間や季節で変化するものもあるね。

カズナリくん：何だろう？

タカシくん：たとえば，人の影は昼間より夕方の方が(Ａ)し，同じ時刻でも(Ｂ)より(Ｃ)の方が長いよね。

ユキコさん：地球はその軸が傾いた状態で太陽のまわりを回っているからだったよね。大きさが変わるわけじゃないけど，考えてみれば季節がめぐるのだって変化だよね。

カズナリくん：それならウ<u>虹なんかも</u>突然現れたり消えたりするよね。考え出したら身のまわりにあるものでも変化するものってたくさんあるなあ。

ユキコさん：エ<u>水だってペットボトルに入れて冷凍庫で冷やすとカチカチに凍る</u>もんね。

タカシくん：しかも氷は水に入れると浮くというのも面白いよね。

カズナリくん：色々なものが変化していく世界。でも，どれだけ世界が変わってしまっても僕たち３人の友情だけはいつまでも変わらないぜ！

ユキコさん：相変わらずカズナリくんは調子いいこと言うんだから。

タカシくん：でも，いつまでも仲良しでいたいね。

(1) 下線部アのチョウのように，さなぎの時期を経て成虫になる昆虫を次の中から3つ選び，小さい番号から順に答えなさい。

1 アリ　2 カ　3 カマキリ
4 テントウムシ　5 トンボ　6 バッタ

(2) 下線部イにあるように，歴史上多くの動物が絶滅してきました。次の中から絶滅した動物を1つ選び，番号で答えなさい。

1 ニホンオオカミ　2 ニホンカナヘビ　3 ニホンカモシカ
4 ホンドキツネ　5 ホンドタヌキ

(3) (A)に入る適切な言葉は次のどちらか。番号で答えなさい。

1 長い　2 短い

(4) (B)(C)に入る適切な言葉の組み合わせを次の中から選び，番号で答えなさい。

1 B 春 C 秋　2 B 秋 C 春
3 B 夏 C 冬　4 B 冬 C 夏

(5) 下線部ウについて，虹を観察している人に対して太陽はどの方向にありますか。次の中から選び，番号で答えなさい。

1 正面　2 背後　3 真横

(6) 下線部エでペットボトルに水をいっぱいに入れて，ふたを閉めてから凍らせると，ペットボトルはどうなりますか。次の中から選び，番号で答えなさい。

1 ふくらむ　2 へこむ　3 変わらない

2　動作や作用の結果を表す。
3　いまの状態を表すが、――部のままの形で使われることは少ない。
4　「～ている」の形にすることができないが、「た」をつけると発見や気づきを表す。

問二　E・Fの――部の語について説明した次の文章の空欄にあてはまるもっともふさわしい言葉を、後の【語群】1～6から一つずつ選び番号で答えなさい。

　E、Fのそれぞれの――部に「ている」をつけると、変化が起きた結果、その状態が持続していることを表す。Eの文では、話し手が今まさに変化を［ア］しているにちがいない。ただし、E、Fそれぞれの文でもその状態が永遠に続くわけではない。
　それでは、「た」をつけるとどうなるだろうか。Eの文は、薬をのんだ結果、すでにその作用は［イ］していて、それ以前の状態が持続していないことを表している。Fの文では、変化が起きた［ウ］に焦点があてられ、その状態が持続していることを表している。動作や作用の過程で時間の制約がありそうだ。

【語群】　1　瞬間　　2　時間　　3　実感
　　　　　4　完了　　5　経験　　6　錯覚

五　――のカタカナを、正しい漢字に直しなさい。

ア　この作品はヒョウバンがよい
イ　彼はシュウセイ向上心を失わなかった
ウ　レンメンと続いた伝統を守る
エ　フクジ的な問題が生じる
オ　寒さでコキザみにふるえる
カ　かるたの取りフダを並べる
キ　免許をコウフする
ク　デンピョウに記入する
ケ　郊外にテンキョする
コ　二人の考えはキせずして一致した
サ　フクシンの部下
シ　クラスイチガンとなって取り組む
ス　ソウバン解決するだろう
セ　親コウコウをする
ソ　畑をタガヤす

次の1～5から選び番号で答えなさい。

1 愛想のない　2 品のない　3 忖度のない
4 自信のない　5 飾り気のない

問五 ――E「枕草子」の冒頭部(序段)であるものを、次の1～5から一つ選び番号で答えなさい。

1 やまとうたは、人の心を種として、万の言の葉とぞなれりける。
2 いまはむかし、たけとりの翁といふものありけり。野山にまじりて竹をとりつつ、よろづのことにつかひけり。
3 つれづれなるままに、日くらし、硯にむかひて、心にうつりゆくよしなし事を、そこはかとなく書きつくれば、あやしうこそものぐるほしけれ。
4 春はあけぼの。やうやうしろくなりゆく山ぎは、すこしあかりて、紫だちたる雲のほそくたなびきたる。
5 祇園精舎の鐘の声、諸行無常の響きあり。沙羅双樹の花の色、盛者必衰の理をあらはす。

問六 [F] にあてはまる表現技法を、次の1～5から一つ選び番号で答えなさい。

1 反復　2 倒置　3 比喩
4 対句　5 体言止め

問七 ――G「四季の代表的な景物」について、次の問いに答えなさい。

(1) 「雪月花」それぞれが表している季節の組み合わせとしてもっともふさわしいものを、次の1～5から選び番号で答えなさい。

1 雪：春　月：秋　花：冬
2 雪：春　月：冬　花：秋
3 雪：秋　月：冬　花：春
4 雪：冬　月：春　花：秋
5 雪：冬　月：秋　花：春

(2) [H] にあてはまる言葉としてもっともふさわしいものを、次の1～5から選び番号で答えなさい。

1 燕　2 時鳥　3 啄木鳥　4 白鳥　5 鶯

(3) 「雪月花」の本文中での説明としてもっともふさわしいものを、次の1～5から選び番号で答えなさい。

1 「琴詩酒」よりも大切にされてきた日本の伝統文化のこと。
2 日本独自の文学から生まれ発展してきた日本人の風雅思想のこと。
3 時の経過とともに疎遠になってしまった友人との惜別の情のこと。
4 移りゆく季節の流れに対して感じるある種の儚さのこと。
5 自然を身近な生活の中に感じ取る日本人の美意識のこと。

四

次のA～Fの――部の語について、後の各問いに答えなさい。

A 木が倒れる。
B スマホがある。
C 合唱曲を歌う。
D 母に似る。
E 薬が効く。
F 部屋の明かりが消える。

問一 A～Dの――部の語に、「～ている」をつけるとどうなるか。その説明としてもっともふさわしいものを、次の1～4から一つずつ選び番号で答えなさい。

1 動作が進行中だということを表す。

三　次の文章を読んで、後の各問いに答えなさい。

「雪月花の時最も友を思ふ(う)。」

これはA川端康成氏がBノーベル文学賞を受けた時、スウェーデン学士院で行った「[C]日本の私」という講演の中に挿入した詩の一行であった。自然の景物を友とするところに成立する日本人の美意識を、いろんな和歌や詩を挙げながら説いていた中で、この詩の一節もまことに適切な引用句として挿まれていたことを思い出す。

この詩句について、あるとき私は、川端氏に誰の作かと尋ねたことがある。すると氏は、あの大きな眼をぎろりと光らせて、

「そんなこと、知るもんですか」

と、Dにべもない返事だった。だが私は間もなく、それが矢代幸雄氏の名著『日本美術の特質』から孫引きされた（注1）白楽天の詩句であり、原詩が少し間違って引用してあることを知った。さらにまた、その詩が和漢朗詠集に収められていて、平安時代にその詩句はきわめて（注2）人口に膾炙し、E枕草子にはそれについての一挿話を書きつけていることに気づいた。

きわめて日本人的な美意識とはいえ、その原作者は中唐の高名な詩人であった。もっとも白楽天の詩句など、とくに日本人に好かれやすい性質を持っているのかも知れない。朗詠には「交友」の章に、

琴詩酒ノ友皆我ヲ抛チ
雪月花ノ時最モ君ヲ憶フ

という[F]として挙げられている。詩の題は「（注3）殷協律ニ寄ス」。（注4）江南で生活していたころ、琴、詩、酒をともに楽しんでいた友だちは、すべて私を見棄ててどこかへ行ってしまった。自分は今ひとりになって、雪、月、花に対しながら、これをともに見て楽しむ友として、切に君(殷氏)のことを思う、というのだ。

この詩がもとで、日本では「琴詩酒」とか、ことに「雪月花」とか、言われるようになった。言わば、日本人の風雅思想の形成の上で、この詩句は大事な役割を果したと言える。それに、その後日本人がG四季の代表的な景物を言うとき、この三つに夏の[H]をも加えて挙げるのが常で、今も私たちは何かというと雪月花と言っている。

（『現代の随想　28　山本健吉集』より）

（注1）「白楽天」…白居易のこと。中唐（唐代中期）の詩人。
（注2）「人口に膾炙し」…人々の口にのぼって、広く世間に知られているさま。
（注3）「殷協律ニ寄ス」…白楽天の部下であり友人の殷協律に寄せるという意。
（注4）「江南」…中国の地域の名前。

問一　――A「川端康成」の作品の冒頭部であるものを、次の1～5から一つ選び番号で答えなさい。
1　高瀬舟は京都の高瀬川を上下する小舟である。
2　吾輩は猫である。名前はまだない。
3　禅智内供の鼻と云えば、池の尾で知らない者はない。
4　メロスは激怒した。
5　国境の長いトンネルを抜けると雪国であった。

問二　――B「ノーベル文学賞」を受賞した日本人を、次の1～5から一人選び番号で答えなさい。
1　夏目漱石　2　与謝野晶子　3　森鷗外
4　大江健三郎　5　樋口一葉

問三　[C]にあてはまる言葉を、次の1～5から一つ選び番号で答えなさい。
1　新しい　2　美しい　3　正しい
4　小さな　5　おかしな

問四　――D「にべもない」の意味としてもっともふさわしいものを、

4　花のお江戸　5　二種類の主語　6　既成概念(きせいがいねん)
7　新しい感覚　8　姉妹都市(しまい)　9　名高い場所

問三　――2「今まで入れなかったものがすっと入ってくるようになる」とはどういうことか。もっともふさわしいものを、次の1～5から選び番号で答えなさい。

1　歴史の空白地帯となったところに外国からの文化を取り込んだこと。
2　江戸を中心に上方の芸能が大衆芸能として花開いたこと。
3　浅草周辺に西洋文化の影響を受けた若者が集まるようになったこと。
4　焼け野原となった東京を復興させて新しい街づくりを推進したこと。
5　銀座一帯に外国のものが集中し、半ば強制的に近代化を遂げてきたこと。

問四　――3「新しい風が吹いたのは、なにも空間や人間の生活に対するものだけではない」とあるが、本文の内容をふまえた上で「空間」「人間の生活」に含めないものを、次の1～5から一つ選び番号で答えなさい。

1　銀座　2　擬人法　3　モボ・モガ
4　映画スター　5　芸術の継承者

問五　――4『満員』という群衆が私たちの周りに日常的に登場するのはこの頃が初めて」とあるが、この説明としてもっともふさわしいものを、次の1～5から選び番号で答えなさい。

1　浅草や銀座周辺は常に人でごったがえしていたということ。
2　新しい機械文明のおかげで人びとの生活が豊かになったということ。
3　科学技術の発展によって人びとの移動手段が変わったということ。
4　都市の再開発が人びとに与えた影響ははかり知れないということ。
5　蒸気機関車は一般の人びとには縁のない乗り物だったということ。

問六　――5「擬人法という表現技法」とあるが、その表現技法と同じものを、次の1～5から一つ選び番号で答えなさい。

1　父の頭に霜(しも)がおりてきたなあ。
2　閉会後、門は固く口を閉ざした。
3　聞こえるよ、器楽部の演奏が。
4　国破れて山河あり。城春にして草木深し。
5　ダンス部の踊(おど)りは、まるで打ち上げ花火のようだ。

問七　――6「焼け野原」とほぼ同じ意味で使われている表現を、次の1～5から一つ選び番号で答えなさい。

1　倒壊や津波　2　樹木伐採(ばっさい)計画　3　大東京
4　緑の都市　5　過去の空白地帯

問八　次のア～エについて、本文の内容に合っていれば1を、合っていなければ2を記入しなさい。

ア　新型コロナウイルスの影響で海外とのパイプが遮断(しゃだん)され、日本独自の文化が花開くようになった。
イ　関東大震災は東京に大きな被害をもたらしたが、皮肉なことに新しい風を受け入れやすくするきっかけをつくった。
ウ　震災は文学界にも新風を巻き起こし、科学技術の発展とともに新しい表現方法が生み出されることになった。
エ　筆者は過去と現在をわけてとらえ、新しい百年は震災が起こっても日本独自の文化や伝統を絶やさないようにしてほしいと願っている。

たようなスタイルに大きく変化する。大震災によって、外国のものが入りやすくなってきたのである。人間の服装を一つ変えるにしても大変な社会変動であるが、このように、過去とのつながりを［C］によって強制的に絶たれたことで、過去の空白地帯が東京に生まれ、その溝をうめたのが新しい西洋からの文化だったのである。

3新しい風が吹いたのは、なにも空間や人間の生活に対するものだけではない。言葉もまた、時代によってとぎすまされ、［D］を生むことになる。大震災の翌年、大正十三年十月、「文芸時代」という雑誌が創刊された。すでに新人作家として認められていた横光利一、川端康成といった面々が参加した。世の中が新しい状況の中で発行された雑誌は、人々の期待で注目されることになる。中でも横光利一の短編「頭ならびに腹」は、たちまち話題になった。

「真昼である。特別急行列車は満員のまま全速力でかけていた。沿線の小駅は石のように黙殺された。」

この文章のどこが新しいのだろう。それは簡潔に示される［E］ではないか。まず、「特別急行列車」という、東海道線の蒸気機関車を主語にしている。当時、もっとも進んだ科学技術であり、重工業の代表とでもいうべき機械が「全速力でかけていた」と、擬人化的表現を用いて重工業の先端をゆくものを人間のようにとらえている。また、「黙殺」される「沿線の小駅」は、より擬人化が強調されているようにも読める。今でこそ、小学生でさえ、「満員」電車やバスに揺られて通学している児童がいるが、そもそも4「満員」という群衆が私たちの周りに日常的に登場するのはこの頃が初めてであり、多くの人間が固まって行動するようになるのは、科学技術の発展が契機になったことはいうまでもない。

こうして、文学の世界にも群衆や新しい機械文明が取り入れられ、5擬人法という表現技法が［D］を生んだ。こうした文学の一派を新感覚派と呼ぶ。関東大震災によって、文学作品にも新しい流れの一つの節目が起こったのである。

かつて江戸の繁華街であった場所はすべて消えた。画家の竹久夢二は震災直後の灰色の東京を見下ろして「新しく造られる大東京は、緑の都市でなくてはならない」とつぶやいたといわれている。

関東大震災では、震源地の近くでは激震による建物の倒壊や津波による流失があったと言われているが、実際のところ、東京や横浜では火災による消失が甚大であった。江戸の芸能、文化の中心地であった隅田川周辺、上野、浅草一帯はすべて6焼け野原となった。夢二は震災後の焼け跡を歩いて数々のスケッチも残している。

新しい百年を生きていく諸君よ。自分たちが学び、生活する東京を、今後どのような都市にしていきたいと考えているか。この百年で私たちの生活は確かに便利になった。今や手のひらの中で最先端の情報にふれられる。実際にふれたい、手に入れたいとあらば、クリック一つで世界中の商品を購入できる世の中である。都市の再開発は加速度を増し、かつて江戸の人々の心を癒した自然樹木や景観の名所は人の手によって少しずつ姿を消している。伝統芸能、芸術の継承者は年々少なくなり、やがてまた起こるであろう震災を待たずして、歴史の空白地帯が再び生まれようとしているこの現実は、もはや人ごとではあるまい。

問一 ――1「狭義」の対義語を、次の1～5から一つ選び番号で答えなさい。

1 異議　2 意義　3 語義　4 広義　5 会議

問二 ［A］～［E］にあてはまるもっともふさわしい表現を、次の1～9からそれぞれ一つずつ選び番号で答えなさい。

1 科学技術　2 自然の猛威　3 短文の効果

5　裕子が自分のことを勝手にパートリーダーにしてしまって、憎たらしいから。

問五　――E「この雰囲気が気持ちいい」とあるが、この気持ちと同じような健太の心情が描かれている一文を本文中から探し、はじめと終わりの三字を答えなさい。ただし、句読点や符号も一字と数える。

問六　――F「いや、待てよ」とあるが、健太はこの時どうすることを思いついたか。本文中の言葉を用いて「〜こと。」に続くように、二十字以上二十五字以内で答えなさい。ただし、句読点や符号も一字と数える。

問七　――G「どうでもよく感じられる」とあるが、こうした気持ちになる理由としてもっともふさわしいものを、次の1〜5から選び番号で答えなさい。

1　教科の成績よりも、裕子を見返してやりたいと考える気持ちの方が大きかったから。
2　チャットGPTは情報が不正確なこともあり、その場しのぎのアイテムだから。
3　突然翌日の早朝に集めたにもかかわらず、男子がひとり残らず教室に来てくれたから。
4　自分が考えて行ったことで成果を得られたという充実感が、より大きいものだったから。
5　社会科は、テストの成績も良く、レポートなどの提出物で点数を稼ぐ必要がないから。

二　次の文章を読んで、後の各問いに答えなさい。（問題作成の都合上、表記を一部改めた部分がある）

慶應義塾中等部は、港区三田にある。学校周辺の観光名所といえば、東京タワー、六本木ヒルズ、東京ミッドタウンなど、映画やテレビドラマのロケ地でもお馴染みの場所が浮かぶに違いない。「名所」とは、1狭義古くは和歌を読むときに用いる歌枕の場所を指していたが、近世には人々が見物しに訪れる［A］を指すようになる。諸君にとって思い出のある場所はどこだろうか。

新型コロナウイルス感染症による世界的な混乱も明け、「日常」を取り戻しつつあるここ東京は、かつて江戸と称された。徳川家康が一五九〇（天正十八）年に江戸に入り城を築いて以来、幕藩体制の中心地として急速に発展してきた場所だ。百年後の元禄年間には、「［B］」と称され、江戸や上方（大阪や京都）を中心に文学や文化、歌舞伎などの演劇が大衆芸能として花開いていく。江戸の文化・芸能は、庶民の庶民による庶民のためのもので、浅草一帯を中心に生き生きと繁栄を遂げてきた。ところが、大衆のつくり上げてきた歴史が、文化が、そして生活が、一瞬にして崩壊する日がやってくる。そう、関東大震災である。

かつての江戸は明治になって東京へと改称。そして一九二三（大正十二）年九月一日、午前十一時五十八分。マグニチュード七・九の巨大地震が東京や神奈川を中心に襲いかかり、大都市に大きな被害をもたらした。江戸以来の伝統に馴染んできた人々の暮らしが、街並みが、一気に消え失せた。しかし、過去の積み重ねが消えたことで、2今まで入れなかったものがすっと入ってくるようになる。

繁華街は浅草から銀座に移行し「モガ」「モボ」という言葉も生まれた。これはモダンガール、モダンボーイの略で、西洋文化の影響を受けた若い男女が、最先端のファッションに身を包み銀座を闊歩する映像や写真が象徴的であろう。和装（着物）は洋装へ。足袋は靴下、ストッキングに。草履は靴に。化粧の仕方も外国の映画スターを真似

男子の半分以上はやる気満々だ。残りの半分も雰囲気に引っ張られて何とかやれている状態。それでいい。罰ゲームではないんだ。俺自身、なんかすごく充実していて楽しい。チャ爺さん丸写しの社会のレポートなんか G どうでもよく感じられる。

さぁ、いよいよ女子と音を合わせて練習する日がやってきた。俺は自信満々だ。他の男子たちも見てろよという顔をしている。いいぞ。試合に臨むサッカー部と同じ雰囲気だ。

この曲を作曲した人が、ピアノ伴奏の子にもスポットを当てさせたいという意図が丸見えのキラキラしたピアノの前奏が始まった。俺たちの頭の中にはもう歌いだしの、早朝の白い靄がかかった山々の新緑に朝日が当たって輝いているという、はっきりとしたイメージが浮かんでいる。あとは『今、別れの時――』のところで俺たちの爆音を待つのみだ。これを喰らってみろ、ヒロ!

(注1)「ボカロ」…ボーカロイドの略。パソコンなどに入力されたメロディーと歌詞をもとに、曲に合わせた歌声を合成するアプリのこと。また、その曲を歌うアニメーションやCGによるキャラクターのこと。

(注2)「三苫選手」…三苫薫。世界で活躍するプロサッカー選手。そのドリブル突破力、アシスト力とゴール力には定評がある。

(注3)「岡部将和」…ドリブルデザイナー。世界の一流選手も相談に来るほどのテクニックを持っている。

(注4)「メッシ」…アルゼンチン出身の世界で活躍するプロサッカー選手。

(注5)「WE ARE THE WORLD」…一九八五年にアフリカの飢饉と貧困を救うために作られたチャリティーソング。当時世界中の著名なアーティスト四十五名が参加。

(注6)「レイ・チャールズ」…アメリカの著名なブルースの第一人者。

問一 ――A「そもそも」とあるが、これを言い換えた言葉としてもっともふさわしいものを、次の1~5から選び番号で答えなさい。

1 いわんや　2 いわゆる　3 ついつい
4 だいたい　5 しばしば

問二 ――B「ぬかして」と同じ使い方をしている表現としてもっともふさわしいものを、次の1~5から選び番号で答えなさい。

1 一字ぬかしてタイプしてしまった。
2 一匹をぬかしてみんなメスだった。
3 最後の一人をぬかしてリレーは優勝だ。
4 びっくりして腰をぬかしてしまった。
5 何をぬかしておるのやらわからない。

問三 C に入る言葉としてもっともふさわしいものを、次の1~5から選び番号で答えなさい。

1 にわかに　2 さすがに　3 まさしく
4 閑話休題　5 さても

問四 ――D「吐き捨てるようにひとりごちて」とあるが、そうなる理由としてもっともふさわしいものを、次の1~5から選び番号で答えなさい。

1 早くグラウンドに行って、後輩たちとサッカー部の練習に参加したかったから。
2 男子の歌声がうまくそろわないのは自分のせいなのに、どうすることもできないから。
3 裕子に頼りにされたにもかかわらず、良い対策が浮かばない自分に腹を立てたから。
4 校内音楽会には生身の人間だけでボカロは参加できない決まりに腹を立てたから。

があるから今度貸してやるよ。まずは基本テクニックから地道に練習するんだな」

「さすが、健太先輩っす。あざーす」雄太は元気に走ってピッチに戻(もど)っていった。

後輩から受けた相談には必ず何らかのリアクションを返してやることにしている。何のことはない。DVDを貸してやるって言っただけだ。でも、自分で言うのもなんだが、後輩からは結構頼りにされているとも思う。もしかしたら、Eこの雰囲気(ふんいき)が気持ちいいから、引退してからも毎日グラウンドへ足を運んでいるのかもしれない。

それに比べて明日の放課後は少し憂鬱(ゆううつ)だ。うちのクラスにピアノ室が割り当てられている音楽会の練習の日だからだ。ふとさっきのヒロの言葉を思い出して気が重くなる。

「ちょっとー、ケンちゃん、男子ぜんぜん声出てないじゃない。なんとかしてよ」口を尖(とが)らせたヒロの顔が迫(せま)ってくる。

「うるさいな。何とかしてって言われたって、俺だってみんなに声出すように言っているよ。そうかといって怒鳴(どな)ったり脅(おど)したりして声が出るようなもんでもないだろ。いったいどうすりゃいいってんだよ」

「ケンちゃん、いつもサッカーグラウンドで後輩に上手にアドバイスしているじゃない。同じようにできないの」ヒロの顔がだんだん紅潮してくる。

「無茶(むちゃ)言うなよ。いきなりサッカーのド素人を三苫や(注4)メッシにできるわけないじゃん。それと同じことだよ。チャ爺さん使ってちゃっちゃとレポート書くのとはわけが違うんだぜ」

Fいや、待てよ。サッカーグラウンドで後輩にアドバイスだ？　そうだ。それだ！

「よーし。今日の男子の練習はおしまい。その代わり、明日は学校に朝一時間早く来ること。わかったら、解散」突然(とつぜん)俺は男子に解散命令を出した。

はじめはきょとんとした表情で一瞬(いっしゅん)静止状態になった男子達(たち)だが、一人が帰り始めるとそのあとに続いてぞろぞろとピアノ室を出て行った。鳩(はと)が豆鉄砲(まめでっぽう)喰らったような表情から、今や赤鬼(あかおに)と化したヒロが怒鳴った。

「ちょっと、ケンちゃん。何やってるのよ」

「いいから任せておけって」

そう、人間、やる気さえあれば自分からどんどんうまくなろうとするはずなんだ。サッカー部の後輩たちが、俺のつたないアドバイスでもスポンジが水を吸うが如(ごと)く、吸収していくみたいに。

翌早朝。教室には眠(ねむ)そうな顔したヤツも結構いたが、曲がりなりにも全員がそろった。

「いいか、今からDVDを見るから寝(ね)るんじゃないぞ。寝たいヤツは今すぐ帰ってくれ」そう、俺はみんなをやる気にさせるのは結構得意なのだ。

「この中でアメリカのロックとか好きなヤツいるか。今から見るのはな、ちょうど四十年くらい前にアフリカの飢餓(きが)に苦しむ子どもたちを救おうと、当時の大、大、大スターたちが集まって曲を完成させた凄(すご)いビデオだ。マイケル・ジャクソンの名前くらいは知っているだろう」というと、俺は『(注5)WE(ウィー) ARE(アー) THE(ザ) WORLD(ワールド)』のドキュメンタリー形式のメイキングビデオを見せた。いやー何回見ても(注6)レイ・チャールズは渋(しぶ)い。クラスの何人かには凄(すさ)まじく、他のヤツらにもほどほどに。みんなで心を一つにして合唱を作り上げることの大切さが伝わったようだ。

さあ、やる気は起こせた。あとは音取りの練習あるのみ。ピアノなんか使えなくても、伴奏(ばんそう)の音源さえあれば練習はいくらでもできる。

2024年度 慶應義塾中等部

【国語】（四五分）〈満点：一〇〇点〉

一 次の文章を読んで、後の各問いに答えなさい。

「ねぇ、ねぇ、ケンちゃん。社会のレポートの宿題、終わった」
「ぜんぜん」
「えー、だって明日提出じゃなかったっけ」
「そういうヒロはどうなんだよ」
「わたしは昨日終わらせたわよ。夜中までかかっちゃったんだから。ケンちゃん、どうするつもり」
「なあに、チャ爺さんにお願いすれば、ものの三秒さ」
「またチャットGPTに頼るつもり。先生が使っちゃダメだって言ってたじゃない」
「絶対バレないって」

俺と裕子はご近所さんで、昭和風な言い方でいえば幼馴染ってやつだ。今でも一日の生活のすべてがサッカー部関係のことでまわっている俺と違って、裕子は陸上部には所属していたものの引退するまではきっちりと部活と学習を両立して堅実な生き方をしていた。性格もまったく違う二人だが、幼いころから一緒によく遊んでいるせいか、異性ということを必要以上に意識してしまうこの年頃でも、なぜか気軽に話ができる存在だ。何事に対しても堅すぎるのが玉にキズだが。

「ぜんぜん話変わるけどさ。男子パートの音取り何とかしてよね。ケンちゃんパートリーダーでしょ」
「なんだよ、いきなり。女子だって、まだ歌えてないヤツたくさんいるじゃん」
「『今、別れの時――』から先が一番いいところなのに、男子がケンちゃん以外はボロボロじゃない。今年は中学校生活最後の年だから、絶対に校内音楽会で最優秀賞を獲るんだから。頼りにしてるんだからね、頼んだわよ。じゃーね」と言い残して裕子は教室の方に走っていってしまった。

ヒロのヤツ、何が頼りにしているだよ。勝手に言いたいことばかりいいやがって。Aそもそも、もとはといえば俺はパートリーダーなんて柄じゃないし、全くやりたくなかったのに。あいつが勝手に指揮者に立候補して、その挙句、指揮者にパートリーダーの指名権があるなんて勝手なことをBぬかして。おかげでこの有り様だ。

確かに、男子の歌声はヒロのいう通りひどいものだ。でも、それは自分のせいじゃない。これがサッカーだったらチームを盛り上げていく手だてが思い浮かぶんだが、合唱となると、どこから手をつけてよいのか皆目見当もつかない。いつもレポートでお世話になっている、万能の神、チャ爺さんも［C］ここでは役に立たない。

「ちぇっ。俺以外男子は全員(注1)ボカロじゃだめか」D吐き捨てるようにひとりごちて、グラウンドへ向かった。

「健太先輩、ちょっと相談があって」

グラウンドに着くやいなや、後輩の雄太が走り寄ってきた。俺自身は世代交代でこの夏、もう引退した身である。でも毎日練習に出て、後輩の面倒を見ている。言わば、サッカーバカだ。

「ドリブルしている途中、相手にボールを奪われてしまうことが多いんで、日本代表の(注2)三笘選手みたいに抜ける方法ってあるんですかね」
「おまえ、バッカじゃねーか。そんな簡単に三笘になれたら苦労しないわ。とりあえず、ドリブルデザイナー(注3)岡部将和さんのDVD

2024年度

慶應義塾中等部 ▶解説と解答

算 数 (45分) ＜満点：100点＞

解 答

[1] (1) ア 1 イ 45 ウ 56 (2) ア 3 イ 7 (3) 635 (4) 18 (5) ア 1 イ 125 [2] (1) 90 (2) 28 (3) 395 (4) ア 97 イ 8 (5) 80 [3] (1) 75 (2) ア 44 イ 4 ウ 7 (3) ア 9 イ 42 (4) ア 643 イ 7 [4] (1) 47 (2) ア 8 イ 5 ウ 64 [5] (1) 190 (2) ア 5 イ 40 (3) ア 22 イ 2 ウ 21 [6] (1) 7 (2) 70

解 説

[1] 四則計算，計算のくふう，逆算，整数の性質，場合の数，相似，単位の計算

(1) $3\frac{17}{24}-2\frac{2}{63}\div\left(1\frac{5}{9}\div2\frac{1}{12}\div0.7\right)=\frac{89}{24}-\frac{128}{63}\div\left(\frac{14}{9}\div\frac{25}{12}\div\frac{7}{10}\right)=\frac{89}{24}-\frac{128}{63}\div\left(\frac{14}{9}\times\frac{12}{25}\times\frac{10}{7}\right)=\frac{89}{24}-\frac{128}{63}\div\frac{16}{15}=\frac{89}{24}-\frac{128}{63}\times\frac{15}{16}=\frac{89}{24}-\frac{40}{21}=\frac{623}{168}-\frac{320}{168}=\frac{303}{168}=\frac{101}{56}=1\frac{45}{56}$

(2) $A\times C+B\times C=(A+B)\times C$となることを利用すると，$2.88\times7.43+2.57\times1.44\div0.5=2.88\times7.43+2.57\times1.44\times2=2.88\times7.43+2.57\times2.88=(7.43+2.57)\times2.88=10\times2.88=28.8$となる。また，$1.2\times56=67.2$より，$28.8\div\square=67.2$　$\square=28.8\div67.2=\frac{288}{672}=\frac{3}{7}$

(3) 6で割っても14で割っても5余る数は，6と14の公倍数よりも5大きい数となる。また，右の計算から，6と14の最小公倍数は，$2\times3\times7=42$と求められるから，このような数は，$42\times\square+5$と表すことができる。$620\div42=14$余り32より，$\square=14$とすると，$42\times14+5=593$，$\square=15$とすると，$42\times15+5=635$となる。このうち620にもっとも近い数は635である。

```
2 ) 6  14
    3   7
```

(4) 一の位→百の位→十の位の順に選ぶ。一の位には{1，3}の2通り，百の位には残りの数字から0を除いた3通り，十の位には最後に残った3通りの数字を使うことができる。よって，3桁(けた)の奇数(きすう)は，$2\times3\times3=18$(通り)できる。

(5) 実際の面積は地図上の面積の(25000×25000)倍になる。また，$1\,\text{km}^2$は1辺の長さが1km（1000m＝100000cm）の正方形の面積なので，$1\,\text{km}^2=(100000\times100000)\,\text{cm}^2$となる。よって，この畑の実際の面積は，$\frac{18\times25000\times25000}{100000\times100000}=\frac{18\times25\times25}{100\times100}=\frac{18}{4\times4}=\frac{9}{8}=1.125(\text{km}^2)$と求められる。

[2] 濃度(のうど)，仕事算，水の深さと体積，通過算，速さと比

(1) 10％の食塩水の重さを□gとして図に表すと，右の図1のようになる。図1で，ア：イ＝(5－2)：(10－5)＝3：5だから，150：$\square=\frac{1}{3}:\frac{1}{5}=5:3$とわかる。よって，$\square=150\times\frac{3}{5}=90$(g)と求められる。

図1

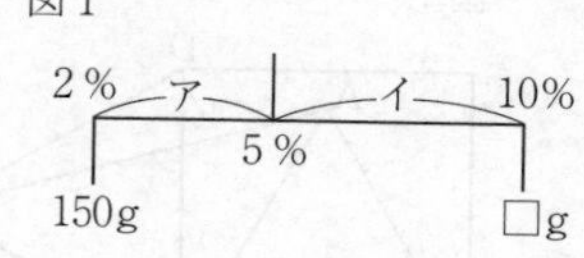

(2) 仕事全体の量を9，18，45の最小公倍数の90とすると，A，B，Cの3人が1日にする仕事の

量の和は，90÷９＝10(…ア)，Ａ，Ｂの２人が１日にする仕事の量の和は，90÷18＝５(…イ)，Ａが１日にする仕事の量は，90÷45＝２(…ウ)となる。よって，アとイから，Ｃが１日にする仕事の量は，10－５＝５，イとウから，Ｂが１日にする仕事の量は，５－２＝３とわかる。したがって，Ｃが９日間とＢが７日間でする仕事の量の合計は，５×９＋３×７＝66になるので，Ａがする仕事の量は，90－66＝24と求められる。この仕事をＡがするのにかかる日数は，24÷２＝12(日間)だから，仕事が終わるのはＣが始めてから，９＋７＋12＝28(日目)である。

(3)　容器の底面積は，５×５＝25(cm²)なので，正面から見ると下の図２のようになる。図２で，鉄球の体積は斜線(しゃせん)部分の体積と等しいから，25×２＝50(cm³)とわかる。また，１cm³あたりの重さが7.9ｇなので，この鉄球の重さは，7.9×50＝395(ｇ)と求められる。

(4)　下の図３のようになってから，列車Ａの最後尾(さいこうび) a と列車Ｂの最後尾 b が出会うまでの時間が15秒である。よって，列車Ａと列車Ｂの速さの和は秒速，(320＋400)÷15＝48(ｍ)とわかる。これは時速に直すと，48×60×60÷1000＝172.8(km)になるから，列車Ｂの速さは時速，172.8－75＝97.8(km)と求められる。

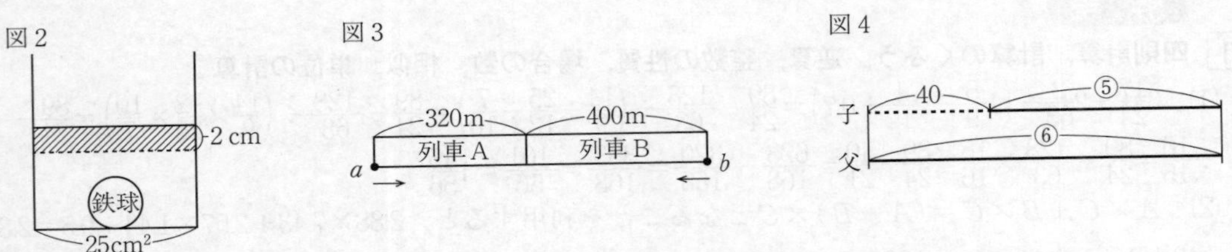

(5)　父と子の歩幅(ほはば)(１歩であるく距離(きょり))の比は，$\frac{1}{2}:\frac{1}{3}$＝３：２なので，父と子が同じ時間であるく距離の比は，(３×４)：(２×５)＝６：５となる。また，父と子の歩幅をそれぞれ３，２とすると，子が20歩であるく距離は，２×20＝40となるので，上の図４のように表すことができる。図４から，①にあたる距離は，40÷(６－５)＝40とわかるから，⑥にあたる距離は，40×６＝240となる。さらに，父の歩幅は３なので，父が子に追いつくまでの父の歩数は，240÷３＝80(歩)と求められる。

３　角度，相似，辺の比と面積の比，面積，表面積

(1)　下の図①で，角ABDの大きさは，90－60＝30(度)だから，角ABCの大きさは，30＋60＝90(度)である。また，ABとBCの長さは等しいので，三角形ABCは直角二等辺三角形となり，角CABの大きさは45度とわかる。よって，三角形ABEに注目すると，角 x の大きさは，角EAB＋角ABE＝45＋30＝75(度)と求められる。

(2)　下の図②で，三角形AFDと三角形CFEは相似であり，相似比は，AD：CE＝３：１だから，DF：FE＝３：１となる。よって，㋓の面積を[1]とすると，㋒の面積は[3]になる。また，㋐と㋓の面積の比は，(３×３)：(１×１)＝９：１なので，㋐の面積は[9]とわかる。さらに，三角形ACD

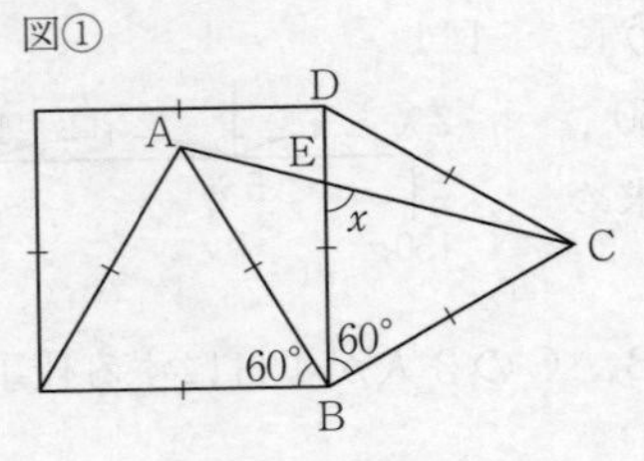

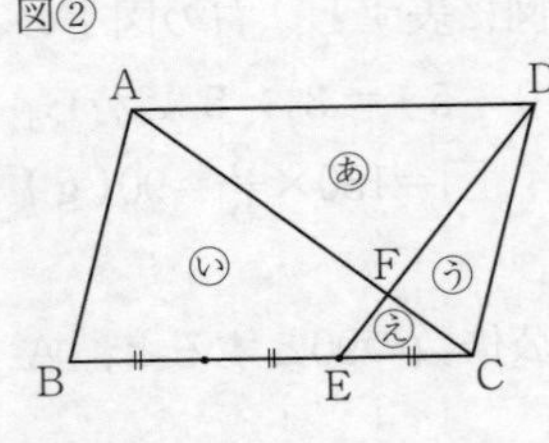

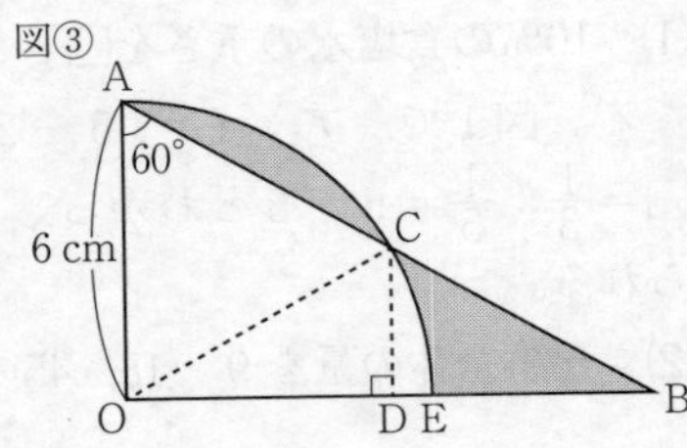

と三角形ABCの面積は等しく，どちらも，[3]＋[9]＝[12]だから，(い)の面積は，[12]－[1]＝[11]と求められる。したがって，(い)と(う)の面積の和は，[11]＋[3]＝[14]，平行四辺形の面積は，[12]×２＝[24]なので，(い)と(う)の面積の和が26cm²のとき，平行四辺形の面積は，$26\times\frac{24}{14}=44\frac{4}{7}$(cm²)になる。

⑶　上の図③のようにOとCを結び，CからOBに垂直な線CDをひく。はじめに，OAとOCはどちらもおうぎ形の半径で長さが等しく，角CAOの大きさが60度なので，三角形OCAは正三角形とわかる。すると，角COBと角CBOの大きさはどちらも，90－60＝30(度)になるから，三角形CODと三角形CBDは合同であり，２つ合わせると三角形OCAと同じ大きさの正三角形になることがわかる。次に，色のついた部分の面積は，(おうぎ形OCA)＋(三角形COB)－(正三角形OCA)－(おうぎ形OEC)で求めることができるが，三角形COBと正三角形OCAの面積は等しいので，これはおうぎ形OCAとおうぎ形OECの面積の差と等しくなる。また，おうぎ形OCAとおうぎ形OECの中心角の差は，60－30＝30(度)だから，色のついた部分の面積は，半径が６cmで中心角が30度のおうぎ形の面積と等しくなる。よって，$6\times6\times3.14\times\frac{30}{360}=9.42$(cm²)と求められる。

⑷　右の図④のように，DEとCFをそれぞれ延長した直線が交わる点をGとすると，台形CDEFを１回転させてできる立体は，三角形GCDを１回転させてできる円すいから，三角形GFEを１回転させてできる円すいを取り除いた形の立体になる。三角形GCDと三角形GFEは相似であり，相似比は，CD：FE＝８：３なので，CF：FG＝(８－３)：３＝５：３とわかる。よって，FGの長さは，$12\times\frac{3}{5}=7.2$(cm)である。また，円すいの側面積は，(母線)×(底面の円の半径)×(円周率)で求められるから，三角形GCDを１回転させてできる円すいの側面積は，(7.2＋12)×８×3.14＝153.6×3.14(cm²)，三角形GFEを１回転させてできる円すいの側面積は，7.2×３×3.14＝21.6×3.14(cm²)となり，この立体の側面積は，(153.6－21.6)×3.14＝132×3.14(cm²)とわかる。さらに，２つの円すいの底面積はそれぞれ，８×８×3.14＝64×3.14(cm²)，３×３×3.14＝９×3.14(cm²)なので，この立体の表面積は，(132＋64＋９)×3.14＝205×3.14＝643.7(cm²)と求められる。

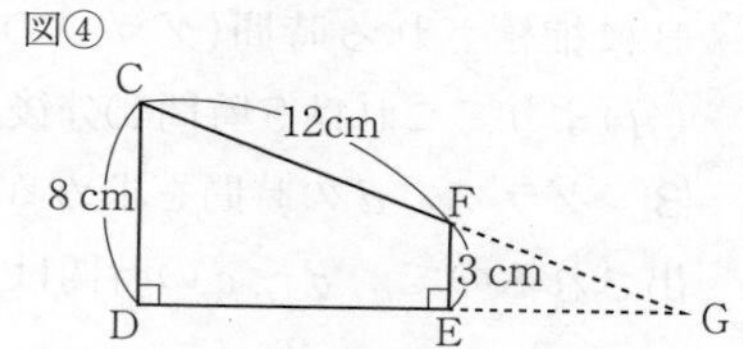

[4] 数列

⑴　右のように組に分けると，各組に並ぶ分数の個数は次々と２倍になり，各組の分母の数も次々と２倍になる。また，どの組も分子には１から順に奇数が並ぶ。さらに，31は１から数えて，(31＋１)÷２＝16(番目)の奇数なので，$\frac{31}{64}$は６組の16番目の分数とわかる。よって，はじめから数えると，１＋２＋４＋８＋16＋16＝47(番目)になる。

1組	$\frac{1}{2}$	(1個)
2組	$\frac{1}{4}$, $\frac{3}{4}$	(2個)
3組	$\frac{1}{8}$, $\frac{3}{8}$, $\frac{5}{8}$, $\frac{7}{8}$	(4個)
4組	$\frac{1}{16}$, $\frac{3}{16}$, $\frac{5}{16}$, $\frac{7}{16}$, …	(8個)
5組	$\frac{1}{32}$, $\frac{3}{32}$, $\frac{5}{32}$, $\frac{7}{32}$, …	(16個)
6組	$\frac{1}{64}$, $\frac{3}{64}$, $\frac{5}{64}$, $\frac{7}{64}$, …	(32個)

⑵　５組までの個数の合計は，１＋２＋４＋８＋16＝31(個)だから，はじめから数えて50番目の分数は，６組の中で，50－31＝19(番目)の分数であり，はじめから数えて60番目の分数は，６組の中で，60－31＝29(番目)の分数である。また，19番目の奇数は，２×19－１＝37，29番目の奇数は，２×29－１＝57なので，$\frac{37}{64}$，$\frac{39}{64}$，…，$\frac{57}{64}$の，29－19＋１＝11(個)の分数の和を求めればよい。このとき，分子の和は，(37＋57)×11÷２＝517だから，$\frac{517}{64}=8\frac{5}{64}$と求められる。

5 グラフ

⑴　Aの補給がはじめて終わるのは現在の時刻から，3＋6＝9（時間後）だから，グラフは右のようになる。0～3時間後の3時間に注目すると，Aから排出（はいしゅつ）される割合は毎時，(320－200)÷3＝40（L）とわかる。また，3～9時間後の6時間に注目すると，補給している間にAが増える割合は毎時，(1100－200)÷6＝150（L）となる。この間もAからは毎時40Lの割合で排出されているので，A，Bに補給される割合は毎時，40＋150＝190（L）と求められる。

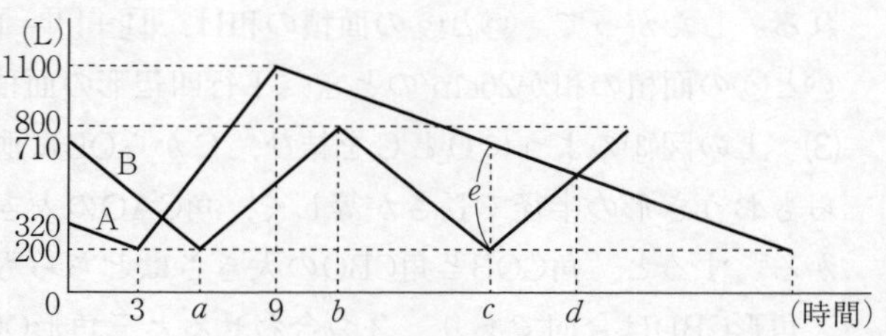

⑵　a～b時間後の6時間に注目すると，補給している間にBが増える割合は毎時，(800－200)÷6＝100（L）となる。よって，Bから排出される割合は毎時，190－100＝90（L）だから，はじめてBに補給される時間（グラフのa）は，$(710-200)\div 90=5\frac{2}{3}$（時間後）と求められる。$60\times\frac{2}{3}=40$（分）より，これは5時間40分後となる。

⑶　グラフのdの時間を求める。b～c時間後に注目すると，この間はBから毎時90Lの割合で排出されるので，b～cの時間は，$(800-200)\div 90=6\frac{2}{3}$（時間）とわかる。また，$a=5\frac{2}{3}$時間より，$b=5\frac{2}{3}+6=11\frac{2}{3}$（時間）となるから，$c=11\frac{2}{3}+6\frac{2}{3}=18\frac{1}{3}$（時間）と求められる。よって，9～$c$時間後にAから排出される量は，$40\times\left(18\frac{1}{3}-9\right)=373\frac{1}{3}$（L）なので，$c$時間後のAの水量は，$1100-373\frac{1}{3}=726\frac{2}{3}$（L）となり，$e=726\frac{2}{3}-200=526\frac{2}{3}$（L）とわかる。さらに，$c$～$d$時間後は，AとBの水量の差は毎時，40＋100＝140（L）の割合で縮まるから，c～dの時間は，$526\frac{2}{3}\div 140=3\frac{16}{21}$（時間）と求められる。したがって，$d=18\frac{1}{3}+3\frac{16}{21}=22\frac{2}{21}$（時間後）である。

6 場合の数

⑴　下の図Ⅰの7種類の図形ができる。

⑵　図Ⅰのそれぞれについて，ア～エの中の一部を黒色に変えることを考える。①の場合，1枚を黒色にする方法は1通りである。また，2枚を黒色にする方法は，たとえば，アイ，アウの2通り

図Ⅰ

①　ア エ／イ ウ
②　ア／イ ウ エ
③　ア／イ ウ エ
④　ア／イ ウ エ
⑤　ア イ／ウ エ
⑥　イ エ／ア ウ
⑦　ア イ ウ エ

図Ⅱ

	①	②	③	④	⑤	⑥	⑦
1枚	1通り ア	4通り ア，イ ウ，エ	4通り ア，イ ウ，エ	②と同じ	2通り ア，イ	⑤と同じ	2通り ア，イ
2枚	2通り アイ アウ	6通り アイ，アウ アエ，イウ イエ，ウエ	6通り アイ，アウ アエ，イウ イエ，ウエ		4通り アイ，アウ アエ，イウ		4通り アイ，アウ アエ，イウ
3枚	1通り	4通り	4通り		2通り		2通り
合計	4種類	14種類	14種類	14種類	8種類	8種類	8種類

ある。さらに，３枚を黒色に変えるのは，４枚とも黒色の状態から１枚を白色に変えるのと同じだから，１枚の場合と同じで１通りである。よって，①の図形の場合は，１＋２＋１＝４(種類)できる。同様に考えると上の図Ⅱのようになるので，全部で，４＋14×３＋８×３＝70(種類)と求められる。

社会　(25分)＜満点：50点＞

解答

1 問１　A　明　B　スペイン　C　オランダ　D　清　E　ロシア　F　満州
問２　ア　7　イ　2　ウ　1　エ　8　オ　9　カ　5　キ　6　ク　4
ケ　3　問３　3　問４　２番目…4　４番目…5　**2** 問１　4　問２　チリ
問３　（例）　地震で火事が発生したとき，公園を延焼を防ぐ防火帯にするとともに，住民の一時避難場所にするため。　問４　省庁…4　移転先…5　**3** 問１　2　問２　3
問３　A，D　**4** 問１　3　問２　B，C，D　問３
（例）　右の図　問４　2　問５　青森県…1　福島県…6
問６　3　問７　4　問８　3　問９　2　問10　2
問11　やませ　問12　2　問13　1　**5** 問１　1
問２　1　問３　⑴　2　⑵　（例）　世界の貧困問題や環境問題に取り組む優良企業というイメージを消費者に与え，売り上げを伸ばせること。

津軽半島
下北半島

解説

1 **日本と外国との歴史上のかかわりについての問題**

問１　A　室町幕府の第３代将軍を務めた足利義満は，明(中国)から倭寇(日本の武装商人団・海賊)の取りしまりを求められたことをきっかけに，明と国交を開いて日明貿易を始めた。　B　フランシスコ・ザビエルはスペイン出身のイエズス会宣教師で，1549年に鹿児島に来航し，日本に初めてキリスト教を伝えた。　C　1600年，オランダの商船リーフデ号が豊後国(大分県)に漂着したことをきっかけに江戸幕府とオランダとの交流が始まり，1609年に平戸(長崎県)にオランダ商館が設置されると，本格的に貿易が行われるようになっていった。　D，E　日清戦争(1894〜95年)は，朝鮮半島の権益をめぐる日本と清(中国)との対立によって起こり，これに勝利した日本は下関条約を締結し，清に朝鮮の独立を認めさせたほか，多額の賠償金や台湾・遼東半島などを手に入れた。しかし，日本の大陸進出を警戒したロシアがドイツ・フランスを誘って，清から譲り受けた遼東半島を返還するよう日本に勧告した。この出来事を三国干渉といい，これらの国々に対抗するだけの力がなかった日本は，賠償金の追加を条件としてやむなく従った。　F　1931年，満州(中国東北部)にいた日本軍が奉天郊外の柳条湖付近で南満州鉄道の線路を爆破し，これを中国側のしわざであるとしてただちに軍事行動を起こし，半年あまりの間に満州各地を占領した(満州事変の勃発)。翌32年には，日本は清の最後の皇帝である溥儀を元首とする満州国の建国を宣言し，実質的には日本が満州国を支配した。

問2　**ア**　4～7世紀ごろに朝鮮半島や中国大陸から日本に移り住んだ人々を渡来人といい，漢字・仏教・儒教などの文化や機織り・鉄製農具・須恵器づくりなどの技術を伝えた。飛鳥時代には，渡来人の子孫らによって，多くの寺院や仏像がつくられた。　**イ**　894年，菅原道真の進言によって遣唐使が廃止されたことで中国との正式な国交が途絶えたが，平安時代末期には平清盛が大輪田泊(現在の神戸港の一部)を修築して，宋(中国)との間で民間貿易(日宋貿易)を行い，大きな利益を上げた。　**ウ**　日明貿易では倭寇と区別するため正式な貿易船に「勘合」という合い札を持たせたことから，この貿易は勘合貿易とも呼ばれる。日本からは銅・硫黄・漆器・扇・刀剣などが輸出され，明からは生糸・絹織物・陶磁器・銅銭・書画などが輸入された。　**エ**　戦国時代から安土桃山時代にかけて，ポルトガル人やスペイン人との間で行われた貿易を南蛮貿易といい，この名称は日本人が彼らを「南蛮人」と呼んだことに由来する。　**オ**　ポルトガルの商人が日本人を奴隷として南方で売買していたことや，長崎がイエズス会に寄進されていたことなどを知った豊臣秀吉は，1587年にバテレン(宣教師)に対して20日以内に国外に退去せよと命じるバテレン追放令を出した。　**カ，キ**　江戸時代初め，幕府から正式な海外渡航許可証である「朱印状」を与えられた商人らによる朱印船貿易がさかんになり，東南アジア各地に日本町が形成された。　**ク**　問1のD，Eの解説を参照のこと。　**ケ**　満州国の建国にさいして，中華民国(中国)がこれを日本の侵略行為であると国際連盟に訴えたため，国際連盟はリットン調査団を派遣した。その報告書にもとづいて，国際連盟が日本軍の満州撤退を勧告したことから，1933年にこれを不服として日本は国際連盟からの脱退を通告した。

問3　飛鳥時代には，渡来人の子孫である鞍作鳥(止利仏師)によって，法隆寺の金堂内に「釈迦三尊像」がつくられた(3…○)。なお，1は鎌倉時代につくられた東大寺南大門の「金剛力士像(阿形)」。2は東大寺の盧舎那仏，4は唐招提寺の「鑑真和上像」でいずれも奈良時代につくられたもの。

問4　1は1613年，2は1641年，3は1637～38年，4は1624年，5は1639年の出来事なので，年代の古い順に1→4→3→5→2となる。よって，2番目は4，4番目は5である。

[2] 地震災害やその対策についての問題

問1　「防災の日」は，1923年9月1日に発生した関東大震災にちなんで9月1日に定められており，一人ひとりの防災意識を高めるため，各地で避難訓練などが行われている(4…○)。なお，1月17日は1995年の阪神・淡路大震災が発生した日，3月11日は2011年の東日本大震災が発生した日，4月14日は2016年の熊本地震が発生した日である。

問2　1960年5月，南アメリカ大陸に位置するチリ中部沿岸で観測史上世界最大級となるマグニチュード9.5の地震が発生した。チリは南北4000kmを超える細長い国で，太平洋に面していることから，日本をふくむ太平洋の広い範囲の国々で，津波による被害が発生した。

問3　関東大震災では，約10万5千人の死者・行方不明者を出した。特に，地震発生後の火災による犠牲者が多かったことから，東京市の復興を計画するために設立された帝都復興院では，火災による延焼をどう防ぐかが大きな課題となった。そこで，一時避難場所としても有効な公園を多数つくり，都心の周りに道幅の広い環状道路を複数建設するなど，防火帯の整備に努めた。

問4　2023年4月，文化庁が東京都から京都府に移転された。文化庁は文部科学省の外局で，文化の振興や外国との文化交流，宗教などにかかわる行政事務を担当する。なお，1のスポーツ庁も文部科学省の外局，２のデジタル庁と３の復興庁は内閣に設置されている。

３ 外国為替市場と円安・円高についての問題

問１ 日本は長年，日本銀行の政策として極端な低金利政策を行ってきたことから，日本の銀行は預金するときの金利が低い。アメリカの銀行より日本の銀行の預金金利が低いと，日本の銀行よりアメリカの銀行にお金を預けた方が得である。そこで，多くの個人や企業が持っている「円」を「ドル」に交換してアメリカの銀行に預ける動きが起こる。つまり，「円」を売って「ドル」を買う人が増えることになるので，外国為替市場では，「円」の価値が下がり，「円安」になる（２…〇）。

問２ 外国為替市場において，１ドル＝140円の交換比率が，１ドル＝150円に変動したとき，それだけ円の価値は下がることになる（円安）。一方でこれが逆の場合は，円の価値が上がることになる（円高）（３…〇）。

問３ 一般に円安の動きが進むと，輸出品の現地価格が下がり，売れ行きがよくなるので輸出関連企業の利益が増える（Ａ…〇）。また，輸入品の国内価格が上昇するため，日本の物価上昇の原因のひとつとなる（Ｄ…〇）。なお，一般に円安の動きが進むと，日本からの海外旅行にかかる費用は割高となる（Ｂ…×）。1980年代にアメリカは対日貿易赤字を減らすため，円高が進むように働きかけた（Ｃ…×）。

４ 東北地方の自然や産業についての問題

問１ 東北地方の中央部には奥羽山脈が南北に走り，その東側には北上高地，西側には出羽山地がそれぞれ伸びている。また，太平洋側には牡鹿半島（宮城県），日本海側には男鹿半島（秋田県）が突き出ている（３…〇）。

問２ Ｂの雄物川とＤの米代川は秋田県を，Ｃの最上川は山形県を流れ，いずれも日本海に注ぐ。なお，Ａの阿武隈川は福島県と宮城県を流れ，太平洋に注ぐ。

問３ 青森県は東北地方の北端に位置し，津軽海峡をへだてて北海道と向かい合う。陸奥湾をはさんで太平洋側に下北半島が，日本海側に津軽半島があり，それぞれ北に突き出ている。また，青森県と北海道を結ぶ青函トンネル（1988年開通）は，津軽半島北部を始点として，竜飛崎付近からおおむね北北西へと向かう。

問４ 果樹栽培は，青森県や山形県をふくむ東北地方が最も多く，次いで茨城県や長野県，山梨県をふくむ関東・東山地方が多い。該当する２と４のうち，４は北陸地方が３番目に多いことから米とわかり，２が果樹と判断できる。なお，１は畜産，３は野菜の円グラフである。

問５ 青森県は，りんごの収穫量が全国一として知られるので，表の１が当てはまる。また，福島県はももの収穫量が山梨県に次いで全国第２位なので，表の６が当てはまる。なお，２は岩手県，３は宮城県，４は秋田県，５は山形県に当てはまる。

問６ 明治元（1868）年に陸奥国は５国に分割され，「陸前」はおおむね現在の宮城県にあたる（３…〇）。なお，「陸奥」は１の青森県，「陸中」は２の岩手県，「磐城」・「岩代」は４の福島県にあたる。

問７ リアス海岸は土地が沈み込んでできた複雑な海岸地形で，入り江が内陸に深く侵入し水深も深いため，漁港や養殖場に適している。宇和海（愛媛県）や大村湾（長崎県），志摩半島の英虞湾（三重県），若狭湾（福井県）の沿岸はいずれもリアス海岸として知られるが，静岡県の駿河湾沿岸は砂浜海岸である（４…×）。

問８ 宮城県はかき類やわかめ類の養殖がさかんで，かき類の収獲量は広島県に次いで全国第２

位，わかめ類は全国一である（3…○）。なお，ほたてがいの収獲量が多い1は青森県，こんぶ類の収獲量が多い2は岩手県，海面養殖がそれほどさかんでない4は秋田県である。

問9　カツオやマグロは暖流の回遊魚である（2…○）。なお，サケやサンマは寒流の回遊魚，カニは甲殻類に分類される。

問10　三陸海岸の沖合には，暖流の黒潮（日本海流）と寒流の親潮（千島海流）がぶつかる潮目（㋐）があり，潮目付近は魚のえさとなるプランクトンが多いことから，好漁場となっている。また，三陸海岸を代表する宮城県の気仙沼港（㋑）は，暖流魚のカツオやマグロ，寒流魚のサンマのほか，フカヒレの原料になるサメ（㋒）類の水揚げ量が多い（2…○）。

問11　東北地方の太平洋側では，梅雨期から盛夏にかけて「やませ」と呼ばれる冷たい北東風が吹く。やませは寒流の親潮（千島海流）の上を吹き渡ってくるため冷たく湿っており，これが長く続くと日照不足となって気温が上がらないため冷害の原因となる。

問12　ラムサール条約は，特に水鳥の生息地として国際的に重要な湿地を保護することを目的とした条約で，1971年にイランのラムサールで採択された。2024年2月現在，日本の登録地は53か所あるが，トキの生息地である佐渡島（新潟県）は登録されていない（2…×）。なお，1の釧路湿原は北海道，3の琵琶湖は滋賀県，4の中海は島根県にある登録地。

問13　宮城県の県庁所在地である仙台市（A）は，江戸時代に伊達氏の城下町として栄え，現在は東北地方の政治・経済の中心地となっている。盛岡市（B）は岩手県の県庁所在地で，大正時代の和洋折衷の建築物や伝統的な旅館，川や公園などの自然があり，まちを歩いて楽しめることから，外国人の旅行先として人気を集めているほか，伝統的工芸品の「南部鉄器」の産地としても知られる。芋煮は，里芋や牛肉，こんにゃくなどを鍋で煮た山形県の郷土料理で，県庁所在地である山形市（C）では毎年秋に伝統行事として「芋煮会」が開催されている。

5 フェアトレード商品についての問題

問1　バナナは，コーヒーやカカオ，サトウキビなどとともに，赤道周辺の熱帯地方で栽培される。近年，持続可能な農業の一環として，アフリカ南部のザンビアではバナナの茎の繊維を利用したバナナペーパーがつくられるようになった。

問2　オランウータンは，マレー語で「森の人」と呼ばれている野生動物で，東南アジアのインドネシアやマレーシアに生息しているが，環境破壊が進んだ結果，現在は絶滅の危機に瀕している。

問3　⑴　発展途上国の人々の生活が成り立つように，公正な価格で取引された商品を「フェアトレード商品」といい，その認証マークには「FAIRTRADE」と記載されている（2…○）。なお，1は森林や生態系の保護，農園の労働環境など，持続可能な農業のための包括的な基準を満たした農園で栽培された原料を使用している商品を表す「レインフォレスト・アライアンス認証マーク」，3は持続可能なパーム油の円卓会議によって認証されたパーム油を使用している商品を表す「RSPO認証マーク」，4は農薬や化学肥料などの化学物質に頼らないことを基本として自然界の力で生産された食品を表す「有機JASマーク」。　⑵　企業にとって，商品に認証マークをつけることは，発展途上国の貧困の問題や地球環境の保全に積極的に取り組んでいる優良企業であるということを消費者にアピールすることができ，商品の売り上げを伸ばすことで，さらに大きな利益を得られるという利点がある。

理 科 (25分) ＜満点：50点＞

解 答

[1] (1) ① (2) A 3 B 5 C 1 E 6 I 4 (3) 3 (4) F 3 J 2 (5) G 5 H 3 K 7 (6) さそり [2] (1) (ア) 1 (イ) 1 (ウ) 2 (エ) 2 (オ) 2 (2) 073 (3) 4 (4) (例) 薬品にとても強い。 [3] (1) 4 (2) ① 1 ② 2 ③ 2 ④ 1 (3) 2 [4] (1) 1，2，4 (2) 1 (3) 1 (4) 3 (5) 2 (6) 1

解 説

[1] 夏と冬の大三角についての問題

(1) はくちょう座，こと座，わし座などは夏の代表的な星座である。よって，夏の星座を表しているのは①とわかる。なお，②に述べられているオリオン座やシリウスは冬の代表的な星座や星である。

(2) 夏の大三角は，はくちょう座のデネブ，こと座のベガ，わし座のアルタイルの３つの星を結んでつくる三角形である。また，冬の大三角は，オリオン座のベテルギウス，おおいぬ座のシリウス，こいぬ座のプロキオンの３つの星を結んでつくる三角形である。

(3) 夏の夜空で，南の空の低いところに見えるさそり座はアンタレスという１等星をもっている。アンタレスは赤色の明るい星で，同じように赤色に見える火星にちなんで名付けられた。

(4) オリオン座の中央にある三つ星を囲む４つの星のうち，南中したとき右下に位置する１等星は，青白色のリゲルである。また，おうし座の１等星アルデバランの付近には，プレアデス星団とよばれる星の集まりが見られ，日本ではこの星団を昔からすばるとよんでいる。

(5) (2)に述べたように，Gにはシリウスをもつおおいぬ座，Hにはプロキオンをもつこいぬ座があてはまる。また，カストルとポルックスをもつ星座はふたご座である。

(6) ギリシャ神話では，やたらと力自慢(じまん)をする猟師(りょうし)のオリオンをこらしめるために，神がオリオンにさそりを放ち，その毒によってオリオンは命を落としたという。そのため，星座になってもさそりを恐(おそ)れていて，さそり座が現れる夏の夜空には出てこないとされている。

[2] プラスチックの特ちょうや性質についての問題

(1) (ア) 表１にあるように，プラスチックの比重はいずれも１に近い値である。金属の比重は，軽いアルミニウムでも約2.7と大きい。 (イ) 一般(いっぱん)にプラスチックは電気を通さないので，絶縁材料に使われることも多い(種類によっては電気を通すプラスチックも存在する)。 (ウ) 熱や電気をよく伝えるのは金属特有の性質である。 (エ) 金属は不透明(とうめい)であり，独特のつや(金属光沢(こうたく))がある。 (オ) たたくとのびたり(延性)，うすく広がったりする(展性)のは金属に共通の性質である。

(2) 水にしずむのは比重が水の１より大きいプラスチックで，１，３，４，５の４つがあてはまる。よって，(１×３×４×５)＋(１＋３＋４＋５)＝60＋13＝73より，「０７３」となる。

(3) ゴミとして海洋に捨てられたプラスチックは，太陽からの紫(し)外線や波などの作用で，非常に細かい粒(つぶ)となって海洋中に広がる。このようなプラスチックのことをマイクロプラスチックという。

プラスチックは分解されにくく，海洋生物がエサなどといっしょに体内に取り込んだマイクロプラスチックは体内に残り続けるなど，海洋生物に深刻な悪影響をおよぼしている。

⑷　表1にあるように，PETは身近なプラスチックの中ではとくに薬品に強いという性質があり，飲料などの液体による影響を受けにくいため，その容器として利用されている。また，軽いこと，水を通しにくいことなども飲料容器として適している点である。

3　電磁石と電気回路についての問題

⑴　図1の(ア)のとき，コイルの端Aに方位磁石のN極が向いているので，端AはS極になっている。なお，同様に考えると，図1の(イ)では端AはN極になっている。

⑵　①　図の状態のときは，時計回りに巻いてあるアからイへ向かって電流が流れていて，端Aは図1の(ア)と同じS極になっている。スイッチを切りかえると，今度は反時計回りに巻いたウからエへ向かって電流が流れ，図1の(イ)と同じように，端AにはN極ができる。よって，方位磁石の向きが変わる。　②　図の状態のときは①と同じで端AはS極になっている。スイッチを切りかえると，図1の(イ)と電流の向きが逆になるので端AはS極になる。よって，方位磁石の向きは変わらない。　③　スイッチを切りかえても，エナメル線の巻き方も電流の向きも同じになるので，方位磁石の向きは変わらない。　④　スイッチを切りかえると電流の向きだけが逆になるので，方位磁石の向きが変わる。

⑶　1　スイッチを切りかえてもコイルに流れる電流の向きは変わらないので，電磁石の極は変わらない。　2　図の状態のときはコイルの上側から下側に向かって電流が流れ，スイッチを切りかえると下側から上側に向かって電流が流れる。よって，スイッチを切りかえることで電磁石の極を変えることができる。　3　スイッチをどちらに切りかえても，電池の両端を直接つないだ回路になり，エナメル線部分には電流は流れない。よって，目的には合わない。

4　理科に関する身近な話題や自然現象についての問題

⑴　さなぎの時期を経て成虫になる昆虫の育ち方を完全変態という。完全変態をする昆虫は，アリやハチ，ハエやカ，チョウ，カブトムシ，テントウムシなどのなかまである。カマキリ，トンボ，セミ，バッタのなかまはさなぎの時期がない不完全変態をする。

⑵　ニホンオオカミは，かつて本州や四国，九州など各地に広く生息していたが，1905年に捕まえられた個体を最後に目撃情報がなく，ほどなくして絶滅したと考えられている。なお，50年以上その存在が確認されない動物は，絶滅したとされる。

⑶　影の長さは，太陽の高さが低いほど長くなる。昼間より夕方の方が太陽の高さは低いので，夕方の方が昼間よりも影は長くなる。

⑷　冬は夏より太陽の南中高度が低くなる。したがって，同じ時刻にできる影の長さは，冬の方が夏よりも長くなる。なお，春と秋(春分と秋分)は太陽の高さがあまり変わらないため，影の長さもほとんど同じになる。

⑸　虹は，空中に浮かぶ細かな水滴の内部で太陽の光が屈折，反射して目に届く現象である。このとき，屈折のしかたが光の色ごとに違うために様々な色に分かれて見える。つまり，虹では水滴による太陽の反射光を見ているので，太陽は虹を観察している人の背後にある。

⑹　一般に，物質は凍ると体積が小さくなるが，水は凍ると体積が少し大きくなる。そのため，水を入れたペットボトルを凍らせるとペットボトルがふくらむ。

国語 (45分)＜満点：100点＞

解答

一 問1 4 問2 5 問3 2 問4 3 問5 俺自身〜しい。 問6 (例) みんなで合唱に取り組みたくなるようなDVDを見せる(こと。) 問7 4 二 問1 4 問2 A 9 B 4 C 2 D 7 E 5 問3 1 問4 2 問5 3 問6 2 問7 5 問8 ア 2 イ 1 ウ 1 エ 2 三 問1 5 問2 4 問3 2 問4 1 問5 4 問6 4 問7 (1) 5 (2) 2 (3) 5 四 問1 A 2 B 4 C 1 D 3 問2 ア 3 イ 4 ウ 1 五 下記を参照のこと。

●漢字の書き取り

五 ア 評判 イ 終生 ウ 連綿 エ 副次 オ 小刻(み) カ 札 キ 交付 ク 伝票 ケ 転居 コ 期(せず) サ 腹心 シ 一丸 ス 早晩 セ 孝行 ソ 耕(す)

解説

一 校内音楽会で最優秀(ゆうしゅう)賞をねらうヒロ(裕子(ひろこ))から合唱のパートリーダーを任された健太(「俺(おれ)」)が，男子のひどい歌声をどうしたらいいか悩(なや)むようすや，いい案を思いついて試(ため)すようすが描(えが)かれている。

問1 この「そもそも」は“もとはといえば”という意味。事の起こりをいう場合に使い，4の「だいたい」が同じ意味を持つ。なお，1の「いわんや」は，“いうまでもなく”という意味。2の「いわゆる」は“一般(いっぱん)にいわれている”という意味。3の「ついつい」は，その気はなかったのにうっかりそうしてしまうようす，あるいは，するつもりはあるのにそのままの状態を続けるようす。5の「しばしば」は，繰(く)り返されるようす。

問2 「ぬかす(吐かす)」は，人がものを言う行為(こうい)を表し，ばかにしたりののしったりするときに使う。5が同じ意味で使われている。1〜4は「抜(ぬ)かす」と書き，1は“あるべきものをうっかり落とす”“間を飛ばす”という意味。2は“それ以外は”という意味。3は“前にいるものの先に出る”という意味。4の「腰(こし)を抜かす」は，“驚(おどろ)きや恐(おそ)れのため立てなくなる”“腰の力がなくなって立てなくなる”という意味の慣用句。

問3 直前に「万能(ばんのう)の神」とあるように，「チャ爺(じい)さん」は，人間のように自然な文章で対話できるAIチャットサービス(チャットGPT)の愛称(あいしょう)で，「俺」にとって頼(たよ)りになる存在だと考えられる。「いつもレポートでお世話になっている」ものの，合唱のメンバーにやる気を出させる方法までは網羅(もうら)しておらず「役に立たない」のだから，“あることはおおむね認めるが，それがほかのことがらにあてはまるとは限らない”という意味を表す，2の「さすがに」が合う。ここでは，「さすがに〜ない」という形で用いる。なお，1の「にわかに」は，急に起こるようす。3の「まさしく」は，確かにそうであるようす。4の「閑話休題(かんわ)」は，横道にそれていた話を本筋にもどすときに用いる言葉。5の「さてしも」は“そのままで”“それにしても”などの意味を表す古語。

問4 ヒロから「頼りにしてるんだからね」と言われた「俺」は，悪態をつきながらもクラスの男子の合唱へのやる気を「盛り上げていく手だて」について考えている。しかし，いい方法が思い浮かばず悩み，「ちぇっ。俺以外男子は全員ボカロじゃだめか」と独り言をもらしたのである。翌日，ヒロとの会話を通じていい方法を思いついたこと，翌々日にはそれを実行していることもふまえると，言葉を「吐き捨て」たのは，自分を「パートリーダー」にしたヒロに苛立ったからではなく，決められた役目を果たせない自分自身に腹を立てたからだと推測できる。よって，3が合う。

問5　サッカー部の後輩からの相談を受け，DVDを観て基本テクニックを練習しろと適切なリアクションができた「俺」は，「結構頼りにされている」ことに心地よさを感じている。この後同じように，合唱練習前に「大スターたちが集まって曲を完成させた」メイキングビデオを見せ，ねらいどおり男子の半分以上を「やる気満々」にさせたとき，「俺自身～充実していて楽しい」と思ったのだから，この部分がぬき出せる。

問6　問5でも検討したように，翌日「俺」は男子たちに，大スターたちが集まって曲をつくるメイキングビデオを見せることで「心を一つにして合唱を作り上げることの大切さ」を伝え，やる気を引き出している。これをもとに，「大スターたちがみんなで曲を完成させたDVDを見せる(こと)」，「合唱でやる気が起きるようなメイキングビデオを見せる(こと)」のようにまとめる。

問7　「チャ爺さん丸写しの社会のレポート」など「どうでもよく」なるような，「充実」感がすぐ前で描かれている。問5，問6でも検討したが，これはみんなが「心を一つにして合唱を作り上げる」気になるよう，適切なDVDを選んで見せ，ねらい通りになった「充実」感にあたる。4が，「丸写し」では得られない，工夫して結果を出した喜びをとらえている。

二　**慶應義塾中等部の所在地を導入部に，江戸以来の東京の街並みやさまざまな積み重ねが関東大震災によって一気に消え失せたことで，新しい文化が現れたことを説明し，これからを生きていく受験生に，東京を今後どのような都市にしていきたいかと問いかけている。**

問1　「狭義」は，語意に幅があるときの狭い意味。対義語は，広い意味を表す「広義」。なお，「異議」は反対意見。「意義」は語意，価値。「語義」は語意。「会議」は集まって話し合うこと。

問2　**A**　「人々が見物しに訪れる」ところなので，「名高い場所」があてはまる。　**B**　「元禄年間」の江戸では庶民の文化が花開いたが，その華やかさから「花のお江戸」と呼ばれる。　**C**　江戸以来の街並みや伝統が絶えた原因は「関東大震災」なので，「自然の猛威」が入る。　**D**　言葉にも「新しい風が吹いた」ことで，機械文明や擬人法などを盛りこんだ「新感覚派」の文学作品が生まれたのだから，「新しい感覚」があてはまる。　**E**　直前の文章の特色が，続く部分で説明されている。筆者は新しい技術である「特別急行列車」，「沿線の小駅」を取り上げ，どちらも擬人化して「主語」に使っているので「二種類の主語」がよい。

問3　関東大震災で「江戸以来の伝統」的な「暮らし」も「街並み」も「一気に消え失せた」後，「外国」の文化が入ってきたのだから，1がふさわしい。

問4　「新しい風」は「空間や人間の生活」にだけ吹いたのではないとしたうえで，筆者は「言葉」もそうだと述べ，表現技法の「擬人法」をあげている。これが「空間や人間の生活」に入らない。なお，擬人法は“風がささやく”のように，人でないものを人に見立てて表現する技法。

問5　「この頃」とは，横光利一が特別急行列車を描き，「満員」の語を使ったころである。当時，列車の「満員」という現象が日常的になったのだから，「移動手段」の変化と説明する3がよい。

問6　「門」を「口を閉ざした」と人にたとえて表現した，2に擬人法が用いられている。なお，父の頭に生えた白髪を「霜」にたとえた１には暗喩(隠喩),「器楽部の演奏が」「聞こえるよ」の語順を入れかえた３には倒置,「国破れて山河あり」と「城春にして草木深し」を対応させて並べた４には対句,「ようだ」が用いられた５には直喩が使われている。

問７　「焼け野原」は，一面に焼けて荒れ果て何もなくなったところ。関東大震災後の火災で焼き尽くされたようすを表す。同じことは，空らんＣをふくむ段落で「過去の空白地帯」と表現されている。

問８　**ア**　新型コロナウイルスの影響と日本独自の文化との関係は述べられていない。　**イ**　関東大震災によって,「過去の積み重ね」が消え失せた一方,「今まで入れなかったものがすっと入ってくるように」なったのだから，合う。　**ウ**「関東大震災によって，文学作品にも新しい流れの一つの節目が起こった」，つまり機械文明や擬人法などを盛りこんだ「新感覚派」の文学作品が生み出されるようになったのだから，正しい。　**エ**　筆者は「東京を，今後どのような都市にしていきたいと考えているか」と読者に問いかけているのであって，自身の願望を述べているわけではない。

三　**出典：山本健吉編『現代の随想28　山本健吉集』**。川端康成がノーベル文学賞を受賞したとき，講演で引用した詩句「雪月花の時最も友を思ふ」について，出典を紹介しつつ内容を解説している。

問１　５が川端康成『雪国』の冒頭部分にあたる。なお，１は森鷗外『高瀬舟』，２は夏目漱石『吾輩は猫である』，３は芥川龍之介『鼻』，４は太宰治『走れメロス』である。

問２　これまでノーベル文学賞を受賞した日本人作家は，川端康成と大江健三郎の二人。川端康成の授賞理由は“日本人の心の精髄を優れた感受性で表現する，その物語の巧みさ”，大江健三郎の授賞理由は“詩的な言語を使って，現実と神話の入り混じる世界を創造し，窮地にある現代人の姿を，見るものを当惑させるような絵図に描いた”というものである。川端康成には『伊豆の踊子』『千羽鶴』，大江健三郎には『新しい人よ眼ざめよ』『燃えあがる緑の木』などの作品がある。

問３　川端康成は，講演のなかで「いろんな和歌や詩を挙げ」つつ「日本人の美意識」を説いていたのだから，２の「美しい」があてはまる。

問４　「にべもない」は，そっけないようす。類義語に「不愛想な」「けんもほろろ」などがある。

問５　１は『古今和歌集』の「仮名序」で，紀貫之の作と言われる。２は『竹取物語』(作者不明)，３は兼好法師(吉田兼好)の『徒然草』，５は『平家物語』(作者不明)の冒頭である。

問６　「琴詩酒ノ友皆我ヲ抛チ／雪月花ノ時最モ君ヲ憶フ」は対句になっている。「対句」は“山高く，海深し”のように，対となる表現を同じような形で並べることで，リズム感を生み，印象を深める技法。「反復」は“早く，早く”のように，くり返しによって強調を期待する技法。「倒置」は“寒いね，今日は”のように，語順を入れかえることで，意味を強めたり語調を整えたりする技法。「比喩」は“花のような笑顔”“花の笑顔”のように，ものごとを説明するときに，ほかの何かにたとえて表現する技法。「体言止め」は“僕が苦手なのは，算数”のように，文末を体言(名詞・代名詞)で止めることで余韻を生み，印象を深める技法。

問７　⑴　日本の四季の美しい風物を表す「雪月花」は,「雪」が冬,「月」が秋,「花」は“桜”を指し，春となる。よって，５が合う。　⑵「時鳥」は，日本では夏に渡ってくる夏鳥。なお,「燕」「鶯」は春,「啄木鳥」は秋,「白鳥」は冬の風物となる。　⑶　白楽天の漢詩にある

「雪月花」は「日本人の風雅思想」の形成に大事な役割を果たしたとある。その風雅思想は，はじめのほうで「自然の景物を友とするところに成立する日本人の美意識」と説明されているので，5が合う。

四　ことばのきまり

問1　**A**　「倒れている」は，ある時点で倒れ，その結果が残っていることを表す。　**B**　「ある」「いる」などの存在を表す動詞に「ている」はつかない。　**C**　「歌っている」は，今その動作が続いていることを表す。　**D**　「～に似る」は「～に似た状態になる」ことを表し，「～に似ている」は「～に似た状態である」ことを表す。

問2　**ア**　「薬が効いている」は，今まさに薬の効果を感じ取っている状態なので，「実感」がよい。**イ**　「薬が効いた」は，症状がおさまった状態，つまり「完了」を表す。　**ウ**　「明かりが消えた」は，消えた「瞬間」を目撃して，そのまま消えているというニュアンスである。

五　漢字の書き取り

ア　世の中の人々の評価。　**イ**　死ぬまでの間ずっと。「終世」とも書く。　**ウ**　長く続いて途切れないようす。　**エ**　主要なものごとや原因に対し従属的なもの，二次的なもの。**オ**　ごく短い間隔をおいて，ある動作が反復して行われるようす。　**カ**　音読みは「サツ」で，「表札」などの熟語がある。　**キ**　役所や機関などが一定の手続きをふんだ人に書類などを発行すること。　**ク**　会社や商店などで，金銭の出入や取引内容などを記入する一定の様式を備えた紙片。　**ケ**　住居をかえること。引っ越し。　**コ**　「期せずして」で，“期待していなかったのに”“思いがけず”という意味。　**サ**　深く信頼できること。　**シ**　「一丸となって」で，“結集したみんなが力を合わせて事にあたる”という意味。　**ス**　遅かれ早かれ。そのうちきっと。**セ**　親を大切にすること。　**ソ**　音読みは「コウ」で，「農耕」などの熟語がある。

Dr.福井の 入試に勝つ！脳とからだのウルトラ科学

右の脳は10倍以上も覚えられる！

手や足，目，耳に左右があるように，脳にも左右がある。脳の左側，つまり左脳は，文字を読み書きしたり計算したりするときに働く。つまり，みんなはおもに左脳で勉強していることになる。一方，右側の脳，つまり右脳は，音楽を聞き取ったり写真や絵を見分けたりする。

となると，受験勉強に右脳は必要なさそうだが，そんなことはない。実は，右脳は左脳の10倍以上も暗記できるんだ。これを利用しない手はない！　つまり，必要なことがらを写真や絵などで覚えてしまおうというわけだ。

この右脳を活用した勉強法は，図版が数多く登場する社会と理科の勉強のときに大いに有効だ。たとえば，歴史の史料集には写真や絵などがたくさん載っていて，しかもそれらは試験に出やすいものばかりだから，これを利用する。やり方は簡単。「ふ～ん，これが○○か…」と考えながら，載っている図版を５秒間じーっと見つめる。すると，言葉は左脳に，図版は右脳のちょうど同じ部分に，ワンセットで記憶される。もし，左脳が言葉を忘れてしまっていたとしても，右脳で覚えた図版が言葉を思い出す手がかりとなる。

また，項目を色でぬり分け，右脳に色のイメージを持たせながら覚える方法もある。たとえば江戸時代の三大改革の内容を覚えるとき，享保の改革は赤，寛政の改革は緑，天保の改革は黄色というふうに色を決め，チェックペンでぬり分けて覚える。すると，「“目安箱”は赤色でぬったから享保の改革」というように思い出すことができ，混同しにくくなる。ほかに三権分立の関係，生物の種類分け，季節と星座など，分類されたことがらを覚えるときもピッタリな方法といえるだろう。

Dr.福井（福井一成〔ふくいかずしげ〕）…医学博士。開成中・高から東大・文Ⅱに入学後，再受験して翌年東大・理Ⅲに合格。同大医学部卒。さまざまな勉強法や脳科学に関する著書多数。

Memo

2023年度 慶應義塾中等部

【算　数】（45分）〈満点：100点〉

〔注意〕　解答は，下の〔例〕にならって□の中に0から9までの数字を1字ずつ記入しなさい。

〔例〕

(1)　333mから303mをひくと□□mになります。　解答

3	0

(2)　2.34に6をかけると ア . イ になります。　解答

ア		イ	
1	4	0	4

(3)　$\frac{5}{2}$に$\frac{1}{3}$をたすと ア$\frac{イ}{ウ}$になります。　解答

ア	イ	ウ
2	5	6

1　次の□に適当な数を入れなさい。

(1)　$1\frac{29}{36} \div \left(6.3 - \frac{7}{15}\right) \times 5.6 - 3.43 \div 2\frac{5}{8} = \frac{ア}{イ}$

(2)　$\left(4.3 \div \frac{ア}{イ}\right) : \left(1.02 \times 5\frac{11}{15}\right) = 45 : 9$

(3)　33と93のどちらをわっても3あまる整数をすべて加えると□□になります。

(4)　3，2，7，6，5，3，2，7，6，5，3，2，7，……と規則的に並んでいる数の列で，47番目までの数の総和は□□□です。

(5)　赤色，青色，黄色，緑色のサイコロが1つずつあります。これらのサイコロを同時に1回投げたとき，4つのサイコロの目がすべて異なるような目の出方は，全部で□□□通りあります。

2　次の□に適当な数を入れなさい。

(1)　12％の食塩水600ｇから200ｇを捨てて，代わりに同じ量の水を加えました。よくかき混ぜた後，今度は食塩水を□□□ｇ捨てて，代わりに同じ量の水を加えたところ，5.6％の食塩水になりました。

(2)　一定の速さで流れる川沿いに72km離（はな）れたＡ町とＢ町があります。Ａ町とＢ町の間を船で往復するのに，上りは8時間，下りは6時間かかります。この船の静水時の速さが一定だとすると，この川の流れの速さは時速 ア . イ kmです。

(3)　太郎（たろう）君が今までに受けた□□回のテストの平均点は77点でした。今回のテストで38点をとったので，平均点は3点下がりました。

(4)　今日の映画館の入場者は783人で，昨日の入場者と比べると，大人は10人減り，子供は17％増えて，全体では8％増えていました。今日の子供の入場者は□□□人です。

(5)　1辺が1cmの正方形をすき間なく敷（し）きつめて，縦（たて）が8cm，横が28cmの長方形をつくります。この長方形の対角線を1本ひくと，2つの部分に分かれる正方形は全部で□□個です。

3 次の□に適当な数を入れなさい。ただし，円周率は3.14とします。

(1) 右の[図１]において，同じ印をつけた角の大きさがそれぞれ等しいとき，角xの大きさは［ア］.［イ］°です。

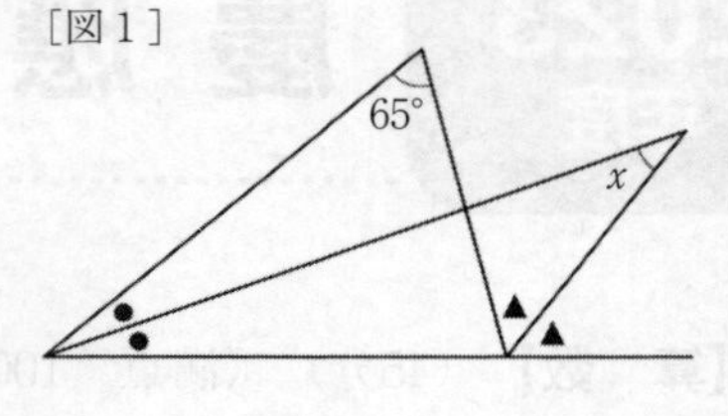

(2) 下の[図２]のように，３つの合同な正三角形を組み合わせて，直線PDをひきました。辺AQ，QCの長さがそれぞれ3 cm，4 cmのとき，辺PBの長さは［ア］$\frac{［イ］}{［ウ］}$ cmです。

(3) 下の[図３]のように，正方形と円を組み合わせました。正方形の面積が162cm²のとき，色のついた部分の面積は［ア］.［イ］cm²です。

(4) ２辺AB，ACが等しい二等辺三角形と長方形を下の[図４]のように組み合わせました。この図形を直線PQのまわりに１回転させてできる立体の表面の面積は［ア］.［イ］cm²です。

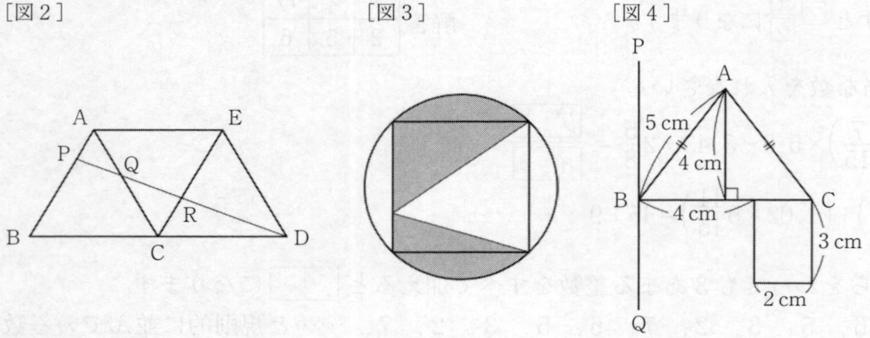

4 太郎君は，家から峠まで登るのに１時間30分かかり，峠から家まで下るのに54分かかります。太郎君の家と峠の間には，記念碑があります。ある日，太郎君が家から峠まで登るのに，記念碑と峠とのちょうど真ん中の地点で忘れ物に気付き，すぐに家まで戻りました。そして，家で忘れ物を取り，すぐに峠に向かったところ，はじめに家を出発してから３時間36分後に峠に着きました。太郎君は，登るときと下るときはそれぞれ一定の速さで歩くものとして，次の□に適当な数を入れなさい。

(1) 太郎君の家から忘れ物に気付いた地点までの距離は，太郎君の家から峠までの距離の$\frac{［ア］}{［イ］}$にあたります。

(2) 太郎君が記念碑の前で忘れ物に気付き，すぐに家まで戻ってから再びすぐに峠に向かったとすると，太郎君ははじめに家を出発してから［ア］時間［イ］分後に峠に着きます。

5 ［図１］のような直方体の水槽(すいそう)の底面が，底面に対して垂直で高さの異なる仕切り板によって３つの部分Ａ，Ｂ，Ｃに分けられています。Ａ，Ｂ，Ｃの底面積の比は２：１：３です。Ａの部分には毎分0.8Ｌの割合で，Ｃの部分にも一定の割合で，同時にそれぞれ水を入れていったところ，水を入れ始めてから72分後にこの水槽は満水になりました。［図２］のグラフは，水を入れ始めてからの時間と，Ａの部分に入っている水の深さの関係を示したものです。仕切り板の厚さは考えないものとして，下の□に適当な数を入れなさい。

［図１］

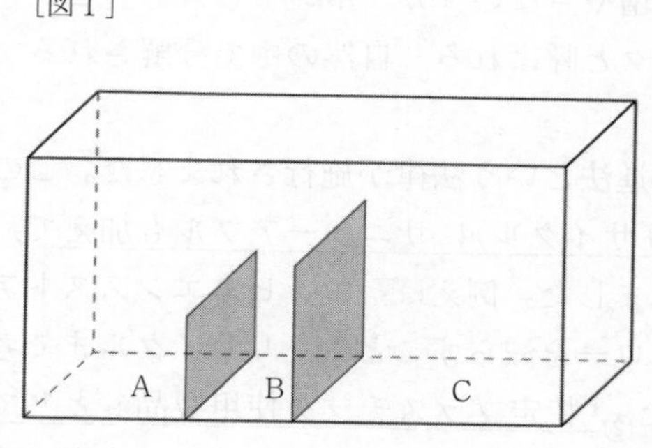

［図２］

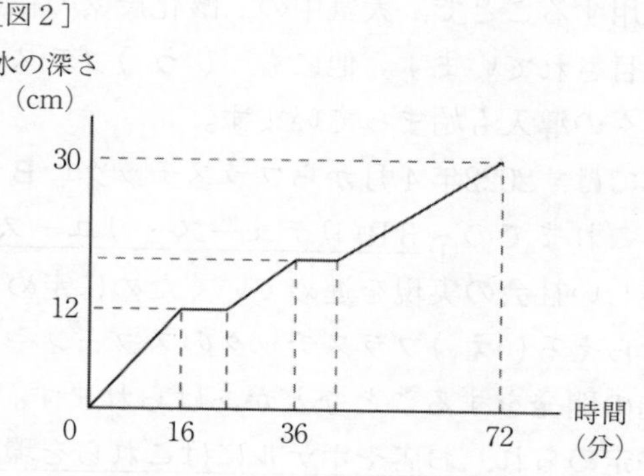

(1)　Ｃの部分には，毎分$\frac{\boxed{ア}}{\boxed{イ}}$Ｌの割合で水を入れました。

(2)　水を入れ始めてから40分後に，Ｃの部分の水の深さは$\boxed{ア}\frac{\boxed{イ}}{\boxed{ウ}}$cmになりました。

6 ［図１］，［図２］のような筆算で表せる３桁(けた)の整数の計算を考えます。９つの数字１，２，３，４，５，６，７，８，９を図の○の位置に１つずつ置いて，正しい計算になるようにします。それぞれの図において，同じ数字は用いないものとして，次の□に適当な数を入れなさい。

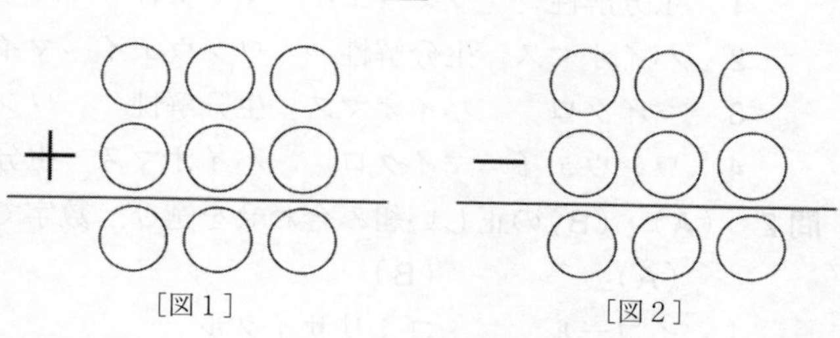

［図１］　［図２］

(1)　［図１］の筆算で表せるような３桁の整数の和を考えます。その和は最も小さい場合で□□□になります。

(2)　［図２］の筆算で表せるような３桁の整数の差を考えます。その差は最も大きい場合で□□□になります。

【社　会】(25分)〈満点：50点〉

1 次の文章を読み，各問に答えなさい。

プラスチックは石油から作られるため，燃やすと温室効果ガスが出てしまいます。近年では，海で漂(ただよ)ううちに細かく砕(くだ)かれてできた(**あ**)プラスチックが海洋生物の体内に取り込まれてしまうことが問題となっています。この対策として，プラスチックの代わりに，紙や木材などの環境に優しい素材へ切りかえる動きがみられます。また，植物から作られた(**い**)プラスチックを使用することで，大気中の二酸化炭素の総量を増やさない「カーボン・(**A**)」という方法も注目されています。他にも，(**う**)プラスチックと呼ばれる，自然の中で分解されるプラスチックの導入も始まっています。

日本では，2022年4月からプラスチック(**B**)促(そく)進法という法律が施(し)行されました。この法律は，これまでの①3R(リデュース・リユース・リサイクル)にリニューアブルも加えて，環境に優しい社会の実現を進めていくために定められました。例えば，コンビニエンスストアなどでもらえる(**え**)プラスチックのスプーンやストローを減らすことや，リサイクルまで考えた商品の開発をすることなどがあげられます。また②「特定プラスチック使用製品」として12品目が定められ，お店やホテルにはこれらを環境負荷にならないように提供する工夫が求められています。

問1　(あ)～(え)の正しい組み合わせを選び，数字で答えなさい。

	(あ)	(い)	(う)	(え)
1	生分解性	ワンウェイ	マイクロ	バイオマス
2	バイオマス	生分解性	ワンウェイ	マイクロ
3	マイクロ	バイオマス	生分解性	ワンウェイ
4	ワンウェイ	マイクロ	バイオマス	生分解性

問2　(A)・(B)の正しい組み合わせを選び，数字で答えなさい。

	(A)	(B)
1	イコール	ゴミリサイクル
2	セーブ	ゴミ循(じゅん)環
3	ニュートラル	資源循環
4	リミテッド	資源リサイクル

問3　下線部①について，語句の意味を正しく説明している組み合わせを選び，数字で答えなさい。

	リデュース	リユース	リサイクル	リニューアブル
1	くり返し使う	作り変える	再生可能	減らす
2	再生可能	減らす	くり返し使う	作り変える
3	作り変える	再生可能	減らす	くり返し使う
4	減らす	くり返し使う	作り変える	再生可能

問4　下線部②について，お店やホテルの工夫として**ふさわしくないもの**を選び，数字で答えなさい。

1　飲食店は，マイはしやマイボトルを持ちこんだお客に商品を提供しないようにする。

2　クリーニング店は，ハンガーを店頭で回収し，リユースやリサイクルをする。

3　コンビニエンスストアは，プラスチック製のスプーンやフォークを有料で提供する。

4　ホテルは，歯ブラシやくしなどを宿泊客がロビーで必要な分だけ持っていけるようにする。

2　次の文章を読み，各問に答えなさい。

日本列島に住む人々の食文化は時代とともに移り変わってきました。旧石器時代は，人々は大型の動物や植物の実をとって食べていました。長野県の［遺跡A］では，木で作ったやりなどと一緒にナウマンゾウの牙やオオツノジカの角の化石がみつかっています。続く①縄文時代の貝塚からは貝や魚だけでなく，木の実などを土器で煮炊きをした痕跡もみられます。青森県の［遺跡B］ではクリの木を植林して建物の柱に使っていたことがわかっています。

弥生時代になると大陸から稲作が伝わり，コメを中心とした食文化が始まりました。飛鳥時代以降，②仏教が国内に広がるとともに，牛や馬，鶏などを殺したり食べたりすることがしばしば禁止されました。こうしたできごともあって，肉食を避けてコメを中心とする食文化が根付いていったのです。

鎌倉時代に③臨済宗を開いた栄西が中国から茶の苗などを持ち帰ると本格的な茶の栽培が始まりました。室町時代には，貴族や武士の間にも茶が好まれるようになり，④茶の湯の文化が発展していきました。その頃になると，海産物などからとっただしや⑤しょうゆ・みそなどの調味料を料理に使うようになりました。これらの調味料は，江戸時代には大量に作られるようになり庶民も好んで使いました。だしやしょうゆで味付けをしたうどんやそばなどのめん類は江戸の町なかで人気の料理でした。

⑥江戸時代の中期以降は，畑作も広がって各地で商品作物の生産がみられるようになり，大都市には全国の特産物が集まりました。さらに後期になると，飢饉などの影響でやせた土地でも育つソバやヒエ，キビなどの⑦救荒作物の生産がさかんになりました。様々な食材が育てられるようになると，各地で独自の⑧郷土料理が発展していきました。

問1　［遺跡A］と［遺跡B］を選び，それぞれ数字で答えなさい。

1　岩宿遺跡　　2　三内丸山遺跡　　3　野尻湖遺跡　　4　吉野ヶ里遺跡

問2　下線部①について，関東平野の貝塚が内陸にも多い理由を20字以上35字以内で説明しなさい。

問3　下線部②について，仏教を深く信仰し，動物を狩ることを禁止したり，大仏の造立を命じたりした奈良時代の天皇の名前を**漢字**で答えなさい。

問4　下線部③について，**鎌倉仏教でないもの**を選び，数字で答えなさい。

1　時宗　　2　浄土宗　　3　浄土真宗

4　真言宗　　5　曹洞宗　　6　日蓮宗

問5　下線部④について，元商人で豊臣秀吉に仕えて茶の湯を大成した人物の名前を**漢字**で答えなさい。

問6　下線部⑤について，しょうゆの一般的な製法を選び，数字で答えなさい。

1　蒸したもち米と米麹にアルコールを混ぜて熟成させる。

2　蒸した大豆と炒った小麦で作った麹に食塩水を混ぜて熟成させる。

3　蒸した米などから作ったアルコールを種酢と混ぜて熟成させる。

4　蒸してつぶした大豆に麹と塩を混ぜて熟成させる。

問7　下線部⑥について，次の1～4のできごとのうち**3番目に古いもの**を数字で答えなさい。

(1)　1　大塩平八郎が，貧しい人々の救済を訴(うった)えて大阪で反乱を起こした。

2　田沼意次が，商工業を発展させるために株仲間を積極的に公認した。

3　徳川吉宗が，幕府の財政再建のために，享保の改革を行った。

4　松平定信が，農村を立て直すため，寛政の改革を行った。

(2)　1　阿部正弘が，老中筆頭としてアメリカとの和親条約に調印した。

2　福澤諭吉が，日米修好通商条約の批准(じゅん)書交換(かん)に随(ずい)行し，咸臨丸でアメリカに上陸した。

3　ペリーが，アメリカの使節として日本の開国を求めて浦賀に来航した。

4　ラクスマンが，ロシアの使節として日本との貿易を求めて根室に来航した。

問8　下線部⑦について，青木昆陽が栽培をすすめた「甘藷(かんしょ)」とは何か，**ひらがな5字**で答えなさい。

問9　下線部⑧について，東京の地名が由来の郷土料理を選び，数字で答えなさい。

1　ずんだもち　　2　ちくぜん煮　　3　つくだ煮　　4　もんじゃ焼き

3　次の年表は，ロシアとウクライナについてまとめたものです。年表の(**う**)～(**か**)には，下のA～Dのいずれかの事がらが当てはまります。各問に答えなさい。

1991年	12月	ソ連が解体し，ウクライナが独立する。
2014年	3月	ロシアが，ウクライナの(　**あ**　)半島を併合する。
2021年	12月	①ロシアが，②ウクライナの(　**い**　)非加盟を求める条約案を発表する。
2022年	2月24日	(　**う**　)
	2月25日	(　**え**　)
	3月2日	(　**お**　)
	9月30日	(　**か**　)
	10月12日	③国連の総会で，ロシアによるウクライナ東部・南部4州の併合を違法だとする決議案が賛成多数で採択される。

A　ロシアが，ウクライナの東部と南部の4州の併合を宣言する。

B　ロシア軍が，ウクライナ領内での「特別軍事作戦」を開始する。

C　国連の(　**c**　)で，ロシア軍の完全撤(てっ)退を求める決議案が賛成多数で採択される。

D　国連の(　**d**　)で，ロシア軍の即(そく)時撤退を求める決議案が提出されるが，ロシアが［　　　］権を行使したために否決される。

問1　(**あ**)と(**い**)の正しい組み合わせを選び，数字で答えなさい。

	(あ)	(い)
1	キーウ	NATO
2	クリミア	NATO
3	バルカン	WTO
4	マリウポリ	WTO

問2　下線部①と②の大統領の名前，③の事務総長，の正しい組み合わせを選び，数字で答えなさい。

	①	②	③
1	ゼレンスキー	プーチン	グテーレス
2	ゼレンスキー	プーチン	パン・ギムン
3	プーチン	ゼレンスキー	グテーレス
4	プーチン	ゼレンスキー	パン・ギムン

問3　（c）と（d）の正しい組み合わせを選び，数字で答えなさい。

	（c）	（d）
1	安全保障理事会	国際司法裁判所
2	安全保障理事会	総会
3	国際司法裁判所	総会
4	総会	安全保障理事会

問4　Dの文中の［　　］に当てはまる語句を**漢字2字**で答えなさい。

問5　（う）～（か）に当てはまる事がらの正しい組み合わせを選び，数字で答えなさい。

	（う）	（え）	（お）	（か）
1	A	B	C	D
2	A	B	D	C
3	B	D	A	C
4	B	D	C	A

問6　2022年にロシアがウクライナ領内で大規模な軍事作戦を始めたことによって引き起こされたと考えられる事がらとして，**正しくないもの**を選び，数字で答えなさい。

1　EU加盟国の多くが，ロシアからの天然ガスの輸入を禁止・制限した。
2　原油の国際価格が大幅(はば)に上昇した。
3　小麦の国際価格が大幅に下落した。
4　1千万人を超えるウクライナの人々が周辺の国々へ避難した。

4　次の小泉くん，高橋さん，先生の会話を読み，各問に答えなさい。

小泉「2022年の夏は，①日本各地で記録的な大雨に見まわれたというニュースを見たよ。社会の授業でも，日本の雨の多い地域と少ない地域を学習したね。」

先生「②（ あ ）県の屋久島は，日本で年間降水量が最も多い場所のひとつです。そのため，縄文杉などたくさんの杉が，島内に生いしげっています。③世界自然遺産にも登録されているね。江戸時代には，薩摩藩の特産品としてたくさんの杉が伐(ばっ)採されましたが，近年では，屋久島の生態系の保全と観光の発展を両立させる［ A ］もさかんです。」

高橋「［ A ］は日本各地でさまざまな取り組みがなされていて，いま話題の④SDGsとも関連が深いよね。」

小泉「ところで，日本で雨が少ない地域はどこだろう。たしか（ い ）地方だと習ったよ。そのため，香川県の（ う ）平野には，いまでもたくさんのため池が残っているそうだね。」

高橋「そういえば香川県は，うどんの消費量が全国で最も多いらしいよ。どうして香川県でうどんづくりがさかんになったのかな。」

先生「香川県は，一年を通して雨が少ないので，うどんの原料となる（ **え** ）の栽培が昔からさかんでした。また，うどんの「めん」をつくるには（ **お** ）も必要ですが，海水を利用して浜辺でつくることができ，めんつゆの「だし」をとるための（ **か** ）も近海で入手しやすかったのです。」

高橋「なるほど。人と自然がうまく共存していくヒントがかくされていて，興味深い話でした。」

問１　（あ）（い）（う）に当てはまる語句の正しい組み合わせを選び，数字で答えなさい。

	（あ）	（い）	（う）
1	沖縄	瀬戸内	播磨
2	沖縄	北陸	讃岐
3	鹿児島	瀬戸内	讃岐
4	鹿児島	北陸	播磨

問２　（え）（お）（か）の正しい組み合わせを選び，数字で答えなさい。

	（え）	（お）	（か）
1	小麦	塩	小魚（煮干し）
2	小麦	しょう油	かつお（かつお節）
3	そば	塩	こんぶ
4	そば	しょう油	さば（さば節）

問３　下線部①に関連して，短時間に局地的な大雨をもたらす現象の直接的な原因とされているものを選び，数字で答えなさい。

1　オホーツク海高気圧の勢力の強まり
2　線状降水帯の発生
3　太平洋高気圧の勢力の強まり
4　梅雨前線の停滞（たい）

問４　下線部②に関連して，次の問に答えなさい。

屋久島と種子島は，約20kmしか離（はな）れていませんが，年間降水量は，屋久島の方がはるかに多くなっています。その理由について，次の地形図と雨温図を参考にして，島の地形，島にふく風のことにふれながら，30字以上60字以内で答えなさい。

図1　屋久島と種子島周辺の地形図

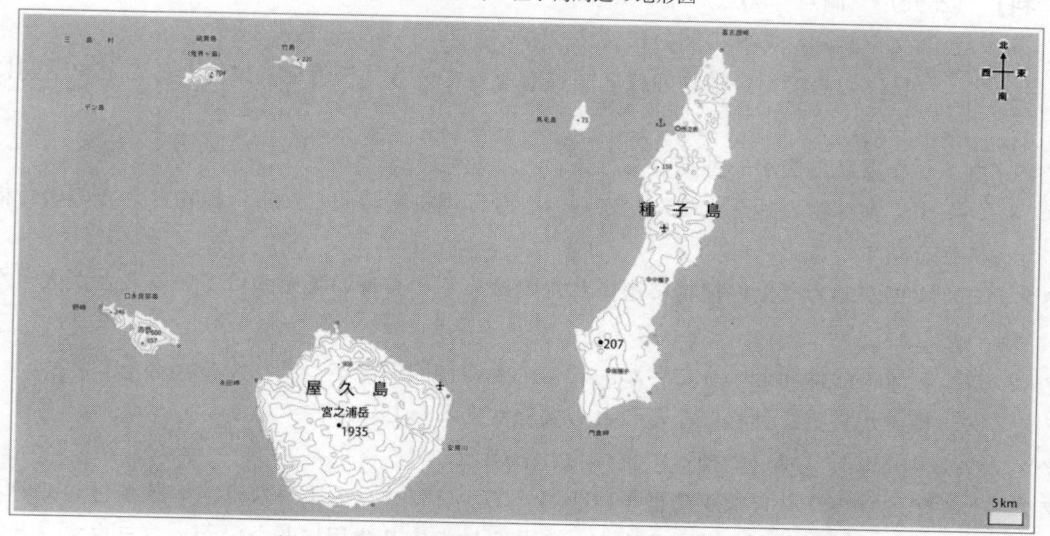

国土地理院　地理院地図Vectorより作成(用紙にあわせて縮尺は変えてあります。)
〈編集部注：編集上の都合により80%に縮小してあります。〉

図2　屋久島・種子島の雨温図

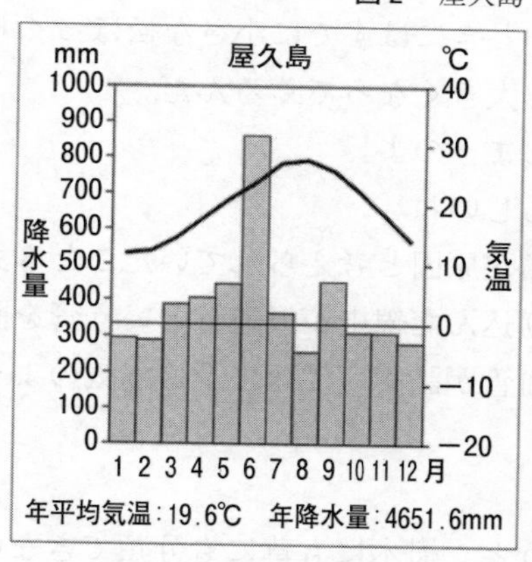

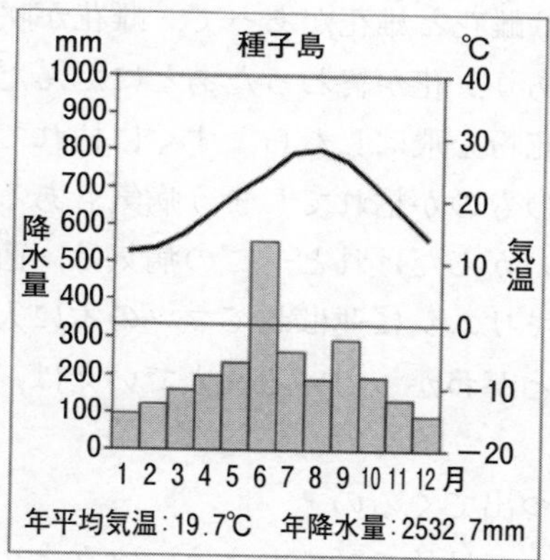

問5　下線部③に関連して，2023年2月現在，世界自然遺産に登録されている場所は，次の6か所のうち何か所ありますか。数字で答えなさい。

知床半島	白神山地	小笠原諸島
富士山	紀伊山地	西表島

問6　会話文中の A に当てはまる語句を**カタカナ7字**で答えなさい。

問7　下線部④に関連して，慶應義塾の創設者である福澤諭吉は，いまから130年ほど前に私財を投じて，故郷のある場所の貴重な自然景観を環境破壊(かい)から守るという，今日のSDGsにも通じる活動をしていました。ある場所とはどこか選び，数字で答えなさい。

1　釧路湿原(北海道)　**2**　狭山丘陵(埼玉県)
3　天神崎(和歌山県)　**4**　耶馬渓(けい)(大分県)

【理　科】　(25分)〈満点：50点〉

1　次の会話文を読み，あとの問いに答えなさい。

フクスケ：今日はおめでたい植物の代名詞にもなっている「松竹梅」に関わることを話題にしてみよう。

マツゾウ：うな重なら松が一番高いんだよね。

ウ メ コ：すぐ食べ物の話をするんだから…。今は理科の時間だから，植物としての松竹梅のことを話すのよ。

タケチヨ：マツがおめでたい植物に選ばれたのは，冬でも青い葉をつけていることが大きな理由らしい。

ウ メ コ：(　ア　)の仲間ということね。でも，その仲間の樹木ってたくさんあるわ。

フクスケ：種子が貴重な食料になることも関係があるらしい。

マツゾウ：えーっ!?　マツの種って食べられるの？

フクスケ：アカマツやクロマツの種子は小さくて，プロペラのようなうすい膜(まく)が付いているので，くるくる回りながら落ちるんだ。これらはあまり食用にしないが，ゴヨウマツという種類のマツの種子は大きくて，アーモンドのような味でなかなかおいしいよ。

タケチヨ：マツの種子は松ぼっくりの中にたくさん入っているんだよね。

フクスケ：マツの花には雌花(め)と雄花(お)があって，雌花が咲くときにはすでに小さな松ぼっくりの形をしたものがあり，花が終わったあとにだんだん大きくなってくるんだ。

ウ メ コ：雄花の方は花粉を飛ばしたら，すぐに枯(か)れてしまうのよ。

タケチヨ：マツの木そのものが枯れてしまう病気もあるらしいね。

フクスケ：松枯れ病というんだけれど，この病気は，菌(きん)類が原因と考えられていたこともあったけれど，カミキリムシに運ばれてマツの木に入り込んだ線虫が仮道管という管を詰(つ)まらせて起こることがわかっている。人でいえば，血管が詰まって死に至る病気のようなものだね。

マツゾウ：竹の話はいつ出てくるの？

フクスケ：そうだった。では竹の話をしよう。タケというと，樹木にも草にも分類できない植物といわれるけれど，どんなところが樹木とちがうのかな？

ウ メ コ：タケの幹は中が空洞(どう)になっていて，節があって，そのかわり樹木の様な(　イ　)がないわね。

フクスケ：そうだね。つまり，タケは年ごとに太くなることはないということなんだ。

タケチヨ：タケといえば，エジソンが電球を作るときに日本のタケを使ったというよ。

フクスケ：よく知っているね。ただ，タケをそのまま使ったわけではなくて，電気を通しやすくなるようにある処理をして使ったんだ。金属以外で電気を通すものといえば何かな。

マツゾウ：シャープペンの芯(しん)は電気を通すんだよね。ところでタケにも花は咲くの？

ウ メ コ：60年に１回花をつけると聞いたことがあるわ。

フクスケ：タケは(　ウ　)と同じ仲間だから，目立たないが花をつける。だが，めったに咲くわけではなく，60年から120年くらいの長い期間に一度だけ咲くらしい。調査によると，花が咲くのはタケノコが出てくる季節だ。

マツゾウ：タケノコ…食べたいなぁ。梅なら梅干しだね。

ウメコ：また食べ物の話？　梅干しのことで私が思ったのは，酸っぱいのに，アルカリ性食品と言われるのはなぜかということなんだけど。

フクスケ：もっともな疑問だね。実は，酸性食品とアルカリ性食品の区別は，（エ）を調べることで判断しているからで，その中に梅干しの酸っぱさのもとのクエン酸は含まれていないんだ。同じようにトマトやダイズ，ワカメ，シイタケなどもアルカリ性食品なんだよ。

タケチヨ：梅干しの種はふつう食べないけれど，ウメの仲間で，種子の中身を食べる植物もあるよね。

マツゾウ：えーっ，何だろう。ぼくならスイカの種は食べちゃうけど。

ウメコ：やっぱり食いしん坊(ぼう)だわ。

(1)　マツの花粉を運ぶものは何ですか。次の中から選びなさい。

1　鳥　2　昆虫　3　風　4　川や海の水　5　リス

(2)　初夏のころ，マツの木の周りに落ちている茶色いイモムシのようなものは何ですか。次の中から選びなさい。

1　雄花の花がら　2　受粉しなかった雌花
3　はがれ落ちた樹皮　4　マツケムシの死がい

(3)　マツの種子を運ぶものは何ですか。次の中から選びなさい。

1　鳥　2　昆虫　3　風　4　川や海の水　5　リス

(4)　「松枯れ病」の直接の原因になっているものは何ですか。次の中から選びなさい。

1　マツノモザイクウイルス
2　マツノザイセンチュウ
3　マツノマダラカミキリ

(5)　(ア)にあてはまる最も適切な単語を次の中から選びなさい。

1　針葉樹　2　広葉樹　3　常緑樹
4　落葉樹　5　裸(ら)子植物　6　被(ひ)子植物

(6)　(イ)にあてはまる単語を書きなさい。

(7)　エジソンが作った電球には，タケをどのようにして使っていたのでしょうか。次の中から選びなさい。

1　食塩水に浸(ひた)した　2　蒸し焼きにした
3　磁石でこすった　4　金づちでたたいた

(8)　(ウ)にあてはまる植物を次の中から選びなさい。

1　イチョウ　2　イネ　3　クリ
4　スギ　5　ハス　6　ラン

(9)　(エ)にあてはまる語句を次の中から選びなさい。

1　アルコールで抽(ちゅう)出したもの　2　乾燥(かんそう)させたもの　3　燃えカス

(10)　ウメと同じ仲間で，種子の中のものを食用にしている植物の名前を会話文の中から抜(ぬ)き出して書きなさい。

(11)　「パイナップル」は，ある植物の実に形が似ていることからその名がつきました。会話文中にある，その植物の名前を抜き出して書きなさい。

2 2022年９月15日の夜８時，東京ではちょうど頭上に夏の大三角がありました。次の問いに答えなさい。

(1) 夏の大三角を構成している星を次の中から３つ選びなさい。答えは番号の小さい方から順に書くこと。

1 アルタイル　2 アルデバラン　3 アンタレス　4 シリウス
5 デネブ　6 プロキオン　7 ベガ　8 ベテルギウス

(2) (1)で選んだ星を含む星座を次の中から３つ選びなさい。答えは番号の小さい方から順に書くこと。

1 おうし座　2 おおいぬ座　3 オリオン座　4 こいぬ座
5 こと座　6 さそり座　7 はくちょう座　8 わし座

(3) 上の問題文の下線の日時に，南を正面にして頭上の星を観察したとすると，夏の大三角を構成する３つの星を含む星座の位置関係はどのように見えますか。次の中から選びなさい。

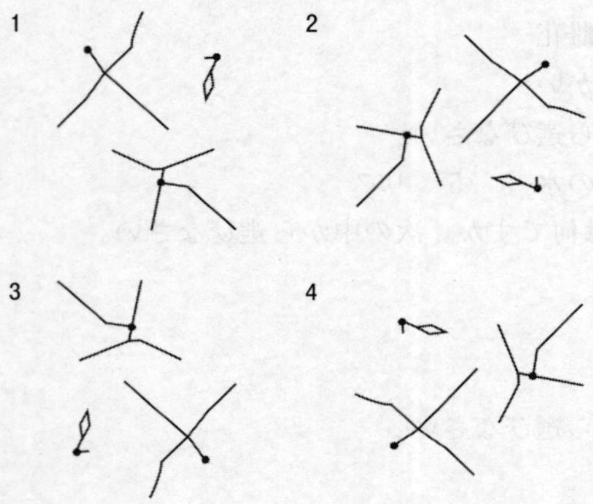

(4) この日の夜11時には夏の大三角はどの方角に傾いて見えますか。次の中から選びなさい。

1 東　2 西　3 南　4 北

(5) オーストラリアのアデレードは南緯約35度で，経度が東京と同じ東経約139度にある都市です。問題文の下線の日時に南を正面にして頭上の星を観察したとすると，(3)で選んだ夏の大三角はアデレードではどのように見えますか。次の中から選びなさい。

1 東京で見たものと同じ高度に同じ向きで見えた
2 東京で見たものと同じ高度に上下逆向きに見えた
3 東京で見たものと同じ向きで北の地平線に寄って見えた
4 東京で見たものと同じ向きで南の地平線に寄って見えた
5 東京で見たものと上下逆向きで北の地平線に寄って見えた
6 東京で見たものと上下逆向きで南の地平線に寄って見えた

3 身の回りにある固体と液体の物質の組み合わせを，それらを混ぜ合わせたときの様子を見て，大きく３つに分類しました。それに従って９通りの固体と液体の物質の組み合わせを分類したところ，表1のようになりました。これを見てあとの問いに答えなさい。

表1

Aグループ	Bグループ	Cグループ
ベーキングパウダーと食酢(す)	砂糖と食酢	食塩と食用油
ドライアイスと水	氷と水	鉄粉と水
鉄粉と５％塩酸	食塩と５％塩酸	木炭と５％塩酸

(1) アルミ箔(はく)と５％水酸化ナトリウム水溶(よう)液の組み合わせはどのグループに入ると考えられますか。次の中から選びなさい。

1 Aグループ　2 Bグループ　3 Cグループ

(2) 水酸化ナトリウムと５％塩酸の組み合わせはどのグループに入ると考えられますか。次の中から選びなさい。

1 Aグループ　2 Bグループ　3 Cグループ

(3) ５％塩酸と組み合わせたとき，Cグループに入るものを次の中から選びなさい。

1 スチールウール　2 氷　3 銅粉　4 砂糖

4 １往復する時間がちょうど２秒になる振(ふ)り子を作るため，最初に，おもりの重さを60ｇ，長さを20cmの試作品Aを作り，振れ幅(はば)を60度にしたところ，1.0秒で１往復するものになりました。

表2

	試作品	A	B	C	D	E	F
設定条件	おもりの重さ[ｇ]	60	60	80	80	40	40
	振り子の長さ[cm]	20	60	20	60	40	80
	振れ幅[度]	60	40	20	60	80	60
１往復する時間[秒]		1.0	1.7	1.0	1.7	1.4	1.9

そこで，振り子の１往復する時間が何によってどのように変わるかを調べるために，さらに試作品を作って実験をしました。これらの試作品の設定条件と１往復する時間を示した表2を見て，次の問いに答えなさい。

(1) 設定条件のうち，どれが振り子の１往復の時間を決めるものと考えられますか。次の中から選びなさい。

1 おもりの重さ　2 振り子の長さ　3 振れ幅

(2) 試作品Aの設定条件のうち，(1)で答えたものをある数値に変えると，１往復の時間は2.1秒になりました。その数値を次の中から選び，番号を書きなさい。

1 30　2 50　3 70　4 100

(3) 完成品として１往復が２秒になる振り子を作成するには，(1)で答えた設定条件を次のどの値に変えれば良いと考えられますか。番号を書きなさい。

1 63　2 71　3 87　4 105

(4) 試作品Aは振れ幅が60度になるようにしたが，それよりも10度振れ幅を大きくした場合，どうなりますか。次の中から選びなさい。

1 支点の真下を通過するときのおもりの速さは変わらないが，１往復する時間は短くなる
2 支点の真下を通過するときのおもりの速さは変わらないが，１往復する時間は長くなる
3 １往復する時間は変わらないが，支点の真下を通過するときのおもりの速さは速くなる

4　1往復する時間は変わらないが，支点の真下を通過するときのおもりの速さは遅くなる

5　1往復する時間も，支点の真下を通過するときのおもりの速さも，変化がない

(5)　**図1a**のように支点の真下に杭(くい)を用意しました。**図1a**のおもりから手を離したとき，最初の振れで振り子のおもりはどの位置まで達しますか。**図1b**中の番号で答えなさい。

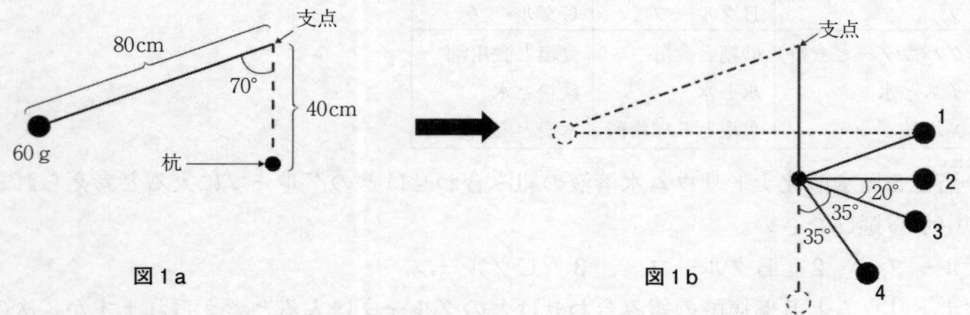

図1a　　図1b

(6)　**図2**はこの振り子が折り返す瞬(しゅん)間を表しています。振り子が支点の真下から左側に振れ，再び真下に戻ってくる時間は，杭にあたった瞬間から右側に振れ，再び真下に戻ってくる時間の何倍になると考えられますか。次の中から選びなさい。

1　0.5倍　　2　0.9倍　　3　1.1倍

4　1.4倍　　5　1.9倍

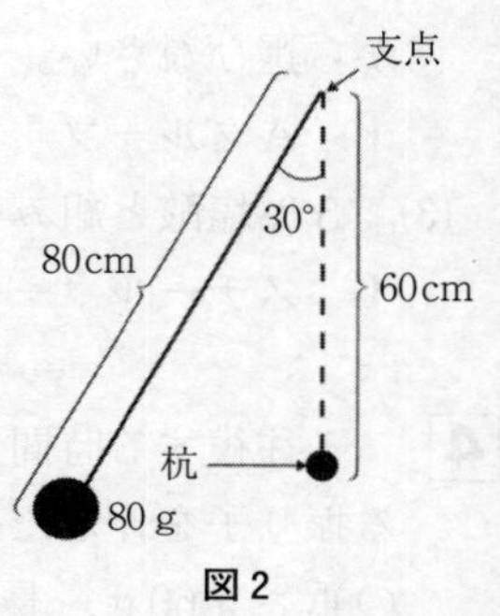

図2

(7)　**図2**の杭の位置を移動したら，振り子の1往復する時間が1.65秒になりました。杭は，振り子の支点から何cm下の位置にしたと考えられますか。次の中から選びなさい。

1　30cm　　2　40cm

3　50cm　　4　70cm

大戦中の日米両国に衝撃を与えた。

3　ドナルド・キーンは、画数の多い漢字だけは苦手で、古典文学作品の研究を志すも断念し、日本に移住して全国各地を旅行することに人生の喜びを感じるようになった。

4　「叡智」と「憂鬱」は、画数も多く難解であり、外国人の姓名を書き表す時に多用される文字として使用される。

5　ドナルド・キーンは、十六歳の時に漢字と出会い、やがて画数の多い字も書けるようになり、退職後は日本に永住することにつながった。

四

次の①～⑧の用語は、私たちの地球を次世代に引きつぐために欠かせない取り組みにかかわるものである。そのあとに続く説明を参考にして、【A】～【I】にあてはまる漢字一字を含む二字熟語を、後の【語群】1～9から選び番号で答えなさい。

① アップサイクル…温【A】知新で新しいものをつくりだそう。

② オーガニック…化学物質の使用を抑えた土壌で有【B】栽培をおこなう。

③ コンポスト…【C】ゴミから腐葉土をつくることができ、ゴミも【D】らすことができる。

④ グリーンエネルギー…風力や地熱などからつくられる【E】【C】可能なエネルギーを創造する。

⑤ AI導入…将来は電車やバスなどの乗り物も自【F】運転になるだろう。

⑥ フェアトレード…製品を買って生産者の自立を支援することは利【G】の精神につながる。

⑦ 【H】林…温室効果ガスを減らすために森を育てる。

⑧ 気候【I】【B】への対策…化石燃料の使用を【D】らし、地球温暖化をくい止める。

【語群】

1　挙動　2　衛生　3　自他　4　危急　5　故障

6　植樹　7　機関　8　増減　9　再開

五

――のカタカナを、正しい漢字に直しなさい。

ア　マンジョウ一致で決まった

イ　トトウを組んで行動する

ウ　ヘンキョウの地へ行く

エ　このままでは組織の分裂はヒッシだ

オ　試合を前にしてフルい立つ

カ　独立自尊が私のシンジョウだ

キ　おおよそサンダンがつく

ク　命令にハイハンする

ケ　レンリツ内閣が成立する

コ　弓の名手が正確に的をイる

サ　私のカンケンの限りでは見当たらない

シ　隣国同士でキョウテイを結ぶ

ス　世間のジモクを集める

セ　新事業への資金をクメンする

ソ　役者の好演に舌をマく

日本兵の手紙や日記を解読し、辞世の歌や遺書の格調に驚く。のちに紀貫之や芭蕉らの日記を読み込む研究につながっていった▼ゆかりの品々を見て思い出すのは、米コロンビア大で一度だけ傍聴したキーン教授のゼミのこと。「あだし心とは浮気心」「C比翼連理は男女の深い(注2)契り」。日英両語を駆使して解説していく。話題はD古今和歌集から楊貴妃、三島由紀夫へ自在に飛ぶ。驚嘆の2時間だった▼傍聴したのは2011年3月、東日本大震災の直後。「若いころ『E』をたどる旅をして、東北には思いがある。被災地が心配」。退職後は日本に永住したいと語り、その言葉通り日本国籍を得て、晩年を東京で暮らした▼あすで生誕100年。たぐいまれな才能が、「叡智」や「憂鬱」と出会った(注3)僥倖を改めてかみしめる。

(注1)「金唐納」…ドナルド・キーンの中国語表記。
(注2)「契り」…生まれる前からの約束。
(注3)「僥倖」…予想もしなかったような幸運。

問一 A にあてはまる言葉としてもっともふさわしいものを、次の1~6から選び番号で答えなさい。

1 ヒエログリフ　2 オノマトペ　3 絵文字
4 表意文字　5 和語　6 アラビア文字

問二 ――B「当て字」とあるが、ここでいう当て字とは、漢字本来の意味に関係なくその音をかりて、ある語を書き表したものである。これと同様の当て字の具体例としてもっともふさわしくないものを、次の1~6から選び番号で答えなさい。

1 珈琲(コーヒー)　2 金平糖(コンペイトウ)
3 型録(カタログ)　4 天婦羅(テンプラ)
5 演説(スピーチ)　6 加須底羅(カステラ)

問三 ――C「比翼連理」は白居易と楊貴妃が誓い合った夫婦仲の良さを表現する中国の故事である。出典を、次の1~5から一つ選び番号で答えなさい。

1 紅楼夢　2 長恨歌　3 史記
4 三国志演義　5 水滸伝

問四 ――D「古今和歌集」に入っている和歌はどれか。次の1~5から一つ選び番号で答えなさい。

1 ちはやぶる神代もきかず竜田川 からくれないに水くくるとは
2 屋根の上に積もった雪が音たてて 崩れゆくなりわが愛に似て
3 不来方のお城の草に寝ころびて 空に吸はれし十五の心
4 韓衣裾に取りつき泣く子らを 置きてそ来ぬや母なしにして
5 満開の桜のジュータン踏むころは きっとあなたは「変身」している

問五 E にあてはまる言葉としてもっともふさわしいものを、次の1~6から選び番号で答えなさい。

1 土佐日記　2 源氏物語　3 竹取物語
4 万葉集　5 奥の細道　6 伊勢物語

問六 本文の内容と照らし合わせて合っているものを、次の1~5から二つ選び番号で答えなさい。**ただし、解答らんには、左から順に小さい番号から書くこと。**

1 画数の多い字を書けた日は気分が晴れやかになり、アメリカ人として生まれながらも、やがて日本人として日本の文学作品を研究していくことになった。
2 右手に銃、左わきで和英辞典を抱えた写真は、ペンは剣よりも強いことを世の中に訴えるために自主的に撮影したもので、

1 Ⅰ顔 Ⅱ首　2 Ⅰ胸 Ⅱ首
3 Ⅰ頭 Ⅱ首　4 Ⅰ顔 Ⅱ背
5 Ⅰ胸 Ⅱ背　6 Ⅰ頭 Ⅱ背

問五 ――D「リベラル・アーツ」とはどのようなものだと定義されているか。その定義としてもっともふさわしいものを、次の1～5から選び番号で答えなさい。

1 古代ギリシアの時代にすべての人間が身につけるべきとされた学問、芸術。
2 豊かな人生を歩んでいくのに必要不可欠な、人間性を育むための学問、芸術。
3 自分のやりたいことを自由に好きなだけ満喫するために必要な学問、芸術。
4 古代ギリシア時代に奴隷の身分から自らを解放するために求められた学問、芸術。
5 時間を持て余した自由人が、その時間を有効に使うために打ち込んだ学問、芸術。

問六 Ⅲ・Ⅳ にあてはまる言葉としてもっともふさわしいものを、次の1～5から一つずつ選び番号で答えなさい。

1 むしろ　2 まさに　3 ただし
4 さて　5 つまり

問七 ――E「このような能力」とはどのような能力だと本文で説明されているか。その説明としてもっともふさわしいものを、次の1～5から選び番号で答えなさい。

1 世界中のネットワークを有効活用して、考えを発信する能力。
2 一個人として自立するために、絶えず自己啓発していく能力。
3 目の前の様々な変化に立ち向かい、課題を解決していく能力。
4 歴史的、芸術的価値のある情報か否かを、瞬時に見極める能力。
5 常識や「当たり前」を疑い、新しい発想を生み出していく能力。

問八 本文を通じて筆者が伝えたかったことはどのようなことか。もっともふさわしいものを、次の1～5から選び番号で答えなさい。

1 古典作品の持つ古い価値観に縛られることなく、新しい解釈を創造してもらいたいということ。
2 現代社会の抱える様々な問題点や変化に対応することで、古典的教養を身につけてもらいたいということ。
3 現代社会の中で、あらためて古典の偉大さを認識し、その偉大さを伝えてもらいたいということ。
4 古典を通して先人たちの思考と知恵に触れ、現代社会を生き抜いてもらいたいということ。
5 古今東西の古典に隠されている普遍的な教訓を、生涯探しつづけてもらいたいということ。

三

次の文章は、朝日新聞「天声人語」（二〇二一年六月十七日付）である。この文章を読んで、後の問いに答えなさい。

日本文学者のドナルド・キーンさんが漢字と出会ったのは16歳のこと。アルファベットとは異なる A の世界に引きこまれた。好きだったのは画数の多い字。「叡智」や「憂鬱」を書けた日は爽快だった▼神奈川近代文学館で開催中の「ドナルド・キーン展」を見た。米軍将校として派遣された中国・青島で使った名刺には「（注1）金唐納」の B当て字。日本で署名する際も、姓キーンを多彩に書きわけた。鬼院、奇韻、希飲、祈因、嬉胤……▼右手に銃、左わきで和英辞典を抱えた写真もある。大戦中、アリューシャン列島に上陸し、日本兵が手投げ弾を胸にたたきつけて玉砕する姿に衝撃を受ける。一方で、

れば「学問」、「芸術」という意味である。［Ⅲ］、リベラル・アーツとは、広義には、「人を自由にするための学問、芸術」のことを指し、その起源は古代ギリシアにまで遡る。そこでは、奴隷と自由人とを区別するものが学問、芸術の有無であった。リベラル・アーツは、奴隷という身分から自立した存在へと解放されるために必要なもので、［Ⅳ］、自らを自由にするものだったのである。

近年、このリベラル・アーツの重要性が指摘されている。人やモノだけでなく、知識・情報も世界を瞬時に飛び交う現代社会、さらに新型感染症によりこれまでの常識が通用せず「当たり前」が大きく変化していく状況下にあって、様々な情報を見極める力、変化に立ち向かい、課題を解決する力がより一層求められている。ここでは、ものごとの本質をつかみ、課題を自ら設定し、行動することによってその課題を解決していかなければならない。リベラル・アーツを身につけることは、Eこのような能力を養うことに繋がると期待されているのだ。そして、リベラル・アーツを身につける上で、重視されていることの一つが古今東西の優れた古典に触れることなのである。

古典とは、現在まで長い年月を経てもなおその歴史的、芸術的価値が風化せずに認められてきた先人たちの思考と知恵の結晶だ。時代と場所を越えて、先人たちがどのような課題に直面し、その課題をどのように解決してきたかを知ることは、現代社会に生きる私たちが、様々な情報を見極め、変化に立ち向かおうとするときの判断や決断についての手がかりを知ることでもある。そして、古典を通じて身につけたリベラル・アーツは、現代社会において、私たちが直面する様々な課題を解決する際の羅針盤となり、現代社会とそこに生きる私たち自身を自由な存在として解放してくれるものになるはずである。

あの日、彼が教えてくれた「古典は、最も偉大な授業だ」ということの真意に触れた今、古典を学び教える者としての世界が広がったような気がしている。皆さんにも改めて「古典を学ぶ意義」について考えてもらいたい。このことについて考え始めるときが、自由への大きな一歩を踏み出す瞬間になることを信じてやまない。

問一　――A「つたない」の意味としてもっともふさわしいものを、次の1～5から選び番号で答えなさい。

1　生き生きとした　2　とってつけた
3　とるに足らない　4　くち賢しい
5　わざとらしい

問二　――B「シコウ」を漢字に直したものとして正しいものを、次の1～5から選び番号で答えなさい。

1　試行　2　指向　3　思考　4　志向　5　私行

問三　――C「彼が言い放った言葉が忘れられない」のはどうしてか。その説明としてもっともふさわしいものを、次の1～5から選び番号で答えなさい。

1　自分が考えたこともない言葉を堂々と発する姿に、衝撃を受けたから。
2　返ってきた反応が思っていたよりも薄かったので、心配になったから。
3　クラス全体で一生懸命説明をしてあげた光景が、微笑ましかったから。
4　これまでに授業をほめられたことがなかったので、とても感動したから。
5　彼の言葉を受け、古典の偉大さについて考えるきっかけになったから。

問四　［Ⅰ］・［Ⅱ］にあてはまる言葉の組み合わせとしてもっともふさわしいものを、次の1～6から選び番号で答えなさい。

> 用務員の梅沢さんは事情を聞くとバケツと雑巾をなんと十枚以上束で貸してくれた。俺は拓朗と一緒にリュックの中の水を、テレビ番組の「池の水ぜんぶ抜く」みたいに、雑巾ですべて吸い取って、何とか事なきを得た。

1（ア）　2（イ）　3（ウ）　4（エ）　5（オ）

問六　[E] にあてはまる言葉としてもっともふさわしいものを、次の1～6から選び番号で答えなさい。

1　小遣いの少なさ　　2　包容力のなさ
3　落ち着きのなさ　　4　メンタルの弱さ
5　記憶力のなさ　　6　視野の狭さ

問七　拓朗のお父さんが言いたかったことは何か。「～ということ。」につづくように、二十五字以上三十字以内で答えなさい。ただし、句読点や符号も一字と数える。

[二]　次の文章を読んで、後の各問いに答えなさい。

教職に就いたばかりの頃だから何年前のことだろうか。私が担当する国語（古典）の授業に、イギリスからきた短期留学生の男の子が参加した時のことだ。Aつたない英語力を駆使して、自己紹介と、この授業が「国語＝ジャパニーズ」であることを説明し、その日は『平家物語』の授業に入った。しばらくすると彼の周りの生徒たちがざわつきだした。

「何か困ってる？」

「伊野さん！『古文』って英語でなんて言うんですか？」

どうやら彼に『平家物語』の説明を英語でしてあげようとBシコウ錯誤していたみたいだ。

「ねえ、みんな。『古文』って英語でどう言ったらいいかな？」

「古い日本語だからオールド・ジャパニーズとか？」

「なかなかいい線いってるね。じゃあ『古典』は？」

「そう言われるとわかんないな～」

「英語の辞書持ってる人いたら『古典』を辞書で引いてみて」

「あった！クラシックだって！」

「そう。クラシック音楽とかは聞いたことあるでしょ」

このようなやり取りが教室で続いた後、留学生の彼に『平家物語』は、「ジャパニーズ・クラシック」だと説明した。すると彼は、「うんうん」と嬉しそうにうなずき、さらに、イギリスでは、シェイクスピアの作品が古典の代表だということも教えてくれた。

ここまでの一連の流れも非常に楽しいやり取りで、振り返ってみても微笑ましい光景なのだが、この出来事が私の記憶に今もなお鮮明に残り続けているのは、最後にC彼が言い放った言葉が忘れられないからだ。

「最も偉大な授業だ」

それまで「なんで古文をやるんですか？」という質問や「暗唱のテスト合格しなきゃ～……」という嘆きを受けることの方が多かったものだから、この言葉を聞いたときには [I] が熱くなると同時に、[II] 筋の伸びる思いがした。そして、この出来事は、古典を「最も偉大な授業だ」と自信を持って言える精神性はどのように育まれたのか、また、古典を学ぶ意義とは何か、について考える機会を私に与えてくれた。

それから、古典を学ぶ意義について考えていくなかで、「Dリベラル・アーツ」という言葉に出会った。「リベラル」は、「自由な」という意味で、「アーツ」は、「学芸」、聞きなじみのある言葉に言い換え

たとき、〇〇国のくせに、となり、そんな理由もあって戦争が起きているとお父さんは思っているんだ」

なんだかお父さんの話は内容が広がりすぎな感じがしたけど、僕も大人になったら世の中に対して、こういうふうな理解の仕方ができる人になりたいなとなんとなく思った。

「おはようございます、青柳さん」

「ああ、おはよう。期末テスト頑張れよー」

「ありがとうございます」

今朝は校門を通るとき、良夫と一緒に元気よく挨拶ができた。なんだか気分が良い。卒業までに学校で働いている人全員の名前を覚えるのが、僕の新たな目標になった。

(注1)「立哨」…建物の入り口などに立って監視を行う業務のこと。

問一 [A]に入る言葉としてもっともふさわしいものを、次の1～5から選び番号で答えなさい。

1 騒々しい
2 清々しい
3 元気のない
4 おちゃらけた
5 無感情な

問二 ――B「いたって」とあるが、これを言い換えた言葉としてもっともふさわしくないものを、次の1～5から選び番号で答えなさい。

1 極端に　2 はなはだ
3 きわめて　4 非常に
5 とても

問三 ――C「僕はなんだかドキドキしてきた」とあるが、その理由としてもっともふさわしいものを、次の1～5から選び番号で答えなさい。

1 今の話を階段の陰で誰かが聞き耳を立てているかもと思うと、不安だったから。
2 二人で階段を急いで駆け上がったため、息が上がって心臓の拍動が激しかったから。
3 どんなタイプの人が嫌いか、という良夫の本音を知ることができるかもしれないから。
4 なんとなく自分のことを言われているように感じて、不安になってきたから。
5 せっかく自分にだけ話してくれていることの秘密を、守れるのかが不安だから。

問四 ――D「自分でもむなしく感じられた」とあるが、そう感じられた理由としてもっともふさわしいものを、次の1～5から選び番号で答えなさい。

1 シャイな性格の人の例が自分のことを表現しているように感じたから。
2 その場しのぎの答えしか言えない自分自身の方が腹黒いと思えてきたから。
3 これまでの新型コロナウイルスに対する感染対策に嫌気がさしていたから。
4 必死になって守りに入って抵抗はしてみたが、論破できそうにないから。
5 自分で話しながらもなんだか言い訳がましく感じられたから。

問五 次の文章は、本文中の(ア)～(オ)のいずれかに入る。この文章が入る場所としてもっともふさわしいところを、後の1～5から選び番号で答えなさい。

あ」と言いながら、もう体は廊下に向かって走り出していた。俺も倒れないようにリュックを床に置くと拓朗の後を追った。

（イ）

梅沢さんはびしょびしょに濡れてしまったノートのことも気にかけてくれて、ドライヤーを貸してくれた。

（ウ）

結局、濡れたノートはドライヤーとベランダ天日干しの甲斐があって、多少変形はしたが何とか書いてあることが読める程度にまでは復活した。拓朗もそれで許してくれた。

（エ）

用務員室に、借りていたものを返しに行ったときに、梅沢さんはいなくて、他の人しかいなかった。俺はすごくお世話になったし、直接お礼を言いたかったのだが、この時初めてバケツと雑巾、ドライヤーまで貸してくれた人の名前を知らないという事実に気づいた。

（オ）

「すみません。三年G組の只野良夫と言いますが、先ほど親切にバケツとかを貸してくれた用務員さんの名前を教えてくれませんか。とても助かったので、できれば直接お礼が言いたいのですが」

「そういうことなら」と言って、そのもう一人の用務員さんはにっこりした。

「というわけさ」良夫は照れくさそうにした。「それから俺は、学校の先生以外の人の名前調べを始めたんだ。自分たちの生活を支えてくれている人たちを、まとめて用務員さんとか、警備員さんというふうに呼ぶよりも、一人ひとりの名前をわかっていて、挨拶とかの言葉を交わしたいと思ったんだよね。ちなみにさっきの警備員さんは青柳さんだよ。とても親切な人で、遠くから俺たちの登校してくる姿を見かけると、信号待ちが短くなるようにいつも校門前の横断歩道の押しボタンをあらかじめ押しておいてくれるんだ」

拓朗は普段の自分の［　E　］との差に打ちひしがれながら良夫の話を聞いていた。なんで良夫はそんなにいろいろと考えて行動することができるのだろう。なんで自分は世の中の流れに乗っているだけで、ほとんど何も考えないで日々を過ごしているんだろう。

「拓朗、どうした学校で何かあったのか」と夕食の時お父さんから声をかけられた。いつもの僕ならろくな返事もせずに適当に流すところであったが、その時は何故かお父さんにも話を聞いてもらいたい気持ちになった。僕は良夫のことや自分が考えたことをかいつまんで話した。

お父さんは僕の話を聞いた後、しばらく黙って考えていたが、おもむろに「お前はいい友達を持ったな」と言った。

「お前がいい友達を持てたということは、お前もなかなかいいやつだということだ」と続けた。それを聞いて、僕は胸のあたりがなんだか少しだけ温かくなった。

「こうも考えられるぞ」とお父さんの喋りはまだまだ続く。「みんなが良夫くんみたいに身近な人とも対等な関係で、その人のことを気遣うことができればだな、世の中はもっと平和になるとお父さんは考えているんだなぁ。人のことを見下しているとその見下した相手が何か自分の意にそわないことをしたとき、……のくせに、という気持ちになりがちなんだ。マンガの『ドラえもん』の中でよくジャイアンが、「のび太のくせに」、って言うだろう。そのセリフが出てくるときは、のび太への敬意はみじんもないときだよ。そのことをもっと大きな視点で考えてみると、例えば国と国同士の関係で、隣国のことを見下しているとする。その見下されている方の国が独自の考えを持ったりし

2023年度 慶應義塾中等部

【国語】（四五分）〈満点：一〇〇点〉

一 次の文章を読んで、後の各問いに答えなさい。

「おはようございまーす」

一瞬、びっくりして足が止まってしまった。良夫のあまりにも堂々としていて、［A］挨拶だった。

つい先日、中学校の最高学年である三年生になったと思ったら、もう一学期も終わりに近づき、あとは学期末テストと林間学校を残すのみとなっていた。部活動も活動停止期間に入り、僕は良夫と、あさ早めに学校に行って勉強することにした。今日はその初日である。早朝にもかかわらず気温と湿度は高いままの、どんよりとした梅雨空が垂れさがっている感じで、二人とも駅からたった十分歩いただけなのに、校門にたどり着くころにはからだ中から汗が噴き出していた。

うちの学校は私立中学で、校門には警備員さんが（注1）立哨している。いつもは遅刻ギリギリに登校しているので、同じようにギリギリに来る大集団の中の一人として校門を通り抜けている。警備員さんが立っているのは知っているが、挨拶をしたり会釈をしたりした記憶はほとんどない。

「ヨッシーっていつもあんな風に警備員さんにきちんと挨拶しているの」

教室に向かう階段を上りながら僕はにわかに聞いてみた。

「だって気持ちよくなーい？」

良夫の答えはBいたってシンプルである。

「拓朗にだけ俺の本音を言うとだね、先生にだけ愛想よく挨拶しまくって点数を稼いでさぁ、警備員さんはじめ、ほかの学校を支えている人たちを無視しているやつっているじゃん。俺はそういうやつって苦手なんだよね」

うわぉっ、C僕はなんだかドキドキしてきた。良夫はさらに続ける。

「そういうやつってさぁ、自分の親が学校に払っている学費であんたたちの生活を支えてやっているっていう、まぁそこまでは意識していないのかもしれないけど、なんかそういう人たちを自分より下に見ている感じがして、人間としての醜さ百倍って感じに思っちゃうんだよね」

「いやいや、警備員さんにきちんと挨拶できない人が、みんなそんな腹黒い感じじゃないんじゃないかなぁ。例えば、シャイな性格で、人前で大きな声を出せないとか。あっ、そうだ。コロナだから人前で大声を出しちゃダメって言われているし」

僕は守りに入って、ちょっと言い返してみたが、その言葉の内容はD自分でもむなしく感じられた。

ふと気づくと机の横にかけてあるリュックサックから液体が滴っていた。あちゃー、お母さん、また水筒の中蓋を閉め忘れたな。と思うや否や同じリュックに入っているはずの友達の拓朗から借りたノートが心配になった。おそるおそるリュックの蓋を開けてみる。底の方に小さな池ができていて、その水たまりにお気に入りの消しゴムがプカプカ浮いているのが見える。

（ア）

わぁー、どうしよう。のっぴきならない状況にパニックになっていると、通りかかった拓朗がリュックをのぞき込んで言った。

「これは湖だな。急いで用務員室に行って、雑巾を借りてこなきゃ

2023年度

慶應義塾中等部 ▶解説と解答

算 数 （45分）＜満点：100点＞

解 答

[1] (1) ア 32 イ 75 (2) ア 5 イ 34 (3) 66 (4) 212 (5) 360
[2] (1) 180 (2) ア 1 イ 5 (3) 12 (4) 468 (5) 32 [3] (1) ア 32 イ 5 (2) ア 5 イ 1 ウ 11 (3) ア 127 イ 17 (4) ア 489 イ 84 [4] (1) ア 7 イ 8 (2) ア 3 イ 18 [5] (1) ア 8 イ 15 (2) ア 15 イ 1 ウ 3 [6] (1) 459 (2) 784

解 説

[1] 四則計算，逆算，比の性質，周期算，場合の数

(1) $1\frac{29}{36}\div\left(6.3-\frac{7}{15}\right)\times5.6-3.43\div2\frac{5}{8}=\frac{65}{36}\div\left(\frac{63}{10}-\frac{7}{15}\right)\times\frac{28}{5}-\frac{343}{100}\div\frac{21}{8}=\frac{65}{36}\div\left(\frac{189}{30}-\frac{14}{30}\right)\times\frac{28}{5}-\frac{343}{100}\times\frac{8}{21}=\frac{65}{36}\div\frac{175}{30}\times\frac{28}{5}-\frac{98}{75}=\frac{65}{36}\times\frac{30}{175}\times\frac{28}{5}-\frac{98}{75}=\frac{26}{15}-\frac{98}{75}=\frac{130}{75}-\frac{98}{75}=\frac{32}{75}$

(2) $1.02\times5\frac{11}{15}=\frac{102}{100}\times\frac{86}{15}=\frac{731}{125}$，45：9＝5：1より，$(4.3\div\square):\frac{731}{125}=5:1$となるから，$4.3\div\square=\frac{731}{125}\times\frac{5}{1}=\frac{731}{25}$　よって，$\square=4.3\div\frac{731}{25}=\frac{43}{10}\times\frac{25}{731}=\frac{5}{34}$

(3) 33をわると3あまる整数は，33－3＝30の約数のうち，3よりも大きい数である。同様に，93をわると3あまる整数は，93－3＝90の約数のうち，3よりも大きい数である。よって，両方に共通する数は，30と90の公約数のうち，3よりも大きい数とわかる。さらに，30と90の最大公約数は30だから，30と90の公約数は30の約数である。したがって，あてはまる数は，{5，6，10，15，30}の5個あるので，これらの和は，5＋6＋10＋15＋30＝66と求められる。

(4) {3，2，7，6，5}の5個の数がくり返し並んでいる。47÷5＝9あまり2より，47番目までには9回くり返され，さらに2個の数があることがわかる。また，5個の数の和は，3＋2＋7＋6＋5＝23だから，47個の数の総和は，23×9＋(3＋2)＝212と求められる。

(5) 赤色の目の出方は{1，2，3，4，5，6}の6通りある。どの場合も，青色の目の出方は，赤色が出した目を除いた5通り考えられる。同様に，黄色の目の出方は，赤色と青色が出した目を除いた4通り考えられ，緑色の目の出方は残りの3通り考えられる。よって，全部で，6×5×4×3＝360(通り)とわかる。

[2] 濃度(のうど)，流水算，平均とのべ，割合と比，相当算，構成

(1) 12％の食塩水600ｇから200ｇを捨てると，12％の食塩水が，600－200＝400(ｇ)できるから，条件を整理すると下の図1のようになる。②の食塩水に含(ふく)まれている食塩の重さは，400×0.12＝48(ｇ)で，水を加えても食塩の重さは変わらないので，③の食塩水にも48ｇの食塩が含まれている。よって，③の食塩水の濃度(ア)は，48÷600＝0.08，0.08×100＝8(％)である。次に，⑤の食塩水に含まれている食塩の重さは，600×0.056＝33.6(ｇ)だから，④の食塩水にも33.6ｇの食塩が含まれている。したがって，④の食塩水の重さ(イ)は，33.6÷0.08＝420(ｇ)なので，③から④で捨てた食塩水の重さは，600－420＝180(ｇ)と求められる。

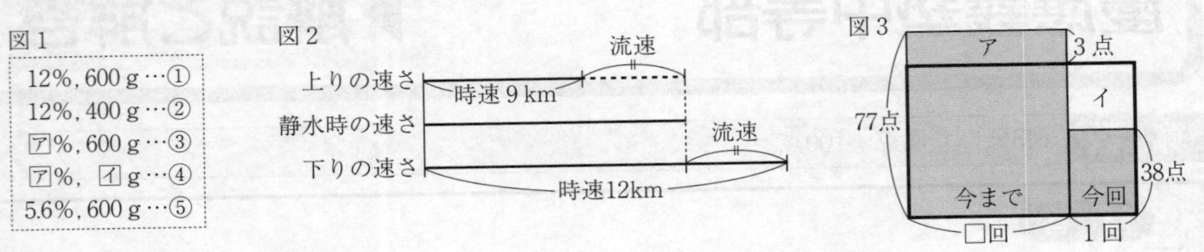

(2)　上りの速さは時速，72÷８＝９(km)，下りの速さは時速，72÷６＝12(km)だから，上の図２のように表すことができる。よって，川の流れの速さは時速，(12－９)÷２＝1.5(km)とわかる。

(3)　今までの回数を□回として図に表すと，上の図３のようになる。図３で，かげをつけた部分の面積と太線で囲んだ部分の面積は，どちらも今回のテストまでの合計点を表している。よって，これらの面積は等しいので，アとイの長方形の面積も等しくなる。また，アとイの長方形のたての長さの比は，３：(77－３－38)＝１：12だから，横の長さの比は，$\frac{1}{1}:\frac{1}{12}$＝12：１となり，□＝１×$\frac{12}{1}$＝12(回)とわかる。

(4)　(昨日の合計)×(１＋0.08)＝783(人)と表すことができるので，昨日の合計は，783÷1.08＝725(人)となる。よって，今日の合計は昨日の合計よりも，783－725＝58(人)増えていることがわかる。このうち，大人だけでは10人減っているから，子供だけでは，58＋10＝68(人)増えたことになる。これが昨日の子供の17%にあたるので，(昨日の子供)×0.17＝68(人)と表すことができ，昨日の子供は，68÷0.17＝400(人)と求められる。したがって，今日の子供は，400＋68＝468(人)である。

(5)　８：28＝２：７だから，右の図４のように，縦２cm，横７cmの長方形を縦横に４個ずつ並べたものと考えることができる。そこで，縦２cm，横７cmの長方形について調べると右下の図５のようになるので，対角線を１本ひいたときに２つの部分に分かれる正方形の数は，斜線(しゃせん)をつけた８個あることがわかる。よって，図４の場合には，８×４＝32(個)と求められる。

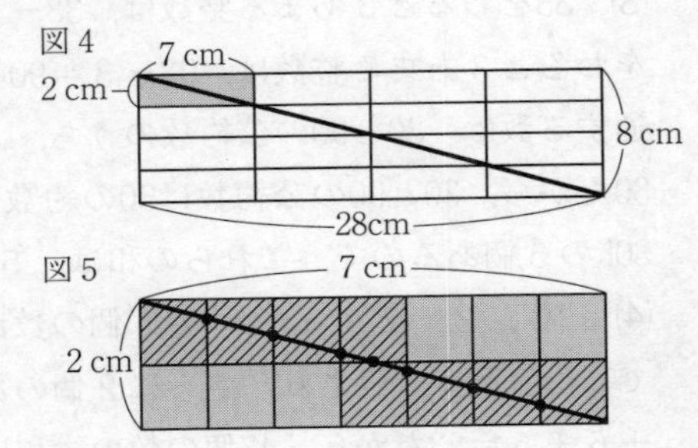

3　角度，長さ，相似，面積，表面積

(1)　下の図①で，三角形DBCに注目すると，角x＋●＝▲という関係があるから，角x＝▲－●となることがわかる。また，三角形ABCに注目すると，65度＋(●＋●)＝(▲＋▲)という関係があるので，(▲＋▲)－(●＋●)＝65(度)より，(▲－●)×２＝65(度)となる。この式の等号の両側を２で割ると，▲－●＝65÷２＝32.5(度)になるから，角xの大きさは32.5度である。

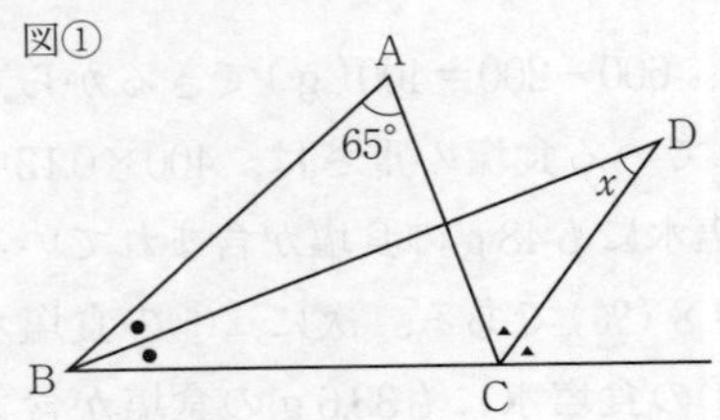

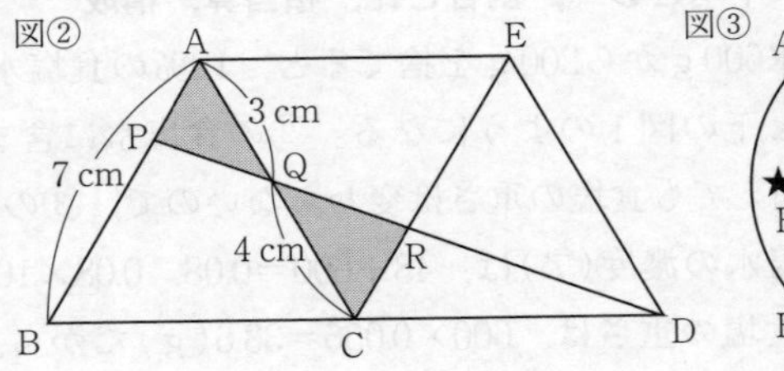

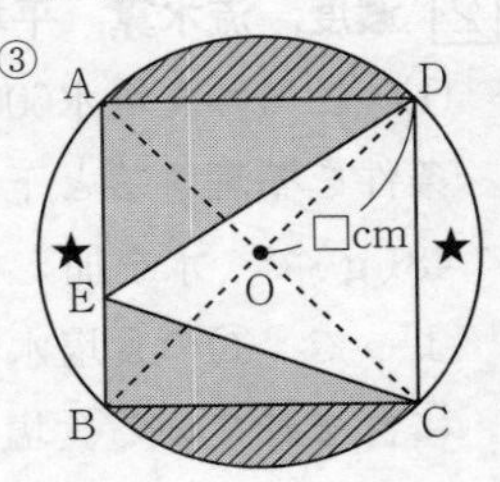

(2) 正三角形の1辺の長さは，$3+4=7$ (cm)なので，上の図②のようになる。図②で，三角形APQと三角形CRQは相似であり，相似比は，AQ：CQ＝3：4だから，AP：CR＝3：4となる。また，三角形DPBと三角形DRCも相似であり，相似比は，BD：CD＝2：1なので，PB：RC＝2：1とわかる。よって，RCの長さを4とすると，APの長さは3，PBの長さは，$4\times\frac{2}{1}=8$となるから，AP：PB＝3：8とわかる。この和が7cmなので，PBの長さは，$7\times\frac{8}{3+8}=5\frac{1}{11}$ (cm)である。

(3) 上の図③のように，円の半径を□cmとする。ここで，正方形の面積が162cm²だから，三角形AODの面積は，$162\div4=40.5$ (cm²)となる。よって，□×□÷2＝40.5(cm²)と表すことができるので，□×□＝40.5×2＝81＝9×9より，□＝9とわかる。次に，斜線部分と★印の部分は合同である。また，三角形DECの面積は正方形の面積の半分だから，三角形DAEと三角形CEBの面積の和も正方形の面積の半分になる。つまり，色のついた部分の面積と色のついていない部分の面積は等しくなるので，色のついた部分の面積は円の面積の半分であり，$9\times9\times3.14\div2=127.17$ (cm²)と求められる。

(4) 右の図④のようにCAを延長すると，かげをつけた2つの三角形は合同になる。また，図④の図形を1回転させると，右の図⑤のように，大きな円柱の上に大きな円すいをのせた形の立体から，小さな円柱1個と小さな円すい2個を取り除いた形の立体になる。はじめに，図⑤の立体を真下から見るとかげの部分が見え，これらを合わせると半径が，$4+2=6$ (cm)の円になる。よって，真下から見える部分の面積は，$6\times6\times3.14=36\times3.14$ (cm²)となる。また，★の部分を1回転させてできる面と☆の部分を1回転させてできる面を合わせると，大きな円すいの側面になるので，これらの面積の合計は，(母線)×(底面の円の半径)×(円周率)＝$(5+5)\times6\times3.14=60\times3.14$ (cm²)とわかる。さらに，大きな円柱の側面積は，$6\times2\times3.14\times3=36\times3.14$ (cm²)，小さな円柱の側面積は，$4\times2\times3.14\times3=24\times3.14$ (cm²)となる。したがって，図⑤の立体の表面積は，$36\times3.14+60\times3.14+36\times3.14+24\times3.14=(36+60+36+24)\times3.14=156\times3.14=489.84$ (cm²)と求められる。

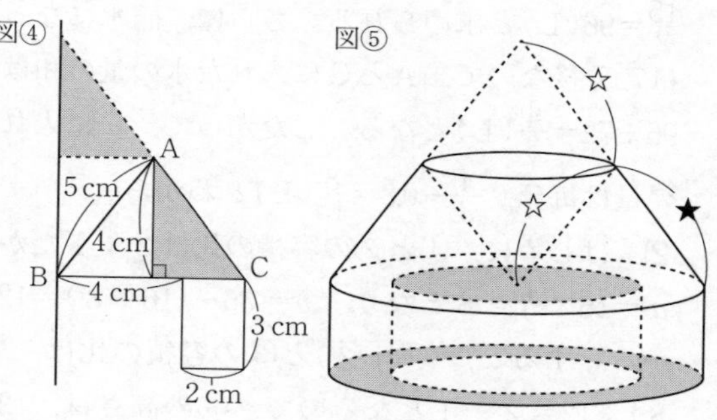

4 割合と比

(1) 1時間30分は，$60\times1+30=90$ (分)だから，家と峠（とうげ）の間を1往復するのにかかる時間は，$90+54=144$ (分)である。また，3時間36分は，$60\times3+36=216$ (分)なので，忘れ物をした地点をPとして図に表すと，右のようになる。図のⅠの進み方で，家とP地点の間を往復するのにかかった時間は，$216-90=126$ (分)となる。これは家と峠の間を1往復するのにかかる時間の，$\frac{126}{144}=\frac{7}{8}$だから，家からP地点までの距離（きょり）は，家から峠までの距離の$\frac{7}{8}$

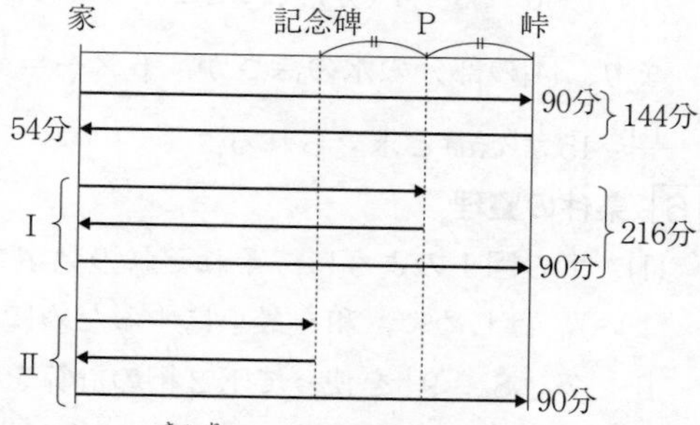

とわかる。

(2) P地点と峠の間を1往復するのにかかる時間は，144－126＝18(分)なので，記念碑とP地点の間を1往復するのにかかる時間も18分である。よって，Ⅱの進み方でかかる時間はⅠの進み方でかかる時間よりも18分短いから，3時間36分－18分＝3時間18分後に峠に着くとわかる。

5 グラフ―水の深さと体積

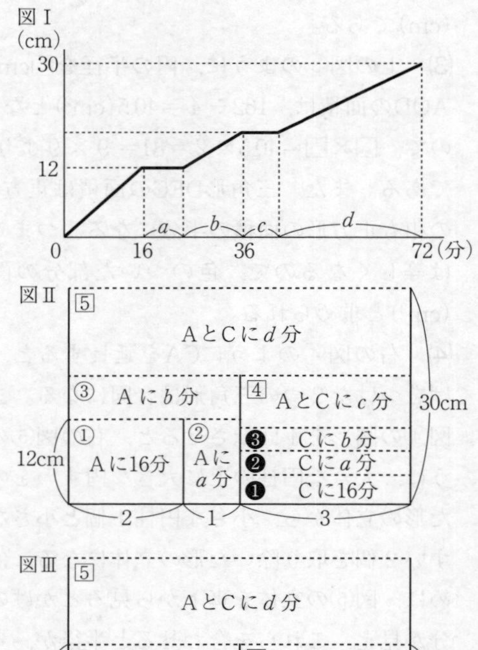

(1) Aの水の深さが変わらない時間が2回あることから，右の図Ⅰ，図Ⅱのように入れたことがわかる。Aに入れた水の量は毎分0.8Lなので，①の部分の容積は，0.8×16＝12.8(L)とわかる。また，①の部分と水槽全体を比べると，底面積の比は，2：(2＋1＋3)＝1：3であり，高さの比は，12：30＝2：5だから，容積の比は，(1×2)：(3×5)＝2：15となる。よって，水槽全体の容積は，$12.8\times\frac{15}{2}=96$(L)と求められる。さらに，満水になったのは72分後なので，AとCに入れた水の量の和は毎分，$96\div72=\frac{4}{3}$(L)となる。したがって，Cに入れた水の量は毎分，$\frac{4}{3}-0.8=\frac{8}{15}$(L)とわかる。

(2) はじめに，①と②の容積の比は2：1だから，$a=16\times\frac{1}{2}=8$となり，$b=36-(16+8)=12$とわかる。すると，(①＋②)と③の容積の比は，(16＋8)：12＝2：1となるので，③の高さは，$12\times\frac{1}{2}=6$(cm)と求められる。次に，(①＋②＋③)と(❶＋❷＋❸＋4)の容積は等しい。また，(①＋②＋③)に入れた時間は36分だから，これらの部分の容積は，0.8×36＝28.8(L)である。そのうち(❶＋❷＋❸)の容積は，$\frac{8}{15}\times36=19.2$(L)なので，4の容積は，28.8－19.2＝9.6(L)と求められる。よって，(❶＋❷＋❸)と4の高さの比は，19.2：9.6＝2：1であり，さらに，$c=9.6\div\frac{4}{3}=7.2$(分)となるから，右上の図Ⅲのように表すことができる。したがって，水を入れ始めてから40分後は，4の部分に，40－36＝4(分)入れたときなので，4の部分全体の，$\frac{4}{7.2}=\frac{5}{9}$まで入れたときとわかる。つまり，4の部分の水の深さが，$6\times\frac{5}{9}=\frac{10}{3}$(cm)になるときだから，Cの部分の水の深さは，$12+\frac{10}{3}=15\frac{1}{3}$(cm)と求められる。

6 条件の整理

(1) 下の図1のように，それぞれの数字をア～ケとする(アとエ，イとオ，ウとカは入れかえてもよい)。はじめに，和を最小にするために，下の図2の場合を考える。このとき，残りの{4，5，6，7，8，9}を使って下2桁の計算をすると，最小でも，46＋57＝103となる。つまり百の位に1くり上がってしまうから，この場合はありえない。そこで，下の図3のように，百の位に1くり上がる場合の下2桁について調べる。図3で，残りの数字は{3，5，6，7，8，9}なので，一の位の計算として考えられるのは下の図4の8通りあり，それぞれの場合の残りの数字は図4のようになる。❶の場合，残りの数字を使って十の位の計算をすると，7＋9＝16とすることができる。このとき百の位に1くり上がるから，条件に合う。同様に，❷の場合は，7＋8＝15とすることができる。次に，❸～❽の場合，一の位から十の位に1くり上がっているので，残りの2つの数字の和にさらに1をたす必要がある。すると，どの場合も条件に合わないことがわかる。よって，条件に合うのは❶と❷の場合だけであり，❶の場合はたとえば下の図5，❷の場合はたとえば下の図6のようになるから，最小の和は459とわかる。

図1
　㋐㋑㋒
＋㋓㋔㋕
　㋖㋗㋘

図2
　①㋑㋒
＋②㋔㋕
　③㋗㋘

図3
　①㋑㋒
＋②㋔㋕
　④㋗㋘

図4

	一の位	残りの数字	十の位
❶	3＋5＝8	6，7，9	7＋9＝16
❷	3＋6＝9	5，7，8	7＋8＝15
❸	5＋8＝13	6，7，9	
❹	6＋7＝13	5，8，9	
❺	6＋9＝15	3，7，8	
❻	7＋8＝15	3，6，9	
❼	7＋9＝16	3，5，8	
❽	8＋9＝17	3，5，6	

図5
　①⑦③
＋②⑨⑤
　④⑥⑧

図6
　①⑦③
＋②⑧⑥
　④⑤⑨

⑵　はじめに，差を最大にするために下の図7の場合を考える。図7は下の図8のように変形することができ，残りの数字は{2，3，4，5，6，7}なので，一の位の計算として考えられるのは，下の図9の6通りある。ところが，図4と同様に考えると，どの場合も条件に合わないことがわかる。次に，下の図10の場合を考える。図10は下の図11のように変形することができ，残りの数字は{2，3，4，5，6，8}だから，一の位の計算として考えられるのは，下の図12の7通りある。このうち条件に合うのは上の2つの場合だけであり，それぞれ，たとえば下の図13，図14のようになる。このとき，もとの筆算の差は783と784になるから，最大の差は784とわかる。

図7
　⑨㋑㋒
－①㋔㋕
　⑧㋗㋘

図8
　①㋔㋕
＋⑧㋗㋘
　⑨㋑㋒

図9

一の位	残りの数字
2＋3＝5	4，6，7
2＋4＝6	3，5，7
2＋5＝7	3，4，6
3＋4＝7	2，5，6
5＋7＝12	3，4，6
6＋7＝13	2，4，5

図10
　⑨㋑㋒
－①㋔㋕
　⑦㋗㋘

図11
　①㋔㋕
＋⑦㋗㋘
　⑨㋑㋒

図12

一の位	残りの数字	十の位
2＋3＝5	4，6，8	6＋8＝14
2＋4＝6	3，5，8	5＋8＝13
2＋6＝8	3，4，5	
3＋5＝8	2，4，6	
4＋8＝12	3，5，6	
5＋8＝13	2，4，6	
6＋8＝14	2，3，5	

図13
　①⑥②
＋⑦⑧③
　⑨④⑤

図14
　①⑤②
＋⑦⑧④
　⑨③⑥

社　会　(25分) <満点：50点>

解　答

[1] **問1**　3　**問2**　3　**問3**　4　**問4**　1　[2] **問1**　**遺跡A**…3　**遺跡B**…2　**問2**　(例)　縄文時代には，東京湾の海岸線が関東平野の内陸部にまで広がっていたから。**問3**　聖武天皇　**問4**　4　**問5**　千利休　**問6**　2　**問7**　⑴　4　⑵　1　**問8**　さつまいも　**問9**　3　[3] **問1**　2　**問2**　3　**問3**　4　**問4**　拒否(権)

問5　4　**問6**　3　**4** **問1**　3　**問2**　1　**問3**　2　**問4**　(例)　種子島が平たんな地形なのに対し，屋久島には中央に高い山がそびえているので，海風が吹くと冷やされて雨雲が発生しやすいから。　**問5**　4　**問6**　エコツーリズム　**問7**　4

解　説

1 **プラスチックと環境についての問題**

問1　あ　海に流出したプラスチックのうち，波や紫外線の力で細かく砕かれたものは，マイクロプラスチックとよばれる。マイクロプラスチックは海洋生物の体内に入って生態系に悪影響をおよぼすだけでなく，人間の体内に入る可能性もあることから，問題となっている。　い　とうもろこしやサトウキビなど，おもに植物を原料としてつくられるプラスチックを，バイオマスプラスチックという。バイオマスプラスチックを燃やしたときに発生する二酸化炭素は，原料の植物が生長するときに吸収した二酸化炭素であるとみなされるため，二酸化炭素の排出量が増えないことになる。　う　使用後，微生物の力で分解され，二酸化炭素と水になるようなプラスチックのことを，生分解性プラスチックという。　え「ワンウェイ」は「一方向の，片道の」といった意味の英語なので，一度だけ使われて捨てられるプラスチック製品のことを「ワンウェイプラスチック」とよぶ。コンビニエンスストアなどでもらえるスプーンやフォークはその代表的なものとされており，環境や資源保護の観点から，その量を減らす取り組みが進められている。

問2　A　温室効果ガスの排出量から，植林や森林管理，技術の導入などによる吸収量と除去量を差し引き，排出量の合計を実質的にゼロと見なす考え方を，カーボン・ニュートラルという。

B　2022年4月，プラスチック資源循環促進法が施行された。この法律は，できるものについては，プラスチックの削減や再利用，再生可能な資源への切りかえ，徹底したリサイクルを進め，それが難しい場合には燃やすさいの熱を回収してエネルギーとすることで，プラスチックの資源循環を促進することを目的としている。

問3　リデュースは「減らす」といった意味の英語で，製品をつくるさいに使う資源の量を減らしたり，ごみの量を減らしたりする取り組みがこれにあたる。リユースは「再利用」といった意味の英語で，必要に応じて修理などをしながら，使えるものをくり返し使うことをいう。リサイクルは「再資源化」などと訳され，ごみとして出されたものを資源としてつくり変えるという意味で用いられている。リニューアブルは「再生可能な」といった意味の英語で，プラスチック資源循環促進法においては，プラスチックを再生可能な資源に切りかえるという意味で用いられている。

問4　客がマイはしやマイボトルを持ってくれば，飲食店ははしやプラスチック製のカップを提供せずに済む。たとえば，わりばしやプラスチック製の容器を提供しないで済めば，飲食店の経費の節約につながり，環境への負荷も軽くできるといえる。

2 **古代～近世のできごとや人物，食文化などについての問題**

問1　野尻湖遺跡は，長野県北部の野尻湖の周辺にある旧石器時代の遺跡で，ナウマンゾウやオオツノジカの化石が見つかっている。また，三内丸山遺跡は青森県にある縄文時代の大規模集落の遺跡で，大型掘立柱建物や大型竪穴住居の跡のほか，クリの栽培跡なども見つかっている。なお，岩宿遺跡は群馬県にある旧石器時代の遺跡，吉野ヶ里遺跡は佐賀県にある弥生時代の環濠集落の遺跡。

問2　貝塚は，縄文時代の人々のごみ捨て場と考えられている遺跡で，たくさんの貝殻や魚の骨などが出土することから，当時，海沿いに暮らしていた人々の生活のようすを知る手がかりになる。また，貝塚は海岸沿いに形成されたと考えられるため，その分布から，当時の海岸線がどこにあったのかを知ることもできる。貝塚が関東平野の内陸部にも多いのは，縄文時代の東京湾の海岸線が内陸部まで深く入りこんでいたためである。

問3　奈良時代前半には伝染病や飢饉，貴族どうしの争いといった社会不安があいついでいたことから，仏教を深く信仰した聖武天皇は，仏教の力で国を安らかに治めようと考え，地方の国ごとに国分寺と国分尼寺を建てるよう命じた。また，大仏の造立を命じ，これにもとづいて平城京の東大寺に大仏がつくられた。

問4　平安時代末から鎌倉時代にかけて，一般の人々にもわかりやすく実践しやすい仏教の宗派が広がった。法然が開いた浄土宗，その弟子の親鸞が開いた浄土真宗，一遍が開いた時宗，栄西が開いた臨済宗，道元が開いた曹洞宗がこれにあたり，合わせて鎌倉(新)仏教とよばれる。真言宗は，平安時代初めに空海が開いた宗派で，高野山(和歌山県)の金剛峰寺を総本山としている。

問5　千利休は堺(大阪府)の豪商の出身で，喫茶の習慣に禅宗の精神性などを取り入れ，茶の湯(茶道)を大成した。織田信長と豊臣秀吉に仕えて政治にも影響力を持ったが，秀吉の怒りにふれて自害させられた。

問6　一般的なしょうゆは，蒸した大豆と炒った小麦を混ぜて麹をつくり，これを食塩水に入れて発酵・熟成させることでできあがる。なお，1はみりん，3は酢，4はみその製法。

問7　(1)　1は19世紀前半の1837年，2は18世紀後半，3は18世紀前半の1716～45年，4は18世紀後半の1787～93年のできごとで，田沼意次が失脚した翌年から，松平定信が寛政の改革を始めた。よって，古い順に3→2→4→1となる。　(2)　1は1854年，2は1860年，3は1853年，4は1792年のできごとなので，古い順に4→3→1→2となる。

問8　甘藷はさつまいもの別名で，江戸時代には飢饉への備えとして栽培がすすめられた。青木昆陽は江戸幕府の第8代将軍徳川吉宗に仕えた蘭学者で，甘藷の普及に努めたことで知られる。

問9　つくだ煮の「つくだ」は，現在の東京都中央区にある「佃」に由来する。江戸時代にはここに佃島という人工島がつくられ，ここに住む漁師たちが小魚や貝類などを甘辛く煮て保存食としていた。これが各地に広がったことから，同様の食品がつくだ煮とよばれるようになった。なお，「ずんだ」は枝豆やそら豆をつぶしたもので，ずんだもちは宮城県の郷土料理として知られている。「ちくぜん煮」の「ちくぜん」は，福岡県の旧国名である筑前に由来する。もんじゃ焼きは東京都の郷土料理で，子どもがといた小麦粉で文字を書き，それを焼いて食べたことから「文字焼き」とよばれたものが，なまってもんじゃ焼きになったといわれている。

3　近年のロシアとウクライナの関係や，国際機関についての問題

問1　あ　クリミア半島は黒海の北岸，ウクライナの南部に位置する。クリミア自治共和国というウクライナの一部だったが，2014年，ロシアは住民投票を強行してその同意を得たとして，一方的にこれを併合した。なお，キーウはウクライナ北部にある同国の首都，バルカン半島はヨーロッパ南東部で地中海にのびる半島，マリウポリはウクライナ南東部の都市。　　い　NATO(北大西洋条約機構)はアメリカ合衆国と西ヨーロッパ諸国を中心とする集団防衛組織で，1949年に結成された。一方，ソ連と東ヨーロッパ諸国は1955年にWTO(ワルシャワ条約機構)を結成して，これに対

抗した。ロシアはNATOの拡大を警戒しており，ウクライナがNATO加盟の動きを見せたことも，2022年のウクライナ侵攻の一因とされている。なお，ワルシャワ条約機構は1991年に解体され，現在，WTOといった場合には，世界貿易機関をさすのが一般的である。

問２　2023年２月時点で，ロシア大統領はプーチン，ウクライナ大統領はゼレンスキー，国連事務総長はグテーレスが務めていた。なお，パン・ギムンはグテーレスの前の国連事務総長。

問３，**問４**　総会は国連の主要な議決機関で，全加盟国によって構成され，１国１票の投票権が与えられている。議決は加盟国の過半数の賛成で成立するが，重要な議案では３分の２以上の賛成が必要となる。また，安全保障理事会は，世界の平和や安全の維持を担う国連の主要機関で，アメリカ合衆国・ロシア・イギリス・フランス・中国という５常任理事国と，任期２年の非常任理事国10か国で構成されている。重要事項において，常任理事国には，１か国でも反対すると議決が無効になるという拒否権が認められている。2022年のロシアによるウクライナ侵攻のさいには，ロシアが拒否権を行使したため安全保障理事会で決議が行えず，安全保障理事会の役割を問い直す声が上がった。なお，国際司法裁判所は，国際紛争を法的に解決したり，当事者に意見を与えたりするために設置されている，国連の司法機関である。

問５　９月30日のできごとである「か」に対し，10月12日に「４州の併合を違法だとする決議案」が採択されているのだから，「か」に「４州の併合を宣言」というＡがあてはまるとわかる。また，最初のできごとである「う」には「『特別軍事作戦』を開始」とあるＢがあてはまり，これに対して「即時撤退」を求めたというＤが続き，さらに「完全撤退」を求めたというＣが続く。

問６　ウクライナは世界有数の小麦の生産・輸出国だったが，2022年に始まったロシアの軍事侵攻によって，収穫量・輸出量が大きく減った。これによって，小麦の国際価格が大幅に上昇した。

[4] 日本の気候や食文化，世界遺産などについての問題

問１　あ　屋久島は大隅半島の南端から約60kmの海上に位置する円形の島で，鹿児島県に属している。　い　瀬戸内地方は，夏は南東の季節風が四国山地に，冬は北西の季節風が中国山地にさえぎられるため，１年を通じて降水量が少ない。北陸地方は，梅雨や台風に加え，北西の季節風の影響で冬の降水(雪)量も多いので，降水量は多めといえる。　う　讃岐は香川県の旧国名で，県北部に広がる讃岐平野などにその名前が残る。降水量が少ない地域だったため，農業用水などを確保するために多くのため池がつくられてきた。

問２　え～か　うどんは，小麦に塩と水を加えてこねたものを細く切ってつくる。香川県の面する瀬戸内海沿岸では，日照時間の長い気候を生かし，砂浜で塩をつくる製塩業がさかんに行われていた。めんつゆの「だし」をとるためには，かつお(かつお節)やさば(さば節)，こんぶ，小魚(煮干し)などが地域や好みによって用いられるが，香川県の郷土料理として知られる讃岐うどんの場合，「いりこ」とよばれる煮干しいわしを用いるのが一般的である。

問３　線状降水帯は，次々と発生する発達した雨雲が帯状に連なり，数時間にわたってほぼ同じ場所を通過したり，同じ場所にとどまったりすることでできる。線状降水帯がかかった地域では，短時間に局地的な大雨が降るおそれが高いことから，発生が予想される場合には気象庁が警戒をよびかける。

問４　図１より，種子島は細長く，高い山のない平たんな地形である。一方，屋久島は円形で，九州地方で最も標高の高い宮之浦岳がそびえている。湿った海風が吹いた場合，平たんな種子島では

上空をそのまま通り過ぎたとしても，高い山がある屋久島では，山にぶつかったときにこの湿った風が冷やされ，雨雲が発生しやすくなる。このように，屋久島は海から吹く湿った風の影響を種子島よりも強く受けるため，より多くの雨が降るのである。

問5　知床半島(北海道)は「知床」として，白神山地(青森県・秋田県)と小笠原諸島(東京都)，屋久島はその名のまま，西表島(沖縄県)は「奄美大島，徳之島，沖縄島北部及び西表島」(鹿児島県・沖縄県)の一つとして，それぞれユネスコ(国連教育科学文化機関)の世界自然遺産に登録されている。一方，富士山(山梨県・静岡県)は「富士山―信仰の対象と芸術の源泉」として世界文化遺産に登録されており，紀伊山地(三重県・奈良県・和歌山県)には世界文化遺産「紀伊山地の霊場と参詣道」の構成資産がある。

問6　エコツーリズムは，地域の自然環境や歴史・文化を体験したり学んだりしながら，その地域の自然環境や歴史・文化の保全に責任を持つ観光のあり方のことで，観光資源の価値や大切さを観光客に理解してもらうことで，その保全だけでなく地域の活性化も期待できる。

問7　福澤諭吉は，豊前中津藩(大分県)の藩士の子として大坂(大阪)で生まれたので，その故郷にある場所として耶馬溪(大分県)が選べる。なお，釧路湿原(北海道)，狭山丘陵(埼玉県)，天神崎(和歌山県)は，ナショナルトラスト運動によって保護が進められた場所として知られている。

理科　(25分)　<満点：50点>

解答

[1] (1) 3　(2) 1　(3) 3　(4) 2　(5) 3　(6) 年輪　(7) 2　(8) 2　(9) 3　(10) アーモンド　(11) マツ　[2] (1) 1，5，7　(2) 5，7，8　(3) 1　(4) 2　(5) 3　[3] (1) 1　(2) 2　(3) 3　[4] (1) 2　(2) 4　(3) 3　(4) 3　(5) 1　(6) 5　(7) 2

解説

[1] 松竹梅についての問題

(1)　マツは花粉を風に乗せて散布する風媒花である。花粉には空気袋が付いていて，風に運ばれやすくなっている。

(2)　マツの花は春～初夏につく。ウメコの発言に，雄花の方は花粉を飛ばしたらすぐ枯れるとあるように，雄花は花粉を飛ばしたあと，枯れて落下する。マツの木の周りに落ちている茶色いイモムシのようなものとは，このマツの雄花が落ちたものである。

(3)　マツの種子についてフクスケが説明しているように，マツの種子は小さく，プロペラのようなうすい膜が付いている。マツの種子はこの膜で風を受け，くるくる回りながら落ちる。

(4)　フクスケが松枯れ病について説明している。これによると，カミキリムシが運んできた線虫が仮道管を詰まらせるのが原因なので，線虫(センチュウ)の仲間を選ぶ。

(5)　マツは常緑針葉樹で，裸子植物だが，タケチヨの「冬でも青い葉をつけている」という発言を受けてウメコが述べたことであるから，“1年を通して緑色の葉をつけている樹木”である常緑樹がふさわしい。

⑹　身近な樹木は幹を太くしていきながら成長するが，季節によって成長の速さが異なるため，幹の断面には色がこくて厚みがうすい部分と，色がうすくて厚みが厚い部分とが交互(こうご)になった模様(バウムクーヘンに似た模様)が見られ，これを年輪という。フクスケの「つまり，タケは年ごとに太くなることはない」と述べていることからも推測できるように，タケの幹には年輪が見られない。

⑺　マツゾウの「シャープペンの芯(しん)は電気を通すんだよね」という発言がヒントになる。シャープペンの芯は主に炭素からできていることから，炭素のかたまりは電気を通すことがわかる。よって，タケを処理して炭素のかたまりにしたと考えられるから，その処理とは蒸し焼きだとわかる。

⑻　タケは，葉脈が平行脈であることから，被子(ひし)植物の単子葉類と考えられる。ここではイネとランが単子葉類だが，花は目立たないとあるので，イネが選べる。ランは虫媒花で，目立つ花を咲(さ)かせる。なお，クリとハスは双(そう)子葉類なので，葉脈は網(もう)状脈である。また，スギとイチョウは裸子植物である。

⑼　酸性食品とアルカリ性食品の区別は，食品に含(ふく)まれるミネラル分で決まる。その食品を燃やして得られた燃えカス(灰)を水に入れ，その上ずみ液(水溶液(すいようえき))が酸性かアルカリ性かで判別する。

⑽　ウメはサクラなどと同じバラ科の植物である。アーモンドもバラ科の植物で，その種子を食用としている(アーモンドナッツ)。

⑾　英語で，マツはパイン(pine)，リンゴはアップル(apple)という。パイナップルの実(昔は小さかった)の形が松ぼっくりに似ていて，リンゴのように甘(あま)い香(かお)りがするため，パインとアップルをくっつけてパイナップル(pineapple)という名がついたといわれている。

2　星座と星の動きや見え方についての問題

⑴，⑵　夏の大三角は，わし座のアルタイル，はくちょう座のデネブ，こと座のベガの3つを結んでできる。なお，おおいぬ座のシリウス，こいぬ座のプロキオン，オリオン座のベテルギウスの3つを結んでできるのは冬の大三角である。

⑶　天頂を通り南の地平線に向かって下がる天の川に対し，西側にこと座が，東側にわし座が位置する。また，天の川の中にはくちょう座があり，はくちょう座とこと座はわし座よりも高い位置に見える。

⑷　南の空に見える星や星座，太陽や月などは，東からのぼり，南の空を通って，西にしずむ。したがって，夜8時に頭上(天頂付近)に見えた夏の大三角は，夜11時には西の方角に傾(かたむ)いている。

⑸　北半球にある東京で夏の大三角を見ると，低い位置(南寄り)にわし座が見え，それより高い位置(北寄り)にはくちょう座とこと座が見える。この位置関係は南半球の地点でも，南を正面にしたときには同じで変化しない。ただし，見える方角は北寄りにずれる。もし，北を正面にして見たときには，上下左右が逆転して見える。

3　物質の性質や反応についての問題

⑴　Aグループでは，泡(あわ)(気体)が発生して，固体がなくなったように見える様子が観察できる。ベーキングパウダー(主成分は重そう)を食酢(す)に加えると，たがいに反応して二酸化炭素が発生する。ドライアイス(二酸化炭素の固体)を水に加えると，ドライアイスが気体に変わり，二酸化炭素が発生する。鉄粉を5％塩酸に加えると，鉄粉が溶(と)けて水素が発生する。アルミ箔(はく)(アルミニウム)を5％水酸化ナトリウム水溶液に加えたときは，アルミ箔が溶けて水素が発生するので，この組み合わせはAグループに入る。

⑵　Ｂグループでは，固体がなくなったように見えるが，このとき泡(気体)は発生しない様子が観察できる。砂糖を食酢に加えると，反応は起こらないが，砂糖が食酢に溶け込む。氷を水に加えると，やがて氷がとけ，水だけになる。食塩を５％塩酸に加えると，反応は起こらず，食塩が５％塩酸に溶け込む。水酸化ナトリウムを５％塩酸に加えると，中和反応が起こって食塩ができ，水酸化ナトリウムは見えなくなる。ただし，この反応では気体は発生しないので，この組み合わせはＢグループに入る。

⑶　Ｃグループでは，たがいに反応せず，また溶け込むこともなく，固体がそのまま液体の中にしずんだ様子が観察できる。組み合わせの一方が５％塩酸のとき，もう一方が銅粉の場合は，反応が起こらず，溶け込むことなく銅粉がそのまま残るから，Ｃグループに入る。なお，スチールウールの場合はＡグループ，氷の場合と砂糖の場合はＢグループに入る。

4　振り子の運動についての問題

⑴　表２で，おもりの重さが同じものどうし(ＡとＢ，ＣとＤ，ＥとＦ)を比べると，１往復する時間が異なっている。また，振れ幅が同じものどうし(ＡとＤとＦ)を比べても，１往復する時間が異なっている。しかし，振り子の長さが同じものどうし(ＡとＣ，ＢとＤ)を比べると，１往復する時間が同じになっている。これらのことから，振り子が１往復する時間を決めるのは振り子の長さであると考えられる。

⑵　表２より，１往復する時間は，おもりの重さや振れ幅に関係なく，振り子の長さが20cmのときは1.0秒，40cmのときは1.4秒，60cmのときは1.7秒，80cmのときは1.9秒になっている。よって，１往復する時間が2.1秒になる振り子は，少なくとも振り子の長さが80cmより長いといえるから，100cmが選べる。

⑶　⑵より，１往復する時間が２秒になる振り子の長さは，80cmより長く，100cmよりは短いと考えられるから，87cmとわかる。

⑷　振れ幅を変えても１往復する時間には影響しないので，その時間は変わらない。しかし，振れ幅を大きくすると，振り子のおもりが移動する長さは長くなるため，支点の真下を通過するときのおもりの速さは速くなる。

⑸　振り子のおもりが達する最高点の高さは，振れの途中で支点の位置(振り子の長さ)が変わっても変化しない。つまり，振れ始めの位置と同じ高さまで上がる。

⑹　図２では，杭より左側(振れの左半分)では長さ80cmの振り子として振れ，右側(振れの右半分)では長さ，80－60＝20(cm)の振り子として振れる。よって，杭より左側で振れる時間は，1.9÷２＝0.95(秒)，右側で振れる時間は，1.0÷２＝0.5(秒)となるので，0.95÷0.5＝1.9(倍)と求められる。

⑺　杭より左側で振れる時間は0.95秒で変わらないので，杭の右側で振れる時間は，1.65－0.95＝0.7(秒)である。つまり，杭より右側では１往復する時間が，0.7×２＝1.4(秒)の振り子として振れているので，表２より，振り子の長さは40cmとわかる。したがって，杭の位置は振り子の支点から，80－40＝40(cm)下の位置である。

国語 (45分) ＜満点：100点＞

解答

一 問1 2 問2 1 問3 4 問4 5 問5 2 問6 6 問7 (例) 世の中の平和は相手を気遣って対等な関係を築くことから始まる(ということ。) 二 問1 3 問2 1 問3 5 問4 5 問5 4 問6 Ⅲ 5 Ⅳ 2 問7 3 問8 4 三 問1 4 問2 5 問3 2 問4 1 問5 5 問6 1, 5 四 A 5 B 7 C 2 D 8 E 9 F 1 G 3 H 6 I 4 五 下記を参照のこと。

●漢字の書き取り

五 ア 満場 イ 徒党 ウ 辺境 エ 必至 オ 奮(い) カ 信条 キ 算段 ク 背反 ケ 連立 コ 射(る) サ 管見 シ 協定 ス 耳目 セ 工面 ソ 巻(く)

解説

一 朝，警備員さんへ元気に挨拶(あいさつ)する良夫の心構えを聞いた拓朗(たくろう)は，自分をかえりみる。

問1 少し後で，良夫は気持ちがいいから挨拶をするのだと話している。つまり，警備員さんにした良夫の挨拶は，「堂々と」して「清々(すがすが)しい」ものだったと考えられる。

問2 「いたって」は程度がはなはだしいようす。「ヨッシーっていつもあんな風に警備員さんにきちんと挨拶しているの」と拓朗に言われた良夫は，明快に，「だって気持ちよくなーい？」と答えている。よって，真ん中や正しい状態から大きくずれているようす，かたよりが強いようすを意味する1の「極端(きょくたん)に」が合わない。

問3 「先生にだけ愛想(あいそ)よく挨拶」し，先生以外の「学校を支えている人たちを無視しているやつ」が苦手だと話す良夫の言葉に「うわぉっ」と思い，拓朗はあわてて「シャイな性格」のために挨拶ができない人もいるんじゃないかと弁護している。良夫の批判に図星を指されたように感じた拓朗は，他人をかばうような発言をしながら，実のところ自分自身を守っていたのだから，4が選べる。

問4 「むなしい」は，形だけで実質がともなわないようす。うつろなさま。問3でみたとおり，良夫の批判にあわて，取ってつけたような反論をしてしまったことが拓朗をむなしい気持ちにさせたのである。よって，5がふさわしい。

問5 もどす文章には，事情を聞いた用務員の梅沢(うめざわ)さんからバケツと雑巾(ぞうきん)を借り，何とか事態を収めることができた良夫と拓朗のようすが描かれている。(イ)に入れると，良夫と拓朗は水浸(みずびた)しになったリュックを処置するためのバケツと雑巾を借りたおかげで何とか事なきを得たが，梅沢さんはさらに，「びしょびしょに濡(ぬ)れてしまったノート」を乾(かわ)かすためのドライヤーまで貸してくれた，という流れになり文意が通る。

問6 「自分たちの生活を支えてくれている」人たちの「一人ひとりの名前」をわかったうえで「挨拶」したいと考え，名前調べまでしている良夫と，「世の中」のことを「ほとんど何も考えないで日々を過ごしている」自分との間の差に，拓朗は打ちひしがれている。よって，6の「視野の狭(せま)さ」が入る。なお，「打ちひしがれる」は，“ショックで落ちこむ”という意味。

問7　息子の拓朗を元気づけた後，お父さんが良夫の言動を「大きな視点」で説明している点に注目する。良夫は身近な相手に「対等な関係で，その人のことを気遣う」態度で接しているが，国どうしなどの「大きな視点」で考えれば，それは世の中の「平和」につながるし，逆に相手を見下せば「戦争」になるというのである。これを「対等な関係で相手を気遣えるかどうかは，国際関係さえ左右する(ということ)」のようにまとめる。あるいは，父親の話を聞いて「世の中に対して，こういうふうな理解の仕方ができる人になりたい」と拓朗が受け止めたことに重きを置き，「日常の問題から国の問題まで，大きな視点で考えることが大切だ(ということ)」のように書いてもよい。

二　「古典を学ぶ意義」を考えるようになったきっかけについて，筆者は教職に就いたばかりのころを回想しながら語っている。

問1　自分の担当する国語(古典)の授業に参加したイギリスの短期留学生に対し，筆者は「つたない英語力を駆使して」色々と説明をしている。ここでの「つたない」は，未熟なようすを表すので，3の「とるに足らない」が最も近い。

問2　「試行錯誤」は，いろいろと試し，失敗しつつ解決法をさぐっていくこと。なお，「指向」は，ものごとが特定の方向に向かうこと。「思考」は，考え。「志向」は，意識や考えがある方向をめざすこと。「私行」は，私生活上の行い。

問3　続く部分で，留学生の言葉が筆者にどのような影響を与えたかについて述べられている。古典が「最も偉大な授業だ」と言った留学生の言葉は，そう言い切れる「精神性」や「古典を学ぶ意義」について「考える機会」を筆者に「与えてくれた」のである。よって，5が合う。1～4は，筆者が「古典を学ぶ意義」を考えるようになった点を反映していない。

問4　これまで，古文を学ぶことに対する生徒の嘆きばかりを耳にしてきた筆者は，「最も偉大な授業だ」と留学生から言われたことで感動を覚えるとともに，それを教える者として気持ちを引き締めなければならないと思ったはずである。よって，5が選べる。なお，「胸が熱くなる」は，“感動などがこみあげてくる”という意味。「背筋の(が)伸びる」は，“気持ちが引きしまる”という意味。

問5　同じ段落で，リベラル・アーツは「人を自由にするための学問，芸術」だと説明されている。特に古代ギリシアで「奴隷という身分から自立した存在へと解放されるために必要なもの」だったのだから，4がふさわしい。1～3，5は「奴隷」からの解放という内容をおさえていない。

問6　Ⅲ　「リベラル」と「アーツ」それぞれの語意を述べたうえで，「リベラル・アーツ」全体の意味を説明しているので，“要するに”とまとめて言いかえるときに用いる「つまり」があてはまる。　Ⅳ　「人を自由にするための学問，芸術」を意味する「リベラル・アーツ」は，古代ギリシアの奴隷たちにとって奴隷から解放されるのに必要な，正真正銘，「自らを自由にするものだった」という文脈なので，“本当に”“まちがいなく”“確かに”などの意味を表す「まさに」が入る。

問7　「このような」とあるので，前の部分に注目する。めまぐるしく大量の情報が飛び交い，これまでの常識が通用しない現代社会で「養う」べきなのは，「様々な情報を見極める力，変化に立ち向かい，課題を解決する力」だと述べられているので，3が合う。

問8　これまでみてきたとおり，本文は「古典を学ぶ意義」を中心として述べられている。最後の二つの段落で，筆者は「現代社会において，私たちが直面する様々な課題を解決する際の羅針盤となり，現代社会とそこに生きる私たち自身を自由な存在として解放してくれる」ところに，「古典を学ぶ意義」があると語っている。そして，「古典を学ぶ意義」を考え始めるときが「自由への大きな一歩を踏み出す瞬間」になると我々に語りかけているので，４がふさわしい。

三 **出典は二〇二二年六月十七日付朝日新聞掲載の「天声人語」による。**日本文学者であったドナルド・キーンの，漢字との出会いについて語られている。

問１　「漢字」には「アルファベットとは異なる」特徴がある点に注目する。一つひとつには意味がなく，音だけを表すアルファベットのような表音文字に対し，漢字は個々が意味を持つのだから，「表意文字」だといえる。

問２　続く部分で，日本で署名するさい，キーンは「鬼院，奇韻，希飲，祈因，嬉胤」（いずれも“きいん”と読む）と，姓の表記を使い分けたと述べられている。これが，漢字本来の意味に関係なくその音をかりて，ある語を書き表した「当て字」にあたる。よって，「演説」を英語の「スピーチ」と表した５がふさわしくない。

問３　１　曹雪芹による清代の小説。貴族の御曹司の悲恋を，家の没落を背景に描く。　２　唐代の詩人白居易の叙事詩。玄宗皇帝と楊貴妃の悲恋がうたわれている。　３　前漢の司馬遷による歴史書。伝説の皇帝である黄帝から，前漢の武帝までを扱う。　４　史書「三国志」をもとに，明代に著された長編歴史小説。劉備・関羽・張飛・諸葛孔明ら英雄豪傑の活躍を描く。　５　明代の長編小説。梁山泊に結集した百八人の豪傑たちの悲壮な運命を描く。

問４「古今和歌集」は平安時代，紀貫之らによって編纂された日本最初の勅撰和歌集である。よって，現代短歌の２と５は，あてはまらない。　　１「古今和歌集」に収められた在原業平の作品。竜田川に紅葉が美しく散りしいたさまを詠んでいる。大意は“不思議なことの多かった神代の話にも聞いたことがない。竜田川が絞り染めで紅に染まるなんて”。　３　石川啄木の作品。大意は“不来方城の城跡の草に寝転んで，空に吸いこまれそうだった十五歳の私の心よ”。　４「万葉集」に収められている，北九州の警護のためにかりだされた防人の歌である。大意は“衣のすそにすがりついて泣く子どもたちを置いてきてしまったよ。母親も（亡くなって）居ないのに”。

問５　続く部分で，「東北には思いがある」とキーンが語っていることに注目する。つまり，若いころ「奥の細道」をたどる旅をしていたキーンは東北に特別な感情を抱いていたので，大震災に見舞われた被災地が心配だったのである。なお，「奥の細道」は江戸時代の俳人，松尾芭蕉による俳諧紀行文。奥州（現在の福島・宮城・岩手・青森の四県と秋田県の一部）を中心に行脚したときのようすと，そのさいに詠んだ俳句が記されている。　１　平安時代の歌人，紀貫之の作。土佐（現在の高知県）から，二か月近くかかる海路で京に戻るまでの体験を，日記体でつづった紀行文である。　２　平安時代中期に成立した，紫式部の長編小説。光源氏を主人公に，王朝文化最盛期の宮廷貴族の生活を描く。　３　平安時代前期に成立したといわれる現存する日本最古の物語。光る竹の中から翁によって見つけられた「かぐやひめ」が，月に帰るまでを描く。　４　奈良時代末ごろに成立した，現存する日本最古の和歌集。最終的な編纂は大伴家持といわれる。　６　平安時代に成立した歌物語。在原業平を思わせる男の「初冠」（成人の儀式）から死を覚悟した「辞世」までを描く。

問６　キーンは十六歳のころに出会った漢字に魅せられ，やがて日本文学者になっただけでなく，日本国籍までも得て晩年を東京で暮らしている。よって，１と５がふさわしい。なお，写真を「自主的に撮影したもの」かどうかは分からないので，2は合わない。また，キーンは「画数の多い字」が「好きだった」ほか，「紀貫之や芭蕉らの日記を読み込む研究」をしているので，3も正しくない。さらに，「叡知」や「憂鬱」という漢字が外国人の姓名に多用されているとは説明されていないので，4もふさわしくない。

四 同じ漢字をふくむ熟語

A 「アップサイクル」は，本来捨てられるはずのものに新たな価値を与え，再生すること。空らんAに入る「故」は，5の「故障」にふくまれている。　**B** 「オーガニック」は，有機農業による生産物。空らんBにあてはまる「機」は，7の「機関」にふくまれている。　**C，D** 「コンポスト」は，堆肥のこと。空らんCには「生」，空らんDには「減」が入るので，Cは2の「衛生」，Dは8の「増減」が選べる。　**E** 「グリーンエネルギー」は，風力・地熱などから生み出されるエネルギーをいう。空らんEには「再」があてはまるので，9の「再開」がふさわしい。

F 「AI」は，人工知能のこと。空らんFには「動」があてはまるので，1の「挙動」が合う。

G 「フェアトレード」は，発展途上国との貿易において，農産物などを公正な価格で取引すること。空らんGには「他」が入るので，3の「自他」が選べる。　**H** 「温室効果ガスを減らすために森を育てる」のだから，空らんHには「植」が入る。よって，6の「植樹」が選べる。なお，「植林」は，伐採後の跡地に苗木を植えて林に育てること。　**I** 「化石燃料」を使用し続けることによる「地球温暖化」の進行は，「気候危機」にあたる。空らんIに入る「危」は，4の「危急」にふくまれている。

五 漢字の書き取り

ア 「満場一致」は，そこにいる人すべての意見が一致すること。　**イ** 「徒党を組む」は，“よからぬことを企てて仲間が集結する”という意味。　**ウ** 中央から遠くはなれたところ。

エ 必ずそうなるということ。　**オ** 勇気やいきどおりなどが，心に満ちること。　**カ** かたく信じて守っている考え。信念。　**キ** あれこれ苦心して，よい方法を考えること。　**ク** そむくこと。裏切ること。　**ケ** 二つ以上のものがそれぞれ位置を保ちながら，全体でひとまとまりになっていること。　**コ** 矢を放つこと。　**サ** 自分の知識，見解，意見をへりくだっていう語。　**シ** 相談して決めること。　**ス** 「耳目を集める」は，“人々の注意や関心を引きつける”という意味。　**セ** いろいろな方法を考えて準備すること。特に，金銭を用意すること。

ソ 「舌を巻く」で，“驚き，恐れ，感嘆などで，ことばも出ない”という意味。

Memo

Memo

Memo

2022年度　慶應義塾中等部

〔電　話〕 (03) 5247－1677
〔所在地〕 〒108-0073　東京都港区三田2－17－10
〔交　通〕 JR山手線－「田町駅」より徒歩10分
都営三田線－「三田駅」より徒歩10分

【算　数】 (45分) 〈満点：100点〉

〔注意〕 解答は，下の〔例〕にならって□の中に0から9までの数字を1字ずつ記入しなさい。

〔例〕

(1) 333mから303mをひくと□□mになります。　解答 | 3 | 0 |

(2) 2.34に6をかけると ア . イ になります。

ア		イ	
1	4	0	4

(3) $\frac{5}{2}$に$\frac{1}{3}$をたすと ア $\frac{イ}{ウ}$ になります。

ア	イ	ウ
2	5	6

1 次の□に適当な数を入れなさい。

(1) $21+50\times\{6.25\times0.24-3.896\div(5+0.6\times7.9)\}=$□□

(2) $3\frac{1}{6}-\left(4-1\frac{3}{5}\right)\div\frac{ア}{イ}=\frac{1}{2}$

(3) 2.453÷0.28の商を小数第2位まで求めると ア . イ で，このときの余りは小数第 ウ 位までの数です。

(4) 8で割ると6余り，11で割ると9余る2桁(けた)の整数は□□です。

(5) 0，2，3，6，7の5つの数字を1回ずつ使って，5桁(けた)の整数をつくります。このとき，偶(ぐう)数は全部で□□通りつくることができます。

2 次の□に適当な数を入れなさい。

(1) 長さ4.76mの丸太を34cmずつの長さの丸太に切り分けます。丸太を1回切るのに5分かかり，丸太を1回切り終えてから次に切り始めるまでに42秒ずつ休むことにします。2本以上の丸太を同時に切ることはしないことにすると，丸太を切り始めてから全部切り終えるまでには ア 時間 イ 分 ウ 秒かかります。

(2) 6％の食塩水が270gあります。これに，食塩を□□g溶(と)かしたところ，15.4％の食塩水になりました。

(3) ある本を読むのに，1日目は全部のページ数の$\frac{5}{8}$よりも30ページだけ少なく読み，2日目は残りの0.6倍よりも5ページだけ少なく読み，3日目は残りの$\frac{17}{25}$よりも5ページだけ多く読んだところ，35ページ残りました。この本は全部で□□□ページあります。

(4) 毎分□□Lの割合で水がわき出ている池があります。この池の水は，毎分30Lずつくみ上げるポンプを使うと12分でなくなり，毎分25Lずつくみ上げるポンプを使うと18分でなくなります。

(5)　右の図の9つのマスに数を1つずつ入れて，縦（たて），横，斜（なな）めに並んだ3つの数の和がすべて等しくなるようにします。このとき，Aのマスに入る数は□です。

28	76	A
		4

3　次の□に適当な数を入れなさい。ただし，円周率は3.14とします。

(1)　［図1］のように，長方形の紙をその対角線で折りました。㋐の角と㋑の角の大きさの比が7：4であるとき，角xの大きさは□°です。

［図1］

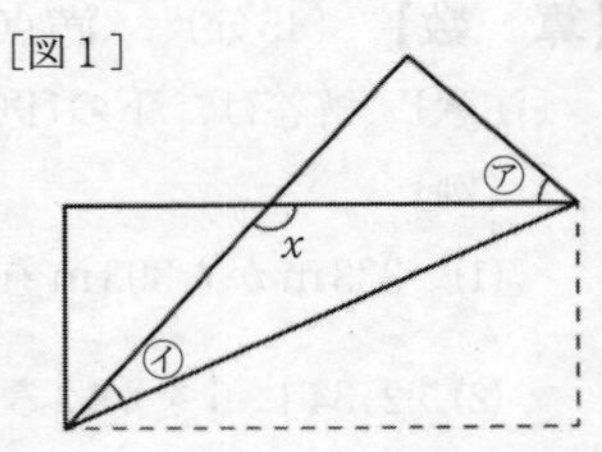

(2)　［図2］のように，面積が60cm²で2辺AB，ACが等しい三角形と，正方形を組み合わせました。この正方形の1辺の長さは $\boxed{ア}\dfrac{\boxed{イ}}{\boxed{ウ}}$ cmです。

(3)　［図3］のように，2つの正方形を組み合わせました。辺EHの長さが8cmで，辺AHと辺AEの長さの差が2cmであるとき，三角形AEHの面積は□cm²です。

(4)　［図4］のような台形があります。この台形を直線ADのまわりに1回転してできる立体の表面の面積は，この台形を直線ABのまわりに1回転してできる立体の表面の面積の $\dfrac{\boxed{ア}}{\boxed{イ}}$ 倍です。

［図2］

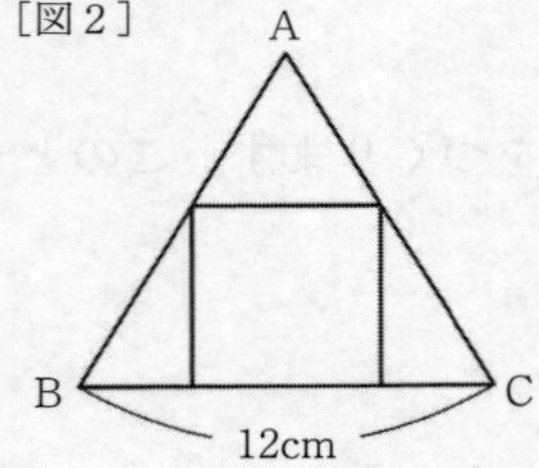

［図3］

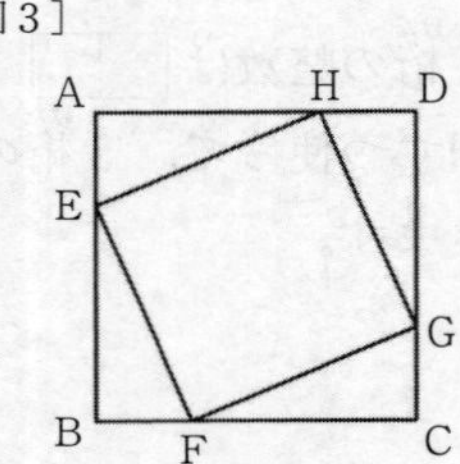

［図4］

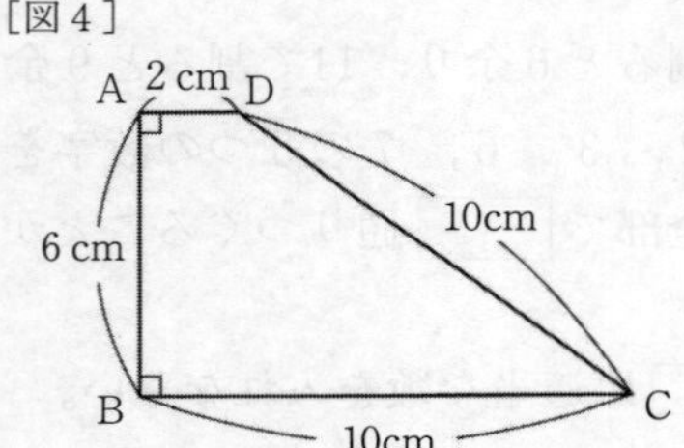

4　右の図のような縦（たて）6cm，横5cm，高さ13cmの直方体があります。辺AE上にAP＝3cmとなる点Pをとり，辺BF上にBQ＝7cmとなる点Qをとって，3点D，P，Qを通る平面でこの直方体を切り，2つの立体に分けます。次の□に適当な数を入れなさい。

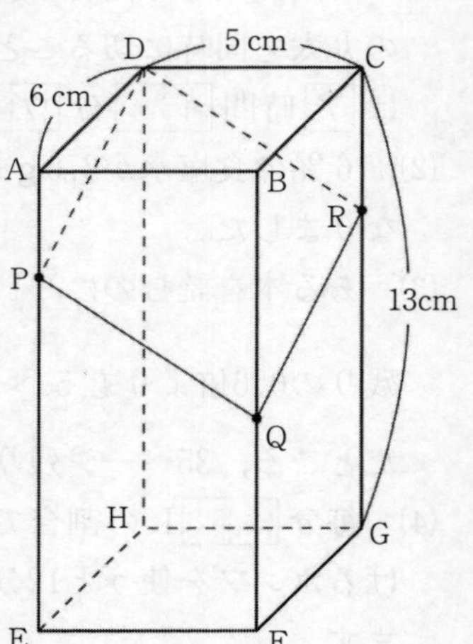

(1)　3点D，P，Qを通る平面が辺CGを切る点をRとするとき，四角形QFGRの面積は□cm²です。

(2)　切り分けられた2つの立体のうち，大きい方の体積は□cm³です。

5 太郎（たろう）君，次郎（じろう）君，花子さんの３人の家は，学校までのまっすぐな一本道に面しています。太郎君，次郎君，花子さんがこの順にそれぞれの家を出発して，学校までの道をそれぞれ一定の速さで歩き，学校に行きました。右のグラフは，太郎君が家を出発してからの時間と，太郎君と次郎君の間の距離（きょり）の関係を表したものです。次の□に適当な数を入れなさい。

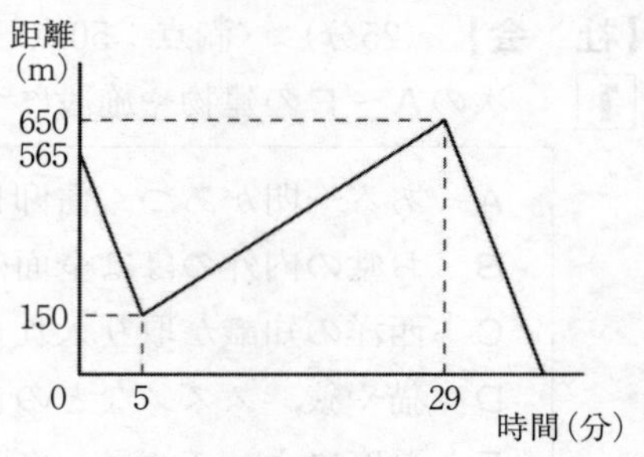

(1) 次郎君が歩く速さは分速［ア］$\frac{［イ］}{［ウ］}$mで，次郎君の家から学校までの距離は［エ］mです。

(2) 太郎君が家を出発してから７分後に花子さんは家を出発し，その５分後に花子さんは次郎君に追い越（こ）されました。それからさらに10分後に，花子さんは太郎君に追い越されました。花子さんが歩く速さは分速［ア］$\frac{［イ］}{［ウ］}$mで，花子さんの家から学校までの距離は［エ］.［オ］mです。

6 次の□に適当な数を入れなさい。

(1) 5＋6＝11，5＋6＋6＝17のように，５と６をいくつかずつ加えて整数をつくります。また，5＋5＝10，6＋6＝12のように，５または６のどちらか一方の数のみを加えてもよいこととします。このとき，つくることができない最大の整数は□です。

(2) 11＋13＝24のように，11と13をいくつかずつ加えて整数をつくります。11も13も必ず１つは加えるとき，つくることができない最大の整数は□です。

【社　会】(25分)〈満点：50点〉

1　次のA～Fの建物や施設について，各問に答えなさい。

A　ある一門があつく信仰した，海上に社殿がある神社
B　お堂の内外のほぼ全面に金ぱくがはられた阿弥陀堂
C　西洋の知識が取り入れられた星形の城
D　猫や猿，スズメなどの色鮮やかな装飾のある神社
E　幕府によってオランダ商館が設置された人工島
F　福沢諭吉が本格的に蘭学を学んだ私塾

問1　A～Fがある場所を次の地図上からそれぞれ選びなさい。

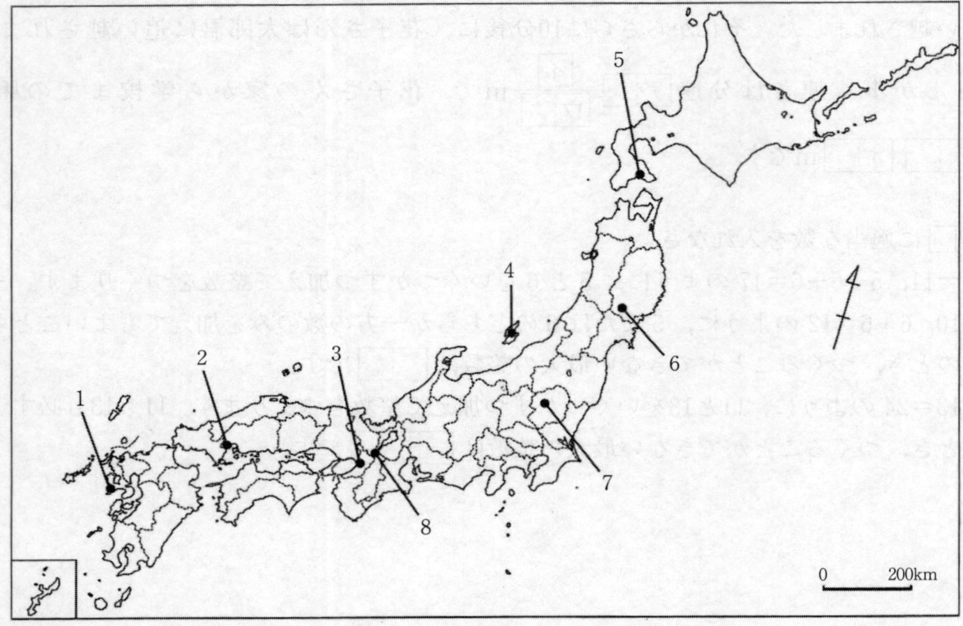

問2　A～Fにもっともかかわりのある人物をそれぞれ選びなさい。

1　緒方洪庵　　2　シーボルト　　3　聖徳太子　　4　平清盛
5　徳川家康　　6　ハリス　　7　土方歳三　　8　藤原清衡

2　戦後の日本についての各問に答えなさい。

問1　次のできごとを古い順に並べたときに3番目のものを選びなさい。

1　沖縄の返還を実現しました
2　サンフランシスコ平和条約に調印しました
3　所得倍増計画を発表しました
4　太平洋戦争の降伏文書に調印しました
5　日ソ共同宣言を発表しました

問2　沖縄の返還を実現したときの内閣総理大臣を選びなさい。

1　池田勇人　　2　佐藤栄作　　3　鳩山一郎　　4　東久邇宮稔彦　　5　吉田茂

問3　次のできごとを古い順に並べたときに3番目のものを選びなさい。

1　九州・沖縄サミットを開催しました

2　国鉄を分割して民営化しました

3　1955年以来，初めての非自由民主党連立内閣となりました

4　日中共同声明を発表しました

5　初めて消費税を導入しました

問4　日中共同声明を発表したときの内閣総理大臣を選びなさい。

1　竹下登　　2　田中角栄　　3　中曽根康弘

4　細川護熙　　5　森喜朗

問5　(1)　次の文章を読み，(あ)～(お)に入る語句を選びなさい。

> 2021年10月4日に召集された(　あ　)会において，衆参両院の内閣総理大臣の(　い　)選挙で岸田文雄自由民主党総裁が選出され，同日の夜，天皇によって第100代内閣総理大臣に(　う　)されました。召集から10日後の同14日には衆議院が解散され，同19日に㋐公示，㋑解散から17日後の同31日に衆議院議員総選挙の投開票が実施されることが決まりました。総選挙を受け，11月10日には(　え　)会が召集され，内閣が(　お　)すると，内閣総理大臣の(　い　)選挙が行われ，再び選出された岸田氏が第101代内閣総理大臣に(　う　)されました。

【語句】　1　指名　　2　総辞職　　3　特別　　4　任命　　5　臨時

(2)　下線部㋐について，説明が正しいものを選びなさい。

1　公示のあった日から選挙期日の当日までは，法律が定めている選挙運動が行える

2　公示のあった日から10日間は，選挙管理委員会で立候補が受け付けられる

3　公示とは，憲法7条に記載されている天皇の国事行為の一つである

4　公示とは，あらゆる選挙の期日を広く国民に知らせることである

(3)　下線部㋑について，次の憲法54条の条文内の(A)・(B)に入る数字を答えなさい。なお，条文は現代仮名づかいになおしてあります。

> 衆議院が解散されたときは，解散の日から(　A　)0日以内に，衆議院議員の総選挙を行い，その選挙の日から(　B　)0日以内に，国会を召集しなければならない。

3　関東地方の自然について述べた次の文章を読み，各問に答えなさい。

関東平野は，日本最大の平野です。利根川・荒川・多摩川などの大きな川が，北部や西部の山地を源に東または南東に向かって流れ，海に注いでいます。地形のうち，最も広い面積を占めるのは(　あ　)で，その地表面は，㋐関東ロームにおおわれています。(　い　)は，㋑東京都の東部から千葉県の北西部の沿岸付近にかけての地域に広大なものがみられる他，河川の流路に沿った地域に見られます。気候は，ほとんどの地域が，夏から秋に降水量が多くなる一方，冬は晴天が続き，空気が乾燥する太平洋側の気候です。㋒秋の終わりから冬にかけて，山地から平野に向けて強い北風が吹きこんでくる日も多いですが，房総半島や三浦半島は，沿岸部を中

心に(う)の影響を受けて冬でも比較的温暖です。夏には内陸部では(え)現象によって40℃近い高温となる日がある他，東京などの大都市では，㋓ヒートアイランド現象が発生して，夜間にも気温が下がらず，寝苦しい日が多くなっています。

問1　(あ)～(え)に当てはまる語句を次の中から選びなさい。

1　埋立地　　2　季節風　　3　丘陵　　4　黒潮
5　台地　　6　低地　　7　フェーン　　8　放射冷却

問2　下線部㋐の性質によって，関東地方で冬に地表面から地中にかけてよくみられる現象を，**ひらがな5字**で答えなさい。

問3　下線部㋑の地域について述べた文として，正しいものを**すべて**選びなさい。

1　主に荒川とかつての利根川が運んできた土砂が，海を埋め立てて形成された
2　海面より標高が低い，いわゆる「海抜0メートル地帯」が広がっている
3　鎌倉時代から本格的な発展が始まった
4　関東大震災と太平洋戦争で，特に大きな被害を受けた
5　関東ロームが分厚く堆積している

問4　下線部㋒について，この北風の呼び方を**2つ**答えなさい。

問5　下線部㋓について，ヒートアイランド現象の対策について，(A)・(B)に当てはまる言葉をそれぞれ**漢字1字**で答えなさい。

・道路の舗装を(A)をたくわえられる素材に変える
・空調機器や自動車などの人工物から出される(B)を低減させる

4　江戸時代から現在までの交通の発展について述べた次の文章を読み，各問に答えなさい。

江戸時代になると，徳川家康は，それまでに形作られていた街道網を生かして，五街道と，そこから遠方へと続く脇街道の整備に取りかかりました。街道沿いには(あ)を認定し，旅人達が泊まれるようにしました。また，旅人達の目印となるよう，距離を示す(い)が作られた他，道沿いには松や杉の並木が植えられました。当時の人々の移動手段で最も多かったのが徒歩で，他には馬や(う)が使われました。㋐江戸の防衛のために各所に関所を設けた他，東海道では，主要河川には橋を架けず，船または徒歩で渡るようにしていました。

明治になると，近代化を推し進めるため，政府は民間の力も併せて，鉄道を整備していきました。関東地方では，特に㋑埼玉・群馬・栃木の北関東地方と，東京および横浜を結ぶ路線の建設に力を注ぎ，早期に開通させました。こうして，これまで船に頼っていた大量の物資の輸送が，陸の上でも行えるようになりました。また，都市内部での人々の移動手段として，多くの大都市で(え)が次々に普及しました。一方，日本には古代から明治に至るまで，(お)の文化がなかったことから，道路の整備は，鉄道に比べあまり進みませんでした。

太平洋戦争の終結後，戦後の復興と発展のため，新たに大規模な交通政策がほどこされるようになりました。特に，1950年代以降，それまで少なかった(か)が急速に普及し始めたため，遅れがちだった道路の整備が進みました。国道を皮切りに道路の舗装が急ピッチで進められた他，1960年代には㋒高速道路の建設も始まりました。こうした流れの中で，これまで大都市内部の中心的な移動手段であった(え)は，交通渋滞を引き起こす原因になることなどから次第に姿を消し，代わって(き)が建設されることが多くなりました。1964年には，東海道新幹線

が完成し，その後昭和から平成にかけて，全国に新幹線のネットワークが広がっていきました。

問1　（あ）～（き）に当てはまるものを選びなさい。

1	一里塚	2	かご	3	自動車	4	宿場	5	人力車
6	地下鉄	7	馬車	8	路面電車	9	路線バス		

問2　下線㋐について，江戸の防衛のために，武器を江戸に持ち込ませないことや，江戸に住まわせている大名の夫人たちを勝手に領国に帰らせないようにするための，関所の役割を表した言葉に，

「（ A ）に（ B ）」

というものがあります。（A）・（B）のそれぞれに当てはまる言葉を答えなさい。

問3　下線㋑について，政府が北関東地方（特に群馬県）と東京・横浜を結ぶ鉄道を他の路線に優先して建設した理由を，20字以上50字以下で説明しなさい。

問4　下線㋒について，関東地方では，まず東京と地方を結ぶ高速道路が東京を中心に放射状に建設され，続いてこれらの高速道路どうしをその途中から環状に結ぶ高速道路が建設されました（下の図を参照）。このとき，環状高速道路が建設されたことによって東京の都心部の環境が得る利点を，20字以上50字以下で説明しなさい。

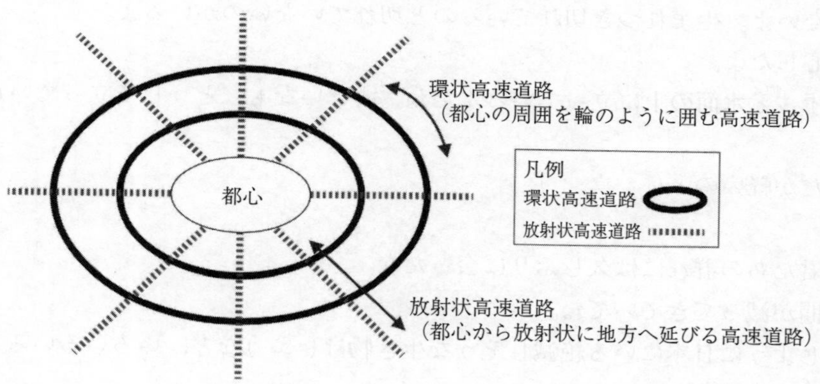

図　都心周辺の高速道路の模式図

＊実際の道路を反映した図ではありません。

【理　科】（25分）〈満点：50点〉

1　次のAとBの会話文を読み，あとの問いに答えなさい。

A：はじめまして。

B：やぁ，君はまだ生まれて間もないね。

A：そうなんだ。卵のときから水の中にいて，（ ア ）した卵からは10日くらいして出てくることができたよ。

B：食事はどうしているんだい？

A：生まれてすぐはお腹のところにふくらみがあり，その中には（ イ ）が入っているので，２～３日は何も食べなくても大丈夫なんだ。でも，今はミジンコや藻（も）とかを食べているよ。

B：ところで君は一人？

A：いや，群れで生活しているよ。

B：みんなと一緒だと，敵から身を守りやすいよね。
ふと気になったけど，君の目はずいぶんと顔の高い位置にあるね。

A：よく気がついたね。それがAという名前の由来になっているんだよ。

B：知らなかったな。あれ！　君，ケガしてない？　背びれが切れちゃってるよ。

A：これはケガじゃないよ。生まれつき切れているのと切れていないのがいるよ。

B：そうなんだ。安心したよ。

A：そういえば君はずっと水面の上に立っているんだね。すごいなぁ。どうして立っていられるの？

B：それはね，からだが軽いのと（　ウ　）

A：すごいな！

B：それにしても，君たちの群れには久しぶりに会ったな。

A：実は，段々と仲間が減ってきていてね。

B：僕らもだよ。同じように日本にいる絶滅（めつ）しそうな生き物は（ エ ）など，いろいろいるみたいだよ。お互いがんばろうな！

A：うん，またね。

(1)　(ア)と(イ)に入る言葉を漢字２文字で書きなさい。

(2)　Aの生物名は何ですか。カタカナで書きなさい。

(3)　Aはオスかメスか，次の番号で答えなさい。

1　オス　　**2**　メス

(4)　Bの生物名は何ですか。次の中から選び，番号で答えなさい。

1　アメンボ　　**2**　イモリ　　**3**　カゲロウ
4　カルガモ　　**5**　ギンヤンマ　　**6**　ゲンゴロウ

(5)　(ウ)にあてはまるセリフを次の中から選び，番号で答えなさい。

1　あしの先に空気を入れる浮き輪みたいなものがついているからさ。
2　あしの先に油のついた細かい毛が生えているからさ。
3　あしを素早く動かしているからさ。
4　あしの先が広がっている形をしているからさ。

(6)　(エ)にあてはまらない生き物を次の中から選び，番号で答えなさい。

1　イリオモテヤマネコ　　2　ニホンジカ　　3　タガメ
4　オオサンショウウオ　　5　ライチョウ

2　てこの原理は身のまわりの様々な道具に利用されています。はさみとつめ切りについて，次の問いに答えなさい。

(1)　はさみの力点は図１のどの部分ですか。図１の番号で答えなさい。

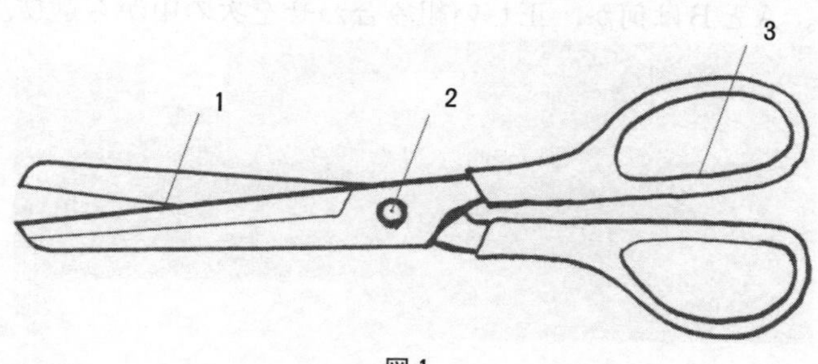

図１

(2)　庭木の枝を切るのに使う高枝切りばさみで枝を切るとき，最も小さな力で切るには，刃（は）のどの部分を使えば良いですか。次の中から選び，番号で答えなさい。

1　先の方
2　真ん中
3　元の方

(3)　つめ切りを表した図２の**7**の力点に対応する作用点はどの点ですか。図２の番号で答えなさい。

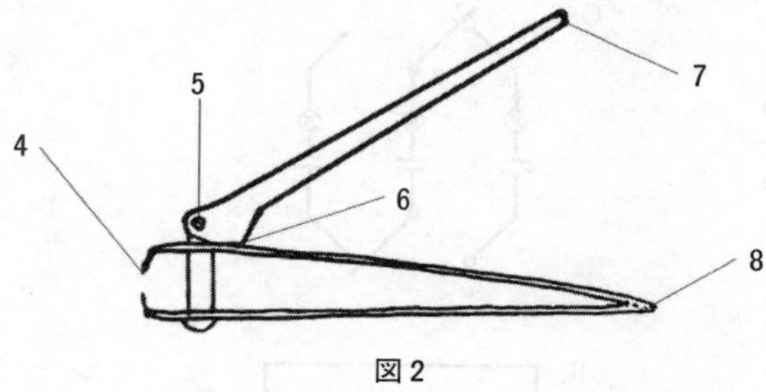

図２

(4)　図２の**4**の作用点に対応する力点はどの点ですか。図２の番号で答えなさい。

3　容積１Ｌのチャック付きのポリ袋（ぶくろ）に様々なものを入れて密閉し，その後の袋の様子を観察しました。ポリ袋を密閉した時と，袋の様子を観察した時の室温は25℃として，次の問いに答えなさい。

(1)　ポリ袋の中に約300mLの水を入れたあと，静かに二酸化炭素約300mLをポリ袋に入れ，密閉してから約30秒間振（ふ）り混ぜました。ポリ袋を観察した時の様子を次の中から選び，番号で答えなさい。

1　ポリ袋は振り混ぜる前よりもふくらんでいた。
2　ポリ袋は振り混ぜる前よりもしぼんでいた。
3　ポリ袋の様子は変わらない。

(2)　ポリ袋の中に約100mLの空気とドライアイスの小片を入れて密閉しました。30分後のポリ袋の様子を次の中から選び，番号で答えなさい。

1　ポリ袋ははじめよりもふくらんでいた。
2　ポリ袋ははじめよりもしぼんでいた。
3　ポリ袋の様子は変わらない。

(3)　ポリ袋の中に粉末Aとペットボトルキャップに入れた液体Bを入れ，密閉してから振り混ぜると，ポリ袋がふくらんでいました。AとBは何か，正しい組み合わせを次の中から選び，番号で答えなさい。

1　A：砂糖　B：石灰水
2　A：食塩　B：塩酸
3　A：小麦粉　B：牛乳
4　A：重そう　B：酢

4　1つの電灯を2か所のスイッチでつけたり消したりできる仕組みがあります。このような仕組みを切り替えスイッチと乾電池，豆電球を使って作ろうとしたとき，下のA～Iのような9通りの配線を考えました。切り替えスイッチは，必ずどちらかの接点に接触させるものとし，あとの問いに答えなさい。使っている乾電池と豆電球はそれぞれすべて同じ性能とし，豆電球に電流が流れているときは必ず点灯するものとします。

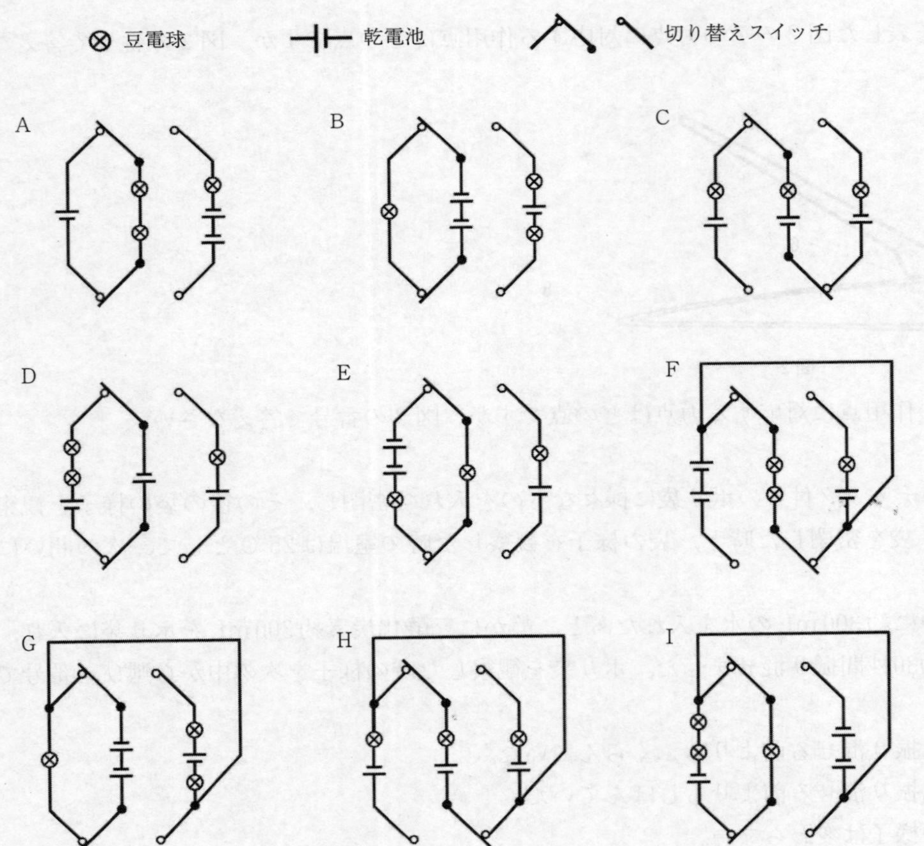

(1)　A～Iの9通りの配線のうち，次の条件に当てはまるものの数をそれぞれ書きなさい。

(ア)　2つのスイッチがどちらの接点についていても，豆電球が少なくとも1個は点灯するもの。

(イ)　スイッチを切り替えるたびに，必ず，点灯する豆電球の数が変わるもの。ただし，1回の切り替えでは2つのスイッチの片方だけを動かすものとします。

(ウ)　3個の電池が均等に消もうする回路にすることができるもの。

(2)　A～Iの豆電球をそれぞれ直流用のモーターに取り換えました。スイッチの切り替えによって，モーターの回転の向きが変わるものがA～Iの中でいくつあるか，その数を答えなさい。

5　日食と月食について，次の問いに答えなさい。

(1)　下の図の「A」「B」「C」は太陽・月・地球のどれかを示していると考えて，日食と月食のときの太陽・月・地球の位置関係で正しいものを，あとの中からそれぞれ選び，番号で答えなさい。

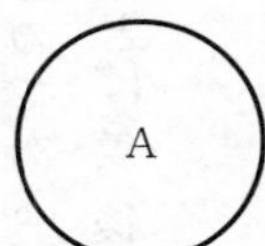

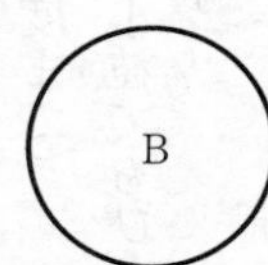

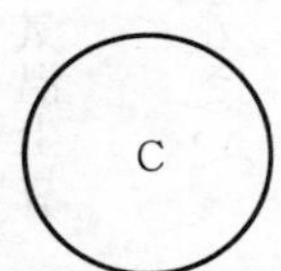

1　A：太陽　B：月　C：地球

2　A：太陽　B：地球　C：月

3　A：月　B：太陽　C：地球

(2)　2021年5月26日の20時10分ごろから20時25分ごろまで皆既月食でしたが，残念ながら慶應義塾中等部がある東京都港区では皆既月食の間は月と雲が重なり，その様子を見ることができませんでした。もし，この皆既月食を見ることができたとすると，その時の月はどれくらいの高度のところに見えますか。次の中から選び，番号で答えなさい。

1　0～30度　**2**　30～60度　**3**　60～90度

(3)　(2)の皆既月食は晴れていれば東京や仙台では月が欠け始めたところから見ることができましたが，札幌や福岡，那覇では晴れていても欠け始めを見ることができませんでした。欠け始めを見ることができなかった理由を20文字以内で書きなさい。

(4)　(2)の日に日本国内のある都市で月食を観察していたところ，下の図のように見えました。観測した順に番号を並べなさい。**5**は皆既月食の状態を表しています。

1
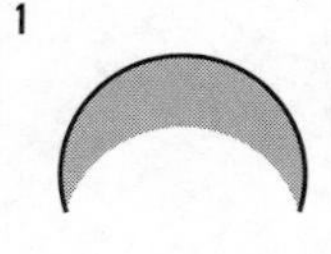
2
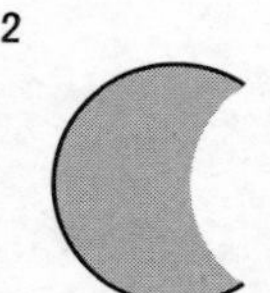
3
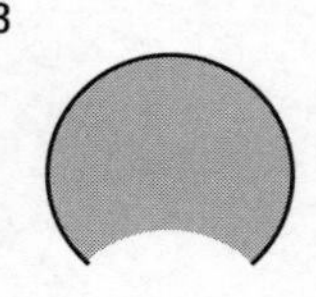
4

5
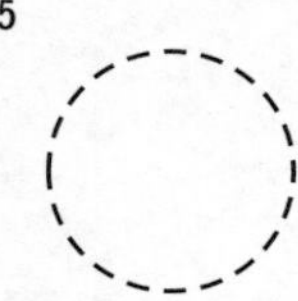

(5)　太陽がリング状に見える日食のことを金環日食と言います。金環日食となる条件と何がどのように異なると皆既日食となるか，次の中から適当なものを2つ選び，番号が小さい順に書きなさい。

1　太陽と地球の距離が大きくなる　**2**　太陽と地球の距離が小さくなる

3　月と地球の距離が大きくなる　**4**　月と地球の距離が小さくなる

四 次のカ～コの言葉は、在校生が、SDGsにかかわる内容を、ことわざや慣用句をもとに創作したものである。それぞれの□にあてはまるもっともふさわしいことばを、後の1～6から選び番号で答えなさい。

カ □は一時の苦、浪エネは一生の苦(聞くは一時の恥、聞かぬは一生の恥)

キ 地球の□も二度まで(仏の顔も三度まで)

ク 募金は百円でも□五回分(山椒は小粒でもぴりりと辛い)

ケ ペットボトルから□(瓢簞から駒)

コ 人の□見てわが食事見直せ(人の振り見てわが振り直せ)

1 ワクチン　2 フードロス　3 太陽光
4 省エネ　5 フリース　6 気温上昇

五 ――のカタカナを、正しい漢字に直しなさい。

ア ごショウワください
イ リンジでバスが出る
ウ 金銭感覚のケツジョ
エ キュウトウ設備の点検
オ 力をもてアマす
カ ナンカンの資格試験
キ シンキ一転出直す
ク サイクは流々
ケ 大統領カッカとお会いする
コ チュウガエりして着地
サ ユウキョウ費を減らす
シ トウカクを現す
ス アンウンが垂れこめる
セ 百科ジテンで調べる
ソ 電車の座席がアく

れした夢を思い描けるところに意味がある。

3　座右の銘は子供の頃から心に持っておくべきで、就職活動中にあわてて探しているようでは遅すぎる。

4　座右の銘は他人にアピールするためのものではなく、どのように生きたいか自覚するためにあるはずだ。

5　就職活動のアドバイスをしている大人たちですら、偉人の名言をどれほど理解できているか疑わしい。

問五　本文を通じて筆者の言いたかったことはどんなことか。もっともふさわしいものを、次の1～5から選び番号で答えなさい。

1　渋沢栄一は水泳のアドバイスとして「無欲は怠惰の基である」と言ったわけではなく、今回の銀メダルは山田選手の努力のたまものだ。

2　若い頃にはまったく理解できなかった偉人の言葉が、多くの社会経験を積み苦労を重ねることで輝いて見えてくる。

3　ことわざや標語で他人の気をひこうとするのは下品だが、自分の将来を左右する場面ではむしろ積極的に活用するべきだ。

4　たとえその場しのぎのためだったとしても、名言や格言と向き合うことは自分の生き方に自信を持つきっかけになるので良い。

5　四十代にもなって、「継続は力なり」「初心忘るべからず」といったありきたりの言葉を座右の銘としているようでは見識を疑われる。

三　次の歌群は、俵万智の歌集『生まれてバンザイ』より抜粋したものである。子どもの成長をたどるように順番に右から左に並べたとき、ア～オにあてはまる短歌としてもっともふさわしいものを、後の1～6から一つずつ選び番号で答えなさい。

熊のように眠れそうだよ母さんはおまえに会える次の春まで

耳はもう聞こえていると言われればドレミの歌をうたってやりぬ

（　ア　）

（　イ　）

新生児ふかふか眠る焼きたてのロールパンのごと頭並べて

（　ウ　）

記憶には残らぬ今日も生きている子に含ませる一匙の粥

この夏は猛暑の予感ぐらゆらとつかまり立ちを始めるおまえ

（　エ　）

竹馬のように一歩を踏み出せり芝生を進む初めての靴

（　オ　）

子の語彙に「痛い」「怖い」が加わって桜花びら見送る四月

1　秋はもういい匂いだよ早く出ておいでよ八つ手の花も咲いたよ

2　外に出て歩き始めた君に言う大事なものは手から離すな

3　一、二、三、四秒立った五、六、七、八秒立った昨日今日明日

4　ぽんと腹をたたけばムニュと蹴りかえす、なーに思ってるんだか、夏

5　年末の銀座を歩けばもとはみな赤ちゃんだった人たちの群れ

6　もう乳はいらぬと舌で押し返す小さき意志は真珠の白さ

らの習慣や思考にふさわしい言葉を探し求める過程で、自分でも意識せず大切にしていたことが見えてくるかも知れません。そしてさらに、それが名言と結びつくことで、今度は自覚的な行動につながる可能性もあります。例えば、自分でも高望みと思えるような夢ばかり思い描いていた人が、渋沢栄一の「無欲は怠惰の基である」と出会ったとしたらどうでしょう。夢を追いかけることを肯定的にとらえて、一層迷いなく打ち込むようになるかも知れません。つまり、座右の銘との出会いは、自信を持って自分の道を歩んでいく裏付けにもなり得るのです。

四十代の私にとって、「気品の泉源、智徳の模範」という至言との再会は、後半生をより充実したものにするチャンスかも知れません。まして、就職活動中の大学生が名言を意識することは、間違いなく飛躍に向けた助走になるでしょう。言葉との出会いが未来の自分を作る、高い心構えで読むもの聞くものに向き合いたいものです。

問一 ――a「座右の銘」とあるが、筆者は座右の銘をどのように理解しているか。その説明としてもっともふさわしいものを、次の1～5から選び番号で答えなさい。

1 ありきたりの内容でない自分だけの大切な記憶
2 古くさくてたいそうな言葉を刻み込んだ墓石
3 身近な問題を知ってもらうため自分自身で考えた標語
4 好きな色など日常生活で聞かれたことのない質問
5 どんな時でも決して忘れることのない大事な言葉

問二 ――b「少し微妙」とあるが、なぜ筆者はそのように考えているのか。その説明としてもっともふさわしいものを、次の1～5から選び番号で答えなさい。

1 一日、二日なやんだ程度では一生の宝物になるような格言に出会えるものではないから。
2 どちらも俳句とは何かを言い表した言葉で、自分自身に向けた指針とは言えないから。
3 ことわざや標語のようにありきたりな言葉では、一般読者に対して格好がつかないから。
4 俳人にはよく知られた名言で、自分だけのものにしてしまうのはためらわれたから。
5 俳人としての自分を表すには良い言葉だが、慶應義塾の出身者というイメージがわかないから。

問三 ――c「ユニーク」とあるが、筆者は何をユニークと感じたのか。その説明としてもっともふさわしいものを、次の1～5から選び番号で答えなさい。

1 悪く言われることの多い「欲」の良い面を積極的に認めたところ。
2 勝ちたいときこそ無欲になった方が良いと気持ちを静めてくれるところ。
3 新しい紙幣の顔となる渋沢栄一の名言をいち早く取り入れたところ。
4 偉人の名言を金言ととらえたことが、銀メダル獲得につながったところ。
5 無欲は美徳とされているが、それだけでは目標を見失ってしまうところ。

問四 ――d「違和感」とあるが、その説明としてもっともふさわしいものを、次の1～5から選び番号で答えなさい。

1 自分の習慣や思考にもっともふさわしいのは、自分自身の経験を通して編み出された造語であるはずだ。
2 座右の銘は実用的な場面で利用しても良いが、むしろ現実離

二 次の文章を読んで、後の各問いに答えなさい。

ある俳句雑誌が私を取り上げてくれることになり、自分でも五ページほど原稿を用意することになりました。といっても、一ページは写真付きの扉、二ページは新作の俳句十句、そして残りの二ページが「私と俳句」という緩やかなテーマの文章で、どれもさほど面倒には思われません。そう高をくくっていました。

ところが、締切直前、最後の最後で扉ページのアンケートに手こずらされる羽目になりました。好きな色、食べ物といったふだん聞かれることのない質問にも困りましたが、極めつけは「a座右の銘は？」というものでした。それにしても、座右の銘とはたいそうな言葉です。座右とは、読んで字のごとく、身近ということです。銘は刻み込まれた言葉のことで、墓碑銘といえばお墓に刻まれた文章ですし、銘記するといえば心にしっかり記憶することです。つまり、いつも心にあって忘れることのない大切な言葉を聞かれているわけです。ことわざや標語みたいなものでは格好がつきませんし、俳句関連で何か思いつかないか、などと一日、二日なやみました。俳句に関する言葉なら、「花鳥諷詠」や「古壺新酒」など、いくつか思い浮かぶものがあります。どちらも高浜虚子の言葉ですが、俳句の本質を明らかにした造語で、自分自身の座右の銘というにはb少し微妙です。それに、俳人にとっては有名過ぎてありきたりに思われるかも知れません。結局、私が行き着いたのは「気品の泉源、智徳の模範」という言葉でした。これは福澤諭吉の「慶應義塾の目的」という文章の一節で、慶應義塾に学ぶ人間は、泉から水が溢れるように気品に満ちていて、知識はもちろん道徳的にも模範となる人物でなければならないと述べたものです。私はその境地にはほど遠いですが、中学一年生のとき以来、忘れたことのない言葉であるのは間違いありません。それに、俳句界隈の読者にとって、慶應義塾の出身者としての私をイメージできる言葉でもあります。間に合わせにしては上々の回答ではないでしょうか。こうして、どうにかこうにか目鼻がついたのでした。

その後、気になって座右の銘についてインターネットで検索してみました。「継続は力なり」「初心忘るべからず」といった格言や「有言実行」などの四字熟語、さらには有名人、偉人の名言がずらりと並んでいました。例えば、「無欲は怠惰の基である」。これは渋沢栄一の言葉で、東京パラリンピック競泳女子五十メートル背泳ぎで銀メダルを獲得した山田美幸選手の座右の銘だそうです。「無欲の勝利」などと言われるように欲は物事に悪く作用するととらえられがちですが、それを逆手に取ったところがcユニークです。言われてみれば、少し欲張って高い目標を掲げた方が、何事にも一生懸命になれます。この金言を常に意識することで、山田選手は銀メダルを引き寄せたのでしょう。

ところで、私が面白いと思ったのは、座右の銘を検索したときに就職活動向けのページがたくさんヒットしたことです。こうしたサイトでは、履歴書の自己アピールに、あるいは面接対策に、座右の銘を用意するようアドバイスしています。そして、先ほど紹介したような言葉が解説つきでリストアップされているのです。これには、なるほどという思いのほかに、ちょっとしたd違和感も覚えました。それは、座右の銘というのはもっと個人的なものではないかということです。もっとも、これは天に唾するような疑問です。私自身、アンケートのために人目を意識した急ごしらえの座右の銘をひねり出したわけですから。それはともかく、やはり座右の銘は他人にひけらかすようなものではなく、自分の指針として心に秘めておくのが本来のあり方だと思います。ただし、付け焼き刃だとしても、新たに座右の銘を持とうとすることまで悪いと言うつもりはありません。なぜなら、言葉と結びつけて自分を理解することが、自信につながると思うからです。自

5 ■くじらを立てる　6 ■っ柱が強い

問三 [あ]～[え]にあてはまる言葉としてもっともふさわしいものを、次の1～6から一つずつ選び番号で答えなさい。

1 何でおじさんて俺たちによくしてくれるんだろ
2 今日もおじさんのところに寄れて本当に良かったぜ
3 本当だよ。オアシスだぜ、俺たちのオアシス
4 俺もしっかり勉強はやろうと思うよ
5 やっぱり俺たちと話すのが楽しいんじゃないかな
6 おじさんとこ寄れないのは、俺、困るな

問四 ――A「面倒な事」とは、どのようなことか。その説明としてもっともふさわしいものを、次の1～5から選び番号で答えなさい。

1 尾行してきた遠藤が二人の寄り道を先生に報告し、注意を受ける羽目になること。
2 自分の尾行について追及された遠藤が怒って先生に報告し、無理やり仲直りさせられること。
3 遠藤の尾行に気づかずに寄り道したことを知った先生から苦情がいき、おじさんに迷惑がかかること。
4 尾行されてもなお二人が寄り道を決してやめないことを先生に知られ、諦めない気持ちをほめられること。
5 遠藤に尾行されることを心底楽しんでいることを先生に知られ、やめるように叱られること。

問五 ――B「遠藤のしていること」について、このときのケンジはどう考えているか。その説明としてもっともふさわしいものを、次の1～5から選び番号で答えなさい。

1 先生の指示の下で、つらい役目でありながらも忠実にやり遂げようとする姿勢に感銘を受けている。
2 先生の注意を少しの疑問も持たずに素直に聞いている姿を少しうらやましく思っている。
3 自分の行うべき将来の仕事をこんなにも早く見つけて頑張っている姿に多少の好感を抱いている。
4 自分がすべきだと決めたことをとにかく懸命にやり抜こうとする姿勢については認めている。
5 自分たちを捕まえることを決してあきらめようとしない執着心に恐れをなしている。

問六 ――C「納得の仕方」とあるが、それはどう考えることか。「～と考えること。」につづくように、二十字以上二十五字以内で答えなさい。ただし、句読点や符号も一字と数える。

問七 ――D「とんだ木乃伊取りだぜ」とあるが、このセリフについて説明したものとしてもっともふさわしいものを、次の1～5から選び番号で答えなさい。

1 寄り道の現場をおさえられてしまったことへの悔しさを晴らすために、何とか皮肉を絞り出している。
2 敵対していた遠藤と仲直りの場を作ってくれ、友情の大切さを教えてくれたおじさんに感謝している。
3 寄り道を取り締まりに来たはずの張本人が、不覚にも寄り道をしてしまっていることを面白がっている。
4 久しぶりに訪れた店での遠藤のふるまいのおかげで、寂しげだったおじさんの表情が明るくなったことを喜んでいる。
5 二人を捕まえに来たはずの遠藤がかえっておじさんに気に入られてしまい、妬ましく思っている。

いことをひたすらやり抜けばそれでよいのか。それとも、自分の行動が自分以外の誰かのためであれば、それが正しさの証になるのだろうか。誰かのため……。ケンジは、二人を招き入れるときのおじさんのあのぎこちない笑顔を思い出した。自分が店に立ち寄ることで、おじさんは喜び、そして笑顔になる。おじさんのためなのだから、誰かのためなのだから、だったら自分の行動だって……と考え始めたところで、それがなんだかずるいことのように感じられてきた。そう思うことで安心できるようなものが、正しさとは言えないような気がしてきた。そんなC納得の仕方は、とにかくカッコ悪いと思えてきたのだ。だって、自分がおじさんのところに寄るのは、自分がおじさんに会いたいからじゃないのか。

「おい、今日は寄る気かよ」

タクヤが少し驚いたように言った。ケンジは自然とあの分岐点を曲がろうとしていた。タクヤに言われて立ち止まったが、ケンジは意を決して言った。

「うん、やっぱり寄って行こうぜ。一緒に」

タクヤの表情が、ぱっと明るくなった。

「そう来なくっちゃ。それでこそ、ケンジ！　あっ、でも……」

タクヤが後ろを振り返り言う。「スパイが今日もついてきてるぞ」

「いいんだ、行こうぜ」

ケンジは、もう口当りのよい甘えた考えで自分を安心させようとは思わなかった。この一歩は、たしかに自分の意志だった。

二人は振り返り、遠藤をしっかりと認めてから歩き出した。店の前まで来ると、おじさんはめずらしく熱心に自転車を修理していたが、まもなく二人に気づくと、不器用な微笑みを浮かべ手招きをした。二人は店に入った。

おじさんは、すすけた缶を手に取り、少し恥ずかしそうに「よう」と言った。二人もちょっと照れたようにうなずく。

店の前には、おろおろしながらもついてきた遠藤がいた。

「お、おい、君たち、い、いいのかい。現行犯だぞ」

遠藤に気づいたおじさんは、初めて見る顔だなとつぶやいた。

「二人の友達か。君も入って来なさい」

遠藤は「友達」ということばにびくっとし、うろたえていた。いいからおいで、とおじさんに促され、観念したようによろよろと入って来る。まるで捕物だった。ケンジはいつもの丸椅子に遠藤を座らせると、「形勢逆転！」と言ってタクヤと笑った。そうだ、せっかく来たんだから、こいつにも最高の贈り物をしてやろう。

「おじさん、いつものあれちょうだい」

はいよ、と言いながら、おじさんは持っていた缶から飴を取り出し、三人に手渡した。遠藤には、初めてだからと特別に二つ渡していた。ケンジとタクヤはすぐに包み紙をはがし、飴をほおばった。遠藤も、もうどうにでもなれというように飴をほおばった。三人の少年たちは、誰も予想していなかった時間を過ごすことになった。タクヤが「Dとんだ木乃伊取りだぜ」とつぶやいた。

問一 [i]～[iii] にあてはまる言葉としてもっともふさわしいものを、次の1～8から一つずつ選び番号で答えなさい。

1 まさか　2 さして　3 たびたび　4 かえって
5 切に　6 さすがに　7 さも　8 はるかに

問二 [X]・[Y] には、それぞれ次の1～6の■にあてはまる漢字一字が入る。もっともふさわしいものを、1～6から選び番号で答えなさい。

1 ■裏を合わせる　2 ■学問
3 ■先三寸　4 借金の■代わり

勉強だけはしっかりやれよ。学問が人間を作るんだからな」と言って肩を叩き、「またな」と不愛想に二人を送り出す。こんなやり取りが、二人にとっては心地よい時間だった。そして、おじさんにとっても楽しいものなのだろうと、ケンジはたしかに思っていた。

「［あ］」

「［い］」

よほど気に入ったのか、タクヤは何度もそのことばを繰り返した。

「でもさ、［う］。俺たちが自転車を買い替えるわけでもないのに」

「それは……、［え］」

「たしかに、ケンジはおじさんに気に入られてるからな。たまに俺より一粒多く飴もらってるし」

タクヤがいたずらっぽく笑う。二人はちょうどおじさんの店がある通りに出るための分岐点にさしかかった。顔を見合わせた二人は、一瞬の間ののち、今日は曲がることなく通学路に沿ってまっすぐ帰った。

翌週の帰りの会で、また同様の注意が野田先生からあり、つづけて学級委員の遠藤がわざわざ挙手して立ち上がった。

「僕としては、とても心配です。クラスのみんながルールをきちんと守り、チツジョを守って学校生活を送ってほしいと［ii］願うばかりです」

したり顔で、ご丁寧にもケンジとタクヤをことさらに見ながら演説する姿には、二人はほとほと閉口した。「チツジョなんて、書けもしないくせに」とタクヤは馬鹿にするようにつぶやいていた。

その日の帰り道、ケンジとタクヤは示し合わせたわけではなかったが、例の分岐点を自然と曲がった。まもなくおじさんの店というところまで来たとき、うしろに気配を感じた。振り返ると、少し離れた電信柱に隠れるようにして、遠藤がこちらの様子をうかがっていた。

「尾行だな」二人は同時に言い、顔を見合わせて苦笑した。

「暇な奴。でも、これでおじさんのところに寄ると、確実にA面倒な事になるな」とケンジが言うと、タクヤはうなずく。二人は仕方なく、おじさんの店の前を通り過ぎることにした。一週間以上おじさんのところを訪れていなかったので、何となく気がかりだった二人は、自然と歩く速度が遅くなった。おじさんはすぐに二人に気づいた。ぱっと表情が明るくなったおじさんが椅子から立ち上がろうとしたとき、二人は思わず走り出してしまった。ここでおじさんに呼び止められるわけにはいかなかった。ケンジは走りながら、明るくなったおじさんの表情が曇っていく様子を思い浮かべ、胸がチクリと痛むのを感じた。

翌日、タクヤは「あのスパイは今日も来るのかな」などと笑っていたが、ケンジは一日中、おじさんのことばかり考えていた。休み時間に遠藤がわざわざ近づいてきて、「昨日は未遂で終わったようだけど、僕はチツジョのためなら最後まで仕事はやりぬくつもりさ」と言ってきたときには［iii］腹が立ち、つかみかかりそうになるのを必死に抑えた。

その日の放課後、ケンジとタクヤはいつものように帰り道を歩いた。くだらない話をべらべらとしゃべっているタクヤに適当に相槌を打ちながら、ケンジは考え込んでいた。野田先生の言っていることの意味は分かる。それが正しいとも思う。また、B遠藤のしていることも、いろいろと腹立たしいところもあるが、あいつの正義の中での行動という点においては正しいとも思う。それじゃあ、自分はどうなのだろう。ケンジはとたんにわからなくなる。自分のやっていることは、間違っているのだろうか。たとえば、周りが決めたルールにのっとることが正しいことなのか。あるいは、周囲など気にせずに、自分のした

二〇二二年度 慶應義塾中等部

【国語】(四五分)〈満点：一〇〇点〉

一 次の文章を読んで、後の各問いに答えなさい。

「……というわけですから、みなさん、よくこの話を心に留めておくように」

四年二組のクラス全体を見渡したあと、「よろしいですね」と念を押す野田先生の話が終わると、帰りの挨拶に合わせて男子数人が教室から駆け出していく。あちらこちらでざわざわと話し声のする中で、

「気をつけて帰るんですよ」と叫ぶ先生の声は、クラスのざわめきに飲み込まれていった。

ケンジはいつものようにタクヤと共に教室を出て、下駄箱に向かった。

「しかし、残念だよな。俺たちのオアシスが奪われちゃうなんてさ」

タクヤはケンジの肩に手を回しながら、[i]嘆かわしいというような表情を作っておどけてみせた。

「え、何のこと」

「何だよ、お前やっぱり話聞いてなかったのか。だから、野田先生がお前の方を何度もにらみつけてたんだな。しょうがない奴だ」

タクヤはふん、と[X]で笑い、先生が帰りの会で言っていたことをかいつまんでケンジに話した。それによると、最近、帰り道に通学路を外れて、近所のお店に寄り道をしている者たちがいるが、慣れない道を通ると安全上・防犯上の問題もあるし、何よりルールを破って寄り道をするなど言語道断、決してしないように、とのことだった。

「通りを一、二本はずれたからって何があるってんだよな。勝手知ったるおらが町だっつうの。どうせ、どっかのいい子ちゃんが先生に告げ口したんだろ。俺、遠藤が先生のところ行って[Y]打ちしてるとこ見たもん。やれやれだぜ、俺たちの憩いの場所だってのに」

二人は校門を出て、いつもの帰り道をとぼとぼと歩き始めた。

なんでも大袈裟に文句ばかり言うタクヤだが、ケンジにとっては特別だった。二人は面と向かって〝親友〟などということばを使うほど子どもではなく、かと言ってそれを別のことばで表現できるほど大人でもなかった。最近、タクヤが受験勉強のための塾に通い始めたことで、二人は以前のように毎日遊ぶことはできなくなり、学校帰りにあれこれと話しながら歩くこの時間が大切だった。

二人が三、四日に一度のペースで寄り道をしている鈴木自転車は、通学路からは二本外れた通りに古くからある店だった。どれくらい古いのかは二人には見当もつかなかったが、その外観と店の名が消えかけたツナギを着たおじさんとの組み合わせが、この店の歴史を雄弁に語っていた。ふだんは仏頂面のおじさんだが、ケンジたちを見つけると、いつも腰かけているパイプ椅子からすばやく立ち上がり、ぎこちない笑顔で手招きする。ささくれだった古びた木の扉をくぐって中に入れば、粗末なクッションが申し訳程度にくくりつけられた小さな丸椅子に二人は腰かける。昔はきれいな模様が描かれていたに相違ないすすけた水色の缶をゆっくりと開き、おじさんは決まってソーダ味の飴玉を一つずつくれた。

おじさんの店では、二人はいつも大したことをしているわけではなかった。一緒にテレビの相撲中継やワイドショーを見てあれこれとおじさんの解説を聞いたり、昔の野球選手の逸話を覚えさせられたりした。おじさんの気持ちが乗ってくると、飴玉のお代わりや煎餅の追加支給があるので、二人してどうおじさんに楽しく話してもらうかを研究したこともあった。そして、おじさんは決まって最後に、「いいか、

2022年度

慶應義塾中等部 ▶解説と解答

算 数 (45分) ＜満点：100点＞

解 答

[1] (1) 76 (2) ア 9 イ 10 (3) ア 8 イ 76 ウ 4 (4) 86 (5) 60 [2] (1) ア 1 イ 13 ウ 24 (2) 30 (3) 720 (4) 15 (5) 88
[3] (1) 132 (2) ア 5 イ 5 ウ 11 (3) 15 (4) ア 27 イ 28
[4] (1) 45 (2) 285 [5] (1) ア 103 イ 5 ウ 6 エ 2492 (2) ア 53 イ 5 ウ 12 エ 2032 オ 25 [6] (1) 19 (2) 143

解 説

[1] 四則計算，逆算，整数の性質，場合の数

(1) 21＋50×{6.25×0.24－3.896÷(5＋0.6×7.9)}＝21＋50×{1.5－3.896÷(5＋4.74)}＝21＋50×(1.5－3.896÷9.74)＝21＋50×(1.5－0.4)＝21＋50×1.1＝21＋55＝76

(2) $4-1\frac{3}{5}=\frac{20}{5}-\frac{8}{5}=\frac{12}{5}$より，$3\frac{1}{6}-\frac{12}{5}\div\square=\frac{1}{2}$，$\frac{12}{5}\div\square=3\frac{1}{6}-\frac{1}{2}=\frac{19}{6}-\frac{3}{6}=\frac{16}{6}=\frac{8}{3}$ よって，$\square=\frac{12}{5}\div\frac{8}{3}=\frac{12}{5}\times\frac{3}{8}=\frac{9}{10}$

(3) 右のように，割る数と割られる数の小数点の位置を2桁(けた)ずつ移動して計算する。このとき，商の小数点は移動後の位置につき，余りの小数点は移動前の位置につくから，商は8.76，余りは小数第4位までの数となる。

```
          8.7 6
0.2 8 ) 2.4 5.3
        2 2 4
          2 1 3
          1 9 6
            1 7 0
            1 6 8
        0.0 0 0 2
```

(4) 8で割ると6余る数は{6，14，22，30，…}であり，これらは8の倍数よりも，8－6＝2小さい数と考えることができる。同様に，11で割ると9余る数は{9，20，31，42，…}であり，これらは11の倍数よりも，11－9＝2小さい数と考えることができる。よって，両方に共通する数は，8と11の公倍数よりも2小さい数である。8と11の最小公倍数は，8×11＝88なので，このような2桁の数は，88－2＝86とわかる。

(5) 偶数(ぐうすう)になるのは，一の位が0か2か6の場合である。一の位が0の場合，残りの数字は{2，3，6，7}だから，これらを残りの位に並べると，4×3×2×1＝24(通り)の整数ができる。また，一の位が2の場合，残りのカードは{0，3，6，7}なので，一万の位には3通り，千の位には残りの3通り，百の位には残りの2通り，十の位には残りの1通りの数字を並べることができ，3×3×2×1＝18(通り)の整数ができる。一の位が6の場合も同様なので，全部で，24＋18×2＝60(通り)と求められる。

[2] 植木算，濃度(のうど)，相当算，ニュートン算，条件の整理，和差算

(1) 4.76mは476cmだから，切り分けた後の丸太の本数は，476÷34＝14(本)になる。また，切る回数は丸太の本数よりも1少ないので，14－1＝13(回)とわかる。さらに，最後に切った後は休む必要がないから，休む回数は，13－1＝12(回)である。よって，かかる時間は，5分×13＋42秒×12＝65分＋504秒＝65分＋8分24秒＝73分24秒＝1時間13分24秒と求められる。

(2) 食塩を濃度100％の食塩水と考えて図に表すと，右の図1のようになる(加えた食塩の重さが□g)。図1で，アとイの比は，(15.4－6)：(100－15.4)＝9.4：84.6＝1：9だから，6％の食塩水と100％の食塩水の重さの比は，$\frac{1}{1}$：$\frac{1}{9}$＝9：1となる。よって，加えた食塩の重さは，270×$\frac{1}{9}$＝30(g)と求めることができる。

図1

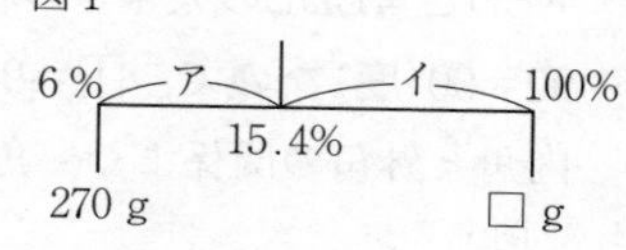

(3) 全体のページ数を⑧，1日目に読んだ後の残りのページ数を[1]，2日目に読んだ後の残りのページ数を25として図に表すと，右の図2のようになる。3日目に注目すると，25－17＝8にあたるページ数が，5＋35＝40(ページ)とわかるので，1にあたるページ数は，40÷8＝5(ページ)となり，25にあたるページ数は，5×25＝125(ページ)と求められる。よって，2日目に注目すると，[1]－[0.6]＝[0.4]にあたるページ数が，125－5＝120(ページ)とわかるから，[1]にあたるページ数は，120÷0.4＝300(ページ)となる。したがって，1日目に注目すると，⑧－⑤＝③にあたるページ数が，300－30＝270(ページ)とわかるので，①にあたるページ数は，270÷3＝90(ページ)となり，全体のページ数は，90×8＝720(ページ)と求められる。

図2

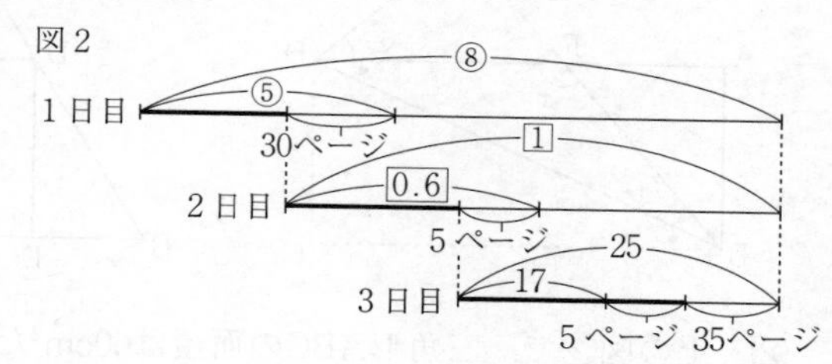

(4) 1分間にわき出る水の量を①とする。毎分30Lずつくみ上げるとき，12分で，①×12＝⑫の水がわき出し，その間に，30×12＝360(L)の水をくみ上げて空になる。また，毎分25Lずつくみ上げるとき，18分で，①×18＝⑱の水がわき出し，その間に，25×18＝450(L)の水をくみ上げて空になる。よって，上の図3のように表すことができるから，⑱－⑫＝⑥にあたる水の量が，450－360＝90(L)とわかる。したがって，1分間にわき出る水の量は，90÷6＝15(L)と求められる。

図3

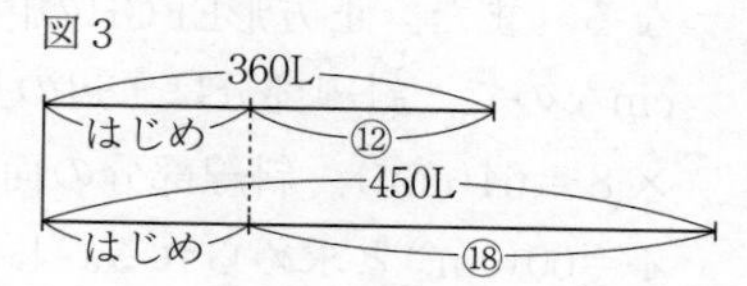

(5) 右の図4で，①の列と⑥の列にはAが共通しているので，28＋76＝4＋Eより，E＝28＋76－4＝100とわかる。また，⑤の列と⑦の列には★が共通しているから，76＋D＝28＋100より，D＝28＋100－76＝52となる。さらに，④の列と③の列にはCが共通しているので，28＋B＝52＋100より，B＝52＋100－28＝124と求められる。ここで，⑧の列と⑦の列に注目すると，★が共通しているから，C＋A＝28＋100＝128となる。また，①の列と④の列に注目すると，28が共通しているから，76＋A＝124＋Cより，A－C＝124－76＝48とわかる。よって，AとCは，和が128，差が48だから，上の図5のように表すことができ，Aのマスに入る数は，(128＋48)÷2＝88と求められる。

図4　図5

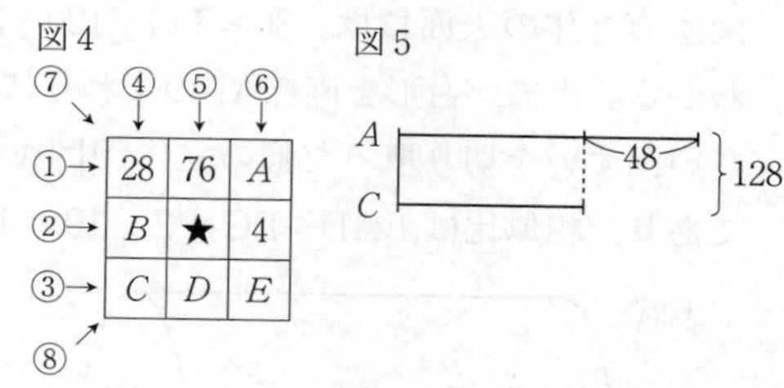

[3] 平面図形，立体図形―角度，相似，面積，表面積

(1) 下の図①で，三角形EBDと三角形CBDは合同だから，角EBDと角CBDの大きさは等しい。また，ADとBCは平行なので，角ADBと角DBCの大きさも等しい。よって，●印をつけた角の大きさはすべて等しくなる。次に，㋐の角の大きさを⑦とすると，㋑の角の大きさは④になるから，角EBDと角BDEの大きさの和は，⑦＋④＋④＝⑮となる。三角形EBDに注目すると，これが，180－90＝90(度)なので，①＝90÷15＝6（度）と求められる。したがって，三角形EFDに注目すると，内角と外角の関係より，角xの大きさは，90＋6×7＝132(度)とわかる。

図①

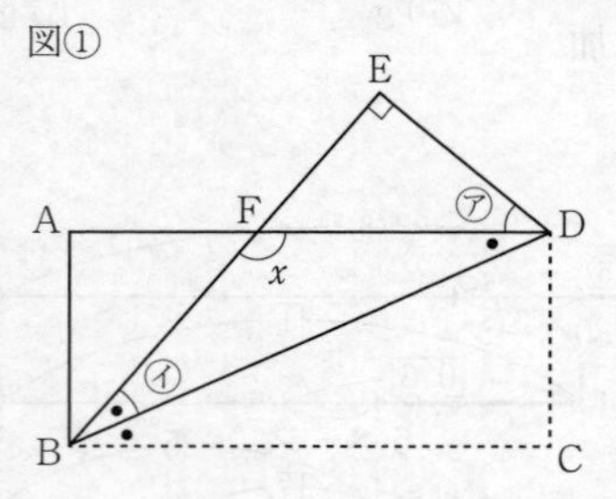

図②

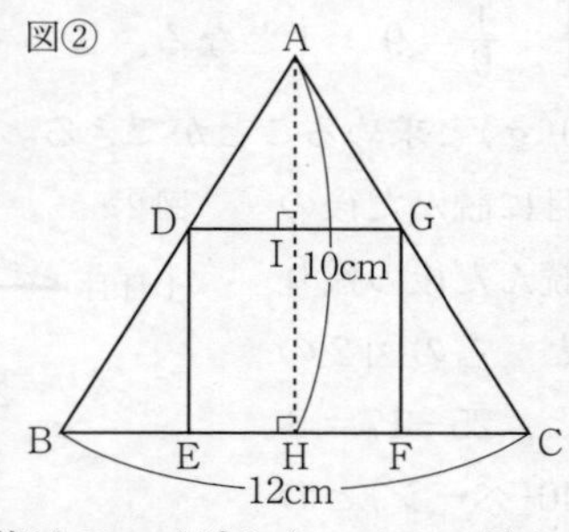

図③

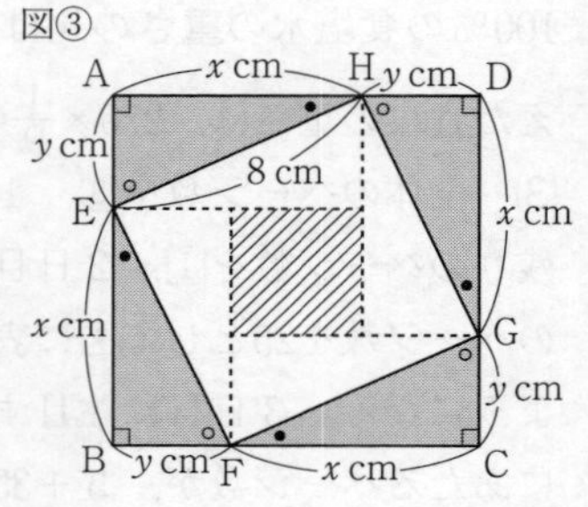

⑵　上の図②で，三角形ABCの面積は60cm²だから，AHの長さは，60×2÷12＝10(cm)とわかる。また，BHの長さは，12÷2＝6(cm)なので，AH：BH＝10：6＝5：3となる。さらに，三角形ABHと三角形ADIは相似だから，AI：DIも5：3とわかる。そこで，DI＝③，AI＝⑤とすると，正方形の1辺の長さは，③×2＝⑥となるので，AH＝⑤＋⑥＝⑪と求められる。よって，正方形の1辺の長さはAHの長さの，$6\div11=\frac{6}{11}$なので，$10\times\frac{6}{11}=5\frac{5}{11}$(cm)である。

⑶　上の図③で，同じ印をつけた角の大きさはそれぞれ等しいから，かげをつけた三角形は合同になる。また，正方形EFGHの内側にこれらの三角形と合同な三角形をつくると，xとyの差は2cmなので，斜線(しゃせん)部分は1辺の長さが2cmの正方形とわかる。よって，正方形EFGHの面積は，8×8＝64(cm²)，斜線部分の面積は，2×2＝4(cm²)だから，三角形AEHの面積の4倍が，64－4＝60(cm²)と求められる。したがって，三角形AEHの面積は，60÷4＝15(cm²)である。

⑷　問題文中の図4の台形を直線ADのまわりに1回転すると，下の図④のように，円柱から円すいをくり抜(ぬ)いた形の立体ができる。円柱の底面積は，6×6×3.14＝36×3.14(cm²)，円柱の側面積は，6×2×3.14×10＝120×3.14(cm²)，円すいの側面積は，10×6×3.14＝60×3.14(cm²)なので，図④の立体の表面積は，36×3.14＋120×3.14＋60×3.14＝(36＋120＋60)×3.14＝216×3.14(cm²)とわかる。次に，台形を直線ABのまわりに1回転すると，下の図⑤のように，大きい円すいから小さい円すいを切り取った形の立体(円すい台)ができる。図⑤で，三角形EADと三角形EBCは相似であり，相似比は，AD：BC＝2：10＝1：5だから，ED：DC＝1：(5－1)＝1：4となり，

図④

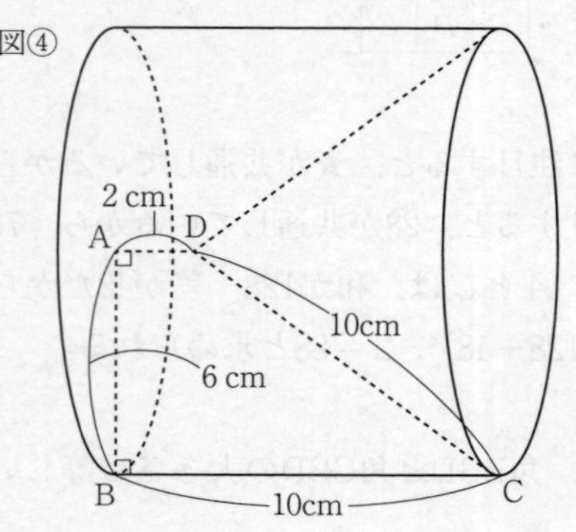

図⑤

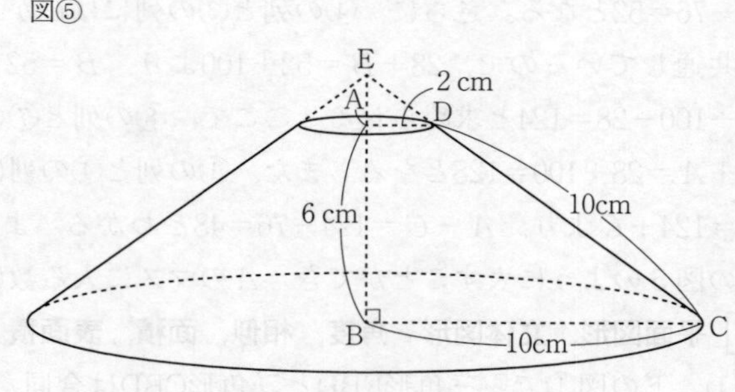

ED＝10×$\frac{1}{4}$＝2.5(cm)と求められる。また，円すい台の上の面の面積は，2×2×3.14＝4×3.14(cm²)，下の面の面積は，10×10×3.14＝100×3.14(cm²)となる。さらに，切り取る前の円すいの側面積は，(2.5＋10)×10×3.14＝125×3.14(cm²)，切り取った円すいの側面積は，2.5×2×3.14＝5×3.14(cm²)なので，図⑤の立体の表面積は，4×3.14＋100×3.14＋125×3.14－5×3.14＝(4＋100＋125－5)×3.14＝224×3.14(cm²)とわかる。したがって，図④の立体の表面積は図⑤の立体の表面積の，(216×3.14)÷(224×3.14)＝$\frac{27}{28}$(倍)である。

4 立体図形―分割，体積

⑴ 切り分けられた小さい方の立体で，向かい合う高さの和は等しくなる。つまり，右の図でAPとCRの長さの和はBQの長さと等しくなるから，CRの長さは，7－3＝4(cm)となり，RGの長さは，13－4＝9(cm)とわかる。また，QFの長さは，13－7＝6(cm)なので，四角形QFGRの面積は，(6＋9)×6÷2＝45(cm²)と求められる。

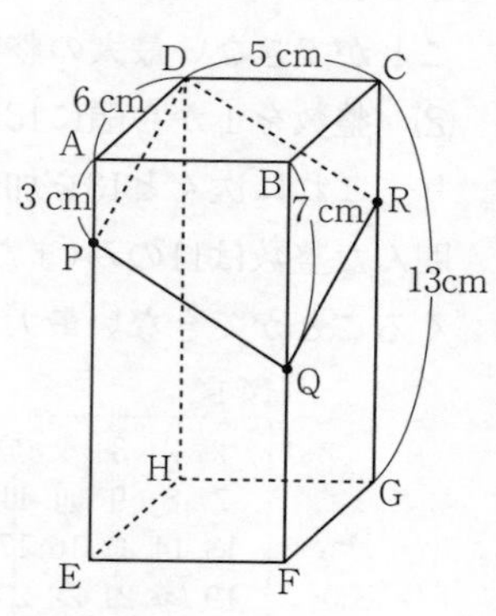

⑵ 切り分けられた大きい方の立体で，向かい合う高さの和は，DH＋QF＝13＋6＝19(cm)だから，大きい方の立体を2つ組み合わせると，底面が四角形EFGHで高さが19cmの直方体になる。大きい方の立体の体積は，この直方体の体積の半分なので，6×5×19÷2＝285(cm³)とわかる。

5 グラフ―旅人算

⑴ 問題文中のグラフから，太郎君の家と次郎君の家の間の距離(きょり)は565mとわかる。また，はじめは太郎君だけが5分歩き，そのとき2人の間の距離は150mまで縮まっているから，学校までの距離は太郎君の家の方が遠いことがわかる。さらに，次郎君は出発してから，29－5＝24(分後)に学校に着く。太郎君は5分で，565－150＝415(m)歩いているから，太郎君の速さは分速，415÷5＝83(m)となる。また，2人が24分で歩いた距離の差は，650－150＝500(m)なので，2人の速さの差は分速，500÷24＝$\frac{125}{6}$(m)となり，次郎君の速さは分速，83＋$\frac{125}{6}$＝$\frac{623}{6}$＝103$\frac{5}{6}$(m)，次郎君の家から学校までの距離は，$\frac{623}{6}$×24＝2492(m)と求められる。

⑵ ⑴より，太郎君の家から学校までの距離は，565＋2492＝3057(m)とわかるから，3人の進行のようすをグラフに表すと，右の図のようになる。次郎君が出発するときの太郎君と次郎君の間の距離は150mであり，2人の速さの差は分速$\frac{125}{6}$mなので，12分後の太郎君と次郎君の間の距離は，150＋$\frac{125}{6}$×(12－5)＝$\frac{1775}{6}$(m)とわかる。よって，かげの部分に注目すると，太郎君と花子さんの速さの差は分速，$\frac{1775}{6}$÷(22－12)＝$\frac{355}{12}$(m)となるから，花子さんの速さは分速，83－$\frac{355}{12}$＝$\frac{641}{12}$＝53$\frac{5}{12}$(m)と求められる。次に，太郎君が22分で歩く距離は，83×22＝

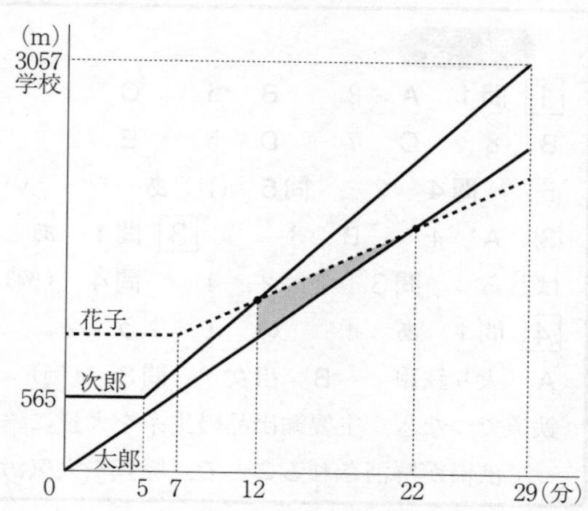

1826(m)であり，花子さんが，22－7＝15(分)で歩く距離は，$\frac{641}{12}\times15=801.25$(m)なので，太郎君の家と花子さんの家の間の距離は，1826－801.25＝1024.75(m)とわかる。したがって，花子さんの家から学校までの距離は，3057－1024.75＝2032.25(m)と求められる。

6 条件の整理，整数の性質

(1) 下の図1のように整数を1から順に6個ずつ並べると，一番右側には6の倍数が並ぶから，6だけを加えることでつくることができる。また，○で囲んだ整数は5の倍数であり，これに次々と6を加えることで，○で囲んだ整数の下にある整数はすべてつくることができる。よって，つくることができない最大の整数は19とわかる。

(2) 整数を1から順に13個ずつ並べると，下の図2のようになる。○で囲んだ整数は11の倍数であり，これに次々と13を加えることで，○より下の整数はすべてつくることができる。ただし，○で囲んだ整数は11のみ(または13のみ)を加えてできる数のため，つくることができない。よって，つくることができない最大の整数は143とわかる。

図1

1	2	3	4	⑤	[6]
7	8	9	⑩	11	[12]
13	14	⑮	16	17	[18]
19	⑳	21	22	23	[24]
㉕	26	27	28	29	[30]

図2

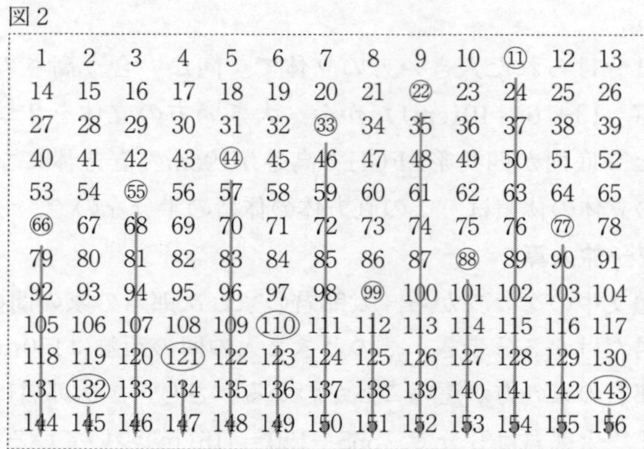

1	2	3	4	5	6	7	8	9	10	⑪	12	13
14	15	16	17	18	19	20	21	㉒	23	24	25	26
27	28	29	30	31	32	㉝	34	35	36	37	38	39
40	41	42	43	㊹	45	46	47	48	49	50	51	52
53	54	(55)	56	57	58	59	60	61	62	63	64	65
(66)	67	68	69	70	71	72	73	74	75	76	(77)	78
79	80	81	82	83	84	85	86	87	(88)	89	90	91
92	93	94	95	96	97	98	(99)	100	101	102	103	104
105	106	107	108	109	(110)	111	112	113	114	115	116	117
118	119	120	(121)	122	123	124	125	126	127	128	129	130
131	(132)	133	134	135	136	137	138	139	140	141	142	(143)
144	145	146	147	148	149	150	151	152	153	154	155	156

社 会 (25分) ＜満点：50点＞

解 答

1 **問1** **A** 2 **B** 6 **C** 5 **D** 7 **E** 1 **F** 3 **問2** **A** 4 **B** 8 **C** 7 **D** 5 **E** 2 **F** 1 **2** **問1** 5 **問2** 2 **問3** 5 **問4** 2 **問5** (1) **あ** 5 **い** 1 **う** 4 **え** 3 **お** 2 (2) 3 (3) **A** 4 **B** 3 **3** **問1** **あ** 5 **い** 6 **う** 4 **え** 7 **問2** しもばしら **問3** 1，2，4 **問4** (例) からっ風，おろし **問5** **A** 水 **B** 熱 **4** **問1** **あ** 4 **い** 1 **う** 2 **え** 8 **お** 7 **か** 3 **き** 6 **問2** **A** 入り鉄砲 **B** 出女 **問3** (例) 養蚕業がさかんな北関東地方と貿易港のある横浜を鉄道でつなぎ，主要輸出品の生糸を大量に輸送するため。 **問4** (例) 都心部の交通量が減って渋滞が解消されることで，騒音や大気汚染といった公害問題を軽減できること。

解 説

1 日本各地の建物や施設についての問題

問1，問2 **A**　厳島神社(広島県廿日市市)は，平安時代末期に平清盛が一族の繁栄と航海の安全を願い，守り神としてあつく信仰した神社である。この神社は厳島(宮島)の深い森を背景に，海上に立つ朱色の本殿や大鳥居が美しく，1996年にユネスコ(国連教育科学文化機関)の世界文化遺産に登録された。　**B**　1124年，奥州藤原氏の初代清衡は，根拠地としていた平泉(岩手県)に阿弥陀堂として中尊寺金色堂を建てた。中尊寺金色堂は，当時東北地方で産出した金を壁や天井などに貼った豪華なつくりで，現在は覆堂という建物の中に収められている。2011年には，「平泉－仏国土(浄土)を表す建築・庭園及び考古学的遺跡群」の一つとして，世界文化遺産に登録された。**C**　五稜郭(北海道函館市)は，江戸時代末に築かれた星形の西洋式城郭で，幕府の箱館奉行所として建てられた。五稜郭では戊辰戦争(1868～69年)最後の戦いが行われ，旧幕府軍の榎本武揚や，新撰組の副長だった土方歳三らがここを占領して立てこもったが，明治新政府軍の攻撃を受けて降伏した。　**D**　日光東照宮(栃木県日光市)は，1616年になくなった徳川家康をまつる神社で，江戸幕府の第2代将軍秀忠によってつくられたが，第3代将軍家光のときに大改修工事が行われ，現在に近い姿がほぼ完成した。豪華なつくりで知られる陽明門のほか，「みざる，きかざる，いわざる」を表し，「三猿」とよばれる猿，「眠り猫」とよばれる猫，スズメの彫刻など，色鮮やかな装飾がみられる。1999年には，二荒山神社・輪王寺とともに「日光の社寺」として，世界文化遺産に登録された。　**E**　江戸幕府は1641年，平戸(長崎県平戸市)にあったオランダ商館を出島(長崎県長崎市)に移した。出島は，ポルトガル人のキリスト教布教を防ぐ目的で，彼らを隔離するために築かれた人工島だったが，ポルトガル船の来航禁止後，幕府はここにオランダ人を住まわせ，貿易を行った。シーボルトは出島のオランダ商館の医師として来日したドイツ人で，長崎郊外に鳴滝塾を開いて診療するかたわら，医学などの講義を行った。帰国するさいに国外への持ち出しが禁じられていた日本地図が所持品の中から発見され，国外追放の処分を受けた(シーボルト事件)。**F**　適塾(適々斎塾)は，江戸時代末期に蘭学者の緒方洪庵が大坂(大阪)に開いた私塾で，福沢諭吉や大村益次郎，橋本佐内など多くの人材を育てた。　なお，地図上の4は佐渡島(新潟県)，8は京都。また，聖徳太子は飛鳥時代初めに政治を行った人物，ハリスは江戸時代末に来日し，幕府との間で日米修好通商条約(1858年)を結んだアメリカ総領事。

2　第二次世界大戦後のできごとと日本の政治のしくみについての問題

問1　1は1972年，2は1951年，3は1960年，4は1945年，5は1956年のできごとなので，古い順に4→2→5→3→1となる。

問2　佐藤栄作は山口県出身の政治家で，1964年11月から1972年7月まで7年8か月にわたって内閣総理大臣を務めた。この間の1971年にアメリカとの間で沖縄返還協定を結び，これにもとづいて翌72年5月，沖縄返還が実現した。なお，池田勇人は1960～64年，鳩山一郎は1954～56年，東久邇宮稔彦は1945年，吉田茂は1946～47年と1948～54年に内閣総理大臣を務めた。

問3　1は2000年，2は1987年，3は1993年，4は1972年，5は1989年のできごとなので，古い順に4→2→5→3→1となる。

問4　1972年，田中角栄首相が中華人民共和国(中国)の首都北京を訪れ，周恩来首相と日中共同声明を発表した。これによって，日本と中国の国交が正常化した。なお，竹下登は1987～89年，中曽根康弘は1982～87年，細川護煕は1993～94年，森喜朗は2000～01年に内閣総理大臣を務めた。

問5　(1)　**あ**　臨時会(臨時国会)は，内閣が必要と認めたとき，あるいは衆参いずれかの議院の総議員の４分の１以上の要求があったときに開かれる。2021年は10月４日に臨時会が開かれたが，10日後の14日には衆議院が解散され，閉会となった。　**い，う**　内閣総理大臣は国会議員の中から国会が指名し，天皇が任命する。　**え，お**　衆議院解散にともなう総選挙後には，特別会(特別国会)が召集される。特別会ではそれまでの内閣が総辞職し，すべての議案に先立って内閣総理大臣の指名が行われる。　⑵　１　選挙運動は，選挙の公示・告示日から，選挙期日の前日までしか行えない。　２　立候補の届出期間は，選挙の期日の公示・告示があった日の１日間だけとされている。　３，４　国会議員の選挙が施行されることや，その期日を広く国民に知らせることを公示といい，日本国憲法第７条に記された国事行為の一つとして天皇がこれを行う。一方，これ以外の選挙の施行や期日について知らせることを告示といい，選挙管理委員会などがこれを行う。

⑶　**A，B**　衆議院が解散されると，40日以内に総選挙が行われ，選挙の日から30日以内に特別会が召集される。

3　関東地方の自然についての問題

問１　**あ，い**　関東平野は日本最大の平野で，丘陵，台地，低地からなる。丘陵には多摩丘陵や狭山丘陵などが，台地には武蔵野台地や相模原台地，下総台地，常総台地などがある。低地は，利根川・荒川・多摩川・江戸川の下流域を中心とした東京湾岸に広がっている。このうち，最も大きな割合を占めるのが台地で，その多くが関東ロームとよばれる赤土の火山灰土におおわれている。

う　本州の太平洋沿岸には暖流の黒潮(日本海流)が流れており，その影響で冬でも比較的温暖な地域が多い。三浦半島は神奈川県南東部に，房総半島は千葉県南部にあり，いずれも太平洋に面している。　**え**　水蒸気をふくんだ風が山にぶつかって上昇するときに，温度が下がって雨を降らせ，山を越えて下るさいに乾燥した高温の風となって吹き下ろす現象をフェーン現象という。夏にフェーン現象が起きると，風下では猛暑になることが多い。関東地方の内陸部では，フェーン現象の影響で，40℃近い高温になる地域もある。

問２　冬，気温が氷点下になると，地表の水分が凍って霜柱という柱状の氷ができることがある。関東ロームのような火山灰土は細かい土の粒でできており，水分をふくみやすい。冬の夜，地表で水分が凍ると，地中の水分が土の粒の間を通って地表のほうに移動する(毛細管現象)。これによって地表の凍った部分が押し上げられるとともに，新たに地表に出た水分が凍り，霜柱が成長する。

問３　１　現在の栃木県の南部・埼玉県の北部・群馬県の南東部にあたる場所は，縄文時代初めには海が入りこんでいたが，その後，荒川や利根川などが運ぶ土砂によって埋め立てられ，東京都の東部から千葉県の北西部にいたる低地が形成された。なお，利根川はかつて東京湾に注いでいたが，江戸時代に大規模な流路の変更(東遷工事)が行われ，太平洋に注ぐ現在の流路となった。　２　東京都の東部には明治時代以降，多くの住宅や工場が建てられた。これによってたくさんの地下水がくみ上げられたことから地盤沈下が起こり，海面より標高が低い「海抜０メートル地帯」が広がるようになった。　３　東京都の東部は，徳川家康が江戸に幕府を開いたときから本格的に開発された。　４　東京都の東部には，下町とよばれる庶民の町が形成され，多くの木造家屋が立ち並んだ。そのため，1923年９月１日の関東大震災にともなって火災が発生すると，火が燃え広がって大きな被害が出た。また，1945年３月10日の東京大空襲では，爆発したあとに燃え広がる物質をつめた焼夷弾という弾薬が用いられたことから，木造家屋の多かった下町の多くは焼け野原となった。　５　関東ローム層は，東京都の西部や内陸部の台地で，特に分厚く堆積している。

問4　関東平野の北には越後山脈などの山々が連なっており，冬になると北西の季節風が，乾いた風となって関東平野に吹き下ろす。この風は「からっ風」や「おろし」とよばれ，特に群馬県に吹く風は「上州からっ風」(上州は群馬県の古いよび名)や「赤城おろし」(赤城は群馬県の中部にある赤城山のこと)として知られている。なお，気象庁は，秋から冬に吹く北寄りの強い風を「木枯らし」と定義し，山を越えて吹くからっ風・おろしとは区別している。

問5　**A**　ヒートアイランド現象は，都市部の気温がその周辺地域に比べて高くなる現象で，等温線を結ぶと島(アイランド)状になることからその名がある。都市部では，地表や大きな建物の表面がアスファルトやコンクリートで固められており，熱が逃げにくくなっている。水は蒸発するさいに熱を奪う性質があり，道に水をまいて暑さをやわらげる「打ち水」が注目されるようになっている。そこで，道路の舗装に水をたくわえられる素材を用いれば，都市部の気温上昇が抑えられる。

B　ヒートアイランド現象のおもな原因として，クーラーや自動車の排熱があげられる。都市部の気温上昇を抑えるためには，こうした人工物から出る熱を低減することが必要となる。

4　江戸時代から現在までの交通の発展についての問題

問1　**あ**　江戸時代には人や物資の往来がさかんになり，東海道・中山道・甲州街道・日光街道・奥州街道の五街道や，各地を結ぶ脇街道が整備された。主要街道では２～３里(約８～12km)おきに宿場が設置され，旅人のための宿泊施設が置かれるとともに，公用の文書や荷物の取りつぎが行われた。　**い**　江戸時代には，おもな街道で１里(約４km)ごとに一里塚が設けられた。土を盛ってその上に木を植えたもので，距離の目印として利用された。　**う**　江戸時代には徒歩がおもな移動手段であったが，目的や身分によっては馬やかごも使われた。　**え**　日本では，1895年に京都で登場して以降，道路上に敷かれたレールを走る路面電車が，大都市を中心につくられるようになった。しかし，高度経済成長期に都市部の交通量が増えると，路面電車は交通渋滞を引き起こす原因になるとされ，次々と廃止された。　**お**　日本では，馬が貴重だったことや，路面を舗装する習慣がなかったことなどから，明治時代より以前には馬車が普及しなかった。馬車は人力車とともに，明治時代初めに広まった。　**か**　高度経済成長期の日本では，自動車が急速に普及した。この現象をモータリゼーションといい，これにともなって道路の整備も進んだ。　**き**　第二次世界大戦後，都市の復興にともなって各地で地下鉄が整備されるようになり，路面電車に代わる交通手段として発展していった。

問2　江戸幕府は江戸の防衛のため，街道の重要なところに関所を設けた。関東に持ちこまれる武器と，関東から出て行こうとする女性は特に厳しく監視され，「入り鉄砲に出女」といわれた。女性が監視の対象となったのは，参勤交代の制度にもとづいて江戸に住まわされている大名の妻が，無断で領国に帰るのを防ぐためであった。

問3　江戸時代末に欧米各国(おもにイギリス)との貿易が始まると，生糸は日本の主要な輸出品となった。北関東地方，特に群馬県では，古くから養蚕業と製糸業がさかんで，この地域でつくられた生糸を，東京や，当時最大の貿易港であった横浜(神奈川県)に運ぶため，鉄道が早い時期から建設された。

問4　環状高速道路がなく，放射状高速道路しかなかった場合，行き先が都心でなくても都心を経由することになり，自動車が集中して交通渋滞が起こるだけでなく，騒音や排気ガスによる大気汚染などの公害問題も発生する。しかし，環状高速道路があれば，行き先が都心でない場合，都心を経由する必要がなくなり，都心部の交通渋滞が緩和(かんわ)されるため，これらの公害問題が軽減できる。

理 科 (25分)＜満点：50点＞

解 答

1 (1) ア 受精 イ 養分 (2) メダカ (3) 1 (4) 1 (5) 2 (6) 2
2 (1) 3 (2) 3 (3) 6 (4) 6 3 (1) 2 (2) 1 (3) 4 4
(1) (ア) 1 (イ) 7 (ウ) 5 (2) 3 5 (1) 日食のとき…1 月食のとき…2
(2) 1 (3) (例) 月がまだ地平線上に出ていなかったから。 (4) 3，1，5，4，2
(5) 1，4

解 説

1 メダカの育ち方や希少生物についての問題

(1)，(2) 目が顔の高い位置についていることや，群れで生活していることなどから，Aはメダカと考えられる。また，メスが生み出した卵にオスが出した精子が結びつくことを受精という。メダカの受精卵は水温が約25℃の場合，受精してから10日ほどでふ化する。ふ化直後のメダカは，腹の下部に養分(栄養)の入ったふくろがあり，2～3日はその養分を使って水底でじっとしている。

(3) メダカは，オスの背びれには切れこみがあるが，メスの背びれには切れこみがない。Aは背びれが切れているとBにいわれているので，オスのメダカである。

(4)，(5) Bは水面の上に立っているので，アメンボと考えられる。アメンボは細くて軽い体をしていて，あしの先には水をはじくように油のついた細かい毛がたくさん生えている。そのため，水面上に立ち，自由に移動することができる。

(6) ニホンジカは近年増加しており，森林の樹木の幼木や畑の農作物が食い荒(あ)らされるなどの被害(ひがい)が問題となっている。

2 てこの原理を利用した道具についての問題

(1) はさみの力点は，指を入れて力を加える3の部分である。なお，2の部分が支点，1の部分が作用点となる。

(2) 図1のはさみでも高枝切りばさみでも，作用点と支点の間の長さが短いほど小さな力で切ることができる。したがって，小さな力で切るためには，刃の支点に近い元の方で物を切るようにすればよい。

(3) つめ切りは2組のてこが合体したつくりになっている。図2のつめ切りについて，上側のてこは，7の点が力点で，6の点が作用点，5の点が支点である。

(4) 図2のつめ切りで下側のてこは，6の点に力が加わることで4の点に力がはたらき，つめを切ることができる。したがって，4の点が作用点，6の点が力点，8の点が支点となっている。

3 気体の性質と発生についての問題

(1) 二酸化炭素は水に少しとけるので，ポリ袋(ぶくろ)に入れた二酸化炭素の一部は，振(ふ)り混ぜると水にとける。そのため，ポリ袋は振り混ぜる前よりもしぼむ。

(2) ドライアイスは二酸化炭素がこおって固体になったものである。ポリ袋の中に入れて置いておくと，ドライアイスは固体から直接気体に変化し，このとき体積が非常に大きくなるため，ポリ袋ははじめよりもふくらむ。

(3) 粉末Aと液体Bが混ざった後にポリ袋がふくらんだのは，粉末Aと液体Bが反応して気体が発生したためである。重そう(炭酸水素ナトリウム)に酸性の酢(す)を加えると，二酸化炭素が発生する。

4 豆電球と回路についての問題

(1) ここでは，それぞれの配線において，2つの切り替(か)えスイッチの間にある3つの道すじを左から順に，道すじ左，道すじ中，道すじ右とよび，切り替えスイッチの接触(せっしょく)している接点の組み合わせは【上側のスイッチ・下側のスイッチ】の順に表す。たとえば，Aの図の状態では，豆電球が2個直列につながる部分は道すじ中，スイッチの接点の組み合わせは【左・左】と表現する。下の表は，A～Iでスイッチの接点の組み合わせを変えた場合に点灯する豆電球の数をまとめたものである。 (ア) 表で，どのスイッチの接点の組み合わせでも豆電球が1個以上点灯しているのは，Hだけである。 (イ) 2つのスイッチの片方だけを動かしていくと，スイッチの接点の組み合わせは，【左・左】⇔【左・右】⇔【右・右】⇔【右・左】⇔【左・左】のように変化させることができる。表より，スイッチを切り替えるたびに，必ず点灯する豆電球の数が変わるものは，A～E，G，Hである。なお，Fは【右・右】⇔【右・左】，Iは【右・左】⇔【左・左】になるようにスイッチを切り替えたときに，点灯する豆電球の数が同じになってしまう。 (ウ) ここでは，3個の電池がすべて並列につながる回路はつくれないので，3個の電池がすべて直列につながる回路をつくれば，3個の電池が均等に消もうする回路となる。スイッチの接点の組み合わせを，Bで【右・右】，Fで【右・左】，Gで【右・右】，Hで【右・左】，Iで【右・左】にすれば，そのような回路ができる。

配線	スイッチの接点の組み合わせ	点灯する豆電球の数(個)			
		道すじ左	道すじ中	道すじ右	合計
A	【左・左】	—	2	0	2
	【左・右】	—	0	0	0
	【右・右】	—	2	1	3
	【右・左】	—	0	0	0
B	【左・左】	1	—	0	1
	【左・右】	0	—	0	0
	【右・右】	0	—	2	2
	【右・左】	0	—	0	0
C	【左・左】	1	1	0	2
	【左・右】	0	0	0	0
	【右・右】	0	1	1	2
	【右・左】	0	0	0	0

配線	スイッチの接点の組み合わせ	点灯する豆電球の数(個)			
		道すじ左	道すじ中	道すじ右	合計
D	【左・左】	2	—	0	2
	【左・右】	0	—	0	0
	【右・右】	0	—	1	1
	【右・左】	0	—	0	0
E	【左・左】	1	1	0	2
	【左・右】	0	0	0	0
	【右・右】	0	1	1	2
	【右・左】	0	0	0	0
F	【左・左】	—	2	0	2
	【左・右】	—	0	0	0
	【右・右】	—	2	1	3
	【右・左】	—	2	1	3

配線	スイッチの接点の組み合わせ	点灯する豆電球の数(個)			
		道すじ左	道すじ中	道すじ右	合計
G	【左・左】	1	—	0	1
	【左・右】	0	—	0	0
	【右・右】	0	—	2	2
	【右・左】	1	—	2	3
H	【左・左】	1	1	0	2
	【左・右】	0	1	0	1
	【右・右】	0	1	1	2
	【右・左】	1	1	1	3
I	【左・左】	2	1	—	3
	【左・右】	0	0	—	0
	【右・右】	0	1	—	1
	【右・左】	2	1	—	3

(2) Aの道すじ中にある2個の豆電球には，スイッチの接点の組み合わせが【左・左】の場合に図の上から下の向きに電流が流れ，【右・右】の場合に下から上の向きに電流が流れる。また，Eの道すじ中にある1個の豆電球には，【左・左】の場合に下から上の向きに電流が流れ，【右・右】の場合に上から下の向きに電流が流れることになる。したがって，これら3個の豆電球を直流用のモーターに取り換(か)えると，スイッチを切り替えることでモーターの回転の向きを変えることができる。他の配線ではスイッチを切り替えても，豆電球が点灯する場合に流れる電流の向きが変わらないため，豆電球を直流用のモーターに取り換えても，スイッチを切り替えることでモーターの回転の向きを変えることはできない。なお，ここでは，スイッチを切り替えることで回転の向きが変わるモ

ーターの数を答えるものと考えたが，スイッチを切り替えることで回転の向きが変わるモーターのある配線の数を答える場合は，AとEの２個となる。

5 日食と月食についての問題

⑴　日食は，地球から見たときに太陽が月にかくされる現象なので，太陽―月―地球がこの順に一直線上にならんだときに起こる。一方，月食は，地球の影の中に月が入って起こる現象で，太陽―地球―月がこの順に一直線上にならんだときに見られる。

⑵　月食が起こるのは，満月のときである。満月は夕方ごろに東の地平線からのぼり，真夜中の午前０時ごろに南中して高度が最も高くなる。よって，５月の20時ごろには，満月はまだ南東の空のやや低いところに見える。

⑶　同じ月食を観察する場合，月の欠け始める時刻は日本のどこでも同じである。しかし，この時刻に月の出をむかえていないと，晴れていても月の東側がまだ地平線から出ておらず，月の欠け始めを見ることはできない。月の出の時刻は，地球が西から東の向きに自転しているので，同じ緯度の地点では東ほど早く，西ほどおそい。また，春分の日と夏至の日の間の５月の場合，北極を太陽の方に向けるように地軸が少しかたむいているため，北半球にある同じ経度の地点では，緯度が高いほど月の出の時刻はおそくなる。この日，日本の西部や北部に位置する札幌，福岡，那覇では，月の出の時刻の方が月の欠け始める時刻よりもおそかった。

⑷　月食のときの月は，東側から欠け始め，東側から再び明るくなる。そのため，３→１→５→４→２の順に観測されたと考えられる。

⑸　金環日食は月のふちから太陽の一部が輪状にはみ出して見える状態で，見かけ上の大きさが月の方が太陽よりもやや小さい場合に起こる。これに対し，皆既日食は月が太陽をすっぽりとかくす現象で，見かけ上の大きさが月の方が太陽よりも大きい場合に見られる。このようになるのは，金環日食のときに比べて地球から太陽までの距離が大きく，太陽がより小さく見えたり，地球から月までの距離が小さく，月がより大きく見えたりするときである。

国　語　(45分) <満点：100点>

解　答

一　問１　i　7　ii　5　iii　6　問２　X　6　Y　2　問３　あ　6　い　3　う　1　え　5　問４　1　問５　4　問６　(例)　寄り道も自転車屋のおじさんを喜ばせるためなら正しい(と考えること。)　問７　3　二　問１　5　問２　2　問３　1　問４　4　問５　4　三　ア　4　イ　1　ウ　6　エ　3　オ　2　四　カ　4　キ　6　ク　1　ケ　5　コ　2　五　下記を参照のこと。

●漢字の書き取り

五　ア　唱和　イ　臨時　ウ　欠如　エ　給湯　オ　余(す)　カ　難関　キ　心機　ク　細工　ケ　閣下　コ　宙返(り)　サ　遊興　シ　頭角　ス　暗雲　セ　事典　ソ　空(く)

解　説

一　**学校で下校時の寄り道を注意されたケンジとタクヤは，しばらくがまんしたものの，やはり自分の意志にしたがい，「鈴木自転車」のおじさんに会いに行く。**

問１　ｉ　ケンジの肩に手を回したタクヤは，実に「嘆かわし」そうな表情でおどけてみせたのだから，いかにもそう見えることを強調する「さも」があてはまる。　ⅱ　「寄り道」によってルールが破られるのを心配する遠藤は，クラス全員に向け，秩序を守って学校生活を送ってほしいと訴えている。よって，強く願うようすを表す「切に」がよい。　ⅲ　遠藤の尾行に気づいたケンジは，曇っていくおじさんの表情にやりきれなさを感じながらも，鈴木自転車の前を通り過ぎなければならなかった。翌日，おじさんのことを気にかける自分の前にわざわざ近づいてきた遠藤が，再度寄り道を牽制する言葉を投げかけてきたとき，ケンジは「つかみかかりそうになる」ほど腹が立ったのだから，「さすがに」が合う。「さすがに」は，続いて否定的な表現や内容をともない，前のことは受け入れられても，後のことについては許容範囲をこえているという心情を表す。

問２「口裏を合わせる」は，“あらかじめ内々で相談して話の内容が食い違わないようにする”という意味。「耳学問」は，人から聞いて得た知識。「舌先三寸」は，口先だけで心がこもっていないこと。「肩代わり」は，人の債務や任務などを代わって引き受けること。「目くじらを立てる」は，“目じりをつり上げて，人のあら探しをする”という意味。「鼻っ柱が強い」で，気が強いようす。

Ｘ　野田先生の話を聞いていなかったケンジに対し，タクヤは小ばかにしたように「ふん」と笑ったのだから，“あざ笑う”という意味の「鼻で笑う」がよい。　**Ｙ**　秩序の乱れに敏感な遠藤が，ケンジとタクヤの寄り道の件を野田先生に告げ口しているので，耳もとへ口を寄せてささやくことを表す「耳打ち」が合う。

問３　ケンジとタクヤが「寄り道」を注意され，「とぼとぼ」と下校していることをおさえる。

あ　鈴木自転車で「おじさん」と過ごした昨日までの「心地よい時間」を回想したケンジは，店に「寄れないのは，俺，困るな」と不満をもらしたと想像できる。　**い**　ケンジの不満に同意したと考えられることや，続く部分に「何度もそのことばを繰り返した」とあることから，タクヤは「本当だよ。オアシスだぜ，俺たちのオアシス」と言ったものと考えられる。　**う**　続く部分に，「自転車を買い替えるわけでもないのに」と書かれている。お客でないにもかかわらず，自分たちによくしてくれるおじさんのことを，タクヤはふしぎに思っているのである。　**え**　おじさんが，お客でもない自分たちによくしてくれるのは「俺たちと話すのが楽しい」からではないかと，ケンジは推測している。空らん「あ」の直前で，自分たちと話すのは「おじさんにとっても楽しいものなのだろう」と，ケンジが思っていることにも合う。

問４　秩序が守られることを願い，以前も自分たちの「寄り道」を先生に告げ口していた遠藤から尾行されていると気づいたケンジとタクヤは，おじさんのところに寄れば「確実に面倒な事」になると話している。つまり，鈴木自転車への「寄り道」を目撃した遠藤が先生に告げ口し，自分たちが先生から注意を受けてしまうことを心配しているのだから，１が選べる。

問５　学校の秩序を守りたいと思うあまり，尾行してまで「寄り道」の事実を確かめようとする遠藤の行いについて，ケンジは「いろいろと腹立たしいところもあるが，あいつの正義の中での行動という点においては正しいとも思う」と認めている。よって，４がふさわしい。

問６「寄り道」をすることについて，「周りが決めたルールにのっとる」べきか，「自分のしたいことをひたすらやり抜けば」よいのか，それとも「自分以外の誰かのためであれば，それが正しさの証になる」のか悩む中，ふと，おじさんの笑顔を思い出したケンジは，自分たちが鈴木自転車に行くのはおじさんを喜ばせるためだと考えたものの，どこかずるさを感じて思いとどまっている。つまり，好きで会いに行っていながら，自分の行動を正当化するためにおじさんを持ち出したずるさが「とにかくカッコ悪い」というのだから，これを整理して「鈴木自転車に寄り道するのはおじさんを喜ばせるためだ」「周りが決めたルールから外れても誰かのためなら正しい」のような趣旨でまとめる。

問７　“人を連れ戻そうとして自分が戻れなくなる”“説得しようとした相手に丸めこまれる”という意味の「ミイラ取りがミイラになる」ということわざが元になっていることをおさえる。鈴木自転車の前でおろおろしている遠藤に対し，おじさんは「君も入って来なさい」と招き入れる一方，ケンジとタクヤは形勢が逆転したと喜んでいる。そして，結局は三人で飴をほおばりながら，思いも寄らなかった時間を過ごしたのである。「寄り道」をとがめようとしていた遠藤が，「寄り道」の当事者になってしまったばかりか，飴をほおばりながら心地よい時間を過ごすという「最高の贈り物」まで受け取ってしまったことに，うれしさを感じながらも，あまりにも意外な結末を迎えた面白さから，とんでもない「木乃伊取り」もいたものだとタクヤは言ったのだから，３がよい。

二　俳句雑誌に取り上げられることとなったものの，アンケートの「座右の銘は？」という質問に手こずった経験をした筆者が，その後，「座右の銘」について調べ，考えたことを語っている。

問１　「座右の銘は？」というアンケートの質問を見た筆者は，「いつも心にあって忘れることのない大切な言葉を聞かれている」と考えたのだから，５がよい。

問２　高浜虚子の「花鳥諷詠」「古壺新酒」という言葉は，「俳句の本質を明らかにした造語」である。先達がのこした言葉とはいえ，自分の指針とする「座右の銘」には合わないという気持ちを，「微妙」と表現しているので，２が合う。なお，ここでの「微妙」は，肯定できかねるとき，断言は避けつつ否定的なニュアンスを表すものとして用いられている。

問３　渋沢栄一の「無欲は怠惰の基である」という言葉について筆者は，「物事に悪く作用する」ととらえられがちな「欲」を「逆手に取ったところがユニーク」だと述べている。つまり，「欲」を勤勉の基と肯定したところが独創的なのだから，１がよい。なお，「逆手に取る」は，“普通とは逆のやり方で対処する”という意味。

問４　続く部分で筆者は，「座右の銘」は「個人的なもの」で，「他人にひけらかすようなものではなく，自分の指針として心に秘めておくのが本来のあり方」だと述べている。自らのあり方を見つめるための「座右の銘」を，面接で自分を売りこむ手段に使うことに，筆者は「違和感」を覚えているのだから，４が選べる。

問５　筆者は，「自らの習慣や思考にふさわしい言葉を探し求める過程で，自分でも意識せず大切にしていたことが見えてくるかも知れ」ないし，それが「名言と結びつくこと」で自信となり，「自覚的な行動につながる可能性」もあると述べている。つまり，座右の銘との出会いは，「自信を持って自分の道を歩んでいく裏付け」になるというのだから，４が合う。

三　出典は俵万智の『生まれてバンザイ』による。子どもの成長が詠まれている。

ア，イ　直前の二首では，我が子に「会える次の春」まで冬眠できそうだと語る母，耳が「もう聞こえていると言われれば」歌を聞かせる母のようすがそれぞれ描かれており，空らんア，イの直後ではじめて「新生児」が現れることから，まだ我が子は生まれていないことが読み取れる。よって，おなかを「蹴りかえす」ほどに成長した「夏」と詠まれた4がアに，「秋」，「早く出ておいで」と我が子に話しかける1がイに入る。　**ウ**　直後の短歌で「一匙の粥」を食べていることに注目する。その前の段階なのだから，「もう乳はいらぬ」と意志表示する6があてはまる。　**エ**　直前の短歌で「つかまり立ち」を始めていることから，日々「立った」秒数が増えていく3がくるものとわかる。　**オ**　直前の短歌で「初めての靴」をはいて「一歩を踏み」出したのだから，「外に出て歩きはじめた君」と呼びかける2が合う。

四　慣用句・ことわざの知識

カ「聞くは一時の恥，聞かぬは一生の恥」は，知らないことを聞かないで一生恥ずかしい思いをするより，一時的に恥ずかしい思いをしても積極的にたずねるのがよいという教え。対になっているので，創作のほうは「浪エネ」(エネルギーの浪費)の対義語である「省エネ」が入る。これは，SDGsの目標13「気候変動に具体的な対策を」にあたる。　**キ**「仏の顔も三度まで」は，いくら温厚な人でも無礼な扱いへの我慢は「三度」が限度で，それ以上は怒り出すこと。ことわざの「三度」は回数で，創作の「二度」は温度。地球の「気温上昇」も「二度」が限度なのである。この警告も，SDGsの目標13「気候変動に具体的な対策を」に入る。　**ク**「山椒は小粒でもぴりりと辛い」は，小さくても強い気性や鋭い才能を備えていて手強いようす。創作のほうは，「百円」募金すれば五回分の「ワクチン」費用になり，少額でも子どもの命を救う役に立つことを表す。これは，SDGsの目標3「すべての人に健康と福祉を」にあたる。　**ケ**「瓢箪から駒」は，小さな瓢箪から大きな駒(馬)が現れる意味で，有り得ないことを表す。そこから，冗談が意図せず実現してしまった場合などに使う。創作は，「ペットボトル」のリサイクルで「フリース」(繊維)ができるのだから，SDGsの目標12「つくる責任　つかう責任」に入る。　**コ**「人の振り見てわが振り直せ」は，人の行動を見て自分の行動を反省せよといういましめ。創作は，自分の「食事」を見直すための悪い手本が入るので，人の「フードロス」である。「フードロス」は，売れ残りや期限切れ食品など，まだ食べられるのに廃棄される食品。これは，SDGsの目標12「つくる責任　つかう責任」にあたる。

五　漢字の書き取り

ア　まず一人が唱え，続いて他の人々が同じ言葉を唱えること。　**イ**　定期的ではなく一時的なようす。　**ウ**　必要なものごとが欠けていること。　**エ**　湯を供給すること。　**オ**「もて余す」で，“扱いや処置に困る”という意味。　**カ**　通過するのが難しいところ，切り抜けるのが難しい場面。　**キ**「心機一転」は，何かをきっかけに気持ちがすっかり変わること。　**ク**　ことわざの「細工は流々仕上げを御覧じろ」の一部。“やり方は人それぞれに流儀があるのだから，途中で口を出さず結果を見てほしい”という意味。　**ケ**　地位の高い人につける敬称。**コ**　地面などに手をつかず，空中で回転すること。　**サ**　娯楽や宴会に興ずること。そういう遊びに使う費用が「遊興費」である。　**シ**「頭角を現す」で，“すぐれた才能や技能などで群を抜いて目立ち始める”という意味。　**ス**　空をおおう黒く厚い雲。今にも雨や雪が降りそうな気配の黒雲。比喩的に，危険が迫りくる気配や，精神的な苦しみも表す。　**セ**「百科事典」は，あらゆる分野の知識を一定の並べ方で配列した書物。　**ソ**　音読みは「クウ」で，「空気」などの熟語がある。訓読みにはほかに，「そら」「から」などがある。

Dr.福井の
入試に勝つ！脳とからだのウルトラ科学

試験場でアガらない秘けつ

キミたちの多くは，今まで何度か模擬試験（たとえば合不合判定テストや首都圏模試）を受けていて，大勢のライバルに囲まれながらテストを受ける雰囲気を味わっているだろう。しかし，模擬試験と本番とでは雰囲気がまったくちがう。そういうところでも緊張しない性格ならば問題ないが，入試独特の雰囲気に飲みこまれてアガってしまうと，実力を出せなくなってしまう。

試験場でアガらないためには，試験を突破するぞという意気ごみを持つこと。つまり，気合いを入れることだ。たとえば，中学の校門前にはあちこちの塾の先生が激励（げきれい）のために立っている。もし，キミが通った塾の先生を見つけたら，「がんばります！」とあいさつをしよう。そうすれば先生は必ずはげましてくれる。これだけでもかなり気合いが入るはずだ。ちなみに，ヤル気が出るのは，TRHホルモンという物質の作用によるもので，十分な睡眠をとる，運動する（特に歩く），ガムをかむことなどで出されやすい。

試験開始の直前になってもアガっているときは，腹式呼吸が効果的だ。目を閉じ，おなかをふくらませるようにしながら，ゆっくりと大きく息を吸う。ここでは「ゆっくり」「大きく」がポイントだ。そして，ゆっくりと息をはく。これをくり返し何回も行うと，ノルアドレナリンという悪いホルモンが減っていくので，アガりを解消することができる。

よく「手のひらに“人”の字を書いて飲みこむことを3回行う」とアガらないというが，そのようなおまじないを信じて実行し，自分に暗示をかけてもいいだろう。要は，入試に対するさまざまな不安な気持ちを消し去って，試験に集中できるようなくふうをこらせばいいのだ。

Dr.福井（福井一成（ふくいかずしげ））…医学博士。開成中・高から東大・文Ⅱに入学後，再受験して翌年東大・理Ⅲに合格。同大医学部卒。さまざまな勉強法や脳科学に関する著書多数。

2021年度　慶應義塾中等部

〔電　話〕(03) 5247－1677
〔所在地〕〒108-0073　東京都港区三田2－17－10
〔交　通〕JR山手線一「田町駅」より徒歩10分
都営三田線一「三田駅」より徒歩10分

【算　数】（45分）〈満点：100点〉

〔注意〕解答は，下の〔例〕にならって□の中に0から9までの数字を1字ずつ記入しなさい。

〔例〕

(1) 333mから303mをひくと□□mになります。　解答 3 0

(2) 2.34に6をかけるとア□.イ□になります。

ア		イ	
1	4	0	4

(3) $\frac{5}{2}$に$\frac{1}{3}$をたすとア$\frac{イ}{ウ}$になります。

ア	イ	ウ
2	5	6

1　次の□に適当な数を入れなさい。

(1) $\left(5\frac{5}{6}-2\frac{2}{3}\right)\div\left\{3.3-\left(2.125-1\frac{1}{5}\right)\right\}=ア\frac{イ}{ウ}$

(2) $5\frac{2}{15}\times\left(\frac{7}{8}-0.15\div ア\frac{イ}{ウ}\right)+0.75=5\frac{1}{8}$

(3) 2021年1月1日は金曜日でした。2021年の20番目の火曜日はア月イ□日です。

(4) 縮尺25000分の1の地図上で60cm²の広さの土地があります。この土地の実際の面積はア.イ□km²です。

2　次の□に適当な数を入れなさい。

(1) 2%の食塩水に食塩を加えて混ぜるとき，元の食塩水の重さの12%にあたる食塩を加えると，ア□.イ%の食塩水ができます。

(2) 3つの店A，B，Cで順に買い物をし，どの店でもそのときに持っていたお金の$\frac{3}{5}$より200円多く使った結果，最初の所持金□□□□円をすべて使い切りました。

(3) 今年のAさんの年齢(ねんれい)はB君の2倍で，9年前のAさんの年齢はB君の3倍でした。今年のB君の年齢は□□才です。

(4) ある仕事を仕上げるのに，太郎君1人では60日，次郎君1人では40日かかります。今，太郎君がこの仕事に取りかかってから□□日後に，次郎君が太郎君に変わって仕事をしたところ，太郎君が仕事を始めてから47日後にこの仕事を仕上げました。

(5) 3時から4時までの時間で，時計の長針と短針が作る角が直角になるのは3時ちょうどと3時ア□$\frac{イ}{ウ□}$分です。

3　次の□に適当な数を入れなさい。ただし，円周率は3.14とします。

(1)　［図１］のような正三角形ABCにおいて，色をつけた３つの角の大きさは等しいとします。このとき，辺AQと辺BRの長さの比を最も簡単な整数の比で表すと，ア：イになります。

［図１］

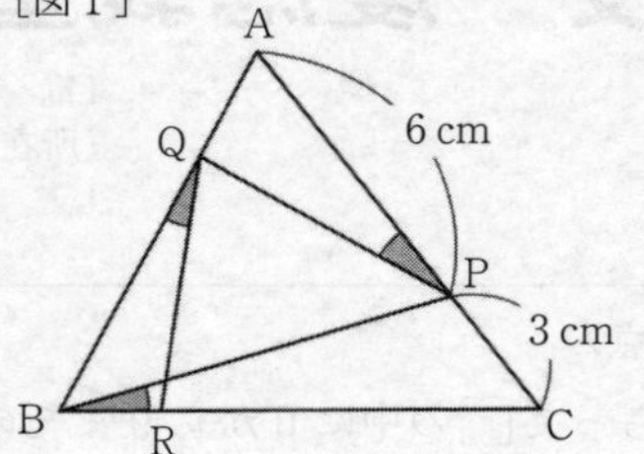

［図２］

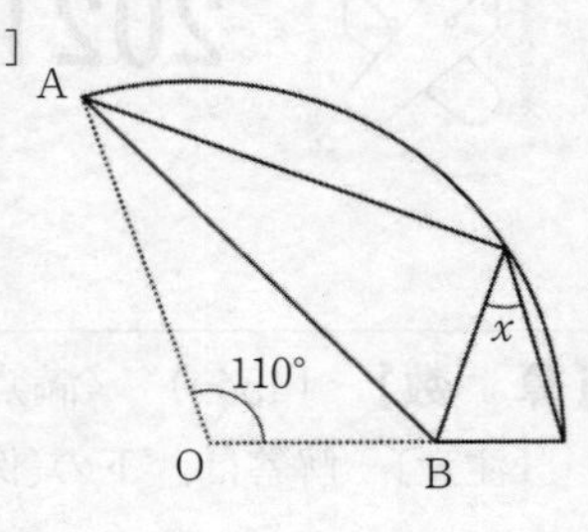

(2)　［図２］のようなおうぎの形を，点Oが円周上の点に重なるように直線ABで折り返しました。このとき，角xの大きさは□°です。

(3)　［図３］のように，１辺の長さが６cmの正六角形を直線で２つに分けました。①の部分と②の部分の面積の比を，最も簡単な整数の比で表すとア：イになります。

(4)　［図４］のような，たて２cm，横１cmの長方形があります。長さ20cmの糸をたるみがないように引っ張りながら，この長方形に矢印の方向に巻き付けていきます。糸をすべて巻き付けたとき，糸の端（はし）Pが通った長さの合計はア.イcmになります。ただし，糸の太さは考えないものとします。

(5)　［図５］のような直角三角形と正方形を組み合わせた図形を，直線ABを軸（じく）として１回転させてできる立体の表面の面積はア.イcm^2です。

［図３］

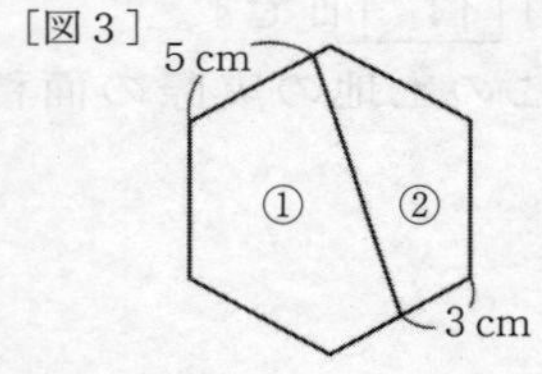

［図４］

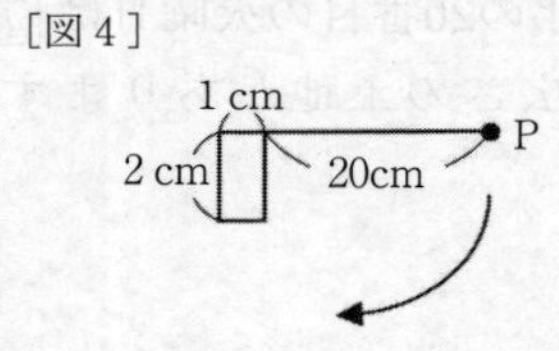

［図５］

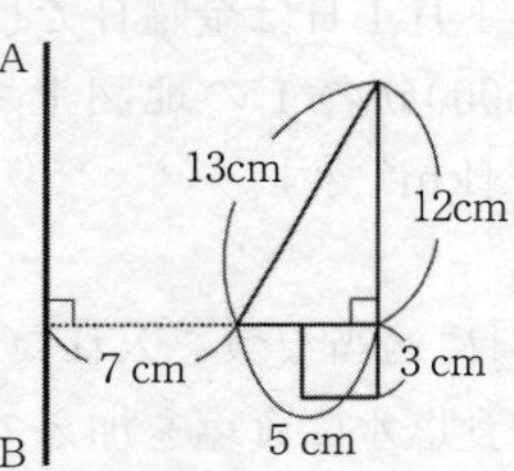

4　太郎君はA地を，次郎君はB地を同時に出発して，それぞれ一定の速さでA地とB地の間を何回も往復します。太郎君の歩く速さは次郎君よりも速く，右のグラフは太郎君と次郎君の間の距離（きょり）と時間の関係を表したものです。次の□に適当な数を入れなさい。

距離

0　13　24　時間（分）

(1)　太郎君と次郎君が初めて出会うのは，２人が出発してからア分後です。また，次郎君が初めてA地に着くのは，２人が出発してからイ.ウ分後です。

(2)　太郎君が次郎君を初めて追いこすのは，２人が出発してからア$\frac{イ}{ウ}$分後です。

5　2以上の整数に対して，1になるまで以下の操作を繰り返します。

・偶数ならば2で割る

・奇数ならば3倍して1を加える

例えば，6であれば，次のような8回の操作によって1になります。

6→3→10→5→16→8→4→2→1

このとき，次の□に適当な数を入れなさい。

(1)　11は□回の操作で1になります。

(2)　12回の操作で1になる整数は全部で□個あります。

6　四角形ABCDを対角線で2つの三角形に分ける方法は，下の[図1]のように2通りあります。また，五角形ABCDEを対角線で3つの三角形に分ける方法は，下の[図2]のように5通りあります。後の□に適当な数を入れなさい。

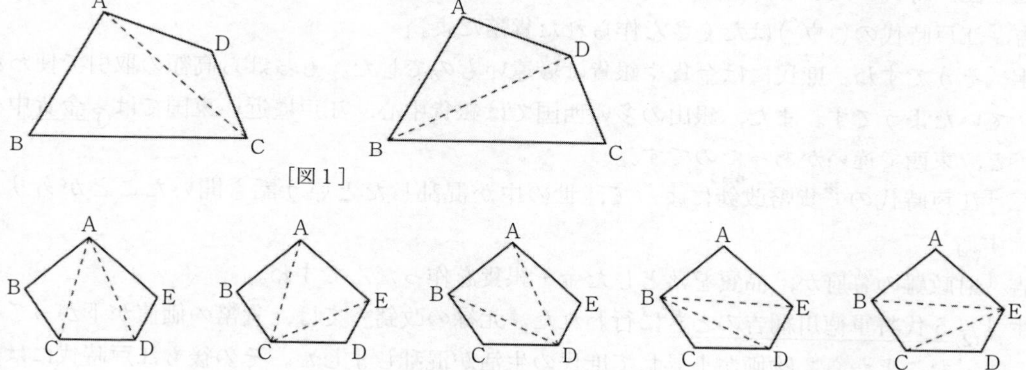

[図1]

[図2]

(1)　六角形ABCDEFを対角線で4つの三角形に分ける方法は，全部で□通りあります。

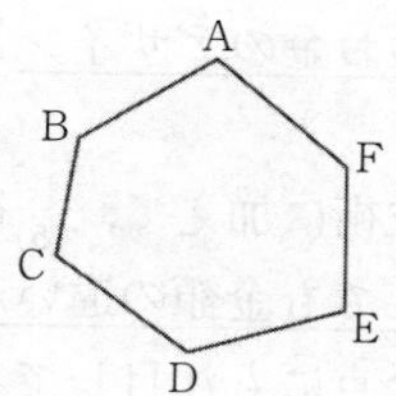

(2)　八角形ABCDEFGHを対角線で6つの三角形に分ける方法は，全部で□通りあります。

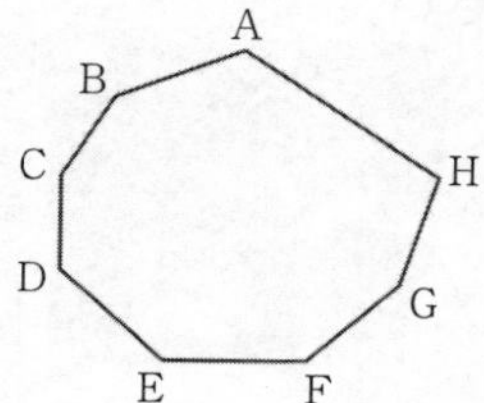

【社　会】（25分）〈満点：50点〉

1　次の先生と諭吉くん，信三くんの会話を読んで，各問に答えなさい。

諭吉「日本では，お金はいつごろから使われていたのかな。」
信三「発掘されている一番古いものは，683年ころの（ア）だよ。」
諭吉「僕は708年の（イ）だと思っていたけれど，もっと古いんだね。」
先生「平安時代には，十数種類の貨幣が作られました。」
諭吉「そんな昔に，日本ではたくさんの貨幣を作ることができていたんですね。」
信三「でも，貨幣が足りなくて，外国から大量に輸入していましたよね？」
先生「室町時代には，日明貿易で明銭を大量に輸入していました。貨幣経済に早くから注目していたことでも有名な戦国大名の［A］は，自軍の旗印にその明銭を使っていました。」
信三「江戸時代に入ると，国産の金・銀・銅の三貨が広く使われるようになりますね。」
諭吉「江戸時代の（ウ）はたくさん作られた貨幣だよ。」
先生「そうですね。庶民には金貨や銀貨は縁遠いものでした。もっぱら高額の取引で使われていたようです。また，銀山の多い西国では銀貨中心，江戸に近い東国では①金貨中心と，東西で違いがあったのです。」
信三「江戸時代の※貨幣改鋳によって，世の中が混乱したという話も聞いたことがあります。」
諭吉「財政難の幕府が，品質を落とした金・銀貨を作ったんですね。」
先生「②5代将軍徳川綱吉のときに行われた『元禄の改鋳』では，貨幣の価値が下がってしまったことから，物価が上昇して庶民の生活が混乱しました。その後も江戸時代には数回にわたって改鋳がくり返されました。」
信三「紙幣を使い始めたのは，明治時代以降ですよね。」
諭吉「当時のお金のデザインには，どんなものがあったんだろう。③今のお金のデザインとくらべてみたいね。」
先生「2024年には④新紙幣の発行も予定されています。最新の偽造防止技術に加えて，⑤視覚障害のある方や日本語のわからない外国人観光客を想定して，だれでも金額の違いがわかりやすく，使いやすい工夫を取り入れているそうです。こうした点にも注目してみてくださいね。」

※貨幣改鋳…古い貨幣を回収して新しい貨幣に作り直すこと

問1　（ア）～（ウ）に入る貨幣の正しい組み合わせを選び，数字で答えなさい。

1　（ア）　寛永通宝　（イ）　富本銭　（ウ）　和同開珎
2　（ア）　富本銭　（イ）　和同開珎　（ウ）　寛永通宝
3　（ア）　和同開珎　（イ）　寛永通宝　（ウ）　富本銭

問2　［A］に入る人物名を**漢字**で答えなさい。

問3　下線部①に関して，当時の金の採掘地として有名な「佐渡金山」の場所を次のページの＜**地図**＞から選び，数字で答えなさい。

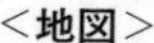

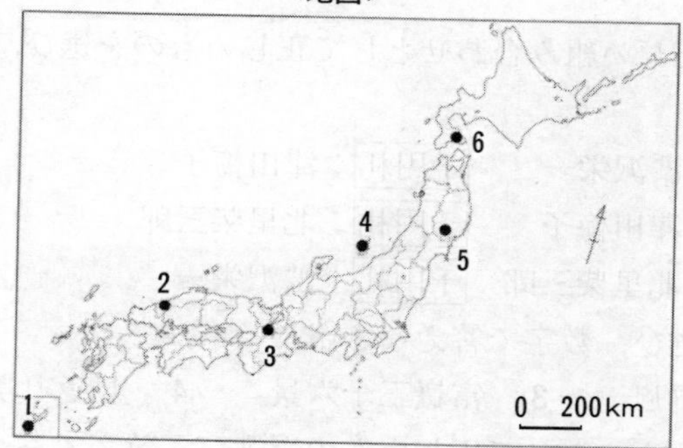

問4　下線部②のころに起きた出来事を選び，数字で答えなさい。

1　赤穂事件が起こる
2　日光東照宮が建てられる
3　大塩平八郎の乱が起こる
4　目安箱が設置される

問5　下線部③についてまとめた次の＜表１＞・＜表２＞を見て，(1)～(4)の問いに答えなさい。

＜表１　現在の紙幣のデザイン＞

	表面	裏面
一万円	Ⓐ	鳳凰像
五千円	Ⓑ	燕子花図
二千円	建物**ア**	源氏物語絵巻とⒹ
千円	Ⓒ	富士山と桜

＜表２　現在の硬貨のデザイン＞

	表面	裏面
一円	Ⓔ	金額等
五円	稲穂・歯車・水	双葉
十円	建物**イ**・唐草	常盤木
五十円	Ⓕ	金額等
百円	Ⓖ	金額等
五百円	Ⓗ	竹・橘

(1)　Ⓐ～Ⓓに入る人物名の正しい組み合わせを選び，数字で答えなさい。

1　Ⓐ　野口英世　Ⓑ　紫式部　Ⓒ　福沢諭吉　Ⓓ　樋口一葉
2　Ⓐ　野口英世　Ⓑ　樋口一葉　Ⓒ　福沢諭吉　Ⓓ　紫式部
3　Ⓐ　福沢諭吉　Ⓑ　樋口一葉　Ⓒ　野口英世　Ⓓ　紫式部
4　Ⓐ　福沢諭吉　Ⓑ　紫式部　Ⓒ　野口英世　Ⓓ　樋口一葉

(2)　Ⓔ～Ⓗに入る植物の正しい組み合わせを選び，数字で答えなさい。

1　Ⓔ　菊　Ⓕ　桜　Ⓖ　桐　Ⓗ　若木
2　Ⓔ　桜　Ⓕ　桐　Ⓖ　若木　Ⓗ　菊
3　Ⓔ　桐　Ⓕ　若木　Ⓖ　菊　Ⓗ　桜
4　Ⓔ　若木　Ⓕ　菊　Ⓖ　桜　Ⓗ　桐

(3)　建物**ア**・**イ**の所在地を＜**地図**＞からそれぞれ選び，数字で答えなさい。

(4)　1948（昭和23）年に発行された五円硬貨の表面にあるデザインは，日本の原動力となる産業を表しています。「水」は水産業を表していますが，「**稲穂**」と「**歯車**」は何を表しているでしょうか，それぞれ**漢字**で答えなさい。

問6　下線部④について，(1)と(2)の問いに答えなさい。

(1)　新紙幣の肖(しょう)像画に使用される人物名の正しい組み合わせとして正しいものを選び，数字で答えなさい。

1　一万円札：北里柴三郎　五千円札：渋沢栄一　千円札：津田梅子
2　一万円札：渋沢栄一　五千円札：津田梅子　千円札：北里柴三郎
3　一万円札：津田梅子　五千円札：北里柴三郎　千円札：渋沢栄一

(2)　新千円札の裏面で使われるデザインを選び，数字で答えなさい。

1　東海道五十三次　**2**　風神雷神図屛風　**3**　富嶽三十六景　**4**　見返り美人図

問7　下線部⑤について，このような工夫を表すものとして正しいものを選び，数字で答えなさい。

1　エコデザイン　**2**　バリアフリーデザイン
3　プロダクトデザイン　**4**　ユニバーサルデザイン

2　次の福沢諭吉についての年表を見て，各問に答えなさい。

1835年	（**ア**）藩の下級武士の子として，（**イ**）で誕生
1854年	（**ウ**）に出て［A］語の初歩を学習
1855年	（**イ**）で①適塾に入塾し，［A］語を本格的に学習
1858年	（**エ**）の築地鉄砲洲で［A］語の学塾を開設
1859年	（**オ**）に行くも［A］語が役に立たず，独学で英語の習得を開始
1860年	②船でアメリカにわたり，サンフランシスコやハワイに滞(たい)在
1868年	鉄砲洲から芝新銭座に塾を移し，慶應義塾と命名
1872年	③『学問のすゝめ』（初編）を出版

問1　(**ア**)～(**オ**)に当てはまる地名をそれぞれ選び，数字で答えなさい。

1　江戸　**2**　大阪　**3**　下田　**4**　長崎　**5**　中津　**6**　横浜

問2　［A］に入る国名を選び，数字で答えなさい。

1　イタリア　**2**　オランダ　**3**　ドイツ　**4**　フランス

問3　下線部①について，この塾を開いた人物を選び，数字で答えなさい。

1　緒方洪庵　**2**　勝海舟　**3**　林羅山　**4**　吉田松陰

問4　下線部②に関して，福沢のように渡(と)米したことのある人物を選び，数字で答えなさい。

1　大久保利通　**2**　西郷隆盛　**3**　坂本龍馬　**4**　吉田松陰

問5　下線部③の冒(ぼう)頭の文について，次の文中の「○」に共通して入る語句を答えなさい。

「天は○の上に○をつくらず○の下に○をつくらずといへ(え)り」

問6　福沢は，1901（明治34）年の元旦(たん)に，世界が新しい時代を迎えたことへの感慨(がい)を表し，「**独立自尊 迎新**［B］」という書を記しました。［B］に入る言葉を**漢字**2字で答えなさい。

3　次の地形図Ⓐ～Ⓒについて，各問に答えなさい。

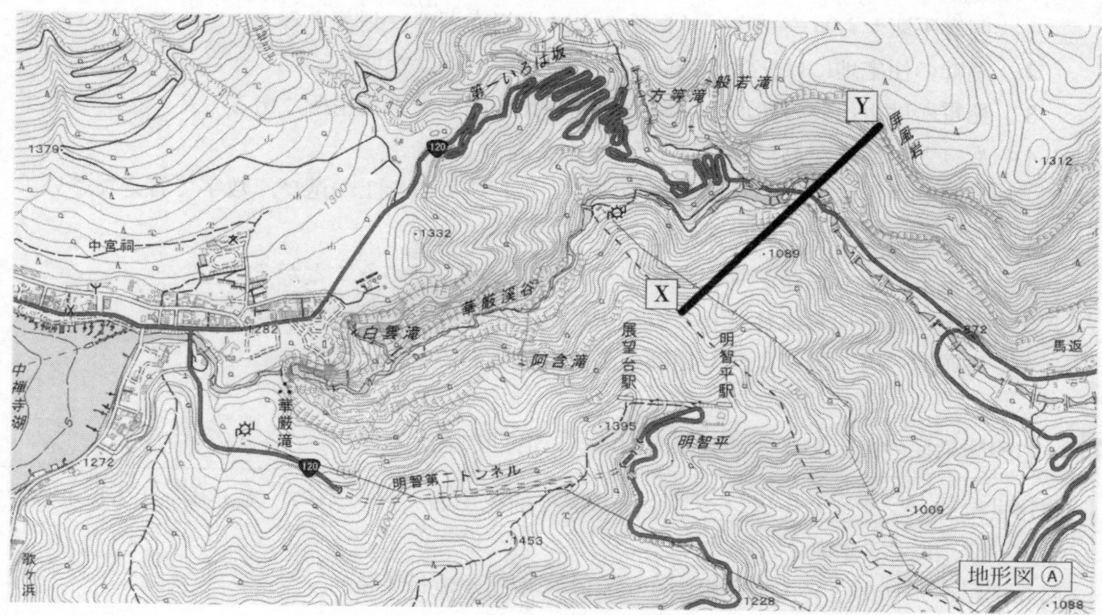

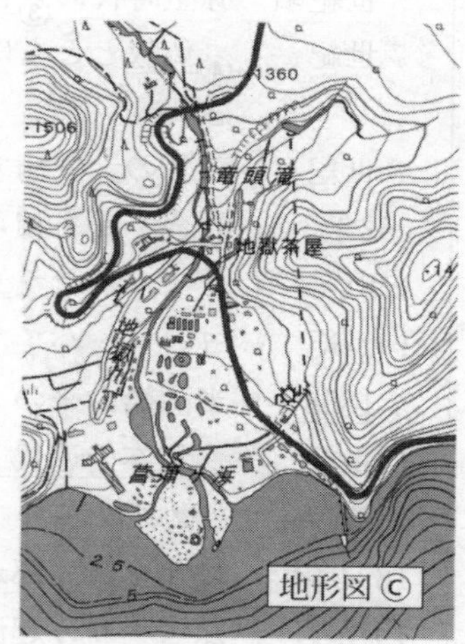

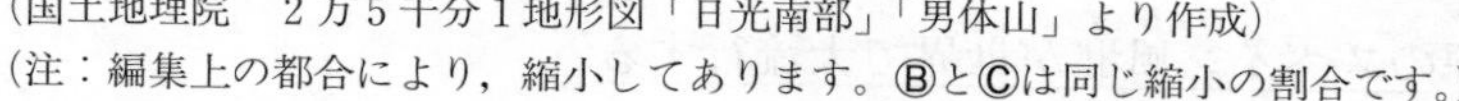
（国土地理院　2万5千分1地形図「日光南部」「男体山」より作成）
（注：編集上の都合により，縮小してあります。ⒷとⒸは同じ縮小の割合です。）

〈編集部注：編集上の都合により85%に縮小してあります。〉

問1　地形図Ⓐ上のX―Y間の断面を簡略化してあらわした図として正しいものを選び，数字で答えなさい。

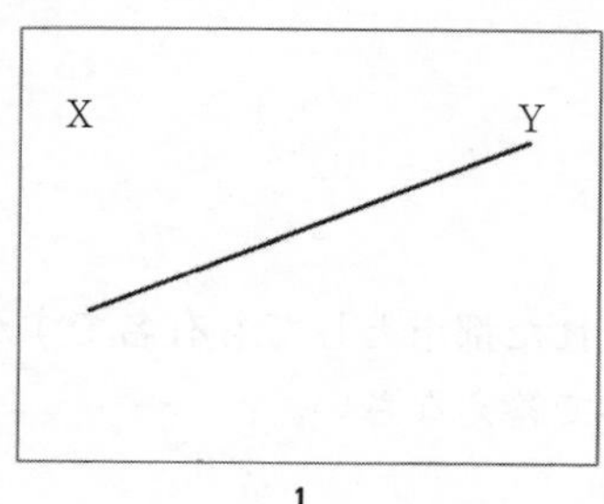

1

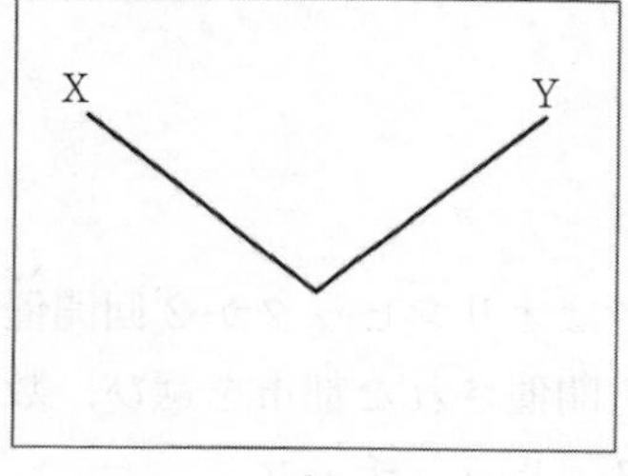

2

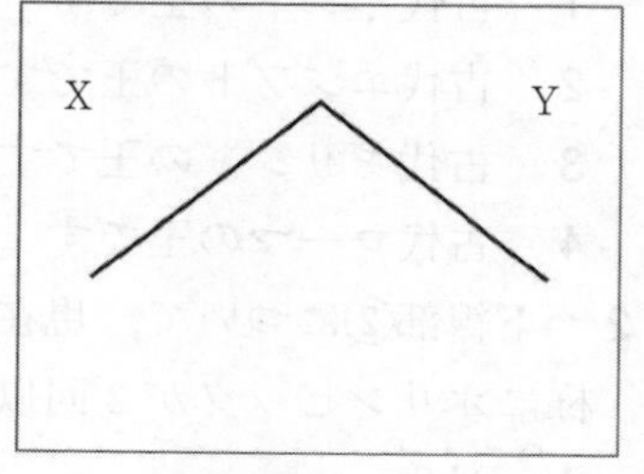

3

問2　地形図Ⓐから読み取れる内容として**正しくないもの**を1つ選び，数字で答えなさい。

1　明智平駅からロープウェイに乗ると，中禅寺湖畔に到着する

2　湖畔の住宅地には交番や消防署はあるが，病院はない

3　発電所は川沿いの斜面と，斜面の間の比較的平たんな場所にある

4　もっとも標高が高い場所は1450ｍより高い

問3　地形図Ⓑの湯滝とⒸの竜頭滝について，正しいものを1つ選び，数字で答えなさい。

1　どちらの滝もすぐ湖に流れ込んでいる

2　どちらの滝も道路が真上を横切り，車から滝を眺めることができる

3　湯滝は急斜面を流れ落ちているが，竜頭滝はゆるい傾斜を流れる

4　竜頭滝の方が湯滝よりも標高の高い位置にある

4　次の感染症の歴史をまとめた年表をみて，各問に答えなさい。

前14世紀	①ツタンカーメンが※マラリアで病死する　※マラリア　蚊が媒介する原虫の寄生による感染症
前5世紀	ペロポネソス戦争中の②アテネで疫病が流行する
3世紀頃	弥生時代の③古墳に結核の患者が埋葬される
7世紀	④仏教とともに中国大陸から※天然痘が持ち込まれる　※天然痘　ウイルスによる感染症
8世紀	天平の大疫病で天然痘が広がる
752年	社会不安を和らげるため(　ア　)が建立される
1181年	(　イ　)がマラリアで病死する
14世紀	ヨーロッパでペスト(黒死病)が大流行する
⑤1858年	米国船由来のコレラが日本で流行する
19世紀	⑥日本の近代工業化とともに紡績工場で結核が流行する
1892年	初めてウイルスの存在が発見される
1894年	⑦北里柴三郎がペスト菌を発見する
1918年	⑧アメリカ起源のスペイン風邪が世界で大流行する
1980年	⑨世界保健機関が天然痘の根絶を宣言する
2003年	SARSがアジアに広まる

問1　下線部①について，その人物の説明として正しいものを選び，数字で答えなさい。

1　古代インドの王です

2　古代エジプトの王です

3　古代ギリシャの王です

4　古代ローマの王です

問2　下線部②について，現在ではオリンピックが2回開催された都市としても有名ですが，同様にオリンピックが2回以上開催された都市を選び，数字で答えなさい。

1　ソチ　　2　ピョンチャン

3　リオデジャネイロ　　4　ロンドン

問3　下線部③について，その説明として**正しくないもの**を選び，数字で答えなさい。

1　遺体とともに鏡や玉，剣(けん)やかぶとなどが出土しました

2　大阪にある大仙古墳は世界最大の面積を持つ墓です

3　古墳の周辺にはさまざまな形の「どぐう」が並べられました

4　当時の王や豪族の墓だと言われています

問4　下線部④について，仏教を厚く信仰(こう)した聖徳太子の説明として**正しくないもの**を選び，数字で答えなさい。

1　家がらにとらわれず能力のある豪族を役人にしようとしました

2　天皇中心の国づくりを目ざして政治の改革を進めました

3　唐と対等のつきあいを求めて手紙を届けました

4　仏教を盛んにしようと法隆寺や四天王寺を建てました

問5　(ア)に入るものを選び，数字で答えなさい。

1　円覚寺舎利殿　　2　興福寺五重塔　　3　中尊寺金色堂　　4　東大寺大仏

問6　(イ)に入る人物を，次の説明文を参考にして，**漢字**で答えなさい。

太政大臣になりました 娘を天皇にとつがせ，政治の実権をにぎりました 厳島神社を厚く尊び，社殿(でん)を造営しました

問7　下線部⑤の年より前の出来事を選び，数字で答えなさい。

1　ペリーが江戸湾(東京湾)を測量する

2　桜田門外で井伊直弼が暗殺される

3　横浜で貿易が始まる

4　生麦村でイギリス人が薩摩藩士にきりつけられる

問8　下線部⑥について，当時の工業の発達や労働問題の説明として**正しくないもの**を選び，数字で答えなさい。

1　日清戦争のころから軽工業が，日露戦争のころから重工業が盛んになりました

2　工業の発展とともに農家の長男が工場労働者として働き一家を支えました

3　工業の発達は足尾鉱毒事件などの公害問題もひきおこしました

4　製糸・紡績工場の女子労働者の多くは貧しい農家の出身者でした

問9　下線部⑦に関して，北里の研究所で助手を勤めたのち，黄熱病研究に力を尽(つ)くした人物を選び，数字で答えなさい。

1　志賀潔　　2　鈴木梅太郎　　3　野口英世　　4　森鷗外

問10　下線部⑧に関して，(1)と(2)の問いに答えなさい。

(1)「スペイン風邪」は，スペインでの流行が広く報道されたことでこの名がつきましたが，現在のスペインについての説明として正しいものを選び，数字で答えなさい。

1　北米大陸にあります

2　首都はバルセロナです

3　モン・サン・ミッシェルが有名です

4　日本と同緯度に位置しています

(2) 次のポスターは，日本でスペイン風邪が流行したころに感染予防をよびかけたものです。□に入る言葉を答えなさい。なお，文字は右から左へ読みます。

（出典：国立保健医療科学院 ホームページより 『流行性感冒』（内務省衛生局著 1922.3））

問11 下線部⑨について，その略称名として正しいものを選び，数字で答えなさい。

1 WFP　**2** WHO　**3** WTA　**4** WTO

5 次の日本の地震(しん)についての年表をみて，各問に答えなさい。

1891(明治24)年	濃尾地震
1896(明治29)年	明治三陸地震
1923(大正12)年	①関東地震(関東大震災)
1933(昭和８)年	昭和三陸地震
1946(昭和21)年	②南海地震
1978(昭和53)年	伊豆大島近海地震
1995(平成７)年	③兵庫県南部地震(阪神・淡路大震災)
2004(平成16)年	④新潟県中越地震
2007(平成19)年	新潟県中越沖地震
2011(平成23)年	⑤東北地方太平洋沖地震(東日本大震災)
2016(平成28)年	熊本地震

問１ 下線部①について，午前11時58分に発生したこの地震では，揺(ゆ)れによる倒壊(とうかい)のほか，火災による家屋の焼失が多かったのですが，その理由を15字以上25字以内で答えなさい。

問2　下線部②について，この年の4月に行われた衆議院議員総選挙の説明として正しいものを選び，数字で答えなさい。

1　自由民主党が与党第一党となりました
2　一票の格差が問題となり，違憲判決を受けました
3　選挙法が改正され，18歳以上のすべての男女に選挙権が与えられました
4　初の女性議員39名が誕生しました

問3　下線部③について，この震災後，ボランティア活動の発展を促進することを目的として，1998年に特定非営利活動促進法が施行されましたが，この法律の略称名を選び，数字で答えなさい。

1　BKS法　　2　NGO法　　3　NPO法　　4　PKO法

問4　下線部④について，この地震では地すべりや液状化によりライフラインへの被害が多く発生しましたが，この「ライフライン」に**あてはまらないもの**を選び，数字で答えなさい。

1　飲料水の供給に必要な河川
2　情報伝達に必要な電話線
3　電力の供給に必要な電線
4　物資輸送に必要な鉄道

問5　下線部⑤について，都心で多くの帰宅難民を生んだこの地震以降，東京都内の私立小学校・中学校・高校は，震災発生時に，その学校だけでなく他の私立学校の生徒の避難も一時的に受け入れる約束を結びました。この約束を結んだ理由を20字以上50字以内で答えなさい。

【理　科】（25分）〈満点：50点〉

1　ある日の夜9時に，東京で満月が右の図のように見えました。次の問いに答えなさい。

(1)　満月が見えた日より約1週間前の月は，夕方6時にはどのように見えるか。次の中から選び，番号で答えなさい。

1  2  3  4 

(2)「月は地球の周りを1周する間に，1回自転する。」このことにより起こることを次の中から選び，番号で答えなさい。

1　月は満ち欠けをする。
2　地球上のどこで見ても月はすべて同じ向き，同じ形に見える。
3　南半球で月を見ると逆さまに見える。
4　月はいつも同じ面を地球に向けている。
5　季節によって月の高さはちがって見える。

2　上皿てんびんを使って次のような実験をして，結果を得ました。あとの問いに答えなさい。

実験①　4種類の粉末状の物質，食塩，砂糖，ベーキングパウダー，鉄粉を用意して，物質名がわからないようにA，B，C，Dの記号をつけました。これらの粉末のうち2種類を選んで上皿てんびんの両側のステンレス皿にのせ，つり合わせました。そのあと，それぞれのステンレス皿をガスバーナーの炎で3分間，強く熱しました。このとき，Cは熱しているときにけむりが多く出て甘(あま)いにおいがしました。熱したあと，ステンレス皿をもとのように上皿てんびんにのせたところ，すべての組み合わせで一方が下がるようになっていました。その結果をまとめたものが次の表です。

粉末の組み合わせ	上皿てんびんの下がった方	粉末の組み合わせ	上皿てんびんの下がった方
AとB	B	BとC	B
AとC	A	BとD	D
AとD	D	CとD	D

実験② 2つのビーカーにそれぞれ約80℃の熱湯と氷水を入れててんびんの両側の皿にのせ，つり合うようにすばやく調整しました。その後，1時間ほど置いておいたところ，つり合わない状態になっていました。

(1)　実験①でつり合いが取れなくなった原因として，考えられないものを次の中から1つ選び，番号で答えなさい。

1　粉末からある物質が空気中に出て行った。
2　空気中にある物質が結びついた。
3　粉末が気体に変化した。
4　粉末の温度が上がった。

(2) 実験①のA，B，C，Dがそれぞれ何か，次の中から選び，番号で答えなさい。

1 砂糖　2 食塩　3 鉄粉　4 ベーキングパウダー

(3) 実験②で1時間たったときに下がっているのは，どちらを入れたビーカーですか。次の中から選び，番号で答えなさい。

1 熱湯　2 氷水

(4) 実験②のあと，ビーカーをのせておいた一方の皿がぬれていました。その理由を30字以内で説明しなさい。

(5) 一般に，液体は熱を加えるとわずかながら体積が増え，冷やすと体積が減ります。その性質を利用している器具の名前を漢字3文字で書きなさい。

3 ほ乳類に関する次の問いに答えなさい。

(1) **図1**はあるほ乳類の頭の骨のスケッチです。この骨の形から，この動物がどのような場所で生活するのに適していると考えられますか。次の中から選び，番号で答えなさい。

1 草原・荒地(あれ)　2 沼(ぬま)・川・湖　3 山岳(がく)・高地　4 樹上　5 空　6 深海

(2) **図2**はあるほ乳類の頭の骨のスケッチです。この動物の食性として適当なものはどれですか。次の番号で答えなさい。

1 肉食　2 草食

(3) **図3**はウマの骨格の一部を示したものです。ヒトのからだの「ひじ」はウマの骨格ではどこにあたりますか。**図3**の**1**～**4**から選びなさい。

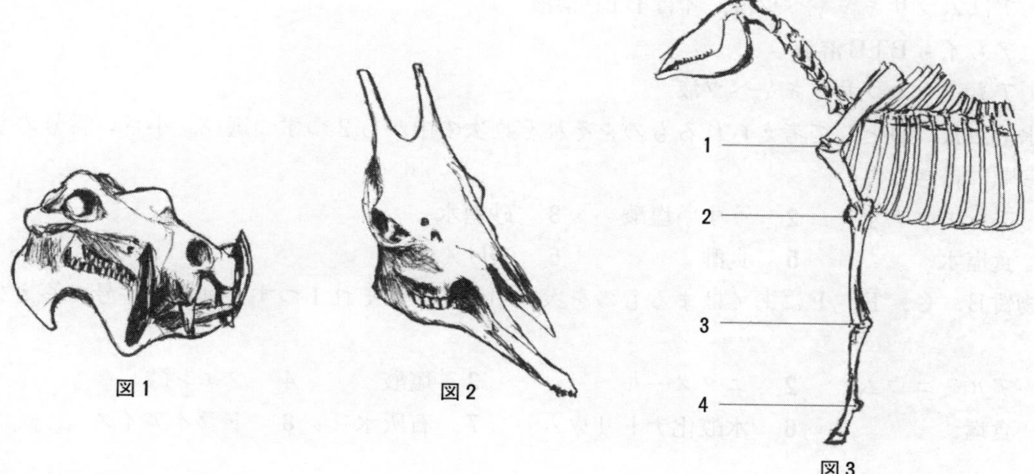

図1　図2　図3

(4) 次のほ乳類の中から，1本の足あたり奇(き)数個のひづめをもっている動物を選び，番号で答えなさい。

1 イノシシ　2 ウシ　3 ヒツジ　4 キリン　5 サイ　6 シカ

(5) ヒトは食べ物を食べ，その中にふくまれる養分と(ア)を吸収している。(ア)に入る漢字1文字を書きなさい。

(6) ヒトのからだの中で，食べ物にふくまれる養分を主に吸収するところはどこですか。次の中から選び，番号で答えなさい。

1 胃　2 小腸　3 大腸

(7) 口からこう門までの食べ物の通り道を何というか。漢字3文字で答えなさい。

4 水溶液が酸性，中性，アルカリ性のときにそれぞれ異なる色を示す薬品を指示薬といいます。指示薬の一つ，BTB溶液は酸性で黄色，中性で緑色，アルカリ性で青色になります。また，ムラサキキャベツを煮てできた液は，強い酸性で赤色，弱い酸性で紫色，中性で青色，弱いアルカリ性で緑色，強いアルカリ性で黄色を示し，これも指示薬の一つといえます。これらを使った実験で次のような結果を得ました。これを見てあとの問いに答えなさい。ただし，ちがう記号でも異なる物質とは限りません。

実験1 ① 水溶液Aをビーカーに取り，指示薬アを入れると緑色になった。
② これに固体の物質Bを加えると，水溶液は黄色になった。
③ さらに液体の物質Cを加えると，水溶液は青色になった。
④ 最後の水溶液を赤色と青色のリトマス試験紙につけると，どちらも色が変化しなかった。

実験2 ① 水溶液Dをビーカーに取り，指示薬イを入れると黄色になった。
② これに液体の物質Eを加えると，水溶液は緑色になった。
③ さらに固体の物質Fを加えると，水溶液は青色になった。
④ 水溶液Dに卵のからを入れると，泡がついた。

(1) 指示薬ア，イはそれぞれ何ですか。次の中から選び，番号で答えなさい。

1 アはBTB溶液，イはムラサキキャベツ液
2 アはムラサキキャベツ液，イはBTB溶液
3 アもイもBTB溶液
4 アもイもムラサキキャベツ液

(2) 水溶液A，Dとして考えられるものをそれぞれ次の中から2つずつ選び，小さい番号のものから順に書きなさい。

1 アンモニア水　2 うすい塩酸　3 砂糖水
4 食塩水　5 食酢　6 石けん水

(3) 物質B，C，E，Fにあてはまるものを次の中からそれぞれ1つずつ選び，番号で答えなさい。

1 アルミニウム　2 エタノール　3 塩酸　4 クエン酸
5 食塩　6 水酸化ナトリウム　7 石灰水　8 ドライアイス

5 柏木さん，杉浦さん，栃尾さん，藤井さん，松田さんの5人がそれぞれの名字に入っている樹木のことを話題に，話をしています。その会話文を読んであとの問いに答えなさい。会話文中では，自分の名字に入っている樹木のことを「ぼく」や「わたし」と言っています。

ヨシキ：やあ，偶然だけど木の名前が名字に入っている人が集まったね。
ナナミ：わたしのことを知らない人はいないわね。材木としてよく使われるし。
マサル：ぼくのこともみんな知っているだろう。
ヨシキ：でも，ふたりとも花は地味だよね。その点，ぼくはわざわざ花を見に来る人がいるくらいきれいで目立つよ。

マサル：その代わり，ぼくは冬でも葉が青々としている。

ナナミ：わたしもそうよ。春には花粉症（しょう）で人々を悩（なや）ませるけど。

サトミ：わたしのことはみんなあまり見たことないんじゃないかしら。わたしの実はむいてみると栗（くり）によく似た種が入っていて，食用にすることもあるんだけど。

カオル：サトミさんのヨーロッパの親せきが街路樹になっているところもあるよ。ぼくはドングリの仲間だからあまり食べられない。

ナナミ：だけど，カオル君の葉で包んだおもちは毎年こどもの日の頃に食べているね。

マサル：そういえばみんな，葉の形に特徴（ちょう）があるよね。木の姿はどうだろう。

ヨシキ：他のみんなはしっかりした幹をもっているけど，ぼくは他のものに頼って高いところまで上がっていくよ。

ナナミ：わたしもヨシキ君にからまれることがあるわ。別にいやじゃないけど。

(1) ヨシキ，ナナミ，マサル，サトミ，カオルの名字を次の中からそれぞれ選び，番号で答えなさい。

1 柏木　**2** 杉浦　**3** 栃尾　**4** 藤井　**5** 松田

(2) カシワ，スギ，トチ，フジ，マツのそれぞれの葉を次の中から選びなさい。

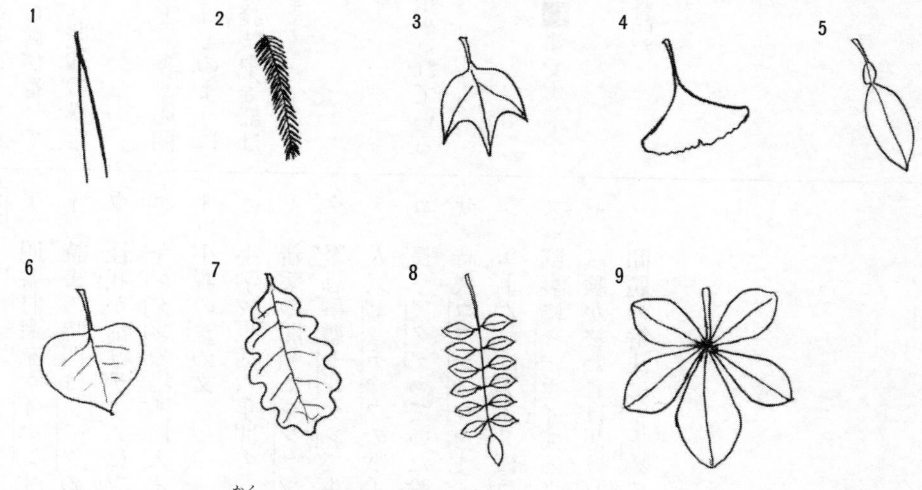

(3) 樹木どうしの間隔（かく）が十分開いているとき，右の**図4**のような姿になる樹木を次の中から選び，番号で答えなさい。

1 カシワ　**2** スギ　**3** トチ　**4** フジ　**5** マツ

(4) 5種類の樹木の中で，「落葉樹」は何種類ありますか。その数を書きなさい。

(5) 大豆や落花生と同じ仲間の樹木を選び，番号で答えなさい。

1 カシワ　**2** スギ　**3** トチ　**4** フジ　**5** マツ

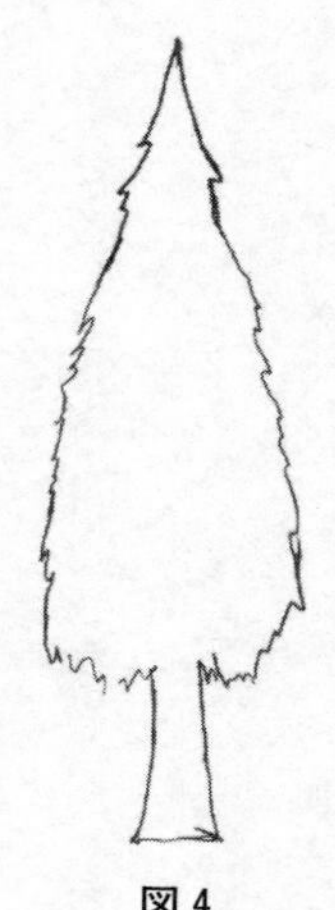

図4

四

次のア〜クには、それぞれ後の1〜8の■にあてはまる漢字一字が入る。もっともふさわしいものを、1〜8から選び番号で答えなさい。なお、1〜8の各組の■にはそれぞれ共通の漢字一字が入る。

わたしたちの生きる地球は、環境破壊や貧困、飢餓など、多くの問題を抱えています。変わりゆく世界の中で、わたしたちはどのように行動するべきかを真剣に考えなければなりません。慶應義塾中等部は[ア][イ]と[ウ][エ]し、[オ][カ][キ][ク]な学校を目指しています。

1 ・■学の学校　・作者の主張に■鳴した
2 ・議案が■決された　・ものごとを■視化する
3 ・断■有利だ　・トキは天■記念物に指定されている
4 ・新薬の効■　・彼は■弁だ
5 ・独立■尊　・地方■治体の長
6 ・断■的に降る雨　・さきほどのニュースの■報です
7 ・支■基盤を固める　・■久走のレース
8 ・■乾きの洗濯物　・野菜や魚などは■鮮食品だ

五

――のカタカナを、正しい漢字に直しなさい。

ア 四番打者をケイエンする
イ 読書の時間はシフクのときだ
ウ 怪我が治りチームにフッキする
エ キンダンの場所に入る
オ 小説のジの文
カ 小学校生活六年間のシュウタイセイ
キ 新薬の開発にシンケツを注ぐ
ク 緊急事態センゲンで生活が一変した
ケ 人気ゼッチョウの歌手
コ 長くアタタめていた論文を発表する
サ 時代コウショウをする歴史家
シ ユーカラはアイヌにコウショウされてきた叙事詩だ
ス 脳裏にキョライするさまざまな思い
セ 試験が終われば思うゾンブン遊ぼう
ソ 問題の解決にツトめる

3 小説『ペスト』が現在よく売れている理由は、ペストと新型コロナウイルスの流行には共通点が多いからである。

4 今現在、新型コロナウイルスの感染が広がる中で、私たちは常に医療関係者への感謝の気持ちを忘れてはならない。

5 福澤諭吉が北里柴三郎を支援したのは、柴三郎に慶應大学医学部の学部長になってほしかったからである。

三

次のA～Fは、ある文学作品の一節です。次の文章を読んで、後の各問いに答えなさい。

A 綱を手からはなし、鈎は船に引っかけたままにしておいて、ナイフを取り出すと、錨綱を、力まかせにかたっぱしからたち切っていった。そのさいちゅうには、矢を二百本以上も、顔や手に射かけられた。この作業がすむと、また、鈎のついている綱の結び目を手ににぎって、軍艦の中でも最も大きいのを五十隻ほど、らくらくと引っ張ってもどってきた。

B 「和尚さんは、どこからおいでなすった。」
老婆がこう問うので、三蔵が唐王の命をうけて、西天へ経を取りにゆくのだと話すと、「おやおや！」と、老婆はあきれたようにいう。
「天竺はここから十万八千里もありますよ。お弟子もつれずに、どうしてゆけます？」

C 「カムパネルラ、僕たち一緒に行こうねえ。」ジョバンニが斯う云いながらふりかえって見ましたらそのいままでカムパネルラの座っていた席にもうカムパネルラの形は見えずただ黒いびろうどばかりひかっていました。

D 御釈迦様は極楽の蓮池のふちに立って、この一部始終をじっと見ていらっしゃいましたが、やがて犍陀多が血の池の底へ石のように沈んでしまいますと、悲しそうな御顔をなさりながら、又ぶらぶら御歩きになり始めました。

E 司教は、暖炉のところへいって、二つの銀の燭台を取り、それをジャン・ヴァルジャンのところに持ってきた。
ジャン・ヴァルジャンは、からだじゅう、ふるえていた。

F 「ああ、ロミオ様、ロミオ様！ なぜロミオ様でいらっしゃいますの、あなたは？ あなたのお父様をお父様でないといい、あなたの家名をお捨てになって！」

問一 A～Eの作品名を、次の1～9からそれぞれ一つずつ選び番号で答えなさい。

1 走れメロス　2 銀河鉄道の夜
3 ドン・キホーテ　4 蜘蛛の糸
5 レ・ミゼラブル　6 ジャングル・ブック
7 西遊記　8 ガリヴァー旅行記
9 吾輩は猫である

問二 C～Fの作品の著者を、次の1～9からそれぞれ一つずつ選び番号で答えなさい。

1 ジュール・ヴェルヌ
2 ヴィクトル・ユーゴー
3 ウィリアム・シェイクスピア
4 コナン・ドイル
5 夏目漱石
6 宮澤賢治
7 司馬遼太郎
8 太宰治
9 芥川龍之介

ある今日この頃であるが、『ペスト』の登場人物である医師リウー、様々な功績を挙げた北里柴三郎、彼への支援を惜しみなく行った福澤諭吉、その三人の意思を継ぐかの如く頑張っている人々がいる。それは、感染のリスクと闘いながらも、今、この瞬間にも最前線で検査や治療に従事している医療関係者である。私たちはそういう縁の下の功労者たちにも常に感謝の気持ちを忘れることなく、且つ、自分たちでできる範囲で協力を惜しまず生活していきたいものである。

（注1）「為政者」…政治を行う者。

問一 Ⅰ～Ⅲにあてはまる言葉としてもっともふさわしいものを、次の1～5から選び番号で答えなさい。

1 しかし　2 さて　3 つまり
4 むしろ　5 さらに

問二 次の文章は本文からぬけおちたものである。この文章が入るべき場所としてもっともふさわしいところを、本文中の（1）～（5）から選び番号で答えなさい。ただし、解答らんには数字だけを書くこと。

> ペストというのはペスト菌によって引き起こされる感染症のひとつであり、主にネズミやノミを媒介としてヒトにも感染する病気で、一度ヒトに感染すると、ヒトからヒトへと空気感染もする。症状としては、潜伏期間後突然の高熱、悪寒、頭痛、痛みを伴うリンパ節の腫れが発生し、さらに全身に出血傾向をきたし、死に至る。ヨーロッパでは十四世紀に「黒死病」として知られ、五千万人以上が死亡したと推定されている。

問三 ――ア「天秤にかけている」の意味としてもっともふさわしいものを、次の1～5から選び番号で答えなさい。

1 つじつまがあわない　2 竿をもって走る
3 重さをはかる　4 利害などを比較する
5 バランスをとる

問四 ――イ「北里柴三郎」について、本文中でどう書かれているか。もっともふさわしいものを、次の1～5から選び番号で答えなさい。

1 慶應義塾医学所を卒業後、ドイツに留学し、ローベルト・コッホに師事した。
2 福澤諭吉の思いを受け継いで、独力で伝染病研究所や土筆ヶ丘養生園を開設した。
3 医療を通じて社会に貢献するという理念を持つテルモ社の創設にかかわった。
4 福澤諭吉とは適塾での親友であり、同じく親友であった長与専齋の推薦を得た。
5 一八八九年に赤痢菌を発見し、その後、血清療法を確立した。

問五 ――ウ「縁の下の功労者たち」は「縁の下の□的存在である功労者たち」を略したものである。□に入る言葉としてもっともふさわしいものを、次の1～5から選び番号で答えなさい。

1 支え人　2 力持ち　3 鞄持ち
4 小動物　5 助け舟

問六 本文の内容と照らし合わせて間違っているものを、次の1～5から選び番号で答えなさい。

1 小説『ペスト』が出版される六百年ほど前に、実際にペストが流行していた時は、今よりその治療が困難であったであろう。
2 医療機器メーカーのテルモは中国での新型コロナウイルスの感染状況からECMOの需要が高まると考えた。

減か経済優先かを<u>ア天秤にかけていること</u>。最後にこれがもっとも重要だと思われるのだが、どちらも医療従事者が、献身的、且つ、懸命な努力をし続けていることである。(4)

小説『ペスト』の中でも社会活動や経済活動を優先しようとする行政と比較されるような形で、ひたすら患者たちに向き合う医師であるリウーの行動が、彼の周りの人々とともに淡々と描かれていく。そんな中、感染の拡大を受けて行政が行ったことは、市を丸ごと封鎖して、ペスト地区として隔離することであった。我々読者はまさに現代の都市を封鎖した「ロックダウン」と重ね合わせることができる。新型コロナウイルスと同じくらい、いや［ I ］当時の医療技術から言えばもっと厄介であったことが想像に難くないペストであったが、今ではPCR法により十五分程度で検出でき、世界でも散発的に発生例が報告されるだけとなっている。(5)

［ II ］、日本でも十九世紀末から二十世紀初頭にかけてペストは流行したが、ペスト菌の発見者の一人である<u>イ北里柴三郎</u>の指導もあり、九十年間以上発症例はない。実は北里柴三郎は、慶應義塾とのつながりが非常に濃い人物である。柴三郎は東京医学校(現在の東京大学医学部)を卒業後、ドイツに留学し、ローベルト・コッホに師事して研究に励んだ。一八八九年には破傷風菌を発見し、その後、血清療法を確立する。帰国後、伝染病の国立研究所を設立しようと国会に議案を提出したが、開設まで二年以上はかかるといわれた。そこで、柴三郎の支援者である元内務省衛生局長の長与専斎が、適塾以来の親友である福澤諭吉にその件を相談した。福澤はすぐに芝公園内の土地を提供し、私財を投じて柴三郎の為に私立の伝染病研究所を設立した。［ III ］、福澤は柴三郎に白金の土地も提供し、日本初のサナトリウム(結核感染者のための療養所)である土筆ヶ丘養生園を設立させた。これが今の北里病院となる。柴三郎は福澤の死後、生前に受けた恩義に報いるべく、兼ねてから福澤の念願であった慶應大学の医学部の開設(かつては「慶應義塾医学所」があったが、財政上の理由で廃校になっていた)に尽力し、初代学部長になった。

なぜ、福澤が柴三郎に対してこれまで述べたような手厚い支援をしたのか。それは二人の心に流れていた共通の思いがそうさせたのではないか。福澤と柴三郎に共通する思いは、日本の医療を世界レベルにしていこうということであった。病に苦しんでいる人の数を少しでも減らさなくては、国の発展は望めない。そこには私腹を肥やそうなどという考えは微塵も感じられない。

福澤や柴三郎の情熱は今も慶應大学医学部や慶應大学病院に息づいているそうである。

ところで、新型コロナウイルス感染者の、それも重症者の増加に伴って一番注目された医療機器がECMO(エクモ)である。この機器はウィルスによって破壊された人間の肺の代わりに、体の外で血液中に酸素を補充して体に戻すことができる装置である。一月に中国で発生し始めた新型コロナウイルスの感染状況に鑑みて早速ECMOの増産を始めたのが、日本で初めてECMOの生産を始め、今なお出荷台数で国内シェアの七割を占める医療メーカーのテルモである。今回の感染拡大により日本中の重症患者をこのECMOが救ってきたと言っても過言ではない。

そのテルモは、第一次世界大戦の影響でドイツからの体温計の輸入が途絶えていた頃に、体温計の国産化を目指して設立された会社である。テルモという社名も体温計のドイツ語名であるテルモメーテルからつけたそうである。その創設にかかわったのも、実は北里柴三郎であった。会社の理念である「医療を通じて社会に貢献する」には、柴三郎のスピリットが流れているそうである。

マスク姿で道行く人が見られる光景が、非日常から日常になりつつ

えてみんなの前で謝る必要がなくなるから。

5　まったく表情を読み取ることができない中で、何らかの意思を感じとることは何よりもうれしいことだから。

問八　H　にあてはまることばとしてもっともふさわしいものを、次の1～5から選び番号で答えなさい。

1　一番かわいそうで、気の毒で、救われるべきなのは

2　一番やさしくて、頼りなくて、いじらしいのは

3　一番我慢強くて、思いやりがあって、気づかいができるのは

4　一番子供じみてて、大人ぶってて、救いがたいのは

5　一番カッコ悪くて、情けなくて、どうしようもないのは

問九　――I「ねぇ中川君～思わない？」とあるが、このセリフについて説明したものとしてもっともふさわしいものを、次の1～5から選び番号で答えなさい。

1　本心を言えずにいつまでもまごまごしている僕にあきれ果てた彼女は、一方的に好意を寄せている僕に対して、つよがりはやめて素直な気持ちを伝えるべきだと主張している。

2　自分の本心を周りに知られないために嘘をついた僕のことを許せない彼女は、意気地なしの僕を責め立て、情けない自分を一生忘れることのないようにと強く反省を促している。

3　クラスメイトの前ではつよがってしまったものの本心では僕が好意を寄せていることを見透かしている彼女は、僕を強く責め立てることはしないながらも、素直な気持ちになるべきだと伝えている。

4　いつもゴンと暮らしているにもかかわらず、ゴンのことを何一つわかっていない僕を頼りなく感じた彼女は、僕を傷つけないような言い方で、ゴンへの理解を深めてほしいと願っている。

5　僕が心の内をあかさないことに傷ついた彼女は、思いのままに自由にことばを操るよりも、たとえ決まりが悪くても正直に話した方が二人の恋もうまくいくと心の底から訴えている。

二　次の文章を読んで、後の各問いに答えなさい。

皆さんはフランスの有名な作家カミュが書き、一九四七年に出版された『ペスト』という作品をご存じだろうか。この七十年以上も前に書かれた作品がにわかに注目を浴び、日本だけではなく、ヨーロッパ諸国を中心にほぼ絶版の状態から増刷へとシフトされている。(1)

それが実際に流行していた時代から六百年くらいの時が過ぎ、人々の記憶から忘れ去られようとしているこの感染症について、作者がなぜ書いたかを推し量るに、その当時、すなわち二十世紀の半ばの社会にペスト菌が蔓延したらどうなるかを人々に知らしめたかったのではないかと思われる。そこには民衆に対してなりをひそめている病原菌が、再び流行する恐れのあることを警告しておきたいという作者の意思が読み取れる。それは小説『ペスト』の最後の部分に以下の表記があることからも言えるのではないか。(2)

「ペスト菌は決して死ぬことも消滅することもないものであり、数十年の間、家具や下着類のなかに眠りつつ生存することができ、(中略)そしておそらくはいつか、人間に不幸と教訓をもたらすために、ペストが再びその鼠どもを呼びさまし、どこかの幸福な都市に彼らを死なせに差し向ける日が来るであろうということを。」(新潮文庫・九十四刷)(3)

では、なぜ今この古典的な名作が注目されているかと言うと、新型コロナウイルスの感染拡大がその理由である。現在の新型コロナウイルスの流行とこの小説『ペスト』内でのペスト菌の流行とでは、実に共通点が多いのである。例を挙げると、まずは、未知のウイルスであること。そして、確固たる治療法がないこと。(注1)為政者が疾病撲

ず、相変わらずヘッヘッと舌を出し、尻尾を振り続けていた。

(注1)「リード」…犬の引き綱。

問一 ――A「永遠に捕まえられない獲物」とは何のことか。もっともふさわしいものを、次の1～5から選び番号で答えなさい。

1 首輪　2 リード　3 尻尾　4 僕の手　5 母

問二 ――B「問題にするほどのこと」とは何を指しているか。もっともふさわしいものを、次の1～5から選び番号で答えなさい。

1 長い時間をかけてゴンの散歩をしなければならないこと
2 いつも後ろから不意に森本由紀に呼び止められること
3 散歩中のゴンがお尻をぷりぷりと揺らすように進むこと
4 森本由紀の声がうるさくはないが少し高めであること
5 森本由紀が僕の名前よりもゴンの名前を先に呼ぶこと

問三 ――C「少し驚いたような素振りでうまく答えた僕」とあるが、このときの僕の様子の説明としてもっともふさわしいものを、次の1～5から選び番号で答えなさい。

1 嫌がるゴンをいつも連れ回しているのが彼女に会うためであると気づかれないように、あたかもびっくりしたような振る舞いをしている。
2 彼女に会いたいがためにわざわざこの道を通っていることに気づかれないように、あくまで予期していなかったというような様子を装っている。
3 学校ではぱっとせず目立たない存在の僕であるが、彼女に話しかけられたことで、精一杯勇気を出そうとしている。
4 彼女に会いたがっているゴンをなかなか制することができない情けない姿を隠し通そうと、何事にも動じない冷静な自分を装っている。
5 いつもは物静かな彼女が積極的に声をかけてくれたことに戸惑いながらも、何とかうまくごまかそうとしている。

問四 D にあてはまる漢字一字を含む熟語としてもっともふさわしいものを、次の1～6から選び番号で答えなさい。

1 平和　2 羽毛　3 車輪
4 手相　5 目算　6 虫歯

問五 ――E「生意気なんだよ、こいつ、と僕は心の中でつぶやいていた」とあるが、僕はゴンのどういう点を「生意気」だと思ったのか。次の文の ☐ に合うように、僕とゴンを比較しながら二十五字以上三十五字以内で答えなさい。ただし、句読点や符号も一字と数える。

森本由紀に対して (二十五字以上三十五字以内) 点。

問六 ――F「目配せ」とあるが、このしぐさに含まれている気持ちとしてふさわしくないものを、次の1～5から選び番号で答えなさい。

1 好奇心　2 からかい　3 野次馬根性
4 いたわり　5 冷やかし

問七 ――G「救われていただろう」とあるが、それはなぜか。その説明としてもっともふさわしいものを、次の1～5から選び番号で答えなさい。

1 自分に対して非難の目が向けられることで、罪の一部を自覚し償うことができると思ったから。
2 周囲にたくさんのクラスメイトがいる中でも、思っていることをありのままに表現してくれる自分への信頼の気持ちがうれしいから。
3 怒りの目を向けられることで、多少言い間違えてしまったことを反省でき忘れることができるから。
4 彼女が素直な思いを自分に対してぶつけてくれることで、あ

に冷めていった。場を取り繕えたことにひとまず安堵し、顔を上げたときだった。否応なく、僕をひきつけるものがそこにあった。
　森本由紀だ。森本由紀がそこにいた。教室の入り口の近くで、棒のように立ちすくんでいた。確かに僕の目を見ていたが、その表情には何の色も感じられなかった。ただ、こちらを見ていた。少なくとも、僕には彼女のまなざしから、何ものかを読み取ることはできなかった。そのとき少しでも僕をにらみつけてくれさえすれば、僕は甘んじてそれを受け入れ、そして多少なりともG救われていただろう。しかし、それが叶わない僕は、自分の唯一できることをせざるを得なかった。僕は彼女から目を逸らした。
　リードを持って小屋の前に立つ僕の前で、ゴンはいつもどおりヘッヘッと舌を出している。時折クンクンと甘えるように鳴く声が僕を励ましているように感じるが、ずいぶん身勝手な気がしてすぐに打ち消す。それでも、ゴンはいつものとおりに僕に甘え、身を委ね、親愛の情を向けてくる。
　僕は自分が許せなかった。いや、本当のことをいえば、自分を許さない、と声高に主張する資格すら僕にはなかったはずだ。タケシは悪い、周りのはやし立てた奴らも目配せしていた女子たちも悪い。けれど［　H　］、紛れもなく僕だった。周りのクラスメイトを前にして、ぺらぺらと並べ立てている自分の姿を想像すると、ほとほと嫌気がさしてくる。
　前へ前へと急ぐゴンに引っ張られるように歩いていると、あの曲がり角に差し掛かった。ふと我に返った僕は、そっちはだめだ、そこを曲がると公園通りに行ってしまう、とゴンを制そうとするが、その力強さに圧倒され、導かれるようにして進んでしまう。
　目の前に、森本由紀がいた。僕はまた固まってしまった。あの角を曲がれば彼女がいるかもしれないことくらいは分かっていたはずだが、それでも僕は何もできなかった。リードを持つ僕の手から、みるみる力が抜けていく。ゴンはこちらをちらりと見る。あぁ、行っていいぞ、僕みたいな奴がお前の自由を奪っていいはずなんかないさ、行ってくれ。へっと舌を出して、ゴンは森本由紀の元へ駆け出す。その後ろ姿を僕はスローモーションで見送る。森本由紀は手を広げてゴンを待ち構え、抱きとめるとこちらを見上げた。
　時が止まるよう、などという表現を聞いたことくらいはあったが、それが現実に起こるものだとは思っていなかった。数秒のことが永遠になることを、僕は十三歳にして知った。
　森本由紀はにこっと微笑み、ゴンの頭を撫でながら言った。
「ゴンちゃんって、本当に自由でいいわね」
「自由……？」
　僕は彼女が何を言っているのかまったくわからなかった。飼い主の都合でしか散歩すらさせてもらえないゴンの何が自由だと言うのだろう。
「だって、ゴンちゃんはいつでも自分の思うままに行動しようとするじゃない。嘘がないのよ。自分の心に正直なのって、最大の自由じゃない」
　そう言う彼女は、僕の目をしっかりと見つめながらつづけた。
「Iねぇ中川君、人もそんなふうにできたら良いのにって思わない？」
　僕は全身がかあっと熱くなった。彼女は僕よりも一枚も二枚も上手で、僕はあまりにも幼かった。どうにも敵わないことがあるということを僕は学び、そして少しだけ大人になった。
　彼女の足元に佇むゴンに、お前もそうなるまでにはいろいろあったのだろう、と僕は心の中でつぶやいてみた。ゴンはもちろん何も答え

前にいるのは、森本由紀だ。僕の中学は近くの二つの小学校の卒業生の多くが進学するのだが、彼女は僕とは別の小学校だった。中学で同じクラスになったが、ふだん学校で話すことは決してない。彼女はあまり目立つ方ではなく、物静かなタイプだった。僕はというと、そんな彼女に D をかけておとなしく、ぱっとしない平凡な奴で、みんなの前で女の子に話しかけるような勇気などあるはずがなかった。そんな僕がゴンの散歩中に偶然声をかけられて以来、彼女とは何度となくここでたまたま会って話をするようになったのだ。

森本由紀は動物が好きで、特に柴犬がお気に入りらしい。僕はふとあの日のことを思い出す。我が家の飼い犬を決めるためにペットショップに行ったとき、いくつかの犬種の中で迷っていたのだが、店内のケースから飛び出して来てオシッコをまき散らした柴犬を見て、元気そうでいいな、と父のひと声で決めたのだった。今さらながら、あのときのゴンには、感謝してもしきれない。

彼女は町中で犬を見るとつい目がいってしまうようで、将来の夢は獣医だと言う。住んでいるマンションの規則で犬が飼えないことが不満で、目下の希望は早く動物を飼える家に引っ越すことのようだ。

「柴犬って、口が大きくていつも笑ってるみたいで好きなんだよね。表情が可愛い。あれ、ゴンちゃん、前より毛がずいぶん増えてきたみたいね」

彼女はそう言いながら、くしゃくしゃと顎の毛の辺りを掻き回した。

「ここを撫でられるのが、一番気持ちいいんだって。知り合いで柴犬飼ってる人が言ってたよ」

「うん……、僕もよくそうする」

ぎこちない答えしかできぬ自分がうらめしくて仕方がない。うまく気の利いた返答をできるようになる日がはたして来るのだろうか、とすら思う。

「じゃあ、ゴンちゃんきっと喜んでるね」

彼女は両耳のよく立ったゴンの頭を柔らかく撫でながら「お利口さんだね、君は」と嬉しそうに言う。ゴンは一層目を細めながら、そうされることがさも当然であるかのようにちょこんと佇み身を委ねる。その様子がいかにも自然の姿そのもので、ヘッヘッと舌を出しながら一定のペースで息をしているゴンに、E生意気なんだよ、こいつ、と僕は心の中でつぶやいていた。

翌朝、教室に来てみると、おかしな雰囲気にすぐ気がついた。

「おっ、スターのお出ましだぜ」

お調子者のタケシがにやにやしながら近づいて来ると、僕の肩に手をのせ「森本とお散歩デートしてた中川くんの登場でーす」と大声で言う。すぐに周囲から笑いが起き、何人かの男子はヒューヒューと口に両手を当てる仕草をし、別の女子は「やめなよぉ」と言いながらもお互いにF目配せしている。

とてつもなく乾いている、そんな空気だった。たった二、三十人の視線が集まるだけで、全身身動きが取れなくなるほどの押しつぶされるような感覚になる。耳の裏からも背中からもすーっとつたう汗の変な感触とがやがやとした喧騒が、僕を焦らせ、僕を追い詰める。

「何だよ、変なこと言うのやめろよ。迷惑してんだよ。何か急にうちの犬に近寄ってきて色々話されてさ。ホント困ってんだよな、こっちは。デートとかやめてくれよな、冗談じゃねえぜ。森本なんてマジで勘弁」

ことばは、不思議なくらいにすらすらとついて出た。それは、絞り出されるのではなく、舌先で瞬時に生まれては消えていくような軽くて淡いことばだったが、たしかに僕を守るそれだった。

「何だよ、つまんねぇな」と、周囲の野次馬たちの熱した空気が一気

二〇二一年度 慶應義塾中等部

【国語】（四五分）〈満点：一〇〇点〉

一 次の文章を読んで、後の各問いに答えなさい。

玄関にかけてある（注1）リードに手をかけると、それに呼応するように、庭から小屋中を駆けまわる音が聞こえてくる。ただリードに手を触れただけでは、僕の手に生じるそれほどでもない感触と僕の心のうちにのみ存在する意思としかないはずだが、なぜだかあいつにはそのことがわかるのか、決まってすさまじく素早い反応をいつも示すのだった。

「あら、あんたが散歩行ってくれるの」

リビングから玄関に向けて訊く母に、多少低めの声で「うん」とだけ返して庭へ出る。さあ、今から連れ出してやるからな、とつぶやきながら犬小屋の前まで行くと、ゴンはうれしくてたまらないというように、自分の尻尾を追いかけ回している。たいてい十回ほどぐるぐるとやっているのを、僕は黙って見ている。そのうちに、それが徒労であると気づくわけではないのだろうが、A永遠に捕まえられない獲物を追うことをやめ、この柴犬は僕の方にやって来る。ヘッヘッと荒い息づかいをしながら二、三度吠えるこの犬の首輪にリードを何とかして結ぶと、無造作に顎の辺りの毛と頭を撫でてやる。柔らかな感触だ。そう広くはない犬小屋に押し込められ、こちらの都合でしか外にも出してもらえない不自由な存在であるのに、ゴンはうれしそうに親し気な表情を僕に向け続ける。何がどうあろうと揺るがない親愛の情を感じるたびに、僕はいつも複雑な心持ちになった。それは申し訳なさや悲しさといえばわかりやすいが、苛立たしさにも似ている気がするし、それともまた違う気もする。そんなことを考えている僕を一向気にする様子もなく、当のゴンは早く早くと僕を引っ張るように前を急ぐ。

最近、僕は自らゴンを散歩に連れ出すようになった。頼まずとも飼い犬の世話をするようになったと母は喜んだが、僕には僕なりの理由があっただけの話で、中学生になった僕の成長などと考えるのは都合のよい妄信でしかない。僕はその不純な動機を誰も知らぬことを、ひそかに楽しんでもいた。

散歩は、短めで十五分程度、長めで三十分程度のコースを僕のきまぐれで選んでいたが、このごろはいつも遠回りをするようになり、むしろゴンに付き合わせているくらいだ。散歩中のゴンの後ろ姿はなかなか様になっていて、見ている僕を楽しませた。お尻をぷりぷりと揺らすようにしながら進む様子は、いつだかテレビで見たランウェイを歩くモデルを連想させた。また、いつでも自分の好きなところへ進もうとするので、たいていリードがぴんっと張った状態になっているのだが、たまにわざとその張りを緩めるようにすると一瞬つながれていないと錯覚するのか、こちらをパッと見てニヤリとし、一気に駆け出す。しかし、リードは当然つながれたままなので逃亡は失敗と相成り、ゴンは決まってこちらを恨めしそうにちらと見て、すぐに忘れてしまうのか、また前へ前へと急ぐ。今日もゴンとの些細な攻防を楽しみながら、いつもの角を曲がり公園通りに差し掛かったところで、僕らを呼び止める声がした。

「ゴンちゃん、中川君、こんにちは」

そう、いつもちょうどこの辺りなのだ。少し高めのキーだが、決してうるさくはないその声が妙に落ち着く。呼び止める順番には多少の腹立たしさもあるが、こいつのおかげでこうして会えるのだと思えばB問題にするほどのことではない。

「あっ、森本さん」とC少し驚いたような素振りでうまく答えた僕の

2021年度

慶應義塾中等部　▶解説と解答

算　数　(45分)　<満点：100点>

解　答

1 (1) ア 1 イ 1 ウ 3 (2) ア 6 イ 3 ウ 5 (3) ア 5 イ 18 (4) ア 3 イ 75 2 (1) ア 12 イ 5 (2) 4875 (3) 18 (4) 21 (5) ア 32 イ 8 ウ 11 3 (1) ア 6 イ 7 (2) 15 (3) ア 11 イ 7 (4) ア 219 イ 8 (5) ア 2373 イ 84 4 (1) ア 8 イ 20 ウ 8 (2) ア 34 イ 2 ウ 3 5 (1) 14 (2) 10 6 (1) 14 (2) 132

解　説

1 四則計算，逆算，日暦算，単位の計算

(1) $\left(5\frac{5}{6}-2\frac{2}{3}\right)\div\left\{3.3-\left(2.125-1\frac{1}{5}\right)\right\}=\left(5\frac{5}{6}-2\frac{4}{6}\right)\div\left\{\frac{33}{10}-\left(2\frac{1}{8}-1\frac{1}{5}\right)\right\}=3\frac{1}{6}\div\left\{\frac{33}{10}-\left(\frac{17}{8}-\frac{6}{5}\right)\right\}=\frac{19}{6}\div\left\{\frac{33}{10}-\left(\frac{85}{40}-\frac{48}{40}\right)\right\}=\frac{19}{6}\div\left(\frac{33}{10}-\frac{37}{40}\right)=\frac{19}{6}\div\left(\frac{132}{40}-\frac{37}{40}\right)=\frac{19}{6}\div\frac{95}{40}=\frac{19}{6}\times\frac{40}{95}=\frac{4}{3}=1\frac{1}{3}$

(2) $5\frac{2}{15}\times\left(\frac{7}{8}-0.15\div\square\right)+0.75=5\frac{1}{8}$より，$5\frac{2}{15}\times\left(\frac{7}{8}-0.15\div\square\right)=5\frac{1}{8}-0.75=\frac{41}{8}-\frac{3}{4}=\frac{41}{8}-\frac{6}{8}=\frac{35}{8}$，$\frac{7}{8}-0.15\div\square=\frac{35}{8}\div5\frac{2}{15}=\frac{35}{8}\div\frac{77}{15}=\frac{35}{8}\times\frac{15}{77}=\frac{75}{88}$，$0.15\div\square=\frac{7}{8}-\frac{75}{88}=\frac{77}{88}-\frac{75}{88}=\frac{2}{88}=\frac{1}{44}$　よって，$\square=0.15\div\frac{1}{44}=\frac{3}{20}\times\frac{44}{1}=\frac{33}{5}=6\frac{3}{5}$

(3) はじめに，20番目の金曜日の日付を求める。金曜日は7日ごとにあらわれるから，20番目の金曜日は1月1日からかぞえて，$1+7\times(20-1)=134$(日目)となる。また，火曜日は金曜日の4日後なので，20番目の火曜日は1月1日からかぞえて，$134+4=138$(日目)とわかる。さらに，2021年はうるう年ではないから，$31+28+31+30=120$より，1月1日から4月30日までの日数は120日となる。よって，$138-120=18$より，20番目の火曜日は5月18日と求められる。

(4) 実際の面積は地図上の面積の(25000×25000)倍になるので，$60\times25000\times25000(\text{cm}^2)$とわかる。また，$1\text{ m}^2=1\text{ m}\times1\text{ m}=100\text{cm}\times100\text{cm}$，$1\text{ km}^2=1\text{ km}\times1\text{ km}=1000\text{m}\times1000\text{m}$だから，$60\times25000\times25000(\text{cm}^2)$は，$\frac{60\times25000\times25000}{100\times100\times1000\times1000}=\frac{6\times25\times25}{1000}=3.75(\text{km}^2)$と求められる。

2 濃度，相当算，倍数算，仕事算，つるかめ算，時計算

(1) 元の食塩水の重さを100とすると，その中に含まれている食塩の重さは，$100\times0.02=2$となる。また，加える食塩の重さは，$100\times0.12=12$だから，食塩水の重さは，$100+12=112$，その中に含まれている食塩の重さは，$2+12=14$になる。よって，できる食塩水の濃度は，$14\div112\times100=12.5$(%)と求められる。

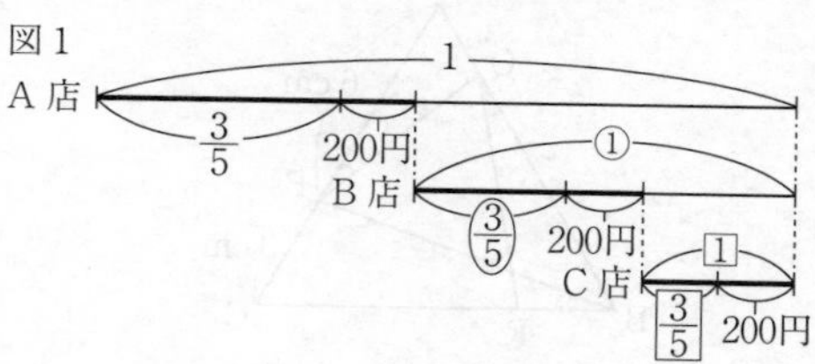

(2) 最初の所持金を1，A店で買い物をした後の所持金を①，B店で買い物をした後の所持金を1(□囲み)とし

て図に表すと，上の図1のようになる。最後から順に考えると，$\boxed{1}-\boxed{\frac{3}{5}}=\boxed{\frac{2}{5}}$にあたる金額が200円なので，$\boxed{1}=200\div\frac{2}{5}=500$(円)とわかる。よって，①$-\frac{③}{⑤}=\frac{②}{⑤}$にあたる金額が，200＋500＝700(円)だから，①$=700\div\frac{2}{5}=1750$(円)となる。したがって，$1-\frac{3}{5}=\frac{2}{5}$にあたる金額が，200＋1750＝1950(円)なので，最初の所持金は，$1950\div\frac{2}{5}=4875$(円)と求められる。

(3)　AさんとB君の年齢(ねんれい)の比は，今年は2：1であり，9年前は3：1である。ここで，2人の年齢の差は何年たっても変わらないから，今年と9年前の年齢の差を表す比をそろえると，右の図2のようになる。すると，そろえた比の，4－3＝1にあたる年齢が9才とわかるので，今年のB君の年齢は，9×2＝18(才)と求められる。

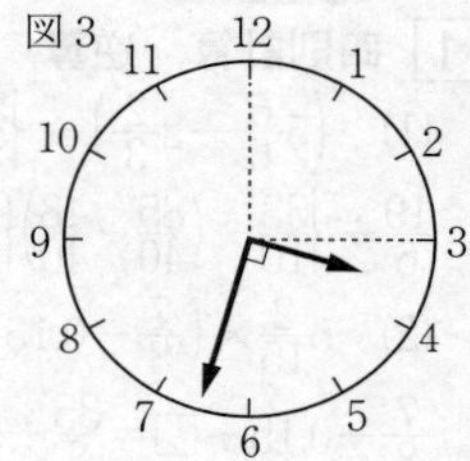

(4)　全体の仕事の量を60と40の最小公倍数である120にすると，太郎君が1日にする仕事の量は，120÷60＝2，次郎君が1日にする仕事の量は，120÷40＝3となる。次郎君が47日仕事をしたとすると，3×47＝141の仕事をすることができ，実際よりも，141－120＝21多くなる。次郎君のかわりに太郎君がすると，1日あたり，3－2＝1ずつ減るので，太郎君が仕事をした日数は，21÷1＝21(日)とわかる。よって，次郎君に変わったのは，太郎君が始めてから21日後である。

(5)　右の図3のようになる時刻を求める。長針は1分間に，360÷60＝6(度)，短針は1分間に，360÷12÷60＝0.5(度)動くから，長針は短針よりも1分間に，6－0.5＝5.5(度)多く動く。また，図3の時刻は，3時ちょうどから長針が短針よりも，90＋90＝180(度)多く動いたときだから，3時ちょうどの，$180\div5.5=32\frac{8}{11}$(分後)である。よって，図3の時刻は3時$32\frac{8}{11}$分となる。

図3

3　**相似，角度，辺の比と面積の比，図形の移動，長さ，表面積**

(1)　下の図①で，色をつけた3つの角の大きさは等しい。また，3つの角PAQ，QBR，BCPの大きさはすべて60度だから，3つの三角形PAQ，QBR，BCPは相似とわかる。さらに，正三角形ABCの1辺の長さは，6＋3＝9(cm)なので，BC：CP＝9：3＝3：1となる。つまり，これらの三角形の60度をはさむ2辺の長さの比は3：1になるから，AQ$=6\times\frac{1}{3}=2$(cm)と求められ，QB＝9－2＝7(cm)とわかる。よって，三角形PAQと三角形QBRの相似比は6：7なので，AQ：BR＝6：7となる。

(2)　下の図②で，OAとODは同じおうぎ形の半径だから長さが等しく，三角形OABと三角形DABは合同なので，OAとDAの長さは等しい。よって，三角形ODAは正三角形だから，角DOCの大きさは，110－60＝50(度)とわかる。また，三角形OCDは二等辺三角形なので，角ODCの大きさは，(180－50)÷2＝65(度)となる。さらに，三角形BDOも二等辺三角形だから，角BDOの大きさは50

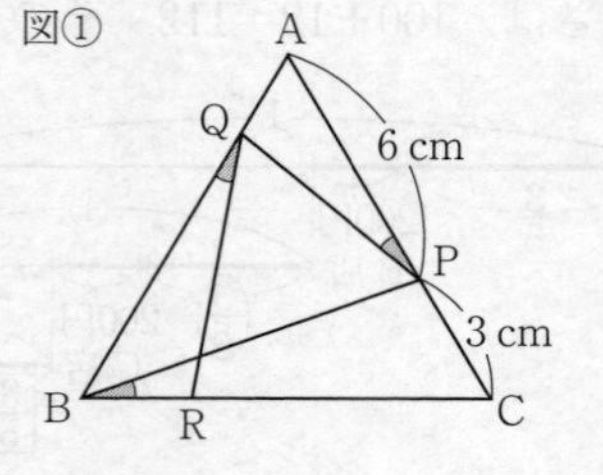

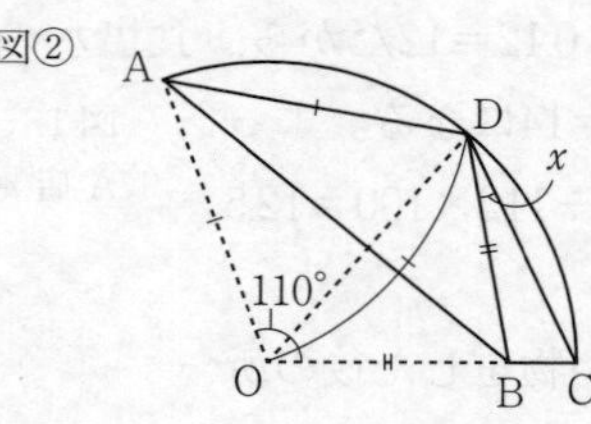

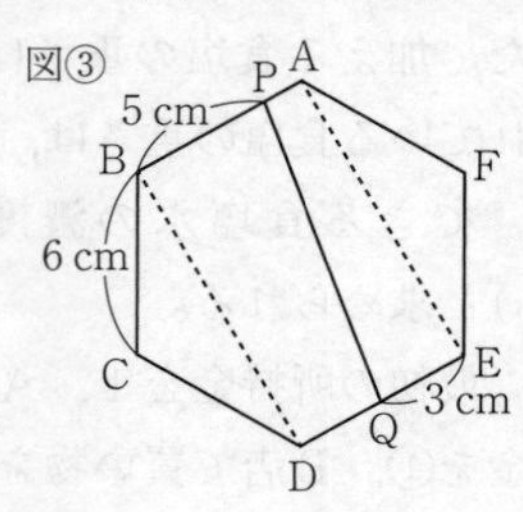

度であり，角xの大きさは，65－50＝15(度)と求められる。

(3)　上の図③で，正六角形ABCDEFの面積を6とすると，三角形CDBと三角形FAEの面積は1になるから，長方形BDEAの面積は，$6-1\times2=4$とわかる。ここで，台形BDQPと台形PQEAは高さが等しいので，面積の比は，(上底)＋(下底)の比と等しくなる。また，DQ＝$6-3=3$(cm)，AP＝$6-5=1$(cm)だから，台形BDQPと台形PQEAの面積の比は，$(5+3):(1+3)=2:1$とわかる。よって，台形BDQPの面積は，$4\times\frac{2}{2+1}=\frac{8}{3}$，台形PQEAの面積は，$4-\frac{8}{3}=\frac{4}{3}$なので，問題文中の①と②の面積の比は，$\left(1+\frac{8}{3}\right):\left(1+\frac{4}{3}\right)=11:7$と求められる。

(4)　右の図④のように，糸は次々と四分円をえがき，四分円の中心はA→B→C→D→A→B→…の順に変わる。また，最初の半径は20cmであり，1回ごとに，2cm→1cm→2cm→1cm→…の順に短くなる。よって，それぞれの四分円の半径と中心は，20cm(A)→18cm(B)→17cm(C)→15cm(D)→14cm(A)→12cm(B)→11cm(C)→9cm(D)→8cm(A)→6cm(B)→5cm(C)→3cm(D)→2cm(A)となるから，最後は半径が2cmで中心がAの四分円をえがいて終わることがわかる。このとき，半径の合計は，20＋18＋17＋15＋14＋12＋11＋9＋8＋6＋5＋3＋2＝140(cm)なので，Pが通った長さの合計は，$140\times2\times3.14\times\frac{1}{4}=70\times3.14=219.8$(cm)と求められる。

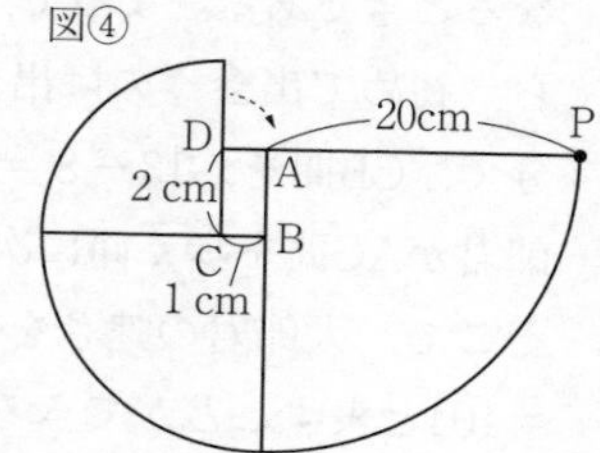

(5)　右の図⑤のような図形ができる。直角三角形を1回転させてできる部分は，底面の円の半径が，7＋5＝12(cm)で高さが12cmの円柱から，円すいの一部を切り取った形の立体(円すい台)を取りのぞいたものである。また，正方形を1回転させてできる部分は，底面の円の半径が12cmで高さが3cmの円柱から，底面の円の半径が，12－3＝9(cm)で高さが3cmの円柱を取りのぞいたものである。この図形を真下から見ると，かげをつけた部分が見える。これを合わせると，半径が12cmの円から半径が7cmの円をのぞいたものになるから，面積は，$12\times12\times3.14-7\times7\times3.14=(144-49)\times3.14=95\times3.14$(cm^2)と求められる。また，外側の側面は，底面の円の半径が12cmで高さが，12＋3＝15(cm)の円柱の側面なので，面積は，$12\times2\times3.14\times15=360\times3.14$(cm^2)となる。次に，内側の側面のうち，正方形を1回転させてできる部分は，底面の円の半径が9cmで高さが3cmの円柱の側面だから，面積は，$9\times2\times3.14\times3=54\times3.14$(cm^2)とわかる。さらに，三角形CDEと三角形FDGは相似であり，相似比は，CE：FG＝12：7なので，DG：GE＝7：(12－7)＝7：5となる。よって，DGの長さは，$13\times\frac{7}{5}=18.2$(cm)であり，円すいの側面積は，(母線)×(底面の円の半径)×(円周率)で求められるから，内側の側面のうち，EGを1回転させてできる部分の面積は，$(18.2+13)\times12\times3.14-18.2\times7\times3.14=(374.4-127.4)\times3.14=247\times3.14$(cm^2)とわかる。したがって，この立体の表面の面積は，$95\times3.14+360\times3.14+54\times3.14+247\times3.14=(95+360+54+247)\times3.14=756\times3.14=2373.84$(cm^2)と求められる。

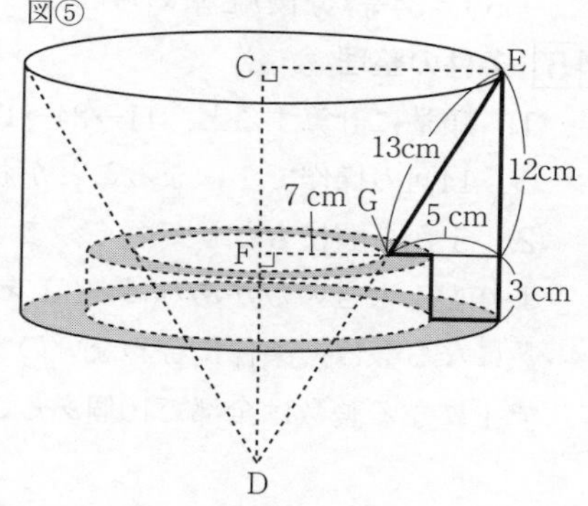

4　グラフ―旅人算，速さと比

(1)　2人が初めて出会う地点をCとすると，2人の進行のようすを表すグラフは右のようになる。このグラフで，2人が初めて出会うのは出発してからx分後であり，これは，2人が歩いた距離(きょり)の和がAB間の距離に等しくなるときである。また，2人が2回目に出会うのは出発してから24分後であり，これは，2人が歩いた距離の和がAB間の距離の3倍になるときである。よって，2回目に出会うまでの時間は初めて出会うまでの時間の3倍とわかるから，初めて出会うのは出発してから，24÷3＝8(分後)と求められる。次に，太郎君はAC間を8分で，CB間を，13－8＝5(分)で歩くので，AC間とCB間の距離の比は8：5である。また，太郎君がAC間を歩く間に次郎君はBC間を歩くから，太郎君と次郎君の速さの比は8：5とわかる。そこで，太郎君の速さを毎分8，次郎君の速さを毎分5とすると，AB間の距離は，(8＋5)×8＝104と表すことができる。したがって，次郎君が初めてA地に着くのは，104÷5＝20.8(分後)とわかる。

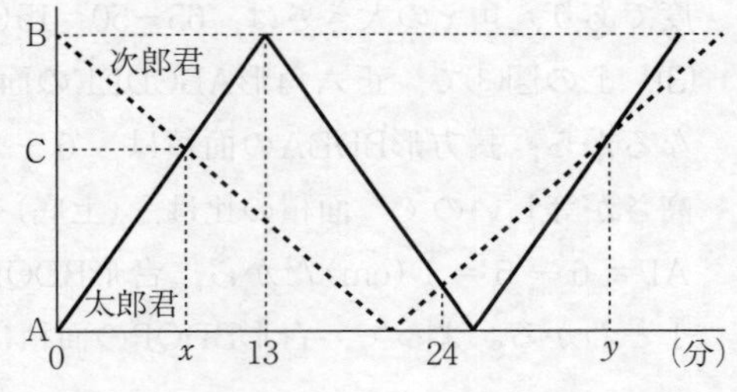

(2)　太郎君が次郎君を初めて追いこすのはグラフのy分後であり，これは，2人が歩いた距離の差がAB間の距離に等しくなるときである。よって，(1)の値を利用すると，出発してから，104÷(8－5)＝$34\frac{2}{3}$(分後)と求められる。

5 条件の整理

(1)　順番に計算すると，11→34→17→52→26→13→40→20→10→5→16→8→4→2→1となるから，14回の操作で1になることがわかる。

(2)　1から順にもどしていく。まず，すべての数に対して2倍にする操作を行う。また，3の倍数よりも1大きい数があれば，「1をひいて3で割る」という操作を合わせて行うが，その結果が偶数(ぐうすう)になる数は，条件に合わないのでのぞく必要がある。すると，下のようになるから，12回の操作で1になる整数は全部で10個あることがわかる。

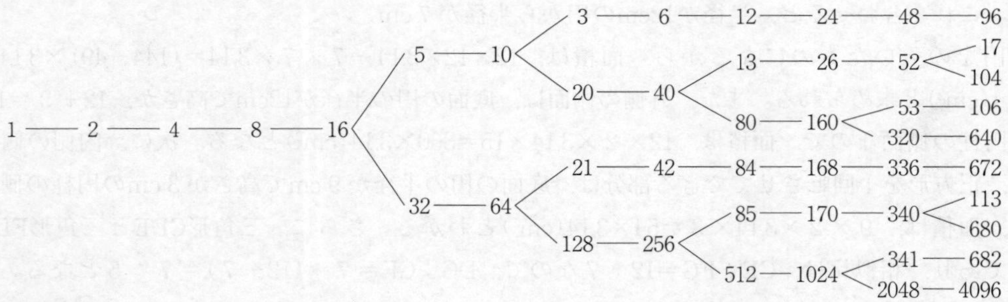

6 場合の数

(1)　下の図①のように，辺ABを1つの辺とする三角形は4個できる。㋐の場合，残りの五角形ACDEFを3つの三角形に分ける方法は，問題文中の例から5通りあることがわかる。また，㋑の場合，四角形ADEFを2つの三角形に分ける方法は2通りある。㋒の場合は㋑の場合と同様に2通り，㋓の場合は㋐の場合と同様に5通りあるから，全部で，(5＋2)×2＝14(通り)とわかる。

(2)　(1)と同様に考えて，はじめに七角形の場合を求める。下の図②のように，辺ABを1つの辺と

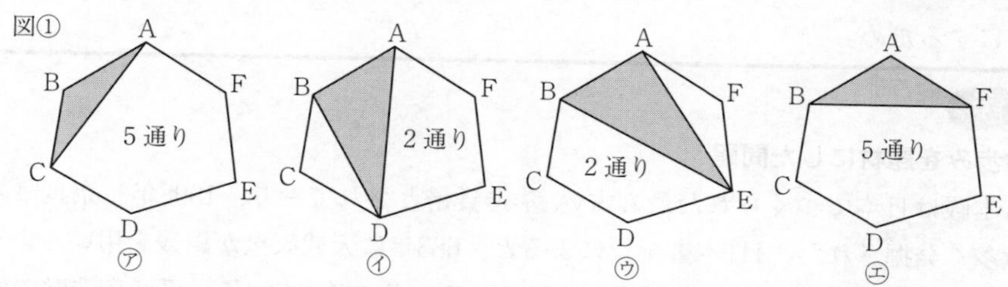

する三角形は5個できる。㋔の場合，残りの六角形を4つの三角形に分ける方法は，(1)より14通りあることがわかる。また，㋕の場合，残りの五角形を3つの三角形に分ける方法は5通りある。さらに，㋖の場合，残りの四角形を2つの三角形に分ける方法はそれぞれ2通りあるので，全体では，2×2＝4(通り)となる。㋗の場合は㋕の場合，㋘の場合は㋔の場合と同じだから，七角形を5つの三角形に分ける方法は，(14＋5)×2＋4＝42(通り)と求められる。同様に考えると，八角形の場合は下の図③のようになるので，八角形を6つの三角形に分ける方法は，(42＋14＋10)×2＝132(通り)とわかる。

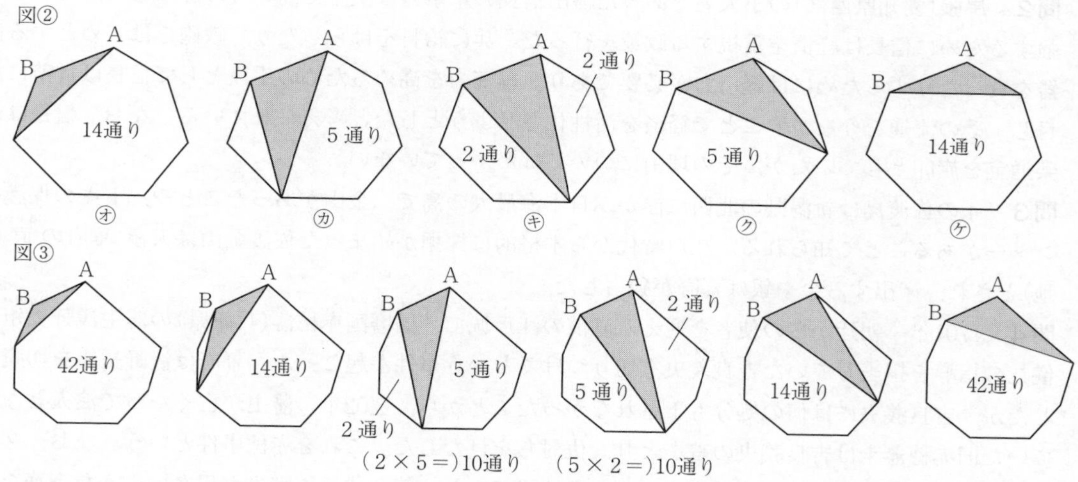

社会 (25分) <満点：50点>

解答

1 **問1** 2 **問2** 織田信長 **問3** 4 **問4** 1 **問5** (1) 3 (2) 4 (3) **ア** 1 **イ** 3 (4) **稲穂**…農業 **歯車**…工業 **問6** (1) 2 (2) 3 **問7** 4
2 **問1** **ア** 5 **イ** 2 **ウ** 4 **エ** 1 **オ** 6 **問2** 2 **問3** 1 **問4** 1 **問5** 人 **問6** 世紀 3 **問1** 2 **問2** 1 **問3** 3 4 **問1** 2 **問2** 4 **問3** 3 **問4** 3 **問5** 4 **問6** 平清盛 **問7** 1 **問8** 2 **問9** 3 **問10** (1) 4 (2) マスク **問11** 2 5 **問1** (例) 昼食の準備で火を使っていた家が多かったから。 **問2** 4 **問3** 3 **問4** 1 **問5** (例) 災害時に帰宅できなくなった他校の生徒も受け入れ，学校どうしの連絡で安否の確認をで

きるようにするため。

解説

1 貨幣の歩みを題材にした問題

問1　富本銭は日本でつくられた最も古い鋳造貨幣とされており，1998年，奈良県の飛鳥池工房跡から数多く発掘された。『日本書紀』によると，683年に天武天皇が銅銭を用いるよう命じており，富本銭はこのときつくられたものと考えられている。その後の708年，平城京造営の費用とする目的などから和同開珎が鋳造されたが，都やその周辺以外ではあまり流通しなかった。これ以降，奈良時代から平安時代にかけて12種類の貨幣が発行されたが，平安時代後期に宋(中国)から銅銭が輸入されるようになると，もっぱら中国から輸入した貨幣が用いられるようになり，室町時代には明(中国)からおもに永楽通宝という明銭が大量に輸入された。江戸時代になって徳川氏の支配が全国におよぶと，幕府によって貨幣が統一され，1636年から正式に鋳造が始まった寛永通宝は，江戸時代を通じて大量に流通した。

問2　尾張(愛知県西部)の小大名であった織田信長の軍事力は決して高いものではなく，これを増強するために信長は経済を重視する政策を行った。兵に給料をはらったり，鉄砲をはじめとする武器を買ったりするためには経済力が必要であり，経済力を高めるための手段として信長は貨幣に注目し，その流通をうながすことで経済を活性化させようとしたと考えられている。なお，信長は永楽通宝を旗印としていたが，その理由についてはわかっていない。

問3　4の佐渡島は新潟県の北西に浮かぶ日本海最大の島で，金山があったことや，トキの保護センターがあることで知られる。江戸時代から本格的に採掘が始まった佐渡金山は天領(幕府の直轄地)とされ，産出する金や銀は幕府が独占した。

問4　1701年，朝廷からの使者を迎える直前の江戸城で，播磨国赤穂藩(兵庫県)の藩主浅野長矩が，儀礼の指導を担当していた吉良義央を切りつけるという事件が起こった。幕府は浅野長矩を切腹としたが，吉良義央には何の処分も下されなかったことから，翌02年，藩主が亡くなって浪人となっていた旧赤穂藩士は吉良義央の首をとり，仇討ちをはたした。これを赤穂事件という。なお，2について，日光東照宮は第2代将軍秀忠のときに建てられ，第3代将軍家光が現在のような豪華な社殿をつくった。3は1837年のできごとで，このときの将軍は第11代の家斉であった。4について，目安箱は第8代将軍吉宗が享保の改革の1つとして1721年に設置した。

問5　(1)　2021年2月時点で発行されている一万円札には福沢諭吉，五千円札には樋口一葉，千円札には野口英世の肖像が採用されている。また，二千円札の裏面には紫式部と「源氏物語絵巻」の一部が描かれている。　(2)　2021年2月時点で発行されている一円硬貨には若木，五十円硬貨には菊，百円硬貨には桜，五百円硬貨には桐がデザインされている。　(3)　ア　二千円札の表面には，首里城の門の1つである守礼門が描かれている。首里城は，15世紀に建国された琉球王国の王城として，現在の沖縄県那覇市に建てられた。　イ　十円硬貨の表面にデザインされている平等院鳳凰堂は，1053年に藤原頼通が現在の京都府宇治市に建てた阿弥陀堂である。　(4)　五円硬貨の表面には，下に水，中央から上に稲穂，円形の穴の周囲に歯車がデザインされており，「水」は水産業，「稲穂」は農業，「歯車」は工業を表している。

問6　(1)　2024年には新紙幣が発行される予定となっており，一万円札には渋沢栄一，五千円札には津田梅子，千円札には北里柴三郎の肖像が用いられることになっている。(2) 新千円札の裏面には，葛飾北斎の連作浮世絵版画「富嶽三十六景」の中の「神奈川沖浪裏」がデザインされることになっている。なお，１は歌川(安藤)広重，２は俵屋宗達など，４は菱川師宣の作品。

問７　人種・民族・国籍・言語や性別・年齢，障害のあるなしにかかわらず，だれでも使いやすいように工夫された建物やもののデザインをユニバーサルデザインという。なお，１は環境保全と経済性に配慮したデザイン，２は障害を持つ人のような社会的弱者にとってさまたげ(バリア)となるものをなくすためのデザイン，３は製品のデザインを表す言葉。

[2] 福沢諭吉の業績についての問題

問１　**ア～オ**　福沢諭吉は1835年，豊前中津藩(大分県)の下級武士の子として大阪で生まれた。幼くして父と死別し，中津にもどったのち，1854年には長崎に行って蘭学を学んだ。翌55年には大阪に帰って適塾(適々斎塾)に入塾，熱心に学んで塾頭にまでなったが，1858年，藩の命令で江戸に出た。このとき，築地鉄砲洲(東京都中央区)にある中津藩邸に蘭学塾を開設し，これがのちの慶應義塾の基礎となる。翌59年，諭吉は開港場となった横浜におもむいたさい，英語の必要性を痛感し，独学で英語の勉強を始めた。1860年以降，３回にわたってアメリカやヨーロッパに渡り，見聞を広めた諭吉は，これらの経験をもとに『西洋事情』『文明論之概略』『学問のすゝめ』などを著し，明治時代初めの人びとに大きな影響を与えた。

問２　江戸幕府の第８代将軍徳川吉宗が，享保の改革の１つとしてキリスト教に関係のない漢訳洋書の輸入制限をゆるめると，オランダ語を通じて自然科学などを学ぶ蘭学がさかんになった。しかし，1858年に貿易が始まると，貿易相手の中心はイギリスになった。開港地の横浜には外国人居留地がつくられ，ここを訪れた諭吉は自分の学んできたオランダ語が役に立たないことに衝撃を受け，英語を学ぼうと決意した。

問３　緒方洪庵は備中国(岡山県西部)出身の蘭学者・医学者で，大阪に適塾を開き，福沢諭吉や橋本左内，大村益次郎など，幕末から明治にかけて活躍する多くの人材を育てた。

問４　大久保利通は薩摩藩(鹿児島県)出身の政治家で，明治政府が1871年から欧米に派遣した岩倉使節団に副使として同行した。帰国後，政府の中心として殖産興業政策をおし進めたが，1878年，紀尾井坂(東京都千代田区)で暗殺された。

問５『学問のすゝめ』は1872～76年に刊行された17編からなる福沢諭吉の著書で，「天は人の上に人をつくらず人の下に人をつくらずといへり」という文で始まる。諭吉はここで人間の自由平等や学問の重要性などを説き，この本は当時のベストセラーとなった。

問６　1901年は20世紀の最初の年にあたり，「新しい世紀を迎える」という意味で「迎新世紀」となる。なお，「独立自尊」は慶應義塾の教育精神を表す言葉とされている。

[3] 地形図の読み取りについての問題

問１　付近の等高線から，Xの標高はおよそ1160mである。線の中央からややXよりの付近に標高1089mを示す標高点があるので，ここは下り坂になっている。一方で，Yの東(右)には標高1312mを示す標高点があるので，X－Yはいったん下ってからまた上るV字型になっているとわかる。

問２　明智平駅から出るロープウェイ(─•─•─)では展望台駅までしか行けず，地形図の左端に見えている中禅寺湖の湖畔まで行くことはできない。よって，１が正しくない。

問３　１　湯滝の西(左)には標高1502mを示す標高点があり，地形図の右下には1400mの等高線があるので，湯滝は湖から流れ出ているとわかる。また，竜頭滝は山の中腹にあり，「すぐ湖に流れ込んでいる」とはいえない。　2　湯滝はすぐ東，竜頭滝はやや北の高い場所を道路が通っているが，いずれも「真上」を横切ってはいない。　3　等高線は，間隔が広いほど傾斜がゆるやか，せまいほど急であることを示す。湯滝のほうが竜頭滝よりも等高線の間隔がせまい急斜面を流れているので，正しい。　4　湯滝は標高1500m付近，竜頭滝は標高1330m付近にある。

4 感染症の歴史を題材にした問題

問1　ツタンカーメンは紀元前14世紀に在位した古代エジプトの王で，遺体(ミイラ)を包む黄金のマスクがよく知られる。なお，ツタンカーメンの死因については，マラリア(蚊に刺されることでうつる感染症)という説もあるが，はっきりとはわかっていない。

問2　イギリスの首都ロンドンでは，1908年・1948年・2012年の３回，オリンピック夏季大会が開催されている。なお，１のソチ(ロシア連邦)は2014年冬季大会，２のピョンチャン(大韓民国)は2018年冬季大会，４のリオデジャネイロ(ブラジル)は2016年夏季大会の開催地。

問3　「どぐう(土偶)」は，縄文時代に多産・安産，えものが豊かであることなどを祈るさいに用いたと考えられている土製の人形で，古墳の周囲や頂上に並べられたのは埴輪である。埴輪には，動物や人，舟・家などを表した形象埴輪や，土止め用と考えられている円筒埴輪がある。

問4　推古天皇の摂政として政治に参加していた聖徳太子や，蘇我馬子を中心とする朝廷は，607年に小野妹子を遣隋使として隋(中国)に派遣した。小野妹子は隋の第２代皇帝煬帝に国書を渡したが，煬帝はその内容に腹を立てたと伝えられる。

問5　奈良時代には，天然痘という感染症の流行や貴族どうしの争いなど社会が不安定だった。仏教を厚く信仰し，その力で国を安らかにおさめようと願った聖武天皇は743年，大仏造立の詔を出して大仏づくりに取りかかった。平城京の東大寺で進められた大仏づくりには多くの資材と人員が用いられ，752年，インドから僧を招いて盛大に開眼供養(完成の儀式)が行われた。なお，１について，円覚寺は鎌倉幕府の第８代執権北条時宗が創建した寺院で，現在の舎利殿は室町時代のものと考えられている。２について，興福寺は藤原氏の氏寺で，五重塔は，藤原不比等の娘で聖武天皇のきさきとなった光明皇后の願いによって創建された。３の中尊寺金色堂は平安時代後半の1124年，奥州藤原氏の初代清衡が平泉(岩手県)に建てた阿弥陀堂。

問6　平清盛は父の忠盛のころから行われていた宋(中国)との貿易の利益に注目し，大輪田泊(現在の神戸港の一部)や瀬戸内海航路を整備してこれをさかんにした。厳島神社は航海の守護神として厚く敬われ，清盛は豪華な社殿をつくって「平家納経」をおさめるなどした。清盛は1156年の保元の乱と1159年の平治の乱に勝利して都における平氏の地位を確立すると，1167年には武士として初めて太政大臣に任じられた。また，娘の徳子を高倉天皇にとつがせ，生まれた子を安徳天皇とすることでみずからは天皇の外祖父(母方の祖父)となり，政治の実権をにぎった。

問7　アメリカの東インド艦隊司令長官ペリーは1853年に浦賀(神奈川県)に来航し，その直後から江戸湾(東京湾)の測量を行った。なお，２(桜田門外の変)は1860年，４(生麦事件)は1862年のできごと。３について，1858年に欧米５か国と修好通商条約が結ばれると，横浜港は翌59年に開港されて貿易が始まった。

問8　明治時代，長男は家を継ぐ者として重要視され，徴兵が免除されるなどしたが，一方で家業を継ぐのが当たり前と考えられていた。そのため一般的に，農家の長男が工場に働きに出るようなことはなかった。

問９　野口英世は福島県出身の細菌学者で，北里伝染病研究所などで学んだあと，アメリカに渡って研究を続けた。その後，黄熱病研究に力を尽くし，研究のためにアフリカに渡ったが，みずからも同病に感染してなくなった。なお，１の志賀潔は赤痢菌を発見した細菌学者，２の鈴木梅太郎はオリザニン(ビタミンB_1)を発見した化学者。４の森鷗外は小説家として知られるが，陸軍軍医総監を務めた医者でもある。

問10　(1)　１　スペインはユーラシア大陸にあり，ヨーロッパ州にふくまれる。　２　スペインの首都はマドリードである。　３　世界文化遺産に登録されているモン・サン・ミッシェルは，フランスにある。　４　マドリード付近には北緯40度の緯線が通っており，この緯線は秋田県大潟村などを通る。よって，正しい。　(2)　ポスターでは，１人だけマスクをしていない男性がおり，口を開けたこの男性が「ハヤリカゼ(スペイン風邪)」の「バイキン」を吸いこんでしまっているようすが描かれている。ここから，ポスターは「マスクをかけぬ命知らず！」と，スペイン風邪がはやる中，マスクをしないことの危険性をうったえたものだと推測できる。

問11　世界保健機関は，「すべての人々が可能な最高の健康水準に達すること」を目的として活動する国際連合の専門機関で，WHOと略される。なお，１は世界食糧計画，３は女子テニス協会，４は世界貿易機関の略称。

[5] 歴史上の地震を題材にした問題

問１　「午前11時58分」はちょうど昼食どきにあたる。1923年に発生した関東地震(関東大震災)では，昼食の準備で火を使っていた家庭が多かったため，各地で火災が発生した。これに加え，当時はほとんどの家屋が木造で，特に下町ではこれが密集していたため，一度火災が発生するとあちこちに燃え広がって大規模火災となり，被害が拡大した。

問２　1945年12月に改正された衆議院議員選挙法により，20歳以上のすべての男女に選挙権が与えられ，女性参政権が実現した。これにもとづいて翌46年４月に行われた衆議院議員総選挙の結果，初めて女性議員39人が誕生した。よって，４が正しい。

問３　営利を目的とせずに社会的な問題に取り組む民間の組織をNPOという。1995年の阪神・淡路大震災のさいにはボランティア団体が活躍し，これをきっかけとして1998年，こうした組織が活動しやすくなることなどを目的としてNPO法(特定非営利活動促進法)が成立した。

問４　「ライフライン」は英語で「命綱」を意味し，人々が日常生活を送る上で欠かせない電気・ガス・水道・通信・輸送などのことをいう。こうしたものは社会資本(インフラ)とよばれ，人々が生活のために整備したものだが，河川はこれにはふくまれない。

問５　2011年の東北地方太平洋沖地震(東日本大震災)では交通機関がマヒしたため，特に都市部で多くの家に帰れない「帰宅難民」が発生した。この教訓を生かすため，災害が発生したとき私立学校では自校の児童・生徒を学内に保護するばかりではなく，他校の児童・生徒も一時的に受け入れ，私立学校どうしで連絡を取り合うことにした。これは，行方不明になる児童・生徒が出ることを防ぎ，その安否を確認できるようにするためである。

理　科　(25分)　<満点：50点>

解　答

1 ⑴　3　⑵　4　2 ⑴　3　⑵　A　4　B　2　C　1　D　3　⑶　2　⑷　(例)　空気中の水蒸気がビーカーにふれて冷え，液体の水になったから。　⑸　温度計　3 ⑴　2　⑵　2　⑶　2　⑷　5　⑸　水　⑹　2　⑺　消化管
4 ⑴　2　⑵　A　1，6　D　2，5　⑶　B　6　C　3　E　7　F　6
5 ⑴　ヨシキ…4　ナナミ…2　マサル…5　サトミ…3　カオル…1　⑵　カシワ…7　スギ…2　トチ…9　フジ…8　マツ…1　⑶　2　⑷　3　⑸　4

解　説

1 月の動きと見え方についての問題

⑴　図のような模様に見えたのは夜９時で，このとき満月は南東にあるから，南に来たときには図を時計回りに約45度回転させた模様となって見える。月が満ち欠けしても南に来たときの模様の向きはつねに変わらず，満月の約１週間前に見られる上弦(じょうげん)の月(右半分が光った半月)は夕方６時ごろに南に来るから，３のように見える。

⑵　月は地球の周りを１周すると同時に，公転の向きと同じ向きに１回自転している。このため，月は地球に対してつねに同じ面を向けている。なお，１はおもに月が公転することで地球・月・太陽の位置関係が変化することによる。２と３について，月の満ち欠けの形や模様は，北半球と南半球で上下左右が逆に見える。５は地球が地軸(じく)をかたむけて公転していることなどによる。

2 上皿てんびんを使った実験についての問題

⑴　強く加熱したとき，食塩は変化しない。砂糖の場合は，温度が上がってアメ状にとけたあと，最後にこげた黒い物質が残る。熱しているときにけむりが出たり甘(あま)いにおいがしたりするのは，熱せられることで砂糖が分解され，砂糖とはちがう別の物質が空気中に出ていくからである(砂糖が気体に変化しているわけではない)。ベーキングパウダー(重そうが主な成分)は，見た目は変化しないが，二酸化炭素と水蒸気を発生したあとに白色の粉末が残る。鉄粉は，空気中の酸素と結びついて黒色の酸化鉄に変化する。

⑵　Cは，熱しているときにけむりが多く出て甘いにおいがしたことから，砂糖とわかる。Dは，ほかのどの物質と組み合わせても下がったので，加熱後に重さが重くなった鉄粉となる。残りの食塩とベーキングパウダーを組み合わせた場合，食塩は重さが変わらず，ベーキングパウダーは軽くなるので，AとBの組み合わせで下がったBが食塩で，Aがベーキングパウダーと決まる。

⑶　約80℃の熱湯を入れたビーカーは，水がさかんに蒸発するので軽くなる。一方，氷水を入れたビーカーは，⑷で述べる理由により水てきがついて重くなる。したがって，氷水を入れたビーカーの方が下がる。

⑷　氷水を入れたビーカーの表面は冷たくなっているので，空気中の水蒸気がふれると冷やされて液体の水になり，ビーカーの表面に水てきとなってつく。そして，次々と水てきがつくと，下にたれて皿がぬれる。

⑸　温度計は，水銀やアルコール，石油などの液体を細い管の中に閉じこめ，温度による体積変化

から温度を目盛りで読み取るようにした器具である。

3 ほ乳類についての問題

⑴　図１は，あごの上下に大きくするどいきばがあることから，カバの頭骨と考えられる。カバが生活しているのは沼(ぬま)・川・湖などの淡水(たんすい)がある場所である。

⑵　図２を見ると，目が顔の側面についている。目がこのようなつき方をしているのは，視野が後方まで広がり，おそってくる肉食動物を見つけやすくしている草食動物である。

⑶　図３で，１の関節は肩(かた)の関節にあたり，その下につながっている骨がヒトでは上腕(わん)骨(肩とひじの間の骨)にあたる。２の関節がひじにあたり，２の関節と３の関節の間の骨はヒトではひじから手首までの骨にあたる。

⑷　１本の足あたり奇(き)数個のひづめをもつ動物にはウマやサイ，偶(ぐう)数個のひづめをもつ動物にはイノシシ，ウシ，ヒツジ，カバ，キリン，シカなどがいる。

⑸，⑹　食べ物には一般(いっぱん)に，養分だけでなく水分もふくまれている。ヒトは，食べ物にふくまれる養分や水分を主に小腸で吸収している。大腸では小腸を通過した残り物から水分を吸収して便をつくっている。

⑺　食べ物が通る口からこう門までの各器官は，ひとつながりの管になっていることから，まとめて消化管とよぶ。

4 水溶液(すいようえき)の性質についての問題

⑴　実験１の④より，③では水溶液が中性になっていることがわかる。よって，指示薬アは中性で青色を示すのでムラサキキャベツ液である。実験２では，④で水溶液Ｄが卵のからをとかしている(二酸化炭素を発生させている)ので，水溶液Ｄは酸性である。①より，指示薬イは酸性で黄色を示しているのでBTB溶液とわかる。

⑵　水溶液Ａは，実験１の①で弱いアルカリ性を示しているので，１のアンモニア水か６の石けん水があてはまる。また，水溶液Ｄは，実験２の①で酸性を示しているので，２のうすい塩酸か５の食酢(す)があてはまる。なお，３の砂糖水と４の食塩水は中性である。

⑶　**B**　実験１の②より，これは固体の物質で，弱いアルカリ性の水溶液に加えるとさらに強いアルカリ性となっているので，６の水酸化ナトリウムとわかる。　**C**　実験１の③より，これは液体の物質で，②でできた強いアルカリ性の水溶液に加えると中性になったことから，酸性の水溶液である３のうすい塩酸があてはまる。　**E**　実験２の②より，これは液体の物質で，①の酸性の水溶液に加えると中性になったので，アルカリ性の水溶液である７の石灰水が選べる。　**F**　実験２の③より，これは固体の物質で，②の中性の水溶液に加えると水溶液がアルカリ性になったので，６の水酸化ナトリウムがあてはまる。

5 いろいろな樹木についての問題

⑴　**ヨシキ**…花がきれいでわざわざ見に来る人がいること，他のものに頼(たよ)って高いところまで上がっていくことから，つる性の植物のフジを指していることがわかる。よって，名字は藤井(ふじい)である。　**ナナミ**…材木としてよく使われること，春には花粉症(しょう)の原因となっていることからスギを指していて，名字は杉浦(すぎうら)があてはまる。　**マサル**…よく知られた樹木で，冬でも葉が青々としているので，マツとわかる(スギはすでに判明している)。したがって，名字は松田である。　**サトミ**…種子が栗(くり)に似ていて食用にすることもあること，近い種類が街路樹に使われていると述べられている

ので，トチ(トチノキ)を指していて，名字は栃尾とわかる。 **カオル**…ドングリをつける仲間であること，こどもの日に食べるおもち(かしわもち)を包む葉をつけることから，カシワを指していることがわかる。したがって，名字は柏木である。

⑵ カシワの葉はかしわもちを包んでいる葉であるから7，スギの葉は2のように短い針状，マツの葉は1のように長い針状である。トチの葉は9のように卵形の小さな葉を5～7枚，手のひらを広げた形につけている。フジの葉は8のように小さな葉が2列に並んでついている。

⑶ 長い円すい形の姿に枝や葉をつけるのは，スギの特徴である。まっすぐにのびるので建築用の材木として利用され，植林もされている。マツは独特の曲線をえがいて幹がのびる。カシワの木は全体が丸みを帯びて横に広がる。トチの木は下から上に広がるように枝をのばす。フジは幹が発達する樹木ではないので，一般に棚をつくってつるをはわせる。

⑷ カシワ，トチ，フジは，葉を落として冬ごしをする落葉樹である。マツとスギは1年中緑の葉をつけている常緑樹である。

⑸ 大豆や落花生と同じマメの仲間は，フジである。

国語 (45分) ＜満点：100点＞

解答

一 **問1** 3 **問2** 5 **問3** 2 **問4** 3 **問5** (例) (森本由紀に対して)飼い主の僕がぎこちなくなっているのに，撫でられて当然のようにしている(点。) **問6** 4 **問7** 1 **問8** 5 **問9** 3 **二** **問1** Ⅰ 4 Ⅱ 2 Ⅲ 5 **問2** 1 **問3** 4 **問4** 3 **問5** 2 **問6** 5 **三** **問1** **A** 8 **B** 7 **C** 2 **D** 4 **E** 5 **問2** **C** 6 **D** 9 **E** 2 **F** 3 **四** **ア** 5 **イ** 3 **ウ** 1 **エ** 8 **オ** 7 **カ** 6 **キ** 2 **ク** 4 **五** 下記を参照のこと。

●漢字の書き取り

五 ア 敬遠 イ 至福 ウ 復帰 エ 禁断 オ 地 カ 集大成 キ 心血 ク 宣言 ケ 絶頂 コ 温(めて) サ 考証 シ 口承 ス 去来 セ 存分 ソ 努(める)

解説

一 **森本由紀に会えるのを期待して犬を散歩させていた「僕」だが，クラスメイトから二人の仲を騒ぎ立てられ，保身に走ってしまったようすや，それに対する森本由紀の態度が描かれている。**

問1 散歩に連れて行ってもらえる喜びから「自分の尻尾を追いかけ回している」ゴンのようすを，「永遠に捕まえられない獲物を追う」と表現しているので，3が選べる。

問2 森本さんから「ゴンちゃん，中川君，こんにちは」と声をかけられた「僕」は，呼び止められる名前の「順番には多少の腹立たしさ」を覚えたものの，ゴンのおかげで彼女に会えるのだと思うことで気持ちを落ち着かせているのだから，5がふさわしい。

問3 問2で検討した内容や，直前の段落に「いつもちょうどこの辺り」で森本さんと「こうして会える」と書かれていることから,「僕」は彼女に好意を寄せていることがうかがえる。「あっ,森本さん」と,あたかも偶然出会ったかのように装い,自分の好意を悟られないように対応できたことを,「うまく答えた」と表現しているので,2が合う。

問4 森本さんは「あまり目立つ方ではなく,物静かなタイプ」だが,「僕」はより一層「おとなしく,ぱっとしない平凡な奴」だったという文脈なので,“程度がさらにはなはだしい”という意味の「輪をかけて」が合う。よって,「輪」という漢字をふくんだ3が選べる。

問5 「生意気」は,自分の能力などを考えず,出過ぎた言動をすること。「僕」は,森本さんに「ぎこちない答えしかでき」ずにいるが,ゴンは「自然の姿そのもの」で「当然であるかのように」森本さんから撫でてもらっている。このようすを見た「僕」は,ゴンを「生意気」だと感じたのだから,「(森本由紀に対して)飼い主の僕がぎこちない返事しかできないのに,自然体で撫でてもらっている(点)」のようにまとめる。

問6 「僕」が森本さんと散歩していたことを,タケシは「にやにやしながら」からかい,周囲からは「笑いが起き」,男子たちは「ヒューヒュー」と冷やかし,女子はお互いに「目配せ」をし合っている。教室に満ちた「おかしな雰囲気」に,「僕」は「押しつぶされるような感覚」を抱いているのだから,4がふさわしくない。「目配せ」は,相手に視線を送り,何かを知らせるようす。

問7 教室の「おかしな雰囲気」に耐えきれなくなった「僕」は,とっさに森本さんの悪口を言うことで自分の身を守ろうとしてしまった。そのようすを見ていた森本さんから自分が「にらみつけ」られたならば「救われていただろう」と思ったのは,彼女から非難されることで気持ちを軽くしたいという甘えが「僕」にあったからだと推測できるので,1がふさわしい。

問8 保身のため,心にもないことを口走ってしまった「僕」は,「自分を許さない,と声高に主張する資格すら」ないと考え,「嫌気がさして」いるのだから,5がふさわしい。なお,1の「かわいそうで気の毒で」,2の「やさしくて」「いじらしい」,3の「思いやりがあって,気づかいができる」,4の「子供じみてて,大人ぶってて」などという部分は,許しがたい自分にあてはまらない。

問9 再びいつもの曲がり角で森本さんと会った「僕」は,思うままに行動しようとするゴンのようすを見た彼女から「ねぇ中川君,人もそんなふうにできたら良いのにって思わない?」とたずねられている。つまり,森本さんは「僕」が自分に好意を寄せていることを見透かし,ゴンのように「自分の心に正直」であるべきだと伝えているのだから,3が合う。

二 小説『ペスト』を導入に,ペスト菌発見者の一人・北里柴三郎とその支援者である福澤諭吉の関係や,新型コロナ重症者の治療に使われている機器と北里柴三郎とのかかわりなどについて説明している。

問1 Ⅰ ペストは「当時の医療技術」からすれば,「新型コロナウイルスと同じくらい」と表現するより「もっと厄介」だったと言ったほうがよいというつながりなので,前のことがらよりも後のことがらを選ぶ気持ちを表す「むしろ」が入る。 Ⅱ 小説に描かれた「ペスト」の流行と,新型コロナウイルスの流行について述べられた後,日本におけるペストの話題に展開していくという文脈なので,話題を転換する働きの「さて」があてはまる。 Ⅲ 福澤諭吉は,北里柴三郎のために私財を投じて伝染病研究所を設立したばかりでなく,「土地も提供」したと述べられているので,前のことがらに別のことをつけ加えるときに用いる「さらに」がよい。

問2　ぬけおちた文章では，「ペスト」の感染経路や症状，「黒死病」という別名があったことについて述べられている。(1)に入れると，「ペスト」についての説明を「それ」で受ける形になり，文意が通る。

問3　「天秤にかける」は，どちらかを選ばなくてはならないとき，双方の優劣・損得・軽重などを比べることをいう。

問4　1　北里柴三郎は，「東京医学校(現在の東京大学医学部)を卒業」したと書かれているので，合わない。　2　「独力」ではなく，福澤諭吉の支援によって伝染病研究所や土筆ヶ丘養生園を開設したのだから，正しくない。　3　最後から二つ目の段落で，テルモ社の理念は「医療を通じて社会に貢献する」ことだと述べられているので，正しい。　4　福澤諭吉と長与専齋は，北里柴三郎の親友ではなく支援者にあたる。　5　北里柴三郎が一八八九年に発見したのは，「赤痢菌」ではなく「破傷風菌」である。

問5　「縁の下の力持ち」は，人の目につかないところで，他人のために支える努力をすること。

問6　最後から五つ目の段落で，福沢諭吉が北里柴三郎に手厚い支援をしたのは，お互い「日本の医療を世界レベルにしていこう」という共通の思いを抱いていたからだと述べられている。「柴三郎に慶應大学医学部の学部長になってほしかったから」ではないので，5が合わない。

三　文学作品と作者

問1　A　『ガリヴァー旅行記』は，アイルランドの風刺作家ジョナサン・スウィフトの作品。船医のガリヴァーが，好戦的なリリパットの国，平和な巨人族の国などを旅する物語。　B　『西遊記』は，中国の作品。三蔵法師が，孫悟空・猪八戒・沙悟浄をお供に，経典を求めて天竺(インド)へ向かう物語。　C　『銀河鉄道の夜』は，少年ジョバンニが夢の世界に入りこみ，親友カムパネルラと銀河鉄道で旅する幻想文学。　D　『蜘蛛の糸』は，極楽の蓮の池をのぞきこんだお釈迦様が，地獄にいた犍陀多を見つけ，地獄からぬけ出すチャンスを与える話。　E　『レ・ミゼラブル』は，一切れのパンを盗んだことで19年間牢獄で過ごしたジャン・バルジャンが，司教ミリエルの慈悲にふれて更生する物語である。日本では，『ああ無情』の題名でも知られる。

問2　C　『銀河鉄道の夜』は，宮澤賢治の作品。　D　『蜘蛛の糸』は，芥川龍之介の作品にあたる。　E　『レ・ミゼラブル』は，フランスの作家であるヴィクトル・ユーゴーの作品。
F　『ロミオとジュリエット』は，イギリスの劇作家であるウィリアム・シェイクスピアの作品になる。

四　熟語の完成

ア〜ク　1の「共学」は，男女が同じ学校，同じ教室で共に学ぶこと。「共鳴」は，何らかの考えや人の行動などに同感すること。2の「可決」は，議案の承認。「可視化」は，人の目には見えない事象を図表などでわかりやすくすること。3の「断然」は，なみはずれたようす。「天然」は，人の手が加わらない自然のままの状態。4の「効能」は，効き目。よい結果をもたらす働き。「能弁」は，よくしゃべって話が上手なこと。5の「自尊」は，自身を尊重して品位を保つこと。「自治体」は，日本の都道府県や市区町村などを運営する行政機関。6の「断続的」は，ものごとが途切れながらも続いているようす。「続報」は，報告や報道などの続き。7の「支持」は，ある意見や主張などに賛成して後押しすること。「持久走」は，長時間あるいは長距離を走ること。8の「生乾き」は，十分に乾いていないこと。「生鮮食品」は，新鮮さが求められる肉，魚，青果などの食品。よって,「『自然』と『共生』し,『持続可能』な学校を目指しています」となる。

五 漢字の書き取り

ア わざと四球にする野球の戦略。 **イ** この上ない幸せ。 **ウ** もとの所属,地位,状態などに戻(もど)ること。 **エ** ある行為(こうい)を厳重に禁ずること。 **オ** 小説などで,会話以外の説明や叙述(じょじゅつ)の部分。 **カ** これまでの努力や活動の結実。 **キ** 「心血を注ぐ」で,持てる力すべてを尽(つ)くすこと。 **ク** 個人,団体,国などが,意見や方針を外部に表明すること。 **ケ** 最も盛んなとき。 **コ** 音読みは「オン」で,「温度」などの熟語がある。 **サ** 昔のことを文献(ぶんけん)や遺物にもとづいて実証的に解釈(かいしゃく)すること。 **シ** 口から口へと語り伝えること。 **ス** 行ったり来たりすること。 **セ** 思うまま。満足のいくまで。 **ソ** 音読みは「ド」で,「努力」などの熟語がある。

Memo

2020年度　慶應義塾中等部

〔電　話〕 (03) 5247－１６７７
〔所在地〕 〒108－0073　東京都港区三田２－17－10
〔交　通〕 JR山手線―「田町駅」より徒歩10分
都営三田線―「三田駅」より徒歩10分

【算　数】（45分）〈満点：100点〉

〔注意〕 解答は，下の〔例〕にならって□の中に０から９までの数字を１字ずつ記入しなさい。

〔例〕

(1) 333mから303mをひくと□□mになります。　解答

3	0

(2) 2.34に６をかけると ア . イ になります。　解答

ア		イ	
1	4	0	4

(3) $\frac{5}{2}$に$\frac{1}{3}$をたすと ア$\frac{イ}{ウ}$になります。　解答

ア	イ	ウ
2	5	6

1　次の□に適当な数を入れなさい。

(1) $100-\{8.881\div0.83-20.758\div(4-3.1\times0.6)\}=$□

(2) $0.2\div0.15\div\frac{16}{51}-\left(\frac{1}{4}+\frac{ア}{イ}\right)\div0.65=3$

(3) $\frac{11}{13}$を小数で表したとき，小数第2020位の数は□です。

(4) 10円硬貨（こう）が５枚，100円硬貨が３枚，500円硬貨が４枚あります。これらの一部または全部を用いてつくることのできる金額は全部で□通りです。

2　次の□に適当な数を入れなさい。

(1) 長さ100mの電車が時速72kmで進んでいます。この電車が長さ800mのトンネルに入り始めてから完全に出るまでに□秒かかります。

(2) 132の約数をすべて加えると□になります。

(3) ある池の周りを，兄は16分で一周し，弟は24分で一周します。この池の周りを兄弟２人が同じ地点から同時に反対方向に進むと，ア分イ秒ごとに出会います。

(4) ０でない３つの数A，B，Cがあります。BはAよりAの25%だけ小さく，CはBよりCの12.5%だけ大きいとき，AとCの差はAの$\frac{ア}{イ}$にあたります。

3　次の□に適当な数を入れなさい。ただし，円周率は3.14とします。

(1) ［図１］において，AD：DB＝4：5，BE：EC＝7：6のとき，CF：FA＝ア：イです。

(2) ［図２］の正方形において，角xの大きさは□°です。

［図１］

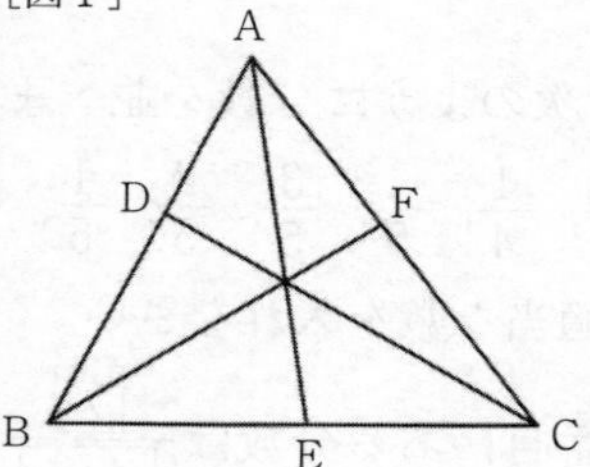

［図２］

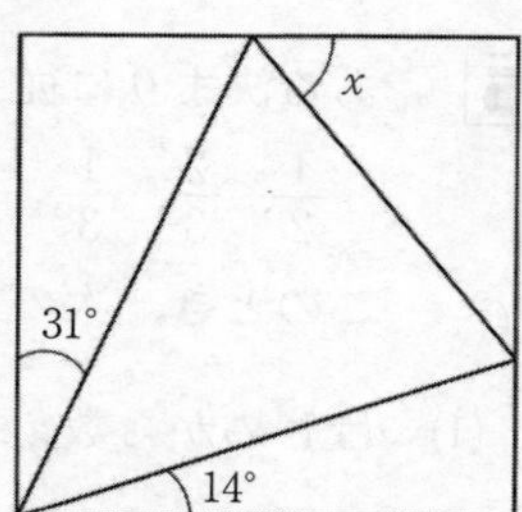

(3) [図3]のように，直角三角形と正方形を組み合わせました。この正方形の面積は ア . イ cm²です。

(4) [図4]のような直角三角形と長方形を組み合わせた図形を，直線ABを軸(じく)として1回転してできる立体の表面の面積は ＿＿ cm²です。

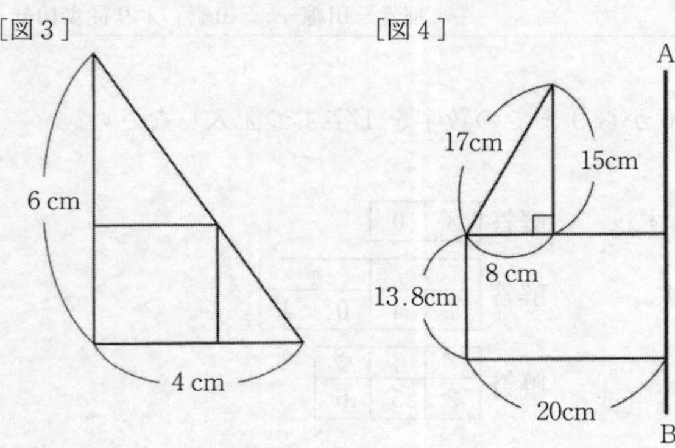

4 [図1]のような2つの直方体を組み合わせた容器に，毎分50 cm³の割合で水を入れると，ちょうど70分で満水になります。また，この容器に毎分80 cm³の割合で水を20分間入れたとき，水を入れ始めてからの時間と，点Aから水面までの高さの関係をグラフに表すと[図2]のようになりました。下の□に適当な数を入れなさい。

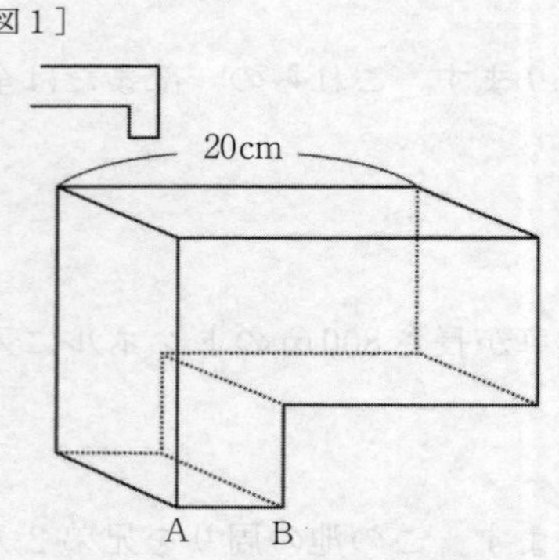

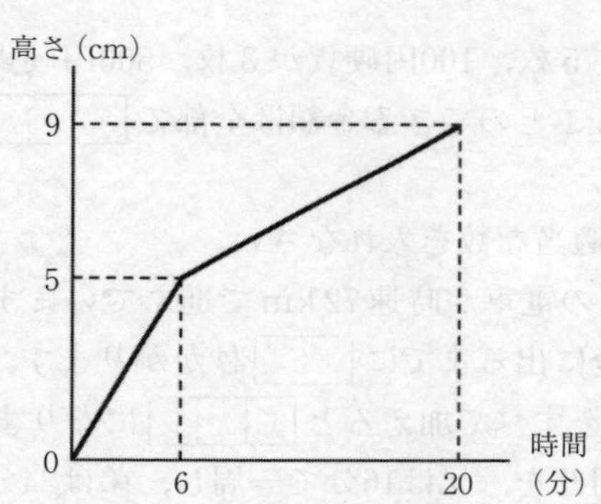

(1) [図1]の容器の辺ABの長さは ア $\frac{イ}{ウ}$ cmです。

(2) 水が入っていない[図1]の容器に，はじめは毎分30 cm³の割合で水を入れ，点Aから水面までの高さが6 cmになったとき，毎分120 cm³の割合に変えて水を入れると，水を入れ始めてから ア 分 イ 秒後に容器は満水になります。

5 ある決まりに従って，次のように分数を並べました。

$\frac{1}{2}, \frac{2}{3}, \frac{1}{3}, \frac{3}{4}, \frac{2}{4}, \frac{1}{4}, \frac{4}{5}, \frac{3}{5}, \frac{2}{5}, \frac{1}{5}, \frac{5}{6}, \ldots\ldots$

このとき，次の□に適当な数を入れなさい。

(1) はじめから数えて203番目にある分数は $\frac{ア}{イ}$ です。

(2)　1番目から300番目までの分数をすべて加えると［　　］になります。

6　1辺が1cmの2種類の立方体A，Bがあります。立方体Aは重さが5gで表面が白く塗（ぬ）られていて，立方体Bは重さが7gで表面が黒く塗られています。次の□に適当な数を入れなさい。

［図1］

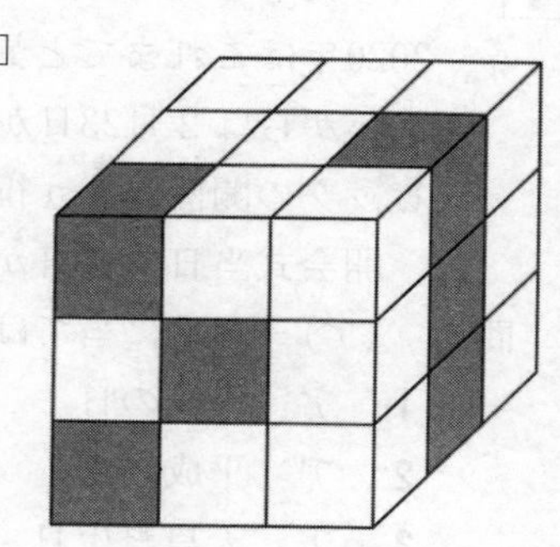

(1)　立方体Aと立方体Bを合わせて27個使って［図1］のような1辺が3cmの立方体を作りました。この立方体全体の重さは最も軽い場合で［ア　］g，最も重い場合で［イ　］gです。

(2)　次に，立方体Aと立方体Bを合わせて64個使って，1辺が4cmの立方体を作ったところ，その重さは378gでした。この立方体の表面全体のうち，黒く塗られている部分の面積の和は，最も小さい場合で［ア　］cm^2，最も大きい場合で［イ　］cm^2です。

7　1個180円のシュークリームと，1個220円のプリンがあります。シュークリーム5個のセットだと800円で買え，プリン6個のセットだと1200円で買えます。さらに，シュークリームとプリン2個ずつのセットだと650円で買うことができます。例えば，シュークリームを5個買う場合，シュークリーム5個のセットで800円で買うこともできますし，1個180円のシュークリームを5個で900円で買うこともできます。次の□に適当な数を入れなさい。

(1)　5000円以内でプリンを少なくとも5個買うとき，シュークリームは最大［　　］個買えます。

(2)　シュークリームとプリンを合わせて50個買って，代金がちょうど10000円になるような買い方を考えます。この条件の下で，プリンをできるだけ多く買いたい太郎君は，プリンを［ア　］個買いました。また，同じ条件の下で，シュークリームをできるだけ多く買いたい二郎君は，シュークリームを［イ　］個買いました。

【社　会】　(25分)　〈満点：50点〉

1　次の文章を読んで，各問に答えなさい。

2020年はこれまでと異なる日程で「国民の祝日」が定められています。新たな祝日として2020年からは2月23日が(ア)となります。また，2020年に限り，東京オリンピック・パラリンピックの開催(さい)に伴(ともな)う祝日の移動があります。オリンピックの開会式前日の7月23日が(イ)に，開会式当日の24日が(ウ)になるほか，閉会式の翌日である8月10日は(エ)となります。

問1　(ア)～(エ)に当てはまる祝日の正しい組み合わせを選び，数字で答えなさい。

1　ア　平成の日　イ　海の日　ウ　オリンピックの日　エ　山の日

2　ア　平成の日　イ　山の日　ウ　スポーツの日　エ　海の日

3　ア　天皇誕生日　イ　海の日　ウ　スポーツの日　エ　山の日

4　ア　天皇誕生日　イ　山の日　ウ　オリンピックの日　エ　海の日

問2　1966年から1999年まで，10月10日は体育の日という祝日でした。なぜその日が祝日だったのか，10字以上30字以内で理由を答えなさい。

2　日本国憲法について，各問に答えなさい。

問1　憲法改正についての条文を読んで，(ア)～(ウ)に当てはまる語句を**漢字**で答えなさい。

第96条　この憲法の改正は，各議院の総議員の三分の二以上の賛成で，(ア)が，これを発議し，国民に提案してその承認を経なければならない。この承認には，特別の(イ)又(また)は国会の定める選挙の際行(わ)はれる投票において，その(ウ)の賛成を必要とする。

問2　日本国憲法の条文全103条は11の章に分けられ，章ごとに「天皇」や「戦争の放棄(き)」などの見出しがつけられています。その見出し別に条文の数を整理すると，右のグラフとして表せます。図中のア～エに当てはまる見出しの正しい組み合わせを選び，数字で答えなさい。

日本国憲法の見出し別条文数

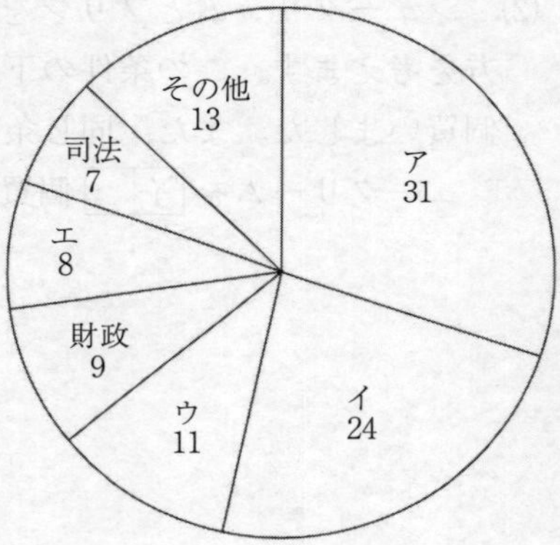

1　ア　国民の権利及び義務　イ　国会
　　ウ　内閣　エ　天皇

2　ア　国民の権利及び義務　イ　国会
　　ウ　天皇　エ　内閣

3　ア　国民の権利及び義務　イ　天皇
　　ウ　内閣　エ　国会

4　ア　天皇　イ　国民の権利及び義務
　　ウ　戦争の放棄　エ　国会

5　ア　天皇　イ　戦争の放棄
　　ウ　国民の権利及び義務　エ　国会

6　ア　天皇　イ　国民の権利及び義務
　　ウ　戦争の放棄　エ　内閣

3 次の文章を読んで，各問に答えなさい。

日本にはたくさんの国々との交流の歴史があります。特に①古代から中世にかけては，中国や朝鮮の国々との交流が盛んでした。飛鳥時代から平安時代にかけては，②中国にたくさんの僧侶(そうりょ)や留学生を送って仏教や儒(じゅ)学などを学ばせ，様々な物品と共に日本に持ち帰らせていました。③平安時代の中頃に中国の王朝との交流は中断されましたが，室町時代には幕府が再開させました。さらに，④琉球(りゅうきゅう)やアイヌ，ヨーロッパの人々との交流や貿易に力を入れる者も現れました。また⑤東南アジアの国々に多くの日本人が移り住む姿も見られました。ところが江戸時代になると，⑥幕府によって外国との交流が次第に制限されるようになりました。それでも例外的に幕府が交流を認めていた国もありました。しかし江戸時代末期になると，欧(おう)米列強からの開国を求める圧力が高まり，その方針を変えざるを得なくなりました。⑦日本は，自国にとって不利な条約を列強との間に結んだため，条約を改正して列強と対等な関係を築くことを目標に，近代国家を目指す道を選びました。

問1　下線部①について，次の**あ～え**は中国の歴史書に登場する古代日本の様子を描(えが)いた文章です。下の(1)と(2)の問いに答えなさい。

あ　武に朝鮮半島で軍隊を指揮する権限と倭王の称号を与えた。（『宋書』倭国伝）

い　邪馬台国の卑弥呼に親魏倭王の称号と金印を与えた。

う　楽浪郡の海の向こうに倭人が住んでいて，100以上の小国に分かれている。彼らは定期的にやってきて貢(みつ)ぎ物を献上している。

え　倭の奴国から貢ぎ物を持った使いがやってきた。奴国は倭国の南の果てにある。皇帝は金印を与えた。

(1)　**あ～え**の内容を**古い順**に並べたとき，**3番目**のものを選び，数字で答えなさい。

1　**あ**　**2**　**い**　**3**　**う**　**4**　**え**

(2)　**い～え**の文章は次の**1～3**のどの歴史書に当てはまりますか。それぞれ数字で答えなさい。

1　『漢書』地理志　**2**　『魏志』倭人伝　**3**　『後漢書』東夷伝

問2　下線部②について，遣唐使として中国に渡り，その後**日本に帰国できなかった人物**を選び，数字で答えなさい。

1　阿倍仲麻呂　**2**　小野妹子　**3**　鑑真　**4**　行基

問3　下線部③について，中国の王朝との交流を中断するよう提案した人物名を**漢字**で答えなさい。

問4　下線部④について，次の各文の（か）～（け）に当てはまる語句の正しい組み合わせを選び，数字で答えなさい。

勘合貿易は，将軍が皇帝に（ か ）を派遣(けん)して認められた。

（ き ）は中国の生糸だけでなく，鉄砲などの西洋の品物も日本にもたらした。

幕府は，海外渡航の許可を与えた（ く ）のみに貿易を認めた。

北海道の産品は，松前から日本海を経由して（ け ）で大阪まで運搬(ぱん)された。

1　か　遣明船　き　北前船　く　朱印船　け　南蛮船

2　か　遣明船　き　南蛮船　く　朱印船　け　北前船

3　か　朱印船　き　北前船　く　遣明船　け　南蛮船

4 か　朱印船　き　南蛮船　く　遣明船　け　北前船

問5　下線部⑤について，**誤った内容のもの**を選び，数字で答えなさい。

1　各地に日本町(日本人町)が築かれた　**2**　キリシタンも多く移り住んだ
3　政治的に高い身分につく者もいた　**4**　倭寇として現地の人々におそれられた

問6　下線部⑥について，次のできごとを**古い順**に並べたときに**3番目**のものを選び，数字で答えなさい。

1　オランダ商館を出島に移設した　**2**　全国に禁教令を出した
3　ポルトガル船の来航を禁止した　**4**　日本人の渡航・帰国を禁止した

問7　下線部⑦について，次の(1)と(2)の問いに答えなさい。

(1)　幕府は，日米修好通商条約とほぼ同じ内容の条約をオランダ，ロシア，イギリス，［　　］と相次いで結びました。［　　］に当てはまる国名を答えなさい。

(2)　日米修好通商条約の締結より**前のできごと**を選び，数字で答えなさい。

1　福沢諭吉が江戸に蘭学塾を開く　**2**　福沢諭吉が大阪の適塾で学ぶ
3　福沢諭吉が『学問のすゝめ』を著す　**4**　福沢諭吉が咸臨丸で渡米する

4

次の文章を読んで，各問に答えなさい。

小泉くんや福沢くんが所属する社会科クラブでは，今年の文化祭で発表するテーマを「持続可能な社会の実現に向けて」に決めました。そこで，小泉くんのグループは「自然と共生した日本の伝統的農業」について，福沢くんのグループは「いま世界で起こっている環境問題」について調査することにしました。

問1　次の**あ**～**え**は，小泉くんのグループが調べた日本の伝統的農業に関して説明した文章です。**あ**～**え**のような農業が行われている地域を地図中の**1**～**6**からそれぞれ選び，数字で答えなさい。なお，文中の(　)には，下の語群のいずれかの語句が当てはまります。また，同じ文章内の(　)には同じ語句が入ります。

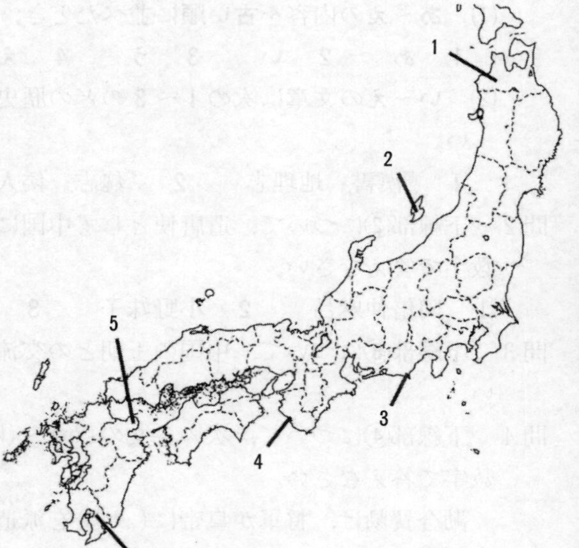

あ　特別天然記念物の(　)との共生を目指して，餌となるドジョウなど多様な生きものが生息できる水田の環境を，年間を通じて保つ「生きものを育む農法」に取り組んでいる。

い　周りの草地からススキなどを刈り取って(　)畑に敷く「(　)草場農法」とよばれる伝統的な農法を行っている。畑の土を良好に保ちつつ，草地に生息する生きものの環境を守っている。

う　一年を通して降水量が少なく，農業用水の確保がむずかしいことから，昔からクヌギを植林・伐採して原木にし，特産の(　)栽培を行っている。切り株から約15年で再生するクヌギは，周辺のため池の水を保つ働きをしている。

え　山地の斜面に(　　)や薪炭用の木を数多く植えて，質の高い(　　)の実や備長炭を生産している。木々は土砂くずれを防止し，薪炭用の木々に生息するミツバチが(　　)の花粉を運ぶ役割を果たしている。

語群　うめ　桑　しいたけ　タンチョウ　茶　トキ　りんご

問2　福沢くんのグループが調べた世界の環境問題に関して，地図中の**A**～**D**の地域で起こっているおもな環境問題として正しいものを**1**～**6**からそれぞれ選び，数字で答えなさい。

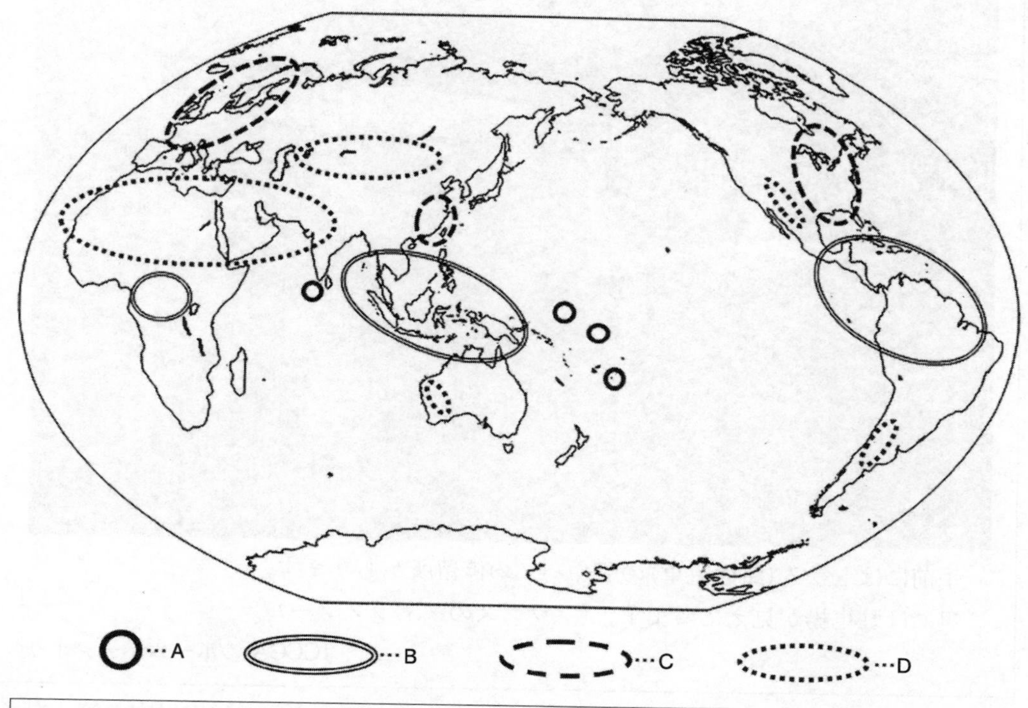

1　オゾン層の破壊	**2**　海水面の上昇	**3**　黄砂
4　砂漠化	**5**　酸性雨	**6**　熱帯林の減少

問3　次の**か**～**け**は，問2の**A**～**D**のいずれかの環境問題について説明した文章です。文中の下線部①～④について，**正しいものは1，誤っているものは9**，と数字で答えなさい。

か　工場の排煙や自動車の排気ガスにふくまれる①二酸化炭素や窒素酸化物がおもな原因となっている。森林が枯死する，石造建築物がとけるなどの被害が生じている。

き　大気中の②二酸化炭素などの温室効果ガスの増加がおもに影響し，世界的に平均気温が上昇したことが原因となっている。世界各地の氷河がとけたり，水温が上がって海水が膨張することによって，満潮時に水没する地域が拡大している。

く　大量の薪を採取する，過剰に家畜を放牧する，休耕しないまま広範囲で③焼畑農業を行うなどのため，植生が失われて不毛の土地が広がっている。

け　農地や牧場にしたり，木材を輸出するため，過剰に森林を伐採することで起こる。伐採地では，これまでの生活を続けることがむずかしくなり，④貴重な生物種も失われている。

問4　社会科クラブでは，発表のしめくくりとして，日本でも今後取り組んでいけそうな事例を調べました。フランスでの取り組みに注目し，次のようにまとめました。

「日本でも持続可能な社会の実現に向けて，［　1　］への対策が必要です。
写真のように［　2　］ことが有効だと考えます。」

Photo credit: (c) S. Minami

手前にはトラム(路面電車)の駅やバスの停留所があります。
奥には駐車場が見えています。(フランスのストラスブール)

〔JCCCAのホームページより〕

(1)　文中の［1］には，どのような**環境問題**が当てはまりますか。10字以内で答えなさい。

(2)　文中の［2］には，どのような**取り組み**が当てはまりますか。40字以上80字以内で答えなさい。

【理　科】　(25分)　〈満点：50点〉

1　次の会話文を読んで，あとの問いに答えなさい。

イッペイ：イチゴ，おいしいね。

ナルミ：うん，甘酸っぱくてだーい好き。

アキオ：このイチゴも昭和の頃は甘みが少なかったので，砂糖や牛乳をかけたりして食べていたんだ。ナツミカンも酸味をおさえるために(　ア　)をかけたりして食べていたね。

ナルミ：(　ア　)をかけるとどうなるの？

アキオ：すっぱい味の成分がそれと反応して少なくなるから，甘く感じるようになるんだ。

イッペイ：……ということは，(　イ　)ができるのかな？

アキオ：よく気がついたねぇ。その証拠に，切ったナツミカンに(　ア　)をかけると，シュワシュワって泡が出るのがわかるぞ。ところでイチゴってちょっと変わった実だと思わないかい？

イッペイ：そう言えば，表面にたくさんついている小さい粒が果実なんだよね。

アキオ：そう。サクランボもミカンもカキも，やがて種子になるところを包んでいる(　ウ　)が発達した部分を食べている。イチゴは花たくと呼ばれる花の土台のような部分が発達したところを食べているんだ。

ナルミ：そうなんだ。全然知らなかったわ。

アキオ：それじゃあ，イチゴ農家がミツバチを飼っていることがあるのを知っているかい。

ナルミ：イチゴの花のミツを集めてハチミツを作るのね。

イッペイ：ちがうよ。花から花へ(　エ　)を運ぶ役目をしているんだろう。

アキオ：その通り。花から花へ飛びまわっているはたらきバチのもっている針は産卵管が変化したものだから，はたらきバチはすべて(　オ　)ということになる。ヒトを刺すこともあるけれど，その針は一度刺すと抜け落ちてしまうんだ。

ナルミ：何だかかわいそう。

アキオ：そのミツバチが一度にいなくなるという事件が何年か前にあった。

イッペイ：ミツバチは集団で生活しているから，いなくなるときも一緒なのかな。

アキオ：事件の真相はいまだによくわかっていないようだけど，たしかにミツバチは昆虫の中でも社会性が発達していて，(　カ　)の字ダンスをして仲間に花のありかを伝えたりするんだ。

イッペイ：ミツバチだけに(　カ　)の字ダンスか。

ナルミ：そのダンスは一種の信号みたいなものね。

アキオ：信号と言えば，君たちは平成の頃に道路の信号に，ある変化があったのを知っているかい？

イッペイ：知ってるよ。LEDになったんでしょ。

アキオ：そうだね。LEDとは発光(　キ　)のことで，それまでの電球を使っていたものにとってかわったんだ。LEDって電球に比べてどんなところが優れているのかな？

ナルミ：長持ちするから交換する手間がかからなくなるんじゃない？

イッペイ：あと，光は出すけれど，電球に比べて熱をあまり出さないんじゃなかったかな。

アキオ：そうだね。そのため，さわっても熱くないし，省エネにもなるというわけだ。さて，それじゃあ最初に発明されたLEDのように真っ赤なイチゴを食べちゃおうか。

(1) (ア)にあてはまる物質を次から選んで番号で答えなさい。

1 片栗粉　2 クエン酸
3 重そう　4 消石灰
5 食塩　6 酢

(2) (イ)にあてはまる物質を次から選んで番号で答えなさい。

1 塩化水素　2 塩素
3 酸素　4 水素
5 二酸化炭素　6 水

(3) (ウ), (エ)にあてはまる言葉を次から選んで, それぞれ番号で答えなさい。

1 おしべ　2 花粉
3 子ぼう　4 がく
5 デンプン　6 はいしゅ
7 はい乳　8 めしべ

(4) (オ), (カ)にあてはまる言葉をそれぞれカタカナ2文字で書きなさい。

(5) (キ)にあてはまる言葉をカタカナで書きなさい。

(6) LEDがもつ性質を次から選んで番号で答えなさい。

1 ある一定の周期で, 流れる電流の大きさが変化する。
2 流れる電流の大きさによって光の強さが変化しない。
3 ある一定の向きにしか電流が流れない。
4 ある大きさ以上の電流が流れると発光しなくなる。
5 ある一定の周期で発光する。
6 ある一定の温度を越えると発光しなくなる。

2 下の(A) (B)を次のような回路にしたい。**ア・イ**にあてはまる電池のつなぎ方を, あとの**1**～**8**からそれぞれ選びなさい。**1**～**8**の中の電池はすべて同じ性能のものとします。

(A) スイッチの切りかえによって電球の光る明るさが変わる回路(スイッチをどちらにしても電球は点灯するものとする。)

(B) スイッチの切りかえによってモーターの回転の向きが変わる回路

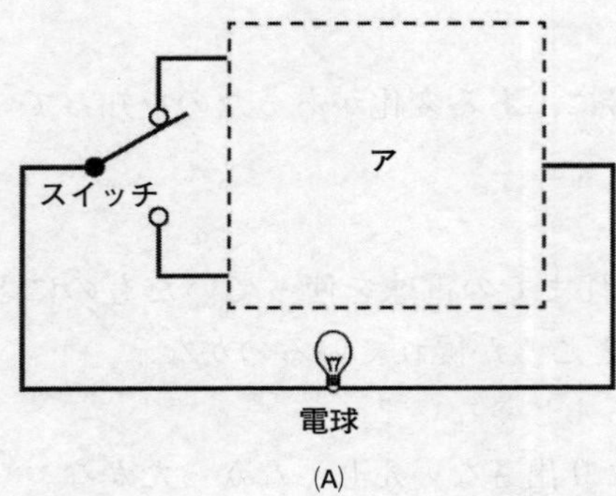

(A)

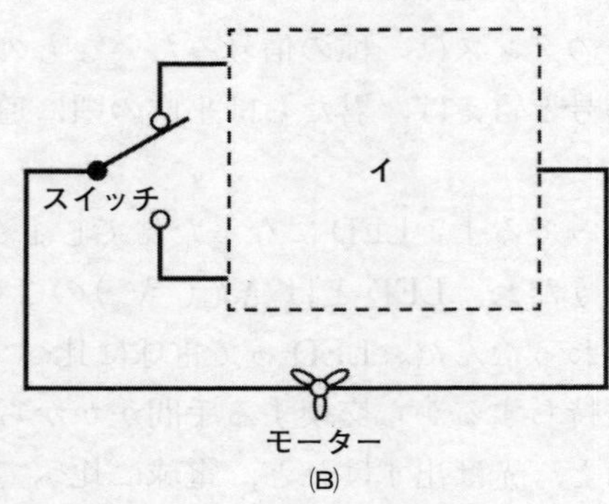

(B)

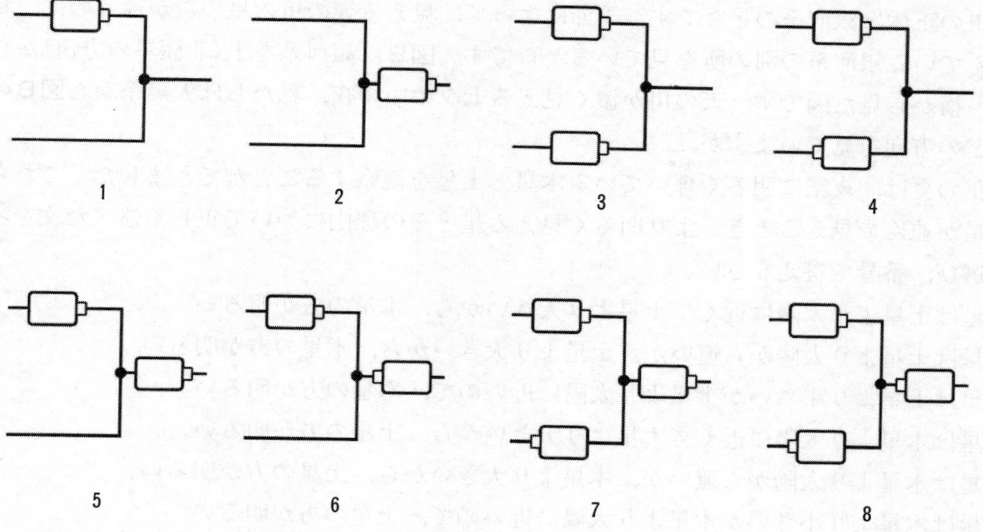

3 東京で見る星空について次の問いに答えなさい。

(1) 図**A**は２月・８月の夜８時頃に南の方角から観測者の真上の空にかけて見える星を，星座とみなしたときの線を加えて描(えが)いたものです。８月の夜空に見えるのは**1**・**2**のどちらですか。

(2) 図**A**のうち，より高度が高いところに見えるのは**1**・**2**のどちらですか。

(3) 図**A**の**1**で，天の川が通っているのはどの方向ですか。次の中から選びなさい。

1　a―d　　**2**　b―e　　**3**　c―f

(4) 図**A**の中にはそれぞれの季節の大三角を構成する星があります。**ア**・**イ**・**ウ**の星の名前をカタカナで書きなさい。

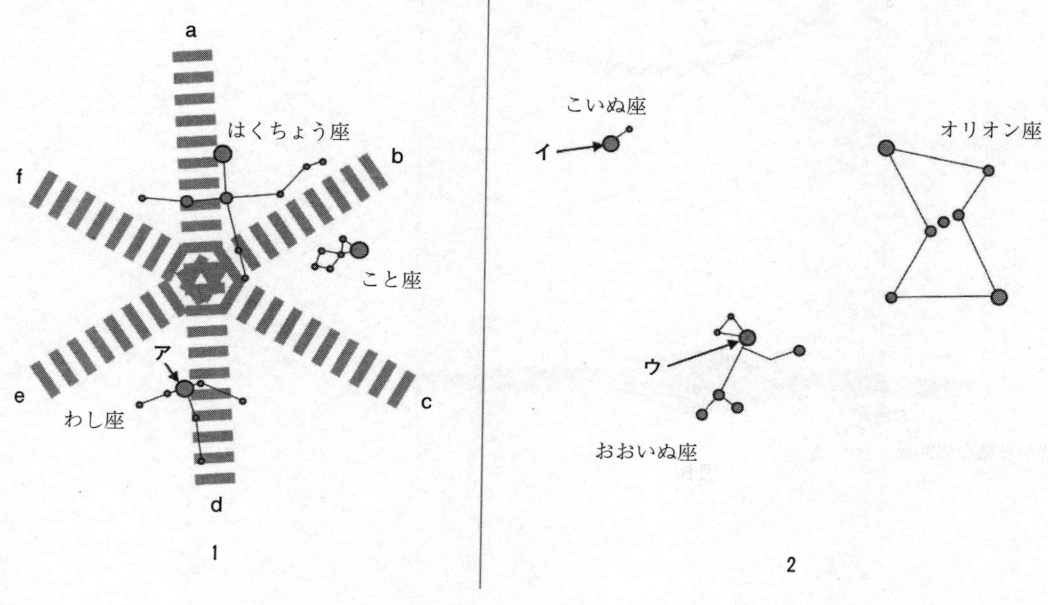

図**A**

(5) 天の川の正体は銀河系の星々(ほしぼし)です。季節によって，見える天の川の星の数が違うのは，私たちが住んでいる銀河系の別の所を見ているからです。**図B**は銀河系を上(北極星の方角)から見た図と，横から見た図です。天の川が濃(こ)く見える七夕の頃の夜，私たちは太陽系から**図B**の**1**～**4**のどの方向を見ていますか。

(6) 2019年の夏は，夜空に明るく輝(かがや)いている木星と土星を観察することができました。これらの2つの星が並んで見えるとき，より明るく見える星とその理由について正しく述べた文を次の中から選び，番号で答えなさい。

1 木星は土星より太陽に近くて土星より大きいから，木星の方が明るい。
2 木星は土星より太陽から遠いが，土星より大きいから，木星の方が明るい。
3 木星は土星より小さいが土星より太陽に近いので，木星の方が明るい。
4 土星は木星より太陽に近くて木星より大きいから，土星の方が明るい。
5 土星は木星より太陽から遠いが，木星より大きいから，土星の方が明るい。
6 土星は木星より小さいが木星より太陽に近いので，土星の方が明るい。

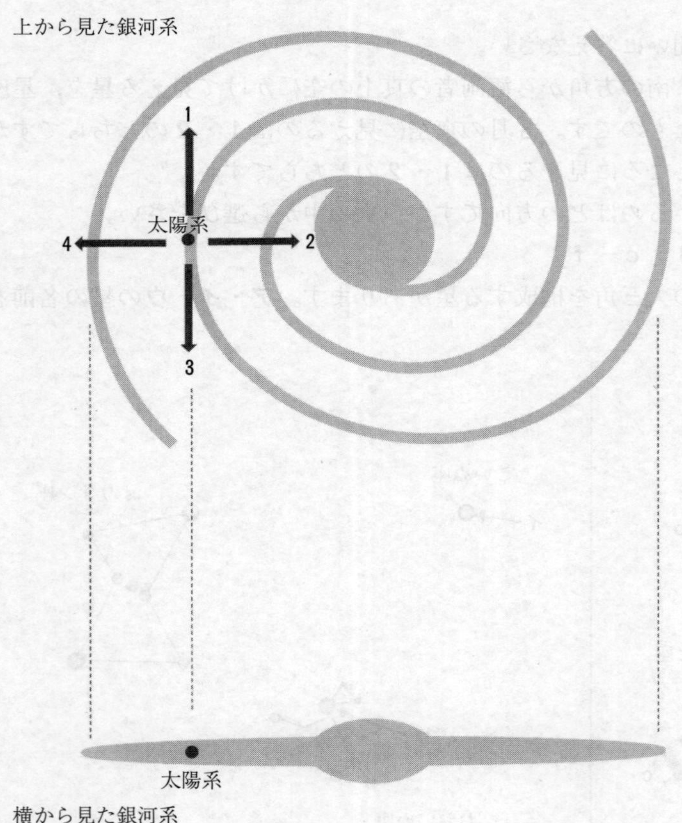

図B

4 下の図は，８種類の物質**Ａ～Ｈ**について，100ｇの水に溶けることができる量(単位：ｇ)の，水の温度による変化を示したものである。これを見て次の問いに答えなさい。

(1) 図に示した８種類の物質のうち，次の文で述べている条件にあてはまる物質の数をそれぞれ算用数字で書きなさい。

ア 40℃のときより，60℃のときの方が水に溶ける量が少なくなる。

イ 20℃のときには，50ｇの水に30ｇ以上溶かすことはできないが，80℃のときはできる。

ウ 20℃のときと80℃のときで，100ｇの水に溶ける量の差が20ｇより小さい。

エ 溶かす水の量が同じとき，60℃のときに溶ける量が０℃のときに溶ける量の２倍以上になる。

オ 50ｇの水を80℃まで温めて物質10ｇを溶かしてから，20℃まで水温を下げても，固体が出てこないと考えられる。

(2) アンモニアは20℃で100ｇの水に約70リットル溶ける。アンモニアの20℃のときの溶ける量を示す印を図に書き入れるとすると，その位置は**◆1～◆5**のどこになるか。番号で答えなさい。ただし，アンモニアは20℃のとき，１リットルで約0.7ｇである。

(3) 図のグラフの線が100℃以上のところに書かれていない理由を述べた次の文の(　)にあてはまる言葉を漢字で書きなさい。

私たちが日常生活をしている気圧のもとでは，水は100℃より高い温度のとき，すべて(　　)になってしまうので，実際に物質に溶ける量を調べることができないから。

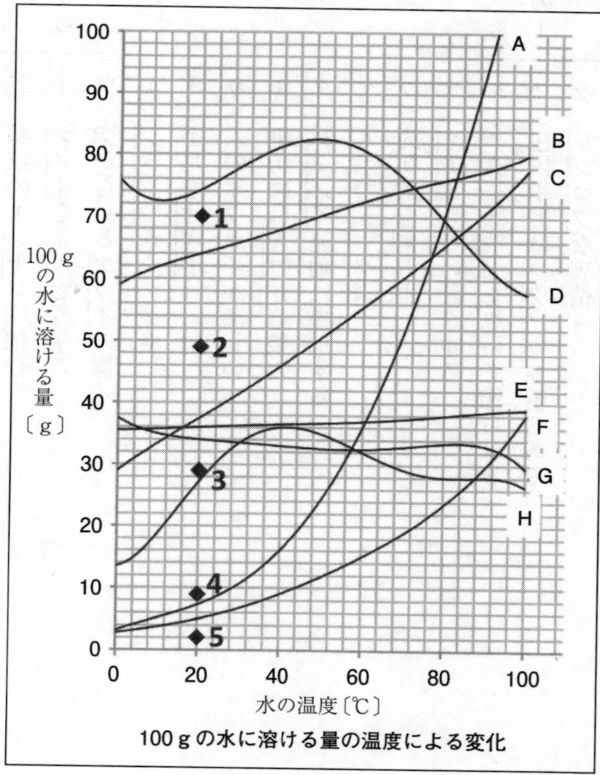

100ｇの水に溶ける量の温度による変化

ウ　あの優等生がこんな簡単な失敗をするなんて……「コウボウもふでのあやまり」とはこのことだ。

エ　諸君はみな「トウリュウモン」となる人生の関門を通らねばならない。

オ　形は似ているが比較(かく)にならないことを「チョウチンにつりがね」という。

1　朝令暮(ぼ)改　　2　河童(かっぱ)の川流れ
3　ぬかにくぎ　　4　石の上にも三年
5　光陰(いん)矢のごとし　　6　立身出世
7　雲泥(でい)の差　　8　えびで鯛(たい)をつる
9　柳(やなぎ)に雪折れなし

四　次のカ〜コの(　)にはそれぞれ同じ読みの二字熟語が入る。その両方に共通する漢字としてもっともふさわしいものを、後の1〜9から選び番号で答えなさい。

カ　(　)の出来栄え　怠惰(たいだ)だった人が(　)して働く
キ　(　)体操　農業の(　)化が進む
ク　関東地方の(　)情報を確認(にん)する　(　)の荒(あら)い人
ケ　(　)心の強い子ども　(　)を逃(のが)して敗北する
コ　(　)な判断が求められる　書き上げた文章を(　)する

1　心　　2　機　　3　正　　4　公　　5　械
6　性　　7　新　　8　好　　9　気

五　――のカタカナを、正しい漢字に直しなさい。

ア　私鉄のエンセンに住む
イ　シメイをまっとうする
ウ　空から見るゲカイの様子
エ　シャソウからの景色
オ　不足をオギナう
カ　人のオウライが激しい
キ　俳句にはキゴが必要だ
ク　ショメイ運動に参加する
ケ　人生のシュクズ
コ　釣(つ)り糸をタらす
サ　タアイもない話をする
シ　ハクジは粘(ねん)土を焼いて作られる
ス　庄(しょう)内平野はコクソウ地帯である
セ　シンコクな表情
ソ　人をサバく役職

わしいものはどれか。次の1～5から選び番号で答えなさい。

1　書き言葉にも長音を用いて、言葉の対応性をしっかりさせるということ。

2　書き言葉とは違い、話し言葉では表現がくだけたり乱れたりすること。

3　日記や作文では、頭で思ったことを言葉でぴたりと表現させづらいということ。

4　話し言葉も書き言葉も、とらえようによっては色々な解釈が可能であるということ。

5　書いた言葉とその言葉の発音が必ずしも同じにはならないということ。

問四　――②「ここまで来ると、『令和』が『レーワ』化するのも、自ずと納得がいくと思います」とあるが、その理由としてもっともふさわしいものはどれか。次の1～5から選び番号で答えなさい。

1　現代人は姿勢の悪い人が多く、表情筋をうまく利用できないがために、「レーワ」と発音しがちであるから。

2　発音のうえでは、「令」を「レ」「イ」と一語ずつ区切って読むというよりは、「イ」を長音で読むほうが自然であるから。

3　昭和や平成といった元号と比較すると、「令和」は口にしたときに字数が少なく発音しやすいのがポイントと言えるから。

4　「令和」は漢語で成り立っており、訓読みではないので、「レーワ」とカタカナで表記するのがしっくりくるから。

5　「レイワ」と「レーワ」の二通りの読み方があるとどちらを選ぶべきか分からないので、「レーワ」だけにしたほうがすっきりするから。

問五　――③「令和の時代になっても、言葉は常に先んじて進化し続けるのです」の説明としてもっともふさわしいものはどれか。次の1～5から選び番号で答えなさい。

1　令和でしか通用しないような言葉がたくさん出てきたとしても、それは研究者によってのちの時代に語り継がれるであろうということ。

2　昔の時代もそうであったように、若者がどんどん新しい言葉を生み出して、それが世間に広まって定着していくということ。

3　時代と言葉は常に進化を続けるものであるが、令和に入った今では、そのスピードが過去よりも格段に速くなっているのだということ。

4　言葉は法則から生み出されているのではなくて、いつの時代であっても人々が新しい言葉やその使い方を生み出し続けていくのだということ。

5　言葉の法則や文法は常に最新のものへと上書きされるので、令和以前で習った知識や言葉は温故知新のような驚きを生み出すということ。

問六　「慶應義塾中等部」を読むときに、長音となるところは合計いくつになるか。次の1～5から選び番号で答えなさい。ただし、「慶」は「ケー」として考え、これも数に含めること。

1　一つ　2　二つ　3　三つ　4　四つ　5　五つ

三　次のア～オの「　」の語句とよく似た内容の語句を、後の1～9から選び番号で答えなさい。

ア　「サイゲツひとをまたず」とはよく言ったものだ。もうすぐ卒業だ。

イ　さっきの試合はあれだけの体格の差がありながら、まさかの結果になってしまった。まさに「ジュウよくゴウをセイす」だ。

する機会に、①こういった言葉の隔たりを発見して、なんとなく不思議に思った人が多いのではないでしょうか。そういった小さな発見をそのままにするのではなく、「なぜそうなるのか」を追求していってほしいと願います。（3）

実は、これら長音になる言葉は、語中の母音部分が長音に変わる特徴を持っています。例えば、

「おう」の表記は、「オー」と読む
「いう」の表記は、「ユー」と読む
「せい」の表記は、「セー」と読む
「ちょう」の表記は、「チョー」と読む

などが挙げられます。だから、「おうさま」の「おう」という文字は、「オー」と伸ばして読むのです。みなさんがたまに混乱してしまう「ソーユーことだよね」の「ソーユー」は、表記だと「［Ⅳ］」と書かないとなりません。

話を戻して、「令和」について。かいつまんで言うと、これも読みの場合には母音が長音に変化しているのです。これは漢語、すなわち漢字の音読みに見られるパターンとなりますが、枚挙にいとまがありません。学校は「ガッコー」ですよね。先生に話しかける時は「センセー」と声をかけますし、昨年引退したメジャーリーガーの鈴木一朗選手は、「イチロー」と呼ばれているわけです。「広報部長」と書いて、どう発音しているでしょうか。先の元号、「平成」や「昭和」、「大正」そして「明治」も考えてみてください。②ここまで来ると、「令和」が「レーワ」化するのも、自ずと納得がいくと思います。ポイントは、長音化した発音なのです。（4）

ただ、私たちはこれらの法則をいちいち考えて言葉を用いているわけではありません。実は考えずとも、できていることなのです。意識して使い分けをしているのではない。それは、もちろん経験の積み重ねが大きい要因ではあります。しかし、本質的な部分でとらえると、文字と発音のこれらの法則は、その形で使うのが無理がなく、自然であるからこそ、発生したものだと言えるでしょう。つまり、言葉に関するいろいろな法則やいわゆる文法は、日常的に私たちが言葉を使っている後から追いついてくるものにすぎない、と確認できるのです。文法は確かに知っておくと便利ではあるのですが、それがすべてのルールブックではありません。青信号だから進行可というようなお約束とはものが違うのです。文法先にありきではなく、言葉先にありき。③令和の時代になっても、言葉は常に先んじて進化し続けるのです。（5）

問一 ［Ⅰ］〜［Ⅳ］にあてはまる言葉としてもっともふさわしいものを、それぞれ後の1〜5から選び番号で答えなさい。

Ⅰ 1 折 2 句 3 首 4 手 5 本
Ⅱ 1 古事記 2 福翁自伝 3 若草物語 4 万葉集 5 源氏物語
Ⅲ 1 風情のある 2 寒々とした 3 付和雷同の 4 手に汗をにぎる 5 昔懐かしい
Ⅳ 1 そうゆう 2 そういう 3 そおいう 4 そおゆう 5 そーゆう

問二 次の一文は、本文からぬけおちたものである。この一文が入るべき場所としてもっともふさわしいところを、本文中の（1）〜（5）の中から選び番号で答えなさい。ただし、解答らんには数字だけを書くこと。

> それが学問の王道とも言えます。

問三 ――①「こういった言葉の隔たり」の説明としてもっともふさ

ろそろお開きという空気になりました。思い出に浸っていた私も、それを潮に部屋に引き上げました。

二

次の文章を読んで、後の各問いに答えなさい。

昨年の五月に、元号が新しくなりました。このような節目は、人生の中で数多くあるものではありません。みなさんも元号の変わるときには、平成時代に起こったニュースを振り返ったり、これまでの自らの歩みに思いをはせたりすることで何かしらの感慨を、また新しく来る時代に向けて背筋をしゃんと伸ばされるような、清新な気持ちを持ったことでしょう。

新しい元号の、「令和」。それは、次の一節に拠ったものです。

梅花の歌三十二 Ⅰ

天平二年正月十三日に、帥老の宅に萃まりて、宴会を申べたり。

時に、初春の令月にして、気淑く風和ぐ。

梅は鏡前の粉を披き、蘭は珮後の香を薫らす。

出典は、 Ⅱ となります。天平二年に、帥老(大伴旅人)の家に集まって宴会を開いた。初春のすばらしい月で、気候が良く、風もおだやかである。梅はおしろいのように白く咲き、蘭は香り袋のごとく匂っている。この宴会の中で、楽しく和やかな時間を過ごした参加者は、庭に咲く梅を愛でながら、その心の中を歌に託すのです。とても、 Ⅲ 光景です。

さて、話は変わりますが、みなさんは「令和」をどう発音しますか。今は声に出せないと思うので、頭の中で考えてください。実は、二通りのパターンに分かれるのではないでしょうか。一つが「レイワ」で、もう一つが「レーワ」。つまり、「イ」をしっかり発音するか、そうせずに「レ」と「ワ」の間を伸ばすかの違いです。みなさんは、どちらに当てはまったでしょうか。あるテレビ番組ではこの現象について、現代人の姿勢が関係しているのだと説明していました。現代人は、猫背の人が多い。猫背が習慣になると、表情筋がうまく動かせなくなり、その結果、「イ」がはっきりと発音できない。そのような人は、「レーワ」と言う傾向にあるのだと。こういった説も、科学的な視点で、なるほどと思わせられます。(1)

しかしながら、ここでは、文字と発音の関係について考えてみることにしましょう。それはすなわち、書き言葉と話し言葉の対応性を考えることと同義です。今の日本語は、文字＝書き言葉と発音＝話し言葉の間に、基本的にずれはありません。つまり、文字で表したものはそのまま読めるということです。難しく言うと、言文一致と表現できます。(2)

ただし、中には例外も見られるわけです。例えば、「こんにちは」の「は」は、「ハ」とは読まずに、「ワ」と発音しますよね。同じく、「こちらへどうぞ」の「へ」は「エ」と読んでいます。ここでは、文字と発音がぴたりと対応していないのです。

では、続いてこれはいかがでしょうか。「王様」。書くのと読むのを迷って、ごちゃごちゃになる人も見られます。書くのは、「おうさま」。読むのは、「オーサマ」。「オウ」が「オー」となっており、厳密にいえばやはり同じにはならないのです。これには訳があって、ひらがなで表記する際には、外来語を除いて長音(伸ばす音)を表す〝ー〟を使用しません。そのために、ずれが生じてややこしくなってくるのです。例えば、「おかあさん」と書いて、読みは「オカーサン」ですし、「おとうさん」と書いても、「オトーサン」と口では言っているのです。みなさんの中にも、普段日記を書いたり宿題で作文を書いたり

1　先生が帰ってくるまで俳句を続けるしかないと思い込んだ。
2　松明だけでなく二月堂全体が炎に包まれる様子を想像した。
3　今夜のような満月が見えたら先生のことを思い出そうと考えた。
4　フランスに留学する先生をこれまで以上に尊敬したくなった。
5　大学生になったら自分もフランスに留学しようと決めた。

問四　――c「この時の約束のことはあまり人に話したことがありません」とあるが、「私」が人に話さないのはなぜだと考えられるか。もっともふさわしいものを、次の1～5から選び番号で答えなさい。

1　二十年以上も昔のことで、記憶にあいまいなところがあるから。
2　先生との親密さを口にすれば、人からねたまれることになるから。
3　先生が魔法使いであると言っても、誰も信じてくれないから。
4　俳句をやめられなくなったことに少し後悔を感じているから。
5　美しい記憶を美しいままとっておきたい気がしているから。

問五　――d「私は、ロッジに来て良かったと心から思いました」とあるが、「私」がこのように思った理由の説明としてもっともふさわしいものを、次の1～5から選び番号で答えなさい。

1　久しぶりにロッジを訪ねて、昔なじみの草花に親しむことで、わずらわしい日常生活から離れ、自分の俳句にしっかり向き合うことができたから。
2　ほかの生き物の命を奪い、それを食べることでしか命を保てないことに気がつき、改めて先生の命が長く続いてほしいと願う気持ちを強くできたから。
3　俳句に出会った高校生の頃を思い出すことで、若々しい気持ちを取り戻し、また初心に立ち返って俳句を続けていこうと決意を新たにしたから。
4　懐かしい場所に身を置くことで、私も先生も昔の思い出にひたることができ、これから元気になった先生と俳句を続けていけるような気がしてきたから。
5　雨続きの高原で三人だけの合宿をしたこともあったが、今回は天気も良く、参加者も大勢集まり、稽古会の幹事として充実した時間を過ごせているから。

問六　――e「蜃気楼」とあるが、この比喩の説明としてもっともふさわしいものを、次の1～5から選び番号で答えなさい。

1　釣りの話をしたことも生ハムをごちそうになったことも、後から振り返れば美しい思い出になるということ。
2　先生が自宅で生ハムを振る舞い、岩魚釣りをするような未来はまぼろしに終わるかもしれないということ。
3　高原で暖炉の火にあたりながら海に潜る釣りの話をするのは、現実味がなくて無駄だということ。
4　生ハムや海釣りの話を今は楽しく聞いたとしても、時がたてば全て忘れてしまうだろうということ。
5　私が幸運の持ち主だとすれば、どこかに不運をなげく人がいるはずで喜んでばかりいられないということ。

問七　次の段落は、本文からぬけおちたものである。この段落が入るべき場所としてもっともふさわしいところを、本文中の（1）～（5）から選び番号で答えなさい。ただし、解答らんには数字だけを書くこと。

そういえば、あの句会の時もこの壁に飾ってある高原の写真を眺めていたのでした。さて、暖炉を囲んでの集まりもそ

は二人分しかありません。一人は初めて句会に出る高校生ですから、どちらが作ったのか簡単にわかってしまいます。私は、いわゆる大人の対応で、先生の俳句を三句、高校生の俳句を二句という具合に選んで、作者を明かさない段階で高校生の作った俳句を褒めました。ところが、先生は私の俳句ばかり五句選んで、それを褒めるのです。何だかとてもいたたまれない思いをしました。

（4）

翌朝、句会の席で隣に座った先生から声を掛けられました。

「そういえば、君がまだ若かった頃、あのピアノを弾いて、それを俳句に詠んだことがあったね。あの時はたしか、俳句が先に出来ていて、それを本当にするために弾いたんじゃなかったかな」

「そうでした。でもピアノを弾いたのが先で、俳句はちゃんと後から詠んだはずですけど」

思えば、先生とこんな気楽な話ができたのは久しぶりでした。ここのところ、先生は遺言めいた話をすることが多く、私たちは何とも言えない気分でそれを聞くばかりでした。そうでなくても、病気で痩せた先生を目の前にするとⅢ無量で、会えて良かったという気持ちさえ言葉になりませんでした。懐かしいこの場所で、病気をする以前のような話ができていることに喜びを覚えました。

（5）

その夜は、高校の先輩のMさんが来ていました。先生も私たちが集まる前から暖炉の前で待ち構えていました。釣りの好きなMさんは、先生と岩魚釣りの話をはじめました。遊びの話に花が咲いているのを嬉しく聞いていると、そこにロッジのU社長がやって来ました。見ると、専用の台に取り付けられた大きな生ハムを携えています。U社長は、これまた専用の細いナイフでそれをスライスして振る舞いながら、釣りの話に加わりました。U社長の釣りは、海に潜って獲物を銛で突くという釣りで、その瞬間の心持ちを生々しく語って聞かせます。魚の命を奪うとき、U社長はある快感を覚えると言うのです。誰もがある種の背徳感に釣り込まれるように聞き入っていましたが、やがて話題は目の前の生ハムに移りました。先生は興味津々の様子で、あれこれ尋ねています。どうやら自宅にその生ハムを用意して大勢招くことを想像しているようで、本当に注文しかねない口ぶりです。d私は、ロッジに来て良かったと心から思いました。十年余り毎年のように通った場所ですが、数えてみると今回は八年ぶりになります。その間、先生とはずっと一緒に句会を続けていましたし、あちこち旅行することもありました。また、その間この高原に来たこともありましたし、東京でU社長に会ったこともありました。それでも、このロッジで、古い記憶を掘り起こしながら過ごす時間は特別でした。しかも、その思い出の向こうには鏡うつしになった明るい未来まで見えているのです。それはe蜃気楼かもしれませんが、いま見えているだけでも幸運を感ぜずにはいられませんでした。

問一　Ⅰ～Ⅲにあてはまる漢字としてもっともふさわしいものを、次の1～6から選び番号で答えなさい。

1　手　2　面　3　感　4　命　5　意　6　口

問二　――a「賢くて忙しい連中は抜けていきました」とあるが、例えばあなたが友人と遊びにいく予定が入っていたので先生の誘いを断るとする。この時どのような言い方をすれば角が立たないか、そのセリフを自分で考えて二十字以上二十五字以内で答えなさい。ただし、句読点も字数にふくめるものとする。

問三　――b「すっかり魔法にかかっていました」とあるが、この比喩の説明としてもっともふさわしいものを、次の1～5から選び番号で答えなさい。

い似たような年齢構成で、S君とお世話役の私とが一番年下です。とはいえ、二人ともすっかり中年のおじさんです。

さて、ハイキングと句会に終わった夏合宿の後、似たような機会が何度かありました。その時々の口実はいろいろでしたが、大学生の先輩がいて句会の輪に入れられるという展開は一緒でした。そのうちにa賢くて忙しい連中は抜けていきましたが、私やS君、そのほか数人のお人好しが常連になりました。私たちは、エスカレーター式で同じ大学に進学することになっていました。先生のおかげで大学生の仲間に入れてもらえるのは、心強くもありました。はっきり決めたわけではありませんが、このまま大学で俳句研究会に入って、先生の近くにいようという気になっていました。何より、先生に遊んでもらえるのが嬉しかったのです。

高校を卒業する直前、大学生の合宿に合流する形で奈良に出掛けることになりました。その頃には、先輩たちとすっかり顔なじみになっていて、俳句を詠むことにも句会に加わることにも慣れていました。奈良に来たのは、東大寺の修二会という行事を見るためでした。この時期、東大寺では集中的に祈禱が行われますが、特に二月堂というお堂の回廊で大きな松明を振り回す「お松明」という行事が人気です。二月堂はなだらかな丘の斜面を利用して建てられており、清水寺のような舞台を持っています。見物客は丘の下に立って、その舞台を仰ぐのです。やがてお堂の奥から長い竿につけられた松明が登場すると、大きな歓声が上がります。煙を上げ炎をまとった松明を舞台の外に振りかざすと、火の粉が盛大にこぼれます。そのまま舞台の端まで駆け抜けると、今度はまた次の松明が姿をあらわします。次第に動きは派手になり、時にはほとんど炎そのものが崩れ落ちたりします。何もわからずにその場にいた私たちも、いつしか炎の虜になっていました。

宿まで歩いて帰る道すがら、先生は私たち高校生を集めました。

「実はこの四月から一年間仕事を休んでフランスへ留学することになっている。大学生になった君たちに俳句を教えるつもりだったが、一年待っていて欲しい」

その夜は満月でした。炎の乱舞に心を奪われた私たちは、bすっかり魔法にかかっていました。

（1）

暖炉の炎を見ていると、古い記憶が鮮明によみがえってきます。今こうしているのは、この時の魔法のおかげなのでした。そういえば、ロッジで俳句と出会った話はあちこちでしゃべっていますが、cこの時の約束のことはあまり人に話したことがありません。S君も忘れていないはずですが、この日やはり口にしませんでした。

（2）

何年か経って、今度は私たちが「大学生の先輩」をやったこともありました。ロッジで自分たちの合宿を行って、そのまま数人が先生とともに延泊するのです。そして、何もわからずにやって来た高校生たちを、私たちと同じように句会の輪に入れてしまいます。

（3）

ある年、勧誘がうまくいかなかったのか、高校生がひとりでやって来たことがありました。先輩役の方もうまく集まらず、先生と私と高校生、三人だけの合宿になってしまいました。悪くしたもので高原は雨続き、どこにも出掛けられません。一夜明けてもまだ雨は降り続いていましたが、[II]を決して外に歩きに出掛けました。結果はひどいもので、ほんの少し歩いただけでずぶ濡れになってしまい、山小屋でココアを飲んで帰ってきました。その晩も句会をしましたが、先生はあまり機嫌がよくありませんでした。句会の時は、それぞれが作った俳句を無記名の状態で清書し直して、それを見ながらお互いの俳句を選びます。ところが、三人しかいない場合は、作者のわからない俳句

二〇二〇年度 慶應義塾中等部

【国語】（四五分）〈満点：一〇〇点〉

一 次の文章を読んで、後の各問いに答えなさい。

懐かしい高原に着いてみると、バス停までロッジの車が迎えに来ていました。車から降りて昔なじみのU社長に挨拶をしていると、間もなくバスが到着しました。二十人余りがどやどやと降りてきて、トランクの荷物をロッジの車に積み替えていきます。「こんにちは」「よろしくお願いします」「どうもどうも」などと言葉を掛けながら、ロッジの車に乗ってもらいます。乗りきれなかった三人を私の車に乗せて、さっそく出発しました。

ロッジの前には、先生の車が駐まっていました。今日から三泊四日、ここで俳句の稽古会を行うのです。玄関への階段をのぼると、そこのテラスの椅子に先生は腰を掛けていました。少し丸くなって、日焼けもしています。二年前に大きな病気をした先生は、ここのところ会うたびに痩せたのがわかるような状態でした。内心、こんな旅行に連れ出して大丈夫だろうかと心配していたのです。今日は、二回の入院を挟んで三ヶ月ぶりでしたが、今までとは違い、体調がはっきり上向いているのが見てとれます。とにかく一安心して、玄関をくぐりました。

食堂のホールで簡単な説明をして、一旦解散としました。それぞれ俳句を詠みに出掛けるのです。私もバス停近くの野原に向かいました。マツムシソウが咲いているはずと思って歩いていると、帽子の形をした薄紫色の花が見えてきました。その周りには、ぱっちりと瞳をひらいたようなウメバチソウの花も。昔なじみの草花たちとも再会できて、ふっと心が軽くなりました。

その夜、二回の句会が終わった後、話し足りないメンバーでホールに残って暖炉を囲みました。今日は、高校の同級生だったS君も参加していて、問わず語りに昔話が始まりました。

もう二十年以上も昔になりますが、私たちは高校で先生に習いました。二年生の国語を教えてもらった私たちは、三年生にあがるとき大挙して先生の選択授業に押しかけたのです。毎学期、自分たちで雑誌を作ってそれを評価されるという授業で、四チームに分けられた私たちは、記事を書き、編集、印刷といった作業を行います。さて、一冊目の雑誌ができあがった頃、先生から私たちの文章力を底上げするために夏合宿を行うと発表がありました。そして、有志二十人以上が手を挙げて、このロッジに集まったのでした。集合時間を少し過ぎてから、先生は男女二人の大学生を引き連れて現れました。二人を大学の俳句研究会のメンバーだと紹介し、これから足慣らしのハイキングに出掛けると言われました。そのあと句会を行うから俳句を作るようにと付け加えました。一人に一冊、歳時記が配られてすぐに出発です。予期しない展開に[I]食らいながら、私は先生に尋ねました。

「文章の練習はどうなるのですか」

「文章もいいけれど、こんなところまで来てどうして文章なんだ。俳句を作りなさい」

こう言われてしまうと二の句が継げず、私たちはロッジの裏山に登りました。結局、三日間は高原のハイキングと句会に終わり、私たちはまた雑誌作りに戻ったのでした。

多少尾ひれがついていますが、私たちはこんな風にして俳句と出会ったのです。暖炉を囲んでいた人はそれぞれの俳句との出会いについて語りながら、決まって「そんなに若い頃に俳句と出会えて幸せだ」と言ってくれます。俳句の世界は平均年齢七十代、仕事の定年と前後して始める人が多いのです。今回、稽古会に参加した人たちもだいた

2020年度 慶應義塾中等部 ▶解説と解答

算 数 (45分) ＜満点：100点＞

解 答

1 (1) 99 (2) ア 9 イ 16 (3) 1 (4) 119 2 (1) 45 (2) 336 (3) ア 9 イ 36 (4) ア 1 イ 7 3 (1) ア 15 イ 14 (2) 62 (3) ア 5 イ 76 (4) 6280 4 (1) ア 6 イ 6 ウ 7 (2) ア 48 イ 10 5 (1) ア 8 イ 21 (2) 150 6 (1) ア 147 イ 163 (2) ア 21 イ 66 7 (1) 25 (2) ア 49 イ 25

解 説

1 四則計算，逆算，周期算，場合の数

(1) 100－{8.881÷0.83－20.758÷(4－3.1×0.6)}＝100－{10.7－20.758÷(4－1.86)}＝100－(10.7－20.758÷2.14)＝100－(10.7－9.7)＝100－1＝99

(2) $0.2\div0.15\div\frac{16}{51}=\frac{0.2}{0.15}\div\frac{16}{51}=\frac{20}{15}\times\frac{51}{16}=\frac{17}{4}$より，$\frac{17}{4}-\left(\frac{1}{4}+\square\right)\div0.65=3$，$\left(\frac{1}{4}+\square\right)\div0.65=\frac{17}{4}-3=\frac{17}{4}-\frac{12}{4}=\frac{5}{4}$，$\frac{1}{4}+\square=\frac{5}{4}\times0.65=\frac{5}{4}\times\frac{65}{100}=\frac{13}{16}$ よって，$\square=\frac{13}{16}-\frac{1}{4}=\frac{13}{16}-\frac{4}{16}=\frac{9}{16}$

(3) $\frac{11}{13}$＝11÷13＝0./846153/84…だから，小数点以下には{8，4，6，1，5，3}の6個の数がくり返される。よって，2020÷6＝336余り4より，小数第2020位の数は，小数第4位の数と同じで1とわかる。

(4) 10円硬貨(こうか)の使い方は0枚～5枚の6通り，100円硬貨の使い方は0枚～3枚の4通り，500円硬貨の使い方は0枚～4枚の5通り考えられるので，硬貨の組み合わせは全部で，6×4×5＝120(通り)考えられる。ここから，すべて0枚の場合(0円)の1通りを除くと，120－1＝119(通り)とわかる。

2 通過算，整数の性質，旅人算，割合と比

(1) 時速72kmを秒速に直すと，72×1000÷60÷60＝20(m)になる。右の図1のように，電車がトンネルを通過するときに走る距離(きょり)は，トンネルの長さと電車の長さの和になるので，800＋100＝900(m)とわかる。よって，その時間は，900÷20＝45(秒)である。

図1

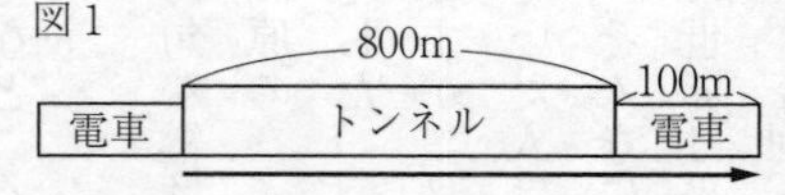

(2) 132を2つの整数の積で表すと，132＝1×132，2×66，3×44，4×33，6×22，11×12のようになる。よって，132の約数の和は，1＋2＋3＋4＋6＋11＋12＋22＋33＋44＋66＋132＝336と求められる。

(3) 池の周りの長さを16と24の最小公倍数である48とすると，兄の速さは毎分，48÷16＝3，弟の速さは毎分，48÷24＝2であり，2人が1分間に進む道のりの和は，3＋2＝5となる。また，兄と弟は2人合わせて48進むごとに出会うから，48÷5＝9.6(分)ごとに出会うことがわかる。これは，

$60\times0.6=36$より，９分36秒ごととなる。

(4)　AとB，BとCの関係をそれぞれ図に表すと，右の図２のようになる。図２から，$A:B=1:(1-0.25)=4:3$，$B:C=(1-0.125):1=7:8$となるので，これらの比をそろえると右の図３のようになる。この比でAとCの差は，$28-24=4$となり，これはAの，$\frac{4}{28}=\frac{1}{7}$にあたる。

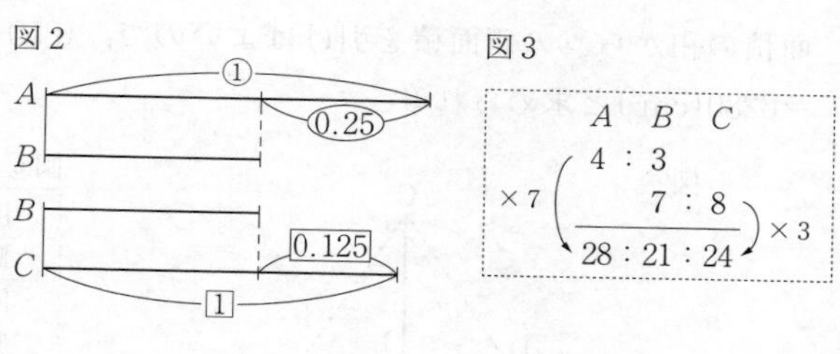

3　辺の比と面積の比，角度，相似，表面積

(1)　下の図①で，三角形ABPと三角形CAPの面積の比は，BEとECの長さの比に等しく７：６である。同様に，三角形BCPと三角形CAPの面積の比は，BDとDAの長さの比に等しく５：４である。そこで，これらの比をそえると下の図②のようになるから，三角形BCPと三角形ABPの面積の比は15：14とわかる。よって，CFとFAの長さの比も15：14になる。

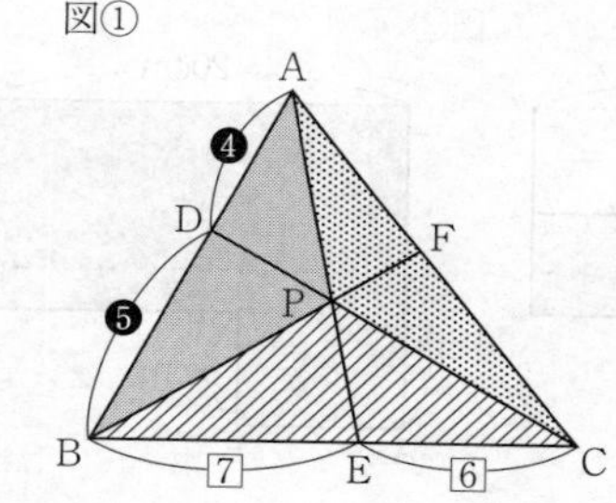

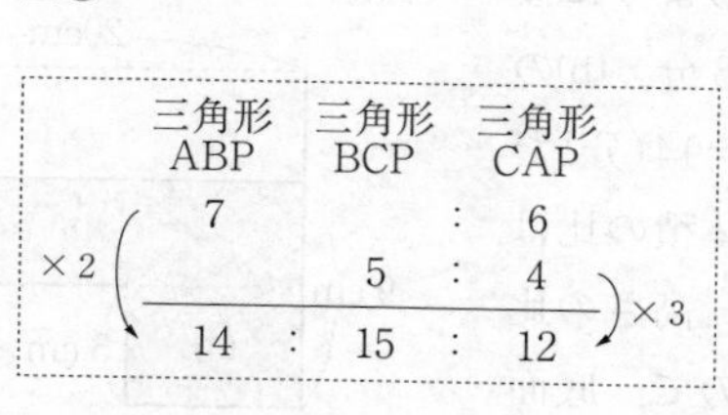

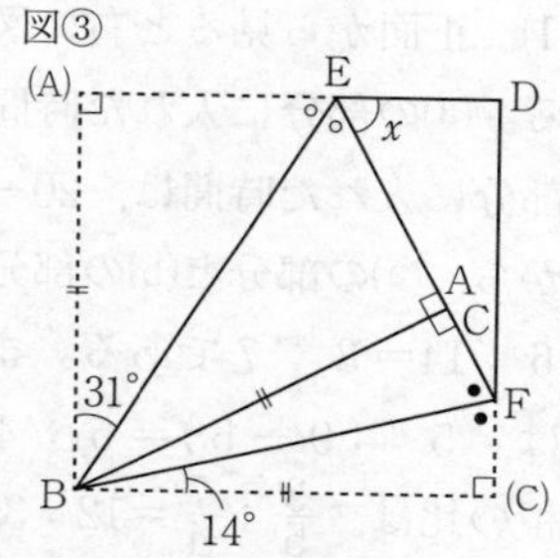

(2)　上の図③のように，BEとBFを折り目として折り返すと，角(A)BAと角(C)BCの大きさの和は，$31\times2+14\times2=90$(度)になり，BAとBCの長さは等しいから，BAとBCはぴったりと重なる。さらに，角BAEと角BCFはどちらも直角なので，和は180度となり，EAとCFは一直線上に並ぶことがわかる。よって，図③の角DEFが問題文中の［図２］の角xと等しくなる。図③で，角(A)EBの大きさは，$180-(90+31)=59$(度)なので，角(A)EFの大きさは，$59\times2=118$(度)となり，角xの大きさは，$180-118=62$(度)と求められる。

(3)　右の図④で，三角形ABCと三角形ADEは相似だから，直角をはさむ２辺の比はどちらも，$6:4=3:2$になる。よって，ADの長さを③，DEの長さを②とすると，DBの長さも②なので，ABの長さは，③＋②＝⑤となる。これが6 cmだから，①にあたる長さは，$6\div5=1.2$(cm)となり，正方形の１辺の長さは，$1.2\times2=2.4$(cm)とわかる。したがって，正方形の面積は，$2.4\times2.4=5.76$(cm^2)である。

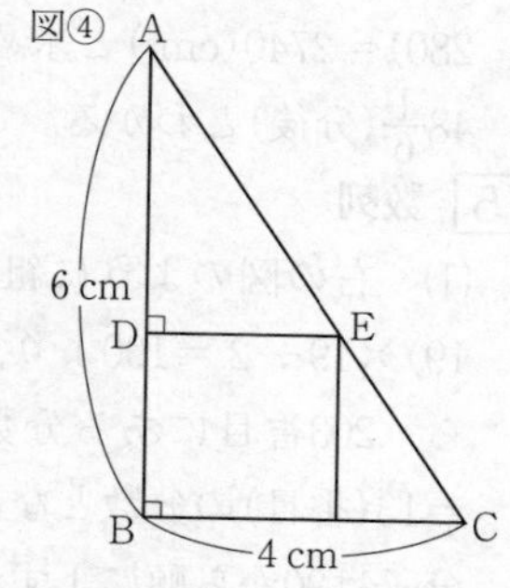

(4)　下の図⑤のように，三角形CEHを１回転してできる円すい㋐と長方形EFGHを１回転してできる円柱㋑を組み合わせた立体から，三角形CDIを１回転してできる円すい㋒と長方形DJHIを１回転してできる円柱㋓を取り除いた形の立体ができる。三角形CDIと三角形DEJは相似であり，DIの長さは，$20-8=12$(cm)なので，相似比は，$12:8=3:2$となり，CDの長さは，$17\times\frac{3}{2}=25.5$(cm)とわかる。また，円すいの側面積は，(母線)×(底面の円の半径)×(円周率)で求めることができるから，各立体の底面積と側面積

はそれぞれ下の図⑥のように求められる。よって，この立体の表面積は，㋐，㋑，㋓のそれぞれの面積の和から㋒の側面積を引けばよいので，(850＋400＋552＋144＋360－306)×3.14＝2000×3.14＝6280(cm²)と求められる。

図⑤

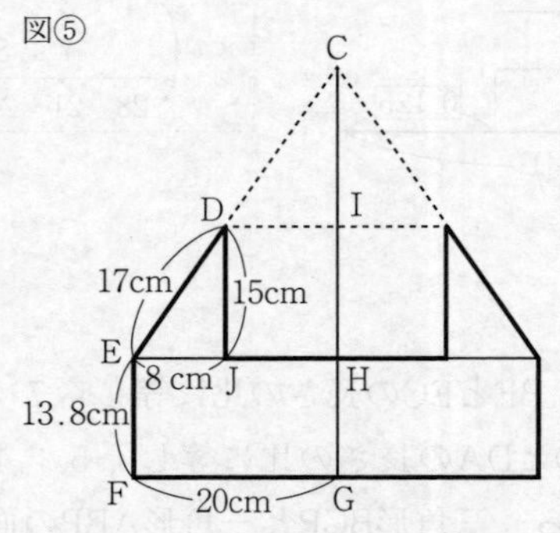

図⑥

・円すい㋐(三角形CEHを１回転)
　側面積　(25.5＋17)×20×3.14＝850×3.14(cm²)
・円柱㋑(長方形EFGHを１回転)
　底面積　20×20×3.14＝400×3.14(cm²)
　側面積　20×２×3.14×13.8＝552×3.14(cm²)
・円すい㋒(三角形CDIを１回転)
　側面積　25.5×12×3.14＝306×3.14(cm²)
・円柱㋓(長方形DJHIを１回転)
　底面積　12×12×3.14＝144×3.14(cm²)
　側面積　12×２×3.14×15＝360×3.14(cm²)

4 グラフ―水の深さと体積

(1)　正面から見ると右の図①のようになる。(a)の部分に入れた時間は６分，(b)の部分に入れた時間は，20－６＝14(分)だから，(a)の部分と(b)の部分の体積の比は，６：14＝３：７である。また，高さの比は，５：(９－５)＝５：４なので，底面積の比は，$\frac{3}{5}$：$\frac{7}{4}$＝12：35とわかる。よって，横の長さの比も12：35だから，ABの長さは，20×$\frac{12}{35}$＝6$\frac{6}{7}$(cm)と求められる。

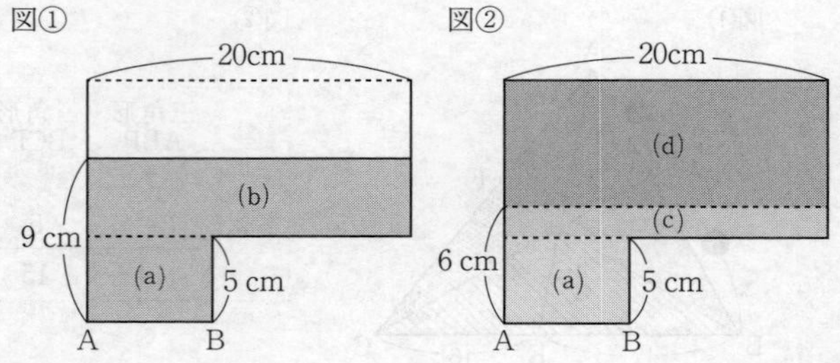

(2)　右上の図②で，(a)と(c)の部分には毎分30cm³の割合で，(d)の部分には毎分120cm³の割合で水を入れることになる。(a)の部分の体積は，80×６＝480(cm³)である。また，図①の(b)の部分の体積は，80×14＝1120(cm³)であり，(b)の部分と(c)の部分の体積の比は，(９－５)：(６－５)＝４：１なので，(c)の部分の体積は，1120×$\frac{1}{4}$＝280(cm³)とわかる。さらに，毎分50cm³の割合で入れると70分で満水になるから，容器の容積は，50×70＝3500(cm³)であり，(d)の部分の体積は，3500－(480＋280)＝2740(cm³)と求められる。よって，容器が満水になるのは，(480＋280)÷30＋2740÷120＝48$\frac{1}{6}$(分後)とわかる。これは，60×$\frac{1}{6}$＝10(秒)より，48分10秒後となる。

5 数列

(1)　右の図のように組に分けて考える。１＋２＋…＋19＝(１＋19)×19÷２＝190より，19組までに190個の分数が並んでいるから，203番目にある分数は，19＋１＝20(組)の左から，203－190＝13(番目)の分数となる。また，20組の分数の分母は21であり，分子は20から順に１ずつ小さくなるので，13番目の分子は，20－(13－１)＝８と求められる。よって，203番目の分数は$\frac{8}{21}$である。

１組　$\frac{1}{2}$　(和$\frac{1}{2}$)
２組　$\frac{2}{3}$，$\frac{1}{3}$　(和１)
３組　$\frac{3}{4}$，$\frac{2}{4}$，$\frac{1}{4}$　(和$\frac{3}{2}$)
４組　$\frac{4}{5}$，$\frac{3}{5}$，$\frac{2}{5}$，$\frac{1}{5}$　(和２)

(2)　１＋２＋…＋24＝(１＋24)×24÷２＝300より，24組までに300個の分数が並んでいるので，１組から24組までの和を求めればよい。また，１組から４組までの和は図のようになるので，各組の和は$\frac{1}{2}$ずつ増える等差数列である。さらに，N組の和は，$\frac{1}{2}\times N$と表せるから，24組の和は，$\frac{1}{2}\times 24=12$となる。よって，1組から24組までの和は，$\frac{1}{2}+1+\cdots+12=\left(\frac{1}{2}+12\right)\times 24\div 2=150$と求められる。

6 立体図形—構成，つるかめ算

⑴　問題文中の［図１］では，立方体Ａが13個，立方体Ｂが６個見えていて，見えていない立方体が，27−(13＋６)＝８(個)ある。全体の重さが最も軽くなるのは，見えていない部分がすべて立方体Ａの場合である。このとき，立方体Ａの個数は，13＋８＝21(個)，立方体Ｂの個数は６個だから，全体の重さは，５×21＋７×６＝147(ｇ)(…ア)とわかる。同様に，全体の重さが最も重くなるのは，見えていない部分がすべて立方体Ｂの場合である。このとき，立方体Ａの個数は13個，立方体Ｂの個数は，６＋８＝14(個)なので，全体の重さは，５×13＋７×14＝163(ｇ)(…イ)と求められる。

図①

立方体Ａ(５ｇ)｝合わせて
立方体Ｂ(７ｇ)｝64個で378ｇ

図②

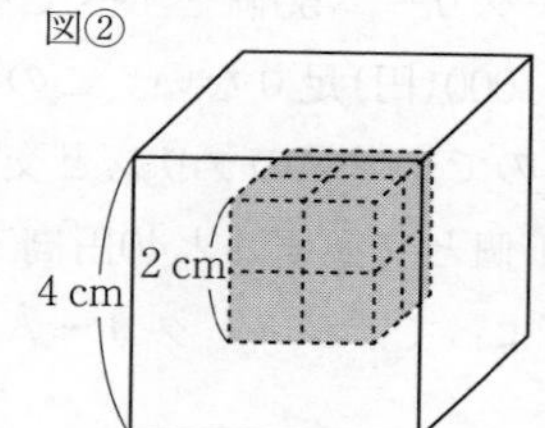

図③

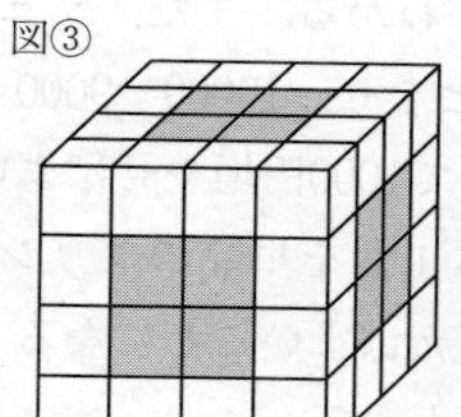

図④

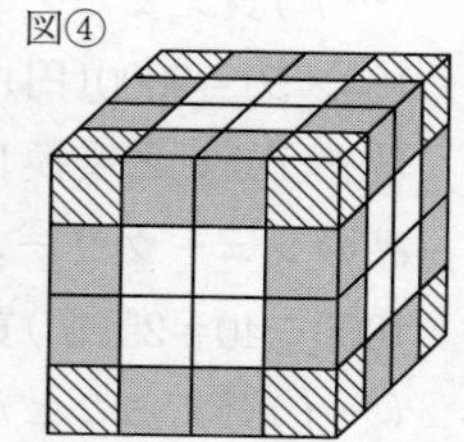

⑵　立方体Ａと立方体Ｂの個数は，上の図①のようにまとめることができる。64個すべて立方体Ａだとすると，実際の重さよりも，378−５×64＝58(ｇ)軽くなるので，立方体Ｂの個数は，58÷(７−５)＝29(個)と求められる。次に，黒い部分の面積を最も小さくするには，上の図②のように内側にかくれている，２×２×２＝８(個)の立方体をすべてＢにし，さらに上の図③のように，１面だけが見えている立方体をＢにすればよい。このとき，内側の８個をＢにするとＢの残りは，29−８＝21(個)になり，１面だけが見えている立方体は全部で，２×２×６＝24(個)あるから，そのうちの21個をＢにすることは可能である。よって，黒い部分の面積は最も小さい場合で，１×１×21＝21(cm^2)(…ア)になる。一方，黒い部分の面積を最も大きくするには，上の図④のように，３面が見えている立方体(斜線(しゃせん)をつけた立方体)→２面が見えている立方体(かげをつけた立方体)の順にＢにすればよい。このとき，斜線をつけた立方体は大きな立方体の頂点の部分に１個ずつあるので，全部で８個ある。また，かげをつけた立方体は大きな立方体の辺の部分に２個ずつあるから，全部で，２×12＝24(個)ある。したがって，斜線をつけた部分の８個とかげをつけた部分の中の，29−８＝21(個)を黒にすることが可能になる。このとき，見えている黒い面の数は，３×８＋２×21＝66(面)なので，黒い部分の面積は最も大きい場合で，１×１×66＝66(cm^2)(…イ)と求められる。

7 条件の整理

⑴　値段をまとめると，右の図１のようになる。また，プリンを少なくとも５個買うとき，シュークリームの個数が多くな

図１

（シュークリーム）
単品180円，５個セット800円
（プリン）
単品220円，６個セット1200円
（２個ずつセット）
650円

図２

・㋐　(単品)×５
　残金　5000−220×５＝3900(円)
・㋑　(２個ずつセット)×２＋(単品)×１
　残金　5000−(650×２＋220)＝3480(円)
・㋒　(２個ずつセット)×３
　残金　5000−650×３＝3050(円)

るような買い方は，上の図２のような場合が考えられる。㋐の場合，残った3900円でシュークリームを買うと，3900÷800＝４余り700より，５個セットを４セット買うことができる。さらに，700÷180＝３余り160より，単品を３個買うことができるから，シュークリームの個数は，５×４＋３＝23(個)になる。また，㋑の場合は，3480÷800＝４余り280，280÷180＝１余り100より，シュークリームの個数は，５×４＋１＋2×2＝25(個)と求められる(＿は２個ずつセットの分)。同様に，㋒の場合は，3050÷800＝３余り650，650÷180＝３余り110より，５×３＋３＋２×３＝24(個)となるので，最大で25個とわかる。

⑵　プリン50個をできるだけ安く買うとすると，50÷６＝８余り２より，６個セットを８セットと単品を２個買うことになり，代金は，1200×８＋220×２＝10040(円)になる。この状態から，単品のプリン１個を単品のシュークリーム１個と交換（こうかん）すると，220－180＝40(円)安くなる。すると，ちょうど，10040－40＝10000(円)にすることができるから，プリンは最も多くて，50－１＝49(個)(…ア)買えることがわかる。また，シュークリーム50個をすべて単品で買うとすると，代金は，180×50＝9000(円)となり，10000－9000＝1000(円)足りない。この状態から，できるだけ少ない個数をプリンと交換して1000円増やせばよいので，単品のプリンと交換することを考えればよい。単品のシュークリーム１個を単品のプリン１個と交換すると40円高くなるから，単品のプリンを，1000÷40＝25(個)買えばよいことになる。よって，シュークリームは最も多くて，50－25＝25(個)(…イ)買えることがわかる。

社　会　(25分)　＜満点：50点＞

解　答

1　**問１**　３　**問２**　(例)　1964年の東京オリンピックの開会式が行われた日だから。
2　**問１**　㋐　国会　㋑　国民投票　㋒　過半数　**問２**　１　**3**　**問１**　⑴　２　⑵　い　２　う　１　え　３　**問２**　１　**問３**　菅原道真　**問４**　２　**問５**　４　**問６**　３　**問７**　⑴　フランス　⑵　２　**4**　**問１**　あ　２　い　３　う　５　え　４　**問２**　A　２　B　６　C　５　D　４　**問３**　①　９　②　１　③　９　④　１　**問４**　⑴　(例)　地球温暖化問題　⑵　(例)　一人あたりの二酸化炭素排出量が少ない公共交通機関を利用しやすくするため，トラムの駅やバスの停留所の近くに広い駐車場をつくり，自家用車の使用台数を減らす

解　説

1　国民の祝日についての問題

問１　2019年に平成時代の天皇が退位して新天皇が即位（そくい）し，元号が平成から令和へと改められた。これに伴（ともな）い，天皇誕生日も12月23日から２月23日に移され，2020年からこの日が祝日となった。また，2020年は東京オリンピック・パラリンピックが開催（かいさい）されるため，同年に限り，もともと７月の第３月曜日であった「海の日」がオリンピック開会式前日の７月23日に，８月11日であった「山の日」が閉会式翌日の８月10日に移され，10月の第２月曜日であった「体育の日」は，名前が「スポーツの日」と変わり，オリンピック開会式当日の７月24日に移される。

問2　1964年10月10日，アジアで初の開催となる東京オリンピックの開会式が行われた。これを記念し，「スポーツに親しみ，健康な心身をつちかう日」として，1966年にこの日が「体育の日」という祝日とされた。

2　日本国憲法についての問題

問1　(ア)～(ウ)　日本国憲法第96条1項は憲法改正の手続きを記した条文で，「この憲法の改正は，各議院の総議員の三分の二以上の賛成で，国会が，これを発議し，国民に提案してその承認を経なければならない。この承認には，特別の国民投票又は国会の定める選挙の際行はれる投票において，その過半数の賛成を必要とする」と規定している。この承認が得られ，成立した改正案は，天皇が国民の名で公布する。なお，国民投票の具体的な手続きは，国民投票法で定められている。

問2　最も数の多いアは，自由権・平等権・社会権やそれに関する権利を規定した「国民の権利及び義務」が，「天皇」よりも多いと判断できる。同様に，国会や内閣のはたらきや権限についても，天皇の地位や国事行為に比べて細かく規定されていると推測できるので，1が選べる。なお，日本国憲法は，第1章で「天皇」，第3章で「国民の権利及び義務」，第4章で「国会」，第5章で「内閣」について規定している。

3　日本と外国の歴史的なかかわりについての問題

問1　(1)，(2)「あ」は，5世紀末の倭(日本)のようすが記された『宋書』倭国伝の内容。ここに記された「武」は倭の五王の1人で，大和政権の大王であったワカタケル(雄略天皇と推定される)のこととされている。「い」の内容は，3世紀ごろの倭のようすが記された『魏志』倭人伝に書かれており，239年，邪馬台国の女王卑弥呼が魏(中国)に使いを送り，皇帝から「親魏倭王」の称号や金印，銅鏡などを授かったことが記録されている。「う」の内容は，日本について書かれた初めての記述とされるもので，紀元前1世紀ごろの日本のようすが記された『漢書』地理志に見られる。「え」は1世紀ごろの倭のようすが記された『後漢書』東夷伝の内容で，これによると，倭の小国の1つである奴国の王が57年，後漢(中国)の光武帝に使いを送り，「漢委奴国王」と刻まれた金印を授けられたという。これらを古い順に並べると，「う」→「え」→「い」→「あ」となる。

問2　阿倍仲麻呂は717年に留学生として遣唐使船で唐(中国)に渡り，唐王朝の玄宗皇帝に重用されたが，日本に帰国する船が難破して唐にもどり，帰国の望みをはたせないまま亡くなった。

問3　894年，遣唐大使に任命された菅原道真は，唐がおとろえていることや航海上の危険を理由に，遣唐使の停止を朝廷に進言して受け入れられた。道真は宇多天皇の信任も厚く，その後，右大臣にまでなったが，左大臣の藤原時平のたくらみによって北九州の大宰府に左遷され，2年後にその地で亡くなった。

問4　か　室町時代，第3代将軍足利義満は明(中国)と国交を開いて貿易を始めることにした。正式な遣明船が「勘合(符)」という合い札を用いたことから，この貿易は勘合貿易ともよばれる。き　戦国時代にはポルトガル，スペインというヨーロッパの国との交流が始まった。彼らは東南アジアを経て南から日本にやってきたため南蛮人とよばれ，彼らの船である南蛮船によって，鉄砲や中国産の生糸などが輸入された。く　江戸時代初め，徳川家康から朱印状という渡航許可証を与えられた商人たちが，東南アジアに渡って貿易を行った。朱印状を与えられた貿易船を朱印船といい，その貿易は朱印船貿易とよばれる。　け　江戸時代初め，河村瑞賢が東北地方の日本海側から関門海峡，瀬戸内海を経て大阪にいたる西廻り航路を開いた。当時，蝦夷地とよばれた北海道の南部には松前藩が置かれ，彼らがアイヌとの交易で手に入れた産品は，北前船が西廻り航路を使って大阪まで運搬した。

問５　倭寇は日本の武装商人団・海賊で，室町時代初めに朝鮮や中国の沿岸を荒らしまわった。明の皇帝が室町幕府に倭寇の取りしまりを求め，足利義満がこれに応じたことで日明貿易が始まり，倭寇の活動もしずまった。東南アジアに移り住んだ日本人と直接の関係はないので，４が誤り。

問６　１は1641年，２は1613年，３は1639年，４は1635年のできごとなので，古い順に２→４→３→１となる。

問７　(1)　江戸時代末の1858年６月，幕府はアメリカとの間で日米修好通商条約を結び，貿易を始めることにした。同年７月から９月にかけて，幕府は同様の内容の条約をオランダ・ロシア・イギリス・フランスとも結んだ(安政の五か国条約)。　(2)　福沢諭吉は1835年，豊後中津藩(大分県)の下級武士の家に生まれ，1855年には大阪で緒方洪庵が開いた適塾(適適斎塾)に入門して蘭学を学んだ。その後，1858年10月に藩の命令で江戸に出ると，築地の藩邸内に，のちの慶應義塾の前身となる蘭学塾を開いた。よって，２があてはまる。なお，３は1872～76年，４は1860年のできごと。

4　**日本の伝統的農業と地球環境についての問題**

問１　**あ**　２の佐渡島は新潟県に属する日本海最大の島で，日本ではいったん絶滅したため，国の特別天然記念物に指定されているトキの保護センターがある。佐渡島では，トキだけでなく水田にかかわる生きものと共生しながら稲作をすすめるという「生きものを育む農法」が実践されている。なお，2011年に「トキと共生する佐渡の里山」がFAO(国連食糧農業機関)の世界農業遺産に認定されている。　**い**　茶草場農法は静岡県に伝わる伝統的な茶の栽培方法で，ススキなどを刈り取って茶畑に敷くことで茶の香りや味がよくなるといわれている。茶草場農法は2013年に世界農業遺産に認定された。３は，静岡県でも茶の栽培がさかんなことで知られる牧ノ原の位置である。

う　５は大分県の国東半島で，山がちであることや年間を通じて降水量が少ないことなどから，人々は小さなため池をいくつもつくるとともに，クヌギ林の保水能力を活用した農業を行ってきた。また，クヌギの原木を利用したしいたけの栽培がさかんで，大分県の乾しいたけの生産量は全国第１位である。2013年には，「クヌギ林とため池がつなぐ国東半島・宇佐の農林水産循環」として世界農業遺産に認定された。　**え**　日本一の梅の産地として知られる和歌山県の中でも，４の田辺市やみなべ町では特色のある梅の栽培が行われている。これは，山地の斜面に薪炭(紀州備長炭)用の木を植えて山を管理し，森林のはたらきを守るとともに，梅林に暮らすミツバチが梅の受粉を助けるといったように，周辺の生態系と農業が共存するもので，2015年には「みなべ・田辺の梅システム」として世界農業遺産に認定された。

問２　**A**　太平洋やインド洋に分布しているので，海水面の上昇だとわかる。　**B**　赤道直下の地域には熱帯林が分布しているところが多く，伐採などによってその量が減少している。　**C**　酸性雨の被害は，ヨーロッパや中国沿岸部，北アメリカ東部など，工業の発展しているところとその風下で見られる被害である。　**D**　アフリカ大陸北部のサハラ砂漠や，ユーラシア大陸中央のゴビ砂漠などが囲まれているので，砂漠化が進行している地域だと判断できる。　なお，オゾン層の破壊は北極・南極付近で深刻になっている。黄砂は東アジアで見られる現象。

問３　「か」は酸性雨の説明で，①は「二酸化炭素」ではなく「硫黄酸化物」が正しい。工場や自動車から空気中に放出された硫黄酸化物や窒素酸化物は，雨にとけると硫酸や硝酸となる。こうして強い酸性となった雨が降ることで，森林が枯死(こし)したり，湖沼の生物が死滅(しめつ)したりする。「き」は海水面の上昇について述べた文で，②は正しい。「く」は砂漠化について説明している。焼畑農業は熱帯や温帯の森林や原野を焼きはらった跡地で耕作をし，一定期間休ませて周期的に利用する農法で，おもに東南アジアや南アメリカで行われている。地図では砂漠の周辺が囲まれているので，③は誤りである。「休耕をしないまま広範囲(こうはんい)で農地を酷使することなどによって」といった内容が正しい。「け」は熱帯林の減少を説明した文で，④は正しい。

問４ ⑴，⑵　トラム(路面電車)や電車は，走行時の二酸化炭素排出量が自動車に比べて少ない。また，バスは自家用車に比べて一人あたりの二酸化炭素排出量が少ない。こうした特徴(とくちょう)を生かし，自宅から都市中心部の外側にある駐車場まで自家用車で来たのち，そこに車をとめてトラムや鉄道，バスなどの公共交通機関に乗りかえ，都市中心部へ入ることで，二酸化炭素の排出量を減らそうという取り組みが行われるようになっている。これを「パークアンドライド」といい，地球温暖化問題の解決に向けた有効な取り組みとして，世界各地の都市で導入がすすんでいる。

理　科　(25分) ＜満点：50点＞

解　答

1 ⑴　3　⑵　5　⑶　**ウ**　3　**エ**　2　⑷　**オ**　メス　**カ**　ハチ　⑸　ダイオード　⑹　3　2 **ア**　5　**イ**　4　3 ⑴　1　⑵　1　⑶　1　⑷　**ア**　アルタイル　**イ**　プロキオン　**ウ**　シリウス　⑸　2　⑹　1　4 ⑴　**ア**　3　**イ**　2　**ウ**　6　**エ**　3　**オ**　6　⑵　2　⑶　気体(水蒸気)

解　説

1 酸性とアルカリ性，花と実，ハチの生活，LEDについての問題

⑴　ナツミカンにはクエン酸などの酸性の成分がふくまれていて酸っぱい味がするが，弱いアルカリ性の重そう(炭酸水素ナトリウム)をナツミカンにかけると，酸性を中和して酸っぱさ(酸味)をやわらげることができる。

⑵　ナツミカンの酸性の果汁(かじゅう)と重そうが混ざって中和反応がおこるときには，二酸化炭素が発生する。重そうは分解しやすい物質で，単に重そうだけを加熱しても分解して二酸化炭素を発生する。この性質を利用して，重そうはケーキなどのふくらし粉にも使われる。

⑶　**ウ**　サクランボやミカン，カキなどの花は，めしべのもとの部分がふくらんだ子ぼうの中にはいしゅがある。花が受粉すると，はいしゅは種子となり，子ぼうは果実となる。サクランボやミカン，カキなどはこの子ぼうが成長した部分を食用としている。一方，イチゴやリンゴなどは，花の土台にあたる花たくと呼ばれる部分がおもに成長していて，その部分を食用としている。　**エ**　花が受粉しないと実ができないので，農作物を育てる畑などでは収穫(しゅうかく)量を上げるために，ヒトの手で花の一つ一つを受粉させていくことがある。畑などが広くてその作業が困難な場合は，ミツバチを放ち，ミツバチに受粉を行わせるという方法も用いられる。

⑷　**オ**　産卵管はメスがもっているつくりなので，産卵管が変化した針をもっているはたらきバチはすべてメスとわかる。　**カ**　えさ場を見つけて巣にもどったはたらきバチは，太陽のある方向

から右回りまたは左回りに何度離れた方向にえさ場があるのかを八の字ダンスで仲間に伝える。

(5) LEDは，“光を発するダイオード(半導体)”を意味する英語の語句を略したことばで，日本語では発光ダイオードと呼ばれる。近年，青色の光を出すLEDが発明されたことで，LEDを使ってあらゆる色を出せるようになり，照明器具や信号などに広く使われるようになった。

(6) 発光ダイオードは小さい電力で十分な光を発生させることができるため，効率的で寿命も長いという長所がある。ただし，発光するときの電流の向きが決まっているため，電流の向きを逆にすると電流が流れず発光しない。

2 電気回路についての問題

ア 5のつなぎ方の電池をアの部分につなぐと，スイッチを図の上側に入れた場合には2つの電池が直列つなぎとなって電球が明るく光り，スイッチを下側に入れた場合には1つの電池(右側の電池)だけが電球につながるので，すこし暗くなって光る。なお，1はスイッチを下側に入れたときに電球がつかない。2，3，4はスイッチをどちらに入れても同じ明るさでつく。6と8はスイッチを上側に入れたとき，7はスイッチを下側に入れたときにそれぞれ電池のつなぎ方が不適切になって電球はつかない。　**イ** モーターに流れる電流が逆向きになれば，モーターの回転の向きも逆になる。4のつなぎ方をイの位置に入れると，スイッチの切りかえで回路に流れる電流の向きを変えることができる。なお，1，6，7，8では，スイッチを下側または上側に入れるとモーターに電流が流れない。また，2，3，5は電流を逆向きにできない。

3 星や星座，天体の見え方についての問題

(1) 図Aの1には，夏の代表的な星座であるはくちょう座やわし座，こと座が描かれているので，8月の夜空に見える。2には，オリオン座など冬の代表的な星座が描かれている。

(2) 2のオリオン座の中心付近に見える三つ星は，春分・秋分の日の太陽の通り道とほぼ同じ道すじを通り，北緯35度の地点では55度の高度となる。一方，1のこと座やはくちょう座は天頂付近を通るので，1の方がより高度が高いところに見える。

(3) はくちょう座は天の川の中にあり，天の川をはさんで向かい合う位置にわし座とこと座が見える。この位置関係に最も適する天の川はa－dの方向である。

(4) 図Aの1のはくちょう座の1等星デネブ，わし座の1等星アルタイル，こと座の1等星ベガを結んでできる三角形は，夏の大三角と呼ばれている。また，2のオリオン座の1等星ベテルギウス，こいぬ座の1等星プロキオン，おおいぬ座の1等星シリウスを結ぶ三角形は，冬の大三角と呼ばれている。

(5) 天の川が濃く見えるというのは，見ている方向により多くの星がふくまれることを意味する。したがって，銀河系の中の太陽系の位置から見るときに，銀河系にふくまれる星がより多く(厚く)見える図Bの2の方向を選べばよい。

(6) 木星は太陽系の中で最大の惑星であり，土星よりも太陽に近いので，地球に近いところを公転している。惑星は太陽の光を受けて光って見えるので，土星よりも大きくて太陽に近い木星の方が明るく見える。

4 ものの溶け方とグラフの読み取りについての問題

(1) **ア** 100ｇの水に溶ける量をグラフから読み取ると，物質Dは40℃で約82ｇ，60℃では約81ｇ，物質Gは40℃で約33ｇ，60℃で約32ｇとなり，どちらも60℃のときの方が溶ける量がわずかに少なくなっている。同様に，物質Hは40℃で約36ｇ，60℃では約32ｇと60℃のときの方が少ない。

イ　20℃のときに50ｇの水に30ｇ以上溶かすことができないということは，100ｇの水に60ｇ以上溶かすことができないのと同じである。水100ｇに溶かすことができる量が，20℃のときに60ｇより少なく，80℃のときに60ｇ以上となっているのは，物質Ａ(20℃で約７ｇ，80℃で約70ｇ)と，物質Ｃ(20℃で約37ｇ，80℃で約66ｇ)の２つだけと読み取れる。　**ウ**　イより，20℃と80℃で100ｇの水に溶ける量の差は，物質Ａが，70－７＝63(ｇ)ほど，物質Ｃが，66－37＝29(ｇ)ほどで，どちらも20ｇよりは大きい。物質Ｆは20℃で約５ｇ，80℃で約24ｇなので，その差19ｇは20ｇより小さい。その他の物質はグラフのようすから，20℃と80℃で溶ける量の差がいずれも20ｇより小さいことがわかる。したがって，物質Ａ，Ｃ以外の６つとわかる。　**エ**　グラフは水の量を一定の100ｇにして測定した結果なので，グラフで０℃のときと60℃のときの溶ける量をそれぞれ比べてみればよい。物質ＡとＦはグラフのようすから適するとわかり，物質Ｂ，Ｄ，Ｅ，Ｇは適さないことがわかる。物質Ｃは０℃のとき約29ｇ，60℃のとき約56ｇなので適さない。物質Ｈは０℃のとき約14ｇ，60℃のとき約32ｇなので適する。よって，物質Ａ，Ｆ，Ｈの３つとなる。　**オ**　20℃で100ｇの水に溶かすことができる量が，10×２＝20(ｇ)以上となっている物質を選ぶ。物質Ａ，Ｆ以外の６つが適している。

⑵　20℃のアンモニア70リットルの重さは，0.7×70＝49(ｇ)と求められるので，グラフでは◆２の位置となる。

⑶　水は１気圧のもとでは100℃で沸とうして気体に変化するので，100℃より高い温度の液体の水は存在しない。そのため，100℃以上の温度において，液体の水に各物質が溶ける量を調べることができないので，グラフが書かれていない。

国　語　(45分)＜満点：100点＞

解答

［一］ **問１**　Ⅰ　2　Ⅱ　5　Ⅲ　3　**問２**　(例)　友達と約束しているので，今回は参加できません。　**問３**　1　**問４**　5　**問５**　4　**問６**　2　**問７**　4　［二］ **問１**　Ⅰ　3　Ⅱ　4　Ⅲ　1　Ⅳ　2　**問２**　3　**問３**　5　**問４**　2　**問５**　4　**問６**　4　［三］ **ア**　5　**イ**　9　**ウ**　2　**エ**　6　**オ**　7　［四］ **カ**　1　**キ**　5　**ク**　9　**ケ**　8　**コ**　3　［五］ 下記を参照のこと。

●漢字の書き取り

［五］ **ア**　沿線　**イ**　使命　**ウ**　下界　**エ**　車窓　**オ**　補(う)　**カ**　往来　**キ**　季語　**ク**　署名　**ケ**　縮図　**コ**　垂(らす)　**サ**　他愛　**シ**　白磁　**ス**　穀倉　**セ**　深刻　**ソ**　裁(く)

解説

［一］ **三泊四日で行われる俳句の稽古会に参加した「私」が，二十年以上前，高校生の時に先生の選択授業で俳句と出会ったことを回想し，元気なようすの先生と再会できた喜びや感慨を語る。**

問１　Ⅰ　直前に「予期しない展開」だったとあるので，“予想外のできごとにまごつく”,“不意のことに驚きあわてる”という意味の「面食らう」が合う。 Ⅱ 雨の降り続くなか，思い切って外へ出たのだから，“覚悟する”“決心する”という意味の「意を決する」がふさわしい。 Ⅲ 病気で痩せた先生を目の前にして，会えてよかったという気持ちさえ言葉にならないほど，しみじみとした思いがこみ上げてきたのだから，“何ともいえないほど身にしみて感じ入る”という意味の「感無量」がよい。

問2 角の立たない言い方への配慮は大事だが，あいまいな返答をせず，不参加を伝えることは必須である。また，一般的には理由を簡潔に述べるほうが好ましい。よって，「残念ですけれど，友達と約束があるので行けません」のような言い方をするとよい。

問3 高校を卒業する直前に出掛けた奈良で，「松明」の「炎の乱舞に心を奪われ」ていた「私」たちが，フランス留学の決まった先生から「大学生になった君たちに俳句を教えるつもりだったが，一年待っていて欲しい」と言われ，「魔法にかかっ」たということをおさえる。直後で，「今こうしているのは，この時の魔法のおかげ」だと振り返っていることから，「魔法」とは「先生が帰ってくるまで俳句を続け」なければならないと思い込んだことだとわかる。

問4 「この時の約束」とは，フランス留学から帰ってきた「先生」に俳句を教えてもらうという，「私」たちがした「二十年以上も昔」の約束にあたる。 1 「二十年以上も昔」のことを「私」は鮮明に覚えているので，合わない。 2 ほかのメンバーの多くは定年を迎えてすぐに俳句を始めているが，高校生の時に俳句に出会ったという「私」たちの話を聞き，「若い頃に俳句と出会えて幸せだ」と言ってくれるのだから，「ねたまれる」が誤り。 3 問3で検討したとおり，「魔法」は比喩として用いられているので，ふさわしくない。 4 俳句の稽古会で，「私」は先生と思い出話ができた特別な時間を幸せに感じているので，正しくない。

問5 前後に，体調が上向いている先生のようすと，それを見る「私」の心情が描かれていることに注目する。目の前の生ハムに興味津々の先生は，「自宅にその生ハムを用意して大勢招くことを想像しているよう」だと書かれている。一方「私」は，先生と「古い」話ができた「特別」な時間を喜び，「蜃気楼」でも「先生」と過ごす「明るい未来」が見えたことを「幸運」と感じている。昔の思い出にひたりつつ，この先も，元気になった先生と俳句を続けていける希望を抱いているのだから，4が選べる。

問6 問5でも検討したように，先生の病気を案じる「私」は，先生が自宅に大勢を招きたがっているようすを見て，たとえ「蜃気楼」でもそういう未来が「いま見えているだけでも幸運」と感じている。よって，2がふさわしい。なお，「蜃気楼」は，熱気と冷気による光の異常な屈折のため，像の位置がずれたり倒立して見えたり，空中や地平線近くに遠方の風物などが見えたりする現象。ここでは，“はかない期待”“まぼろし”といった意味で用いられている。

問7 もどす段落には，「暖炉を囲んでの集まり」を終え，「思い出に浸っていた私」も「部屋に引き上げ」たようすが描かれている。(4)に入れると，「私」が暖炉の前でひとしきり思い出に浸った後，「部屋に引き上げ」，「翌朝」を迎えるというつながりになり，文意が通る。

二 新元号の「令和」をとりあげて出典や読み方を説明し，長音表記と発音の関係などを解説している。

問1 Ⅰ 和歌は「首」を用いて数える。なお，「折」は，折り箱に入れたものや折り詰めにしたものなどを数えるときに用いる。「句」は，俳句や川柳を数えるときに用いる。「手」は囲碁や将棋の打ち手(指し手)などを数えるときに使う。「本」は，細長い棒状のもの，映画や論文といった作品などを数えるときに用いる。　Ⅱ「令和」の出典は，『万葉集』である。万葉集は，奈良時代の末ごろに成立した，現存する最古の和歌集。なお，『古事記』は，奈良時代前期に編纂された神話集。『福翁自伝』は，明治32(1899)年に刊行された福沢諭吉の自叙伝である。福沢諭吉は，幕末から明治にかけて活躍した啓蒙思想家で，慶應義塾の創設者としても知られる。『若草物語』は，19世紀後半のアメリカを舞台にマーチ家の四姉妹の成長を描いた，オルコットによる自伝的小説。『源氏物語』は，平安時代中期に紫式部が創作した長編物語。恋多き光源氏を主人公に，王朝文化最盛期の宮廷貴族の生活が描かれている。　Ⅲ　貴人の家に集い，梅の花を愛でながら歌を詠んでいる情景なので，「風情のある」がよい。「風情」は，味わいのある上品なおもむき。なお，「寒々とした」は，いかにも寒そうなようす。「付和雷同」は，しっかりした自分の考えがなく，むやみに人の意見に同調すること。「手に汗をにぎる」は，危険な場面や切迫した場面を見て緊張したり興奮したりすること。「昔懐かしい」は，過ぎ去ったことがらを懐かしく思うようす。　Ⅳ　少し前に，「『おう』の表記は，『オー』と読む」「『いう』の表記は，『ユー』と読む」とあることに注目する。つまり，「ソーユー」は表記だと「そういう」になると判断できる。

問2　もどす文に「それ」とあることから，前の部分には「学問の王道」についての説明が述べられているものと推測できる。(3)に入れると，「小さな発見」をそのままにせず「追求」することこそ，「学問の王道」だといえるという流れになり，文意が通る。

問3　少し前で，「ひらがなで表記する際には，外来語を除いて長音(伸ばす音)を表す“ー”を使用」しないため，「ずれが生じてややこしく」なると説明されていることに注目する。つまり，書くときは「おうさま」「おかあさん」「おとうさん」であっても，話すときには「オーサマ」「オカーサン」「オトーサン」になるように，「書いた言葉とその言葉の発音」にちがいが生じるというのだから，5が選べる。

問4　前後で，「学校(がっこう)」「先生(せんせい)」という表記を「ガッコー」「センセー」と発音するなどといったことは「自然」だと述べられている。同様に，「令和」も「レイワ」ではなく「レーワ」と読むのが「無理がなく，自然」なので，2が合う。

問5　同じ段落で説明されている。「日常的に私たちが言葉を使っている」なかで自然に変化が発生し，その後，言葉の法則や文法が定まっていくのだから，4がふさわしい。

問6　「慶應義塾中等部」は“ケーオーギジュクチュートーブ”と読むので，長音は四か所だとわかる。

三　ことわざ・故事成語・熟語の知識

ア　「歳月人を待たず」「光陰矢のごとし」は，月日のたつのがはやいようす。　**イ**「柔よく剛を制す」「柳に雪折れなし」は，“柔らかくしなやかなもののほうがかたいものよりもかえって強い”という意味。　**ウ**「弘法も筆の誤り」「河童の川流れ」は，その道の名人でも失敗はあるということ。弘法大師(空海)は，平安初期の高僧で能筆として知られる。　**エ**「登竜門」の「竜門」とは，黄河の中流にある急流。竜門をさかのぼった鯉は竜になるという伝説があり，「登竜門」で「立身出世」の関門を意味する。出世を表す言葉には，ほかに「功成り名遂げる」「栄達」などがある。　**オ**「提灯に釣り鐘」「雲泥の差」は，大きなちがいがあることのたとえ。

四　同音異義語の使い分け

カ　「会心」は，心にかなうこと。満足なこと。「改心」は，行いを反省して心を入れかえるさま。

キ　「器械」は，比較的小型で人間が直接動かす道具や仕掛け。「機械」は，動力を使って動かす装置。　ク　「気象」は，雲，雨，風，虹など，大気中で起きる現象の総称。「気性」は，生まれつきの性質。　ケ　「好奇心」は，珍しいものや未知のものごとに対する興味。「好機」は，ちょうどよい機会。　コ　「公正」は，偏りなく公平なようす。「校正」は，文章の誤りを正すこと。

五　漢字の書き取り

ア　鉄道の線路や幹線道路に沿ったところ。　イ　与えられた重大な任務。　ウ　高いところから見た低い地帯。　エ　車や電車の窓。　オ　音読みは「ホ」で，「補給」などの熟語がある。　カ　行き来。　キ　俳句などに詠みこまれた季節を表す言葉。　ク　文書上に本人が自分の氏名を書くこと。　ケ　実物を一定の割合で小さく描いた図。比喩的に，何らかのものごとを小さく端的に表わしたものにも使う。　コ　音読みは「スイ」で，「垂直」などの熟語がある。　サ　「他愛もない」は“思慮分別がない”“手ごたえがない”“取るにたりない”“とりとめのない”といった意味を表す。　シ　白色素地に透明なうわぐすりをかけて高温焼成した磁器。　ス　穀物を多く産出する地域。　セ　事態が切迫しているようす。　ソ　音読みは「サイ」で，「裁判」などの熟語がある。訓読みにはほかに「た(つ)」などがある。

Dr.福井の

入試に勝つ！脳とからだのウルトラ科学

勉強が楽しいと，記憶力も成績もアップする！

みんなは勉強が好き？　それとも嫌い？——たぶん「好きだ」と答える人はあまりいないだろうね。「好きじゃないけど，やらなければいけないから，いちおう勉強してます」という人が多いんじゃないかな。

だけど，これじゃダメなんだ。ウソでもいいから「勉強は楽しい」と思いながらやった方がいい。なぜなら，そう考えることによって記憶力がアップするのだから。

脳の中にはいろいろな種類のホルモンが出されているが，どのホルモンが出されるかによって脳の働きや気持ちが変わってしまうんだ。たとえば，楽しいことをやっているときは，ベーターエンドルフィンという物質が出され，記憶力がアップする。逆に，イヤだと思っているときには，ノルアドレナリンという物質が出され，記憶力がダウンしてしまう。

要するに，イヤイヤ勉強するよりも，楽しんで勉強したほうが，より多くの知識を身につけることができて，結果，成績も上がるというわけだ。そうすれば，さらに勉強が楽しくなっていって，もっと成績も上がっていくようになる。

でも，そうは言うものの，「勉強が楽しい」と思うのは難しいかもしれない。楽しいと思える部分は人それぞれだから，一筋縄に言うことはできないけど，たとえば，楽しいと思える教科・単元をつくることから始めてみてはどうだろう。初めは覚えることも多くて苦しいときもあると思うが，テストで成果が少しでも現れたら，楽しいと思えるきっかけになる。また，「勉強は楽しい」と思いこむのも一策。勉強が楽しくて仕方ない自分をイメージするだけでもちがうはずだ。

Dr.福井(福井一成(ふくいかずしげ))…医学博士。開成中・高から東大・文Ⅱに入学後，再受験して翌年東大・理Ⅲに合格。同大医学部卒。さまざまな勉強法や脳科学に関する著書多数。

Memo

2019年度　慶應義塾中等部

〔電　話〕（03）5247－１６７７
〔所在地〕〒108－0073　東京都港区三田２－17－10
〔交　通〕JR山手線－「田町駅」より徒歩10分
都営三田線－「三田駅」より徒歩10分

【算　数】（45分）〈満点：100点〉

〔注意〕解答は，下の〔例〕にならって□の中に０から９までの数字を１字ずつ記入しなさい。

〔例〕

(1)　333mから303mをひくと□□mになります。

解答	3	0

(2)　2.34に６をかけると $\boxed{\text{ア}\ \ }.\boxed{\text{イ}\ \ }$ になります。

解答	ア		イ	
	1	4	0	4

(3)　$\frac{5}{2}$ に $\frac{1}{3}$ をたすと $\boxed{\text{ア}}\frac{\boxed{\text{イ}}}{\boxed{\text{ウ}}}$ になります。

解答	ア	イ	ウ
	2	5	6

1　次の□に適当な数を入れなさい。

(1)　$\left(1.125+\frac{1}{4}\right)\div0.6+2.4\times\frac{2}{3}-0.065\div0.05\times\left(\frac{1}{2}-\frac{3}{8}\right)=\boxed{\text{ア}}\frac{\boxed{\text{イ}\ \ }}{\boxed{\text{ウ}\ \ }}$

(2)　$1\frac{5}{9}+1.375\div\left(5\frac{3}{8}-\boxed{\text{ア}}\frac{\boxed{\text{イ}}}{\boxed{\text{ウ}}}\div3\frac{3}{5}\right)=1\frac{8}{9}$

(3)　６個の数字０，１，２，３，４，５の中から異なる３個の数字を並べてできる３けたの整数のうち，奇数は全部で□□個あります。

(4)　今年のＡさんの年齢はＢくんの３倍で，16年後には２倍になります。今年のＢくんの年齢は□□歳です。

2　次の□に適当な数を入れなさい。

(1)　約数の個数が６個で，90との最大公約数が15である整数は□□です。

(2)　時速45kmの自動車と分速200mの自転車が同じスタート地点から出発しました。３時間走るとして，反対方向に走ったときは $\boxed{\text{ア}\ \ \ \ }$ km離れています。また，同じ方向に走った場合は $\boxed{\text{イ}\ \ }$ km離れています。

(3)　午前０時00分から正午12時00分までの12時間の間で，時計の長針と短針のつくる角度が60°になる回数は□□回です。

(4)　３％の食塩水200ｇと，□□％の食塩水500ｇを混ぜると８％の食塩水ができます。

3 次の□に適当な数を入れなさい。ただし，円周率は3.14とします。

(1) ［図１］のような平行四辺形ABCDにおいて，EFはABと平行です。また，点G，Hはそれぞれ辺DC，EF上の点です。DG＝5 cm，EH：HF＝3：2のとき，辺ABの長さは□cmです。

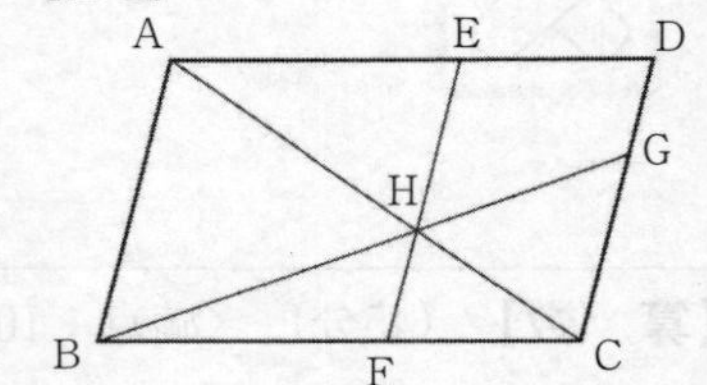

(2) ［図２］のような直角三角形ABCがあります。また，点D，Eはそれぞれ辺AB，BC上の点です。AC＝CD＝DE＝EBのとき，角xの大きさは ア . イ 度です。

(3) ［図３］は，おうぎ形AOBを点Bを中心に45°回転した様子（ようす）を表しています。色のついた部分の面積は ア . イ cm²です。

(4) ［図４］のような長方形と直角三角形を組み合わせた図形を，直線ABを軸（じく）として１回転させてできる立体の表面の面積は□cm²です。

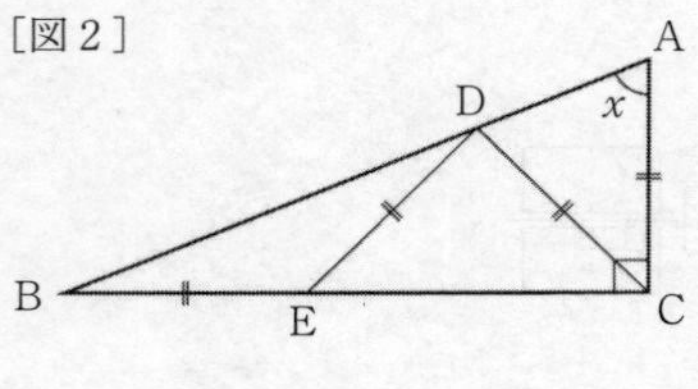

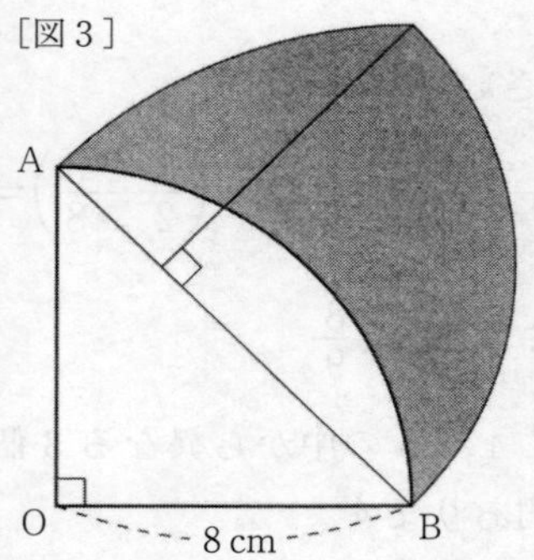

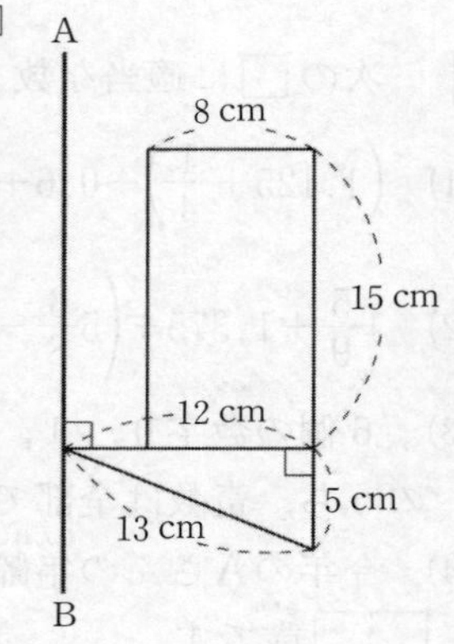

4 電車の線路沿いの道を時速４kmで歩いている人がいます。この人は，９分ごとに電車に追いこされ，６分ごとに向こうからくる電車に出会います。電車は等しい時間をあけて，一定の速さでたえず運転しているものとして，次の□に適当な数を入れなさい。

(1) 電車の速さは時速□kmです。

(2) 電車は ア 分 イ 秒間隔（かんかく）で運転されています。

5 右の図のような，直角三角形と長方形で囲まれた立体の中に水が入っています。いま，面BCFEを下にして，水平な床（ゆか）の上に置いたところ，水面の高さが$5\frac{1}{3}$cmになりました。このとき，次の□に適当な数を入れなさい。

(1) 面ABCを下にすると，水面の高さは ア $\frac{イ}{ウ}$ cmになります。

(2) 面ACFDを下にすると，水面の高さは ア . イ cmになります。

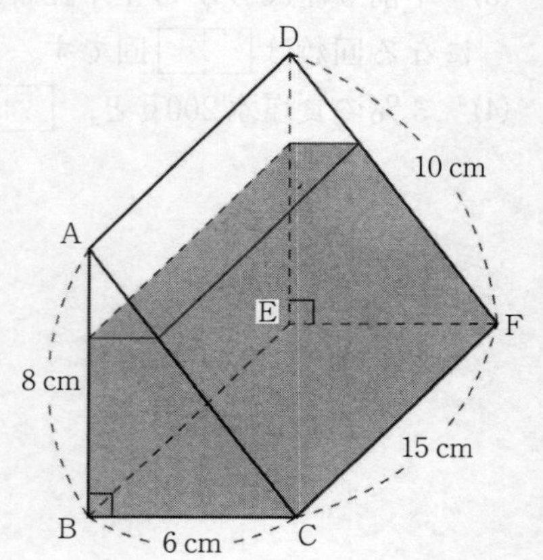

6　［図１］のような長方形ABCDがあります。点Pは辺AD上を，点Qは辺BC上を何度も往復します。点Pは頂点Aから，点Qは頂点Bから同時に出発します。点Pが動き始めてからの時間と四角形ABQPの面積の関係は［図２］のようなグラフとなりました。点Pより点Qが速く動くとき，次の□に適当な数を入れなさい。

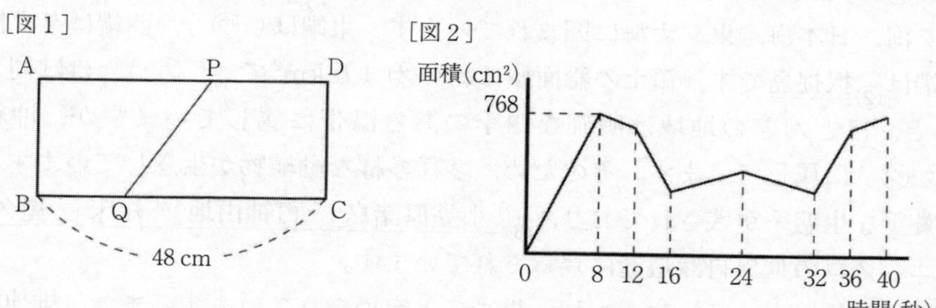

(1)　四角形ABQPの面積が長方形ABCDの面積の半分となる２回目の時間は，点Pが出発してから ア . イ 秒後です。

(2)　四角形ABQPが正方形となる２回目の時間は，点Pが出発してから ア . イ 秒後です。

7　４チームで，サッカーの総当たり戦を行います。勝ったチームは勝ち点３，引き分けたチームは勝ち点１をそれぞれ獲得（かくとく）し，負けたチームは勝ち点を得られません。勝ち点の合計の多い順に順位を決定し，勝ち点の合計が同じチームは，くじ引きで順位を決めます。このとき，次の□に適当な数を入れなさい。

(1)　２位になるチームの勝ち点の合計は，最大の場合で ア ，最小の場合で イ です。

(2)　全６試合を終えたとき，４チームの勝ち点の合計の組み合わせは，全部で □ 通りです。

【社　会】(25分)〈満点：50点〉

1 次の文章を読んで，各問に答えなさい。

日本の領土は，①北海道，本州，四国，九州の大きい4つの島と，その他の小さな島で構成されます。日本は(㋐)大陸の東に位置しており，東(㋑)と呼ばれる地域にあります。また，太平洋，オホーツク海，日本海，東シナ海に囲まれています。東端(たん)は(㋒)，西端は与那国島，南端は(㋓)，北端は②択捉島です。領土の総面積は約(㋔)万km²で，(㋕)とほぼ同じです。気候帯を見ると，ほとんどの地域は明確な四季のある温帯に属していますが，沖縄は(㋖)，北海道は(㋗)に属しています。そのため，多種多様な動植物が生息しています。日本各地には多くの貴重な生態系が残されており，③「小笠原諸島」「白神山地」「知床」「屋久島」の4つの地域は，ユネスコの世界自然遺産に登録されています。

領海は，国連海洋法条約によって海岸から12海里までと定められています。また，排他的経済水域とは，海岸から(㋘)海里までの，領海をのぞいた海域です。この水域では，漁業をしたり，石油などの天然資源を掘(ほ)ったり，科学的な調査を行ったりする活動を，他の国に邪魔(じゃま)されずに自由に行うことができます。日本の領土の広さは世界で61番目ですが，④日本の領海と排他的経済水域を合わせた面積は世界で(㋙)番目の広さになります。

(外務省「日本の領土をめぐる情勢」ほか一部改変)

問1　下線部①の中で，最も小さい島を選びなさい。

1　北海道　**2**　本州　**3**　四国　**4**　九州

問2　(㋐)と(㋑)に入る語句の組み合わせとして正しいものを選びなさい。

1　㋐　アジア　㋑　シベリア
2　㋐　ユーラシア　㋑　アジア
3　㋐　アジア　㋑　ユーラシア
4　㋐　ユーラシア　㋑　シベリア

問3　(㋒)と(㋓)に入る語句の組み合わせとして正しいものを選びなさい。

1　㋒　小笠原諸島　㋓　隠岐諸島　**2**　㋒　沖ノ鳥島　㋓　南鳥島
3　㋒　南鳥島　㋓　小笠原諸島　**4**　㋒　南鳥島　㋓　沖ノ鳥島

問4　下線部②についての説明文として正しいものを選びなさい。

1　1945年からロシア(当時はソ連)に占拠(せんきょ)されたままになっていて，自由に行き来できない
2　サンゴ礁(しょう)の島で，定住者はおらず，気象庁や国土交通省などの職員が交代で駐(ちゅう)在している
3　人口は約1500人で，漁業や農業がさかんであり，空港もあって自由に行き来できる
4　無人島だが観測所があり，国が約300億円をかけて護岸工事を行った

問5　下線部②の正しい地形を選びなさい。

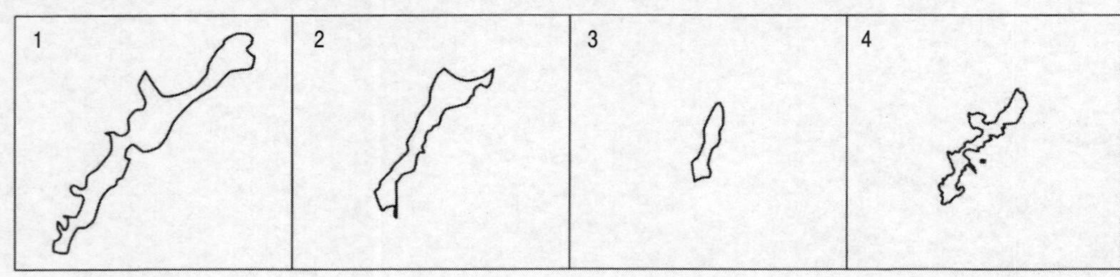

問6　(オ)と(カ)に入る数字と国名の組み合わせとして正しいものを選びなさい。

1　㋔　24　㋕　ドイツ
2　㋔　24　㋕　イギリス
3　㋔　38　㋕　ドイツ
4　㋔　38　㋕　イギリス

問7　(キ)と(ク)に入る語句の組み合わせとして正しいものを選びなさい。

1　㋖　亜熱帯　㋗　亜寒帯(冷帯)
2　㋖　亜熱帯　㋗　寒帯
3　㋖　熱帯　㋗　亜寒帯(冷帯)
4　㋖　熱帯　㋗　寒帯

問8　下線部③の中で，最も南に位置するものを選びなさい。

1　小笠原諸島　2　白神山地　3　知床　4　屋久島

問9　(ケ)と(コ)に入る数字の組み合わせとして正しいものを選びなさい。

1　㋘　24　㋙　6
2　㋘　200　㋙　6
3　㋘　24　㋙　60
4　㋘　200　㋙　60

問10　下線部④に関して，日本の領海と排他的経済水域を合わせた面積は，日本の領土の面積の約何倍ですか，正しいものを選びなさい。

1　1.2倍　2　2倍　3　12倍　4　120倍

2　次の先生と信三くんの会話を読んで，各問に答えなさい。

先生「2018年は『明治維新150年』として，各地で様々なイベントが行われましたね。それでは当時，どのようなできごとがあったのか振(ふ)り返ってみましょう。」

信三「1868年に江戸は東京と改められました。それから天皇が(**ア**)から移り，東京が首都となりました。」

先生「ペリーが(**イ**)に来航したのが1853年のことですから，①その後の15年間で社会を大きく変えるできごとが次々と起こりましたね。」

信三「明治維新後は，社会はどのように変わっていったのですか？」

先生「新政府は，早く欧(おう)米諸国に対抗(こう)できるように，産業を盛んにして，強い軍隊をつくろうと努めました。」

信三「そのころ，福沢諭吉先生は何をしていたのですか？」

先生「福沢先生が蘭(らん)学塾(じゅく)を開いたのは1858年のことでした。(**ウ**)を見学して，オランダ語が役に立たないことがわかると，西洋文化を知るために独学で英語を勉強し始めました。1860年には咸臨丸でアメリカへ渡りました。この咸臨丸の艦(かん)長が，江戸無血開城で有名な(**エ**)です。ちなみに，アメリカではほとんどの国民が初代大統領である(**オ**)の子孫が，今何をしているのかを知らないことに，福沢先生はたいへん驚(おどろ)いたそうです。またヨーロッパを訪れた際には，イギリスの議会や病院を見学しました。社会の仕組みを学び，日本で広めようと，帰国後に次々と本を出版しました。」

信三「大日本帝国憲法が発布されたのは，それからだいぶ後のことですね。」

先生「そうですね。西南戦争後に国会を開くことを求める自由民権運動が盛んになり，1881年には（**カ**）が自由党を，大隈重信が立憲改進党をつくりました。政府も憲法づくりに取り掛かり，1889年に憲法が発布され，1890年には第１回帝国議会も開かれました。」

問１　（**ア**）～（**ウ**）に入る地名をそれぞれ選びなさい。

1　浦賀　**2**　大阪　**3**　京都　**4**　長崎　**5**　函館　**6**　横浜

問２　（**エ**）～（**カ**）に入る人名をそれぞれ選びなさい。

1　板垣退助　**2**　大久保利通　**3**　勝海舟

4　西郷隆盛　**5**　リンカーン　**6**　ワシントン

問３　下線部①に関して，次のできごとを古い順に並べなさい。

1　薩長同盟の締結　**2**　大政奉還　**3**　生麦事件　**4**　日米修好通商条約の調印

3　次のできごとがおきたときの年号（元号）を選びなさい。

ア　政治改革が行われ，日本で初めての年号が定められました。

イ　文武天皇のとき，中国を手本に政治の基本がまとめられました。

ウ　源氏と平氏の対立が表面化し，源義朝に勝利した平清盛が政治の実権をにぎりました。

エ　執権北条泰時は，武士の間での土地をめぐる争いをさばく基準として法律を定めました。

オ　元の大軍が博多湾に上陸しましたが，暴風雨によって大損害をうけました。

カ　京都を主な戦場とし，足利将軍家や有力大名が東西ふた手に分かれて大乱が始まりました。

キ　幕末維新の多くの指導者を育てた吉田松陰が，反幕府の思想をとがめられ処刑されました。

ク　倒幕運動が高まる中，将軍徳川慶喜は政権を朝廷に返しました。

ケ　初めて「政府」により定められた年号が使われ始めました。

1　安政　**2**　応仁　**3**　慶応　**4**　貞永　**5**　大化

6　大宝　**7**　文永　**8**　平治　**9**　平成

4　次の文が説明しているものを語群から，またその位置を地図の中からそれぞれ選びなさい。

ア　現存する日本最古のキリスト教建築物で，原爆の被害にもあいました。

イ　16世紀以降に開発され，戦国大名たちが激しく奪いあった鉱山です。

ウ　伊達政宗によって造営された，仙台藩62万石の居城です。

エ　徳川家康を神としてまつる神社です。

オ　５世紀ころにつくられた，日本最大の古墳です。

＜語群＞

1　青葉城　**2**　稲荷山古墳　**3**　石見銀山

4　大浦天主堂　**5**　大阪城　**6**　大山古墳

7　日光東照宮　**8**　姫路城　**9**　佐渡金山

5 次のできごとについて，各問に答えなさい。

A 日本が国際連合へ加盟しました。

B アジアで初めてとなる東京オリンピックが開催(さい)されました。

C 日中平和友好条約が結ばれました。

D サミットが開催され，これを記念して2000円札が発行されました。

E 訪日外国人観光客が2800万人を超(こ)え，過去最高となりました。

問1 Aのできごとと同じ年に日本が国交を回復させた国を選びなさい。

1 アメリカ　2 イギリス

3 ソ連　4 フランス

問2 Bのできごとと同じ年に開業した日本初の高速鉄道の名前を**漢字**で答えなさい。

問3 Cのできごとに関して，国交正常化を記念して1972年に中国から日本に贈(おく)られた動物名を答えなさい。

問4 Dのできごとについて，「サミット」が開催された場所を選びなさい。

1 伊勢志摩　2 九州・沖縄

3 東京　4 洞爺湖

問5 Eのできごとについて，「訪日外国人観光客」と同じ意味の言葉を選びなさい。

1 インバウンド　2 グローバル

3 バイリンガル　4 ボランティア

6 次の先生と諭吉くん，信三くんとの会話を読んで，各問に答えなさい。

先生「2018年は様々な国際競技大会が開催された年でした。皆(みな)さんはどの大会が興味深かったですか？」

諭吉「僕(ぼく)は2月に韓国の(**ア**)で行われた冬季オリンピックが面白かったです。特にフィギュアスケートの羽生結弦選手の演技に感動しました。将棋棋士(ぎき)の羽生善治さんと囲碁(ご)棋士の井山裕太さんに続いて［ **A** ］を受賞しました。」

先生「そうでしたね。冬季オリンピックの第1回大会は1924年にフランスのシャモニーで行われましたが，当時の参加国はわずか16ヵ国でした。(**ア**)大会では90ヵ国を超えたので，とても盛り上がっていました。」

信三「中国の首都(**イ**)で行われる予定の2022年大会では，100ヵ国を突(とっ)破するかもしれませんよ！」

先生「楽しみですね。ちなみに，日本では1972年と1998年の2回，冬季オリンピックが開催されました。1998年の(**ウ**)大会は，新たに運行を開始した『あさま』に乗って現地まで観戦しに行きましたよ。」

諭吉「(**ウ**)大会は［ **B** ］世紀最後のオリンピックでした。」

先生「2018年6月には，サッカーのワールドカップがロシアで開かれましたが，決勝戦は首都の(**エ**)で行われ，フランスが2度目の優勝を果たしましたね。テレビで観(み)た人はいますか？」

諭吉「①日本時間の7月16日午前0時にキックオフということだったので，がんばって起きていようと思ったのですが，次の日が学校だったので寝(ね)てしまいました。」

先生「6時間の時差があるのでしかたがなかったですね。先日，②テニスの四大大会のひとつである全米オープンで，大坂なおみさんが日本選手としてシングルスで初めて優勝しましたが，この試合をテレビで観た人は？」

信三「はい！　決勝は③日本時間の9月9日午前5時に始まるとのことでしたので，早起きして応援(えん)しました。」

諭吉「(サマータイムで)13時間の時差があるので，今度は早朝の観戦でした。」

先生「今年はラグビーのワールドカップ，そして来年にはオリンピック・パラリンピックが日本で開催される予定です。日本の文化を世界に発信するよい機会でもあります。『④おもてなしの精神』で，今度は海外からのお客さんに喜んでもらいましょう！」

問1　(ア)～(エ)に入る地名を選びなさい。

1　札幌　　2　サンクトペテルブルク　　3　シャンハイ
4　長野　　5　ピョンチャン　　6　ピョンヤン
7　ペキン　　8　モスクワ

問2　［A］に入る語句を選びなさい。

1　敢闘賞(かんとう)　　2　国民栄誉(よ)賞
3　殊勲賞(しゅくん)　　4　文化勲章

問3　［B］に入る数字を答えなさい。

問4　下線部①について，ワールドカップの決勝は現地時間で何日の何時に始まりましたか。

1　7月15日午前6時
2　7月15日午後6時
3　7月16日午前6時
4　7月16日午後6時

問5　下線部②について，南半球で開催される大会を選びなさい。

1　全豪(ごう)オープン　　2　全仏オープン
3　全英オープン　　4　全米オープン

問6　下線部③について，全米オープンの決勝は現地時間で何日の何時に始まりましたか。

1　9月8日午後4時
2　9月8日午後6時
3　9月9日午後4時
4　9月9日午後6時

問7　下線部④について，日本を訪れる外国人観光客に対して，あなたができる「おもてなし」を，具体的に1つ答えなさい。

7 次の文章を読んで，各問に答えなさい。

近年，世界的に「食品ロス」が問題になっています。日本における「食品ロス」は年間600万トン以上で，これは世界中で飢餓（きが）に苦しむ人々への食料援助量の２倍を上回りますが，そのうちの半分近くが家庭から出されています。

問１　家庭から出る「食品ロス」とはどのような食品のことですか，資料１，２をもとに，解答欄（編集部注＝横106ミリメートル・たて27ミリメートル）におさまる程度で答えなさい。

問２　家庭から出る「食品ロス」を減らすためにできることを，資料１，２をもとに，解答欄（編集部注＝横106ミリメートル・たて54ミリメートル）におさまる程度で答えなさい。

問３　家庭以外から出る「食品ロス」の原因を，解答欄（編集部注＝横106ミリメートル・たて54ミリメートル）におさまる程度で１つ挙げなさい。

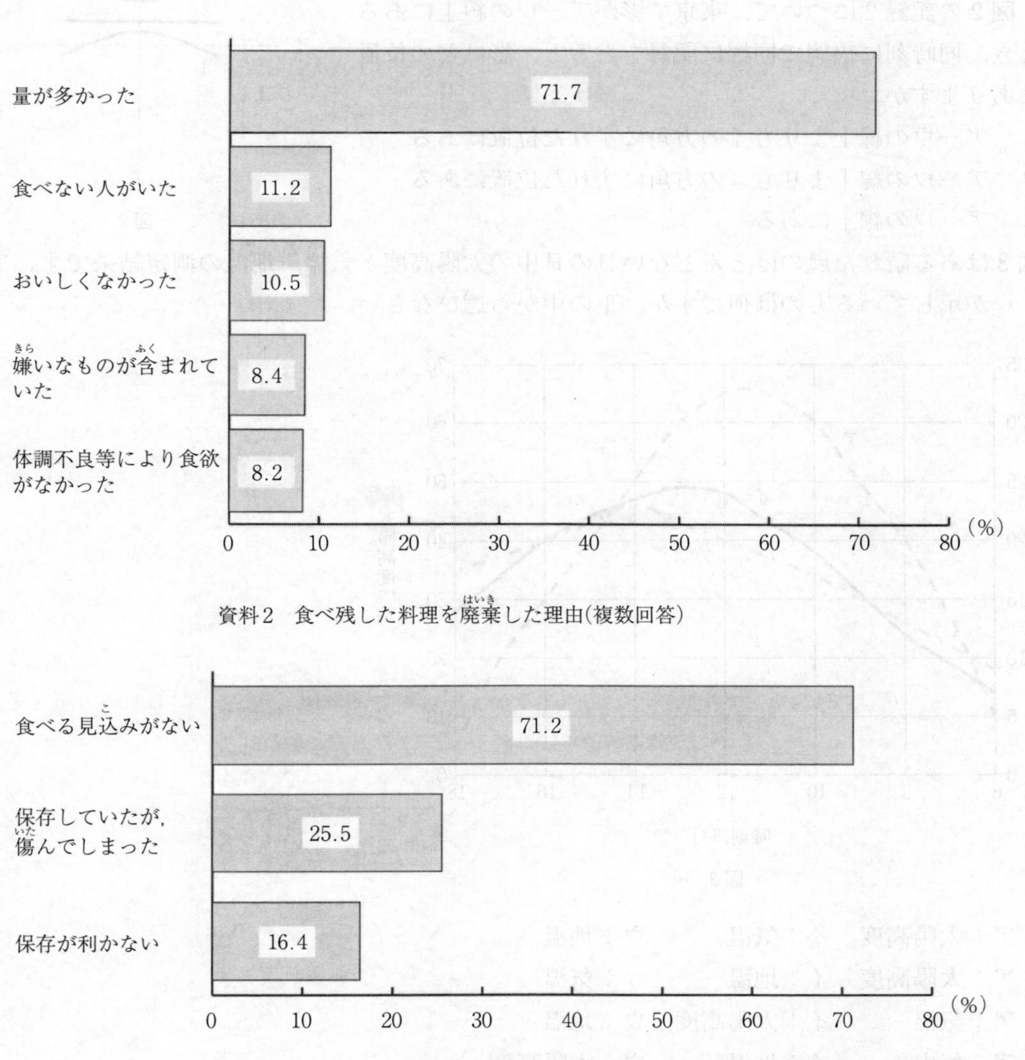

※資料は政府広報オンライン（平成28年10月11日）をもとに作成

【理　科】（25分）〈満点：50点〉

1 太陽の動きと気象に関する次の問いに答えなさい。

(1) **図1**のようにして水平な場所に記録用紙を置き，その上に棒を立てて棒の影(かげ)の先の位置に印をつけることで太陽の動きを調べました。東京での夏至・秋分・冬至の日の一日の記録を合わせると**図2**のようになりました。図中のア～エはそれぞれ東西南北のいずれかの方角を示しています。次の問いに答えなさい。

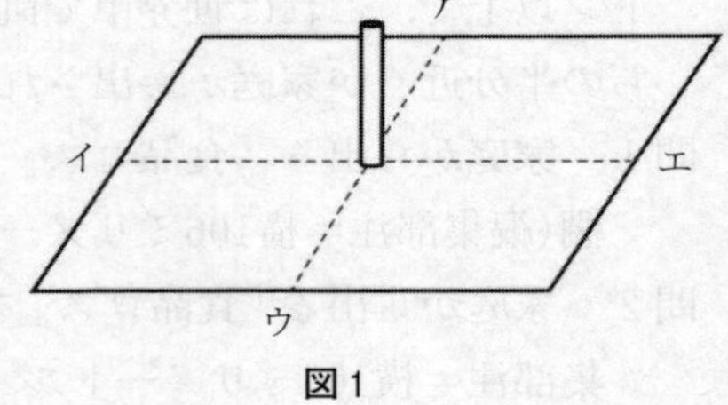

図1

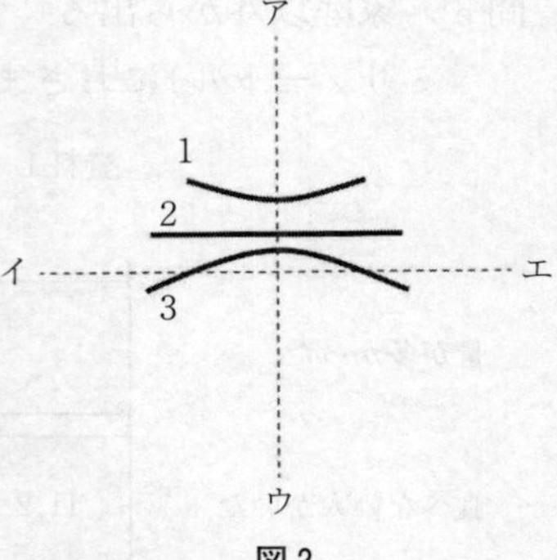

図2

① 冬至の日の影は**図2**の1～3のどれですか。

② **図2**のエの方角は次のうちどれですか。

1 東　　**2** 西　　**3** 南　　**4** 北

③ **図2**の記録2について，東京で影がア―ウの線上にあるとき，同時刻に福岡で同様に記録をとると，影はどの位置にありますか。

1 ア―ウの線上よりもイの方角にずれた位置にある
2 ア―ウの線上よりもエの方角にずれた位置にある
3 ア―ウの線上にある

(2) **図3**はある晴れた風のほとんどない日の日中の太陽高度と気温，地温の測定結果です。ア・イ・ウが示しているものは何ですか。下の中から選びなさい。

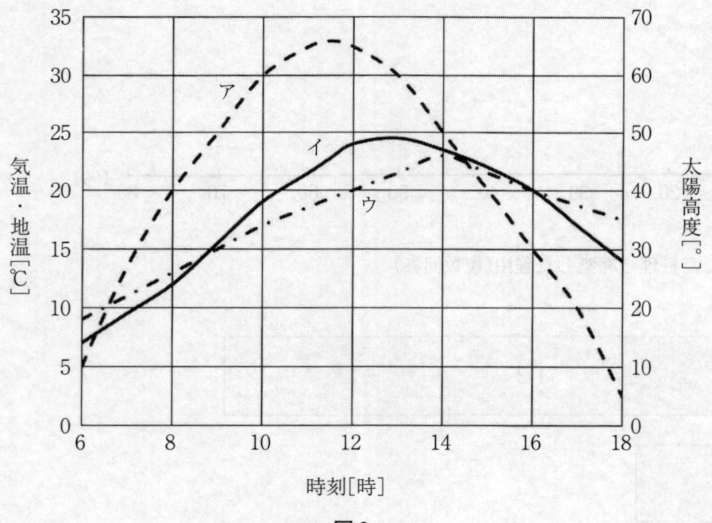

図3

1 ア：太陽高度　イ：気温　　ウ：地温
2 ア：太陽高度　イ：地温　　ウ：気温
3 ア：気温　　　イ：太陽高度　ウ：地温
4 ア：気温　　　イ：地温　　ウ：太陽高度
5 ア：地温　　　イ：太陽高度　ウ：気温
6 ア：地温　　　イ：気温　　ウ：太陽高度

(3) (2)の測定のあとも天気は翌日の朝まで晴れて風もほとんどありませんでした。翌日の朝までの気温として予想できるのは次の**1**～**3**のどれですか。

1 18時以降はほぼ一定になる

2 日の出の頃まで下がり続ける

3 夜中の12時頃まで下がり，その後一定になる

(4) 次のa～dは，それぞれ東京の春夏秋冬のいずれかの季節の特ちょうを述べたものです。春夏秋冬の順にならべたものを**1**～**4**の中から選びなさい。

a　天気が周期的に変わり，黄砂が届くことも多い
b　天気が周期的に変わり，台風が上陸することもある
c　晴れの日が多く，空気が乾燥(かんそう)する
d　南よりの風によって湿度(しつ)が高い日が続く

1 a c b d　**2** a d b c

3 b c a d　**4** b d a c

(5) **図4**は日本付近に来た台風の中心と暴風域，その進行方向を示したものです。最も強い風が吹くと考えられるのはどの地点ですか。**1**～**4**の中から選びなさい。

(6) 台風が明け方に通り過ぎ，太陽が東の空に昇ったころに虹(にじ)が見えました。虹が見えた方角を次の**1**～**4**の中から選びなさい。

1 東　**2** 西　**3** 南　**4** 北

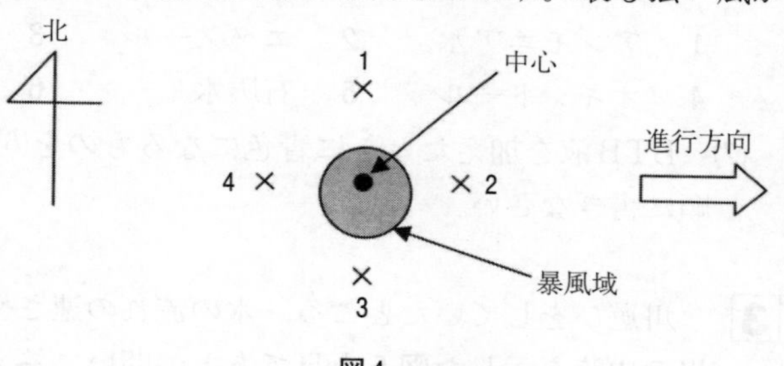

図4

2 次にあげる〈A〉～〈D〉は，物質の変化が起こる実験や物質の性質を調べる実験の方法と結果を示したものです。あとの問いに答えなさい。

〈A〉 うすい塩酸に水酸化ナトリウム水溶液を加えた液，炭酸水素ナトリウム(重そう)にうすい塩酸を注いでできた液，それぞれをゆっくり加熱して水を蒸発させると，同じ形の結晶(しょう)が残った。

〈B〉 (ア)のつぶにうすい塩酸を注いだとき，(イ)片を水酸化ナトリウム水溶液に入れたとき，いずれも気体が発生した。それぞれの気体を試験管に集めてマッチの火を近づけると，いずれもポンッと音がして試験管がくもった。

〈C〉 火をつけたろうそくを集気びんに入れて，その火が消えた後，石灰水を入れて振ると白くにごった。炭酸水素ナトリウム(重そう)に塩酸を注いだときに出てきた気体を試験管に集めて石灰水を入れて振ると，同じように白くにごった。

〈D〉 うすいアンモニア水にBTB液を加えておき，そこにドライアイスを入れると，白いけむりのようなものが出て，液の色が(ウ)を経(へ)て黄色になった。

(1) 〈A〉の実験で結晶として残った物質の名前を漢字2字で書きなさい。

(2) (ア)と(イ)にあてはまる物質名をそれぞれ次の中から選びなさい。ただし，(ア)と(イ)には同じ物質名は入れないものとします。

1 アルミニウム　2 石灰石　3 炭素
4 鉄　5 銅　6 ミョウバン

(3) 燃えたときに，〈C〉の実験のように石灰水を白くにごらせる気体ができない物質を次の中から選びなさい。

1 エタノール　2 紙　3 砂糖
4 スチールウール　5 灯油　6 メタンガス

(4) 〈D〉の実験で出た白いけむりのようなものは何ですか。次の中から選びなさい。

1 アンモニア　2 水蒸気　3 水のつぶ
4 空気　5 二酸化炭素　6 ドライアイスのつぶ

(5) (ウ)にあてはまる色の変化を次の中から選びなさい。

1 青から赤　2 青から緑　3 赤から青
4 赤から緑　5 緑から青　6 緑から赤

(6) 加熱して液体を蒸発させたときに固体の物質が残るものを次の中から選びなさい。

1 アンモニア水　2 エタノール　3 塩酸
4 オキシドール　5 石灰水　6 炭酸水

(7) BTB液を加えたときに青色になるものを(6)の選択肢から2つ選び，番号の小さいものから順に書きなさい。

3 川遊びをしていたところ，水の流れの速さや深さが場所によって違(ちが)うことに気づきました。川の中流を示した図5を見てあとの問いに答えなさい。

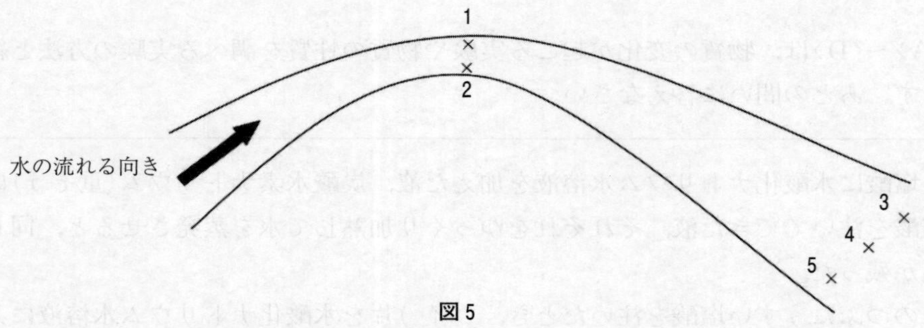

図5

(1) 図5の1～5の中から水の流れが最も速い場所を選びなさい。

(2) 図5の1～5の中から水が最も深い場所を選びなさい。

(3) 図5の地点1と地点2を結ぶ場所の川底の断面図として最も適切なものを次の中から選びなさい。選択肢の断面図は下流から見たものとします。

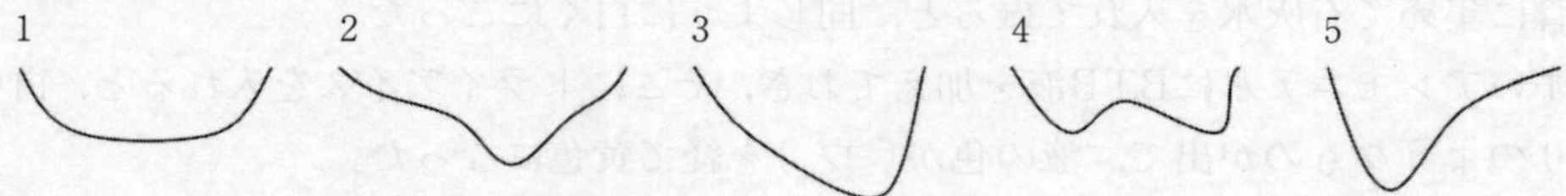

4 植物には光のエネルギーを利用してでんぷんをつくるはたらきがあります。そのはたらきによる物質の変化を次に示しました。これを見てあとの問いに答えなさい。

水＋(ア) ―(光)→ でんぷん＋(イ)

(1) このはたらきで使われる水は植物のどこから取り込むか，次の中から選びなさい。

1 葉 **2** 茎 **3** 根 **4** 花

(2) (ア)と(イ)にあてはまる気体を次の中からそれぞれ選びなさい。

1 水素 **2** 酸素 **3** ちっ素 **4** 二酸化炭素

(3) 光のエネルギーを利用してでんぷんをつくる植物のはたらきを漢字3文字で答えなさい。

(4) 夜の間でも，葉に電灯の光が当たればでんぷんがつくられるかどうか，つみ取った葉をヨウ素液で染色する方法で調べようと考えました。実験では鉢植えのジャガイモを使うことにして，それを昼間は外に置き，夕方から翌朝まで電灯をつけた室内に置きました。このとき，どのような条件にしておいた葉の結果を比べるのが最も良いですか。次の中から2つ選んで番号の小さい順に書きなさい。

1 明け方に葉をアルミニウムはくでおおい，夕方室内に入れるときにつみ取った
2 明け方に葉をアルミニウムはくでおおい，夕方室内に入れるときにそれをはずし，翌朝つみ取った
3 明け方に葉をアルミニウムはくでおおい，翌朝つみ取った
4 そのままにして，夕方室内に入れるときにつみ取った
5 そのままにして，夕方室内に入れるときにアルミニウムはくでおおい，翌朝つみ取った
6 そのままにして，翌朝つみ取った

5 底の近くにコックのある下向きのパイプを取り付けたプラスチックの円筒形の容器と，水を上から落として当てると回転するようにした羽根車を用意しました。これらを**図6**のように，容器のパイプから流れ落ちた水が羽根車に当たるように設置しました。コックを開いたままにして，時間と流れ出た水の量の関係をグラフにすると，**図7**のような形になりました。あとの問いに答えなさい。

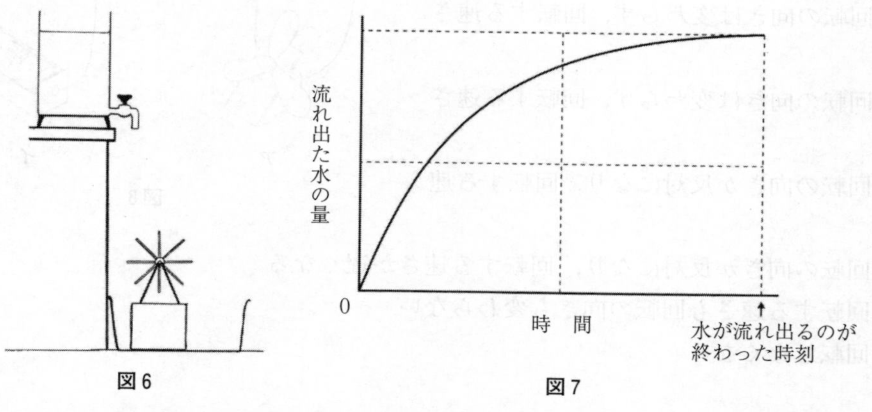

図6　図7

(1) 円筒形の容器に深さ30cmになるように水を入れてコックを開くと，水が流れきるのに

120秒かかった。水を流し始めてから20秒後と100秒後の羽根車の回る速さを比べるとどのようになっていたか，次の中から選びなさい。

1　ほぼ同じ速さだった
2　20秒後の方が速かった
3　100秒後の方が速かった

(2)　羽根車から円筒形の容器までの高さが(1)のときの2倍になるように設置して，(1)と同様に水を流したとき，羽根車の最も速いときの回転の速さはどうなるか，次の中から選びなさい。

1　(1)のときと変わらない
2　(1)のときより速くなる
3　(1)のときより遅(おそ)くなる

(3)　円筒形の容器に入れる水の深さを(1)のときの半分の15cmにすると，水が流れきるのにかかる時間はどうなるか，次の中から選びなさい。

1　およそ20秒になる
2　およそ60秒になる
3　およそ100秒になる

(4)　円筒形の容器を直径が(1)の半分のものにかえて，(1)のときと同じ量の水を入れて水が流れきるのにかかる時間をはかりました。これを(1)のときと比べるとどうなるか，次の中から選びなさい。

1　(1)のときと変わらない
2　(1)のときより長くなる
3　(1)のときより短くなる

(5)　**図8ア**のように乾電池をプロペラ付きモーターより25cm高い所に置き，導線でつなぐとプロペラが回転した。これを導線のつなぎ方を変えずに**図8イ**のようにモーターを乾電池より25cm高い所に置くと，プロペラの回転はどうなるか，次の中から選びなさい。

1　プロペラの回転する向きが反対になり，回転する速さは変わらない
2　プロペラの回転の向きは変わらず，回転する速さが速くなる
3　プロペラの回転の向きは変わらず，回転する速さが遅くなる
4　プロペラの回転の向きが反対になり，回転する速さが速くなる
5　プロペラの回転の向きが反対になり，回転する速さが遅くなる
6　プロペラの回転する速さも回転の向きも変わらない
7　プロペラは回転しなくなる

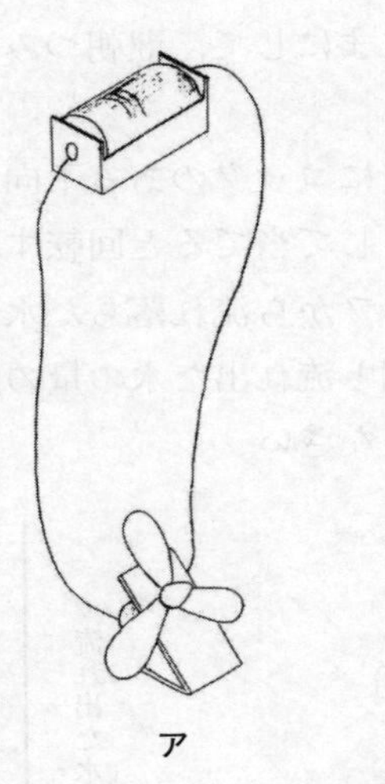
ア

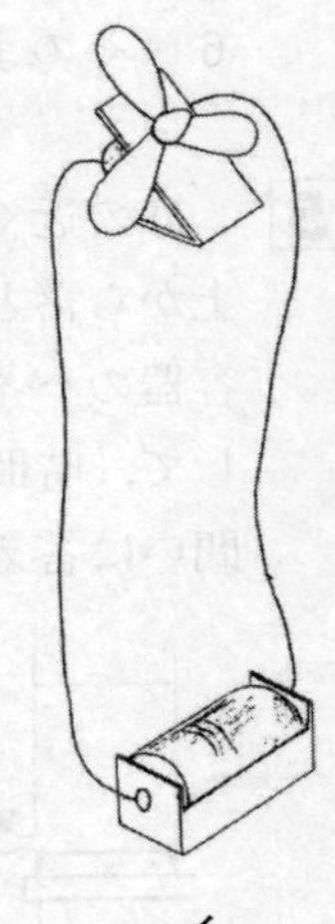
イ

図8

五　――のカタカナを、正しい漢字に直しなさい。

ア　シュタイ的に行動する
イ　トクイな才能の持ち主
ウ　セソウの移り変わり
エ　自然ケイカンを保つ
オ　タダちに向かう
カ　彼女(かの)の専門リョウイキだ
キ　ジョウセキ通りに行う
ク　あれこれシアンする
ケ　レンジツの猛暑(もう)
コ　若気のイタり
サ　先見のメイ
シ　タダイな貢献(こうけん)が認められる
ス　富士山頂のソッコウ所
セ　彼(かれ)はチクバの友だ
ソ　教育というイトナみ

花子「わたし電卓持っているから、これで今やっちゃいなよ。」
次郎「さすが花子。その切りぬけ方、かなりやばいぜ。」

お気づきのように、太郎の「やばい」と次郎の「やばい」は意味が違うように考えられます。太郎の方は(ア)と置き換えられる方で昔からの意味、次郎の方は(イ)と置き換えられる言い方で、最近使われるようになった新しい意味での使い方です。

さて、言葉は「生き物」です。使う人が多くなれば、意味も変わってきてしまいます。その良し悪しはこの際置いておくとして、近ごろ、新聞などのマスコミで取り上げられる、昔の使い方と変わりつつある言葉が右の例の他にもいくつか見受けられます。

○(コンビニでお惣菜を買って)店員「お箸はご入り用ですか」
客「あっ、大丈夫です。」

「大丈夫」という言葉は本来(ウ)などの意味で使われていたものが、(エ)という返答のかわりに使われているところがおかしいですね。

○テレビのバラエティー番組が普通に面白かった。

ここで使われる「普通」にという言葉は本来(オ)という言葉が使われるべきですね。

○「今のオレの発言、ちょっとイタかった?」「いや別に」

彼は、どこか怪我をして「イタかった」わけではなく、ここでは(カ)という意味で使っているのでしょう。

どうですか。全てが悪い言い方とは限りませんが、中には使いたくない言い回しもあったかと思います。大切なことは日々の生活の場面場面で、どういう表現を使うのが適当なのかを考える力を身につけることです。そのためには日ごろから良く考えてから言葉を発する習慣をつけることです。そのことがこれから君たちが生きていくうえでのコミュニケーション力を形成するための一助となることでしょう。

1 すごく　2 結構だ　3 なかなか
4 はなはだしい　5 問題ない　6 ぶざまだ
7 あぶない　8 必要だ　9 かっこいい

四

日本語には、畳語と呼ばれる同一の単語を重ねて一語とした言葉がある。次の各文の空らんにあてはまる畳語を〔 〕内の意味を参考にして考え、■部分に入るひらがなを後の1~5から選び番号で答えなさい。ただし、□・■・○はそれぞれひらがな一文字分を示し、同じ記号には共通したひらがなが入る。なお、濁点がつく場合にも同じひらがなと考える。必ず例を参考にすること。

(例) □■□■な種類のスポーツをたしなむ。〔いろいろ〕
→空らんには「さまざま」が入るので、答えるべきひらがなは「ま」となる。

ア 彼が犯人だと□■□■感づいていた。〔かすかに、ほのかに〕
1 す　2 こ　3 み　4 な　5 ま

イ 新製品であるにも関わらず、□○■□○■傷がある。〔いくつかの箇所〕
1 ひ　2 さ　3 ろ　4 つ　5 か

ウ □■□■心配していたことが起きてしまった。〔前もって〕
1 す　2 ね　3 つ　4 る　5 こ

エ 散歩□■□■買い物に行く。〔ついでに〕
1 に　2 き　3 り　4 た　5 お

オ 思いがけず□■□■な目に遭う。〔ひどく悪いさま〕
1 ふ　2 え　3 せ　4 ぬ　5 ん

語を学ぶときに、その言語に基準をおいた視点を取り入れて学ぶことも大切です。日常生活の中にさきほどの違和感を解きほぐしてくれるヒントが潜んでいることを忘れたくないものです。

問一 ═══1～5のうち、次の(例)と同じ使い方をしているものを選び、番号で答えなさい。

(例) 幼い頃に外国で過ごしたことがある。

問二 A・B にあてはまる漢字としてもっともふさわしいものを、それぞれ下の1～5から選び番号で答えなさい。

A 1 最 2 再 3 採 4 細 5 才

B 1 信 2 身 3 真 4 新 5 心

問三 ──ア「腑に落ちない」の意味としてもっともふさわしいものを、次の1～5から選び番号で答えなさい。

1 心にしっかりと留める
2 魂がぬけたようになる
3 心に響かない
4 納得できない
5 理解できる

問四 ──イ「両方の場面」とはどんな場面か、その説明としてもっともふさわしいものを次の1～5から選び番号で答えなさい。

1 飲食物をおかわりする場面で使うが、飲み物の場合と食べ物の場合ではっきりと区別する。
2 自分が好きな食べ物をおかわりする場面と自分が好きな飲み物をおかわりする場面で使う。
3 口に入れられるものや口に入れられないものに関係なく、容器を再び満たす場面で使う。
4 シャンプーや洗剤のように何かを洗うときに必要なものを詰め替える場面で使う。
5 自分がのぞむものが欲しい場面と相手に何かをしてもらいたい場面で使う。

問五 本文を通じて作者の言いたかったことはどんなことか、もっともふさわしいものを、次の1～5から選び番号で答えなさい。

1 外国語を勉強しながら日本語に対応している外国語の意味に違和感を覚えたら、間違って理解していると気づいたほうがよい。
2 ことばとその意味の関係は一対一で対応しているので、自分には難しいと思われる外国語でも日ごろから努力していれば理解できるようになる。
3 外国語を勉強するときは、はじめにその外国語を母語とする人に実際にどのような場面で使っているのか確かめてからその意味を理解すべきだ。
4 ことばの意味には幅があるので、外国語を学ぶときには、日本語だけの意味にとらわれてしまうのではなく、外国語からの視点もとりいれて双方向で学ぶ姿勢を持ちたい。
5 海外で通用する英語を身につけるために海外旅行にでかけて、積極的に現地の人々と交流すると思わぬ発見があるかもしれない。

三 次の文章を読んで文中の(ア)～(カ)に入る言葉としてもっともふさわしいものを、後の1～9から選び番号で答えなさい。(同じ番号は二度使わないこと)

先日、ある学校の教室の前で子どもたちが以下のような会話をしていました。

太郎「やばいよ。計算ドリルの宿題がまだ終わってないよー。」

二 次の文章を読んで、後の各問いに答えなさい。

みなさんはどんなときに「おかわり」をしますか。元気のいい「おかわり」は、それをいう方もいわれる方もうれしくなることばの一つだと思います。本当はもうおなかいっぱいなのに止められるまで何度もおかわりした1ことはありませんか。本当においしいものに出会ったときのことはだれしも忘れられないものです。

これからそんな「おかわり」にまつわる話をします。唐突ですが、英語に「refill」《「リフィル」と発音します》ということばがあります。英語を習っていない人にとっては、このような文字が現れて驚いてしまうかもしれません。これは英語版「おかわり」ということばなのですが、日本語の「おかわり」と英語の「refill」、どこが似ていてどこが異なるのかみていきましょう。

英語圏のある国を訪れたときのこと、友人宅に招待され食事をする機会がありました。何という飲み物だったか名前は忘れてしまいましたが、思わず「おかわりっ！」といいたくなる飲み物をいただきました。たどたどしい英語でなんとかその気持ちを伝えようとして余計に丁寧な言い回しになってしまうことはよくあると思いますが、とにかくおかわりをしたいという2ことは相手に伝わったらしく「refillしたいのか」と聞き返されました。その時にこのことばに出会ったのです。短く簡単なことばだったので受け売りでさっそく使ってみたところ相手も笑顔で答えてくれました。それから「おかわり」の場面では、このことばを重宝して使うようになりました。

つぎに「refill」に出会ったのは日本に帰ってからの3ことでした。シャンプーが切れてしまい、中身を補充するために詰め替え用と書かれた袋を手に取りました。ふと見るとそこには「refill」の文字がみえます。なかの液体をこぼさないように A B の注意を払いながら、4ことをなしとげましたが、ふと考えてみるとア腑に落ちない点があります。「そうだ、さっき『refill』とあったけど、こんなとき日本語では『おかわり』とは言わないな、『refill』にはもう一つ別の意味があるのかな」と気づいたのです。この場合の「refill」に相当する日本語はまさしく「詰め替え」とか「補充」であって、「おかわり」はふさわしくありません。

そこで「refill」はどんな使い方をするのか、英語を母語とする人に尋ねてみたところ、これまで述べてきたイ両方の場面で使っているという5ことでした。つまり、「refill」はもう一度その容器をいっぱいにするということに意味の重点をおいているようです。だから「refill」は、日本語の「おかわり」と「詰め替え(用)」に相当する二つの役割を果たすことができるのです。一方、「おかわり」を国語辞典で調べてみると、「同じ食器で同じものを、もう一杯食べる(飲む)こと。またそのときの飲食物。」(注『三省堂国語辞典』による)とあります。私たちにとっては、飲食にかかわる場面で使うのがふつうです。

ここで両者に共通する意味を考えてみると、空っぽの容器を満たすことともいえそうです。このように「おかわり」と「refill」の意味を比べてみると共通するところと異なるところがみえてきます。二つのことばの意味が重なり合う部分では納得できるけれども、意味が重ならない部分ではしっくりこないという人もいるのではないでしょうか。

わたしたちが外国語を理解しようとするときに日本語を基準にして考えるのは当然です。しかし、ことばであらわそうとするものをどのようにとらえるかは日本語や英語で異なるので、日本語の立場からだけで考えてしまうと、そのとらえ方の違いに気づきにくくなることもあります。この違いに気づきにくい状態にある時が違和感が生じている時といえそうです。しかし、この違和感をヒントに変えられるようになれば外国語の発想に気づく感覚が養われていくと思います。外国

3　玉藻の前は天皇に寵愛されていたが、もともと出身のはっきりしない女性だった。

4　九尾の狐が玉藻の前に化けていることを表すのに、人形のからくりが活躍する。

5　天皇の兄が天皇の暗殺を計画し、玉藻の前を利用しようとした。

問六　次の文は、本文からぬけおちたものである。この文が入るべき場所としてもっともふさわしいところを、本文中の（1）～（5）から選び番号で答えなさい。ただし、解答らんには数字だけを書くこと。

なるほど、合わせた手のひらの間に持ったストローが、両手をこすり合わせるとまわり出すようなイメージです。

問七　──d「唐突に鳴門海峡のうず潮を思い出しました」とあるが、それはなぜか。その説明としてもっともふさわしいものを、次の1～5から選び番号で答えなさい。

1　那須野が原の殺生石と同じように、うず潮で有名な鳴門海峡も松尾芭蕉が旅の途中に立ち寄った土地と言われているから。

2　九尾の狐の怨念がこもった殺生石には、今でも鳴門海峡のうず潮のような力が秘められているから。

3　玉藻の前の人形の頭の早変わりと、鳴門海峡に発生するうず潮と、どちらも不思議なからくりであることに違いはないから。

4　実在の人物が歴史に埋もれていくのと、船を吸い込んでしまいそうなうず潮のイメージに重なるものがあるから。

5　時間差によって生まれるうず潮と、伝説上の人物である玉藻の前が実在したかのように思われたいきさつに共通するものを感じたから。

問八　──e「松尾芭蕉」とあるが、このときの旅についての紀行文の題名としてもっともふさわしいものを、次の1～5から選び番号で答えなさい。

1　源氏物語　2　おくのほそ道　3　西遊記

4　草枕　5　雨ニモマケズ

問九　──f「私はその場に茫然と立ち尽くしていました」とあるが、このときの「私」の心境の説明としてもっともふさわしいものを、次の1～5から選び番号で答えなさい。

1　古くから伝わる伝説をまるで現実の出来事のように感じた経験が、大自然の不思議な現象と重なってイメージされ、そのスケールの大きさに圧倒されている。

2　伝説にまつわる名所を前にするうち、まるで九尾の狐が実在したかのように思われ、いつの間にか自分が迷信にとらわれていることを不気味に感じている。

3　松尾芭蕉と同じようにこの地を目指して旅した人たちのことを思い、そうした人々が歴史に埋もれて忘れ去られていくことを悲しんでいる。

4　弱まっているとはいえ殺生石は今なお毒ガスを吐き続けており、この場所の空気を吸ってしまったことがだんだん不安になってきている。

5　殺生石を訪ねたことで、玉藻の前の存在が急に親しく感じられ、九尾の狐に取り殺された悲運にあらためて同情を寄せている。

本と国を滅ぼそうと悪事を働いてきた九尾の狐は、ここに討たれたのです。ところが、その怨念はなおこの地に残りました。大きな石に姿を変えて、毒ガスを吐き出すようになったのです。この石に近づいたものは、人間でも動物でもたちまち命を落としてしまいます。土地の人はこれを殺生石と呼ぶようになりました。

それから長い時間が経ち、源翁という高名な僧がこの地にやって来ました。殺生石のいわれを聞いた和尚は、法力によって石の怨念を鎮め、毒を弱めることに成功しました。今ある殺生石は、この時に割られた石の一部なのです。

私は、思いがけずこの遺跡に導かれてきたことを面白く思いました。そして、d唐突に鳴門海峡のうず潮を思い出しました。海流が淡路島の外側を遠回りする時間差によって生まれる、あの不思議な現象を思い出していました。淡路島では、玉藻の前も九尾の狐も人形でした。それが、数週間を隔てて那須に再会してみると、荒涼とした岩場の石に姿を変えています。遠い昔の物語の登場人物だった玉藻の前が、急に現実のものであるかのように思われたのです。実は、九尾の狐はもちろん、玉藻の前も伝説上の存在です。たとえ実在していた人物であっても、徐々に歴史に埋もれ忘れられていくのは普通のことです。それなのに、玉藻の前や九尾の狐の事跡はこうしてここに伝えられ、この石を前にしたとき、まるで九尾の狐が実在したかのように思われるのです。昔から、本や絵、あるいはお芝居で物語に接した人々が、はるばるこの殺生石を訪ねています。俳句で有名なe松尾芭蕉も、旅の途中わざわざここに立ち寄っています。そのとき、おそらくは私と同じような感覚におそわれたのではないでしょうか。時と所をかえた伝説との再会には、印象を鮮やかにさせる力があるのです。それは、海流が迂回し出会うことで得られる力によって、うず潮が生み出されるようなものかも知れない。そんなことを思いながら、f私はその場に茫然と立ち尽くしていました。

問一　Ⅰ～Ⅳにあてはまる言葉としてもっともふさわしいものを、次の1～5から選び番号で答えなさい。

1　ところが　　2　まさか　　3　では
4　そればかりでなく　　5　さて

問二　――a「玉藻の前はみずから本性をあらわして」とあるが、玉藻の前はどうなったのか。その説明としてもっともふさわしいものを、次の1～5から選び番号で答えなさい。

1　原因不明の病気にかかった。
2　体から金色の光を放った。
3　九尾の狐に姿を変えた。
4　音楽の才能を発揮した。
5　毒ガスを吐き出すようになった。

問三　――b「こうした特徴」とあるが、その指し示す内容はどのようなことか、四十字以上五十字以内で説明しなさい。

問四　(あ)にあてはまる言葉としてもっともふさわしいものを、次の1～5から選び番号で答えなさい。

1　からくり　　2　けれん　　3　化け物
4　文楽　　5　持ち味

問五　――c「人形浄瑠璃では」とあるが、人形浄瑠璃の玉藻の前の物語の説明として間違っているものを、次の1～5から一つ選び番号で答えなさい。

1　九尾の狐は、玉藻の前を殺した後で、玉藻の前になりすました。
2　右大臣の娘は、和歌の才能を認められて天皇のお后に迎えられた。

払い、何とか天皇の危機を救うのでした。クライマックスでは、先ほどの人形のかしらのからくりが大活躍しました。薄雲皇子とのやり取りから安倍泰成との決闘にいたるまで、玉藻の前が客席から顔を背けるたびに、化け物の顔になったり人間の顔に戻ったりします。まさに、淡路人形浄瑠璃の持ち味である「けれん」を堪能した一幕でした。

公演が終わって外に出ると、日が傾いて涼しい風も吹いていました。人形座の正面は港になっていて、鳴門海峡に向けて観光船も発着しています。名物のうず潮を見るのにちょうど良い時刻だと言うので、船に乗りこみました。船は後進で岸壁を離れると、港の中で半回転して舳先を沖へ向けました。桟橋には、なんと人形座の人形が見送りに出てきています。人形に手を振りながら、港を後にしました。

しばらく右に左に島を見ながら進んでいくと、海峡にかかる大鳴門橋が見えてきます。今日一番うず潮が発生しやすい時間帯ということで、橋のまわりには大小の観光船が群れをなしています。（1）そのあたりの海面は川のような流れがあり、その間にうずが生まれては消え、消えては生まれしています。あまり近づくと、船が吸い込まれてしまいそうに見えます。（2）けれども、慣れたもののようで、ぎりぎりまで船を寄せて見せてくれます。潮の満ち引きに関係して生まれるものだと聞いたことはありましたが、おぼろげな知識しか持たない私には、ただただ不思議な光景でした。

帰りの船室では、うず潮発生の仕組みをわかりやすく解説した映像を流していました。海には潮の満ち引きが一日二回ずつあります。満ち潮の時間帯になると、太平洋から淡路島の方へ海水が流れ込んできます。（3）そして、四国と淡路島の間の鳴門海峡を通って、瀬戸内海の方へさらに流れ込もうとします。[Ⅳ]鳴門海峡は幅が狭いので、海水の多くは淡路島を迂回して大阪湾を通って瀬戸内海へ流れ込むことになります。（4）この迂回に五時間ほどかかるそうです。海水が五時間かけてようやくたどり着く頃には、鳴門海峡はすでに引き潮の時間になっています。狭い海峡で、流れ込もうとする海水と流れ出そうとする海水がすれ違う状況が生まれ、ここにうず潮が発生するのです。（5）ただただ不思議だった自然現象のからくりに初めて納得がいきました。

淡路島から帰って以来、相変わらずの猛暑のせいで外出する気になれないでいました。休みの間にせめてもう一度どこかへと考えて、山へキャンプに出かけることにしました。なるべく涼しそうな場所を探して、栃木県の那須を目的地としました。朝のうちに那須岳の山頂を踏んで、昼から麓のキャンプ場で過ごすつもりで出発しました。ところが、那須高原に差し掛かると雨が降り出しました。それほどひどい降りではありませんが、すぐに晴れそうにはありません。残念ですが、山に登るのはあきらめて、麓の神社にお参りしながら一日どう過ごすか練り直すことにしました。

お参りを済ませて参道を振り返ると、脇道の奥へ案内看板が出ています。この先に殺生石という名勝があるというのです。枯れかかったあじさいの間を進んでいくと、広い岩場があらわれました。温泉のガスが噴き出しているようで、独特の匂いもしてきます。岩場の奥の斜面が柵で囲われていて、そこに注連縄を巻かれた岩があります。これが殺生石でした。その由来はといえば、あの玉藻の前に関係するものなのでした。

玉藻の前の物語には続きがあります。都を追われた九尾の狐は、下野の国の那須野が原へ逃げたのです。そこへ、天皇は、上総の介、三浦の介の二人を追っ手としてつかわします。二人は、家来たちに狐退治の訓練を積ませて、那須野が原に乗り込みます。そして、大軍で九尾の狐を取り囲み、とうとう矢を命中させました。インド、中国、日

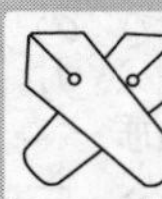

二〇一九年度 慶應義塾中等部

【国語】（四五分）〈満点：一〇〇点〉

一 次の文章を読んで、後の各問いに答えなさい。

むかし、鳥羽天皇の頃と言いますから、平安時代の終わりのことでしょうか。天皇のお后に玉藻の前と呼ばれる方がいました。それは美しい方だったそうです。出身のはっきりしない女性でありましたが、［Ｉ］、仏教や文学、音楽に通じていて、天皇の寵愛を独り占めにしていました。ところが、実はこの玉藻の前、人間ではなく九つの尾を持つ狐の妖怪、九尾の狐の化けた姿だったのです。九尾の狐は、インドや中国で国を滅ぼそうとして失敗し、日本に逃れてきました。そして今度は日本の国を滅ぼそうとして、天皇に近づいたのでした。

中秋の名月の晩、天皇は住まいに大勢の貴族たちを招いて盛大な宴会を開きました。音楽の得意な者たちに合奏させて、天皇は月をめでておりました。すると、にわかに空はかき曇り、そればかりか雨まで降り出しました。そして、しまいには風のせいで御殿の明かりという明かりが吹き消されてしまいました。慌てた警備の者たちが松明を持って駆けつけると、何と玉藻の前の体が金色の光を放って輝いています。その姿はまるで月のようでした。

天皇はそれ以来、病気になり床から起き上がれなくなってしまいました。何しろ病気の原因は誰にもわからず、どうすることもできません。家来の中に、安倍泰成という者がおりました。占いに長けた男で、その力で天皇の病気の原因をすっかり明らかにしました。天皇の病気は玉藻の前の仕業で、インド、中国から渡ってきた妖怪だということまでわかったのです。泰成は、天皇にこれを申し上げて、玉藻の前を追い払うことを進言しました。それまで玉藻の前のとりこになっていた天皇も、今は目が覚めました。妖怪を追い払うことを決心し、家来に命令を下しました。すると、ａ玉藻の前はみずから本性をあらわして宮殿を去っていったのでした。

この夏、淡路島に残る人形浄瑠璃を見ようと、淡路人形座を訪ねました。人形浄瑠璃とは、伝統的な人形劇のことです。大阪に国立文楽劇場という専用の劇場があり、その一座が大阪と東京で公演を行っています。人形は人の背丈の三分の二ほどのサイズで、それを三人で操ります。また、人形はセリフをしゃべれませんので、舞台の脇に太夫と呼ばれる人が座り、セリフや物語を語ります。淡路人形浄瑠璃も大阪の文楽も、ｂこうした特徴は共通しています。［II］、淡路人形浄瑠璃の独特なところは何かと言うと、（あ）と呼ばれる奇抜で大がかりな演出が挙げられます。人形座では、公演に先立って実演をまじえた人形の解説がありました。その中で、頭の部分に隠されているからくりも披露されました。穏やかな女性の顔が化け物の顔に早変わりする様子に、私は思わず驚きの声を漏らしてしまいました。

［III］お楽しみの公演では、玉藻の前の物語の一部が舞台にかけられました。ｃ人形浄瑠璃では、玉藻の前は右大臣の娘で、和歌の才能を認められて天皇のお后に迎えられたという設定です。ある日、玉藻の前が天皇に差し上げる和歌を詠んでいると、九尾の狐があらわれて襲いかかります。狐は玉藻の前を殺してしまうと、自分が玉藻の前になりすまします。そこへ、天皇の兄の薄雲皇子という悪者があらわれます。天皇の座を弟に奪われた皇子は、天皇の暗殺を企み、その計画に玉藻の前を利用しようとしたのです。玉藻の前は、皇子に自分の正体を明かして、協力することを約束します。その様子をこっそり覗いていたのが、安倍泰成です。神聖な鏡の威力で九尾の狐を追い

2019年度

慶應義塾中等部 ▶解説と解答

算 数 (45分) ＜満点：100点＞

解 答

1 (1) ア 3 イ 35 ウ 48 (2) ア 4 イ 1 ウ 2 (3) 48 (4) 16 **2** (1) 75 (2) ア 171 イ 99 (3) 22 (4) 10 **3** (1) 15 (2) ア 67 イ 5 (3) ア 50 イ 24 (4) 2826 **4** (1) 20 (2) ア 7 イ 12 **5** (1) ア 13 イ 1 ウ 3 (2) ア 3 イ 2 **6** (1) ア 14 イ 4 (2) ア 28 イ 8 **7** (1) ア 7 イ 2 (2) 40

解 説

1 **四則計算，逆算，場合の数，倍数算**

(1) $\left(1.125+\frac{1}{4}\right)\div0.6+2.4\times\frac{2}{3}-0.065\div0.05\times\left(\frac{1}{2}-\frac{3}{8}\right)=\left(1\frac{1}{8}+\frac{1}{4}\right)\div\frac{3}{5}+\frac{12}{5}\times\frac{2}{3}-\frac{0.065}{0.05}\times\left(\frac{4}{8}-\frac{3}{8}\right)=\left(\frac{9}{8}+\frac{2}{8}\right)\div\frac{3}{5}+\frac{8}{5}-\frac{65}{50}\times\frac{1}{8}=\frac{11}{8}\times\frac{5}{3}+\frac{8}{5}-\frac{13}{80}=\frac{55}{24}+\frac{8}{5}-\frac{13}{80}=2\frac{7}{24}+1\frac{3}{5}-\frac{13}{80}=2\frac{70}{240}+1\frac{144}{240}-\frac{39}{240}=3\frac{175}{240}=3\frac{35}{48}$

(2) $1\frac{5}{9}+1.375\div\left(5\frac{3}{8}-\square\div3\frac{3}{5}\right)=1\frac{8}{9}$より，$1.375\div\left(5\frac{3}{8}-\square\div3\frac{3}{5}\right)=1\frac{8}{9}-1\frac{5}{9}=\frac{3}{9}=\frac{1}{3}$，$5\frac{3}{8}-\square\div3\frac{3}{5}=1.375\div\frac{1}{3}=1\frac{3}{8}\div\frac{1}{3}=\frac{11}{8}\times\frac{3}{1}=\frac{33}{8}$，$\square\div3\frac{3}{5}=5\frac{3}{8}-\frac{33}{8}=\frac{43}{8}-\frac{33}{8}=\frac{10}{8}=\frac{5}{4}$ よって，$\square=\frac{5}{4}\times3\frac{3}{5}=\frac{5}{4}\times\frac{18}{5}=\frac{9}{2}=4\frac{1}{2}$

(3) 一の位→百の位→十の位の順に並べる。奇数をつくるから，一の位には{1，3，5}の3通りの数字を並べることができる。どの場合も，百の位には0と一の位に並べた数字を除いた4通りの数字を並べることができ，十の位には一の位と百の位に並べた数字を除いた4通りの数字を並べることができる。よって，3けたの奇数は全部で，3×4×4＝48(個)ある。

(4) 今年のAさんとBくんの年齢の比は3：1であり，16年後のAさんとBくんの年齢の比は2：1である。ここで，2人の年齢の差は何年たっても変わらないので，今年と16年後の2人の比の差をそろえると，右の図のようになる。よって，そろえた比の，4－3＝2－1＝1にあたる年齢が16歳とわかるから，今年のBくんの年齢は，16×1＝16(歳)である。

A B A B
今年の比 3：1＝3：1
差2 ×1 差2
16年後の比 2：1＝4：2
差1 ×2 差2

2 **整数の性質，旅人算，時計算，濃度**

(1) 求める整数をAとし，Aを15で割った商をaとすると，右の図1のように表すことができる。図1より，6とaは1以外に公約数がないから，考えられるaの値は小さい順に{1，5，7，11，…}となる。また，15を素数の積で表すと，15＝3×5となるので，a＝1のとき，A＝3×5×1＝15，a＝5のとき，A＝3×5×

図1
15) 90 A
6 a

5＝75，a＝7のとき，A＝3×5×7＝105，a＝11のとき，A＝3×5×11＝165，…のようになる。ここで，約数の個数が6個になるのは，素数の積で表したときに，□×□×□×□×□，または，○×△×△となる整数である。よって，条件に合うのは＿の場合だから，求める整数は75とわかる。

⑵　分速200mを時速に直すと，200×60＝12000(m)，12000÷1000＝12(km)になる。よって，反対方向に走ると1時間あたり，45＋12＝57(km)の割合で離(はな)れるので，3時間後には，57×3＝171(km)離れる。また，同じ方向に走ると1時間あたり，45－12＝33(km)の割合で離れるから，3時間後には，33×3＝99(km)離れる。

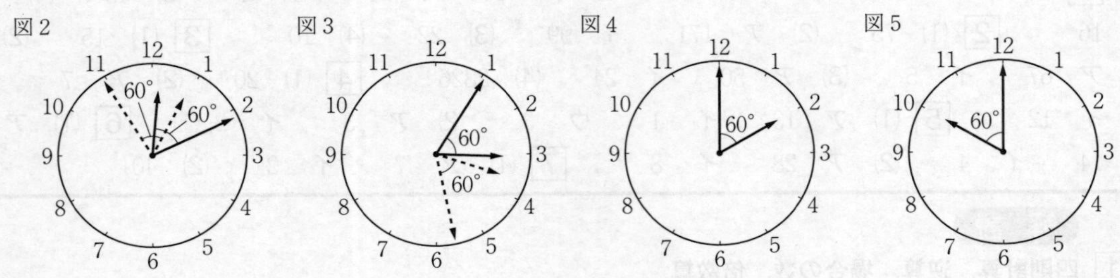

⑶　長針と短針のつくる角度が60度になるのは，上の図2や図3のように，通常は1時間に2回ある(図2は0時と1時の間，図3は3時と4時の間である)。ただし，上の図4と図5のように，2時ちょうどと10時ちょうどに60度になることに注意すると，1時間ごとの回数は右の図6のようになる。よって，全部で，2×12－2＝22(回)と求められる。なお，図6で，2時ちょうどは1時～2時の部分で回数に入れているので，2時～3時の部分では回数に入れていない。10時ちょうどについても同様である。

図6

0時～1時	2回	6時～7時	2回
1時～2時	2回	7時～8時	2回
2時～3時	1回	8時～9時	2回
3時～4時	2回	9時～10時	2回
4時～5時	2回	10時～11時	1回
5時～6時	2回	11時～12時	2回

⑷　できた食塩水の重さは，200＋500＝700(g)である。この食塩水の濃度が8％だから，この中に含(ふく)まれている食塩の重さは，700×0.08＝56(g)となる。このうち，3％の食塩水200gに含まれていた食塩の重さは，200×0.03＝6(g)なので，□％の食塩水500gに含まれていた食塩の重さは，56－6＝50(g)とわかる。よって，この食塩水の濃度は，50÷500＝0.1，0.1×100＝10(％)と求められる。

3　相似，角度，面積，表面積

⑴　下の図①で，斜線(しゃせん)の三角形とかげの三角形はそれぞれ相似である。このとき，三角形AHEと

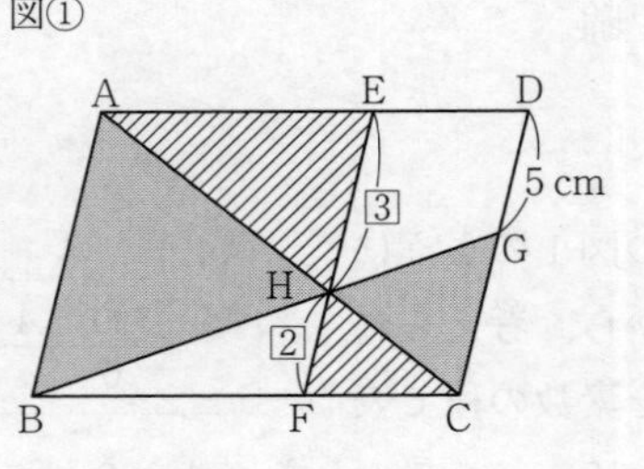

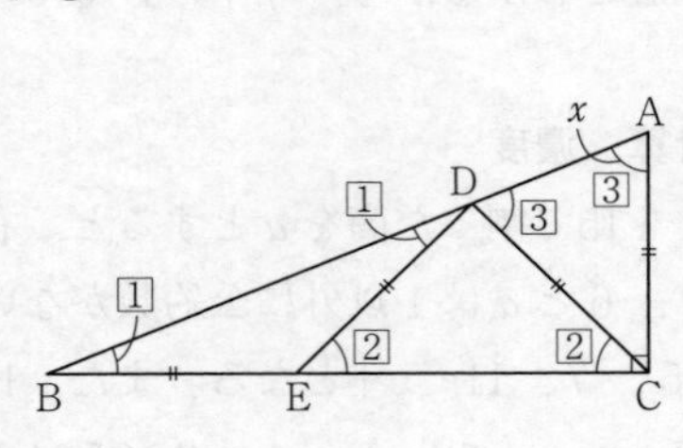

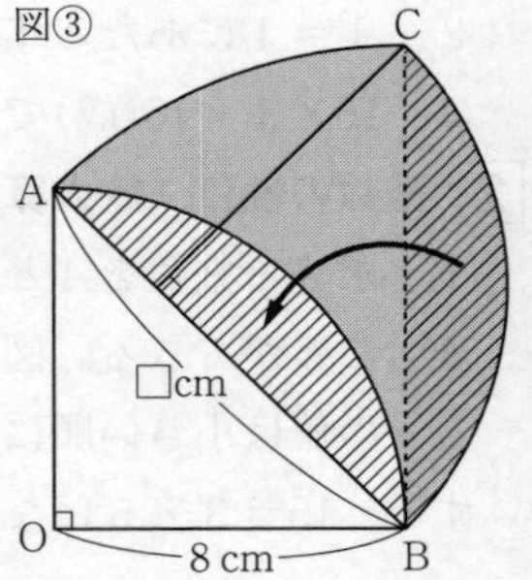

三角形CHFの相似比は，EH：FH＝３：２だから，AH：CH＝３：２となる。よって，三角形ABHと三角形CGHの相似比も３：２なので，AB：CG＝３：２とわかる。したがって，AB：DG＝３：(３－２)＝３：１だから，ABの長さは，$5\times\frac{3}{1}=15$(cm)と求められる。

(2)　上の図②で，三角形EDBは二等辺三角形なので，角DBEの大きさを①とすると，角EDBの大きさも①になる。また，三角形DBEにおいて，角DBE＋角EDB＝角DECという関係があるから，角DEC＝①＋①＝②とわかる。すると，三角形DECも二等辺三角形なので，角DCEの大きさも②になる。同様に，三角形DBCにおいて，角DBC＋角BCD＝角ADCという関係があるから，角ADC＝①＋②＝③と求められる。すると，三角形CADも二等辺三角形なので，角CADの大きさも③になる。次に，三角形ABCの内角に注目すると，①＋③＝④にあたる大きさが，180－90＝90(度)とわかるから，①にあたる角の大きさは，90÷４＝22.5(度)と求められる。したがって，角xの大きさは，22.5×３＝67.5(度)である。

(3)　上の図③で，斜線部分を矢印のように移動すると，色のついた部分はおうぎ形BCAになる。ここで，１辺８cmの正方形の面積は，８×８＝64(cm^2)なので，ABの長さを□cmとすると，□×□÷２＝64と表すことができ，□×□＝64×２＝128とわかる。また，おうぎ形BCAの中心角は，ABが回転した角度に等しいから，45度である。よって，色のついた部分の面積は，□×□×3.14×$\frac{45}{360}$＝128×3.14×$\frac{1}{8}$＝16×3.14＝50.24(cm^2)と求められる。

(4)　右の図④のように，底面の円の半径が12cmで高さが，15＋５＝20(cm)の円柱㋐から，底面の円の半径が，12－８＝４(cm)で高さが15cmの円柱㋑と，底面の円の半径が12cmで高さが５cmの円すい㋒を取り除いた形の立体ができる。かげをつけた部分を合わせると半径12cmの円になり，その面積は，12×12×3.14＝144×3.14(cm^2)となる。また，円柱㋐の側面積は，12×２×3.14×20＝480×3.14(cm^2)，円柱㋑の側面積は，４×２×3.14×15＝120×3.14(cm^2)である。さらに，円すいの側面積は，(母線)×(底面の円の半径)×(円周率)で求めることができるので，円すい㋒の側面積は，13×12×3.14＝156×3.14(cm^2)とわかる。よって，図④の立体の表面積は，144×3.14＋480×3.14＋120×3.14＋156×3.14＝(144＋480＋120＋156)×3.14＝900×3.14＝2826(cm^2)と求められる。

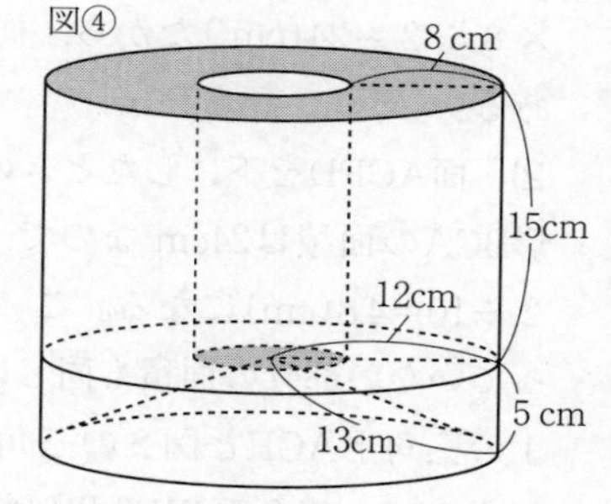

4　速さと比，和差算

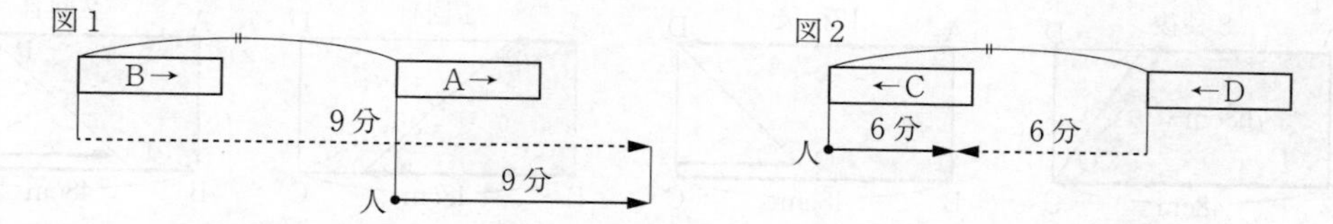

(1)　この人が電車Aに追いこされてから次の電車Bに追いこされるときのようすを図に表すと，上の図１のようになる。また，この人が電車Cと出会ってから次の電車Dと出会うまでのようすを図に表すと，上の図２のようになる。図１と図２の電車の間隔(かんかく)は等しいから，電車と人が９分で進む距離(きょり)の差と，電車と人が６分で進む距離の和が等しいことがわかる。よって，(電車と人の速さの差)×９＝(電車と人の速さの和)×６と表すことができるので，(電車と人の速さの差)：(電車と人の速さの和)＝$\frac{1}{9}$：$\frac{1}{6}$＝２：３となる。したがって，下の図３のように表すことができるから，電

車の速さと人の速さの比は，$\left(\frac{3+2}{2}\right):\left(\frac{3-2}{2}\right)=5:1$ と求められる。さらに，人の速さは時速4 kmなので，電車の速さは時速，$4\times\frac{5}{1}=20$(km)である。

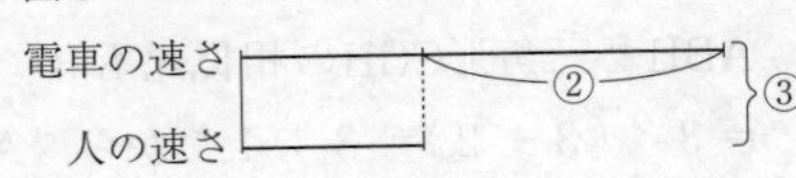

(2) 電車と電車の間隔は，電車と人が6分で進む距離の和と等しいから，$(20+4)\times\frac{6}{60}=2.4$(km)とわかる。よって，電車の運転間隔は，$2.4\div20=0.12$(時間)である。これは，$60\times0.12=7.2$(分)，$60\times0.2=12$(秒)より，7分12秒となる。

5 水の深さと体積

(1) 面BCFEを下にしたときのようすを正面から見ると，右の図1のようになる。図1で，三角形ABCと三角形AGHは相似であり，相似比は，AB：AG＝8：$\left(8-5\frac{1}{3}\right)=3:1$だから，GHの長さは，$6\times\frac{1}{3}=2$(cm)とわかる。よって，台形GBCHの面積は，$(2+6)\times5\frac{1}{3}\div2=\frac{64}{3}$(cm²)なので，水の体積は，$\frac{64}{3}\times15=320$(cm³)と求められる。次に，三角形ABCの面積は，$6\times8\div2=24$(cm²)だから，面ABCを下にしたときの水面の高さは，$320\div24=\frac{320}{24}=13\frac{1}{3}$(cm)である。

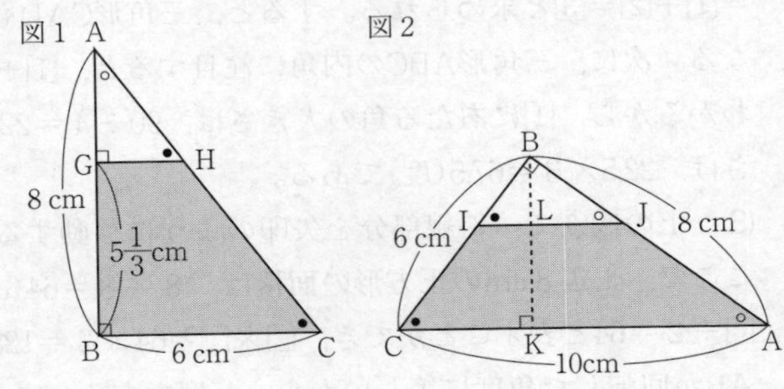

(2) 面ACFDを下にしたときのようすを正面から見ると，右上の図2のようになる。図2で，三角形BCAの面積は24cm²なので，CAを底辺と考えたときの高さをBKとすると，BKの長さは，$24\times2\div10=4.8$(cm)になる。ここで，図1と図2で水が入っている部分の面積は同じだから，水が入っていない部分の面積も同じになる。また，同じ印をつけた角の大きさはそれぞれ等しいので，図1の三角形AGHと図2の三角形JBIは合同であり，図2のBIの長さは2cmとわかる。さらに，三角形ABCと三角形JBIは相似であり，相似比は，BC：BI＝6：2＝3：1なので，BK：BL＝3：1となり，BLの長さは，$4.8\times\frac{1}{3}=1.6$(cm)とわかる。よって，図2の水面の高さ(LKの長さ)は，$4.8-1.6=3.2$(cm)と求められる。

6 グラフ―点の移動，旅人算

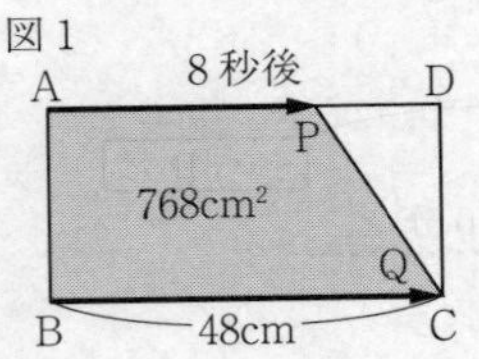

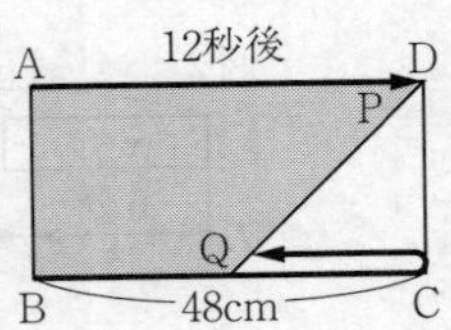

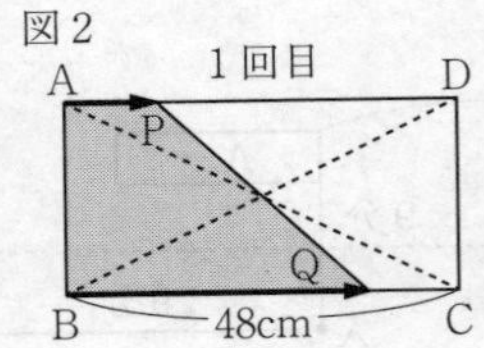

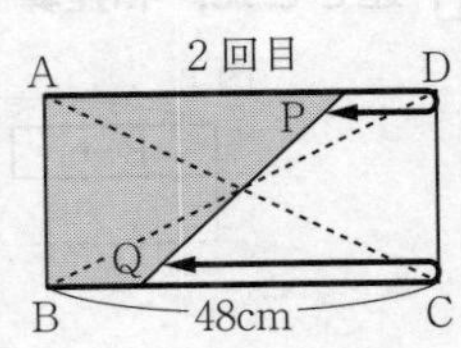

(1) 問題文中のグラフから，点Qと点Pがはじめて折り返すときのようすは，上の図1のようになることがわかる。よって，点Pの速さは毎秒，$48\div12=4$(cm)，点Qの速さは毎秒，$48\div8=6$(cm)である。また，四角形ABQPの面積が長方形ABCDの面積の半分になるのは，PQが長方形ABCDの対角線の交点を通るときだから，上の図2のようになる。図2の1回目の図で，四角形ABQPと四角形CDPQは合同なので，AP＝CQより，1回目は点Pと点Qが動いた長さの和が48

cmになるときとわかる。同様に，２回目の図で，四角形ABQPと四角形CDPQは合同だから，BQ＝DPより，２回目は点Ｐと点Ｑが動いた長さの和が，48×３＝144(cm)になるときとわかる。また，点Ｐと点Ｑが１秒間に動く長さの和は，４＋６＝10(cm)なので，２回目は出発してから，144÷10＝14.4(秒後)と求められる。

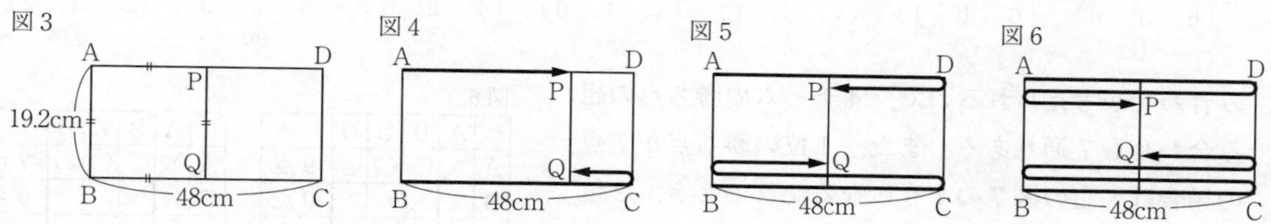

⑵　図１で，８秒後のAPの長さは，４×８＝32(cm)であり，このときの四角形ABQPの面積が768cm²だから，ABの長さは，768×２÷(32＋48)＝19.2(cm)とわかる。よって，上の図３のように，APとBQの長さがどちらも19.2cmになるときを求めればよい。そのためにはABとPQが平行になる必要があるので，ABとPQが平行になるときのAPの長さを調べることにする。ABとPQがはじめて平行になるのは，上の図４のように，点Ｐと点Ｑが合わせて，48×２＝96(cm)動いたときなので，出発してから，96÷10＝9.6(秒後)である。ところが，この間に点Ｐが動いた長さは，４×9.6＝38.4(cm)なので，条件に合わない。この後は，点Ｐと点Ｑが合わせて96cm動くごとにABとPQが平行になる。つまり，9.6秒ごとに平行になり，その間に点Ｐが動く長さは38.4cmである。よって，図４の次は点Ｐが全部で，38.4×２＝76.8(cm)動いたときだから，上の図５のようになる。図５で，APの長さは，48×２－76.8＝19.2(cm)なので，１回目に正方形になるのは図５のときである。さらに，図５の次は点Ｐが全部で，38.4×３＝115.2(cm)動いたときだから，上の図６のようになる。図６で，APの長さは，115.2－48×２＝19.2(cm)なので，２回目に正方形になるのは図６のときである。したがって，２回目に正方形になるのは出発してから，9.6×３＝28.8(秒後)とわかる。

7　条件の整理，調べ

図１

	A	B	C	D	順位
A		△	○	○	１位
B	△		○	○	２位
C	×	×		△	３位
D	×	×	△		４位

図２

	A	B	C	D	順位
A		○	○	○	１位
B	×		△	△	２位
C	×	△		△	３位
D	×	△	△		４位

図３

	A	B	C	D
A		○	○	○
B	×			
C	×			
D	×			

図４

	A	B	C	D
A				○
B				○
C				△
D	×	×	△	

⑴　４チームをＡ，Ｂ，Ｃ，Ｄとして図に表す。２位の勝ち点が最大になるのは，たとえば上の図１のような場合であり，このときＢの勝ち点は７点になる。また，２位の勝ち点が最小になるのは上の図２のような場合であり，このときＢの勝ち点は２点になる。なお，勝ち点が８点になることはなく，上の図３のように，１チームの勝ち点が９点の場合，他の３チームの勝ち点は最大でも６点にしかならないから，２位の勝ち点が７点より多くなることはない。また，上の図４のように，１チームの勝ち点が１点の場合，少なくとも２チームの勝ち点は３点以上になるので，２位の勝ち点が２点より少なくなることはない。

⑵　はじめに，３チームの場合の勝ち点の組み合わせを調べると，下の図５の①～⑦の７通りあることがわかる。次に，１位の勝ち点で場合分けをして，２位以下の勝ち点について調べる。１位の勝ち点が９点の場合は，下の図６のようになる。このとき，太線部分は図５の①～⑦の７通りの組

図５

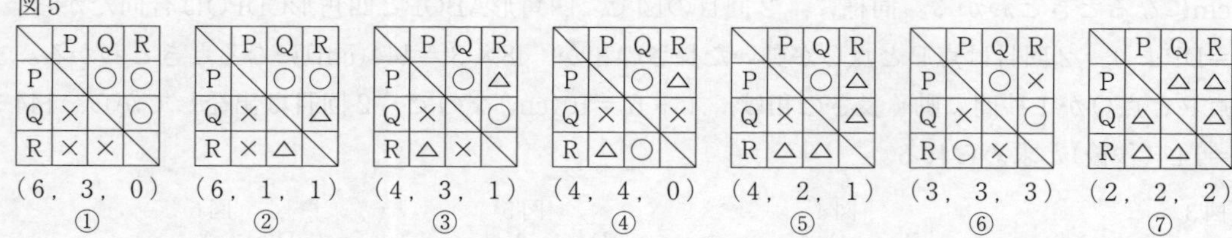

＼	P	Q	R
P	＼	○	○
Q	×	＼	○
R	×	×	＼

（6，3，0）①

＼	P	Q	R
P	＼	○	○
Q	×	＼	△
R	×	△	＼

（6，1，1）②

＼	P	Q	R
P	＼	○	△
Q	×	＼	○
R	△	×	＼

（4，3，1）③

＼	P	Q	R
P	＼	○	△
Q	×	＼	×
R	△	○	＼

（4，4，0）④

＼	P	Q	R
P	＼	○	△
Q	×	＼	△
R	△	△	＼

（4，2，1）⑤

＼	P	Q	R
P	＼	○	×
Q	×	＼	○
R	○	×	＼

（3，3，3）⑥

＼	P	Q	R
P	＼	△	△
Q	△	＼	△
R	△	△	＼

（2，2，2）⑦

み合わせが考えられるので，４チームの勝ち点の組み合わせも７通りある。また，１位の勝ち点が７点の場合は，右の図７のようになる。このとき，２位の勝ち点が７点をこえなければよいから，太線部分はやはり７通り考えられる。ただし，Ｄの勝ち点がすでに１点増えていることに注意する必要がある。つまり，たとえば図７の太線部分に図５の①を入れると，Ｂ，Ｃ，Ｄの勝ち点の組み合わせは（7，3，0），（6，4，0），（6，3，1）の３通りできる。同様に考えると，①，③，⑤の場合は３通り，②，④の場合は２通り，⑥，⑦の場合は１通りできる。ただし，このうち（4，4，1）は共通なので，これを除くと，３×３＋２×２＋１×２－１＝14（通り）とわかる。以下同様に調べると，４チームの勝ち点の合計の組み合わせは，下の図８の40通りになる。

図６

＼	A	B	C	D	
A	＼	○	○	○	9点
B	×	＼			0点
C	×		＼		0点
D	×			＼	0点

図７

＼	A	B	C	D	
A	＼	○	○	△	7点
B	×	＼			0点
C	×		＼		0点
D	△			＼	1点

図８

１位の勝ち点	２位以下の勝ち点
9	（6，3，0），（6，1，1），（4，4，0），（4，3，1），（4，2，1），（3，3，3），（2，2，2）
7	（7，3，0），（7，1，1），（6，4，0），（6，3，1），（6，2，1），（5，4，0），（5，3，1），（5，2，1），（4，4，1），（4，3，3），（4，3，2），（4，3，1），（4，2，2），（3，2，2）
6	（6，6，0），（6，4，1），（6，3，3），（5，4，1），（5，2，2），（4，4，3），（4，4，2）
5	（5，5，0），（5，4，1），（5，3，2），（5，3，1），（5，2，2），（4，4，3），（4，4，2），（4，3，2），（3，3，2）
4	（4，4，4），（4，4，3）
3	（3，3，3）

社　会　（25分）＜満点：50点＞

解　答

［1］ **問１**　3　**問２**　2　**問３**　4　**問４**　1　**問５**　1　**問６**　3　**問７**　1　**問８**　1　**問９**　2　**問10**　3　［2］ **問１**　ア　3　イ　1　ウ　6　**問２**　エ　3　オ　6　カ　1　**問３**　4，3，1，2　［3］ ア　5　イ　6　ウ　8　エ　4　オ　7　カ　2　キ　1　ク　3　ケ　9　［4］（語群，地図の順に）ア　4，9　イ　3，8　ウ　1，2　エ　7，4　オ　6，6　［5］ **問１**　3　**問２**　東海道新幹線　**問３**　パンダ　**問４**　2　**問５**　1　［6］ **問１**　ア　5　イ　7　ウ　4　エ　8　**問２**　2　**問３**　20　**問４**　2　**問５**　1　**問６**　1

問７　（例）　困っている外国人観光客がいたら，声をかけて話を聞いたり案内したりするなど，手をさしのべること。　［7］ **問１**　（例）　まだ食べられるのに廃棄される食品のこと。

問２　（例）　食品の買いすぎや料理のつくりすぎをなくし，適切な量をつくって残さず食べること。　**問3**　(例)　飲食店で，適切な量が提供されないために食べ残しが出ることや，多めに仕入れて消費されず，消費期限をむかえた売れ残りが出ること。

解説

1 日本の国土や自然についての問題

問1　日本の国土は，北海道・本州・四国・九州と7000近い島々からなる。おもな4つの島の面積は本州，北海道，九州，四国の順に大きく，その面積比はおおむね12：4：2：1となっている。

問2　ユーラシア大陸は世界最大の大陸で，ヨーロッパ州とアジア州がふくまれる。アジア州は一般に，イランやサウジアラビアなどが位置する西アジア(中東)，インドなどが位置する南アジア，タイやインドネシアなどが位置する東南アジア，ウズベキスタンなどが位置する中央アジア，日本や中国(中華人民共和国)が位置する東アジアにわけられる。なお，シベリアとはロシア(連邦)西部を南北に走るウラル山脈より東の地域を指す。

問3　日本の東端は東京都小笠原(おがさわら)村に属する南鳥島で，東経153度59分に位置する。住民はいないが，気象観測所と自衛隊の基地がおかれている。南端は，やはり東京都小笠原村に属する沖ノ鳥島で，北緯20度25分に位置する。満潮時には水面下に沈(しず)んでしまうため，大規模な護岸工事によって波の浸食(しんしょく)から島を守っている。なお，小笠原諸島は南鳥島や沖ノ鳥島，父島や母島などをふくむ島々で，すべて東京都小笠原村に属している。隠岐(おき)諸島は島根県北方の日本海に浮かぶ島々である。

問4　択捉(えとろふ)島は，北緯45度33分という日本の北端に位置し，国後(くなしり)島・色丹(しこたん)島・歯舞(はぼまい)群島とともに北方領土を形成している。北方領土は日本固有の領土であるが，太平洋戦争末期の1945年，ソ連(現在のロシア)によって占拠(せんきょ)され，現在もロシアの施政権下におかれている。よって，1が正しい。なお，2は南鳥島，3は与那国(よなぐに)島，4は沖ノ鳥島についての説明。

問5　択捉島は北東から南西にのびており，中央北部で散布(ちりっぷ)半島が突(つ)き出し，中央南部で単冠(ひとかっぷ)湾が入りこむ形や，なだらかな海岸線などを特徴(とくちょう)とする。よって，1が選べる。なお，2は国後島，3は種子(たね)島(鹿児島県)，4は沖縄島の形。

問6　日本の国土面積は約38万km²で，ヨーロッパの国では約36万km²あるドイツに近い。イギリスは日本よりずっと小さく，約24万km²である。

問7　日本は南北に広いため，南と北ではかなり気候に違いが見られる。国土のほとんどは温帯に属しているが，冬でも温暖な沖縄などの南西諸島は亜(あ)熱帯に，冬の寒さが厳しい北海道は亜寒帯(冷帯)に属する。なお，熱帯はおもに赤道直下の地域で，寒帯は北極に近い地域で見られる気候である。

問8　日本にあるユネスコ(国連教育科学文化機関)の世界自然遺産登録地のうち，「知床(しれとこ)」は北海道，「白神山地」は青森県と秋田県，「小笠原諸島」は東京都，「屋久島」は鹿児島県にある。ただし，九州のすぐ南方にある屋久島よりも，小笠原諸島のほうが南に位置している。

問9　排他的経済水域とは沿岸から200海里(約370km)までの海域のことで，沿岸国には海域内の水産資源や海底資源の主権的権利が認められている。日本は島国であるため，排他的経済水域が国土面積に比べて広く，世界第6位となっている。

問10　日本の領海は約43万km²，排他的経済水域は約405万km²ある。よって，(43＋405)÷38＝11.7…より，約12倍となる。

2 江戸時代末～明治時代のできごとと人物についての問題

問1　ア　794年に都が京都の平安京に移されて以来，江戸時代末まで天皇は京都に暮らしていた。1868年，江戸が東京と改められると，首都機能の移転とともに天皇も京都から東京へ移り，現在にいたっている。　**イ**　1853年，アメリカ合衆国の東インド艦隊長官ペリーは，大統領の使節として神奈川県の浦賀に来航し，開国を求める大統領の国書を幕府に手渡した。幕府が回答を保留したためいったん日本を離れたが，翌54年に再来航し，幕府との間で日米和親条約を結んだ。　**ウ**　福沢諭吉はオランダ語を学び，日米修好通商条約が結ばれたのと同じ1858年，東京築地に蘭学塾(らんがくじゅく)を開いた。開港地とされた横浜ではもっぱら英語が用いられていたため，翌59年にこの地を訪れた福沢は，自分が勉強したオランダ語が役に立たないことを実感し，英語を学び始めたといわれる。

問2　エ　勝海舟(かつかいしゅう)は幕臣で1860年に幕府の軍艦咸臨丸(かんりんまる)の艦長として遣米使節に従い，アメリカに渡った。帰国後は海軍奉行や軍事総裁などを歴任し，戊辰(ぼしん)戦争のさいには幕府側の代表として西郷隆盛と会談し，江戸城の無血開城を実現した。明治維新後は，新政府の参議や枢密顧問官(すうみつこもん)などを務めた。　**オ**　ジョージ・ワシントンは1775年にアメリカがイギリスからの独立を求める革命を起こすと革命軍の総司令官となり，革命軍を勝利に導いた。1789年にアメリカ合衆国初代大統領に選出され，国の基礎を築いた。　**カ**　板垣退助は土佐藩(高知県)出身の政治家で，征韓論(せいかん)(武力を用いてでも朝鮮を開国させようという考え方)が受け入れられなかったため政府を去ると，1874年に「民撰議院設立建白書」を政府に提出して自由民権運動を指導した。1881年には日本初の政党である自由党を結成し，その後は政界で活躍(かつやく)した。

問3　1は1866年，2は1867年，3は1862年，4は1858年のできごとなので，年代の古い順に4→3→1→2となる。

3 歴史的なことがらと年号(元号)についての問題

ア　飛鳥時代の645年，中大兄皇子(なかのおおえの)(のちの天智天皇)は中臣鎌足(なかとみのかまたり)らの協力を得て，皇室をしのぐほどの権力をふるっていた蘇我蝦夷(そがのえみし)・入鹿(いるか)父子を倒し，天皇を中心とする中央集権国家体制の確立を目指して政治改革を始めた。このとき初めての年号として「大化」が定められ，この政治改革はこれをとって大化の改新とよばれる。　**イ**　飛鳥時代には，遣隋使や遣唐使が中国から持ち帰った知識をもとに，律令が整備された。律令は国を治めるための基本となった法律で，律は現在の刑法，令は民法・商法などにあたる。701(大宝1)年，文武(もんむ)天皇の命に従って刑部(おさかべ)親王や藤原不比等(ふひと)らが編さんしていた大宝律令が完成し，律令制度が確立した。　**ウ**　1159(平治1)年，源氏と平氏の対立を背景として平治の乱が起こり，平清盛が源義朝(よしとも)を破った。この戦いに勝利した清盛は1167年，武士として初めて太政(だいじょう)大臣となり，政治の実権をにぎった。　**エ**　鎌倉幕府の第3代執権(しっけん)北条泰時(やすとき)は1232(貞永(じょうえい)1)年，御家人や荘園領主らの土地をめぐる争いを公平にさばくため，その基準として御成敗(貞永)式目を定めた。これは日本初の武家法で，初代将軍であった源頼朝以来の先例や武家社会の慣習・道徳などをもとに作成された。　**オ**　鎌倉時代後半，中国を統一した元は，日本も支配下におこうと，2度にわたって大軍を北九州に派遣してきた。この2度の元軍の襲来(しゅうらい)(元寇(げんこう))のうち，1274(文永11)年の第1回目を文永の役，1281(弘安4)年の第2回目を弘安の役という。　**カ**　1467(応仁1)年，室町幕府の第8代将軍足利義政の跡継(あとつ)ぎ争いに有力守護大名の勢力争いなどがからみ，京都を主戦場に戦乱が始まった。この応仁の乱は1477年まで続き，幕府の権威(けんい)がおとろえて戦国時代が始まるきっかけとなった。　**キ**　1858(安政5)年，江戸幕府の大老井伊直弼が朝廷の許可なく日米修好通商条約を結ぶと，これに反対する意見があいついだ。井伊は反対派を厳しく弾圧し，反対派の１人であった吉田松陰も処刑された。これを安政の大獄という。　**ク**　薩摩藩(鹿児島県)や長州藩(山口県)を中心に倒幕の気運が高まると，もはや幕府による政治は続けられないとさとった第15代将軍徳川慶喜は，1867(慶応３)年10月，朝廷へ政権を返した。これを大政奉還という。　**ケ**　1979(昭和54)年，元号法が定められ，元号は政令で定めることや，皇位の継承があった場合にのみ行われることが定められた。この法律が施行されてから最初の改元となり，初めて政府によって定められた元号が「平成」である。

4　歴史的建造物についての問題

ア　大浦天主堂は，地図中９の長崎市にあるキリスト教(カトリック)の教会堂で，江戸時代末の1864年に建設され，日本に現存する最古のキリスト教建築物である。1945年８月９日，長崎に投下された原子爆弾の被害にあったが，爆心地からやや離れていたため，倒壊や焼失をまぬがれた。2018年，「長崎と天草地方の潜伏キリシタン関連遺産」の構成資産の１つとして，世界文化遺産に登録された。　**イ**　地図中８の島根県中部にある石見銀山は，戦国時代に開発が本格化し，戦国大名が領有権をめぐって争った。豊臣秀吉が領有したのち，江戸時代には幕府の直轄地(天領)とされ，多くの銀を産出した。2007年には，「石見銀山遺跡とその文化的景観」として世界文化遺産に登録された。　**ウ**　青葉城(仙台城)は，地図中２の宮城県仙台市にある。17世紀初めに伊達政宗が修築・完成した城で，仙台は青葉城の城下町として発展した。　**エ**　日光東照宮は，地図中４の栃木県日光市にある神社で，江戸幕府の初代将軍徳川家康をまつっている。1999年に「日光の社寺」として世界文化遺産に登録された。　**オ**　地図中６の大阪府堺市にある大山(大仙)古墳は日本最大の古墳として知られる。日本独特の形である前方後円墳で，仁徳天皇陵と伝えられている。

5　戦後のできごとについての問題

問１　1956年10月，鳩山一郎首相がモスクワを訪れて日ソ共同宣言に調印し，ソ連と国交を回復した。これによって，それまで国際連合の安全保障理事会で日本の加盟に反対していたソ連が賛成にまわり，同年12月，日本の国際連合加盟が実現した。

問２　1964年10月10日，アジアで初めてとなる東京オリンピックが開幕し，これに先がけて同年10月１日，東海道新幹線が開業した。東海道新幹線は東京駅―新大阪駅間を４時間(翌年には３時間10分)で結び，「夢の超特急」といわれた。

問３　1972年，田中角栄首相が中華人民共和国(中国)を訪れて周恩来首相と会談し，日中共同声明を発表した。これによって日本と中国の国交が正常化し，これを記念して中国から日本に２頭のパンダが贈られた。

問４　2000年のサミット(主要国首脳会議)は九州・沖縄で開催され，これを記念して2000円札が発行された。なお，１は2016年，３は1979年・1986年・1993年，４は2008年のサミット開催地。

問５「インバウンド」はもともと「外から中に入る」という意味の英語で，近年はとくに日本を訪れる外国人観光客のことを指す。反対に，日本人の外国旅行は「アウトバウンド」といわれる。なお，一般的に，２は「世界的規模」「国際化」，３は「２か国語を自由に使いこなす人」，４は「無償の社会奉仕，あるいはそれを行う人」という意味で用いられる。

6　2018年に開催された国際競技大会を題材にした問題

問１　**ア**　ピョンチャンは韓国北東部の町で，2018年の冬季オリンピックの開催地とされた。　**イ**　中国の首都は同国北東部の都市ペキンで，2008年に夏季オリンピックが開催され，2022年には冬季オリンピックの開催地となる予定である。　**ウ**　1998年に開催された冬季オリンピック長野大会に合わせ，1997年に長野新幹線の高崎駅(群馬県)—長野駅間が開業した。2015年，長野新幹線は長野駅から金沢駅(石川県)まで延伸されたことにともない，北陸新幹線と改称した。　**エ**　ロシアの首都は同国西部の都市モスクワで，2018年のサッカーワールドカップでは決勝戦の開催地となった。

問２　国民栄誉賞は，広く国民に敬愛され，社会に明るい希望を与えることにめざましい業績があった人の栄誉をたたえることを目的として1977年に設立された。内閣総理大臣による表彰で，これまでに多くのスポーツ選手や文化人が受賞している。

問３　20世紀は1901～2000年の100年間で，長野大会の開かれた1998年は20世紀末にあたる。

問４　日本とモスクワでは，日本のほうが時刻が進んでいる。よって，日本の時刻から時差を引けば，モスクワの時刻となる。モスクワとは「６時間の時差がある」のだから，日本時間の７月16日午前０時は，現地時間で７月15日午後６時になる。

問５　「豪」はオーストラリア，「仏」はフランス，「英」はイギリス，「米」はアメリカを指す。このなかで南半球にある国はオーストラリアだけなので，１が選べる。

問６　問４と同様の方法で求められる。日本時間の９月９日午前５時から時差13時間ぶんを引くと，９月８日午後４時となる。なお，テニスの全米オープンはニューヨークで開催される。

問７　自分の立場でできる「おもてなし」を考えればよい。日本を訪れる外国人観光客にとっては，言葉の壁が大きな問題になると考えられるので，外国語を学んでおけば，困っている外国人を助けるさい，おおいに役立つだろう。また，言葉が通じないとしても，がんばって手伝おうという気持ちを持って行動することが，相手の助けになることもある。また，文化や習慣に違いがあることを理解し，相手の立場に立って考え，行動することや，聞かれたことに答えられるように，日本，あるいは地域のことについて理解を深めておくことも大切である。

７　**「食品ロス」についての問題**

問１　資料１と資料２から，量が多くて料理を食べ残したか，食べる見込みがないというのが，食品を廃棄する大きな理由であるとわかる。このように，まだ食べられるのに廃棄されてしまう食品のことを「食品ロス」という。

問２　資料１では，「量が多かった」という理由が全体の71.7％を占めているので，料理をつくりすぎたことが問題だといえる。また，資料２には「保存していたが，傷んでしまった」「保存が利かない」といった理由があげられており，食べられる以上の量を買ってしまうケースが多いことも推測できる。したがって，買いすぎとつくりすぎをなくし，適切な量をきちんと消費することが，食品ロスを減らす最大の対策といえる。

問３　家庭以外で「食品ロス」が出る場所としてまず，飲食店が考えられる。飲食店は消費者が求める量を事前に予測することが難しいので，多めに仕入れて品切れを防ごうとする。また，飲食店では自分に適切な量が提供されるわけではないので，食べ残しが出ることも多い。さらに，賞味期限や消費期限は，食品衛生上の観点から早めに設定されていることが多く，実際には食べられるものでも廃棄処分されている場合がある。このように，飲食店で食べ残されたり売れ残ったりしたものが廃棄されることで,「食品ロス」が発生する。飲食店以外でも，コンビニエンスストアの売れ残り商品や，食料品メーカー・卸売業者で余った在庫商品などが，食品ロスの原因として考えられる。

理　科　(25分)＜満点：50点＞

解　答

1 ⑴ ① 1　② 1　③ 1　⑵ 2　⑶ 2　⑷ 2　⑸ 3　⑹ 2
2 ⑴ 食塩　⑵ ア 4　イ 1　⑶ 4　⑷ 3　⑸ 2　⑹ 5　⑺ 1，5　3 ⑴ 1　⑵ 1　⑶ 3　4 ⑴ 3　⑵ ア 4　イ 2　⑶ 光合成　⑷ 2，3　5 ⑴ 2　⑵ 2　⑶ 3　⑷ 3　⑸ 6

解　説

1 太陽の動きと気象についての問題

⑴ ①，② 東京では，太陽は南の空を通るので，太陽が南中した頃の影の先は北側にできる。したがって，図②で，アが北，イが西，ウが南，エが東にあたる。また，太陽の南中高度が低いほど，南中時の棒の影は長くなるので，太陽の南中高度が1年中で最も低い冬至の日の影は，最も北側にのびている。よって，冬至の日の影の先の動きを記録したものは図2の1である。 ③ 東京で影がア―ウの線上にあるのは，太陽が南中したときになる。太陽が南中する時刻は西の地点ほど遅くなるため，同じ時刻に福岡では太陽が真南より東よりにある。よって，そのときの棒の影は真北よりも西よりの，ア―ウの線よりイの方角にずれた位置にのびる。

⑵ 晴れた日には，1日のうちで太陽の高度が最も高くなってから約1時間後に地温が最高になり，さらに1時間ほど遅れて気温が最高になる。

⑶ 夜の間，太陽が出ていないときは，地表から熱が失われ続けるので，地表の上にある空気の温度(気温)は日の出の頃までは下がり続ける。

⑷ 天気が周期的に変わるのは春や秋の気候の特ちょうであるが，黄砂が日本に届くのは春が多い。秋には台風が日本付近に訪れることが多くなる。冬は，日本海側の地域では雨や雪の日が多く，太平洋側の地域では乾燥した晴れの日が多い。夏は，太平洋上に発達する高気圧から日本列島に向かって南よりの水蒸気を多くふくんだ風が吹き込み，湿度が高い日が続く。

⑸ 台風の地上付近では，中心付近に向かってまわりから反時計回りに風が吹き込んでいる。そのため，台風の進行方向に向かって右側の地域では，台風の進む向きと中心に向かって吹き込む風の向きが合わさって風が強くなる。

⑹ 虹は，太陽の光が大気中の水てきによってくっ折，反射して地表付近に届くことによって見える現象である。そのため，太陽のある方角とは反対の方角にできる。

2 物質の変化や性質についての問題

⑴ うすい塩酸と水酸化ナトリウム水溶液を混ぜると中和が起こり，食塩ができる。また，炭酸水素ナトリウムにうすい塩酸を加えた場合にも食塩ができる。

⑵ 気体を試験管に集めてマッチの火を近づけると，ポンッと音がして試験管がくもったことから，

発生した気体は水素である。塩酸は鉄やアルミニウムなどの金属を加えると，金属がとけて水素を発生する。また，アルミニウムは水酸化ナトリウム水溶液にもとけ，水素を発生させる。

⑶ 石灰水を白くにごらせる気体は二酸化炭素である。二酸化炭素は，炭素がふくまれている物質が燃えると発生する。エタノールや紙，砂糖，灯油，メタンガスは炭素をふくんでいる。なお，スチールウール(鉄)を燃やすと，酸化鉄ができる。

⑷ ドライアイスを水などに入れると，気体の二酸化炭素のあわが発生し，そのあわの中に水や水が冷えてできた氷のつぶがふくまれ，空気中に出てくる。この水や氷のつぶが白いけむりのように見える。なお，アンモニアや水蒸気，二酸化炭素などの気体は目で見ることができない。

⑸ 二酸化炭素が水にとけると酸性を示す。アンモニア水はアルカリ性を示す水溶液なので，アンモニア水に加えたBTB液は，はじめ青色を示す。ここにドライアイスを入れると，水にとける二酸化炭素の量が増えるにつれ，やがて中和して緑色となり，その後は酸性となって黄色を示すようになる。

⑹ 液体を蒸発させたときに固体の物質が残るのは，固体の物質がとけた溶液である。石灰水は固体の水酸化カルシウムがとけている。なお，アンモニア水，塩酸，炭酸水は気体のとけた水溶液，エタノールとオキシドール(うすい過酸化水素水)は液体がとけた水溶液である。

⑺ BTB液を加えたとき青色を示すのはアルカリ性の水溶液である。そのような水溶液として，アンモニア水と石灰水があてはまる。

3 流水のはたらきについての問題

⑴ 川の流れは，曲がっているところでは曲がりの外側ほど速くなる。また，まっすぐ流れているところでは中央部分ほど速い。図５で，川が曲がっているところは，まっすぐ流れているところよりも上流にあり，川はばもせまいため，川の流れが速いと考えられる。

⑵ 川の流れが速いところほど，しん食されて川底が深くなる。

⑶ 川が曲がっているところでは，曲がりの外側である地点１の方が内側である地点２よりも流れが速く，川底が深くなっている。この場所で川底のようすを下流側から見ると，３のようになる。

4 光合成のはたらきについての問題

⑴～⑶ 植物は，光のエネルギーを利用して，水と二酸化炭素からでんぷんと酸素をつくる。このはたらきを光合成という。光合成で使う水は，おもに根から吸収され葉まで運ばれる。

⑷ 電灯をつけた室内に置く直前には葉にでんぷんがないようにしておく必要がある。そのため，明け方から夕方室内に入れる直前まで，葉をアルミニウムはくでおおったものを用いるとよい。そして，室内に置いているときは葉に電灯の光を当てて翌朝つみ取る２と，葉に光を当てないままにして翌朝つみ取る３の葉について実験結果を比べる。すると，２にはでんぷんができ，３にはでんぷんができていないことから，電灯の光でも光合成が行われることがわかる。

5 水の勢いと水圧，電流の流れ方についての問題

⑴ 図７より，流し始めの頃の方が流し終わりの頃よりも多くの水の量が出ている。よって，流し始めてから20秒後の方が100秒後よりも流れ出る水の量が多い分，羽根車を回転させるはたらきが大きく，回る速さは速くなる。

⑵ 水が落ち始める位置が高くなるので，羽根車に当たる直前の水の速さが速くなる。そのため，同じ量の水が落ちて羽根車に当たっても，水が羽根車を回転させるはたらきが大きくなり，羽根車

が(1)のときより速く回る。

⑶　(1)と図７より，水を深さ30cmまで入れたとき，容器の水の半分が流れ出るまでの時間は，水がすべて流れ出るまでの時間の120秒に対し，約$\frac{1}{6}$の20秒ほどとなっている。したがって，残りの深さ15cmの水がすべて流れ出るまでの時間はおよそ，120－20＝100(秒)になる。

⑷　図７から，容器に水が深くまで入っているときの方が水の流れ出る速さが速いことがわかる。円筒(えんとう)形の容器の直径を半分にして同じ量の水を入れると，容器内に入れた水の深さがより深くなるので，水が流れきるまでの時間は(1)のときより短くなると考えられる。

⑸　電流は水とはちがい，高いところから低いところへ向かう場合と，低いところから高いところへ向かう場合で，電流の流れ方(同じ時間に流れる電流の量)が異なることはない。したがって，乾電池とモーターのつなぎ方が変わらない限り，プロペラの回転する速さも回転の向きも変わらない。

国語　(45分) ＜満点：100点＞

解答

一　**問1**　Ⅰ　4　Ⅱ　3　Ⅲ　5　Ⅳ　1　**問2**　3　**問3**　(例)　人の背丈の三分の二ほどのサイズの人形を三人で操り，舞台の脇に座った太夫がセリフや物語を語ること。
問4　2　**問5**　3　**問6**　5　**問7**　5　**問8**　2　**問9**　1　二　**問1**　1
問2　A　4　B　5　**問3**　4　**問4**　3　**問5**　4　三　ア　7　イ　9
ウ　5　エ　2　オ　3　カ　6　四　ア　1　イ　3　ウ　2　エ　4
オ　5　五　下記を参照のこと。

●漢字の書き取り

五　ア　主体　イ　特異　ウ　世相　エ　景観　オ　直(ち)　カ　領域
キ　定石　ク　思案　ケ　連日　コ　至(り)　サ　明　シ　多大　ス
測候　セ　竹馬　ソ　営(み)

解説

一　**九尾(きゅうび)の狐(きつね)が玉藻(たまも)の前(まえ)に化けた伝説を紹介(しょうかい)し，その伝説を演目にした淡路人形浄瑠璃(じょうるり)，九尾の狐を鎮(しず)めた那須の殺生(せっしょう)石を見たときの体験をもとに，伝説が残った理由を思い巡(めぐ)らしている。**

問1　Ⅰ　「美しい」うえに「仏教や文学，音楽に通じて」いたという文脈なので，前のことがらを受けて，さらに別のことを加えるときに使う「そればかりでなく」が入る。　Ⅱ　淡路人形浄瑠璃と大阪の文楽との「共通」点を述べた後，淡路人形浄瑠璃の「独特なところ」を取り上げているので，前のことがらを受けて，それをふまえながら次のことを導く働きの「では」があてはまる。
Ⅲ　淡路人形浄瑠璃について説明した後，「玉藻の前の物語」が舞台(ぶたい)にかけられたという新たな話題が続くので，それまで述べてきたことが終わり，新しい話題に移ることを示す「さて」が合う。
Ⅳ　満潮時，四国と淡路島の間の鳴門海峡(かいきょう)から瀬戸内海へ海水が流れ込(こ)もうとしても，海峡の幅(はば)が狭(せま)いため淡路島を迂回(うかい)して瀬戸内海へ流れるというつながりなので，前のことがらを受けて，それに反する内容を述べるときに用いる「ところが」がよい。

問2　この場合の「本性(ほんしょう)」は，変化する前の正体。「玉藻の前」の正体は，「九尾の狐」である。

問3　「こうした」とあるので，直前に注目する。「人の背丈の三分の二ほどのサイズ」の人形を「三人で操り」，「舞台の脇」に座った「太夫」が「セリフや物語を語」るというやり方が，淡路人形浄瑠璃と大阪の文楽に共通する特徴だというのである。

問4　「淡路人形浄瑠璃の独特なところ」である「奇抜で大がかりな演出」を表す言葉が入る。続く段落の最後で，「淡路人形浄瑠璃の持ち味」として「けれん」があげられているので，２がふさわしい。「けれん」は，観客の意表をつくことを目的にした，スピードとスリルを重んじる演技や演出をいい，歌舞伎の宙乗りや早変わりなどが代表的なものである。ここでは，人形の顔の「早変わり」が「けれん」にあたる。なお，「からくり」は，ぜんまい・ばね・歯車・水・砂などを使い，人形や道具を操って動かす仕掛けをいう。

問5　「人形浄瑠璃」での玉藻の前は「右大臣の娘」という設定なので，３の「出身のはっきりしない女性」がふさわしくない。

問6　もどす文に，「両手をこすり合わせるとまわり出すようなイメージ」とあるので，「うず潮」の「発生」について述べられているものと推測できる。(5)に入れると，「流れ込もうとする海水」と「流れ出そうとする海水」が「すれ違う」ことで「うず潮が発生する」ようすを，両方の「手のひら」と「ストロー」を使って説明する形になり，文意が通る。

問7　同じ段落で，伝説，うず潮，筆者の体験に共通する「時と所」のずれの作用が説明されている。伝説における九尾の狐は都から那須野が原に逃げて「殺生石」に姿を変え，時を経て，その怨念は「高名な僧」によって鎮められたという話が，那須高原にある「殺生石」の由来として残されている。筆者は，淡路島で「玉藻の前」の浄瑠璃を見た後，那須高原で「殺生石」を前にしたとたん，「玉藻の前」を「現実」のものに感じた。伝説と自身の体験から「時と所をかえた伝説との再会には，印象を鮮やかにさせる力がある」と筆者は考え，「海流が迂回し出会う」ときに生まれる「うず潮」の現象に重ねたのだから，５が合う。

問8　『おくのほそ道』は，松尾芭蕉が弟子の曾良をともなって江戸を発ち，奥州，北陸を巡って美濃の大垣にいたるまでを書いた紀行文。なお，『源氏物語』は紫式部の作品。『西遊記』は，中国，明代の長編小説で呉承恩の作品といわれる。『草枕』は，夏目漱石の作品。「雨ニモマケズ」は，宮沢賢治の詩。

問9　問７で見たように，筆者は，「時と所」の作用で伝説が現実のように感じられた体験を，鳴門のうず潮の仕組みに重ねて「茫然」としている。壮大な「時と所」の作用に圧倒され，立ち尽くしているようすなので，１が正しい。

二　筆者は日本語の「おかわり」と英語の「refill」を比較し，この二語には共通部分，異なる部分があることを説明し，そこから外国語を学ぶときの心構えを語っている。

問1　例文の「こと」は“経験”という意味を表すので，１が同じ。

問2　Ａ，Ｂ　「細心の注意を払う」は，“細かいところまで気を配る”という意味。

問3　「腑に落ちない」と似た意味のことばには，「釈然としない」「合点が行かない」などがある。

問4　「refill」については同じ段落で，「おかわり」「詰め替え」の両方に使うことを指摘している。続く段落で，その共通点は「空っぽの容器を満たすこと」だと説明されているので，３がふさわしい。

問5　最後の段落で，「ことば」で表そうとするものは「日本語や英語で異なる」のだから，学ぶ

「言語に基準をおいた視点」を取り入れることも大切だと筆者は述べている。よって，4が選べる。

三 良し悪しにかかわらず言葉は変化していくものであることを，「やばい」「大丈夫（だいじょうぶ）」「普通（ふつう）」「イタい」などの例をあげて述べ，それぞれの語の使い方について意味の変化を具体的に解説している。

ア，イ 昔ながらの「やばい」は，不都合が起きそうだと予測できるようすや，身に危険が迫（せま）っているようすを表すものとして使われているので，「あぶない」が入る。最近は，“最高だ”“すごくいい”という意味で使うので，「かっこいい」に置き換（か）えられる。　**ウ，エ** 本来の「大丈夫」は，確かなようすやきわめて強いようすを表すので，「問題ない」が合う。最近は，入り用かどうかを問われ，それを断るさいに「大丈夫です」と答えたりする。よって，「結構だ」が入る。
オ 「普通」は本来，“並み”という意味を表す。この場合は面白（おもしろ）さの度合いとして絶賛するほどではないが，本来の「普通」の程度をこえているというニュアンスなので，予想を上回るようすの「なかなか」が合う。　**カ** 本来の「イタい」は，心身が苦しいようす。この場合は，場違いでみっともない言動をしたのではないかと聞いているので，「ぶざまだ」があてはまる。

四 畳（じょう）語（ご）の完成

ア はっきりしないが何となくわかるようすの「うすうす」が合う。　**イ** いろいろな所を表す「ところどころ」がふさわしい。　**ウ** 以前から繰（く）り返されて現在にいたるようすを表す「かねがね」がよい。　**エ** ある動作のついでに別の行動をとるようすの「かたがた」が入る。　**オ** 程度がはなはだしいようすの「さんざん」があてはまる。

五 漢字の書き取り

ア 「主体的」は，自分の意志・判断でものごとを行うようす。　**イ** あきらかにほかと違っているさま。　**ウ** 世の中のようす。　**エ** 人間の手が加えられていない自然の風景。　**オ** 音読みは「チョク」「ジキ」で，「直立」「正直」などの熟語がある。訓読みにはほかに「なお(す)」などがある。　**カ** あるものがかかわる範囲（はんい）。主に学問や研究などの専門分野で，対象とする範囲をいう。　**キ** ものごとを行ううえで，一般（いっぱん）に最善と考えられている手順。　**ク** いろいろ考えること。　**ケ** 何日も続くこと。　**コ** 音読みは「シ」で，「至急」などの熟語がある。
サ 「先見の明」は，将来を見通す見識。　**シ** 程度がひじょうに大きいようす。　**ス** 「測候所」は，気象の観測をして予報や警報を出す機関。　**セ** 「竹馬の友」は，幼いころ共に竹馬に乗って遊んだ友だち。幼なじみ。　**ソ** 音読みは「エイ」で，「国営」などの熟語がある。

Dr.福井の 入試に勝つ！ 脳とからだのウルトラ科学

歩いて勉強した方がいい？

みんなは座って勉強しているよね。だけど，暗記するときには歩きながら覚えるといいんだ。なぜかというと，歩いているときのほうが座っているときに比べて，心臓が速く動いて（脈はくが上がって）脳への血のめぐりがよくなるし，歩いている感覚が背骨の中を通って脳をつつくので，頭が働きやすくなるからだ（ちなみに，運動による記憶力アップについては，京都大学の久保田名誉教授の研究が有名）。

具体的なやり方は，以下のとおり。まず，机の上にテキストを広げ，１ページぐらいをざっと読む。そして，部屋の中をゆっくり歩き回りながら，さっき読んだ内容を思い出す。重要な語句は，声に出して言ってみよう。その後，机にもどってテキストをもう一度読み直し，大切な部分を覚え忘れてないかをチェック。もし忘れている部分があったら，また部屋の中を歩き回りながら覚え直す。こうしてひと通り覚えることができたら，次のページへ進む。あとはそのくり返しだ。

さらに，この“歩き回り勉強法”にひとくふう加えてみよう。それは，なかなか覚えられないことがら（地名・人名・漢字など）をメモ用紙に書いてかべに貼っておくこと。ドンドン貼っていくと，やがて部屋中がメモでいっぱいになるハズ。これらはキミの弱点集というわけだが，これを歩き回りながら覚えていくようにしてみよう！　このくふうは，ふだんのときにも自然と目に入ってくるので，知らず知らずのうちに覚えることができてしまうという利点もある。

歴史の略年表や算数の公式などを大きな紙に書いて貼っておくのも有効だ。

Dr.福井（福井一成）…医学博士。開成中・高から東大・文Ⅱに入学後，再受験して翌年東大・理Ⅲに合格。同大医学部卒。さまざまな勉強法や脳科学に関する著書多数。

Memo

Memo

2018年度　慶應義塾中等部

〔電　話〕(03) 5427－1677
〔所在地〕〒108－0073　東京都港区三田2－17－10
〔交　通〕JR山手線－「田町駅」より徒歩10分
都営三田線－「三田駅」より徒歩10分

【算　数】（45分）〈満点：100点〉

〔注意〕解答は，下の〔例〕にならって□の中に0から9までの数字を1字ずつ記入しなさい。

〔例〕

(1) 333mから303mをひくと□□mになります。　解答 3 0

(2) 2.34に6をかけるとア□.イ□になります。　解答

ア		イ	
1	4	0	4

(3) $\frac{5}{2}$に$\frac{1}{3}$をたすとア$\frac{イ}{ウ}$になります。　解答

ア	イ	ウ
2	5	6

1　次の□に適当な数を入れなさい。

(1) $(70.2\times69.8+1.25\times0.032)\div(3.5\times63-3.5\times43)=$□

(2) $1.875\div\left(3\frac{1}{4}-\frac{ア}{イ}\times2\frac{4}{5}\right)-1\frac{1}{6}=1\frac{2}{3}$

(3) 10%の食塩水500gに3%の食塩水□gを加えたところ，7%の食塩水になりました。

(4) 西暦(れき)2018年1月1日は月曜日でした。西暦2018年の23番目の日曜日はア月イ日です。

2　次の□に適当な数を入れなさい。

(1) 2.25Lの重さが4.23kgの油があります。この油を75.2kg用意すると，その体積は□Lです。

(2) 原価□円の商品に3割増しの定価をつけ，その後，定価の2割引きで売ったところ，利益は34円でした。

(3) 1周400mの池の周りをA君とBさんが同じ方向に同時に走り始めました。A君は分速250m，Bさんは分速220mの速さで走るとき，A君がBさんに初めて追いつくのは，2人が走り始めてからア分イ秒後です。

(4) はじめに兄が□円の$\frac{1}{4}$を受け取り，その残りの金額を兄と弟で3：2の割合に分けて受け取り，さらに兄が弟に100円渡したところ，弟が受け取った金額の合計は700円になりました。

3　次の□に適当な数を入れなさい。ただし，円周率は3.14とします。

(1) ［図1］のように，長方形を対角線で折り返しました。角㋐と角㋑の大きさの比が8：5であるとき，角xの大きさは□°です。

［図1］

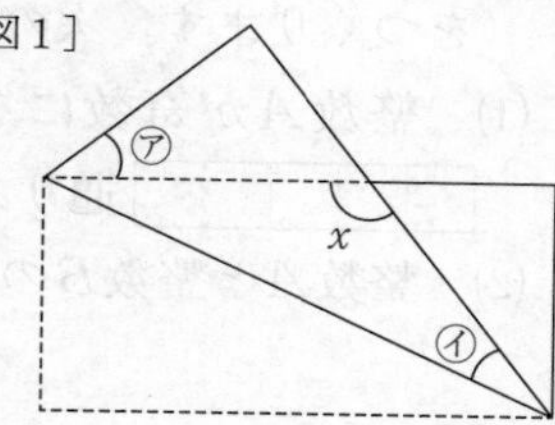

(2)　[図2]のように，正方形を4つの長方形㋐～㋓に分けました。長方形㋐の面積が72cm^{2}で，長方形㋑，㋒，㋓の面積の比がこの順に3：2：1であるとき，もとの正方形の1辺の長さは□cmです。

(3)　[図3]のように，1辺の長さがそれぞれ21cmと27cmの正三角形が重なってできる六角形に色をつけました。色をつけた六角形の向かい合う辺がそれぞれ平行であるとき，色をつけた六角形の周りの長さは□cmです。

(4)　[図4]のような長方形と台形を組み合わせた図形を，直線ABを軸(じく)として1回転してできる立体の表面の面積は ア . イ cm^{2}です。

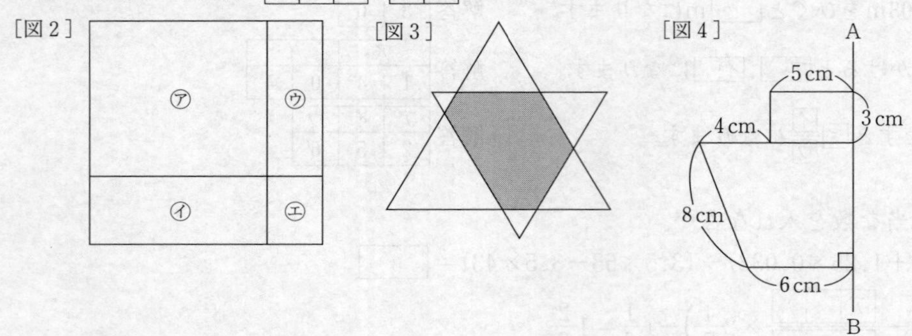

4　A町とB町の間は20km離(はな)れています。太郎君はA町を8時に出発し，歩いてB町に向かいます。次郎君はA町を9時に出発し，自転車でB町に向かい，B町で30分間休んでからA町へ戻ってきます。次のグラフはその様子(ようす)を表しています。下の□に適当な数を入れなさい。

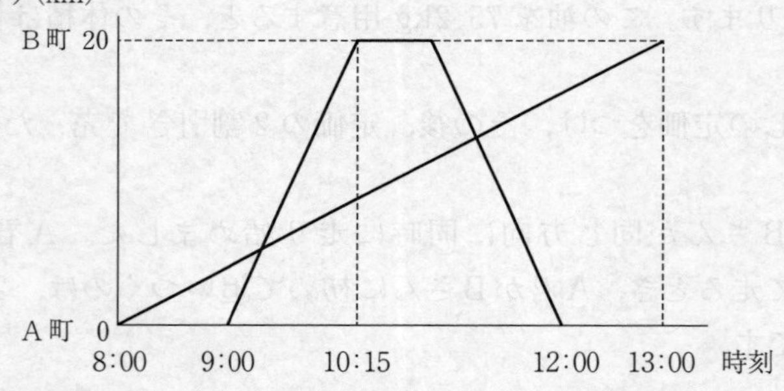

(1)　次郎君が太郎君に追いつく時刻は ア 時 イ 分です。

(2)　次郎君がB町から戻る途(と)中で太郎君に出会うのは，A町から ア . イ kmの地点です。

5　9枚の札(ふだ)に1から9までの数字が1つずつ書かれています。この中から3枚の札を抜き出し，3桁(けた)の整数Aをつくります。次に残った6枚の札の中から3枚の札を抜き出し，3桁の整数Bをつくります。次の□に適当な数を入れなさい。

(1)　整数Aが奇(き)数になり，整数Bが偶(ぐう)数になるような整数A，Bの組み合わせは，全部で□通りあります。

(2)　整数Aと整数Bの差は，最も小さい場合で ア ，最も大きい場合で イ になります。

6　２つの電球Ａ，Ｂがあります。電球Ａは45秒間点灯して30秒間消灯し，以後これをくり返します。電球Ｂは60秒間点灯して40秒間消灯し，以後これをくり返します。電球Ａ，Ｂが同時に点灯し始めたときから84分間観察するとき，次の□に適当な数を入れなさい。

(1)　この84分間に，電球Ａ，Ｂが同時に点灯し始めるのは，あと□回あります。

(2)　この84分間に，電球Ａ，Ｂがどちらも点灯している時間は，合計 ア 分 イ 秒間です。

7　同じ大きさの正三角形のタイルが140枚あります。このタイルをすき間なく並べて，正三角形または正六角形をつくります。［図１］，［図２］はそれぞれ４枚，６枚のタイルを使ってつくった例です。次の□に適当な数を入れなさい。

［図１］

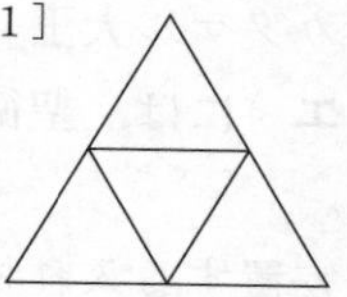

［図２］

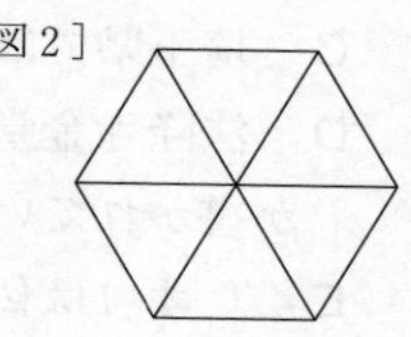

(1)　できるだけ大きな正三角形をつくるとき，タイルは全部で□枚使います。

(2)　できるだけ多くのタイルを使って，正三角形と正六角形を１つずつつくるとき，正三角形をつくるのに使うタイルは ア 枚，正六角形をつくるのに使うタイルは イ 枚です。

【社　会】（25分）〈満点：50点〉

1　次の国宝に関する文章について，（**ア**）～（**コ**）に入る語句を**0**～**9**の中から選びなさい。

A　福岡県の志賀島では，倭の奴国の王が後漢の皇帝(てい)から授けられたとされる（　**ア**　）が見つかりました。

B　古墳からは，円筒(とう)や動物の形をしたもののほか，かぶとや鎧(よろい)をつけた武人（　**イ**　）も見つかりました。

C　埼玉県では「ワカタケル大王」と刻まれた（　**ウ**　）が出土しました。

D　法隆寺金堂の（　**エ**　）には，聖徳太子の病が治ることを祈(いの)り，渡来人の子孫につくらせたことが書かれています。

E　（　**オ**　）は仏像を安置する入れ物で，光り輝(かがや)くはねを使った細工が見られます。

F　奈良県の興福寺には，仏教における守護神の（　**カ**　）が安置されています。

G　宇治にある平等院の阿弥陀(あみだ)堂の屋根に飾(かざ)られている（　**キ**　）は，天下太平をもたらす想像上の鳥です。

H　厳島神社には，一族の繁(はん)栄を願った（　**ク**　）が納められています。

I　東大寺南大門にある（　**ケ**　）は，寺を守る木造の仁王(におう)像で，運慶らが制作しました。

J　金などの産物や北方との貿易によって栄えた奥州藤原氏は，浄土(じょうど)へのあこがれから（　**コ**　）を建てました。

0　阿修羅(あしゅら)像　　1　金印　　2　金剛力士像　　3　釈迦(しゃか)三尊像　　4　玉虫厨子(ずし)
5　中尊寺金色堂　　6　鉄剣　　7　はにわ　　8　平家納経　　9　鳳凰(ほうおう)

2　次の史料を読んで，その条約名を**1**～**5**の中から選びなさい。史料はわかりやすく書き改めています。

ア　日本は，アメリカ船が薪(まき)・水・食料・石炭などの不足する品物を買う目的に限って，伊豆の下田と松前(北海道)の函館の港に来航することを許す。

イ　清国は朝鮮国の独立を認める。
清国は遼東(りょうとう)半島・台湾(わん)・澎湖(ほうこ)諸島を日本に譲(ゆず)り渡す。

ウ　ロシアは，日本の韓国における政治・経済・軍事上の優越(えつ)権を認め，干渉(しょう)しないことを約束する。
南満州の鉄道の利権と，鉱山の採掘(くつ)権を日本に譲る。

エ　日本国内にアメリカ軍の駐留(ちゅうりゅう)を認める。
アメリカ軍は，東アジアの平和と安全を守るためや，外国の攻撃(こうげき)から日本の安全を守るために出動する。

1　サンフランシスコ平和条約　　2　下関条約　　3　日米安全保障条約
4　日米和親条約　　5　ポーツマス条約

3　次の文章について，（**ア**）～（**カ**）に入る旧国名・地名を**1**～**9**の中から選びなさい。

A　織田信長は，（　**ア**　）国の新興大名の子として生まれました。（　**イ**　）国の今川義元を桶狭間の戦いでやぶり，天下に名を広め，（　**ウ**　）国の琵琶湖の近くに安土城をつくりました。

B　江戸幕府最後の将軍である徳川慶喜は，一橋家の出身ですが，もともとは御三家である

(**エ**)の徳川家の出身です。慶喜は1867年に(**オ**)の二条城に大名らを集め，政権を朝廷に返上しましたが，(**カ**)藩の西郷隆盛らは新政府の樹立を宣言し，幕府勢力を排除しようとしました。

1 江戸　2 近江　3 尾張　4 紀伊　5 京都
6 薩摩　7 駿河　8 長州　9 水戸

4 次の**ア～カ**について，内容が間違っている文章を選びなさい。ただし，**すべて正しい場合は**5と答えなさい。

ア 1 常会(通常国会)は毎年1回，1月中に召集され，会期は150日間です。
2 臨時会(臨時国会)は内閣が必要と認めたとき，または，いずれかの議院の総議員の4分の1以上の要求があった場合に召集されます。
3 特別会(特別国会)は，衆議院解散後の総選挙の日から60日以内に召集されます。
4 参議院の緊急集会は，衆議院の解散中に緊急の必要があるとき，内閣の求めによって開かれます。

イ 1 条約の締結は内閣の仕事です。
2 天皇の国事行為に対する助言と承認は内閣の仕事です。
3 法律の制定は国会の仕事です。
4 国会の召集は国会の仕事です。

ウ 1 日本国憲法が定める自由権には，「思想・良心の自由」「奴隷的拘束・苦役からの自由」「居住・移転・職業選択の自由」などがあります。
2 日本国憲法が定める社会権には，「生存権」「教育を受ける権利」「勤労の権利」などがあります。
3 日本国憲法が定める参政権には，「選挙権」「被選挙権」「最高裁判所裁判官の国民審査権」などがあります。
4 日本国憲法に直接的には規定されていない新しい人権には，「環境権」「知る権利」「プライバシーの権利」などがあります。

エ 1 公正な裁判が行われるよう，日本では1つの事件について3回まで裁判を受けることができます。
2 裁判員制度とは，国民が裁判員として民事裁判に参加し，裁判官といっしょに被告人の有罪・無罪や刑罰の内容を決める制度です。
3 最高裁判所長官の指名とその他の裁判官の任命は内閣の仕事です。
4 最高裁判所の裁判は通常5人の裁判官からなる小法廷で行われますが，重要な裁判は15人全員の裁判官からなる大法廷で行われます。

オ 1 都知事の選挙権は18歳以上，被選挙権は25歳以上です。
2 都議会議員の選挙権は18歳以上，被選挙権は25歳以上です。
3 都議会は，都の独自の法である条例を定めることができます。
4 都知事や都議会議員は，直接請求権により，住民による解職請求を受けることがあります。

カ 1 国際連合の本部は，アメリカのニューヨークにあります。

2　国際連合の総会では，すべての加盟国が平等に1票を持っています。
3　国際連合の安全保障理事会の非常任理事国は，任期2年の5ヵ国で構成されています。
4　国際連合の収入にあたる分担金について，日本の負担は加盟国の中で第2位です(2016年)。

5　次の文章の(**ア**)～(**ウ**)に入る言葉を答えなさい。

A (**ア**)自衛権とは，自国が攻撃を受けていなくても，同盟関係にある国が攻撃を受けたときに，その国の防衛活動に参加する権利です。

B　日本は，核(かく)兵器を「持たず，(**イ**)，持ち込(こ)ませず」という非核三原則をかかげてきました。

C　国の主権がおよぶ領海の外には(**ウ**)経済水域と大陸棚(だな)があり，漁業資源や鉱山資源などを開発し保全する権利が沿岸国に認められています。

6　福沢くんは，神戸市について調べ，学校で発表することになりました。

問1　発表までの手順について，(**ア**)～(**エ**)に入る語句を**1**～**4**の中から選びなさい。

一，(**ア**)を決め，調査する地域を選ぶ
二，(**イ**)を立て，調査内容を計画する
三，(**ウ**)を収集し，必要に応じて現地で調査を行う
四，(**ウ**)を整理して，(**イ**)が正しいかどうかを確かめる
五，調査結果や問題の解決策を，(**エ**)などの形式にまとめて発表する

1　仮説(結果の予想)　**2**　資料やデータ
3　テーマ(学習問題)　**4**　報告書(レポート)

問2　資料❶において，①神戸市(県庁所在地)，②日本標準時子午線，③阪神・淡路大震(しん)災の震源地について，正しい組み合わせを**1**～**6**の中から選びなさい。

(資料❶)

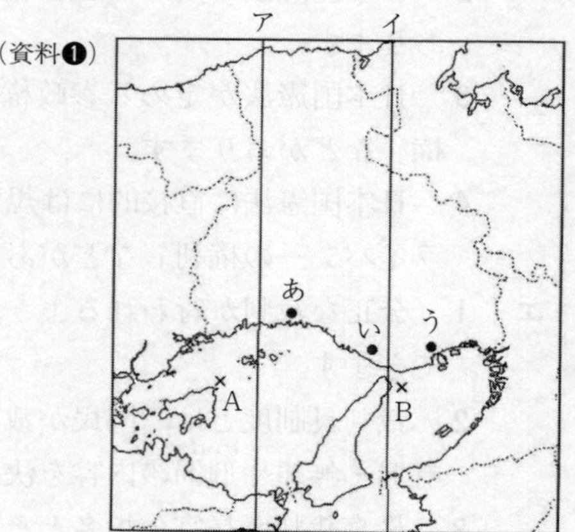

1　①　あ　②　ア　③　A
2　①　あ　②　イ　③　B
3　①　い　②　ア　③　A
4　①　い　②　イ　③　B
5　①　う　②　ア　③　A
6　①　う　②　イ　③　B

問3　次の文章は，神戸市の特徴(ちょう)について，福沢くんが資料❷から読み取ったものです。下線部**1**～**6**の中から，**正しくないものを3つ**選び，それぞれ**正しい語句**に直しなさい。

> 神戸市の市街地は，南が大阪湾(わん)に面していて，北は標高600～900mの六甲山地が連なっています。この海と山にはさまれた平野部は，南西から[1]南東の方向に数kmにわたって帯状にのびています。六甲山地からはいくつもの河川が流れ出ていて，その河川がつくった扇状地と三角州が組み合わさって，この平野はできました。また，山地と平野部の境目は直線的なので，[2]河岸段丘群があると思われます。

この平野部では，JRと私鉄が並行するように走っています。また，山のふもとの六甲トンネルや神戸トンネルには，3 高速道路が通っています。平野部の中心にある三宮(さんのみや)駅周辺には，4 市役所や官公署，税務署などもあり，大規模な商業地区となっています。臨海部は，5 ふ頭や人工島などの埋(うめ)立地が多く，港湾・工業都市として発達しています。丘陵(きゅうりょう)地には，宅地造成による 6 住宅地が多く見られます。

（資料❷）

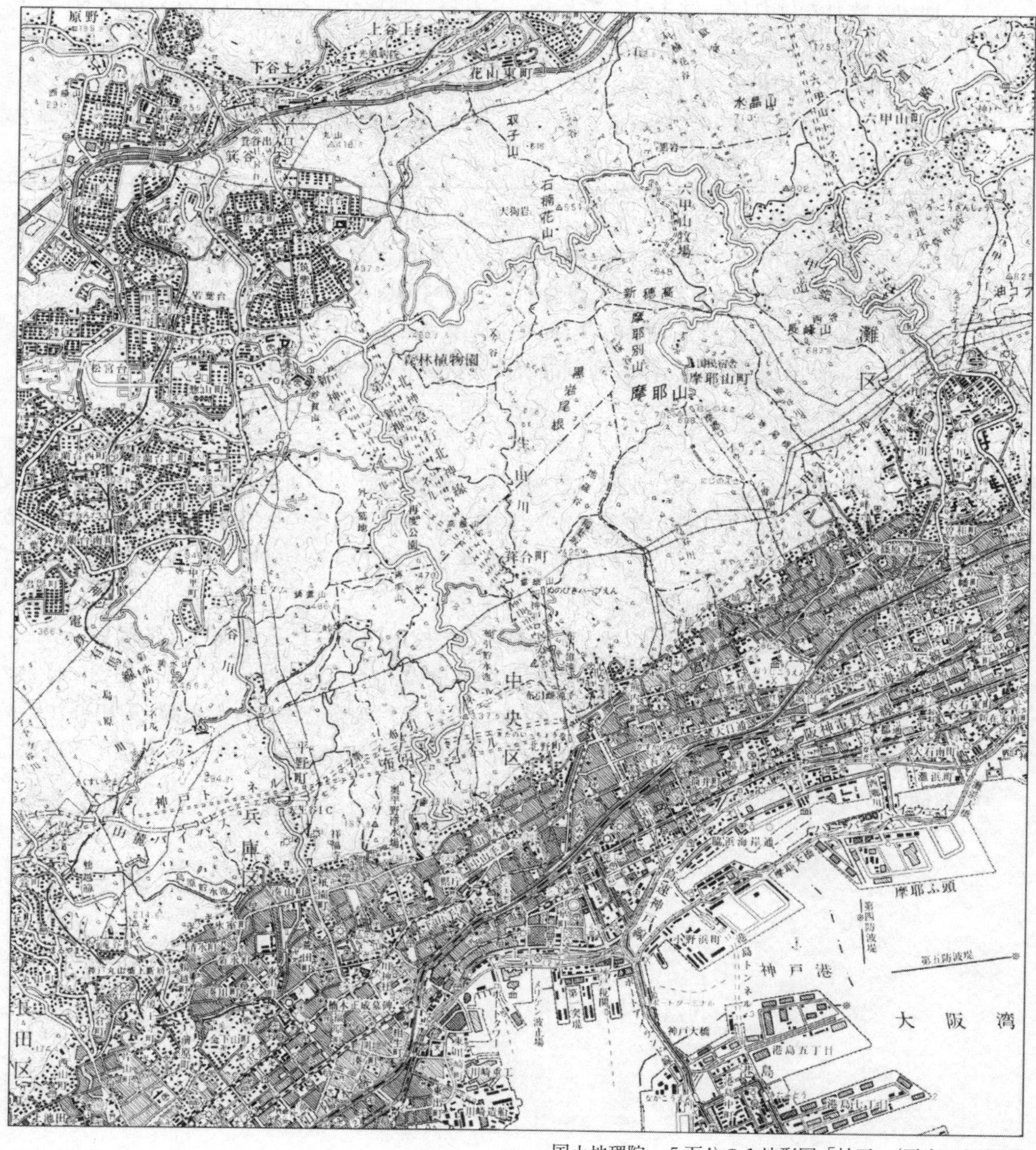

国土地理院　5万分の1地形図「神戸」（平成19年発行）

〈編集部注：編集上の都合により85％に縮小してあります。〉

問４　問３の文章に関して，地形・土地利用の特徴から，神戸市はどのような災害に備える必要があると考えられますか，１つ答えなさい。

問５　次に福沢くんは，阪神・淡路大震災後の神戸市の様子を調べ，下のようにまとめてみました。この内容を発表する時に使用する資料として適したものの組み合わせを**１**～**４**の中から選びなさい。

> 阪神・淡路大震災の直後には，神戸市でもたくさんの仮設住宅が建てられました。仮設住宅は，まとまった土地を確保しやすい郊外に建てられたので，被災者は住み慣れた地域を離れなければいけませんでした。これは，地域社会と関わりの深い高齢者にとってはとくにきびしく，仮設住宅での孤独死が問題となりました。
>
> （中略）　2000年までに復興住宅が４万戸以上建てられましたが，復興住宅の入居者は65歳以上の高齢者が30％を超えています。さらに，地域社会の基本となる自治会の結成は半数以下のままです。

＜資料＞

ア　「神戸市の面積と人口の推移」の棒グラフ・折れ線グラフ

イ　「震災直後に建設された第一次仮設住宅」の略地図

ウ　「仮設住宅入居世帯数の推移」の折れ線グラフ

エ　「阪神・淡路大震災における神戸市の被災状況」の一覧表

１　**ア**と**イ**　　**２**　**ア**と**ウ**　　**３**　**イ**と**ウ**　　**４**　**イ**と**エ**

7　福沢くんの中学校では，年に１回，自分たちの学校生活をより快適にするための提案を，生徒から学校に対して出すことができます。学校（先生）側は，その提案が持つ問題点を生徒が十分に理解していて，それについての有効な対策案が示せていると判断できれば，原則としてその提案を受け入れることにしています。

さて今年度は，「携帯電話・スマートフォンの学校への持ち込みを許可してほしい」という提案でまとまりました。そこで，あなたがこの学校の生徒であるとして，この提案にはどのような問題点があるかを１つ挙げ，それに対する有効な対策案を考え，解答欄（編集部注＝横92ミリメートル・たて86ミリメートル）の枠内におさまる程度で述べなさい。解答する時には，解答欄からはみ出さないように気をつけましょう。

【理　科】（25分）〈満点：50点〉

1　月は地球の周りをおよそひと月で1周し，地球から見ていると満月から次の満月までにおよそ29日かかります。また，地球は太陽の周りをおよそ365日で1周しています。そのため，毎日同じ時刻に同じ場所で月を観察していると，少しずつ見える方角や形が変わっていきます。次の問いに答えなさい。

(1)　ある日の午後6時に半月が見えました。月が見える方角は，3日前の午後6時と比べてどちらにずれていますか。次の中から選びなさい。

1 東　**2** 西

(2)　ある日の午後6時に半月が見えました。翌日に見える月の形はどのようにかわりますか。次の中から選びなさい。

1　少しふくらむ　**2**　少し欠ける

(3)　ある年の7月20日午後9時に真南に月が見えました。同じ年の9月20日午後9時の月が見える方角はどうなっていると考えられますか。次の中から選びなさい。

1　南東の方角になっている　**2**　南西の方角になっている
3　真南で変わらない

(4)　ある年の2月20日午後6時に半月が見えました。翌年の2月20日午後6時の月について正しいものを次の中から選びなさい。

1　東の方角に見える　**2**　南東の方角に見える
3　南の方角に見える　**4**　南西の方角に見える
5　西の方角に見える　**6**　どの方角にも見えない

2　図1はろうそくが燃えている様子を示したものです。これについて次の問いに答えなさい。

(1)　炎の部分a～cの呼び名を次の中から選びなさい。

1　炎心　**2**　炎周　**3**　外炎　**4**　内炎

(2)　a～cを温度の高い部分から順に並べたものを，次の中から選びなさい。

1　a b c　**2**　a c b　**3**　b a c
4　b c a　**5**　c a b　**6**　c b a

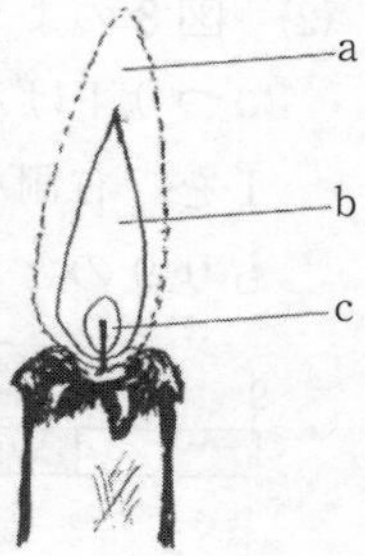

(3)　bの部分が明るいのは，ろうそくから出てきたある物質が他の物質に変わるときに光っているからです。ある物質とは何か，次の中から選びなさい。

図1

1　いおう　**2**　エタノール　**3**　塩素　**4**　炭素
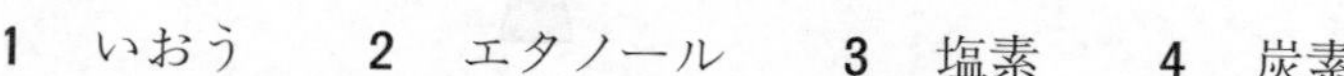
5　ちっ素　**6**　水　**7**　メタン

(4)　ろうそくが燃えているとき，a～cの部分にガラス管を差し込んで，ガラス管の先から出てくるものを観察しました。aの部分にガラス管を差し込んだときの様子を述べたものを，次の中から選びなさい。

1　白い煙が出る　**2**　黒い煙が出る　**3**　煙が出ない

(5)　50mLの石灰水を入れた集気ビンに，火をつけたろうそくを燃焼さじにのせて入れ，フタをしました。ろうそくの火が消えてからろうそくを取り出し，フタを手でおさえながら10回ほど振りました。その後，さかさまにして，フタをおさえていた手を離しても，フタは落ちませんでした。その理由として最も適するものを，次の中から選びなさい。

1　集気ビンの中の気圧が大気圧より小さくなるので，集気ビンの外の空気にフタがおさえられるから

2　集気ビンの中の気圧が大気圧より大きくなるので，集気ビンの外の空気にフタがおさえられるから

3　集気ビンの中の気圧が大気圧より小さくなるので，集気ビンの中の気体にフタがおさえられるから

4　集気ビンの中の気圧が大気圧より大きくなるので，集気ビンの中の気体にフタがおさえられるから

3　たがいに異なる種類の金属でできた100gの重りA，B，Cと等間隔(かく)にめもりの入ったさおを使って実験しました。ただし，それぞれの重りに空どうはないものとします。なお，図では同じ大きさに描(か)いている重りの体積は実際にはたがいに異なります。

(1)　**図2**のようにさおの中央をつり下げ，左側のめもり2のところに重りAを，めもり4のところに重りBをつり下げたとき，重りCを右側のどのめもりのところにつり下げればさおが水平になりますか。めもりの数字を書きなさい。

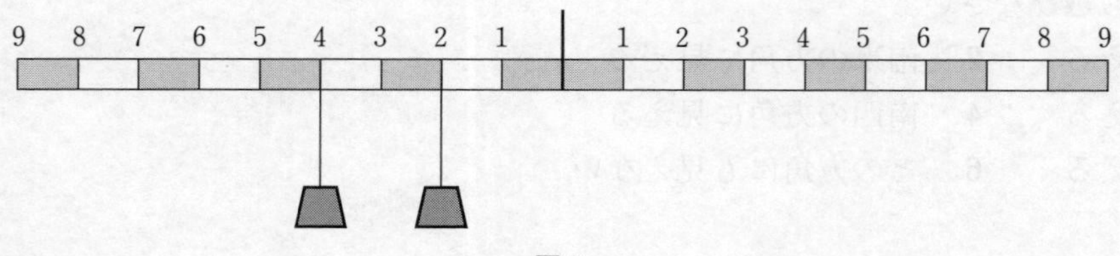

図2

(2)　**図3**のように重りAをさおの左側のめもり3のところに，重りBを右側のめもり8のところにつり下げたとき，重りCをどこにつり下げればさおが水平になりますか。左側なら10の位に1を，右側なら10の位に2を書き，1の位にめもりの数字を書きなさい。（例えば，左側のめもり9のところであれば［1｜9］と書く。）

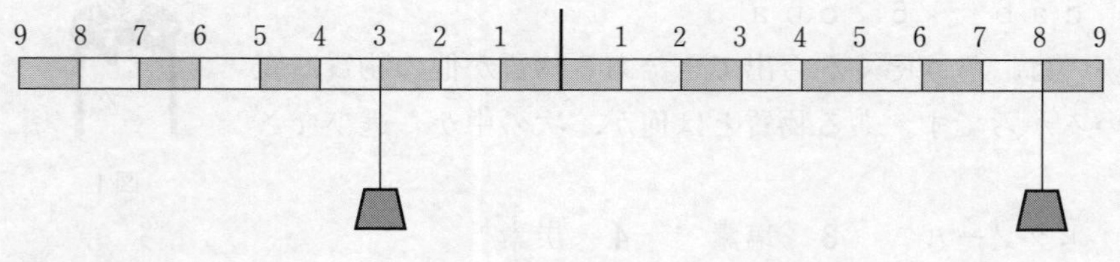

図3

(3)　**図4**のように左右の同じめもりのところに重りAとBをつり下げて，それぞれの重りをビーカーの水に入れると，重りBの側が上がりました。また**図4**の重りAの代わりに重りCをつけて，両方の重りを水に入れると，こんどは重りCの側が上がりました。重りA，B，Cを体積の大きいものから順に書いたものを，次の中から選びなさい。

1　ＡＢＣ　　**2**　ＡＣＢ

3　ＢＡＣ　　**4**　ＢＣＡ

5　ＣＡＢ　　**6**　ＣＢＡ

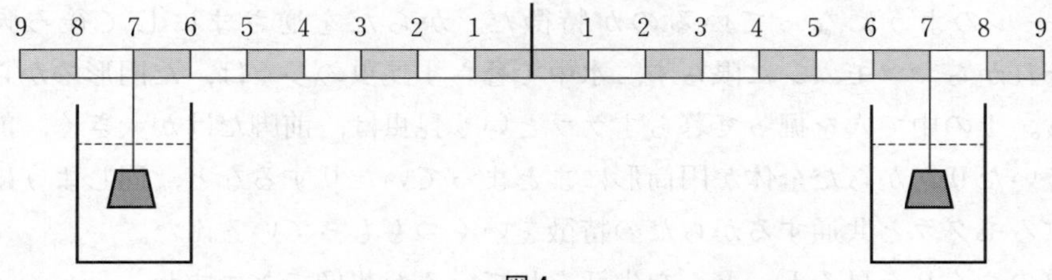

図4

(4)　**図4**のビーカーの水を20%の食塩水にかえて重りAとBで実験を行うと，さおの傾きは水の場合と比べてどうなりますか。次の中から選びなさい。

1　重りBの側がさらに上がる　　**2**　水平に近くなる　　**3**　水の場合と変わらない

(5)　**図5**のように，重りAをさおの左側のめもり5に，重りBをさおの右側のめもり6につり下げ，重りBだけをビーカーの水に入れると，さおがちょうど水平になりました。重りAとBのつり下げる位置を入れかえて，重りAだけを水に入れると，さおの傾きはどうなりますか。次の中から選びなさい。

1　重りAの側が下がる　　**2**　重りBの側が下がる　　**3**　水平になる

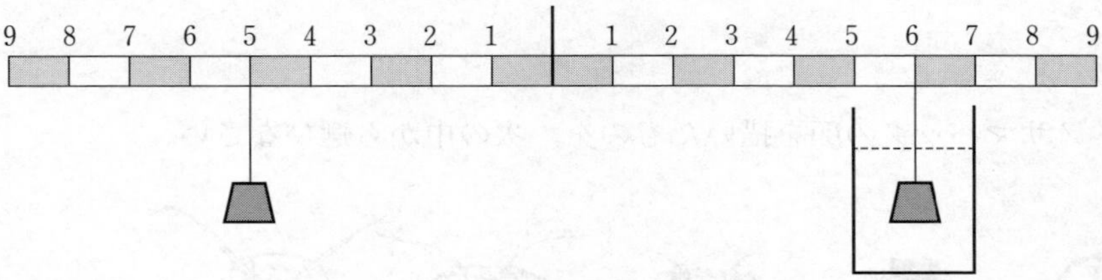

9 8 7 6 5 4 3 2 1 1 2 3 4 5 6 7 8 9

図5

4　昆虫には，様々な姿をしたものや独特の口や脚をもったものがいますが，その理由の一つに，その昆虫のすみかや食べ物，生活の仕方に適したからだのつくりになっていることがあげられます。次の会話文を読んで，あとの問いに答えなさい。

先　生　あそこに飛んでいる昆虫の食べ物はわかるかな。

ヒロキ　花の蜜ですよね。

先　生　そうだ。食べ物というより飲み物かもしれないけれど。他に昆虫のエサになる液体というとどんなものがあるだろう。

アオイ　樹液とか，ヒトの血液もそうじゃない？

先　生　そういう液体をエサとしている昆虫の口はどんなつくりになっているだろう。

ツバサ　液体を吸うのだから，ストローみたいになっているかな。

先　生　そうだね。一方，木や草の葉を食べる昆虫の口は，かじってかみくだくのに適しているね。

ヒロキ　先生，脚の形も昆虫の種類によって違いますよね。

先　生　そうだね。脚のつくりはその昆虫の生活場所に関係していることが多い。例えば，空を飛んでいる時間の長い昆虫の脚は，じゃまにならないように短くて細いことが多い一方，草原にすむトノサマバッタの後ろ脚は(　ア　)のに都合がいいように太くて長い。

ツバサ　水や土の中で暮らしている昆虫はどうなのですか？

先　生　いい質問だね。池などにいるマツモムシという昆虫は，後ろ脚に毛が密生していて，ボートをこぐオールのようになっているのが特徴(ちょう)だ。からだを逆さまにして後ろ脚で（　イ　）。それからマツモムシに限らず，水中で暮らす昆虫の多くは，だ円形のからだつきをしている。土の中で穴を掘(ほ)って暮らすケラという昆虫は，前脚だけが大きく，熊手(くま)のようになっていたり，からだ全体が円筒(とう)形にまとまっていたりするなど，同じように穴を掘って生活するモグラと共通するからだの特徴をいくつももっているんだ。

アオイ　昆虫のからだのつくりを見ると，どんな生活をしているか想像できますね。

(1)　樹液や体液，花の蜜を吸うのに適したストロー形の口をもつ昆虫を，次の中から３つ選び，番号の小さいものから順に書きなさい。

1　アカイエカ
2　アブラゼミ
3　エンマコオロギ
4　クロオオアリ
5　シオカラトンボ
6　スズメバチ
7　マメコガネ
8　モンシロチョウ

(2)　草の葉を食べるトノサマバッタの顔を描いたものを，次の中から選びなさい。

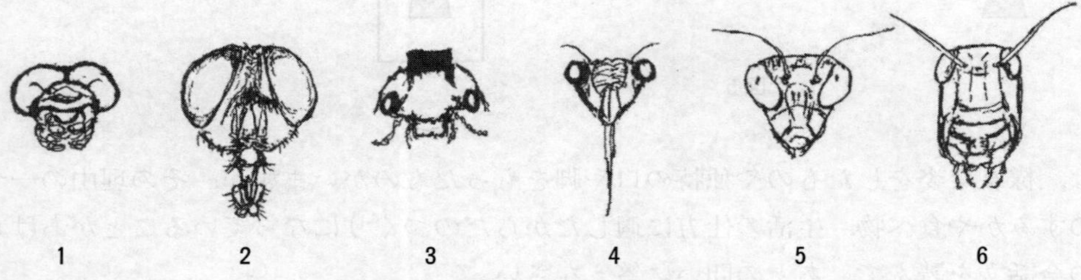

(3)　会話文の（ア），（イ）にあてはまる語句を，次の中からそれぞれ選びなさい。

1　えものをつかまえる
2　草につかまる
3　地面をはう
4　ジャンプする
5　土を掘って進む
6　水の上に浮(う)かぶ
7　水をかいて進む

(4)　マツモムシとケラの絵を，次の中からそれぞれ選びなさい。

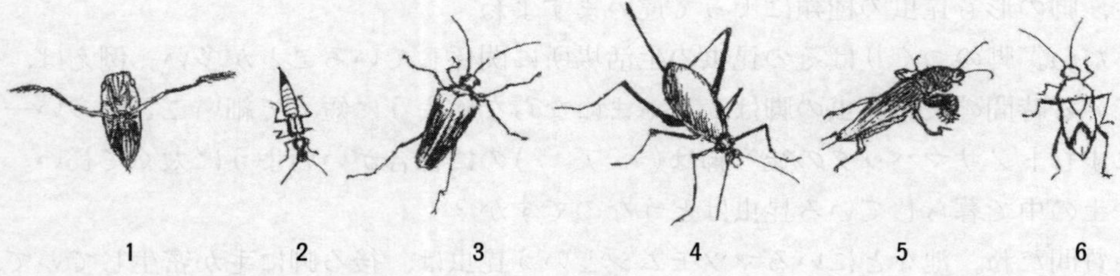

5 図6は，私たちが食べる野菜を，主に食べる部分でA，B，Cの3つに分け，同じ仲間同士を囲んで示しています。これを見てあとの問いに答えなさい。

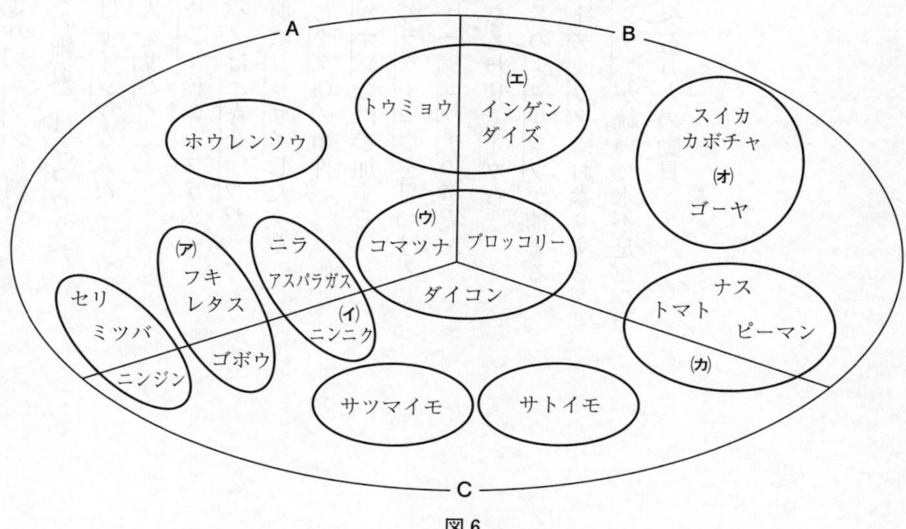

図6

(1) Bには主に植物のどの部分を食べる野菜が入っていますか。次の中から選びなさい。

1 葉，茎(くき)　**2** つぼみ，実，種子　**3** 根，地下茎(けい)，球根

(2) (ア)～(カ)にあてはまる野菜を，次の中からそれぞれ選びなさい。

1 エンドウ　**2** オクラ　**3** キャベツ　**4** キュウリ

5 ジャガイモ　**6** シュンギク　**7** タマネギ　**8** レンコン

(3) フキ，レタス，ゴボウの属する仲間の花がもっている特徴を，次の中から選びなさい。

1 1つの花の花びらが分かれている　**2** お花とめ花がある

3 多くの花が集まって，1つの花のように見える　**4** 花びらがない

5 1つの花から多くの種子ができる

五　――のカタカナを、正しい漢字に直しなさい。

ア　文豪のシュツジを調べる
イ　『奥の細道』はキコウ文だ
ウ　彼はセイジツな人だ
エ　罪人をサバく
オ　ゾウショ検索システム
カ　ツバメはエキチョウだ
キ　古典にシュザイした文章
ク　同じタグいの事件
ケ　シャオン会に参加する
コ　本のラクチョウを見つける
サ　それはシュウチの事実だ
シ　手をあわせてオガむ
ス　悪者のシュリョウが捕まる
セ　神社ブッカクにお参りする
ソ　カンテンが続いて水不足だ
タ　ノベ百万人の動員

1　ちりぬるを　2　けふこえて　3　ふるさとは
4　ゑひもせす　5　しろたへの

問三　[い] にあてはまる言葉としてもっともふさわしいものを、次の1～5から選び番号で答えなさい。
1　同じかなをくりかえさない
2　七字または五字のかたまりを決して崩さない
3　漢字に直せる言葉は用いない
4　韻を踏むところを作る
5　ひらがなとカタカナを単語により区別する

問四　次のア～カのことわざの意味としてもっともふさわしいものを、後の1～9からそれぞれ一つずつ選び番号で答えなさい。
ア　とうだいもとくらし（灯台下暗し）
イ　ぬすびとをとらえてなわをなう（盗人を捕らえて縄を綯う）
ウ　よめとおめかさのうち（夜目遠目笠のうち）
エ　けがのこうみょう（怪我の功名）
オ　きをみてもりをみず（木を見て森を見ず）
カ　みずはほうえんのうつわにしたがう（水は方円の器に従う）
1　環境や付き合う人いかんで、人は良くも悪くもなること。
2　小さいところにこだわるあまり、全体を見失っていること。
3　不釣り合いであること。
4　近くにあるものの方が、かえってわかりにくいということ。
5　人の話よりも、自分の目で一回見る方が確実であること。
6　実際よりも、美しく見えること。
7　間違ってしたことが、思いもかけずよい結果となること。
8　表面に見えるところより、見えないところが大事だということ。
9　いきあたりばったりで対処すること。

四　次の各問いに答えなさい。

問一　次のア～カの□にあてはまる漢字としてもっともふさわしいものを、後の1～9からそれぞれ一つずつ選び番号で答えなさい。その際、（　）内を参考にすること。
ア　台□（重箱読み）
イ　側□（人に対して「右腕」という言葉が使われるとき）
ウ　弱□（意気地のない人）
エ　成長□（将来の活躍が期待される人）
オ　下□評（うわさ）
カ　□談判（面と向かって交渉すること）
1　虫　2　株　3　所　4　近　5　遠
6　馬　7　牛　8　直　9　詞

問二　次のア～エの漢字の濃い線で示された部分は、何画目に書くべきか。もっともふさわしいものを、後の1～9から選び番号で答えなさい。（同じ答えを何度用いてもよい）
ア　断　イ　垂　ウ　布　エ　皮
1　一画目　2　二画目　3　三画目
4　四画目　5　五画目　6　六画目
7　七画目　8　八画目　9　九画目

問四 ――B「しめしめと思ってしまったり」とあるが、なぜ「しめしめ」と思ってしまうのか。それを説明したものとしてもっともふさわしいものを、次の1～5から選び番号で答えなさい。

1 その子がエラーしたことによって、エラーした選手が自分一人だけではなくなるから。
2 その子がエラーしたことによって、自分がレギュラーになる可能性が高くなるから。
3 その子がエラーしたことによって、延長戦になっていた試合がようやく終了になるから。
4 その子がエラーしたことによって、試合時間が伸びて行きたくない塾を休めるから。
5 その子と仲たがいをしていたので、その子が監督から怒られていい気味だと思ったから。

問五 [い] にあてはまる言葉としてふさわしくないものを、次の1～5から選び番号で答えなさい。

1 出し抜く　2 蹴落とす　3 打ち負かす
4 追い落とす　5 押しのける

問六 本文を通じて、筆者が言いたいことは何か。もっともふさわしいものを、次の1～5から選び番号で答えなさい。

1 今の入試制度は精神的に悪影響しか与えないので、抜本的な改革が必要である。
2 他人と競り勝つことで合格できたかもしれないが、これからは別の生き方も考えてみてほしい。
3 ライバルがミスをすればよいと考えるなど、人間というのはとても悪いことをつい考えてしまう生き物だ。
4 人間の発達段階のある時期に一定の知識を詰め込むことは必要なことであるので、入試制度はこのままでよい。
5 体育科の先生の話が私の人生を変えたように、年長者の話は常に傾聴に値するものである。

三 次の文章を読んで、後の各問いに答えなさい。

かなの種類を覚えるのに、「[あ]」で遊んだことがある人も多いでしょう。「[あ]」は、文字で書かれた読み札と、読み札の先頭のかなと絵とが描かれた取り札に分かれています。読み手が札を読み始めると同時に、対応した取り札を一番早く取りに行くゲームです。札の文句は、「い」……「いぬも歩けば棒に当たる」のように、それぞれのかなで始まることわざが用いられています。これは、江戸、京都、大坂(大阪)などによって違うことわざとなる場合もあり、その地方の特色が見られます。また、時代ごとにも違いがあり、さまざまなことわざが登場しています。

かなの種類を表したものと言えば、A「いろは歌」も興味深いです。これは、七・五調でかなの種類をすべて使って一つの歌にしたものですが、[い] という制約がありつつも、言葉をパズルのようにうまく並べて無常な世の中を表現した、たいへん芸術的なものです。

問一 [あ] にあてはまる言葉としてもっともふさわしいものを、次の1～5から選び番号で答えなさい。

1 いろはすごろく　2 いろはあわせ
3 いろはならべ　4 いろはくじ
5 いろはがるた

問二 ――A「『いろは歌』」の冒頭は、次のようになる。[　] にあてはまる言葉としてもっともふさわしいものを、後の1～5から選び番号で答えなさい。

「いろはにほへと [　] わかよたれそ　つねならむ……」

く中での心構えのようなことを伝えておきたいと思う」

それからの高校三年間はあっという間であった。大学受験の必要がない、言い換えれば、こと勉強に関しては他人を［い］必要のない三年間は、自分のペースで、しかも自分の興味関心にのっとって勉強でき、非常に充実したものであった。そして何よりも自分の人格形成上大きかったなと思われるのは、病気などの理由や部活での全国大会出場など、やむを得ない理由で授業に出席できなかった友達を、周りのみんなで助ける雰囲気を生で味わえたことである。勉強に限らず、困っている友人、後輩などに惜しみなく手を差し伸べる塾内の雰囲気が、こういう一貫教育校の雰囲気によって作られているように思う。学習面で、友人は良い意味でのライバルではあったが、決して［い］相手ではなかったのだ。

私は受験制度そのものを否定するつもりは毛頭ない。人間の成長過程のある時期に一定の知識を記憶として詰め込むことや、論理的な思考力を集中して養うことは必要なことであろう。しかし、その一方で、主に精神面での弊害もあると考える。

先日、新聞で黒柳徹子さんが書いた『窓ぎわのトットちゃん』が中国でなぜ一千万部も売れたのかについての記事を読んだ。中国語への翻訳者が「子どもは努力してくれれば、必ずしも他人に勝たなくていい。人生を豊かに送ってくれればいい。そう思えるようになったのが、この本の価値だと思う」と述べていたことがとても印象に残った。

一生、他人に打ち勝つことを考えて走り続けることも一つの生き方だと思う。が、しかし、自分のペースで自分で立てた目標に向かって向上していく生き方の楽しさを、私はその体育科の先生に学んでよかったと、人生の後半に入ってつくづく思う今日この頃である。

（注1）「塾内」…慶應義塾では一貫教育を行っている小中高校、大学を含めて、すべての教育機関を塾内と呼ぶことが多い

（注2）「忖度」…人の意向を他の事柄を元に推し量ること

問一 ［あ］にあてはまる言葉としてもっともふさわしいものを、次の1～5から選び番号で答えなさい。

1 既視感　2 悲壮感　3 嫌悪感
4 満腹感　5 成就感

問二 ――A「手放しに祝福できる気持ちは持ち合わせていないんだ」とあるが、それはなぜか。その説明としてもっともふさわしいものを、次の1～5から選び番号で答えなさい。

1 高校入試で合格することは、長い人生の中ではたいしたことではないから。
2 祝福したい気持ちとしたくない気持ちが半分半分ではっきりしないから。
3 体育科の先生は受験で失敗したことがあるので、後悔の念にさいなまれたから。
4 受験のために勉強するなどという行為は学問追究の姿勢と離れているから。
5 自分が合格するために努力してきたことはそれほど偉いことではないから。

問三 次の文は、本文から抜けおちたものである。この文が入るべき場所は本文中の（Ⅰ）～（Ⅴ）のうちのどれか。もっともふさわしいものを、後の1～5から選び番号で答えなさい。

> つまり何が言いたいのかというと、人よりミスを少なくして、一点でも多く点数を取った者の勝つ世界での勝利者が君たちだということだ。

1 （Ⅰ）　2 （Ⅱ）　3 （Ⅲ）　4 （Ⅳ）　5 （Ⅴ）

か。先生の話は続く。

「君たちに今日改めて聞きたいのは、受験勉強は誰のためにやるのだろうということだ。ほとんどの人は自分のために、自分が合格するために努力するのではないか。まあ、中には親や親戚のどうしてもその学校に入ってほしいという思いを(注2)忖度して頑張る人もいるかもしれないが。ここで君たちにぜひ考えてほしいのは、果たして『合格』という、いわば自分の利益を得るために努力をしたことは、そんなにみんなから褒められるべきことなのかということなんだ。(Ⅰ)

世の中には自分の生活、財産、時には生命までも差し出して他人のために努力している人がたくさんいる。例えば、僕の教え子で戦争で破壊された街にボランティアで行って、子どもたちが通うための学校の建設を手伝っている人がいる。こういう人に対しては大抵の人は偉いなぁと思うだろう。またそんなに大げさなことでなくても、学校で修学旅行とかに行ったとき、旅館のトイレのスリッパが乱雑に脱ぎ捨てられているのを、先生に言われなくても並べなおす人。こんな人はちょっと偉いよね。(Ⅱ)

もう一度、話を元に戻して、自分が志望校に合格するために必死で努力している人のことを考えてみよう。まぁ、目標に向かって努力しない人よりは偉いといえるけど、自分が合格するためにだけ頑張っているわけだから、みんなの称賛に値するほどのことでもないことはわかっていただけたと思う」なんていう話が続く。

そう言われてしまうと、確かに自分のために受験勉強を頑張っていたということを再認識させられた。なんだか私利私欲のために頑張ってきたみたいな言われ方で、釈然としないむかむかとした感情が心の中に湧き上がってきた。僕のそんな気分などお構いなしに先生は続けた。

「そこで話をもう一歩進めて、殺人者のバッヂの話に戻そう。君たちは高い倍率の中を勝ち残った者たちだ。これは誰にも否定されない事実である。(Ⅲ)

当然、本番でのたった一問のケアレスミスが受験の合否を左右する状況を潜り抜けてきたわけである。受験のための塾に通っていた人たちは、いかにミスをしないで、効率よく、最短の時間で問題を解けるようになるかというテクニックを教わりながら、トレーニングされたはずである。(Ⅳ)

そんな環境の中で他の受験生とともに切磋琢磨してきて、次のような考えを抱いたことはないだろうか。

一つ目。塾の模擬テストでいつも自分より点数が少しだけ高い子がいて、その子が受験で実力が発揮できなかったら自分が志望校に合格する可能性が高くなるとき、受験者であるその子が咳をしている様子を発見し、その子のことを心配しながらも、ひそかにラッキーと思ってしまった。

二つ目。同じく模擬テストで自分と同じくらいの実力の子がいて、たまたまその子に意地悪をされたことがあったので、心の中でその子がミスしないかなと一瞬考えてしまった。(Ⅴ)

そのどちらにも当てはまらない人も、例えば同じ野球部員でレギュラーを争っているやつがいて、そいつがエラーしたときに、B しめしめと思ってしまったり、なんてことは多かれ少なかれ誰でも経験のある事じゃないかと思う。だから、僕は決してそのことで君たちを責めようという訳ではない。ただ、人間という生き物は実に罪深い生き物であり、競争原理の中で追い込まれてしまうと、普段はとても温和な性格の持ち主でもふとした瞬間、とても利己的な考えを持ってしまうことがあるということは認識してほしいんだ」

なるほど、それで殺人者のバッヂか。

「さて、その認識に立ったうえで、これから我が校で生活を送ってい

3 いつまでも執念深い奴だって嫌がられちまうぞ
4 嫉妬されて嫌な思いをすることになっちまうぞ
5 自慢してると思われて気まずくなっちまうぞ

問四 ――B「何だか皮肉な話だ」とあるが、どういうことか。その説明としてもっともふさわしいものを、次の1～5から選び番号で答えなさい。

1 ただでさえ大変なときに、僕をいつも困らせる父ちゃんがやって来たということ。
2 父ちゃんの言葉をただ一人聞くことができる僕が、実はもっとも父ちゃんのことをよく知らないということ。
3 父ちゃん以外の家族に内緒で、父ちゃんとの共同生活を始めなくてはならないということ。
4 せっかく父ちゃんの言葉を聞くことができるのに、会話が一向にかみ合っていないということ。
5 二人で正面から向き合う機会を持てたのが、父ちゃんが死んでしまってからだったということ。

問五 ――C「大変なとき」とあるが、このとき僕は何かに悩んでいる。そのことがわかる僕の行動が描かれた一文を本文から探し、その最初の五字を抜き出しなさい。ただし、句読点や符号も一字と数える。

問六 ――D「僕は黙って見ていることしかできなかった」とあるが、このときの僕の気持ちを表した言葉としてもっともふさわしいものを、次の1～5から選び番号で答えなさい。

1 情けなさ　2 腹立たしさ　3 徒労
4 納得　5 諦め

問七 ――E「お前が一番分かってねぇことをお前に教えるために来た」とあるが、「父ちゃん」は「僕」にどのような行動をとることが大切だと伝えたかったのか。本文中の言葉を用いて、「ことが大切だということ。」に続く形で二十字以上二十五字以内で答えなさい。ただし、句読点や符号も一字と数える。

二 次の文章を読んで、後の各問いに答えなさい。

「君たちは殺人者のバッヂをつけているんだよ」

晴れて（注1）塾内の高校に入学して間もない時にいきなり体育科の先生に言われてぶったまげたことがある。いやいやこれはけっして自慢ではないが、これまでの人生を振り返ってみても、人を憎むことはあったとしても、殺めたいと本気で考えたことは一度もない。一体何を根拠にこの先生はこんなことを言うのだろうかと正直思った。

しかし、その時の疑問は大学に進学するころにはすっかり解決していた。その後の人生を送るうちにその先生に言われたことの意味が少しずつ分かってきたからである。先生は続けた。

「君たちは受験者の競争率がとても高い我が校を受験するにあたって、それ相応の受験勉強を頑張ってきたことは間違いないであろう。それはよく頑張ったねと言ってあげたいところだし、たぶんみんなのお父さん、お母さんや親戚の方々は、我が校に合格した君に対して祝福の言葉をかけてくれたことだろう。祝福を受けた君たちのほうも、少なくとも、俺ないし私が頑張ったから合格できたんだと、多少なりとも人生における戦いで勝利をつかむことができたという［あ］を味わえたのではないだろうか。

僕は君たちが味わったであろう［あ］を否定するつもりはないけど、A手放しに祝福できる気持ちは持ち合わせていないんだよ」と。

いちいち、どうしてそういうことを言うのか、話を聞く気にさせる先生だった。他人が遊び呆けている時に寝る間も惜しんで勉強し、努力を続けたからこその合格である。なんのケチのつけようがあるもの

ね。つまりはお前がお前自身を信じることができるかってことだ。いいか、ユウキ。お前にはことばがある。身体もある。お前が本当の気持ちでもって話をすれば、お前のことばは相手に伝わるはずだ。それはヒロシが犯人だろうとそうでなかろうと関係ないんだよ。お前の強いまっすぐな気持ちとことばがあれば、人を馬鹿にしたりいじめたり責めたりすることが愚かなことだとそいつらも気がつくはずさ。少なくとも、周りの奴らは分かるだろう。人は環境によっていくらでも変わる。そのやかましい連中も、本当の悪人じゃねぇだろう。お前のことばでそいつらを変えてやれ。いいか、そのためにはお前自身が強くならなきゃダメだ。頭で考えるより、まずは自分の感じたことを信じるんだ。勇気と自信を持て。お前が思っているほど、お前は弱くてダメな奴じゃないぞ」

「父ちゃんは簡単にそう言うけど、僕だっていろいろ考えてるんだよ」

何とか言い返さなければならないと思って、無理やりことばを出してみる。

「だから考えるな。お前は考えることで、いつも自分を弱くしてるんだ。父ちゃんにはもうことばもなければ身体もない。誰かを変えてやることもできねぇし、家族を守ってやることもできねぇ。いくら望んでも、もう父ちゃんは誰とも関われねぇんだ。だけど、お前はちがうだろ」

「何言ってんだよ。父ちゃんだって、今ここにいるじゃないか」

「それはきっと神様のちょっとしたいたずらか気まぐれだろう。もうじきあの世へ戻るさ。俺はお前と話をしたかったのかもしれねぇな。だから、ここへやって来たのかもしれねぇ。E<u>お前が一番分かってねぇことをお前に教えるために来た気がするよ</u>。それが今分かった」

「勝手にやって来て、何勝手に解決してるんだよ」

「ユウキ、自分と周りを信じるんだ。いいな」

そう言って、父ちゃんは突然姿を消した。

教室の前に僕は立つ。中からは昨日と同じ喧騒が聞こえてくる。震えがないと言えば嘘になるが、これは武者震いって奴だと自分に言い聞かせてみる。扉に手をかける僕は、たしかに父ちゃんの息子の眼をしている。

問一 〰〰a〜cの言葉の意味としてもっともふさわしいものを、それぞれ後の1〜5から選び番号で答えなさい。

a「にわかに」

1 思いのほか　2 おもむろに　3 突然　4 あわただしく　5 すぐに

b「懸念」

1 心配　2 期待　3 予想　4 想像　5 祈念

c「気圧された」

1 恐れられた　2 気分が損なわれた　3 驚かされた　4 圧倒された　5 反抗された

問二 甲・乙・丙にあてはまる言葉としてもっともふさわしいものを、それぞれ後の1〜5から選び番号で答えなさい。

甲 1 一　2 三　3 五　4 十　5 千

乙 1 身　2 気　3 目　4 手　5 尾

丙 1 証　2 論　3 義　4 勇　5 考

問三 ――A「お前の方が……」の後に省略されている言葉としてもっともふさわしいものを、次の1〜5から選び番号で答えなさい。

1 間違いをいちいち指摘されて頭に来ちまうぞ

2 どうかしたんじゃないかって変に思われちまうぞ

いた。

「でも、あいつが犯人なんだろ。だったら仕方ないさ」

ハジメは意外にもはっきりとそう答えた。声は小さいながらも、きわめて冷たい言い方に感じ、僕は少したじろいだ。

　昨日の五時間目の直前、クラスの教室の後ろに置いてあったきれいなバラの花の一部が無くなっているのを、女子の一人が気づいた。すぐにみんなが集まって来て、いつ盗まれた、誰が犯人だ、せっかく先生が置いてくれたのに、などとあれやこれや言い、そのうち、誰かが「ヒロシが犯人だ」と言い出した。

「あいつはのろまだし、貧乏だぞ」

「そうだ、きっとどっかで売るつもりだ」

「この間無くなった僕のペンも、きっとあいつが盗ったんだ」

　騒々しい男子たちが口々にヒロシに詰め寄る。女子の何人かも加勢する。当のヒロシはか細い声で「違うよ。僕じゃないよ」と言うだけだ。そのあと先生が来て授業が始まったので、昨日はそれで終わったが、やはり今日もみんなの攻撃が続いていた。僕は周りに聞かれないようにハジメに言った。

「本当にヒロシが犯人なのかな。僕、実は違うんじゃないかと思ってて」

「どうしてだよ。みんな言ってるじゃないか」

「そうなんだけど、みんなが花が盗まれたっていう昼休みの時間は、ヒロシは教室にいなかったはずなんだ。僕、保健室に用事があってしばらくいたんだけど、その間ヒロシはずっと校庭の隅の花壇の近くにいたんだよ。保健室の窓からちょうど見えるんだ。ヒロシはいつも昼休みはあそこにいるんだ。そのあとは僕も教室に戻ったし、みんながいうように、誰にも見られずに花を盗むなんてことは難しいし無理だよ。それにヒロシはそんなことをする奴じゃ……」

「だったらさ、今みんなの前でそう言えるの？　ヒロシは犯人じゃない、みんなが間違ってるって。大山や井原や古川たちに、お前らがおかしいって、罪なき人を犯人にするなって面と向かって言えるの」

　ハジメは語気を強める。

「以前の僕みたいに君はなりたいの？」そう付け足して教室を出て行く後ろ姿を、D僕は黙って見ていることしかできなかった。

「なるほどな。お前のいうように、そのヒロシって坊は犯人じゃないかもしれねぇな」

「父ちゃん、幽霊だったらさ、誰が犯人かくらい分かるんじゃないの」

「馬鹿野郎。父ちゃんをそんな都合のいい幽霊と一緒にするな。父ちゃんはな、意外といろんなことが分かってないんだ」

「威張るところじゃないよ」と僕は笑う。

　確かに父ちゃんはあんまり分かっていない。「あいつは冷てぇな。長年連れ添ったのに、俺の声が聞こえねぇんだもの」などと愚痴っぽく言っていたが、本当は母ちゃんはときどき夜に父ちゃんの遺影に向かって「あんた、何で死んじゃったのよ」と泣いている。そんなとき、僕はいつもどうすれば良いのか分からずにいる。「母ちゃん、心配ないよ」と声をかけてあげられれば、どれだけ良いか。

「それでお前はどうするんだ。もと爪弾きのハジメってのが言うように、正しいと思うことを言わずに、やかましい連中に恐れをなして黙ってるつもりなのか。ユウキ、義を見てせざるは丙無きなりだぞ」

　静かな低い声で突然言うので、僕は少しばかりC気圧された。

「お前は俺に似ず慎重で賢い奴だよ。だけど、ちょっとばかし頭でっかちになっちまってるところがいけねぇな。お前はそのヒロシとかいう坊が犯人じゃないと確信してるんだろ。お前なりにそう思う根拠もあれば、直感もあるはずだ。俺はお前のその直感を大事にしてほしい

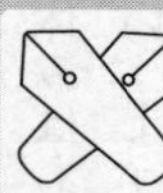

二〇一八年度　慶應義塾中等部

【国　語】（四五分）〈満点：一〇〇点〉

一　次の文章を読んで、後の各問いに答えなさい。

覚えようと書き写された漢字の練習の跡が、まばらにノートの上に踊っている。スタートもゴールもどこだか分からない迷路のような線の集合体を、僕はいたずらになぞってみる。そうすることで靄が晴れるわけでもなく、むしろ自分にはどうすることもできない思いが身に沁みてくる。

夜も更けて、外の通りを歩く人の気配も感じない。暗闇のしんとした静けさが一人の部屋に伝わってくる。明日のテストの勉強が一向にはかどらない僕の背後でａにわかに声がした。

「そんなのも分からねぇのか。中学生にもなって情けねぇな」

驚いた僕は振り返った。

「お、何だ、お前には聞こえるのか。そんなに怯えるなよ。いや、気づいてもらえると嬉しいもんだな」

「父ちゃん、嘘だろ……」

僕が小さい頃に亡くなった父ちゃんが、いま目の前にいる。

「ユウキ、久しぶりだな。大きくなりやがった。驚くのも無理はねぇ。父ちゃんだって同じだ」

「何、どういうこと」

「俺にも分からねぇんだが、何でだか、あの世からここへ来ちまったようだ。さっきお前以外の奴らにも話しかけてみたんだが、どうやら気づかないらしい」

父ちゃんは少し恨めしそうに言う。

「本当に父ちゃんなんだよね。どうしよう……。そうだ、とりあえず母ちゃんたちに知らせないと」

「いや、それはやめておいた方がいいんじゃねぇかな。俺の声に気づかないあいつらに俺が来てるなんて言ったら、Ａお前の方が……」

「信じてもらえるわけないか。けど、じゃあ、どうするのさ」

「そうだな、一度渡ったはずの[甲]途の川をまた戻って我が家にやって来たんだから、何かをしなくちゃいけないんだろうけど、父ちゃん何すりゃいいんだろ」

「僕に分かるわけないよ」

「困っちまったなぁ」

そう言いつつも、父ちゃんは少し嬉しそうに僕を見る。

「どういうわけだか分からねぇが、お前とだけは会話ができるらしい。こりゃあ、鍵を握っているのはお前かもな」

笑って話されてもまともに納得できる状況ではないが、これはこれでそうおかしなことでもないような気がしてくるから不思議だ。考えてみれば、僕は父ちゃんとじっくり話をすることなんてなかった。

Ｂ何だか皮肉な話だ。ただでさえＣ大変なときに、僕は父ちゃんとの秘密まで抱えることになってしまった。

翌朝学校へ行くと、やはり前日の一件が[乙]を引いているようだった。僕がｂ懸念していたとおり、教室で「泥棒、泥棒」とはやし立てている奴らがいる。そういう輩はヒロシの机の周囲や黒板の前に集まって、やいのやいのと言っていた。

「やっぱりこうなったか」

僕は少しげんなりした気持ちで、隣にいたハジメに話しかけた。ハジメはおとなしい僕にも引けを取らないほどの静かな奴で、僕らはうるさい連中があまり好きではなかったから、いつも距離を置いて見て

2018年度 慶應義塾中等部 ▶解説と解答

算 数 (45分) ＜満点：100点＞

解 答

1 (1) 70 (2) ア 110 イ 119 (3) 375 (4) ア 6 イ 10 2 (1) 40 (2) 850 (3) ア 13 イ 20 (4) 2000 3 (1) 130 (2) 12 (3) 48 (4) ア 838 イ 38 4 (1) ア 9 イ 20 (2) ア 12 イ 8 5 (1) 16800 (2) ア 14 イ 864 6 (1) 16 (2) ア 30 イ 50 7 (1) 121 (2) ア 81 イ 54

解 説

1 計算のくふう，逆算，濃度，周期算

(1) 70.2＝70＋0.2，69.8＝70－0.2だから，70.2×69.8の値は，右の図1の太線で囲んだ部分の面積と等しい。また，斜線部分の面積は等しいので，太線で囲んだ部分の面積はかげをつけた部分の面積と等しくなる。さらに，$1.25\times0.032=\frac{125}{100}\times\frac{32}{1000}=\frac{1}{25}=0.04$だから，70.2×69.8＋1.25×0.032＝70×70－0.2×0.2＋0.04＝4900－0.04＋0.04＝4900と求められる。また，$A\times B-A\times C=A\times(B-C)$となることを利用すると，3.5×63－3.5×43＝3.5×(63－43)＝3.5×20＝70になるので，4900÷70＝70とわかる。

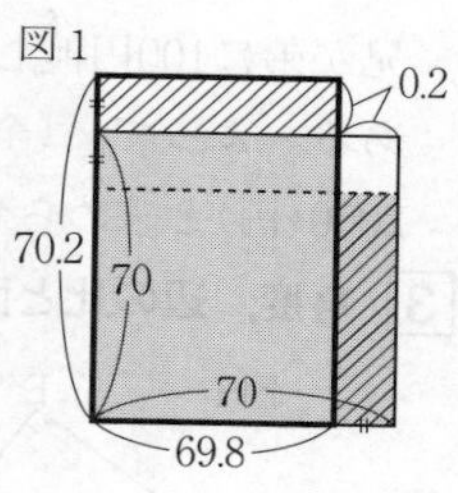

(2) $1.875\div\left(3\frac{1}{4}-\square\times2\frac{4}{5}\right)-1\frac{1}{6}=1\frac{2}{3}$より，$1.875\div\left(3\frac{1}{4}-\square\times2\frac{4}{5}\right)=1\frac{2}{3}+1\frac{1}{6}=1\frac{4}{6}+1\frac{1}{6}=2\frac{5}{6}$，$3\frac{1}{4}-\square\times2\frac{4}{5}=1.875\div2\frac{5}{6}=1\frac{7}{8}\div\frac{17}{6}=\frac{15}{8}\times\frac{6}{17}=\frac{45}{68}$，$\square\times2\frac{4}{5}=3\frac{1}{4}-\frac{45}{68}=\frac{13}{4}-\frac{45}{68}=\frac{221}{68}-\frac{45}{68}=\frac{176}{68}=\frac{44}{17}$ よって，$\square=\frac{44}{17}\div2\frac{4}{5}=\frac{44}{17}\div\frac{14}{5}=\frac{44}{17}\times\frac{5}{14}=\frac{110}{119}$

(3) 図に表すと，右の図2のようになる。図2で，アとイの比は，(10－7)：(7－3)＝3：4だから，10％の食塩水と3％の食塩水の重さの比は，$\frac{1}{3}:\frac{1}{4}=4:3$とわかる。よって，$\square=500\times\frac{3}{4}=375$(g)となる。

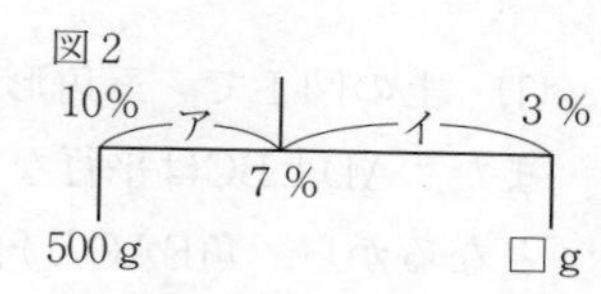

(4) 1＋7＝8より，1月8日が月曜日なので，1番目の日曜日は1月7日である。よって，23番目の日曜日は1月7日の，7×(23－1)＝154(日後)となり，1月で考えると，7＋154＝161(日)になる。これは，右上の図3のように1か月ごとに調べると，6月10日とわかる。

2 正比例と反比例，売買損益，旅人算，相当算，比の性質

(1) 1Lあたりの重さは，$4.23\div2.25=\frac{4.23}{2.25}=\frac{423}{225}=\frac{47}{25}$(kg)だから，$\frac{47}{25}\times\square=75.2$(kg)と表すことができる。よって，$\square=75.2\div\frac{47}{25}=40$(L)と求められる。

〔ほかの解き方〕 右の図で，75.2kgは4.23kgの，$75.2 \div 4.23 = \frac{75.2}{4.23} = \frac{7520}{423} = \frac{160}{9}$(倍)なので，$\square = 2.25 \times \frac{160}{9} = 40$(L)と求めることができる。

(体積)	2.25L	□L
(重さ)	4.23kg	75.2kg

(2) 原価を1とすると，定価は，$1 \times (1 + 0.3) = 1.3$，定価の2割引きは，$1.3 \times (1 - 0.2) = 1.04$となる。よって，利益は，$1.04 - 1 = 0.04$となり，これが34円にあたるから，(原価)×0.04＝34(円)と表すことができる。したがって，原価は，$34 \div 0.04 = 850$(円)とわかる。

(3) A君がBさんに初めて追いつくのは，A君がBさんよりも池1周分(つまり400m)多く走ったときである。また，A君はBさんよりも1分間に，$250 - 220 = 30$(m)多く走るので，A君がBさんに初めて追いつくのは，2人が走り始めてから，$400 \div 30 = 13\frac{1}{3}$(分後)と求められる。これは，$\frac{1}{3} \times 60 = 20$(秒)より，13分20秒後となる。なお，A君とBさんは同じ地点から走り始めたものとする。

(4) 全体の金額を1とすると，はじめに兄が受け取った金額は，$1 \times \frac{1}{4} = \frac{1}{4}$，その残りは，$1 - \frac{1}{4} = \frac{3}{4}$となる。これを兄と弟が3：2の割合で分けたから，弟が受け取った金額は，$\frac{3}{4} \times \frac{2}{3+2} = \frac{3}{10}$とわかる。この後，兄が弟に100円渡(わた)して弟の金額が700円になったので，渡す前の弟の金額は，$700 - 100 = 600$(円)である。よって，(全体の金額)$\times \frac{3}{10} = 600$(円)と表すことができるから，全体の金額は，$600 \div \frac{3}{10} = 2000$(円)と求められる。

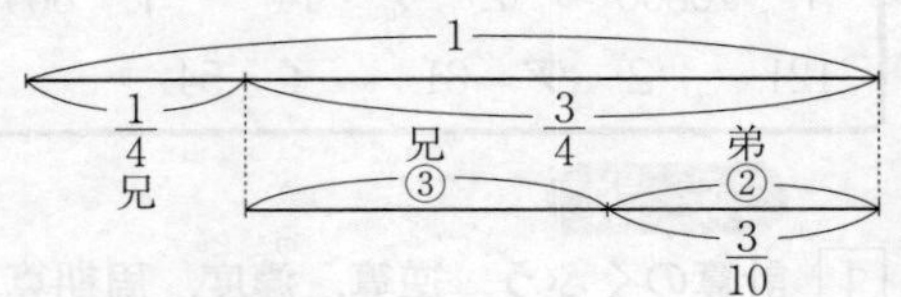

3 角度，辺の比と面積の比，長さ，相似，表面積

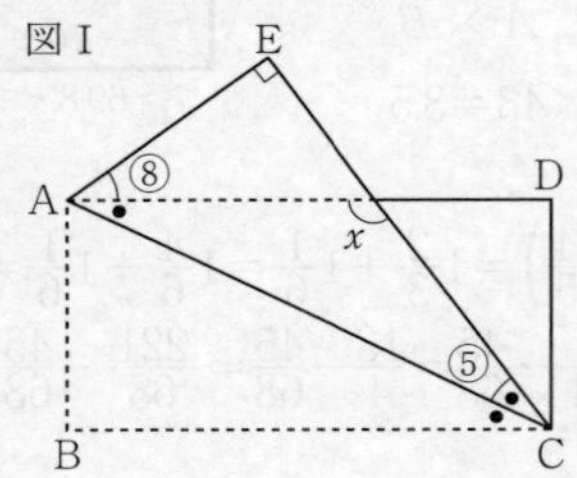

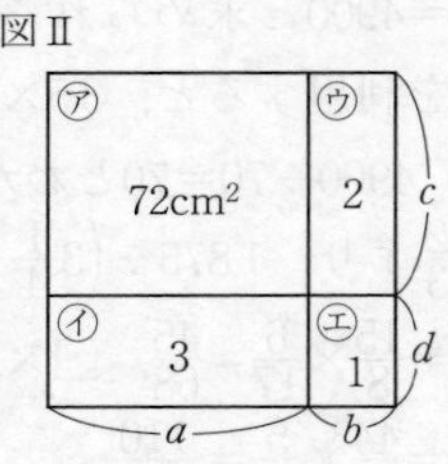

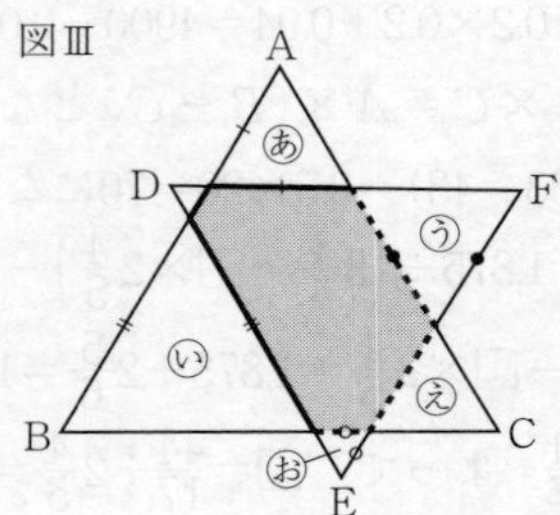

(1) 上の図Ⅰで，三角形ABCと三角形AECは合同だから，角ACBと角ACEの大きさは等しくなる。また，ADとBCは平行なので，角ACBと角DACの大きさも等しい。よって，角DACの大きさは⑤となるから，角EACと角ACEの大きさの和は，(⑧＋⑤)＋⑤＝⑱になることがわかる。これが，$180 - 90 = 90$(度)なので，①にあたる角の大きさは，$90 \div 18 = 5$(度)と求められる。したがって，⑧の大きさは，$5 \times 8 = 40$(度)だから，角xの大きさは，$90 + 40 = 130$(度)とわかる。

(2) 上の図Ⅱで，㋑と㋓の面積の比が3：1なので，$a : b = 3 : 1$となり，㋒と㋓の面積の比が2：1だから，$c : d = 2 : 1$になる。よって，この正方形は，㋐の長方形の横の長さを，$\frac{3+1}{3} = \frac{4}{3}$(倍)に拡大し，たての長さを，$\frac{2+1}{2} = \frac{3}{2}$(倍)に拡大したものなので，面積は，$72 \times \frac{4}{3} \times \frac{3}{2} = 144$(cm²)とわかる。したがって，$144 = 12 \times 12$より，この正方形の1辺の長さは12cmとなる。

(3) 上の図Ⅲで，あといの三角形はどちらも正三角形だから，同じ印をつけた部分の長さは等しい。よって，太実線の長さはABの長さと等しくなる。同様に，う，え，おの三角形はすべて正三角形なので，同じ印をつけた部分の長さは等しい。よって，太点線の長さはEFの長さと等しくなる。したがって，色をつけた六角形の周りの長さは，正三角形ABCと正三角形DEFの１辺の長さの和と等しくなるから，27＋21＝48(cm)とわかる。

(4) 右の図Ⅳのように，EFとHGを延長して交わる点をOとすると，長方形CDHIを１回転してできる円柱と，三角形EOHを１回転してできる円すいを組み合わせた立体から，三角形FOGを１回転してできる円すいを切り取った形の立体になる。CIを１回転してできる部分とEDを１回転してできる部分を合わせると，半径が，４＋５＝９(cm)の円になるので，その面積は，９×９×3.14＝81×3.14(cm^2)とわかる。また，FGを１回転してできる円の面積は，６×６×3.14＝36×3.14(cm^2)となる。さらに，CDを１回転してできる部分は円柱の側面であり，その面積は，５×２×3.14×３＝30×3.14(cm^2)と求められる。次に，三角形EOHと三角形FOGは相似であり，相似比は，EH：FG＝９：６＝３：２だから，EF：FO＝(３－２)：２＝１：２となり，FOの長さは，８×$\frac{2}{1}$＝16(cm)とわかる。また，円すいの側面の面積は，(母線)×(底面の円の半径)×(円周率)で求めることができるので，EOを１回転してできる部分の面積は，(８＋16)×９×3.14＝216×3.14(cm^2)，FOを１回転してできる部分の面積は，16×６×3.14＝96×3.14(cm^2)となる。よって，EFを１回転してできる部分の面積は，216×3.14－96×3.14＝(216－96)×3.14＝120×3.14(cm^2)とわかるから，この立体の表面の面積は，81×3.14＋36×3.14＋30×3.14＋120×3.14＝(81＋36＋30＋120)×3.14＝267×3.14＝838.38(cm^2)と求められる。

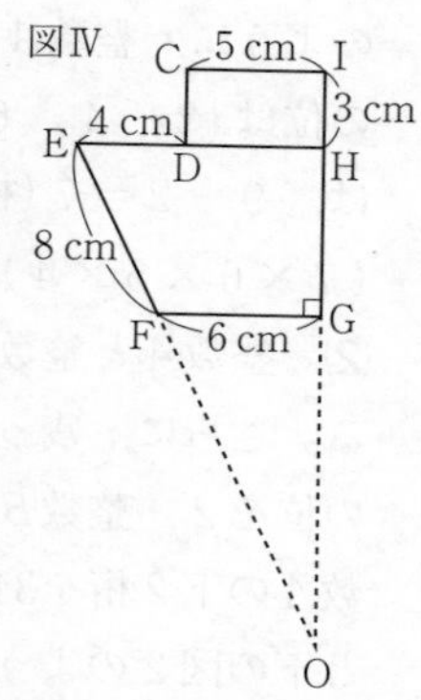

4 グラフ―速さ，旅人算

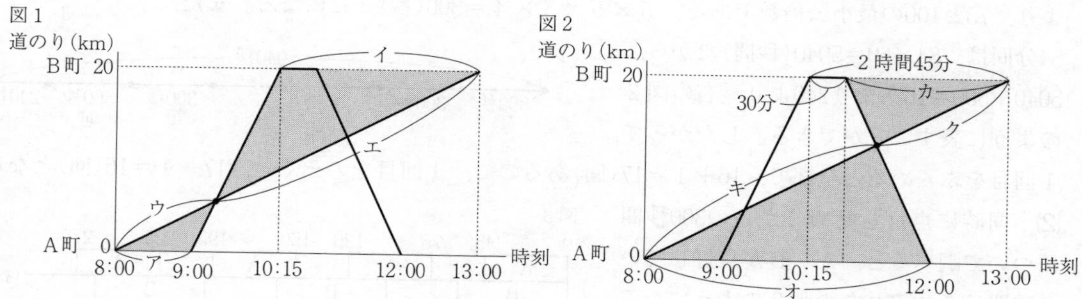

(1) 次郎君が太郎君に追いつくのは，上の図１の●印の部分である。図１で，かげをつけた２つの三角形は相似であり，アとイの比は，(９時－８時)：(13時－10時15分)＝１時間：２時間45分＝60：165＝４：11だから，ウとエの比も４：11になる。また，ウとエの部分の時間の和は，13時－８時＝５(時間)なので，ウの部分の時間は，$5\times\frac{4}{4+11}=1\frac{1}{3}$(時間)となり，●印の時刻は，８時＋$1\frac{1}{3}$時間＝$9\frac{1}{3}$(時)と求められる。これは，$\frac{1}{3}\times60=20$(分)より，９時20分となる。

(2) 次郎君が太郎君に出会うのは，上の図２の●印の部分である。図２で，かげをつけた２つの三角形は相似であり，オとカの比は，(12時－８時)：(２時間45分－30分)＝４時間：２時間15分＝240：135＝16：９だから，キとクの比も16：９になる。また，キとクの部分の道のりの和は20kmなので，キの部分の道のりは，$20\times\frac{16}{16+9}=12.8$(km)と求められる。よって，次郎君が太郎君に出会うのは，Ａ町から12.8kmの地点である。

5 場合の数

(1)　整数Aの一の位は奇数，整数Bの一の位は偶数になるから，右の図１のように，整数Aの一の位は{1，3，5，7，9}の５通り，整数Bの一の位は{2，4，6，8}の４通りの札が考えられる。このとき，残りの札は，９－２＝７(枚)だから，これを残りの位に入れていくと，５×４×(７×６×５×４)＝16800(通り)となる。

図１
整数A　□□□
1，3，5，7，9
整数B　□□□
2，4，6，8

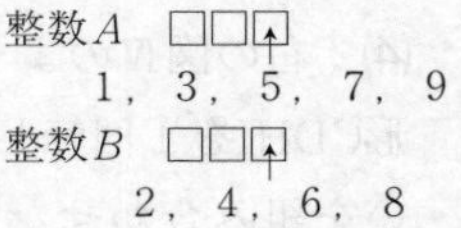

(2)　整数Aと整数Bの差を最も小さくするには，整数Aと整数Bの百の位の差を１にする必要がある。さらに，残った札でできる２桁で最小の数と最大の数を考えればよい。たとえば，整数Aの百の位を２，整数Bの百の位を１とするとき，残った札は{3，4，5，6，7，8，9}なので，整数Aの下２桁を34，整数Bの下２桁を98にすると差が最も小さくなる。ほかの場合も同様に調べると下の図２のようになるから，最も小さい差は14とわかる。また，整数Aと整数Bの差を最も大きくするには，整数Aを最大の整数である987，整数Bを最小の整数である123にすればよく，そのときの差は，987－123＝864となる。

図２

234	314	412	512	612	712	812	912
－198	－298	－398	－498	－598	－698	－796	－876
36	16	14	14	14	14	16	36

6 周期算

(1)　電球Ａは，45＋30＝75(秒)ごとに点灯し始め，電球Ｂは，60＋40＝100(秒)ごとに点灯し始める。よって，２つの電球が同時に点灯し始めるのは，右の図１より，75と100の最小公倍数である，５×５×３×４＝300(秒)ごとになる。また，84分間は，84×60＝5040(秒間)だから，5040÷300＝16あまり240より，右の図２のように表すことができる。したがって，１回目をふくめると全部で，16＋１＝17(回)あるので，１回目をのぞくと，17－１＝16(回)となる。

図１
5) 75　100
5) 15　20
　　3　4

図２
5040秒
300秒 ①　300秒 ②　…　300秒 ⑮　300秒 ⑯　240秒

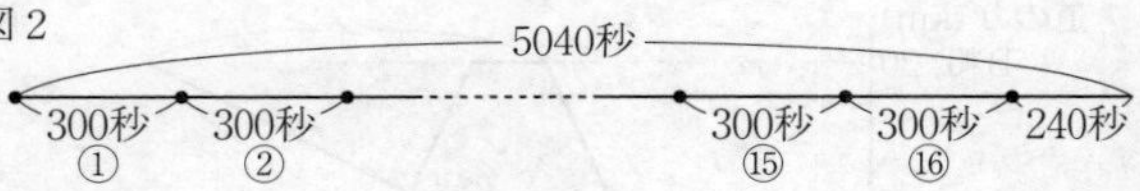

(2)　同時に点灯し始めてからの300秒間について調べると，Ａ，Ｂが点灯している時間はそれぞれ右の図３のようになる。どちらも点灯しているのは，０～45秒の45秒間，100～120秒の(120－100＝)20秒間，150～160秒の(160－150＝)10秒間，225～260秒の(260－225＝)35秒間だから，300秒間の中には，45＋20＋10＋35＝110(秒間)ある。これが16回くり返され，さらに，最後の240秒間には，45＋20＋10＋(240－225)＝90(秒間)あるので，全部で，110×16＋90＝1850(秒間)と求められる。これは，1850÷60＝30あまり50より，30分50秒間となる。

図３
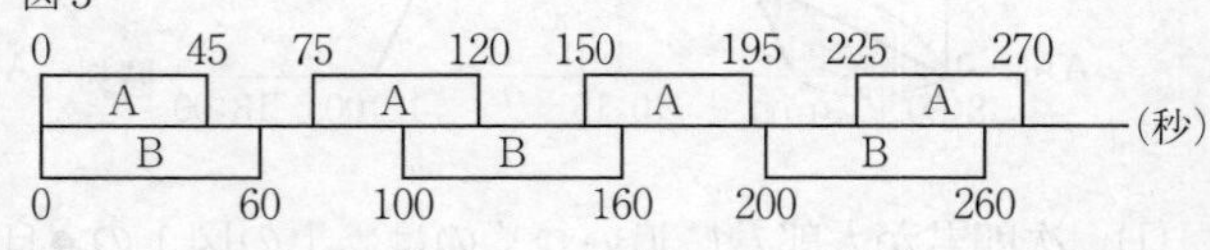

〔**ほかの考え方**〕　17周期目は240秒しかないから，240～260秒の，260－240＝20(秒間)はふくまれない。よって，17周期の合計からこの20秒間をひいて，110×17－20＝1850(秒間)と求めることもできる。

7 図形と規則，調べ

⑴　右の図①のように，正三角形を上から順に段に分けると，各段に並べるタイルの枚数は，１枚，３枚，５枚，…のように，１から始まる奇数になる。また，１から始まる奇数の和は，(個数)×(個数)と表すことができるから，各段までに並べるタイルの枚数の和は，１×１＝１(枚)，２×２＝４(枚)，３×３＝９(枚)，…のように平方数になることがわかる。140以下で最大の平方数は，11×11＝121なので，11段目まで並べることができ，このとき121枚のタイルを使う。

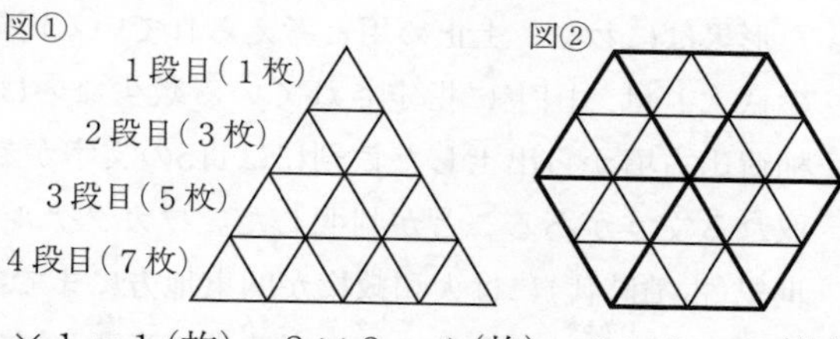

⑵　正三角形を１つつくるのに必要な枚数は，121以下の平方数である。また，正六角形は，右上の図②のように同じ大きさの６つの正三角形に分割することができる(図②は分割された１つの正三角形に４枚のタイルを並べる場合)。よって，正六角形を１つつくるのに必要な枚数は，平方数を６倍したものの中で，140以下の数である。したがって，考えられる組み合わせは右上の図③のようになる。この中で，140以下で最大の数はかげをつけた部分だから，正三角形をつくるのに使うタイルは81枚，正六角形をつくるのに使うタイルは54枚とわかる。

図③

	正三角形										
	1	4	9	16	25	36	49	64	81	100	121
正六角形 6	7	10	15	22	31	42	55	70	87	106	127
24	25	28	33	40	49	60	73	88	105	124	145
54	55	58	63	70	79	90	103	118	135	154	175
96	97	100	105	112	121	132	145	160	177	196	217

社会　(25分)　＜満点：50点＞

解答

1 ア　1　イ　7　ウ　6　エ　3　オ　4　カ　0　キ　9　ク　8　ケ　2　コ　5　2 ア　4　イ　2　ウ　5　エ　3　3 ア　3　イ　7　ウ　2　エ　9　オ　5　カ　6　4 ア　3　イ　4　ウ　5　エ　2　オ　1　カ　3　5 ア　集団的　イ　つくらず　ウ　排他的　6 **問1**　ア　3　イ　1　ウ　2　エ　4　**問2**　6　**問3**　(番号，正しい語句の順に)　1，北東／2，断層／3，新幹線　**問4**　(例)　土砂災害　**問5**　4　7 (例)　携帯電話・スマートフォンを持っていると，授業中でもつい使いたくなって勉強のさまたげになったり，こわしたりなくしたりした場合にトラブルになったりすることが考えられる。そこで，学校に来たら先生に預け，帰るときに返してもらうようにすればよいと思う。

解説

1　全国各地の国宝についての問題

ア　江戸時代中期の1784年，志賀島(しかのしま)(福岡県福岡市)で「漢委奴国王(かんのわのなのこくおう)」と刻まれた金印が発見された。この金印は弥生時代のもので，中国の歴史書『後漢書』東夷(とうい)伝に記述のある日本の小国・奴国の王が後漢(中国)の光武帝からさずかったものと推定されている。　**イ**　はにわは古墳時代にさかんにつくられた素焼きの土製品で，古墳の頂上や周囲に置かれた。動物や人，舟・家などを表した形象はにわや，土止め用と考えられている円筒はにわがある。群馬県太田市から出土した「挂甲の武人」は，国宝に指定されている数少ないはにわの１つである。　**ウ**　埼玉県行田市にある稲荷山古墳から出土した鉄剣には115の文字が刻まれており，その中に「ワカタケル大王」と読み取れる文字があることが判明した。ワカタケル大王は雄略天皇のことと推定されることから，５世紀(古墳時代)には大和政権が関東地方にまで勢力を広げていたことが証明された。　**エ**　法隆寺(奈良県斑鳩町)金堂の釈迦三尊像の光背(仏像の背後の飾り)には，622年，厩戸王(聖徳太子)が病にたおれて亡くなったさい，病気が治ることや，死後安らかであることを願ってつくられた像を，翌23年に渡来系の仏師であった鞍作鳥(止利仏師)が完成させたことが記されている。　**オ**　厨子とは，仏像や経典などを納める仏具のこと。法隆寺の玉虫厨子は仏殿の形につくられ，玉虫のはねを用いた細工がほどこされていることから，その名がある。　**カ**　興福寺(奈良県奈良市)は藤原氏の氏寺として栄えた寺で，所蔵されている「阿修羅像」は３つの顔と６つの腕を持ち，仏教を守護する鬼神の像である。　**キ**　平安時代中期の1052年，父である藤原道長から譲り受けた宇治(京都府)の別荘を寺に改めた藤原頼通は，翌53年，阿弥陀如来像を安置するために阿弥陀堂をつくった。これが平等院鳳凰堂で，その名は，翼を広げたような阿弥陀堂の形と，屋根に飾られた左右一対の想像上の鳥・鳳凰に由来している。　**ク**　厳島神社は，「日本三景」で知られる広島県の宮島にあり，航海の守護神をまつっている。平安時代の終わりごろ，平清盛は平氏一門の繁栄を祈願して，装飾をほどこした経巻である「平家納経」を奉納した。　**ケ**　東大寺(奈良県奈良市)の南大門には，運慶・快慶ら慶派一門が1203年に完成させた金剛力士像が安置されている。金剛力士は仏法を守護するもので仁王ともよばれ，口を開いた阿形と，口を閉じた吽形の一対の像は，寄木造という技法でつくられている。　**コ**　平安時代，奥州藤原氏は平泉(岩手県)を中心として３代にわたり栄えたが，初代の清衡によって1124年，屋根・壁・柱などを金箔でおおった中尊寺金色堂が建てられた。

2　歴史上で日本が外国と結んだ条約についての問題

ア　1854年に老中阿部正弘とアメリカ使節ペリーの間で結ばれた日米和親条約では，下田(静岡県)と箱館(函館，北海道)の２港を開いてアメリカ船に燃料や水・食料などを供給すること，アメリカ漂流民への援助をすることなどが取り決められた。　**イ**　1894年から始まった日清戦争の講和会議が翌95年に下関(山口県)で開かれた。伊藤博文首相と陸奥宗光外務大臣が日本全権として出席したこの会議で下関条約が結ばれ，日本は朝鮮国が独立国であることを清(中国)に認めさせたほか，領土や多額の賠償金を譲り受けた。　**ウ**　1904年に日露戦争が始まったが，翌05年になると日本では武器や戦費などの調達が難しくなり，ロシアでも革命さわぎが起こるなど，両国とも戦争の続行が難しくなった。そこで，日本政府はアメリカ合衆国大統領セオドア＝ルーズベルトに和平の仲立ちをたのみ，アメリカの軍港ポーツマスで講和会議が開かれることになった。日本全権の小村寿太郎外務大臣は，ここで結ばれたポーツマス条約で韓国における日本の優越権や南満州鉄道の権利などを譲り受けたが，賠償金を得ることはできず，国内では不満が高まった。　**エ**　日米安全保障条約は1951年，サンフランシスコ平和条約と同時に日本がアメリカ合衆国と結んだ条約で，日本にアメリカ軍が駐留することを認め，日本が外国から攻撃されたときアメリカ軍が出動するという取り決めがなされた。1960年に改定され，現在にいたる。

3　歴史上の人物にゆかりのある日本の旧国名・地名についての問題

ア～ウ　織田信長は尾張国(愛知県西部)の戦国大名で，1560年に桶狭間の戦いで駿河国(静岡県東部)の戦国大名であった今川義元をやぶって勢力を拡大し，1573年には室町幕府をほろぼした。そして近江国(滋賀県)の琵琶湖東岸に安土城を築いて全国統一の拠点としたが，1582年に家臣の明智光秀に攻められて自害した(本能寺の変)。　**エ～カ**　徳川慶喜は「徳川御三家」の１つ水戸藩(茨城県)の藩主・斉昭の子で，一橋家に養子に入り，1866年に江戸幕府の第15代将軍に就任した。しかし，同年には薩摩藩(鹿児島県)の西郷隆盛らと長州藩(山口県)の桂小五郎(木戸孝允)らが，土佐藩(高知県)の坂本龍馬の仲立ちで薩長同盟を結ぶなど，倒幕の気運が高まっていたため，慶喜は翌67年に朝廷に政治の実権を返すことを決め，大政奉還を行った。

4　日本の政治のしくみと国際連合についての問題

ア　日本国憲法第54条は，「衆議院が解散されたときは，解散の日から40日以内に，衆議院議員の総選挙を行い，その選挙の日から30日以内に，国会を召集しなければならない」とし，衆議院解散総選挙後の特別会(特別国会)を，選挙後30日以内に召集することを規定している。よって，３が間違っている。　**イ**　国会を召集することは，日本国憲法第７条２項で示された天皇の国事行為の１つである。よって，４が選べる。　**ウ**　１～４のいずれも，国民の権利について述べた文として正しい。　**エ**　裁判員裁判の対象となるのは，民事裁判ではなく刑事裁判。裁判員裁判は重大な刑事事件についての第１審(地方裁判所)で実施され，20歳以上の有権者の中から抽選で選ばれた裁判員６人が３人の裁判官と合議制で裁判を行う。有罪か無罪かの判断はもとより，有罪の場合は刑の種類や程度についても判断することになっている。　**オ**　都道府県知事の被選挙権は30歳以上の国民に与えられるので，１が間違っている。　**カ**　国際連合の安全保障理事会は，アメリカ合衆国・ロシア連邦・イギリス・フランス・中国の常任理事国５ヵ国と，総会で選出される任期２年の非常任理事国10ヵ国という合計15ヵ国で構成されている。よって，３が選べる。

5　国家の主権や方針についての問題

ア　集団的自衛権とは，自国が攻撃を受けていなくても，密接な関係にある国が攻撃を受けたとき，協同して防衛活動を行う権利のことをいう。これまで政府は，日本が攻撃を受けたときのみ防衛活動を行う個別的自衛権は認められるが，集団的自衛権の行使は認められないとしてきた。しかし，2014年７月，安倍晋三内閣は集団的自衛権の行使を容認する閣議決定を行った。　**イ**　非核三原則は，世界で唯一の戦争被爆国である日本がかかげる，核兵器に対する基本方針で，核兵器を「持たず，つくらず，持ちこませず」としている。1967年の佐藤栄作首相の国会答弁から始まり，71年には衆議院本会議で決議が採択された。　**ウ**　排他的経済水域とは，沿岸から200海里(約370km)までの範囲について，水産資源や海底の地下資源などを沿岸国が独占的に管理できる水域のこと。国連海洋法条約では，排他的経済水域内の海底とその下を沿岸国の大陸棚と定め，さらに国連で地形・地質的につながっていると認められた場合には，200海里を超えて大陸棚を設定することができる。

6　調べ学習の方法と神戸市の特徴についての問題

問１　調べ学習では，まず何について調べるかというテーマ(学習問題)を決める。次に，「こうなのではないだろうか」という仮説(結果の予想)を立て，それにもとづいて調査計画をつくり，必要な資料やデータを収集する。必要があれば現地で調査も行う。そして資料やデータをまとめ，自分の立てた仮説が正しいかどうかを確かめたら，調査結果や問題の解決策を報告書(レポート)の形式にまとめて発表する。よって，アには3，イには1，ウには2，エには4があてはまる。

問2　①　兵庫県の県庁所在地である神戸市は大阪湾に面し，沿岸部には人工島のポートアイランドや六甲アイランド，神戸空港がつくられているので，「う」だとわかる。「あ」は姫路市，「い」は明石市の位置。　②　日本標準時子午線となっている東経135度の経線は，京都府北西部や明石市，和歌山県の友ヶ島などを通っているので，イが正しい。　③　1995年1月17日に起こった兵庫県南部地震は，淡路(あわじ)島北部(地図中のB)を震源とし，マグニチュード7.3，最大震度7を記録した。大都市直下型の地震だったため，神戸市やその周辺地域では大きな被害が発生した(阪神・淡路大震災)。

問3　地図には方位記号が示されていないため，上が北を指す。地図の下半分に見える平野部は市街地となっており，帯状に南西から北東へとのびているのだから，1は「南東」ではなく「北東」が正しい。また，山のすそ野や谷の出入りが少なく，「山地と平野部の境目が直線的」なのは，境目に断層があるからである。よって，2は「河岸段丘」ではなく「断層」となる。神戸市周辺には「六甲・淡路島断層帯」がのびており，兵庫県南部地震もここで発生している。さらに，六甲トンネルと神戸トンネルは山陽新幹線のトンネルなので，3は「高速道路」ではなく「新幹線」とするのが正しい。

問4　問3の文章や地図からは，神戸市の特徴として，市街地がある平野部の背後に六甲山地が連なっていること，六甲山地の丘陵(きゅうりょう)部に住宅地が造成されていることが読み取れる。丘陵部の住宅地は森林を伐採(ばっさい)して造成されたと考えられるので，豪雨や地震などによって地盤がゆるみ，土砂くずれが起こるおそれがある。したがって，神戸市では土砂災害に対する備えが必要になる。

問5　示された文章では，仮設住宅が郊外に建てられたことを問題として取り上げている。ここでは仮設住宅がつくられた場所が問題とされているので，イの資料を使用したと考えられる。世帯数の増減にはふれられていないので，ウはふさわしくない。また，復興住宅を必要とした被災者の状況(じょうきょう)を知るためには，エの資料が必要となる。よって，4が選べる。

7　ある提案に対する問題点を指摘(してき)し，対策案をあげる問題

「学校生活をより快適にするための提案」である点に注意する。また，提案した側の意図も考えたうえで問題点を指摘し，対策案を示すとよいだろう。学校生活において携帯(けいたい)電話・スマートフォンが必要になる場合を考えると，通学時に学校や親に緊急の連絡が必要になったときなどがあげられる。いっぽうで，持っているとつい使いたくなってしまい，授業や部活動のさまたげとなるおそれもある。また，携帯電話・スマートフォンを持っている生徒と持っていない生徒で差が生じないようにしなくてはならない。以上のようなことをふまえ，校舎内では電源を切る，登校時に先生に預け，下校時に返してもらう，保護者の許可が得られた場合のみ認める，などの対策案を述べればよい。

理　科　(25分) <満点：50点>

解　答

1　(1)　1　(2)　1　(3)　1　(4)　6　2　(1)　a　3　b　4　c　1　(2)

1　(3)　4　(4)　3　(5)　1　**3**　(1)　6　(2)　15　(3)　6　(4)　3　(5)
1　**4**　(1)　1，2，8　(2)　6　(3)　ア　4　イ　7　(4)　マツモムシ…1，ケラ…5　**5**　(1)　2　(2)　(ア)　6　(イ)　7　(ウ)　3　(エ)　1　(オ)　4　(カ)　5
(3)　3

解説

1　月の動きと見え方についての問題

⑴　毎日同じ時刻に同じ場所で月を観察すると，360÷29＝12.41…より，月の位置は１日におよそ12.4度ずつ東にずれていき，29日後に再びおよそ同じ位置にもどる。よって，月の見える方角は，３日前の同じ時刻と比べて東にずれている。

⑵　午後６時(日の入りのころ)に見える半月は，太陽からおよそ90度東にずれた位置にあるので，およそ真南の方角にあり，右半分が光って見える上げんの月である。上げんの月は新月から満月になっていくと中に見られるものなので，翌日にはさらに満ちた(光っている部分が少しふくらんだ)月が見られる。

⑶　午後９時に月が真南に見えるのは，７月20日の次が，20＋29－31＝18より，８月18日で，さらにその次が，18＋29－31＝16より，９月16日である。よって，その４日後の９月20日には，月の位置が真南より東にずれていることになる。12.4×４＝49.6(度)より，およそ南東の方角に見られると考えられる。

⑷　午後６時に見える半月は上げんの月で，およそ真南の方角にある。365÷29＝12余り17より，29×12＝348(日後)には同じ午後６時にほぼ同じ真南の方角に半月が見えるが，それから17日たつと，12.4×17＝210.8(度)東にずれた方角にあると考えられる。したがって，午後６時には地平線より下に位置しており，月を見ることはできない。

2　ろうそくの燃焼についての問題

⑴　ろうそくの炎(ほのお)は３つの部分からできている。図１で，いちばん外側の，はっきりとは見えにくいａの部分を外炎(がいえん)，その内側の，最も明るく見えるｂの部分を内炎，最も内側の，芯(しん)のすぐ近くにあるｃの部分を炎心という。

⑵　ａの外炎は，周りの空気(酸素)と十分ふれあって完全燃焼しているので，最も温度が高い。一方，ｃの炎心は，芯から発生したろうの気体があるところで，最も温度が低い。

⑶　ｂの内炎では，周りの空気(酸素)と十分にふれあっていないため，ろうの気体が不完全燃焼している。そのため，ろうの気体にふくまれる炭素のつぶ(すす)があり，これが熱せられてかがやいているので，３つの部分の中で最も明るい。

⑷　ａの外炎ではろうの気体が完全燃焼しているので，ここにガラス管を差し込んでも，ガラス管の先からは煙(けむり)が出てこない。なお，ｂの内炎に差し込んだガラス管の先からは，炭素のつぶ(すす)をふくんだ黒い煙が出てくる。ｃの炎心にガラス管を差し込んだ場合は，その先からろうの気体や液体・固体のつぶをふくんだ白い煙が出てきて，この白い煙に火を近づけると，炎をあげて燃える。

⑸　ろうそくが燃えることで発生した二酸化炭素が，石灰水と反応して吸収される(白いにごりとなる)ため，集気ビンの中の気圧が小さくなる。すると，外の大気圧の方が気圧が大きくなるため，

フタが外の空気におさえられる。その結果，さかさまにして，フタをおさえていた手を離(はな)しても，フタが落ちなくなる。

3 てこのつりあいと浮力(ふりょく)についての問題

⑴　ここではさおが一様な太さ・材質でできているものとする。よって，さおの中央をつり下げているので，さおの重さはそのつりあいに関係しない(以下，同じ)。図2で，左回りのモーメント(てこを回そうとするはたらき)は，100×２＋100×４＝600なので，右回りのモーメントも600になれば，さおが水平になる(つりあう)。したがって，600÷100＝６より，100ｇの重りＣを右側のめもり６につり下げればよい。

⑵　図３で，重りＡによる左回りのモーメントは，100×３＝300，重りＢによる右回りのモーメントは，100×８＝800であるから，重りＣによって左回りのモーメントを，800－300＝500増やせば，さおが水平になる。よって，500÷100＝５より，左側のめもり５に重りＣをつり下げればよい。

⑶　重りを水に入れたとき，重りの体積が大きいほど，それだけ水から受ける浮力が大きくなるため，重りの見かけの重さが小さくなる。図４で，重りＢの側が上がったということは，重りＡが受けた浮力よりも重りＢが受けた浮力の方が大きいことを示している。よって，重りＡと重りＢは同じ重さなので，体積は重りＢの方が重りＡより大きいといえる。同様に考えると，重りＣの方が重りＢより体積が大きいことがわかるので，体積の大きいものから順に重りＣ，重りＢ，重りＡとなる。

⑷　重りＡと重りＢについて図４の操作を行うと，重りＢの一部が水面上に出たところ(重りＡの側が少し下がったところ)でさおがつりあう(重りやさおがビーカーにふれないものとする)。このとき，重りＢの水面下の部分の体積は，すべて水中にある重りＡの体積に等しい。この状態から密度(１cm^3あたりの重さ)の異なる食塩水にかえても，重りが受ける浮力は，(おしのけた液体の密度)×(おしのけた液体の体積)で求められるが，重りＢの液面下の部分の体積がすべて食塩水中にある重りＡの体積に等しいときに，同じ大きさだけ浮力が増え，つまり同じ大きさだけモーメントが減って，さおがつりあう。したがって，水から食塩水に入れかえる前後で，重りＢが水または食塩水に入っているようすは変わらないので，さおの傾(かたむ)きも変わらない。

⑸　図５で，重りＡと重りＢを入れかえる前も後も，左回りのモーメントは変わらない(100×５＝500)。しかし，重りＡの体積の方が重りＢの体積より小さいため，重りＡと重りＢを入れかえると，重りにはたらく浮力が小さくなるぶん，右回りのモーメントは大きくなる。したがって，入れかえる前はさおが水平になっていたから，入れかえた後はさおの右側につり下げ，水に入れた重りＡの側が下がる。

4 昆虫(こんちゅう)の姿についての問題

⑴　アカイエカは植物のしる(産卵期のメスはヒトなどの体液)，アブラゼミは木の汁(しる)，モンシロチョウは花の蜜(みつ)をそれぞれ吸うので，いずれもストロー形の「吸う口」をもつ。なお，ほかの５種類の昆虫はいずれもエサを切り取るなどして食べるための「かむ口」をもつ。

⑵　１はトンボ，２はハエ，３はカブトムシ，４はセミ，５はカマキリ，６はトノサマバッタのようすをそれぞれ表している。

⑶　**ア**　トノサマバッタは，ふだんは草むらを飛びはねて移動するので，後ろ脚(あし)は太くて長く，大きくジャンプするのに適したつくりになっている。　**イ**　マツモムシの後ろ脚は，ボートをこぐ

オールのようになっていることから，水をかいて進むのに適していると考えられる。

⑷　マツモムシの姿は１のように体が細長いだ円形のような形で，水中では後ろ脚を大きく広げて動かす。また，ケラの姿は５で，土の中で穴をほって移動するため，土をかき分けるための前脚が特に発達している。

5　野菜の分類についての問題

⑴　図６で，Ａは，ホウレンソウやレタスなどがふくまれることから，主に葉や茎(くき)を食用とする仲間である。Ｂは，主につぼみ，実，種子を食用とする野菜の仲間で，インゲンやダイズは種子，スイカやカボチャは実，ブロッコリーはつぼみが食用となる。Ｃは主に根，地下茎(けい)，球根を食用とする仲間で，サツマイモやゴボウは根，ニンニクは球根，サトイモは地下茎を食用とする。

⑵　㋐　フキ，レタス，ゴボウはキクの仲間なので，葉を食用とするキクの仲間のシュンギクがあてはまる。　㋑　ニンニクがネギの仲間なので，それと同じ仲間で球根を食用とするタマネギが選べる。　㋒　コマツナはアブラナの仲間なので，同じ仲間で葉を食用とするキャベツがふさわしい。　㋓　インゲンやダイズと同じマメの仲間に属するエンドウを選ぶ。未熟のさや(さやえんどう)や熟す前の種子(グリーンピース)を食べることが多い。　㋔　キュウリは，スイカやカボチャ，ゴーヤなどと同じ仲間(ウリ科)である。　㋕　トマトやピーマンはナスの仲間なので，同じ仲間のジャガイモが選べる。ジャガイモのイモは地下茎がふくらんでできる。

⑶　フキ，レタス，ゴボウはキクの仲間の植物である。この仲間の花は，小さな花がたくさん集まって大きな１つの花のようになってさき，その小さな花には５枚の花びらがあって，１つにくっついている。お花とめ花の区別はなく，小さな花１つにつき種子が１個できる。

国語　(45分)　<満点：100点>

解答

一　問1　a　3　b　1　c　4　問2　甲　2　乙　5　丙　4　問3　2　問4　5　問5　スタートも　問6　1　問7　(例)　自分を信じて本当の気持ちをまっすぐ伝える勇気を持つ(ことが大切だということ。)　二　問1　5　問2　5　問3　4　問4　2　問5　3　問6　2　三　問1　5　問2　1　問3　1　問4　ア　4　イ　9　ウ　6　エ　7　オ　2　カ　1　四　問1　ア　3　イ　4　ウ　1　エ　2　オ　6　カ　8　問2　ア　7　イ　5　ウ　2　エ　2　五　下記を参照のこと。

●漢字の書き取り

五　ア　出自　イ　紀行　ウ　誠実　エ　裁(く)　オ　蔵書　カ　益鳥　キ　取材　ク　類(い)　ケ　謝恩　コ　落丁　サ　周知　シ　拝(む)　ス　首領　セ　仏閣　ソ　干天　タ　延(べ)

解説

一　クラスで泥棒(どろぼう)と決めつけられたヒロシのことを心配しながらも，みんなに向かってヒロシは犯人じゃないと言えず，悩(なや)んでいた「僕」(ユウキ)の前に，父ちゃんの幽霊(ゆうれい)が現れた場面である。

問1　**a**　行動や変化が急なようすなので，3の「突然」があてはまる。なお，2の「おもむろに」は，落ち着いて静かに行動するようす。　**b**　気がかりなことを表すので，1の「心配」が選べる。なお，5の「祈念」は，目的の達成を神仏に願うこと。　**c**　「気圧される」は，相手の勢いにおされることだから，4の「圧倒された」が合う。

問2　**甲**　「三途の川」は，死後七日目に，あの世へ行くために渡るとされる川。　**乙**　「尾を引く」は，事が済んだ後までも，その名残や影響が続くこと。　**丙**　「義を見てせざるは勇無きなり」は，“人として行うべきと知りながら，実行しないのは勇気がないからだ”という意味。

問3　「僕」以外は幽霊の父ちゃんに「気づかない」ので，「僕」が「母ちゃんたちに知らせ」ても「信じて」もらえないだろうというのが，二人の一致した意見である。この状況で父ちゃんの幽霊が出たと言った場合，周囲の反応としては，2の「どうかしたんじゃないか」がよい。

問4　ここでの「皮肉」は，思い通りにいかないようす。思いがけない事態を残念に感じたり，おもしろがったりする気持ちがふくまれる。「僕」はすぐ前で，生前には「父ちゃんとじっくり話をすることなんてなかった」と思っている。つまり，「じっくり」話ができるようになったのは父ちゃんが幽霊になってからだということが，残念なような，おかしいような気分なので，5が選べる。

問5　「僕」が何かに悩んでいることは，本文の最初の描写に表れている。ノートの漢字練習の跡は「スタートもゴールもどこだか分からない迷路のような線の集合体」で，「僕」がそれを「いたずらに」なぞるだけなのは，悩みのせいで勉強どころではないからである。「いたずらに」は，むだなようす。

問6　ヒロシは犯人ではないと信じる「僕」だが，「今みんなの前でそう言えるの？」というハジメの問いに反論できないでいる。自分の弱さをつきつけられたのだから，1の「情けなさ」がよい。この後，「僕」は「父ちゃん，幽霊だったらさ，誰が犯人かくらい分かるんじゃないの」と聞いており，ヒロシのぬれ衣を晴らす方法を考え続けていたとわかるので，「徒労」「納得」「諦め」は不適切。また，「僕」は「慎重で賢い」タイプである。勇気がない自分やヒロシをいじめる奴ら，弱いところをついてきたハジメにもむやみに「腹立たしさ」を感じるより，自分の「情けなさ」をかみしめて可能な方法を考えるのが合う。

問7　ヒロシを助けたいと悩む「僕」に，すべきことを伝えに来た父ちゃんの言葉を整理する。「勇気と自信を持て～お前は弱くてダメな奴じゃない」「直感を大事にしてほしい」「自分の感じたことを信じるんだ」と言い，「本当の気持ちでもって話をすれば～相手に伝わる」として，「強いまっすぐな気持ちとことば」で「人を馬鹿にしたりいじめたり責めたり」する「愚かな」連中を「変えてやれ」と言っている。これらを整理して，「自分を信じて本当の気持ちをまっすぐ伝える勇気を持つ(ことが大切だということ)」「考えるよりも直感を大事にし，勇気をもって行動する(ことが大切だということ)」のようにまとめればよい。

二　**人生の後半に入った筆者が，高校に入学して間もない時，「受験」に勝ち抜くとはどういうことか，その弊害もふくめて先生から聞かされたことを回想し，勝ち負け以外の生き方もあることを語っている。**

問1　受験競争で「勝利」したのだから，なしとげた気分を表す「成就感」が入る。なお，「既視感」は，未経験なのに，すでにどこかで経験したことがあるかのように感じられること。「悲壮感」は，悲痛で勇ましい気分やようす。「嫌悪感」は，不快さ。「満腹感」は，お腹がいっぱいだという感覚。

問２　「手放しに」は，批判や条件なしに行うようす。先生はすぐ続けて，生徒たちの合格を「手放し」で祝福できない理由を話している。「人のために努力している人」の例をあげ，「自分が合格するため」の頑張(がんば)りは「称賛(しょうさん)に値する」ほどではないと言っているので，５が合う。

問３　もどす文は，“要するに”という意味の「つまり」で始まっている。また，合格した「君たち」について，人より「ミス」を少なくし，「一点でも多く」点数を取れば「勝つ」世界での「勝利者」だと語った内容である。これは，「当然，本番でのたった一問のケアレスミスが受験の合否を左右する状況を～トレーニングされたはずである」という段落のまとめにあたるので，その直後の空らんⅣに入ると判断できる。

問４「しめしめ」は，思い通りになってひそかに喜ぶ時に発する言葉。「レギュラーを争っているやつ」の「エラー」を喜ぶのだから，２がよい。

問５　１「出し抜く」は，すきをついたりだましたりして，人より先に事をなすこと。　２「蹴(け)落とす」は，自分がのしあがるために，競争相手を強引に退かせること。３「打ち負かす」は，相手を完全に負かすこと。　４「追い落とす」は，上位の者をその地位から追いやること。　５「押(お)しのける」は，無理やりに競争相手を退けること。　３の「打ち負かす」だけが正面から対決するイメージで，ここではふさわしくない。

問６　自分が合格するために人より多く点数を取るだけの努力など称賛に値しないと教わった筆者は，「自分のペースで，しかも自分の興味関心にのっとって勉強でき」た高校生活を，「非常に充実(じゅうじつ)したもの」だったと語っている。２が，この内容に合う。２以外の，「入試制度」の改革，ライバルのミスを願うことのよしあし，「知識を詰(つ)め込(こ)む」必要性，「年長者の話」への態度は，話題の中心ではない。

三　「いろは」で「かな」を覚えるのに役立つ，伝統的なゲームと歌を紹介(しょうかい)している。

問１　「いろはがるた」は，「いろは」の47字に「京」の字を加えた48字を頭文字にあてたことわざを書いた「読み札」と，対応する「取り札」（絵札）からなるかるた。江戸後期に広まった。

問２　「いろは歌」は，「いろは」の47字全部を重複せずに使った歌で，「いろはにほへと　ちりぬるを　わかよたれそ　つねならむ　うゐのおくやま　けふこえて　あさきゆめみし　ゑひもせす」が最も一般(いっぱん)的である。

問３　「いろは歌」の制約は，同じかなを重複して使わないことである。

問４　**ア**「灯台下暗し」は，身近なもののほうが，かえってわかりにくいということ。　**イ**「盗人を捕(と)らえて縄(なわ)を綯(な)う」は，事が起こってからあわてて対処すること。　**ウ**「夜目遠目笠(かさ)のうち」は，はっきり見えないために，実際よりも美しく見えるということ。　**エ**「怪我(けが)の功名」は，間違(まちが)ってしたことが，思いがけずよい結果になること。　**オ**「木を見て森を見ず」は，ささいなことにこだわりすぎて，全体をとらえられないこと。　**カ**「水は方円の器に従う」は，人は付き合う相手や環境(かんきょう)によって，良くも悪くもなるということ。　なお，３は「提灯(ちょうちん)に釣(つ)り鐘(がね)」，５は「百聞は一見に如(し)かず」，８は「山高きが故に貴(たっと)からず（樹あるをもって貴しとなす）」などが合う。

四　熟語の完成，漢字の筆順

問１　**ア**「音＋訓」の「重箱読み」には，「台所」「本屋」などがある。　**イ**「側近」は，権力者のそばに仕える人。「右腕(みぎうで)」は，最も信用して頼(たの)みにする部下。　ウ　「弱虫」「泣き虫」などの「虫」は，人間の体内にいて，感情や考えを起こすと考えられていたもの。「本の虫」「勉強の虫」のような言い方は，“～だけに熱中する人”を表す。　エ　「成長株」「兄貴株」などの「株」は，名詞に付き，ある集団内でその評価を得た者，役割を担(にな)っている者を表す接尾語。　オ　「下馬」は，寺社の境内(けいだい)や貴人の門前などで敬意を表して，馬を下りること。その場所で主人を待つ供の者たちの交(か)わすうわさ話が「下馬評」である。のちに，単に“うわさ話”という意味になった。　カ　「直談判」の「直」は「じか」と読み，直接するようすを表す。

問2　筆順の基本ルールと，その例外をおさえておく。左から右へ，上から下へが二大原則。　**ア**　「断」は，左右に分かれた構成なので，左を先に書き，かつ左側は「米」が先である。　**イ**　「垂」は，上から下へ書く。まず左はらい，次に上二つの横画，そのあと短い縦画を左，右の順に書く。　**ウ**　「布」は，上から下へ書いていくが，左はらいと横画の順序に注意する。　**エ**　「皮」のように，横画に交わる画がある場合，はらいを先に書く。

五　漢字の書き取り

ア　その人が生まれた土地，家系など。　**イ**　旅行中の体験や感想などを書いた文章。　**ウ**　いつわりがなく，真心をもって人やものごとに対するようす。　**エ**　音読みは「サイ」で，「仲裁」などの熟語がある。訓読みにはほかに「た(つ)」がある。　**オ**　所蔵している本。　**カ**　害虫を捕食(ほしょく)したり，花の受粉を行ったりと，人間の生活に役立つ鳥。　**キ**　報道や作品の材料を，人の話やできごとなどから集めること。　**ク**　音読みは「ルイ」で，「種類」などの熟語がある。　**ケ**　受けた恩への感謝を表すこと。　**コ**　本のページが一部抜け落ちていること。　**サ**　世間に広く知られていること。　**シ**　音読みは「ハイ」で，「拝見」などの熟語がある。　**ス**　集団のかしら。　**セ**　寺の建物。　**ソ**　日照りが続くこと。　**タ**　音読みは「エン」で，「延期」などの熟語がある。

平成29年度　慶應義塾中等部

〔電　話〕　(03) 5427－1677
〔所在地〕　〒108-0073　東京都港区三田2－17－10
〔交　通〕　JR山手線－「田町駅」より徒歩10分
都営三田線－「三田駅」より徒歩10分

【算　数】（45分）〈満点：100点〉

〔注意〕 解答は，下の〔例〕にならって□の中に0から9までの数字を1字ずつ記入しなさい。

〔例〕

(1) 333mから303mをひくと□□mになります。　解答 | 3 | 0 |

(2) 2.34に6をかけると ア . イ になります。

ア		イ	
1	4	0	4

(3) $\frac{5}{2}$に$\frac{1}{3}$をたすと ア$\frac{イ}{ウ}$ になります。

ア	イ	ウ
2	5	6

1 次の□に適当な数を入れなさい。

(1) $\frac{8}{35}-\left(\frac{7}{18}\div3\frac{8}{9}-\frac{1}{30}\right)=\frac{ア}{イ}$

(2) $0.6-\left(0.875\div\frac{ア}{イ}-\frac{5}{9}\right)\times\frac{3}{14}=\frac{13}{30}$

(3) 4人がじゃんけんをします。1回で2人の勝者が決まるような4人の手の出し方は全部で□□通りあります。

(4) 124を割ると4余り，77を割ると5余る最も大きい整数は□□です。

2 次の□に適当な数を入れなさい。

(1) 8kmの道のりを往復するのに，行きは2時間，帰りは3時間かかりました。往復の平均の速さは時速 ア . イ kmです。

(2) 14％の食塩水200gに5％の食塩水を混ぜて□□％の食塩水を作るには，5％の食塩水が160g必要です。

(3) はじめに太郎君と次郎君がそれぞれ持っていたお金は，合わせて6000円でした。太郎君は600円の商品を買い，次郎君は自分の持っていたお金の$\frac{1}{3}$を使ったところ，2人の持っている金額が同じになりました。太郎君がはじめに持っていたお金は□□□□円です。

(4) ある遊園地では，1つの窓口で午前10時から入場券を売り出します。ある日，午前10時に窓口にはすでに160人が入場を待っていました。その後，この遊園地には毎分1人の割合で来園し，午前11時20分に入場を待っている人はいなくなりました。もし2つの窓口で午前10時から入場券を売り始めていたら，午前 ア 時 イ 分に待っている人はいなくなります。

3 次の□に適当な数を入れなさい。ただし，円周率は3.14とします。

(1) 1辺の長さが16cmの立方体があります。底面に平行な平面で切断して8つの直方体を作りました。8つの直方体の表面の面積の合計は，もとの立方体の表面の面積の ア$\frac{イ}{ウ}$ 倍です。

(2)　［図１］で，長方形の周の長さが126cmのとき，色のついた部分の面積は ☐ cm^2 です。

［図１］

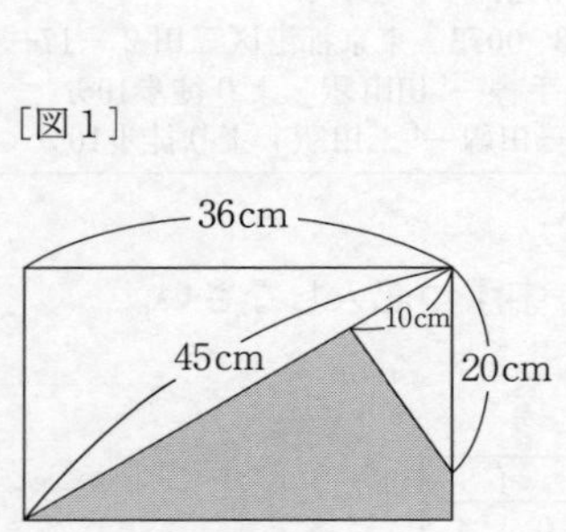

［図２］

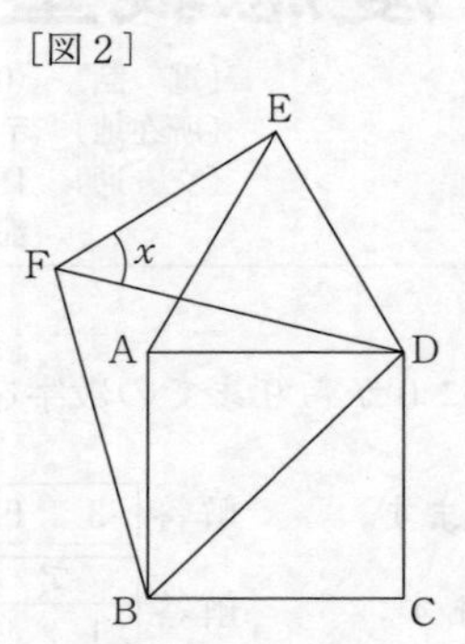

［図３］

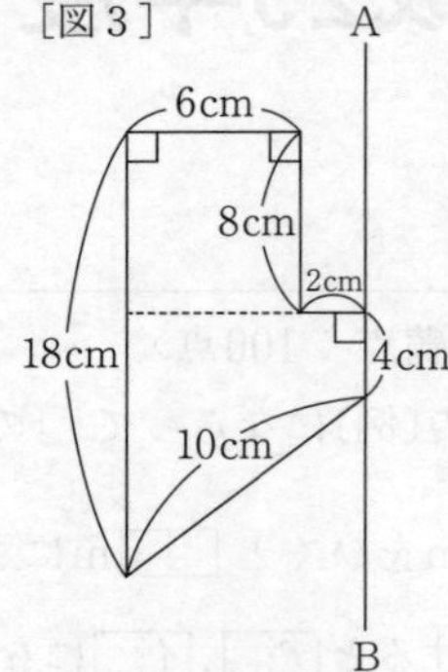

(3)　［図２］のように，正方形ABCDと正三角形EADと正三角形FBDを組み合わせました。このとき角 x の大きさは ☐ °です。

(4)　［図３］のような長方形と台形を組み合わせた図形を，直線ABを軸（じく）として１回転してできる立体の表面の面積は ア . イ cm^2 です。

4　太郎君は家から自転車に乗ってA駅まで行き，A駅で電車を待った後，電車に乗ってB駅まで行き，B駅から歩いて学校まで行きました。右のグラフはそのときの時間と速さの関係を表したものです。次の☐に適当な数を入れなさい。

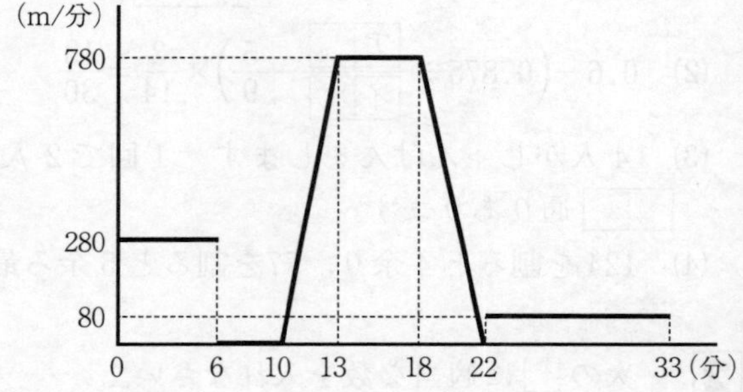

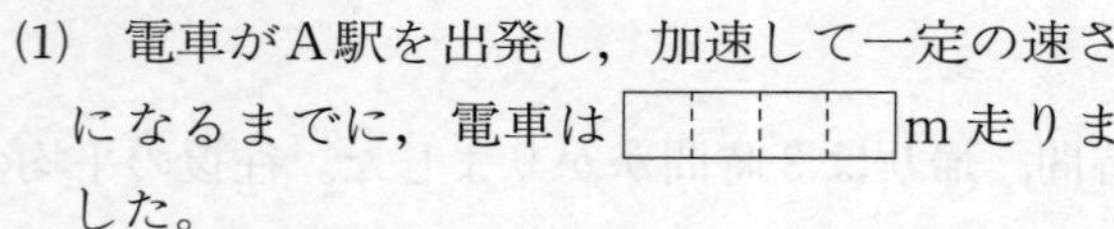

(1)　電車がA駅を出発し，加速して一定の速さになるまでに，電車は ☐ m走りました。

(2)　太郎君の家から学校までの道のりは ☐ mです。

5　AD＝20cm，AB＝15cm，AE＝30cmの直方体の形をした容器に，はじめに4.5Lの水が入っていました。この容器の中に，［図１］のように三角柱のおもりを沈（しず）めます。次の☐に適当な数を入れなさい。

［図１］　［図２］

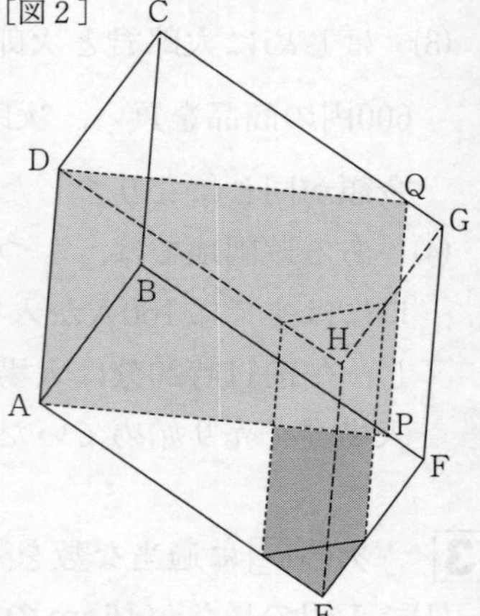

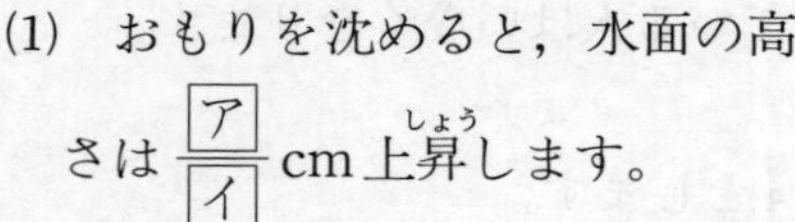

(1)　おもりを沈めると，水面の高さは $\frac{ア}{イ}$ cm上昇（じょう）します。

(2)　［図２］のように，辺EHを床（ゆか）につけたまま，底面EFGHの辺FG側を静かに持ち上げました。面APQDがこのときの水面を表しているとき，PFの長さは $\boxed{ア}\dfrac{\boxed{イ}}{\boxed{ウ}}$ cmです。ただし，水はこぼれていないものとします。

6 図のようなかけ算九九の表の中で，横に隣(とな)り合う3つの数を四角の枠(わく)で囲むとき，枠で囲まれた3つの数の和について考えます。例えば，図の四角の枠の場合は，3つの数の和は36＋42＋48＝126です。ただし，かける数，かけられる数は枠では囲みません。次の□に適当な数を入れなさい。

かける数（横）／かけられる数（縦）

	1	2	3	4	5	6	7	8	9
1									
2									
3									
4									
5									
6						36	42	48	
7									
8									
9									

(1) 和が24以下になる四角の枠は全部で□個です。

(2) 和が15でも27でも割り切れない四角の枠は全部で□個です。

7 次の□に適当な数を入れなさい。

(1) 次の筆算が成り立つような4桁(けた)の整数 $ABCD$ を考えます。4桁の整数 $ABCD$ が最も小さくなるのは $A=\boxed{ア}$，$B=\boxed{イ}$，$C=\boxed{ウ}$，$D=\boxed{エ}$ のときです。ただし，A，B，C，D は異なる1桁の整数を表しているものとし，■は，筆算の中の1桁の整数を塗(ぬ)りつぶしたものです。

$$\begin{array}{r} ABCD \\ +\ ABCD \\ \hline BCD■ \end{array}$$

(2) 次の筆算が成り立つような4桁の整数 $ABCD$ を考えます。4桁の整数 $ABCD$ が最も小さくなるのは $A=\boxed{ア}$，$B=\boxed{イ}$，$C=\boxed{ウ}$，$D=\boxed{エ}$ のときです。ただし，A，B，C，D は異なる1桁の整数を表しているものとし，■は，筆算の中の1桁の整数を塗りつぶしたものです。

$$\begin{array}{r} ABCD \\ \times\ ABCD \\ \hline ■■■■D \\ ■■■■C \\ ■■■■B \\ ■■■■A \\ \hline ■■■■■■■D \end{array}$$

【社　会】（25分）〈満点：50点〉

1　次の説明文の内容にふさわしい史跡(せき)名を**漢字**で答えなさい。また，それぞれの場所を地図中の**0**～**9**の中から選びなさい。

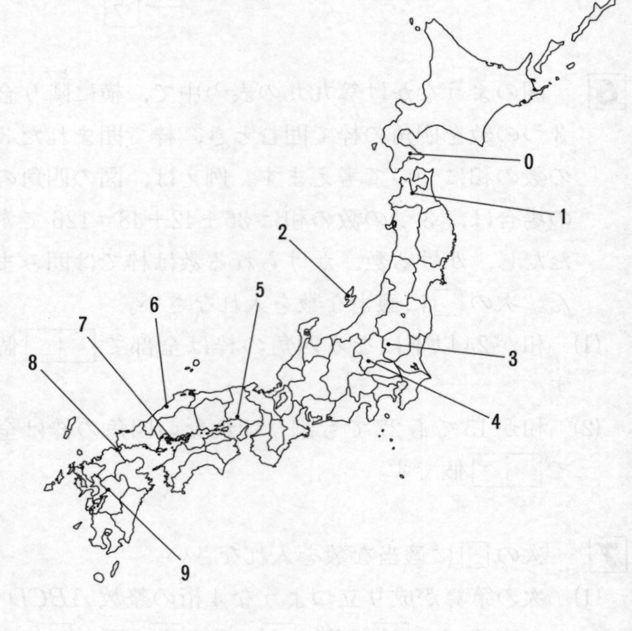

ア　（遺跡）　約5500年前から約4000年前の，日本最大級の縄文時代のむらで，長年にわたって定住生活が営まれていました。多い時には数百人もの人々が住んでいたと考えられます。

イ　（神社）　古くから海上の守護神として信仰(こう)をあつめていましたが，平清盛が寝殿造の様式を取り入れた御(ご)社殿(でん)に修造しました。海面にそびえる朱塗(ぬ)りの大鳥居が有名で，1996年にはユネスコの世界文化遺産に登録されました。

ウ　（城）　加藤清正により築城されました。美しいカーブを描(えが)く武者返しと呼ばれる石垣(がき)をはじめ，籠(ろう)城に備えた数多くの井戸や食料備蓄(ちく)の工夫が有名です。2016年4月に起きた地震(しん)で大きな被(ひ)害を受けました。

エ　（鉱山）　江戸幕府が直轄(かつ)地として経営した鉱山で，金を多く産出しました。1869年に明治政府の官営鉱山になり，1896年には民間企(き)業に払い下げられました。

オ　（工場）　近代産業の育成を目指した明治政府によって，1872年に建設された官営の製糸場です。2014年にユネスコの世界文化遺産に登録され，その後，国宝にも指定されました。

2　各問の**1**～**5**の出来事を年代の古い順に並べかえたとき，**2番目**と**4番目**にくる出来事を選びなさい。

問１　**1**　ペリーが浦賀に来航する
　　　2　モリソン号事件が起きる
　　　3　中国でアヘン戦争が起きる
　　　4　渡辺崋山や高野長英が幕府に処罰(ばつ)される
　　　5　幕府が外国船打払令を出す

問２　**1**　伊藤博文が初代内閣総理大臣に就任する
　　　2　秩父事件が起きる
　　　3　板垣退助や大隈重信が政党をつくる
　　　4　大日本帝国憲法が発布される
　　　5　第一回帝国議会が開かれる

問３　**1**　日本が領事裁判権の廃(はい)止に成功する

　　2　日清戦争が起きる
　　3　ノルマントン号事件が起きる
　　4　日本が関税自主権を回復し，条約改正を達成する
　　5　日露戦争が起きる

問4　1　日中戦争が始まる
　　2　満州事変が起きる
　　3　第二次世界大戦が始まる
　　4　日本が国際連盟を脱(だっ)退する
　　5　太平洋戦争が始まる

問5　1　日本が国際連合に加盟する
　　2　日本国憲法が公布される
　　3　日ソ共同宣言が発表される
　　4　日中共同声明が発表される
　　5　サンフランシスコ平和条約が結ばれる

3　次の日本家屋に関する先生と福沢君の会話を読んで各問に答えなさい。

先生「普(ふ)段，私たちが日常生活を営む『家』には，快適に過ごすための様々な工夫が見られます。では，伝統的な日本家屋にはどのような特徴(ちょう)があるのでしょうか。さっそく玄(げん)関扉(とびら)を開けて中に入ってみましょう。」

福沢「玄関にしてはかなり広い空間だなあ。あれ？　あそこに台所のようなものがありますね。」

先生「まず，この床(ゆか)を張らずに土足で歩いてもよい空間を（ ① ）といいます。古くから農作業の場ともされてきました。そして台所と続いていることが多く，このように調理するための（ ② ）や井(い)戸などが設けられたりもしたんですよ。それと福沢君，（ ① ）と床との境の中央あたりを見て何か気がつきませんか？」

福沢「あっ，あそこにみがき上げられた太い柱がありますね。」

先生「その通り！　あの柱は（ ③ ）と呼ばれ，建物の中央に最初にたてられる特別なものです。あれはケヤキですね。家全体を支えているその様子から『一家の（ ③ ）』などという言葉も生まれました。」

先生「それでは履(はき)物を脱(ぬ)ぎ，板張りの廊(ろう)下を進んでいきましょう。この部屋は家族が集い，生活の中心となる（ ④ ）です。たいていの場合，このように日当たりのよい場所にあり，障子(しょうじ)や［ ア ］で囲まれています。障子は閉じたままでも外の光を取り込(こ)めるようにするためのものです。部屋と部屋の仕切りは［ ア ］で行い，部屋を広く使いたければ取り払(はら)います。一般(ぱん)的に（ ④ ）では床に座って過ごすため，い草を用いた［ イ ］やござを敷(し)きます。中央にちゃぶ台が置いてありますが，座卓(たく)を囲んで家族で食事をしていたんですよ。寒冷地域では居間の床を四角にくり抜(ぬ)き，灰を敷き詰(つ)めて薪(たきぎ)を燃やした（ ⑤ ）で調理や食事をしました。寒い日には暖をとるなど家族の憩(いこ)いの場でもあったのです。」

福沢「先生，あの障子を開けてみてもいいですか？」

先生「いいですよ。この（ ④ ）の窓は大きく，縁側(えんがわ)があるので外に出られるようにもなっています。近所の方が靴(くつ)を脱がずに縁側に腰(こし)をかけて，いっしょにお茶を飲んでおしゃべりをした

り，ネコが昼寝をしている姿を思い浮かべる人が多いでしょう。」

福沢「あれ？　いま気がついたのですが，日本家屋の扉は開き戸ではないんですね。」

先生「そうそう。どれも引き戸であることによく気づきましたね。うまく開け閉めができるようにそれらにも工夫がなされています。上の部分の枠を鴨居といい，下の部分の（ ⑥ ）と対になっていますが，溝があるので滑りやすくなっているのです。『（ ⑥ ）をまたぐ』とか，『（ ⑥ ）が高い』などと言いますよね。では，今度は屋外に出てみましょう。」

先生「まず，縁側の下をのぞいてみてください。床は地面から数十cmほど上に渡した木材の上に張られ，地面との間にあえて空間を作っているのが分かりますね。これを①縁の下といい，日本においては特に重要な意味があります。」

福沢「そういえば，他人のために陰で努力や苦労をすることを『縁の下の力持ち』と表現しますよね。」

先生「そうですね。それから屋根の先を見てみましょう。軒を深くすることで夏の直射日光が部屋の中に差し込まないように工夫がしてあります。鎌倉時代に吉田兼好が著した徒然草に『家をつくるときには，夏の住みやすさを優先してつくるべきである。冬はどんなところにも住むことができる。けれども，暑い日において悪い住まいであるのは耐え難いことだ。』※とあります。②クーラーや扇風機のない時代，夏の暑さをいかにしてしのぐかは当時の人々にとって大きな悩みの種であったようですね。」

福沢「日本家屋は隅々に至るまで，さまざまな工夫がなされているのですね。先生，今日はどうもありがとうございました。」

※徒然草には『家のつくりやうは，夏をむねとすべし。冬は，いかなる所にも住まる。暑き比わろき住居は，耐へ難き事なり。』とある

問1　ア と イ に入る語句を**ひらがな**で答えなさい。

問2　(1)　(①)と(④)に入る語句を選びなさい。

1　客間　**2**　茶の間　**3**　土間　**4**　仏間

(2)　(②)と(⑤)に入る語句を選びなさい。

1　囲炉裏　**2**　かまど　**3**　暖炉　**4**　火鉢

(3)　(③)と(⑥)に入る語句を選びなさい。

1　敷居　**2**　大黒柱　**3**　床板　**4**　床柱

問3　下線部①について，なぜ日本家屋には縁の下が必要なのでしょうか。20字以内で答えなさい。

問4　下線部②について，暑い夏の日々を少しでも快適に過ごすため，日本人が古くから行ってきた「工夫や慣習」をひとつ挙げなさい。

4　次の文章を読んで各問に答えなさい。

日本は国土の4分の3が山地，残りが平地ですが，河川の流れや火山活動などによって，各地では様々な地形や地質が見られます。三大河川といえば「信濃川・利根川・石狩川」，三大急流というと「最上川・富士川・球磨川」になります。また，三大暴れ川を「①坂東太郎・筑紫次郎・四国三郎」と呼んだりもします。これらの河川の洪水には悩まされることもありますが，流域に広がる平野では古くから農業が営まれてきました。例えば，信濃川は（ ① ）を，最

上川は(②)を流れます。三大暴れ川のうちの「筑紫次郎」とは筑後川のことですが，筑紫平野を流れています。いずれもお米の産地として有名です。また，筑紫平野では小麦，球磨川流域の八代平野ではい草などの【 A 】が行われてきました。

一方で，稲作が適さない地域の人々はその土地を改良しながら，その地域に適した農業や畜産業を営んできました。例えば，秋吉台は石灰岩の白い岩肌(はだ)があちこちで露(ろ)出している［ア］台地です。くぼ地もたくさんあることから家畜の放牧には向きません。そのため，刈(か)りとった草を家畜の飼料や有機肥料にしたり，屋根の材料として大切に用いてきました。また，世界最大級のカルデラをもつ(③)の広大な草原には，多くのあか牛が放牧されています。美しい草原が広がる秋吉台と(③)ですが，どちらも害虫対策として年に一度，【 B 】が行われています。

霧島山や(④)などからの火山灰が積み重なってできた［イ］台地は，水持ちが悪いので稲作には適しません。そこで，稲作の代わりとしてサツマイモやお茶の栽培が行われてきました。一方，富士山や浅間山の噴(ふん)火による火山灰などが積もってできた関東地方の台地には，赤土と呼ばれる関東ローム層が広がっており，野菜作りが盛んに行われています。②<u>都心に近いことから，市場でより高く売ることのできる新鮮(せん)な農作物を効率的に作っています。</u>

北海道では地域ごとに特徴(ちょう)をいかした農業が行われています。(⑤)ではパイロットファーム計画によって大規模な酪(らく)農が行われてきました。また，(⑥)ではじゃがいも，小麦，大豆，てんさいなどが大規模に栽培(ばい)されています。上空から見ると畑ごとに色が異なるのは，育てている作物が畑ごとに違(ちが)うためです。このように，同じ畑で連続して同じ作物を栽培しないようにすることを【 C 】といいます。

問1　［ア］と［イ］に入る語句を**カタカナ**で答えなさい。

問2　(①)と(②)に入る平野を選びなさい。

1　越後平野　　2　庄内平野　　3　仙台平野　　4　能代平野

問3　(③)と(④)に入る山を選びなさい。

1　阿蘇山　　2　雲仙岳　　3　九重山　　4　桜島

問4　(⑤)と(⑥)に入る地域を選びなさい。

1　根釧台地　　2　天塩平野　　3　十勝平野　　4　富良野盆地

問5　【A】～【C】に入る語句の組み合わせで正しいものを選びなさい。

1　A　二期作　B　除草剤(ざい)の散布　C　連作
2　A　二期作　B　山焼き・野焼き　C　輪作
3　A　二毛作　B　山焼き・野焼き　C　輪作
4　A　二毛作　B　山焼き・野焼き　C　連作

問6　①<u>坂東太郎</u>とは三大河川と三大急流で挙げた河川のうちのどれですか。

1　信濃川　　2　利根川　　3　石狩川
4　最上川　　5　富士川　　6　球磨川

問7　下線部②を何農業といいますか。**漢字**で答えなさい。

問8　次の**A～D**はある農作物に関する内容ですが，それらの農作物の「産出額と構成比(1～5位)」を表しているのはどのグラフですか。**1～8**の中から正しいものをそれぞれ選びなさい。

A　甲府盆地では，扇状地をいかした果樹栽培が盛んに行われています。背たけほどの高さで枝を横にはわせるようにして育てられます。「もも」や「すもも」とともに日本一の生産量を誇っています。

B　水はけの良い牧ノ原では，南側に向けて広がる緩やかな斜面を利用した栽培が盛んに行われています。春先の霜による被害を防ぐため，畑には「防霜ファン」と呼ばれる扇風機が設置されています。

C　野辺山などの八ヶ岳周辺では，「高原野菜」の畑が一面に広がっています。夏の冷涼な気候をいかした栽培が行われており，その出荷量は毎年夏にピークを迎えます。

D　石狩平野やその上流にある上川盆地で盛んに作られています。石狩川流域はかつて泥炭地であったため，農業に不向きでしたが，「客土」によって土地を改良してきました。

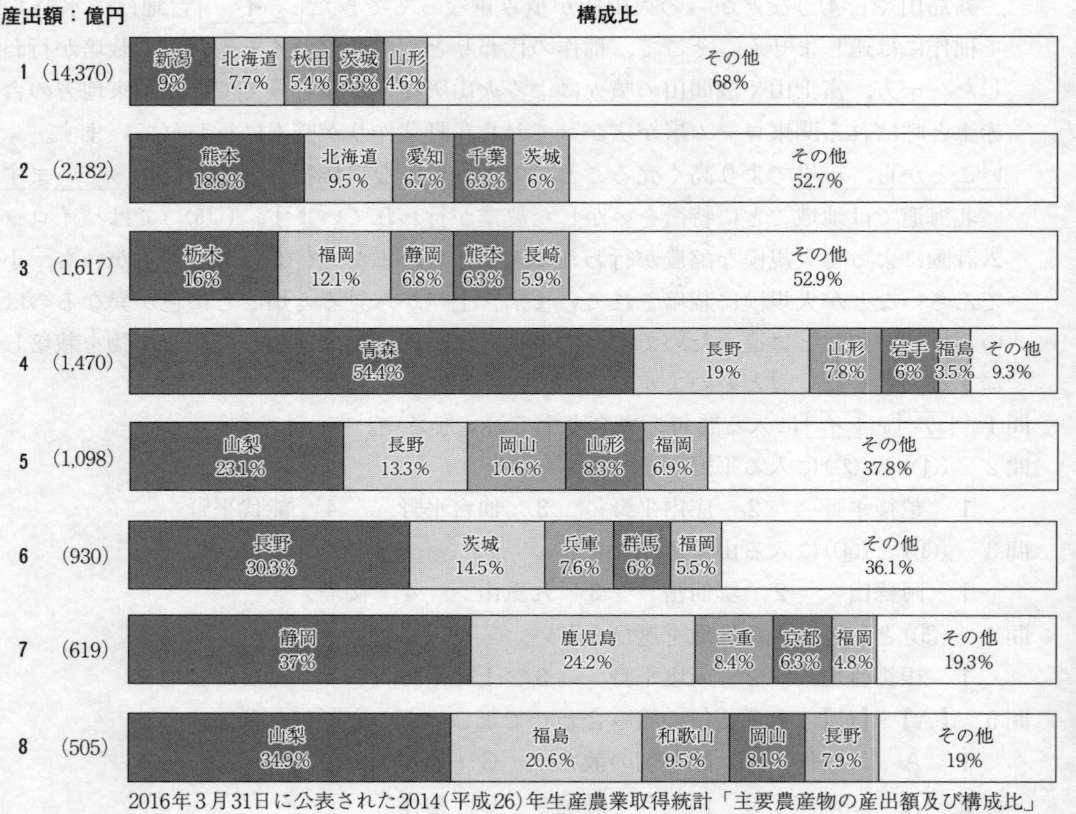

2016年3月31日に公表された2014（平成26）年生産農業取得統計「主要農産物の産出額及び構成比」を元に作成

5　次の文章を読んで各問に答えなさい。

2016年，ブラジルのリオデジャネイロで夏季オリンピック・パラリンピックが開催されました。南アメリカ大陸では初の開催都市となります。開会前には，会場施設の建設などの大幅な遅れ，悪化する治安や（ ① ）の感染の危険性などがメディアによって取り上げられ，多くの心配がありました。

ブラジルのおもな言語と宗教は（ ② ）で，リオデジャネイロと日本では時差が12時間もあります。ブラジルには日系人が多いこともあって，日本とは貿易以外でもつながりが強い国です。

近年では日本に移り住むブラジル人も多くなっています。また，ブラジルでは環境問題を話し合う国際会議が過去に数回開かれ，最近ではさとうきびを使った（ ③ ）と呼ばれる石油代替燃料の生産が盛んです。

問1　赤道はブラジルのアマゾン川の河口のあたりを通りますが，次の国の中で赤道が通る国を選びなさい。

1　イギリス　　**2**　インドネシア

3　オーストラリア　　**4**　サウジアラビア

問2　（①）に最もよく当てはまる病名を選びなさい。

1　エボラ出血熱　**2**　ジカ熱　**3**　デング熱　**4**　マラリア

問3　（②）に当てはまる言語と宗教の組み合わせで，正しいものを選びなさい。

1　スペイン語・イスラム教　**2**　スペイン語・キリスト教

3　ポルトガル語・イスラム教　**4**　ポルトガル語・キリスト教

問4　リオデジャネイロが8月10日午前10時の時，日本は8月**何日何時**になるか選びなさい。ただし，サマータイムは考えないこととします。

1　9日午前10時　**2**　9日午後10時

3　10日午後10時　**4**　11日午前10時

問5　日本がブラジルから輸入している品目（2015年）で，最も金額の大きいものを選びなさい。

1　鉄鉱石　**2**　大豆　**3**　さとうきび　**4**　コーヒー

問6　日本からブラジルへの集団的な移民が開始された年を選びなさい。

1　1868（明治元）年　**2**　1908（明治41）年

3　1924（大正13）年　**4**　1941（昭和16）年

問7　1990年以降，大泉町（群馬県），浜松市（静岡県），豊田市（愛知県）ではブラジルから移り住む日系人が急増しました。その理由として考えられる，これら3つの町・市に**共通すること**は何ですか。20字以内で説明しなさい。

問8　リオデジャネイロでは1992年に国連環境開発会議（地球サミット）が開催されました。この会議で採択・調印された宣言・条約の内容として**正しくないもの**を選びなさい。

1　地球温暖化の防止　**2**　生物多様性の保全

3　持続可能な社会の実現　**4**　フロンガスの全廃

問9　（③）に当てはまる語句を**カタカナ**10字以内で答えなさい。

【理　科】（25分）〈満点：50点〉

1　次の□内に示した物質のうち，いずれか一つが溶けている９種類の水溶液Ａ～Ｉを用意して実験をしました。次の〈実験１〉～〈実験４〉の結果をもとにして，あとの問いに答えなさい。

アンモニア，塩化水素，過酸化水素，砂糖，食塩，水酸化ナトリウム，重そう，二酸化炭素，ホウ酸

〈実験１〉　においをかぐと，水溶液Ａ，Ｂにだけにおいがあった。

〈実験２〉　リトマス紙につけると，水溶液Ａ，Ｆ，Ｈは青色リトマス紙が赤色に変わり，水溶液Ｂ，Ｄ，Ｅは赤色リトマス紙が青色に変わり，水溶液Ｃ，Ｇ，Ｉはどちらの色のリトマス紙も色が変わらなかった。

〈実験３〉　水溶液を少量，蒸発皿に入れて加熱すると，水溶液Ｄ，Ｅ，Ｆ，Ｇ，Ｉは固体が残ったが，他の水溶液は何も残らなかった。また，そのとき，水溶液Ａ，Ｂ，Ｈでは，加熱を始めてすぐに泡が出てきた。

〈実験４〉　水溶液ＡとＥを混ぜ，水を蒸発させて残った固体の粒を観察すると，実験３で水溶液Ｇの残った固体の粒と同じ形だった。水溶液ＡとＥを混ぜたときに，泡は出なかった。

(1)　水溶液Ａ～Ｉのうち，溶けている物質が固体であるもの，液体であるもの，気体であるものの数をそれぞれ書きなさい。

(2)　水溶液Ａ～Ｉをそれぞれ，**1**～**9**から選びなさい。

1　アンモニア水　**2**　塩酸　**3**　過酸化水素水
4　砂糖水　**5**　食塩水　**6**　水酸化ナトリウム水溶液
7　重そう水　**8**　炭酸水　**9**　ホウ酸水

(3)　水溶液Ａ～Ｉのうち２つを選び，混ぜ合わせたときに，泡が発生する組み合わせを**1**～**5**から選びなさい。

1　ＡとＤ　**2**　ＡとＦ　**3**　ＥとＦ
4　ＥとＧ　**5**　ＧとＩ

2　ソメイヨシノが咲くころのある日の夕方，東京の南の空に半月が見えました。その日から天気の良い日には毎日，月の観察をしました。観察は東京で続けたとして，あとの問いに答えなさい。

(1)　観察初日の半月の向きを，**1**～**4**から選びなさい。

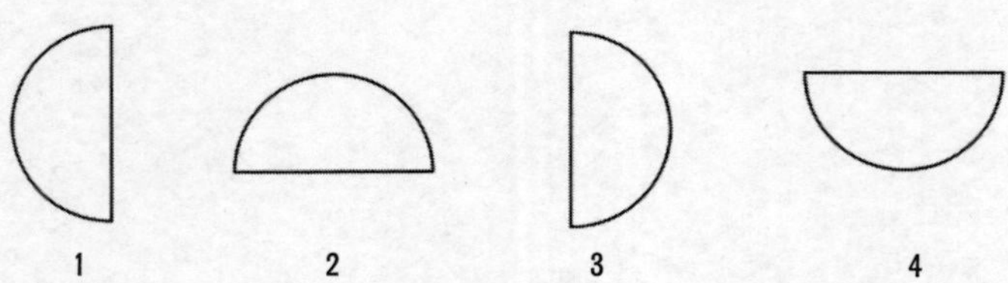

(2)　観察初日の半月が西に沈む時刻に南の空に上がっている星座を，**1**～**4**から選びなさい。

1　ふたご座　**2**　おとめ座　**3**　さそり座　**4**　オリオン座

(3)　観察を始めてからどれくらいたつと満月が見られますか。**1**～**4**から選びなさい。

1　約１週間　**2**　約２週間　**3**　約３週間　**4**　約４週間

(4) あるときの満月がスーパームーンと呼ばれる月で，いつもより大きく見えました。大きく見えた理由を**1**～**4**から選びなさい。

1 月が膨張していたから　**2** 月が地平線近くを通ったから
3 月が地球に近づいたから　**4** 月の明るさが増したから

(5) 夏至のころと冬至のころの満月の通り道を比べたときの説明として正しいものを，**1**～**4**から選びなさい。

1 夏至のころの満月は冬至のころの満月より空の高いところを通る
2 夏至のころの満月は冬至のころの満月より空の低いところを通る
3 夏至のころの満月と冬至のころの満月は空の同じところを通る
4 満月の通り道の変化に，季節は関係ない

3 次の動植物についての問いに答えなさい。

(1) 次の中で，おっぱい(ちくび)の数が最も多いものを，**1**～**4**から選びなさい。

1 ウシ　**2** サル　**3** ゾウ　**4** ネコ

(2) 次の中で，一度に産む卵の数が最も多いものを，**1**～**4**から選びなさい。

1 スズメ　**2** ウミガメ　**3** カエル　**4** コイ

(3) 次の**A**～**E**にあてはまる樹木を，**1**～**9**から選びなさい。

A 花が咲いた後に葉が出るもの
B 秋にだけ花が咲くもの
C ドングリがなるもの
D 1つの実に10個以上の種が入っているもの
E 種が風で飛ばされるもの

1 アジサイ　**2** イチョウ　**3** ウメ
4 キウイ　**5** キンモクセイ　**6** クヌギ
7 ツバキ　**8** トウカエデ　**9** ビワ

4 **図1**のようなドーナツ形の磁石を用いた実験をしました。あとの問いに答えなさい。

図1

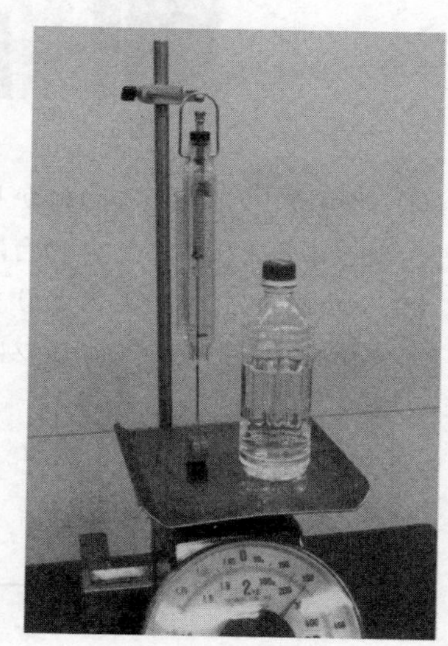

図2

〈実験1〉 スタンドにつりさげたばねはかりのフックに2個の磁石を引っかけたところ，30gを示した。一方，台はかりに水を入れたペットボトルをのせたところ，340gを示した。そのあと，**図2**のようにばねはかりのフックを引っ張り，台はかりののせ台に磁石をくっつけて，台はかりとばねはかりの示す値を見た。台は

かりが310gを示したとき，ばねはかりは60gを示した。

〈実験2〉　**図3**のように木製の棒のついた台に2つの磁石A，Bを同じ極を向かい合わせにのせると，上の磁石Bが浮(う)き上がって止まる。そこで，**図4**のように下の磁石の数を増やしていったときと，**図5**のように上の磁石の数を増やしていったときの，下の磁石と浮いている磁石の間隔(かく)をはかって，次の**表1**，**表2**のような結果を得た。

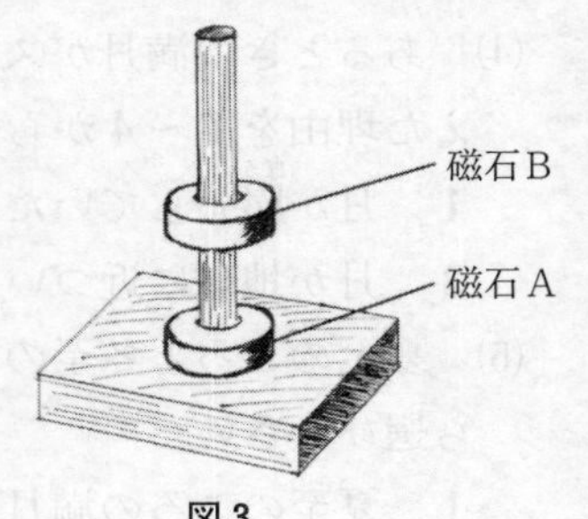

図3

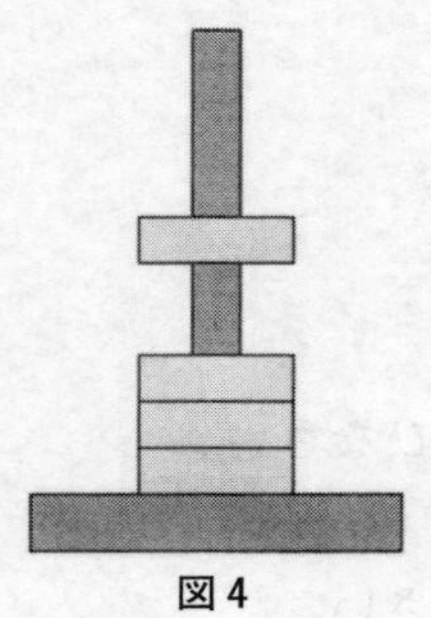
図4

表1

下の磁石の数	間隔［cm］
1	2.4
2	2.8
4	3.0
6	3.2
8	3.4
10	3.5

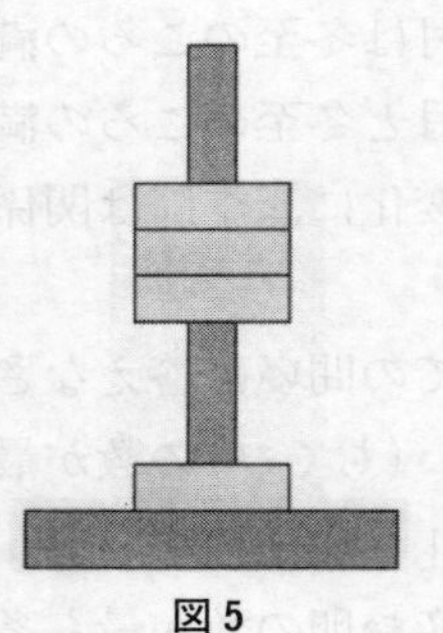
図5

表2

上の磁石の数	間隔［cm］
1	2.4
2	2.1
4	1.6
6	1.3
8	1.1
10	1.0

〈実験3〉　**図6**のように一端(たん)を固定した糸にクリップを結びつけ，そのクリップをつけた磁石を持ち上げると，クリップが磁石から離(はな)れても，糸が張った状態でクリップが静止する。さらに磁石をゆっくりと持ち上げると，やがてクリップは落ちる。持ち上げる磁石の数を変えて，クリップが落ちる瞬(しゅん)間の磁石とクリップの間隔をはかった。

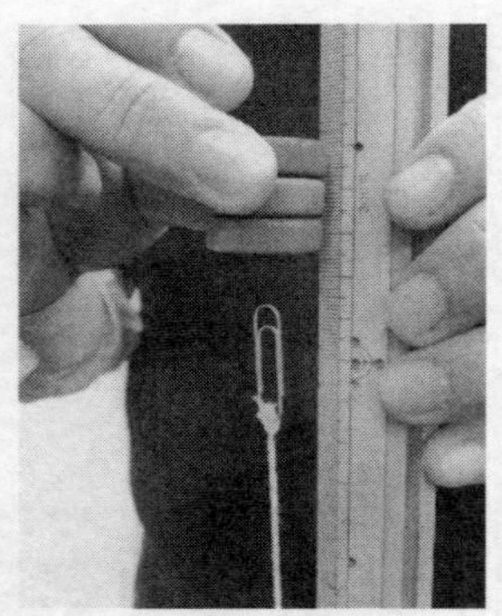
図6

(1)　〈実験1〉で磁石を台はかりののせ台にくっつけたとき，ばねはかりの示す値が108gになったとすると，このときの台はかりの示す値は何gになりますか。3けたの数で答えなさい。

(2)　〈実験1〉で，ばねはかりをつるす高さを変えて，台はかりの示す値を横軸(じく)，ばねはかりの示す値を縦軸にとってグラフに表すと，どのような形になりますか。**1**～**6**から選びなさい。

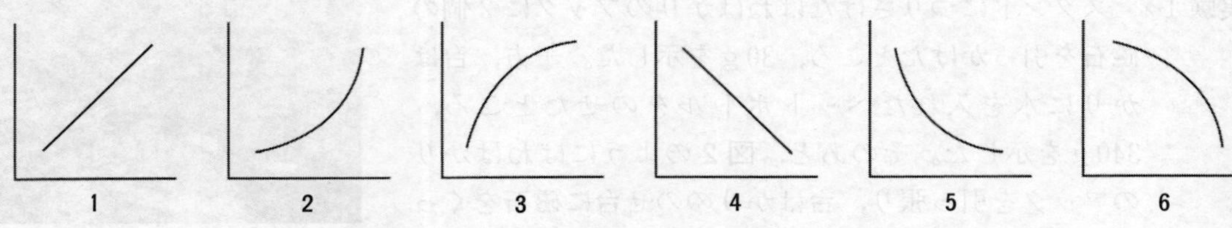

(3) **表1**，**表2**の値を用いて，磁石の数を横軸，間隔を縦軸として棒グラフを作ると，どのような形になりますか。それぞれ**1**～**6**から選びなさい。

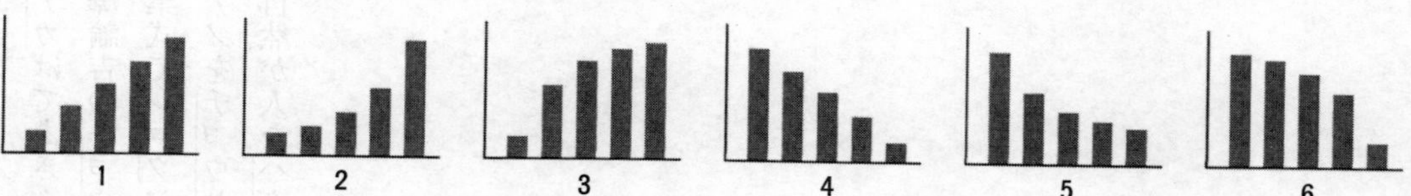

(4) **図3**の磁石Bの上に，磁石Bと同じ極を向かい合わせで磁石Cをのせると，磁石Cも浮いて止まります。このとき，磁石AとBの間隔(AB)と，磁石BとCの間隔(BC)を比べるとどうなると考えられますか。**1**～**3**から選びなさい。

1 (AB)＞(BC)　**2** (AB)＝(BC)　**3** (AB)＜(BC)

(5) 〈実験3〉の磁石の数を横軸，クリップが落ちる瞬間の磁石とクリップの間隔を縦軸として棒グラフに表すと，その形はどのようになりますか。(3)の**1**～**6**から選びなさい。

コ　私の祖父はハクシキだ
サ　本を読んでキョウヨウを身につける
シ　志ナカばであきらめるな
ス　福澤諭吉のキョウリを訪ねる
セ　卒業式でシュクジを述べる
ソ　ピアノをチョウリツする
タ　大自然が人をハグクむ

っちゃらだ。

四 次の各問いに答えなさい。

問一 次のA～Dにはことわざや慣用句、四字熟語などがそれぞれ五つ挙げられており、□には〔 〕内の条件に合った漢字一字を入れることができる。五つすべてに異なる漢字一字が入る場合は1を、五つのうち二つに共通する漢字一字を入れることができる場合は2を、五つのうち三つに共通する漢字一字を入れることができる場合は3を、五つのうち四つに共通する漢字一字を入れることができる場合は4を、五つすべてに共通する漢字一字を入れることができる場合は5を解答欄に記入しなさい。

A〔身体の一部を表す漢字一字〕
・あいた□がふさがらない
・牛□を執る
・老□に鞭打つ
・鶏□となるも牛後となる勿れ
・食□が動く

B〔色を表す漢字一字〕
・□菜に塩　・□眼視　・□貧洗うが如し
・□二才　・□息吐息

C〔動物を表す漢字一字〕
・竹□の友　・閑古□が鳴く　・□脚を露わす
・□芝居　・生き□の目を抜く

D〔漢数字一字〕
・□日の長　・悪事□里を走る　・親の□光り
・□日天下　・□鬼夜行

問二 次の1～5のア・イの□に入る二字熟語は、それぞれの二字熟語の上下の漢字を入れ替えてできた言葉である。このとき、上下を入れ替えると、二字熟語を構成するそれぞれの漢字の読み方が変わるものを、1～5から一つ選び番号で答えなさい。

(例) ア 風潮(ふうちょう)→イ 潮風(しおかぜ)
※「ふう」は「かぜ」に、「ちょう」は「しお」に読み方が変わる。

1 ア 人生の□が訪れる
　イ □が利く人
2 ア □を超えた大きな存在
　イ 出先で□に会う
3 ア 君の提案は□的ではない
　イ 理想の□は困難だ
4 ア 往復の□時間
　イ □を締めるピッチング
5 ア □を据える
　イ □を叩き直す

五 ――のカタカナを、正しい漢字に直しなさい。

ア 国連ケンショウについて学ぶ
イ 多角的なシザを持つ
ウ メイジョウし難い心境だ
エ テサげ袋を持って買い物に行く
オ 別の策をコウじる
カ 売店でシュウカンシを買う
キ 帝国のコウボウをかけた戦い
ク 彼女はホガらかに笑った
ケ 研究にジュウジする

5　公園にいる知らない子とも、線引き遊びで仲良くなれるということ。

問五　――C「線を引かれる前は、線を引かれていない状態があったということに」とあるが、「線を引かれていない状態」にあてはまるものはどれか。本文中の波線部1〜6の中からふさわしいものを二つ選び、番号で答えなさい。

1　舵の効かない小舟　2　面白い遊び
3　ふだん歩いている道　4　広大な陸と海
5　小さな部屋　6　一枚の真っ白な紙

問六　――D「それを理解しない限り、勉強なんてちっとも楽しくないのではないか」とあるが、筆者がそう考える理由としてもっともふさわしいものを、次の1〜5から選び番号で答えなさい。

1　受験のために学ぶ勉強と、生きていくために必要な勉強は、まったく違うものであるから。
2　国語の時間、算数の時間、と決まった時間割ができることで、興味のある勉強以外にも時間を取られるから。
3　授業の時間だけでなく、遊びの時間にも学びはあるのに、授業だけが勉強だと決めつけているから。
4　もともとの勉強は、国語なら国語というように教科に分けられたものではなく、教科をまたいだ奥ゆきや広がりを持つものであるから。
5　勉強の楽しさを理解するのは、時間がかかるもので、大人になってようやく気付くものだから。

問七　次のア〜ウが、本文の内容に合っていれば1を、合っていなければ2を記入しなさい。

ア　五年生から六年生になったときに、改まって目標を立てたのならば、それは生き方に線を引いていることに他ならない。
イ　今の世の中は、国境をはじめ、いたるところに線が引かれているが、線の引かれていない場所に開発の余地がある。
ウ　時間や空間を区切り便利にしていくことで、はじめて人間にゆとりが生まれ、生き方を見つめなおせる。

三　次のア〜オの俳句の内容に合うものを、後の1〜6からそれぞれ一つずつ選び番号で答えなさい。

ア　冬の水一枝の影も欺かず　中村草田男
イ　鳥羽殿へ五六騎いそぐ野分かな　与謝蕪村
ウ　噴水や東風の強さに立ちなおり　中村汀女
エ　雪解けて村いっぱいの子どもかな　小林一茶
オ　匙なめて童たのしも夏氷　山口誓子

1　私の目の前にいる子どもは、自分の目の前にそびえたつ山をどこからどうやって攻略しようかと思案顔。小休止もいいけど早くしないと山がなくなってしまうよ。
2　風雲急を告げる中、武者はスピードに命を懸ける。今まさに嵐が吹き荒れている。その風よりもはやく伝えようとひたすら急ぐのである。
3　張りつめた空気の中では一陣の風も吹いていない。目の前にある水面はまるで鏡のようだ。そこに映った姿もまた細部にいたるまで輪郭がはっきりとしている。
4　添い寝してくれている母にいつまでもいっしょにいてほしいとひたすら願っているかのようだ。矢継ぎ早に話しかけている。
5　ふだん人間の目には見えないものがまるで時が止まったかのように、一瞬だけ別の物の形を借りてその姿を見せた。
6　長い間、屋内で辛抱しつづけていたのだろう。ようやく外で遊べる喜びをみんなでわかちあっている様子。汚れることなんてへ

きしたのだろうか。クラス分けだってそうだ。もともとは、その学校に集まった同級生の全員が、一人ひとり5小さな部屋に勝手に移動させられたわけである。

学校の授業も不思議なものだ。国語・算数・理科・社会・体育・図工・音楽。本当は、そんな名前を付けられて、線を引かれてなんかいないはずだ。その前の状態がある。Dそれを理解しない限り、勉強なんてちっとも楽しくないのではないか。

少し前のことは、どうだろう。桜の季節を迎え、五年生から、六年生に進級した。六年生になって、いっそう勉強に、スポーツに励もう、友達ともっと仲よくしよう、そんな目標を立てるのは確かに素晴らしい。ただ、五年生の三月と、六年生の四月の自分。そこに階段らしきものはあったのか。はたして何かが目に見えて変わったのだろうか。

要するに、最初からそんな線は存在しないのである。6一枚の真っ白な紙があるだけのような、空間や時間とは何かを意識しないような、そんな状態があった。それが、線を引くことにより、否応なく分けられただけである。そこに線を引けば引くほど、細かく分けられてしまって、すでにそういうものだったのだと錯覚しているのだ。このように、私たちは、線を引かれに引かれ、細分化した社会に生きている。線を引くことで、ものごとは小さく、かつ明瞭になった。そういった利便性を失くすことはもうできない。しかし、それに慣れきってしまうのではなく、線のない状態に思いを寄せることで、より根源的な生き方を探し出せるのではないだろうか。

問一 [あ]にあてはまる言葉としてもっともふさわしいものを、次の1~5から選び番号で答えなさい。

1 むしろ　2 だから　3 とりわけ
4 全然　5 なるほど

問二 ——A「この後述べることの意味を含めると、実におかしくもある」とあるが、筆者がそう考える理由としてもっともふさわしいものを、次の1~5から選び番号で答えなさい。

1 子どもが初めて線を引く様子は、ほほえましいもので、自然と笑みがこぼれてしまうから。
2 国語の授業の中だけで、書道を扱っていることは不自然で、納得いかないから。
3 線を引いて区切ることと、「切っても切れない動作」という表現が正反対のものだから。
4 社会が細かく分けられてしまったため、混乱をきたしているから。
5 「一」をゆらぎなく、まっすぐ書くことは実に難しいことだから。

問三 [い]にあてはまる漢字一字が含まれる熟語を、次の1~5から選び番号で答えなさい。

1 直角　2 画質　3 正確
4 拡大　5 知覚

問四 ——B「線を引くことは、魔法のようなものである」とあるが、どういうことを言いたいのか。その説明としてもっともふさわしいものを、次の1~5から選び番号で答えなさい。

1 線を引くだけで、線のこちら側とあちら側の世界を作り出せるということ。
2 線は一様ではなく、直線、曲線、長いもの、短いものといろいろな表現を可能にするということ。
3 自分の陣地を作り、そこに誰かを立ち入らせない権利があるということ。
4 線を引く遊びをすることで、遊びの天才になれるということ。

二

次の文章を読んで、後の各問いに答えなさい。

小学生の書写の教科書を見ると、毛筆の力強い楷書で書かれたお手本が並んでいた。「人」・「川」・「大」・「木」……。どれもお馴染みの字だ。「息を静めて、トメやハライに、神経を使ったっけな」そんなふうに、懐かしく思った。ふと気づいたが、最初は、漢字一字から始まっている。ひらがなでなく、漢字なのだ。［あ］、漢字のほうがひらがなよりもはるかに書きやすい。とすれば、もっとも書きやすい字は何であろうか。ぱっと頭に思いつくのは、漢数字の「一」であった。単純に、横棒の一本。「一」を書くにあたり、そのことが、筆を手にする彼ら彼女らに与える衝撃など、まったくもってないであろう。特別に、習うほどのことでもない。漢字の部分部分を書くにも必要不可欠である。ただ、この「一」を書くことは、Aこの後述べることの意味を含めると、実におかしくもあるのだが、人生にとって切っても切れない動作を叩き込んでいるようにも思えるのである。何も、「一」でなくともよい。一本の、縦でも横でも斜めでも構わない。その一つの線を引くということの意味をよくよく考えてもらいたいのである。

書でも、絵でも、最初は真っ白な紙に、一つの線を描くところから始まる。ある書家に、「始めの一手を入れるのは緊張しますか」とお話を聞いてみた。いわく、「そうですね。ちょっとした体のゆらぎや乱れが、そのまま形になってしまいます」と。「どこまで線を引くか、分からないと手が遅れますし、ゆれが大きいと心に不安があるものです」。何もないところに、筆を入れる。それは、思った以上に勇気の要る行動に違いない。

小さいころを思い出してみよう。詳細には覚えてなくとも、こんな経験があったはずだ。二才か三才くらいの時のことだったろうか、生まれて初めてペンを手に取り、線を引いた日。その手は緊張でわななき、指と指にぎこちなく支えられたペンが、危ういバランスで紙に接地する。そして、1舵の効かない小舟のように、ゆらゆら、ふらふらと進んでいく。進んだところには、何を表しているのかはよくわからないが、確かにその跡ができた。そうして出来上がった一本の線。さりげないが、それを引く前と引いた後で、まったく紙の様子は変わってしまうものだ。縦に線を引けば、左と右に余白が作られ、横に線を引けば、上と下に分かれる。文字通り、一大事だ。

そして、線を書けるようになると、それを使いたがるものである。みんなで公園に遊びに行く。こどもは遊びの天才である。遊具を使って遊ばずとも、何気なく木の棒を持って、線を引く。これだけで、2面白い遊びとなるのだから。みんなで線の書き合いとなる。真っすぐなものがあれば、曲がったものもあり、長く引いたのもあれば、短いのもある。ただ、線を引くうちに、線のこちらとあちらの世界が違うことを誰かが発見する。長く線を引き出して、「ここからここまでがぼくの陣地だから、勝手に入っちゃだめだよ」。そんな言葉がにわかに飛びだした。まさに、「一線を［い］す」。B線を引くことは、魔法のようなものである。

さて、当たり前のようにあるから気付かないだけで、世の中はどこもかしこも線だらけだ。3ふだん歩いている道、電車の路線図、プールのコース、家の中の間取り……。しかし、立ち止まって考えてみてほしい。C線を引かれる前は、線を引かれていない状態があったということに。

空間や時間に、人間は線を引くことで意味付けをし、また便利さを追求していった。世界地図には、国境が引かれ、様々な国がある。しかし、その線の正体は一体何だろう。実際はそんな線は目に見えず、4広大な陸と海にすぎない。歴史でも、ここからが平安時代、ここからが鎌倉時代、そして古代や近代、なんて教わったが、一体誰が線引

夢見て入学したのかを説明したものとしてもっともふさわしいものを、次の1～5から選び番号で答えなさい。

1 勉強よりも、スポーツでスター選手として活躍できる自分。
2 クラスの話し合いなどをてきぱきと進められる自分。
3 小学校の時と同じかそれ以上に、様々な場面で活躍できる自分。
4 何事にもあまりしゃしゃり出ず、目立たぬ存在の自分。
5 スポーツよりも勉強で目立てる存在になる自分。

問四 ――D「『ちゃんと』は余計だと思った」とあるが、なぜ余計だと思ったのか。それを説明したものとしてもっともふさわしいものを、次の1～5から選び番号で答えなさい。

1 『ちゃんと』という言葉づかいが子どもっぽい言い方なので、あとで馬鹿にされそうだから。
2 『ちゃんと』をつけることで、相手をあまり信用していない気持ちが見透かされるから。
3 『ちゃんと』をつけない方が、より笑顔の仮面をかぶっていることが強調されるから。
4 『ちゃんと』を省略した方が、日本語としてかっこいい言い方になるから。
5 『ちゃんと』という言葉をいう必要がないくらい、二人の仲は信頼できる関係だったから。

問五 [あ]にあてはまる言葉としてもっともふさわしいものを、次の1～5から選び番号で答えなさい。

1 ふさぎこんだ　2 はっとした　3 おこった
4 うぬぼれた　5 よろこんだ

問六 ――E「いつにもまして余計まぶしく見えた」とあるが、私はなぜ「余計まぶしく見えた」のか。それを説明した次の文の[い]にあてはまる言葉を二十字以上二十五字以内で答えなさい。ただし、句読点も一字と数える。

絵美は病気の友人や私のことを考えてくれていたのに対して、[（二十字以上二十五字以内）]から。

問七 ――F「べつに」とあるが、このときの私の気持ちを説明したものとしてもっともふさわしいものを、次の1～5から選び番号で答えなさい。

1 言い当てられて、照れくさい気持ち。
2 余計なことを言われて、うるさいと思う気持ち。
3 機嫌が悪く、いらついている気持ち。
4 朝、眠いので、答えるのが面倒な気持ち。
5 はやりのセリフなので、得意な気持ち。

問八 ――G「足取り軽く」とあるが、なぜ足取りが軽いのか。それを説明したものとしてもっともふさわしいものを、次の1～5から選び番号で答えなさい。

1 私のノートの素晴らしさを、早く学校に行って、絵美に見せつけてやりたいから。
2 前の日の夜、十分によく眠れて、体全体がなんだか軽く感じられたから。
3 お母さんの作ってくれた朝ご飯がおいしくて、感謝の気持ちでいっぱいだったから。
4 ようやくクラスに自分の居場所が見つかりかけて、学校に行くのが楽しくなったから。
5 天気が快晴なので、気分がうきうきして、走り出したい気持ちだったから。

明らかに狼狽しながらも、ふつふつと沸き起こる疑問をそのまま口にした。

「ほら、前に国語の授業で先生が曜子のノートの取り方はいいって誉めていたじゃない」

そういえばそんなこともあったっけ。

「私ね。真奈美が困っているのを何とかしたいって考えていたら、曜子のノートのことを思い出して。で、一緒にノートを見せ合いっこしてまとめたら、曜子とも仲良くなれるし、真奈美も助かるしいいかなって。ちょっと思いついたのよ。でも、嫌ならいいんだからね。ちょっと時間がかかるし、面倒くさいことだしね。でもそれで、曜子と私と真奈美と三人で仲良くなれたらいいかなって、ちょっと考えただけだから。クラスに仲の良い人がたくさんいた方がいいかなって。私、欲張りだから」

「そんなことないよ。是非協力させて」

「やったー。曜子ならオーケーだと思っていたんだ。じゃあ、とりあえず明日数学と理科のノートから始めよう。私、これから部活だから行くね」

悔しいかな、栗毛の絵美の顔がEいつにもまして余計まぶしく見えた。

絵美と別れてからも私は教室で一人ぼーっと突っ立っていた。頬に流れている涙をぬぐうのも忘れて。

「曜子、朝ご飯よ。降りてらっしゃーい」

「はーい」私は急いで階段を駆け降りる。

「いただきまーす」

「あら、今日はご機嫌だわねぇ」

「Fべつに」

まいった。お母さんはなんでもお見通しだ。

「行ってきまーす」

私は玄関を出て、よく晴れ渡った初夏の空のもと、G足取り軽く学校に向かった。

問一 ――A「えっというのが私の正直な気持ちだった」とあるが、このときの私の気持ちを説明したものとしてもっともふさわしいものを次の1～5から選び番号で答えなさい。

1 ドッジボールはあまり得意でないから、本当にやらなくていいのかしらと思う気持ち。

2 たいして話し合いもなされずに決定してしまい、もう終わりなのかと思う気持ち。

3 話し合いを強引に進めていた絵美に対して、ちょっと自分勝手じゃないかと思う気持ち。

4 私だったらもう少し公平な決め方ができるのに、本当にこの決め方でいいのかと思う気持ち。

5 小学校では必ず選手候補になっていたのに、自分が推薦されず、悔しく思う気持ち。

問二 ――B「笑顔の仮面」とあるが、この話の中でその仮面が果たす役割はなにか。もっともふさわしくないものを、次の1～5から選び番号で答えなさい。

1 他人に対していつも好印象を与えられる。

2 他人の自分への評価があまり気にならない。

3 自分の本心を他人に悟られずにすむ。

4 個性的な自分を見せることができる。

5 とりあえず、人間関係が円滑に進む。

問三 ――C「こんなはずじゃなかった」とあるが、私が自分をどう

んなが曜子しかいないって。花一匁で真っ先にほしがられる子さながらの人気だったのに。いったいどうしたことだろう。

　本当は入学して二週間ぐらいたったころから、その答えは自分でもわかっていた。天は二物を与えずと世間では言われているけれど、この学校に入学して以来、二物どころか三物も四物も与えられた子がたくさんいることを思い知らされた。付属小学校からきた子たちはとにかくスポーツはなんでもできた。そして、スタイルが良くて洗練された子が多い。やはりもともとのDNAが違うのかと思ってしまう。その上、世間慣れしていて、人間関係を作っていくのがすごく上手なのだ。知識よりも知恵があるって言い方が言い得て妙か。授業中も積極的に発言する子が多い。一方、受験で入った子たちの中にはめちゃくちゃ勉強ができる子が何人もいた。その人たちは持っている知識もすごいけど、その前に地頭がいい人が多いように思われた。

　そんな環境の中、さて自分はと考えると気持ちのカーブはどんどん下り坂になってしまう。お母さんにはそんな気持ちを察せられてしまったのだろう。

　ある日、例の栗毛の絵美が話しかけてきた。

「ねー、曜子。頼みがあるんだけどな」

って、ファーストネームで呼ばれるほど二人の距離は近くない。今までだって、まともに二人だけで話したことはないのに。私は困惑を悟られないように、すぐに笑顔の仮面をかぶって答えた。

「頼みって」

「うん。今、真奈美がインフルエンザで休んでいるでしょう」

げっ、絵美の付属小学校から一緒の友達の話だ。何を頼まれるんだろうか。なんだか嫌な予感がする。

「うん。結構長びいているね」

「それでね。真奈美、授業がどんどん進んじゃうことを気にしていて……」

　嫌な予感が当たりそうな状況になってきた私は、笑顔の仮面がはがれないように必死だった。

「それで、真奈美にノートのコピーとか送ってあげたいなって思っていて、曜子、よかったら協力してくれるかなあ」

　ほら、来たぞ。私が授業中に先生の強調したことまで一生懸命しっかりメモったノートを貸してほしいってことか。まあ、コピーさせるくらいいいけど。私はそれほどケチでもないし、このことでなんかケチな子だなと絵美に思われたくないし……。

「協力って、私のノートをコピーさせてほしいってこと」

　思い切ってストレートに聞いてみた。

「もちろんコピーもさせてもらいたいんだけど……」絵美の表情が少し曇る。

　何か言いよどんでいるみたい。いったい、コピーの他に何を要求されるんだろう。おっと、いけないいけない。危うく笑顔の仮面が外れそうになる。

「ちゃんと返してくれるなら、ノート貸してもいいよ」

と私はおずおずと言った。言ってからしまったと思った。D『ちゃんと』は余計だと思ったが、もう、遅かった。

「そういうのとはちょっと違うんだけど、私のノートと曜子のものと両方を突き合わせて、良い情報を全部合わせたものを作って渡したいんだ。でも、そんな面倒なことを頼むの、なんだか頼みづらくって。いやなら、いやってはっきり断ってね」

　まったく予想しない話の展開に［　あ　］私は、笑顔の仮面にかまっていられず、自分でも素の表情になっていると思った。

「どっ、どうして私に」

平成二十九年度 慶應義塾中等部

【国語】（四五分）〈満点：一〇〇点〉

一 次の文章を読んで、後の各問いに答えなさい。

「これで校内ドッジボール大会の選手決めは確定するけど、いい」と話し合いを進めていた絵美がクラスに呼びかける。付属の小学校から受験なしでそのまま進学してきた、栗色の毛の活発な子だ。リカちゃん人形そのままのきれいな顔をしている。

Aえっ、というのが私の正直な気持ちだった。だって、私の名前が選手として書かれてないんだもん。クラスの女子一六人のうち、選手になれるのは一二人だ。正確には選手一〇名と補欠二名。つまり、四人は選手にならなくて良いシステムになっている。

私は他の人に気づかれないように選手にならなかった私以外の三人の表情を盗み見た。どの子もパッとしない感じに見える。と思ったのと同時に、自分では認めたくない考えがこみ上げてきた。もしかしたら、他の三人と同じように自分も周りからパッとしないように見られているのかも。

気がつくと頰に何か温かいものを感じた。ということは、私、この瞬間に泣いているの。知らぬ間にかみしめていた唇を緩め、周りに気づかれないように普通の笑顔の状態に戻した。ここですぐにB笑顔の仮面をかぶったような状態に戻せるなら、私はまだまだ行ける。そんな自分のことを励ますような言葉を自分に言い聞かせた。

「曜子、ごはんができたから早く降りていらっしゃい」

「はーい」

いただきますとは言ったものの、食が進まない。

「曜子、最近食欲ないみたいだけど、大丈夫」

「……」

「何かあるんだったら、お母さんにちゃんと話すのよ」

「はーい」

まさか、お母さんに気づかれていたとは思わなかった。さすがだ。お母さんが心配した通り、Cこんなはずじゃなかったという強い思いが私の胸につかえていた。そんな状態が、もうかれこれ二週間も続いていた。

憧れの鉄砲洲学園付属中学部合格を目指して小学校二年生の時から週三回進学塾に通い始めた。通い始めは要領を得ないこともあったが、慣れていくにつれて塾でも頭角を現し始め、小六のころには全国模試でも上位に名前を連ねるようになった。そして合格発表の日。私は自信満々だった。

一次試験の学力試験も手ごたえ十分だったし、スポーツも得意な私は二次試験の体育実技の試験もばっちり。面接も自慢じゃないけど私のかわいい笑顔を振りまき、面接官の先生たちの私の受け答えに対する反応も、上々だった。

互いの探り合いで緊張していた入学の日から二、三日が過ぎると、私たちクラスの女子同士はすでに打ち解けはじめていた。特に女子の半分を占めている鉄砲洲学園付属小学校から進学してきた子たちが気軽に声をかけてきてくれたことが純粋に嬉しかったし、クラスの子たちが仲良くなることに対しての、その子たちの貢献度はすごく大きかった。

いったいなぜドッジボールの選手の中に私の名前がないのか。小学校の時はいつもいつも真っ先に選手に選ばれていたのに。クラスのみ

平成29年度

慶應義塾中等部　▶解説と解答

算　数　(45分)　＜満点：100点＞

解　答

[1] (1) ア　17　イ　105　(2) ア　21　イ　32　(3) 18　(4) 24　[2] (1) ア　3　イ　2　(2) 10　(3) 2760　(4) ア　10　イ　32　[3] (1) ア　3　イ　1　ウ　3　(2) 406　(3) 45　(4) ア　1456　イ　96　[4] (1) 1170　(2) 9190　[5] (1) ア　5　イ　6　(2) ア　1　イ　2　ウ　3　[6] (1) 12　(2) 38　[7] (1) ア　1　イ　2　ウ　4　エ　9　(2) ア　8　イ　2　ウ　4　エ　6

解　説

[1] 四則計算，逆算，場合の数，整数の性質

(1) $\frac{8}{35}-\left(\frac{7}{18}\div 3\frac{8}{9}-\frac{1}{30}\right)=\frac{8}{35}-\left(\frac{7}{18}\div\frac{35}{9}-\frac{1}{30}\right)=\frac{8}{35}-\left(\frac{7}{18}\times\frac{9}{35}-\frac{1}{30}\right)=\frac{8}{35}-\left(\frac{1}{10}-\frac{1}{30}\right)=\frac{8}{35}-\left(\frac{3}{30}-\frac{1}{30}\right)=\frac{8}{35}-\frac{2}{30}=\frac{8}{35}-\frac{1}{15}=\frac{24}{105}-\frac{7}{105}=\frac{17}{105}$

(2) $0.6-\left(0.875\div\square-\frac{5}{9}\right)\times\frac{3}{14}=\frac{13}{30}$より，$\left(0.875\div\square-\frac{5}{9}\right)\times\frac{3}{14}=0.6-\frac{13}{30}=\frac{3}{5}-\frac{13}{30}=\frac{18}{30}-\frac{13}{30}=\frac{5}{30}=\frac{1}{6}$，$0.875\div\square-\frac{5}{9}=\frac{1}{6}\div\frac{3}{14}=\frac{1}{6}\times\frac{14}{3}=\frac{7}{9}$，$0.875\div\square=\frac{7}{9}+\frac{5}{9}=\frac{12}{9}=\frac{4}{3}$　よって，$\square=0.875\div\frac{4}{3}=\frac{7}{8}\times\frac{3}{4}=\frac{21}{32}$

(3) はじめに，4人をA，B，C，Dとして，AとBの2人が勝ち，CとDの2人が負ける場合を考える。このとき，4人の手の出し方は，AとBがグーでCとDがチョキ(…㋐)，AとBがチョキでCとDがパー(…㋑)，AとBがパーでCとDがグー(…㋒)のように，㋐～㋒の3通りある。次に，勝つ2人の組み合わせは，$\frac{4\times 3}{2}=6$(通り)あるから，全部で，$3\times 6=18$(通り)とわかる。

(4) 124を割ると4余るので，124－4＝120を割ると割り切れる。また，77を割ると5余るから，77－5＝72を割ると割り切れる。よって，求める数は120と72の公約数のうち最も大きい数，つまり最大公約数である。したがって，右の計算から，2×2×2×3＝24とわかる。これは余りの5よりも大きいので，条件に合う。

$$\begin{array}{r|rr} 2 & 120 & 72 \\ 2 & 60 & 36 \\ 2 & 30 & 18 \\ 3 & 15 & 9 \\ \hline & 5 & 3 \end{array}$$

[2] 速さ，濃度(のうど)，相当算，ニュートン算

(1) 往復の平均の速さは，(往復の道のり)÷(往復にかかった時間)で求める。往復の道のりは，8×2＝16(km)であり，往復にかかった時間は，2＋3＝5(時間)となる。よって，往復の平均の速さは時速，16÷5＝3.2(km)と求められる。

(2) 「14％の食塩水200g」と「5％の食塩水160g」を混ぜてできる食塩水の濃度を求めればよい。(食塩の重さ)＝(食塩水の重さ)×(濃度)より，14％の食塩水200gにふくまれている食塩の重さは，200×0.14＝28(g)，5％の食塩水160gにふくまれている食塩の重さは，160×0.05＝8(g)となる。

よって，これらの食塩水を混ぜると，食塩の重さは，28＋8＝36(g)，食塩水の重さは，200＋160＝360(g)になるから，求める濃度は，36÷360＝0.1，0.1×100＝10(%)とわかる。

(3) はじめに次郎君が持っていたお金を1として図に表すと，右のようになる(どちらが多いかは，まだわからない)。この図で，太郎君の太線部分は，$1-\frac{1}{3}=\frac{2}{3}$なので，2人の太線部分の和は，$\frac{2}{3}+1=\frac{5}{3}$となる。これが，6000－600＝5400(円)にあたるから，1にあたる金額は，$5400\div\frac{5}{3}=3240$(円)と求められる。よって，太郎君がはじめに持っていたお金は，6000－3240＝2760(円)とわかる。

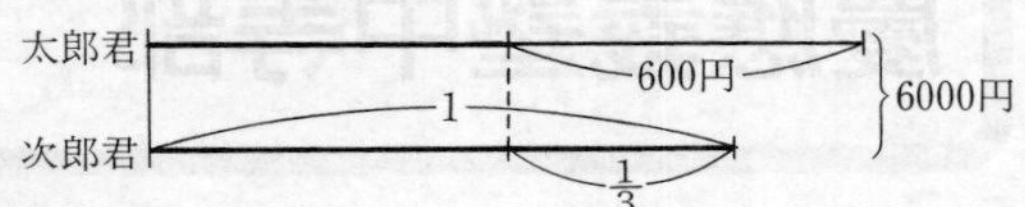

(4) 午前10時から午前11時20分までは，11時20分－10時＝1時間20分＝80分間である。この間に待っている人の数が160人減ったので，待っている人の数は1分間に，160÷80＝2(人)の割合で減ったことになる。ただし，1分間に新しく1人が来園したから，1つの窓口で1分間に買うことができる人数は，2＋1＝3(人)とわかる。よって，2つの窓口で売ると1分間に，3×2＝6(人)が買うことができ，1分間に新しく1人が来園するので，待っている人の数は1分間に，6－1＝5(人)の割合で減る。したがって，待っている人がいなくなるのに，160÷5＝32(分)かかるから，待っている人がいなくなる時刻は，午前10時＋32分＝午前10時32分である。

3 表面積，植木算，辺の比と面積の比，角度

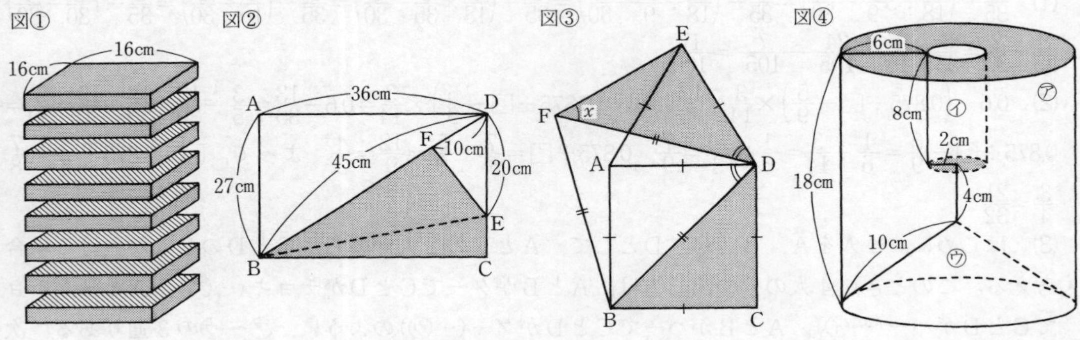

(1) もとの立方体の表面の面積は，16×16×6＝1536(cm²)である。1回切断するごとに，上の図①の斜線(しゃせん)部分の面が上下合わせて2つずつ表面に出る。また，色のついた部分の面積は変わらないから，1回切断するごとに表面の面積は，16×16×2＝512(cm²)ずつ増えることになる。さらに，8つの直方体をつくるとき，切断する回数は，8－1＝7(回)なので，増える表面の面積は全部で，512×7＝3584(cm²)となる。よって，表面の面積の合計は，1536＋3584＝5120(cm²)になるから，もとの立方体の表面の面積の，$5120\div1536=\frac{10}{3}=3\frac{1}{3}$(倍)と求められる。

〔ほかの解き方〕 もとの立方体の1辺の長さを1とすると，もとの立方体の表面の面積は，1×1×6＝6となる。また，1回切断したときに増える表面の面積は，1×1×2＝2なので，増える表面の面積は全部で，2×7＝14とわかる。よって，表面の面積の合計は，6＋14＝20となるから，もとの立方体の表面の面積の，$20\div6=\frac{10}{3}=3\frac{1}{3}$(倍)と求められる。

(2) 上の図②で，長方形ABCDのたてと横の長さの和は，126÷2＝63(cm)なので，たての長さは，

63−36＝27(cm)となり，三角形DBCの面積は，36×27÷2＝486(cm²)とわかる。また，三角形DBEと三角形EBCは，底辺の比が，DE：EC＝20：(27−20)＝20：7であり，高さが等しいから，面積の比も20：7となり，三角形DBEの面積は，$486\times\frac{20}{20+7}$＝360(cm²)と求められる。同様に，三角形EDFと三角形EFBの面積の比は，DF：FB＝10：(45−10)＝2：7なので，三角形EDFの面積は，$360\times\frac{2}{2+7}$＝80(cm²)となる。よって，色のついた部分の面積は，486−80＝406(cm²)である。

(3) 上の図③で，同じ印をつけた辺の長さはそれぞれ等しい。角ADEと角BDFの大きさはどちらも60度で等しいから，それぞれから角ADFをのぞくと，角FDEと角BDAの大きさも等しいことがわかる。また，角BDAの大きさは45度なので，角FDEの大きさも45度になる。さらに，角BDCの大きさも45度だから，三角形FDEと三角形BDCに注目すると，DE＝DC，DF＝DB，角FDE＝角BDCとなる。よって，三角形FDEと三角形BDCは合同なので，角xの大きさは角CBDの大きさと等しく45度とわかる。

(4) 上の図④のように，底面の円の半径が，6＋2＝8(cm)で，高さが18cmの円柱㋐から，底面の円の半径が2cmで，高さが8cmの円柱㋑と，底面の円の半径が8cmで，母線の長さが10cmの円すい㋒をくりぬいた形の立体になる。色のついた部分を合わせると半径が8cmの円になるから，その面積は，8×8×3.14＝64×3.14(cm²)とわかる。また，円柱㋐の側面積は，8×2×3.14×18＝288×3.14(cm²)，円柱㋑の側面積は，2×2×3.14×8＝32×3.14(cm²)，円すい㋒の側面積は，10×8×3.14＝80×3.14(cm²)なので，この立体の表面積は，64×3.14＋288×3.14＋32×3.14＋80×3.14＝(64＋288＋32＋80)×3.14＝464×3.14＝1456.96(cm²)と求められる。

4 グラフ—速さ

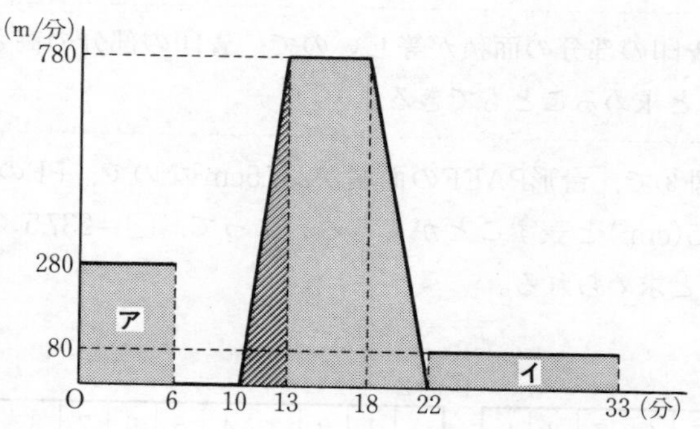

(1) 左のグラフで，A駅を出発してから一定の速さになるまで，分速0mから分速780mまで一定の割合で加速している。よって，このときの平均の速さは分速，(0＋780)÷2＝390(m)と考えられる。また，加速していた時間は，13−10＝3(分)だから，このとき走った道のりは，390×3＝1170(m)である。

(2) 家からA駅までは分速280mで6分かかったので，このとき走った道のりは，280×6＝1680(m)である。また，(1)より，加速しているときに走った道のりは1170mである。次に，一定の速さ(分速780m)で進んだ時間は，18−13＝5(分)だから，このとき走った道のりは，780×5＝3900(m)となる。さらに，減速を始めてからB駅に着くまで，分速780mから分速0mまで一定の割合で減速している。よって，このときの平均の速さも分速390mと考えられ，減速していた時間は，22−18＝4(分)なので，このとき走った道のりは，390×4＝1560(m)と求められる。最後に，B駅から学校までは分速80mで，33−22＝11(分)かかったから，このとき歩いた道のりは，80×11＝880(m)である。したがって，家から学校までの道のりは，1680＋1170＋3900＋1560＋880＝9190(m)である。

〔**参考**〕　家からA駅までの道のりはグラフの**ア**の部分の面積と同じであり，B駅から学校までの道のりはグラフの**イ**の部分の面積と同じである。このように，進んだ道のりはグラフの色をつけた部分の面積で求めることができる。この性質を利用すると，(1)は斜線部分の三角形の面積になるので，(13－10)×780÷２＝1170(m)と求められる。また，(2)で，電車が走った道のりの合計は，1170＋3900＋1560＝6630(m)であるが，これは，上底が，18－13＝５，下底が，22－10＝12，高さが780の台形の面積と等しいから，(５＋12)×780÷２＝6630(m)と考えることもできる。

5　水の深さと体積

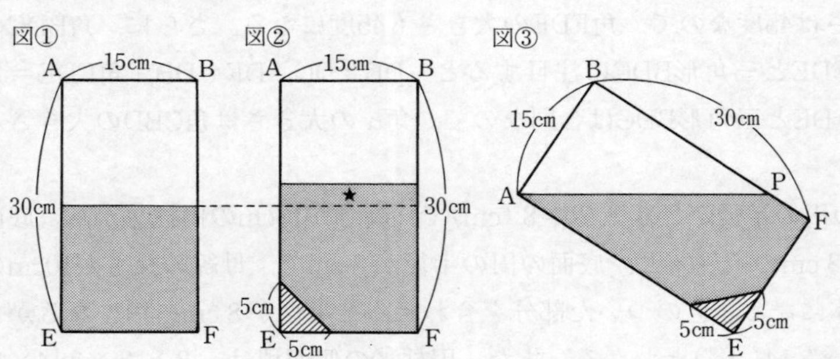

(1)　正面から見た図で考える。容器に入れた水の体積は4.5L(＝4500cm^3)であり，容器の奥行きは20cmだから，左の図①で色のついた部分の面積は，4500÷20＝225(cm^2)となる。よって，このときの水面の高さは，225÷15＝15(cm)である。また，おもりを沈めると上の図②のようになる。ここで，色のついた部分の面積は変わらず，斜線部分の面積は，５×５÷２＝12.5(cm^2)なので，色のついた部分と斜線部分の面積の和は，225＋12.5＝237.5(cm^2)と求められる。したがって，このときの水面の高さは，237.5÷15＝$\frac{95}{6}$＝15$\frac{5}{6}$(cm)だから，おもりを沈めると水面の高さは，15$\frac{5}{6}$－15＝$\frac{5}{6}$(cm)上昇する。

〔**ほかの考え方**〕　図②の斜線部分の面積と★印の部分の面積が等しいので，★印の部分の高さ(上昇した水面の高さ)は，12.5÷15＝$\frac{5}{6}$(cm)と求めることもできる。

(2)　上の図③のPFの長さを求めればよい。図③で，台形PAEFの面積が237.5cm^{2}なので，PFの長さを□cmとすると，(□＋30)×15÷２＝237.5(cm^2)と表すことができる。よって，□＝237.5×２÷15－30＝475÷15－30＝31$\frac{2}{3}$－30＝1$\frac{2}{3}$(cm)と求められる。

6　整数の性質

(1)　枠で囲まれた３つの数は一定の数ずつ大きくなる(たとえば，かけられる数が６の場合は６ずつ大きくなる)から，３つの数の和は真ん中の数の３倍になる。よって，和が24以下になるのは，真ん中の数が，24÷３＝８以下の場合である。かけ算の答えが８以下になるのは上の図１の色をつけた部分であるが，×印

図１

	1	2	3	4	5	6	7	8	9
1	1	2	3	4	5	6	7	8	
2	2	4	6	8					
3	3	6							
4	4	8							
5	5					＋6	＋6		
6	6					36	42	48	
7	7								
8	8								
9									

図２

	1	2	3	4	5	6	7	8	9
1	×								
2	×								
3	×		○			○			
4	×								
5	×								
6	×		○			○			
7	×								
8	×								
9									

をつけた部分を真ん中の数にすることはできないので，条件に合う枠の個数は12個である。

⑵　和が15でも27でも割り切れないのは，真ん中の数が，15÷3＝5でも，27÷3＝9でも割り切れない場合である。5または9で割り切れるのは，かける数とかけられる数の少なくとも一方が5または9の場合だから，上の図2の色をつけた部分になる。ただし，9＝3×3となることに注意すると，かける数とかけられる数の中に3の倍数を2個以上ふくむ場合も9で割り切れることになり，このような数は○をつけた4個ある。よって，5でも9でも割り切れないのは，色も○もついていない部分となる。ただし，×印をつけた部分を真ん中の数にすることはできないので，条件に合う枠の個数は，4×3×2＋3×3×2－4＝38(個)と求められる。

7　条件の整理

⑴　最も小さい整数を求めるから，A＝1の場合を考える。このとき，百の位から千の位，十の位から百の位へのくり上がりがなかったとすると，B＝1＋1＝2，C＝2＋2＝4となるから，右の図1のようになる。ここで，一の位から十の位へのくり上がりがなかったとすると，D＝4＋4＝8となるが，8＋8＝16なので，条件に合わない。よって，一の位から十の位に1くり上がる場合を考えると，D＝1＋4＋4＝9となる。したがって，最も小さいのは，A＝1，B＝2，C＝4，D＝9のときである(右上の図2のようになる)。

図1

```
  124D
+ 124D
------
  24D■
```

図2

```
  1249
+ 1249
------
  2498
```

⑵　4桁の整数にA，B，C，Dをかけた積がいずれも5桁になっているから，A，B，C，Dはどれも1ではない。また，D×Dの一の位がDなので，Dは5または6である。さらに，C×Dの一の位がC，B×Dの一の位がB，A×Dの一の位がAだから，それぞれ右の図3のように表すことができる。D＝5の場合，5をかけた積の一の位は0または5なので，A，B，Cのいずれかが同じ数になってしまい，条件に合わない。よって，D＝6と決まり，A，B，Cの値は{2，4，8}のいずれかとわかる。すると，$ABCD$に{2，4，8}をそれぞれかけることになるが，その積がいずれも5桁だから，A＝8と決まる(もし，A＝4とすると，$ABCD$に2をかけたときの積が5桁にならない)。したがって，A＝8，D＝6であり，$ABCD$を最も小さくするので，B＝2，C＝4とすればよい(右上の図4のようになる)。

図3

・D＝5の場合
C×5＝■C
B×5＝■B
A×5＝■A
・D＝6の場合
C×6＝■C
B×6＝■B
A×6＝■A

図4

```
      8246
   ×  8246
----------
     49476
    32984
   16492
  65968
----------
  67996516
```

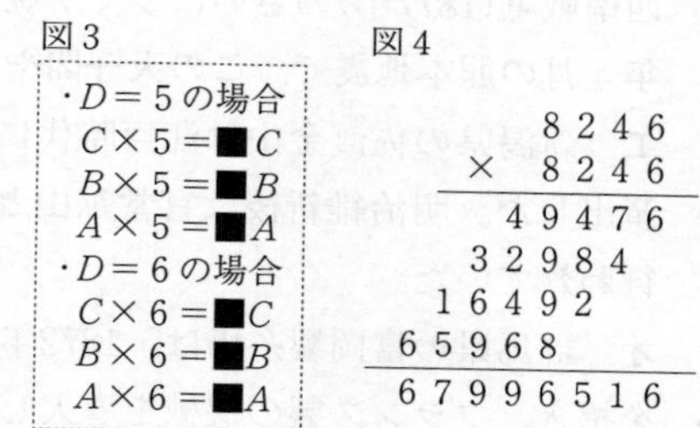

社　会　(25分)　<満点：50点>

解答

1　**ア**　1，三内丸山(遺跡)　**イ**　7，厳島(神社)　**ウ**　9，熊本(城)　**エ**　2，佐渡(金山)　**オ**　4，富岡(製糸場)　**2**　(2番目，4番目の順で)　**問1**　2，3　**問2**　2，4　**問3**　1，5　**問4**　4，3　**問5**　5，1　**3**　**問1**　**ア**　ふすま　**イ**　たたみ　**問2**　⑴　①　3　④　2　⑵　②　2　⑤　1　⑶　③　2　⑥　1
問3　(例)　床下に風を通すことで湿気を防ぐため。　**問4**　(例)　打ち水をする。(すだれ

やよしずで直射日光をさえぎる。／浴衣を着る。）　**4** **問1**　**ア**　カルスト　**イ**　シラス　**問2**　①　1　②　2　**問3**　③　1　④　4　**問4**　⑤　1　⑥　3　**問5**　3　**問6**　2　**問7**　近郊(農業)　**問8**　**A**　5　**B**　7　**C**　6　**D**　1　**5** **問1**　2　**問2**　2　**問3**　4　**問4**　3　**問5**　3　**問6**　2　**問7**　(例)　自動車など輸送用機器の工場が多いこと。　**問8**　4　**問9**　バイオエタノール

解説

1　各地の史跡についての問題

ア　青森市郊外で発掘された三内丸山遺跡は縄文時代中期の大規模集落跡で，大型掘立柱建物跡や大型住居跡，クリの栽培跡がみつかるなどした。最大で500人ぐらいが「定住生活」を送っていたと考えられており，それまでの少人数による狩猟・採集・移動生活という，縄文時代の定説をくつがえす発見となった。

イ　厳島神社(広島県)は広島湾の厳島(宮島)に位置し，平安時代末期に平清盛が一族の繁栄を願い，守り神としてあつく信仰した神社である。この神社は海の中に建つ大鳥居が有名で，1996年にユネスコ(国連教育科学文化機関)の世界文化遺産に登録された。

ウ　熊本城は17世紀初め，加藤清正によって築かれた城で，江戸時代には細川氏の居城となった。西南戦争(1877年)のさいに多くが焼失し，現在の天守閣は1960年に再建されたものであるが，2016年4月の熊本地震で，この天守閣や櫓などが大きな被害を受けた。

エ　新潟県の佐渡金山は江戸時代に本格的に開発された金山で，幕府の直轄地となり多くの金を産出した。明治維新後は官営鉱山となり，1896年，民間に払い下げられたが，1989年まで採掘が行われていた。

オ　群馬県の富岡製糸場は，1872年に操業を開始した日本初の官営模範工場で，フランスから技師を招き，フランス製の機械を導入して生糸の生産を開始した。日本の製糸業の衰退とともに，1987年に操業を停止したが，その後も建物は大切に保存され，2014年には「富岡製糸場と絹産業遺産群」として世界文化遺産に登録された。

2　江戸時代末期から現代にかけての歴史的なことがらについての問題

問1　1は1853年，2は1837年，3は1840年，4は1839年，5は1825年のこと。3のアヘン戦争(1840～42年)は，イギリスが行っていたアヘンの密貿易を規制しようとした清(中国)に対し，イギリスが戦争をしかけ，これを破ったできごとである。4は蛮社の獄とよばれ，モリソン号事件における幕府の対応を批判した蘭学者の渡辺崋山や高野長英らが処罰された。

問2　1は1885年，2は1884年，3は1881・82年，4は1889年，5は1890年のこと。3について，板垣退助らは1881年に自由党を，大隈重信らは1882年に立憲改進党を結成している。

問3　1と2は1894年，3は1886年，4は1911年，5は1904年のこと。2の日清戦争が起こる直前の1894年7月，外務大臣の陸奥宗光はイギリスと日英通商航海条約を結び，1の治外法権(領事裁判権)を撤廃することに成功した。その後，外務大臣の小村寿太郎がアメリカと交渉し，4の1911年に関税自主権の回復に成功したことで，江戸幕府が幕末に欧米諸国と結んだ不平等条約の改正が達成された。

問4　1は1937年，2は1931年，3は1939年，4は1933年，5は1941年のこと。2と4について，

国際連盟は第一次世界大戦(1914～18年)後，アメリカ合衆国大統領ウィルソンの提唱で1920年に発足した国際平和機関で，日本は常任理事国として最初から参加した。しかし，日本軍が満州事変(1931年)を起こして満州(中国東北部)各地を占領し，翌年に満州国を建国すると，中国(中華民国)はこれを日本軍の侵略行為であると国際連盟に訴えた。連盟はリットン調査団を派遣し，その調査の結果，日本軍の満州撤退を勧告したため，日本はこれを不満として1933年に連盟を脱退した。

問5　1と3は1956年，2は1946年，4は1972年，5は1951年のこと。1と3について，1956年10月，鳩山一郎首相がモスクワを訪れて日ソ共同宣言に調印し，ソ連と国交を回復した。これによりソ連が国連の安全保障理事会で日本の加盟に反対しなくなり，同年12月，日本の国連加盟が実現した。

3　日本家屋を題材とした問題

問1　**ア**　障子とともに部屋を囲むもので，部屋を広く使いたいときには取り払うという点から，「ふすま(襖)」とわかる。　**イ**　床に敷くもので，い草を用いるとあるから，「たたみ(畳)」である。

問2　(1)　①　玄関から入ってすぐのところに設けた，床を張らずに土足で歩けるようにした空間を「土間」という。地面のままの場合もあるが，コンクリート，または赤土に石灰やにがりを混ぜてつくった土で床の部分をぬり固めた場合は，特に「たたき」という。　④　食事をするなど，家族が集い，生活の中心となる部屋は「茶の間」である。　(2)　②　土間に設けられることが多い，調理のための設備は「かまど」。土やれんがなどで築き，上に釜や鍋をのせ，下で火をたいて煮炊きする。　⑤　居間の中央部の床を四角にくり抜き，灰を敷き詰め，薪を燃やして湯をわかしたり鍋を加熱したりできるようにしたものを「囲炉裏」という。寒い日には暖をとることもできる。　(3)　③　家屋の中心となる太い柱を「大黒柱」という。土間と座敷の境の部分に設けられる場合も多い。　⑥　部屋の周囲にある，溝をつけて引戸や障子，襖などを滑りやすくした部分を「敷居」という。敷居と対になる上の部分の横木が「鴨居」である。

問3　日本家屋に縁の下が設けられるのは，日本は湿度が高いため，床の下に風を通すことで湿気が部屋にこもるのを防ぐ必要があったからである。

問4　路地や庭先などに水をまく「打ち水」は，水が蒸発するときの気化熱により気温を下げるなどのはたらきがある。暑さをやわらげるための工夫としてはこのほか，すだれやよしずで日差しを避ける，浴衣のようなすずしい衣服を着る，風鈴をつるしてすずしさを感じられるようにする，といったことがあげられる。

4　日本の国土と産業についての問題

問1　**ア**　山口県中西部にある石灰岩台地の秋吉台では，鍾乳洞やドリーネ(すり鉢状のくぼ地)など，雨水や地下水によって地面が浸食されたカルスト地形がみられる。　**イ**　九州南部にはシラスとよばれる火山灰土の台地が広がっており，シラスは水持ちが悪いため稲作には適さず，畑作や畜産を中心に農業が行われている。

問2　新潟県の信濃川下流域に広がるのは越後平野，山形県の最上川下流域に広がるのは庄内平野で，いずれも日本有数の稲作地帯として知られている。

問3　③　カルデラは火山の噴火によって頂上付近が陥没してできたくぼ地。熊本県の阿蘇山は，世界最大級といわれるカルデラがあることで知られている。　④　シラス台地が広がる地域にある火山であるから，鹿児島県の桜島があてはまる。

問４　⑤　パイロットファームとは「実験農場」のこと。原野が広がっていた北海道の根釧台地は，第二次世界大戦後，パイロットファームの建設などにより開拓が進み，酪農地帯となった。　⑥　北海道の南東部に広がる十勝平野は，じゃがいも，小麦，大豆，てんさいなどの大規模栽培が行われ，北海道を代表する畑作地帯となっている。

問５　A　１つの耕地で１年に２度，異なる種類の作物を栽培することを二毛作という。筑紫平野では米と麦，八代平野では米といい草の二毛作がさかんである。　B　害虫対策などのため春先に山野の枯れ草を焼き，新芽が出やすいようにすることを，野焼き(山焼き)という。秋吉台では毎年２月に，阿蘇山では２～３月ころ，野焼き(山焼き)が行われる。　C　１つの耕地で毎年同じ種類の作物を栽培し続けることを連作というが，連作を行うと特定の栄養分だけが吸収されて土地がやせてしまうことがある。そうしたことがないように，数種類の作物を組み合わせ，毎年異なる作物を順々に栽培していくことを輪作といい，十勝平野などでさかんに行われている。

問６　「坂東太郎」とよばれてきたのは利根川。なお，筑後川は「筑紫次郎」，吉野川は「四国三郎」とよばれる。いずれもしばしば氾濫する暴れ川であったことからついた呼称である。

問７　大都市の周辺で行われる農業を近郊農業という。消費地に近いことから輸送のための経費や時間が節約できるので，新鮮さが求められる野菜や花がさかんに栽培され，愛知県や関東地方の各県などで行われている。

問８　Aはぶどうで，山梨県と長野県が第１位・第２位を占めるから，５があてはまる。福島県が第２位の８はももであるので注意すること。Bは茶で，第１位の静岡県と第２位の鹿児島県でほぼ半数を占める７である。Cはレタスで，グラフは６があてはまり，高冷地農業がさかんな長野県では夏を中心に，近郊農業がさかんな茨城県では３・４月と10・11月に多く出荷される。Dは米で，新潟・北海道・秋田の各道県が上位を占める１である。なお，２はトマト，３はいちご，４はりんごがあてはまる。

5　**ブラジルを題材とした問題**

問１　赤道は緯度０度の緯線で，アジアではインドネシアのスマトラ島やカリマンタン島(ボルネオ島)のほぼ中央部を通過している。

問２　ジカ熱はジカウィルスによって引き起こされる感染症で，おもに蚊によって媒介される。高熱や筋肉痛などを引き起こすが，致死率は低い。2015年から2016年にかけて中南米で流行したため，その地域への渡航者に注意がよびかけられた。１は西アフリカなどで近年発生しているエボラウィルスによる感染症で，致死率がきわめて高い。３はアジアなどでしばしば発生するデングウィルスによる感染症であるが，症状は比較的軽い。４はマラリア原虫の寄生によって起こる感染症。熱帯や亜熱帯の地域で見られ，高熱を発し，死にいたることも多い。

問３　中南米の多くの地域は16世紀以降，スペイン人やポルトガル人に征服され，その植民地とされた。その影響で，現在も多くの住民がキリスト教，特にカトリックを信仰している。言語は多くがスペイン語を公用語としている中で，ブラジルはポルトガル語を公用語としている。

問４　西経45度の経線を標準時子午線としているリオデジャネイロと日本の経度差は，135＋45＝180(度)。経度15度で１時間の時差が生じるから，180÷15＝12より，時差は12時間となる。また，地球は西から東に自転しているから日本のほうが時刻が先行する。したがって，リオデジャネイロが８月10日の午前10時のとき，10＋12＝22(時)より，日本は同じ日の午後10時ということになる。

問５　ブラジルからの最大の輸入品は鉄鉱石で，2015年における日本のブラジルからの輸入金額のうち，約38％を占めている。ブラジルは鉱山資源に恵まれており，鉄鉱石のほか，アルミニウムの原料となるボーキサイトの生産量も世界有数となっている。なお，統計資料は『日本国勢図会』2016／17年版による。

問６　19世紀後半，ブラジルではアフリカから連れて来られた多くの黒人奴隷(どれい)が働いていたが，奴隷が解放されたことなどから，農園などでは労働力不足が起きていた。そのため，ブラジル政府を通して日本人移民を求める要望が伝えられ，20世紀に入り，多くの日本人が移民としてブラジルへ渡ることとなった。最初の移民船は1908年に神戸港を出港した笠戸丸(かさとまる)で，約800名がブラジルへ渡った。

問７　群馬県大泉町，静岡県浜松市，愛知県豊田市はいずれも自動車やオートバイなど輸送用機器の組立工場や関連工場が数多くある。それらの工場で多くの日系ブラジル人が働いていることから，その家族もふくめ，多くの日系人が住んでいる。

問８　1992年にリオデジャネイロで開かれた国連環境開発会議(地球サミット)では，持続可能な開発(発展)の実現をめざすことを内容とした「リオ宣言」が採択されたほか，「気候変動枠(わく)組み条約(地球温暖化防止条約)」や「生物多様性保全条約」などが調印された。オゾン層の破壊(はかい)を引き起こすフロンガスの全廃(ぜんぱい)を定めたのは，1987年に採択されたモントリオール議定書である。

問９　さとうきびやとうもろこし，大豆などの植物を原料とし，これを発酵(はっこう)させ，エタノールを抽出(ちゅうしゅつ)させたものをバイオエタノールという。ブラジルではさとうきびを原料とするものが大量に生産されており，ガソリンと混ぜて自動車の燃料などに利用されている。

理 科　(25分)＜満点：50点＞

解答

[1] (1) **固体**…５，**液体**…１，**気体**…３　(2) **A**　2　**B**　1　**C**　3　**D**　7　**E**　6　**F**　9　**G**　5　**H**　8　**I**　4　(3) 1　[2] (1) 3　(2) 2　(3) 1　(4) 3　(5) 2　[3] (1) 4　(2) 4　(3) **A**　3　**B**　5　**C**　6　**D**　4　**E**　8　[4] (1) 262　(2) 4　(3) **表１**…３，**表２**…５　(4) 3　(5) 3

解説

[1] 水溶液(すいようえき)の性質についての問題

(1)　実験３で，加熱後に固体が残った５種類の水溶液は，溶(と)けている物質が固体である。また，加熱を始めてすぐに泡(あわ)が出てきた３種類の水溶液は，溶けている物質が気体とわかる。よって，溶けている物質が液体である水溶液は，残った１種類となる。

〔ほかの考え方〕　水溶液Ａ～Ｉに溶けている９種類の物質のうち，固体は砂糖，食塩，水酸化ナトリウム，重そう，ホウ酸の５種類，液体は過酸化水素の１種類，気体はアンモニア，塩化水素，二酸化炭素の３種類である。

⑵　実験１～３の結果をまとめると，右の表のようになる。まず，この表から判別できる水溶液について考える。水溶液Ａはにおいがある酸性の水溶液なので塩酸，水溶液Ｂはにおいがあるアルカリ性の水溶液なのでアンモニア水である。また，水溶液Ｃは液体が溶けているので過酸化水素水（※実験２の結果から，表では中性に分類したが，実際は弱い酸性を示す），水溶液Ｆは固体の溶けた酸性の水溶液なのでホウ酸水，水溶液Ｈは塩酸以外の気体の溶けた酸性の水溶液なので炭酸水とそれぞれ決まる。そして，残り４種類の水溶液から組み合わせを考えたとき，実験４では塩酸と水酸化ナトリウム水溶液を混ぜたと推測できる。塩酸と水酸化ナトリウム水溶液を混ぜると，中和して食塩と水ができるから，水を蒸発させて残った固体の粒（つぶ）は食塩であり（ここでは，中和後に水酸化ナトリウムがあまらなかったものとする），これより水溶液Ｅは水酸化ナトリウム水溶液，水溶液Ｇは食塩水と決まる。したがって，アルカリ性の水溶液Ｄは重そう水，中性の水溶液Ｉは砂糖水となる。

	実験１ におい	実験２ 性質	実験３ 溶けているもの
A	あり	酸性	気体
B	あり	アルカリ性	気体
C		中性※	液体
D		アルカリ性	固体
E		アルカリ性	固体
F		酸性	固体
G		中性	固体
H		酸性	気体
I		中性	固体

⑶　水溶液Ｄに溶けている重そう（炭酸水素ナトリウム）は水溶液Ａの塩酸と反応して二酸化炭素を発生する。

2　月の動きと見え方についての問題

⑴　夕方（日の入りのころ），太陽は西の地平線付近にあるので，南の空にある月は，３のように右側（西側）半分が光って見える。これを上弦（じょうげん）の月という。

⑵　上弦の月が西に沈（しず）むのは真夜中（午前０時）ごろで，ソメイヨシノ（サクラのなかま）が東京で咲（さ）くのは３月の終わりごろであるから，春の星座を選べばよく，おとめ座があてはまる。なお，ふたご座とオリオン座は冬の星座，さそり座は夏の星座である。

⑶　月は，約１週間たつごとに，新月→上弦の月→満月→下弦の月→新月と満ち欠けする。

⑷　月が地球のまわりを公転するときにえがく通り道（軌道（きどう））は完全な円ではなく，ややつぶれた円（だ円）なので，月は地球に近づいたり遠ざかったりしている。月が地球にもっとも近づくころに満月をむかえると，いつもより大きな満月が見られ，これをスーパームーンと呼ぶ。

⑸　夏至のころは，地球の地軸（ちじく）の北極側が太陽の方向にかたむいているため，北半球にある東京では，太陽が１年でもっとも空の高いところを通る（南中高度が高い）。一方，満月は地球から見て太陽と正反対の方向にあるため，空の低いところを通ることになる（南中高度が低い）。冬至のころはこの逆で，太陽は１年でもっとも空の低いところを通り，満月は空の高いところを通る。

3　動物や植物についての問題

⑴　おっぱい（ちくび）の数は，ウシが４個，サル（ニホンザルなど）とゾウが２個，ネコがふつう８個である。

⑵　一度に産む卵の数は，スズメが５～６個ほど，ウミガメが100個ほど，カエルは種類によって異なるが，多くて１万個あまりである。コイなどの魚類はふつう産卵数が多く，コイの場合は50万個ほどといわれている。

⑶　**A**　ウメやサクラは，春先にまず花が咲き，花が散るころに新しい葉が出始める。　**B**　キンモクセイは，秋になると強いかおりを出すオレンジ色の花をたくさんつける。　**C**　ドングリは，クヌギやカシなどの実のことをいう。クヌギのドングリは丸い形をしている。　**D**　キウイ（キウイフルーツ）の実の中にある小さな黒い粒が種であり，１つの実に非常に多くの種がふくまれている。　**E**　カエデのなかまの種は，プロペラのような羽をもち，風に運ばれて広い範囲（はんい）に散らばることができる。

4　磁石の力についての問題

⑴　実験１で用いた２個の磁石の重さの合計は30ｇ，水を入れたペットボトルの重さは340ｇで，これらを合わせた，30＋340＝370（ｇ）をばねはかりと台はかりで支えている。よって，ばねはかりが108ｇを示しているとき，台はかりは，370−108＝262（ｇ）を示している。

⑵　２個の磁石と水を入れたペットボトルの重さの合計を，ばねはかりと台はかりが支えているので，ばねはかりの示す値と台はかりの示す値の和はつねに一定である。よって，グラフは４のように右下がりの直線となる。

⑶　**表１**　間隔（かんかく）の増え方は，下の磁石の数が１個から２個になるときは，2.8−2.4＝0.4（cm）だが，その後しばらくは２個増えるごとに0.2cmずつ増え，下の磁石の数が８個から10個になるときには，3.5−3.4＝0.1（cm）しか増えていない。よって，下の磁石の数が増えるほど間隔の増え方はにぶくなっていくと考えられるので，３のグラフが選べる。　**表２**　上の磁石の数が２個以上のとき，磁石の数が増えるにつれて，間隔の減り方は逆に小さくなっている。したがって，５のグラフがふさわしい。

⑷　磁石Ｂの上に磁石Ｃをのせて磁石Ｃが浮（う）いて止まっている状態のとき，磁石Ｃは磁石Ｂから反発力を上向きに受け，その反発力が磁石Ｃの重さを支えている。つまり，磁石Ｂと磁石Ｃの間にはたらく反発力の大きさは，磁石Ｃの重さの値と同じであり，磁石Ｂと磁石Ｃの間隔は，表２で上の磁石の数が１個の場合の2.4cmである。そして，磁石Ｂも同じ反発力を磁石Ｃから下向きに受けるので，このとき磁石Ｂが磁石Ａから受ける反発力の大きさは，磁石Ｂの重さと磁石Ｃから受けている反発力の和，つまり磁石Ｂと磁石Ｃの重さの和に等しい。よって，磁石Ａの上に２個の磁石をのせてつり合っているときと同様と考えられるので，磁石Ａと磁石Ｂの間隔は，表２で上の磁石の数が２個の場合の2.1cmとなる。したがって，磁石Ａと磁石Ｂの間隔よりも，磁石Ｂと磁石Ｃの間隔の方が大きい。

⑸　表１は，くっつけた磁石の個数と磁石の強さの関係を示している。よって，くっつける磁石の個数を増やしていくと，はじめは磁石の力が強くなるが，個数が多くなるほど磁石の力の強さの増え方はしだいに小さくなることがわかる。実験３で，クリップが落ちる瞬間（しゅんかん）の磁石とクリップの間隔は，磁石の強さに関係するので，グラフは３のようになると考えられる。

国語　（45分）＜満点：100点＞

解答

一　**問１**　５　**問２**　４　**問３**　３　**問４**　２　**問５**　２　**問６**　（例）（絵美は病

気の友人や私のことを考えてくれていたのに対して，）私は自分のことしか考えていなかったと思い知った(から。)　**問7**　1　**問8**　4　二 **問1**　5　**問2**　3　**問3**　2　**問4**　1　**問5**　4，6　**問6**　4　**問7**　ア　1　イ　2　ウ　2　三 ア　3　イ　2　ウ　5　エ　6　オ　1　四 **問1**　A　2　B　3　C　3　D　1（2）　**問2**　5　五 下記を参照のこと。

●漢字の書き取り

五 ア　憲章　イ　視座　ウ　名状　エ　手提(げ)　オ　講　カ　週刊誌　キ　興亡　ク　朗(らか)　ケ　従事　コ　博識　サ　教養　シ　半(ば)　ス　郷里　セ　祝辞　ソ　調律　タ　育(む)

解説

一 **憧れの鉄砲洲学園付属中学部に入学したものの，優秀な生徒ばかりいることに気後れする「私」の気持ちの動きがえがかれている。**

問1　「えっ」と思ったのは，「私の名前が選手として書かれて」いなかったからである。「小学校の時はいつもいつも真っ先に選手に選ばれていた」のに，この学校では，「自分も周りからパッとしないように見られている」のではないかと思って，悔しい気持ちになったのだと読み取れる。

問2　本文の後半でも，「私」は絵美と話しながら，素の感情を悟られないように「笑顔の仮面」をかぶっている。つまり，個性をできるだけかくそうとするのが「笑顔の仮面」なのだから，「個性的な自分を見せることができる」とある4がふさわしくない。

問3　「私」は入学する前，「一次試験の学力試験も手ごたえ十分だったし，スポーツも得意な私は二次試験の体育実技の試験もばっちり。面接も～上々だった」ために，「自信満々」でいたことをおさえる。入学後も小学校の時と同じような活躍ができると思っていたものと考えられるので，3が合う。

問4　「ちゃんと返してくれるなら」という条件をつけた言い方は，「ちゃんと返して」くれない場合もあることを想定したものと言える。絵美が何か面倒な頼みごとをしてくるのではないかと，「嫌な予感」を感じながら対応していたために，不信感を見透かされるような言葉が思わず出てしまったのである。

問5　「私」がこの後，「明らかに狼狽しながら」絵美の言葉に答えていることに注目する。「狼狽」は，うろたえること。絵美からの申し出が「まったく予想しない」ものであったために，平常心を保てなくなったのだと推測できるので，2が選べる。

問6　優秀な生徒ばかりいるクラスの中でも，絵美は特別な存在であったことをおさえる。そんな絵美から頼みごとをされたときに，「私」は何か面倒な要求をされるのではないかと，「嫌な予感」しか感じていなかった。ところが実際には，絵美は「インフルエンザで休んでいる」真奈美のことを考えるだけでなく，「私」とも「仲良くなれる」ことを期待して話しかけてきてくれたのである。そのことに気がついたとき，「私」は自分が自分のことしか考えていなかったことを思い知らされ，はずかしさを覚えたので，絵美の素晴らしさが「いつにもまして余計まぶしく見えた」のだと読み取れる。

問7　クラスの中で自分の居場所がなく，「気持ちのカーブはどんどん下り坂になって」いたときに,「私」はお母さんに自分の気持ちを気づかれたと前にある。ぼう線Ｆの場面は,絵美に頼みごとをされたことで,「私」の気持ちが明るくなってきたところである。「今日はご機嫌(きげん)だわねぇ」というお母さんの言葉を受けて,「まいった。お母さんはなんでもお見通しだ」と思っているので,気持ちを言い当てられたことにふれている１がふさわしい。

問８　「足取り軽く」は,落ちこんでいた「私」の気持ちが軽くなったようすを表している。これまではクラスの中で居場所を見つけられず,「笑顔の仮面」をかぶって周囲と接しては落ちこんだ気持ちになっていたのだが,絵美との会話を通して自分が認められたように思い,明るい気持ちになったのである。

二　線を引くことの意義について考察している。

問１　前の部分では,小学生の書写の教科書が「ひらがなでなく,漢字」から始まることを示している。後ではその理由として,「漢字のほうがひらがなよりもはるかに書きやすい」ということをあげているので,“確かにその通りだ”と納得(なっとく)する気持ちを表す「なるほど」があてはまる。

問２　「『一』を書くこと」について述べた部分である。筆者はこの後,「一」に限らず「一つの線を引く」ことには,「こちらとあちらの世界が違(ちが)う」ことを示して空間や時間を「否応(いやおう)なく分けられた」ものにする働きがあると述べている。「『一』を書くこと」は自身のそうした働きに反して,人生にとって「切っても切れない動作」を叩(たた)きこんでいるようにも思えるので,「おかしくもある」というのである。

問３　「一線を画す(る)」で,境界線を引いてはっきりと区別をつけることを表す。「画」の音読みは「ガ」「カク」で,「画質」「画一」などの熟語がある。

問４　直前の部分から読み取る。「線を引く」だけで「線のこちらとあちらの世界」という状態になることを受けて,「魔法(まほう)のようなもの」と表現している。

問５　「線を引かれる前」の状態を表しているのは,４と６である。なお,１は,生まれて初めてペンを持ったこどもが「線を引く」ようすをたとえた表現。２は,木の棒を持って線を引く遊びのこと。３は,「世の中はどこもかしこも線だらけ」ということを表す例の一つとしてあげられている。５をふくむ部分では,学校の「クラス分け」を取り上げ,「小さな部屋」に区切ることは線を引くことであるということを述べている。

問６　「それを理解しない限り」の「それ」とは,学校の授業は科目ごとに分けられているが,本当は「線を引かれてなんかいないはず」で,「その前の状態がある」ということを指す。つまり,科目の区別をつけない世界に目を向け,科目の境界などを気にせずに勉強していくことが,勉強を楽しむためには必要だと筆者は考えているのである。

問７　**ア**　本文の最後のほうに注目する。筆者は「五年生から,六年生に進級した」時に「目標を立てる」ことを取り上げ,「五年生の三月と,六年生の四月の自分」で「はたして何かが目に見えて変わったのだろうか」と問いかけている。さらに「最初からそんな線は存在しない」と続けており,自分で「線を引く」ことで,意識して違った状態にしているのだという筆者の考えがうかがえる。このことが「生き方に線を引いている」という内容に合う。　**イ**　本文では,「線の引かれていない場所に開発の余地がある」という内容は述べられていない。　**ウ**　筆者は本文の最後で,「線を引く」ことの「利便性」に慣れてしまうのではなく,「線のない状態に思いを寄せることで,より根源的な生き方を探し出せるのではないだろうか」と述べている。

三 俳句の読み取り

ア「一枝の影も欺かず」は，作者の目にしている水面が鏡のように，頭上の枝の姿をそのまま映し出しているようすである。よって，3が合う。　**イ**「野分」は，台風。「五六騎いそぐ」が，2の「武者は」「ひたすら急ぐ」という表現につながっている。　**ウ**　強く吹いている東風によってゆれてしまっていた噴水が，風がやんだ一瞬に立ちなおったということ。噴水の水のゆれ動きの中に，風の姿をかいま見ているのだから，5があてはまる。　**エ**　雪解けの季節となり，冬の間は家に閉じこもっていた子どもたちがいっせいに外に出て，村いっぱいに広がり遊んでいるようすを表している。よって，6がよい。　**オ**「夏氷」とは，かき氷のこと。子どもたちが嬉しそうに，匙を使ってかき氷を味わっている情景をうたったものである。1ではかき氷を氷の「山」と表現しており，ぐずぐずしていると解けてしまうということを「山がなくなってしまう」と表現している。

四 ことわざ・慣用句・四字熟語の完成，熟語の知識

問1　**A**「あいた口がふさがらない」は，あきれかえってものも言えないようす。「牛耳を執る」は，団体や組織の中心となって，自分の思い通りにことを運ぶこと。「老骨に鞭打つ」は，年をとり，体力や気力がおとろえた人が，自分を励まして何かをしようとするようす。「鶏口となるも牛後となる勿れ」は，大きな集団でしりにつくよりも，小さい集団でもかしらとなったほうがよいということ。「食指が動く」は，食欲が起こること。何かをしてみたいという気持ちが生じること。　**B**「青菜に塩」は，元気をなくして，しょんぼりするようす。「白眼視」は，冷たくにらみつけるような目つきをすること。「赤貧洗うが如し」は，とても貧しく，何一つ所有品がないようす。「青二才」は，経験のあまりない若い人。「青息吐息」は，非常に弱りきっている状態。　**C**「竹馬の友」は，幼いころからの友人。「閑古鳥が鳴く」は，人が来なくてひっそりとしているようす。「馬脚を露わす」は，かくしていたことがあらわになること。「猿芝居」は，へたな芝居。「生き馬の目を抜く」は，他人を出し抜いて利益を得るようす。　**D**「一日の長」は，経験や知識などが相手より少しすぐれていること。「悪事千里を走る」は，悪い行いはすぐに世間に知れわたってしまうということ。「親の七光り」は，親の地位や高い評判のおかげで，子どもが得をしたり出世したりすること。「三(百)日天下」は，非常に短い間だけ実権をにぎること。「百鬼夜行」は，得体の知れない人たちがおかしなふるまいをすること。

問2　1　ア「転機(てんき)」は，ほかの状態に変わるきっかけ。イ「機転(きてん)」は，その場に応じたすばやい心の働き。　2　ア「人知(じんち)」は，人間の知恵。　イ「知人(ちじん)」は，知り合い。　3　ア「現実(げんじつ)」は，事実としてあらわれていることがら。　イ「実現(じつげん)」は，計画や期待が現実のものとなること。　4　ア「所要(しょよう)」は，必要とされるもの。　イ「要所(ようしょ)」は，大切なところ。　5　ア「性根(しょうね)」は，その人本来の心の持ち方。　イ「根性(こんじょう)」は，アの「性根」と似た意味で使われる。

五 漢字の書き取り

ア　基本的な方針を定めたおきて。　**イ**　ものごとを見る立場。　**ウ**　ものごとの状態を言葉で表現すること。　**エ**「手提げ」は，手にさげて持つようにした袋などのこと。　**オ**　音読みしかない漢字。「講じる」は，問題解決などの方法を考えて実施すること。　**カ**　一週間に一

回発行される雑誌。　**キ**　栄えることとほろびること。　**ク**　音読みは「ロウ」で，「明朗」などの熟語がある。　**ケ**　ある仕事にたずさわること。　**コ**　いろいろなことを知っていること。　**サ**　さまざまな学問や知識を身につけることで生まれる豊かな心。　**シ**　音読みは「ハン」で，「半分」などの熟語がある。　**ス**　生まれ育ったところ。　**セ**　お祝いの言葉。　**ソ**　楽器の音の高さを正しくととのえること。　**タ**　音読みは「イク」で，「育児」などの熟語がある。訓読みにはほかに「そだ(てる)」がある。

Dr.福井の 入試に勝つ！脳とからだのウルトラ科学

意外！　こんなに役立つ“替え歌勉強法”

病気やケガで脳の左側（左脳）にダメージを受けると，字を読むことも書くことも，話すこともできなくなる。言葉を使うときには左脳が必要だからだ。ところが，ふしぎなことに，左脳にダメージを受けた人でも，歌を歌う（つまり言葉を使う）ことができる。それは，歌のメロディーが右脳に記憶されると同時に，歌詞も右脳に記憶されるからだ。ただし，歌詞は言葉としてではなく，音として右脳に記憶される。

そこで，右脳が左脳の10倍以上も記憶できるという特長を利用して，暗記することがらを歌にして右脳で覚える“替え歌勉強法”にトライしてみよう！

歌のメロディーには，自分がよく知っている曲を選ぶとよい。キミが好きな歌手の曲でもいいし，学校で習うようなものでもいい。あとは，覚えたいことがらをメロディーに乗せて替え歌をつくり，覚えるだけだ。メロディーにあった歌詞をつくるのは少し面倒かもしれないが，つくる楽しみもあって，スムーズに暗記できるはずだ。

替え歌をICレコーダーなどに録音し，それを何度もくり返し聞くようにすると，さらに効果的に覚えることができる。

音楽が苦手だったりして替え歌がうまくつくれない人は，かわりに俳句（川柳）をつくってみよう。五七五のリズムに乗って覚えてしまうわけだ。たとえば，「サソリ君，一番まっ赤は，あんたです」（さそり座の１等星アンタレスは赤色――イメージとしては，運動会の競走でまっ赤な顔をして走ったサソリ君が一番でゴールした場面）というように。

Dr.福井（福井一成）…医学博士。開成中・高から東大・文Ⅱに入学後，再受験して翌年東大・理Ⅲに合格。同大医学部卒。さまざまな勉強法や脳科学に関する著書多数。

Memo

Memo

平成28年度　慶應義塾中等部

〔電　話〕 (03) 5427－1677
〔所在地〕 〒108-0073　東京都港区三田2－17－10
〔交　通〕 JR山手線－「田町駅」より徒歩10分
都営三田線－「三田駅」より徒歩10分

【算　数】 (45分) 〈満点：100点〉

〔注意〕 解答は，下の〔例〕にならって□の中に0から9までの数字を1字ずつ記入しなさい。

〔例〕

(1) 333mから303mをひくと□□mになります。　解答 3 0

(2) 2.34に6をかけると ア . イ になります。　解答 ア 1 4　イ 0 4

(3) $\frac{5}{2}$に$\frac{1}{3}$をたすと ア$\frac{イ}{ウ}$ になります。　解答 ア 2　イ 5　ウ 6

1 次の□に適当な数を入れなさい。

(1) $\frac{1}{20}+\frac{1}{30}+\frac{1}{42}+\frac{1}{56}+\frac{1}{72}=\frac{ア}{イ}$

(2) $\frac{8}{9}-\left(\frac{1}{10}+\frac{2}{3}\div ア\frac{イ}{ウ}\right)=\frac{7}{30}$

(3) 西暦(れき)2016年1月1日は金曜日でした。西暦2016年の25番目の水曜日は ア 月 イ 日です。

(4) 一日のうち，時計の長針と短針のつくる角が直角になるのは，全部で□□回あります。

2 次の□に適当な数を入れなさい。

(1) 6で割ると2余り，5で割ると1余り，7で割ると3余る最も小さい整数は□□□です。

(2) 姉と妹の所持金の比は5：3でしたが，姉が妹に35円あげたので，姉と妹の所持金の比が3：2になりました。姉のはじめの所持金は□□□円です。

(3) 太郎君は□□□ページの本を，1日目は全体の$\frac{3}{10}$より17ページ多く読み，2日目は残りの$\frac{2}{5}$より6ページ少なく読み，3日目は残りの$\frac{5}{6}$より6ページ多く読んだところ，50ページ残りました。

(4) 家から10km離(はな)れた学校まで，自転車を使って時速9kmで進みましたが，途(と)中でパンクしてしまいました。5分かけて修理しましたが直らず，その後，時速4kmで歩いた結果，家から学校まで1時間30分かかりました。このとき，歩いた距離(きょり)は ア . イ kmです。

3 次の□に適当な数を入れなさい。ただし，円周率は3.14とします。

(1) ［図1］は正三角形と正方形を組み合わせたものです。角xの大きさは□□°です。

［図1］

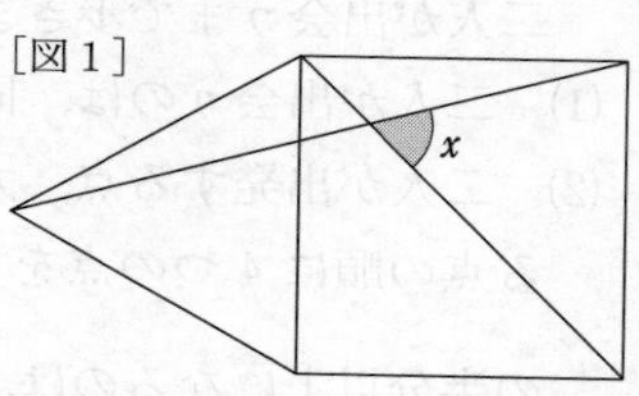

(2)　下の［図2］は2つの長方形ABCDとAEFCで，点Bは辺EF上の点です。このとき，辺CFの長さは $\boxed{ア}\dfrac{\boxed{イ}}{\boxed{ウ}}$ cmです。

［図2］

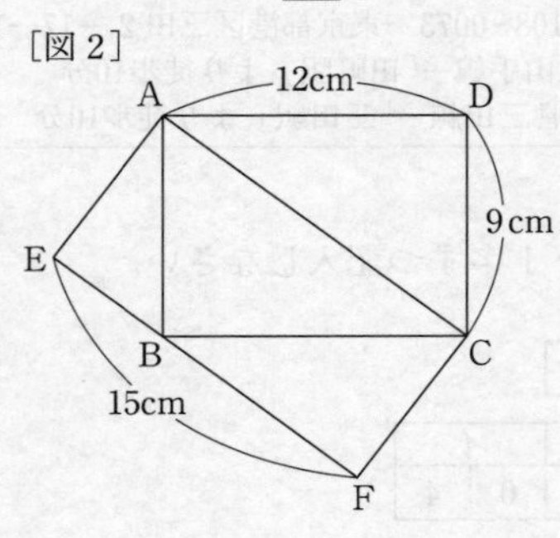

［図3］

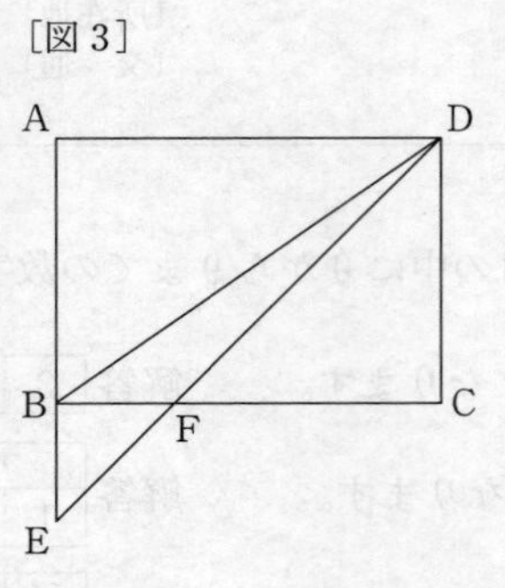

［図4］

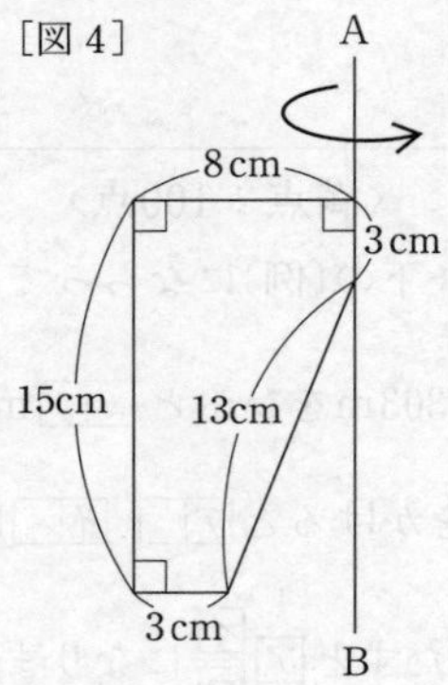

(3)　上の［図3］のような，面積が50 cm²の長方形ABCDがあります。点Eは辺ABの延長上にある点で，BCとEDが交わる点をFとします。三角形DBFの面積が10cm²であるとき，三角形BEFの面積は $\boxed{ア}\dfrac{\boxed{イ}}{\boxed{ウ}}$ cm²です。

(4)　上の［図4］のような五角形を，直線ABを軸として1回転してできる立体の表面の面積は［ア　　　］.［イ　］cm²です。

4　右のグラフは，60km離れたA地とB地の間を，太郎君と次郎君がA地から往復したようすを表したものです。太郎君は正午にA地を出発し，次郎君は午後1時にA地を出発しました。次の□に適当な数を入れなさい。

(1)　太郎君の進む速さは，行きが時速［ア　］km，帰りが時速［イ　］kmです。

(2)　太郎君が，B地から戻ってきた次郎君に出会ったのは，午後［ア］時［イ　］分で，その場所はA地から［ウ　］kmの地点です。

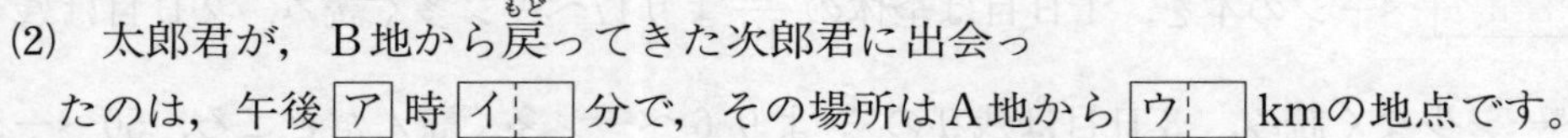

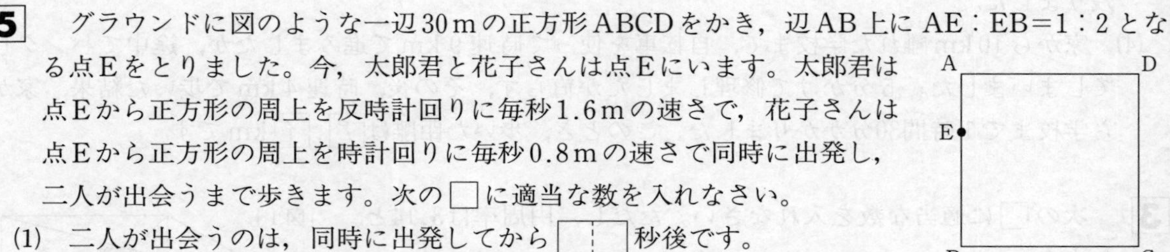

5　グラウンドに図のような一辺30 mの正方形ABCDをかき，辺AB上にAE：EB＝1：2となる点Eをとりました。今，太郎君と花子さんは点Eにいます。太郎君は点Eから正方形の周上を反時計回りに毎秒1.6 mの速さで，花子さんは点Eから正方形の周上を時計回りに毎秒0.8 mの速さで同時に出発し，二人が出会うまで歩きます。次の□に適当な数を入れなさい。

(1)　二人が出会うのは，同時に出発してから［　　］秒後です。

(2)　二人が出発する点，太郎君がいる点，二人が出会う点，花子さんがいる点の順に4つの点をまっすぐな線で囲んで作られる多角形の面積が，正方形ABCDの面積の半分以上になるのは，同時に出発してから $\boxed{ア}\dfrac{\boxed{イ}}{\boxed{ウ}}$ 秒後から $\boxed{エ}\dfrac{\boxed{オ}}{\boxed{カ}}$ 秒後までです。

6 0，1，2，3，4，5，6の数字が書いてある7枚のカードから3枚のカードを選び，一列に並べて3けたの整数を作ります。ただし，6のカードはひっくり返して9のカードとして使うことができます。次の□に適当な数を入れなさい。

(1) 整数は全部で□通り作ることができます。

(2) 偶数は全部で□通り作ることができます。

7 図のような縦3行・横3列の正方形のマスに数字が書かれています。この中から縦2行・横2列の正方形のマスを選び，その中のすべての数字を1ずつ増やす操作をA，縦1行・横3列の長方形のマスを選び，その中のすべての数字を1ずつ減らす操作をBとします。すべてのマスには，最初は0が書かれています。次の□に適当な数を入れなさい。

［図1］

5	9	4
12	19	7
7	10	3

［図2］

5	8	0
12	24	11
1	10	5

(1) 操作Aだけを□回行うと，マスに書かれた数字は［図1］のようになります。

(2) 操作Aを ア 回，操作Bを イ 回行うと，マスに書かれた数字は［図2］のようになります。

【社　会】（25分）〈満点：50点〉

1 次の会話は，冬休みに訪れた北陸地方について，福沢君が先生と話し合ったときのものです。これを読んで，各問に答えなさい。

福沢「北陸新幹線が金沢まで延びたおかげで，東京と北陸はずいぶん近くなりましたね。」

先生「そうですね。東京―金沢間が最速で約2時間30分になりましたので，①これまでのルートに比べて，1時間以上も速くなりました。」

福沢「3日間とも，この時期の北陸らしい天気でした。」

先生「その天気は北陸の河川に豊富な水量をもたらし，それが②下流の平野をうるおして，地域の生活や産業を支えているのです。」

福沢「水が豊富ということは，この地域の農業はやっぱり稲作が中心なのですか？」

先生「そうです。米の収穫（かく）量で新潟県が全国1位であるなど，北陸地方は北海道・東北地方とともに，『日本の穀倉地帯』として知られています。もっとも，この辺りの平野は扇状地が多かったので，客土などを重ねながら，水田を広げていきました。」

福沢「扇状地なのに，わざわざ水田にしたということは，この地域では畑作や果樹栽（さい）培は行われていないのですか？」

先生「新潟県を除いては，③畑作や果樹栽培は盛んではないようです。」

福沢「工業にも，この地域ならではの特徴（ちょう）があるのですか？」

先生「機械・金属工業などの重工業に加え，昔からの④伝統工業や地場産業が盛んに行われていることが特徴です。」

福沢「そういえば，町の中にもそれらの品々を扱（あつか）うお店がたくさんありました。それから，旅館でいただいた和食もとてもおいしかったです。」

先生「和食は⑤旬（しゅん）（食材のもっともおいしい時期）の食材を大切にした『一汁（じゅう）三菜』を基本とし

て，栄養のバランスに優れた健康的な食事です。年中行事と深くかかわるものがたくさんあるのも特徴です。朝食でいただいた⑥おせち料理はその一例ですね。」

福沢「ところで，一汁三菜って何のことですか？」

先生「一汁三菜というのは，ご飯・汁もの・三種類のおかずのことです。普通，汁ものには吸い物かみそ汁が，おかずは主菜・副菜・副々菜というように重いものから軽いものがそろえられます。夕食のおかずが，さといもの煮物，漬物，そして焼き魚だったら，主菜は【㋐】，副菜は【㋑】，副々菜は【㋒】ということになります。」

福沢「海外にも食事のマナーはありますか？」

先生「例えばフランス料理は，出産・結婚・誕生日など，親しい人々と一緒に喜びを分かち合うことを大切にしています。レストランなどのコース料理では，⑦決められた順序で料理が一品ずつ運ばれてきます。食べる際には，料理ごとに用意されたナイフやフォーク，スプーンのセットが使われます。和食もフランスの美食術もユネスコの無形文化遺産に登録されていて，いわば世界に認められた料理であると言えますね。」

問1　東京―金沢間について，①これまでのルートで最も速かったものを選びなさい。

1　東京―（東海道新幹線）―米原―（北陸本線）―金沢
2　東京―（上越新幹線）―越後湯沢―（ほくほく線・北陸本線）―金沢
3　東京―（長野新幹線）―長野―（信越本線・北陸本線）―金沢

問2　②下流の平野について，1～3を**東から順**に並べなさい。

1　富山平野　　2　越後平野　　3　金沢平野

問3　北陸地方において，「③畑作や果樹栽培は盛んではない」ことと「④伝統工業や地場産業が盛んに行われている」ことには，**この地域特有の自然**が共通して関係しています。それはどのようなことですか。15字以内で説明しなさい。

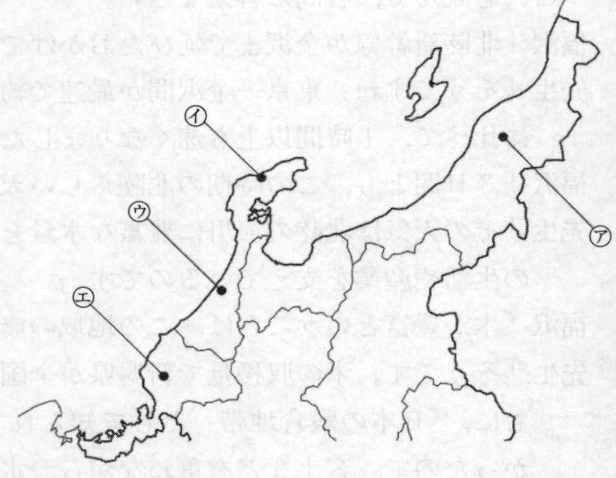

問4　地図の㋐～㋓の都市で主に行われている伝統工業・地場産業をそれぞれ選びなさい。

1　九谷焼　　2　輪島塗
3　洋食器　　4　眼鏡フレーム

問5　⑤旬（食材のもっともおいしい時期）が冬とされる食材を正しく組み合わせたものを2つ選び，**番号の若い順**に答えなさい。

1　きゅうり・ウニ　　2　だいこん・ブリ
3　しそ・アジ　　4　たまねぎ・カツオ
5　なす・アナゴ　　6　ねぎ・松葉ガニ

問6　【㋐】～【㋒】に入る品々の組み合わせで正しいものを選びなさい。

1　㋐　焼き魚　　㋑　漬物　　㋒　さといもの煮物
2　㋐　さといもの煮物　　㋑　焼き魚　　㋒　漬物
3　㋐　焼き魚　　㋑　さといもの煮物　　㋒　漬物

問7　和食の配膳(ぜん)で正しいものを選びなさい。

1

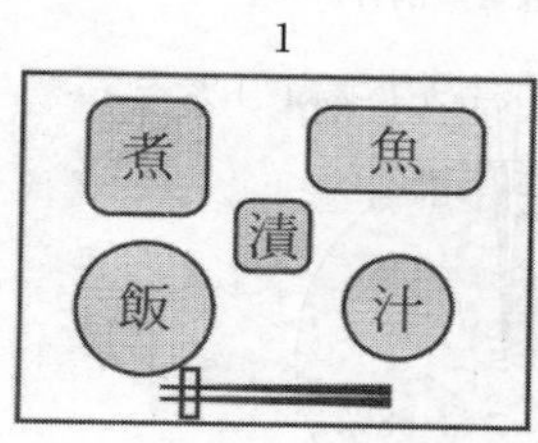

2

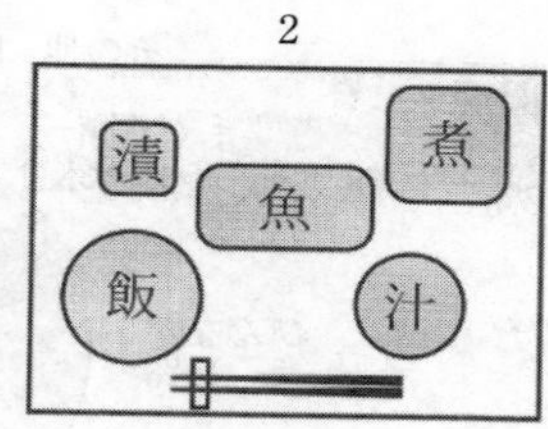

3

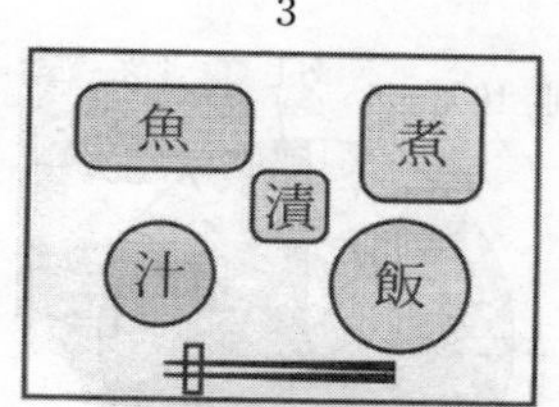

（凡例）　飯…ご飯　　汁…汁もの　　魚…焼き魚　　煮…さといもの煮物　　漬…漬物

問8　和食のマナーとして**正しくないもの**を選びなさい。

1　汁ものから口をつける

2　茶わんやおわんを手に持って食べる

3　料理を一品ずつ食べきってから次の料理を食べる

問9　⑥おせち料理には，「昆布(こぶ)巻き＝よろこぶ」，「数の子＝子どもがたくさん生まれるように」などのように，おめでたいこと・願いごとと結びつけられている品目がたくさん含まれています。そこで，あなたがおせち料理に**新たに加えたい一品**を挙げ，それと結びつけられるおめでたいこと・願いごとを20字以内で答えなさい。

問10　フランス料理が出されるときの⑦決められた順序で正しいものを選びなさい。

1　前　菜→肉料理→スープ→魚料理→デザート

2　前　菜→スープ→魚料理→肉料理→デザート

3　スープ→前　菜→肉料理→魚料理→デザート

問11　フランス料理のマナーとして**正しくないもの**を選びなさい。

1　皿を手に持って食べる

2　食事の合間に一息つくときは，フォークとナイフを「ハの字」にして皿の上に置く

3　食べ終わったら，フォークとナイフをそろえて皿の上に置く

2　以下の資料を見て，各問に答えなさい。

問1　平成25(2013)年の全国主要漁港の水揚(あげ)高(数量と金額)は次の通りでした。このうち，数量で1位の銚子漁港が金額ではなぜ順位を落としているのか，その理由を順位の変わらない焼津と比較(かく)して40字以内で答えなさい。

全国主要漁港の水揚高

	数量(トン)	金額(円)
1位	銚子　(21万4500)	福岡　(438億7300万)
2位	焼津　(15万2158)	焼津　(393億800万)
3位	境港　(13万6066)	長崎　(341億5900万)
4位	長崎　(12万1514)	根室　(291億4800万)
5位	松浦　(11万9176)	銚子　(269億9900万)

資料：時事通信社調べ(平成25年)をもとに作成

銚子で水揚げされた魚
（種類別数量の割合）

その他 10％
あじ類 4％
かたくちいわし 12％
まいわし 29％
さば 36％
ぶり類 5％
さんま 4％

焼津で水揚げされた魚
（種類別数量の割合）

その他 1％
かじき類 1％
まぐろ類 19％
びんなが 11％
かつお 68％

資料：銚子市漁業協同組合「主要魚種別水揚高」（平成25年）・焼津漁業協同組合「水揚高統計（焼津魚市場）」（平成25年）をもとに作成

問2　各地で養殖（しょく）されている㋐～㋓の水産物の収穫量を表したグラフをそれぞれ選びなさい。

㋐　のり類　　㋑　ぶり類　　㋒　ほたてがい　　㋓　まだい

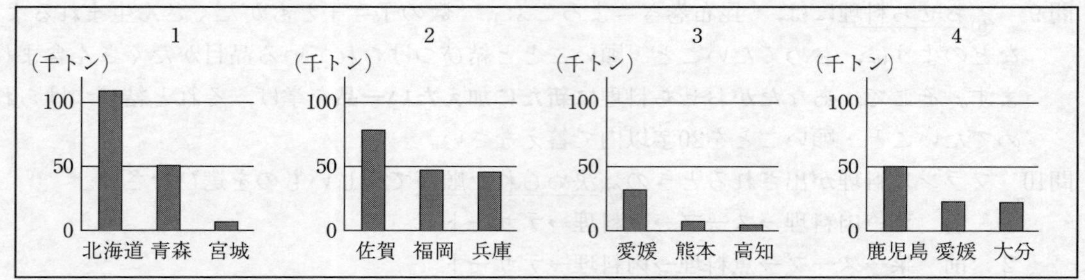

資料：農林水産省「海面漁業生産統計調査・養殖魚種別収穫量（種苗養殖を除く）」（平成25年）をもとに作成

3　次の各問に答えなさい。

問1　次の1～5のうち，㋐～㋓が古い順に**並んでいないもの**を選びなさい。

1　㋐　十七条の憲法が定められる
　　㋑　大宝律令が定められる
　　㋒　三世一身法が定められる
　　㋓　墾田永年私財法が定められる

2　㋐　藤原道長が太政大臣となる
　　㋑　源頼朝が征夷大将軍となる
　　㋒　足利尊氏が征夷大将軍となる
　　㋓　羽柴（豊臣）秀吉が太政大臣となる

3　㋐　壬申の乱が起こる
　　㋑　平将門の乱が起こる
　　㋒　平治の乱が起こる
　　㋓　応仁の乱が起こる

4　㋐　古事記がつくられる
　　㋑　万葉集がつくられる
　　㋒　平家物語がつくられる
　　㋓　源氏物語がつくられる

5 ㋐ 飛鳥文化が起こる
　㋑ 天平文化が起こる
　㋒ 国風文化が起こる
　㋓ 鎌倉文化が起こる

問2 次の内容が書かれている史料を**A群**から，関わりの深い人物を**B群**からそれぞれ選びなさい。

㋐「その国の王はもとは男であったが，戦乱が続いたので，国々が共同して女王を立てた。」
㋑「守護の仕事は，頼朝公の時代に定めたように，京都の御(ご)所の警護と，反乱者や殺人などの犯罪人の取りしまりに限る。」
㋒「百姓が刀や短刀，弓，やり，鉄砲(ぽう)，そのほかの武器などを持つことを，かたく禁止する。」
㋓「天は人の上に人をつくらず，人の下に人をつくらずといえり。」

A群	1 学問のすゝめ	2 刀狩令	3 漢書地理志
	4 魏志倭人伝	5 御成敗式目	6 武家諸法度

B群	1 織田信長	2 豊臣秀吉	3 卑弥呼
	4 福沢諭吉	5 北条政子	6 北条泰時

問3 次の歴史上の人物名を，それぞれ**漢字**で答えなさい。

㋐ 武士としてはじめて太政大臣となり，日宋貿易を行った
㋑ 8代執権となり，日本を従えようとした元軍と戦い，これを退けた
㋒ 3代将軍となり，倭寇を禁じ，正式な貿易船に勘合を用いて，日明貿易を始めた
㋓ 3代将軍となり，1635年に日本人の海外への渡(と)航と海外からの帰国を禁止した

問4 次の建造物に関する説明文を選びなさい。

㋐ 法隆寺　㋑ 唐招提寺　㋒ 平等院鳳凰堂
㋓ 中尊寺金色堂　㋔ 慈照寺銀閣

1 浄土へのあこがれから，藤原頼通によって京都の宇治に建てられた
2 浄土へのあこがれから，東北で栄えた奥州藤原氏によって建てられた
3 もとは京都東山に建てられた別荘(そう)で，1階は書院造，2階は仏をまつるお堂となっている
4 五重塔や金堂などで知られる世界最古の木造建築物である
5 正しい仏教を広めるため，鑑真によって建てられた

4 次の各問に答えなさい。

問1 次の文章を読んで，(㋐)～(㋒)に入る正しい数の組み合わせを選びなさい。

現在，日本には(㋐)の島があります。このうち北海道，本州，四国，九州，沖縄本島の5島を除いたものを離(り)島といいます。この離島の中で，無人島が全体の約(㋑)%を占めています。一方で人口をみると，約(㋒)%が本州に集中しています。

資料：国土交通省(平成27年)・総務省統計局人口推計(平成26年)

1　㋐　6852　㋑　95　㋒　80　　2　㋐　6852　㋑　75　㋒　80
3　㋐　3852　㋑　75　㋒　60　　4　㋐　3852　㋑　95　㋒　60

問2　次の伝統工芸品のうち，主な産地が東京都の離島であるものを選びなさい。

1　黄八丈　　2　久米島つむぎ　　3　宮古上布　　4　琉球びんがた

問3　次のA～Eの島の説明として，**正しくないもの**をそれぞれ選びなさい。

A　沖縄本島　1　「一支国」という名で魏志倭人伝に登場した
　　　　　　2　太平洋戦争末期に，民間人を巻き込んだ激しい地上戦が行われた
　　　　　　3　1972年にアメリカから返還された

B　佐渡島　1　鎌倉時代に流罪となった日蓮が3年ほど暮らした
　　　　　　2　16世紀から17世紀にかけて，南蛮貿易の拠点であった
　　　　　　3　江戸時代に幕府直轄の天領となり，金山や銀山として栄えた

C　対馬島　1　室町時代に倭寇の拠点のひとつとなっていた
　　　　　　2　江戸幕府から朝鮮通信使の護衛などを任されていた藩があった
　　　　　　3　江戸時代に「漢委奴国王」と刻まれた金印が発見された

D　種子島　1　平安時代に大隅国に編入された
　　　　　　2　1543年，ポルトガル人によって鉄砲が伝来した
　　　　　　3　明治時代に炭鉱の地として栄え，日本の近代化を支えた

E　淡路島　1　古事記・日本書紀では，日本列島の中で最初に生まれたとされる
　　　　　　2　承久の乱で敗れた後鳥羽上皇が流された
　　　　　　3　1995年，兵庫県南部地震の震源地となった

5　日本国憲法について，次の条文の(㋐)～(㋖)にあてはまる言葉を**漢字**で答えなさい。なお，条文は現代仮名づかいになおしてあります。

第1条　天皇は，日本国の象徴であり日本国民統合の象徴であって，この地位は，（㋐）の存する日本国民の総意に基く。

第9条①　日本国民は，正義と秩序を基調とする国際平和を誠実に希求し，国権の発動たる（㋑）と，武力による威嚇又は武力の行使は，国際紛争を解決する手段としては，永久にこれを放棄する。

第11条　国民は，すべての（㋒）の享有を妨げられない。この憲法が国民に保障する（㋒）は，侵すことのできない永久の権利として，現在及び将来の国民に与えられる。

第14条①　すべて国民は，（㋓）の下に平等であって，人種，信条，性別，社会的身分又は門地により，政治的，経済的又は社会的関係において，差別されない。

第22条①　何人も，（㋔）の福祉に反しない限り，居住，移転及び職業選択の自由を有する。

第25条①　すべて国民は，健康で（㋕）的な最低限度の生活を営む権利を有する。

第98条①　この憲法は，国の（㋖）法規であって，その条規に反する法律，命令，詔勅及び国務に関するその他の行為の全部又は一部は，その効力を有しない。

【理　科】（25分）〈満点：50点〉

1　下の(あ)～(え)はそれぞれ，４月，７月，10月，１月の日没後，東京の東の空にある星座です。後の問いに答えなさい。

(あ)　(い)　A　(う)　(え)　B　C

(1)　図(あ)～(え)の星座の名前は次の１～４のどれかです。(う)の星座の名前を選びなさい。

１　うお座　２　おとめ座　３　オリオン座　４　わし座

(2)　A，B，Cの星の名前を，１～９からそれぞれ選びなさい。

１　アルタイル　２　アンタレス　３　カペラ　４　シリウス
５　デネブ　６　プロキオン　７　ベガ　８　ベテルギウス
９　リゲル

(3)　図(あ)の星座が日没後，西の空にある時期を，１～４から選びなさい。

１　３月　２　６月　３　９月　４　12月

(4)　図(え)の星座が南の空にあるのはいつごろですか。１～４から選びなさい。

１　８月の午後11時ごろ
２　11月の午前５時ごろ
３　２月の午後８時ごろ
４　５月の午前２時ごろ

(5)　図(え)の星座が西の空にくると，どのような向きになりますか。１～４から選びなさい。

１　地平線
２　地平線
３　地平線
４　地平線

2　乾電池とエナメル線，プロペラ付きのモーター，方位磁石を用意して，方位磁石には１本のエナメル線を20回ほど巻いておきました。これらを使って回路を作り，プロペラの回転と方位磁石の針の振れを調べる実験をして，図

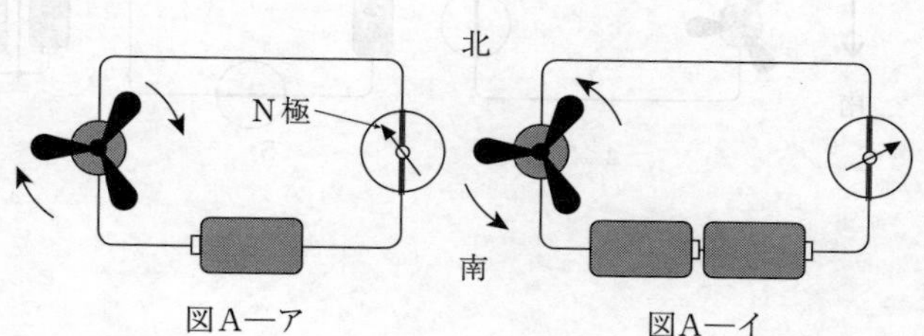

図A—ア　図A—イ

A—ア，イのような結果を得ました。図を見て，後の問いに答えなさい。なお，エナメル線に電流が流れていないとき，方位磁石の針はN極が北を指すものとし，また，つなぎ方を変えるのは電池だけで，モーターと方位磁石に巻いたエナメル線のつなぎ方は変えていません。

(1)　図Bの場合，方位磁石の針の示す向きはどうなりますか。１～４から選びなさい。

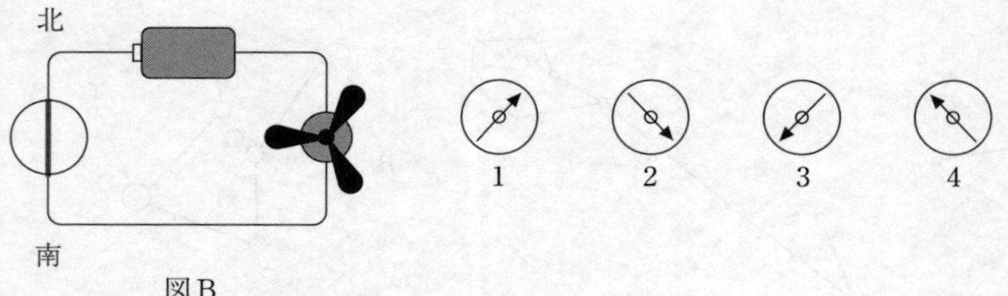

図B

(2)　図Cのように回路を置いたところ，方位磁石の針が図D—アのように振れていました。この回路の電池のつなぎ方だけを変えると，図D—イのように方位磁石の針の振れ方が変わりました。このときプロペラの回り方はどう変わりましたか。１～５から選びなさい。

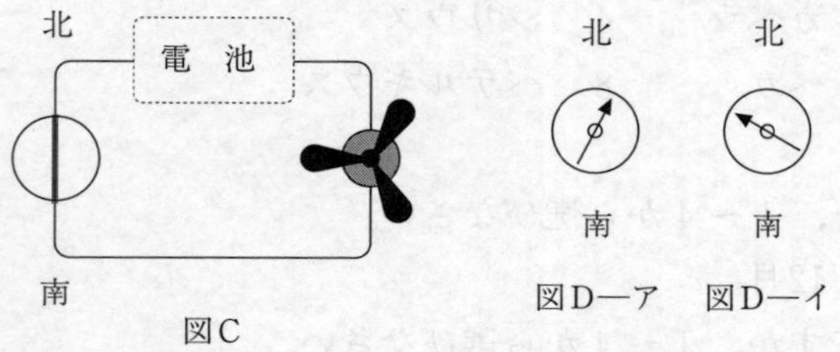

図C　図D—ア　図D—イ

1　回転の速さが変わらず，向きが変わった
2　回転が速くなり，向きが変わった
3　回転が遅(おそ)くなり，向きが変わった
4　回転が速くなり，向きは変わらなかった
5　回転が遅くなり，向きは変わらなかった

(3)　プロペラが回転しているのに方位磁石の針が振れない回路を，次の１～６から２つ選びなさい。

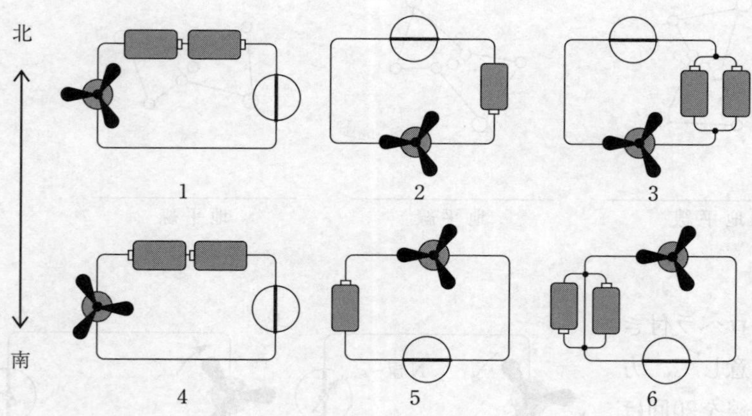

3 動物は呼吸によって必要な気体を取りこみ，不要な気体を出します。下の図は大気に含まれる気体の割合を示しています。後の問いに答えなさい。

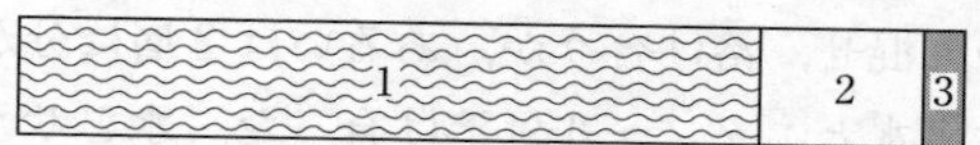

(1) 上の図の中で酸素を示しているものを，1～3から選びなさい。

(2) 上の図を参考にして，ヒトが吐き出した空気に含まれる気体の割合を示しているものを，1～4から選びなさい。

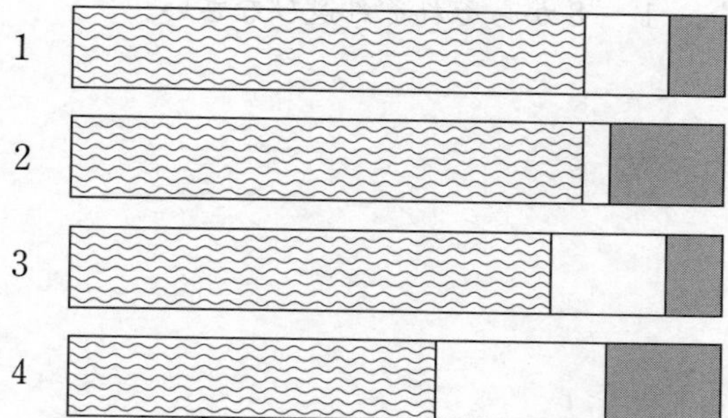

(3) 右の図が，肺と血液の間でおこなわれる物質の交換をあらわすものだとすると，図の中のアとイの示す物質の正しい組み合わせはどれですか。1～6から選びなさい。

吸った空気　吐き出す空気
ア　イ

1 ア 酸素 イ 二酸化炭素
2 ア 二酸化炭素 イ 酸素
3 ア 窒素 イ 酸素
4 ア 酸素 イ 窒素
5 ア 窒素 イ 二酸化炭素
6 ア 二酸化炭素 イ 窒素

(4) ラッコ・イルカ・ワニ・サメ・ザリガニを肺呼吸の動物とえら呼吸の動物に正しく分けたものを，1～4から選びなさい。

	肺呼吸	えら呼吸
1	ラッコ　イルカ	ワニ　サメ　ザリガニ
2	ラッコ　イルカ　ワニ	サメ　ザリガニ
3	ラッコ　イルカ　サメ	ワニ　ザリガニ
4	ラッコ　ワニ	イルカ　サメ　ザリガニ

4 殻つきの生卵と何種類かの液体を使って行った【実験Ａ】～【実験Ｃ】の結果を見て，後の問いに答えなさい。なお，液体の容器には，ビーカーを使いました。

【実験Ａ】 殻つきの生卵を食塩水に入れたときに浮くか沈むか調べたところ，10％の食塩水には沈んだが，12％の食塩水には浮いた。また，１％の塩酸に入れたときは，始めは沈んだが，まもなく浮いてきた。

【実験Ｂ】 10％の食塩水と殻つきの生卵をビーカーに入れてガスバーナーで加熱し続けたところ，しばらくして卵が浮いてきた。

【実験Ｃ】 ２種類の液体を１つの容器に入れて，かき混ぜ，溶(と)け合うか，あるいは２層に分かれるかを調べたところ，水とエタノール，食塩水とエタノールは溶け合った。水とサラダ油は溶け合わずにサラダ油が上になり，エタノールとサラダ油も溶け合わずにエタノールが上になり，２層に分かれた。

(1) 殻つきの生卵を(ア)１％の塩酸に入れたとき，(イ)10％の食塩水に入れて加熱し続けたとき，卵が浮いてきた理由としてもっとも適切なものを，１～８からそれぞれ選びなさい。

1 卵の殻が溶けたから
2 卵の殻に気泡(ほう)がついたから
3 卵の白身が固まったから
4 卵がふくらんだから
5 卵の温度が上がったから
6 水の温度が上がったから
7 水の量が減ったから
8 水に卵の殻の成分が溶けこんだから

(2) 殻つきの生卵をエタノールとサラダ油にそれぞれ入れたとき，卵はどうなりますか。１～４から選びなさい。

1 エタノールにもサラダ油にも浮く
2 エタノールには沈み，サラダ油には浮く
3 エタノールには浮き，サラダ油には沈む
4 エタノールにもサラダ油にも沈む

(3) エタノールとサラダ油と20％の食塩水を同じ体積ずつ１つのビーカーに注ぎ，かき混ぜてからしばらく置いておくとどうなりますか。１～４から選びなさい。

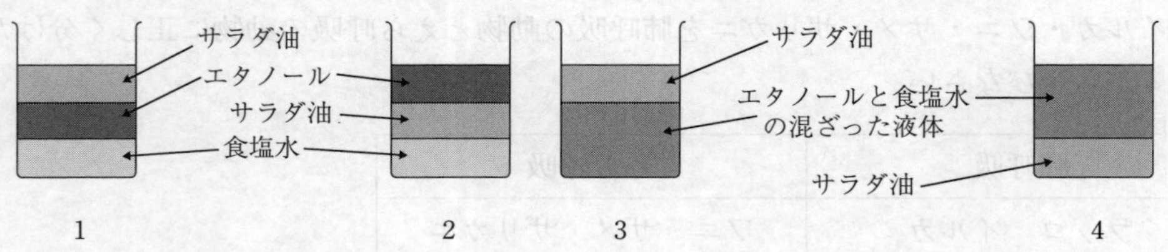

5 うすい塩酸と鉄を用いて，次の【実験Ⅰ】～【実験Ⅲ】を行いました。後の問いに答えなさい。

【実験Ⅰ】 一定量のうすい塩酸に，鉄を加えて十分に反応させた。加えた鉄の重さと，発生した気体の体積との関係をグラフにすると図１のようになった。

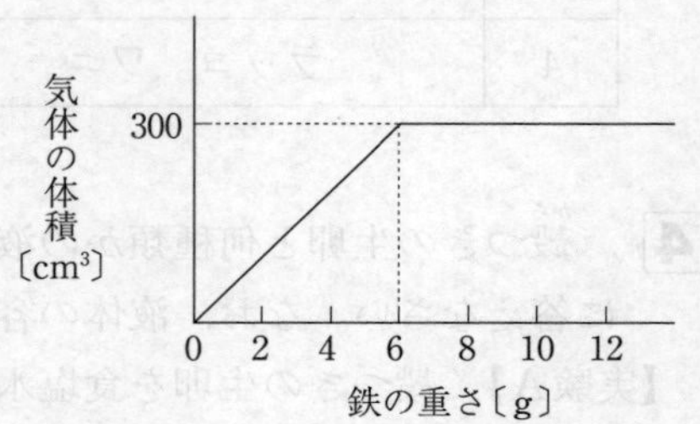

図１ 加えた鉄の重さと，発生した気体の体積の関係

【実験Ⅱ】 一定量の鉄に，【実験Ⅰ】と同じ濃度の塩酸を十分に反応させた。加えた塩酸の体積と発生した気体の体積との関係をグラフにすると，図２のＡのようになった。

【実験Ⅲ】 【実験Ⅱ】とは異なる量の鉄に，【実験Ⅰ】,【実験Ⅱ】とは異なる濃度の塩酸を十分に反応させ，加えた塩酸の体積と発生した気体の体積との関係をグラフにすると，図2のBのようになった。

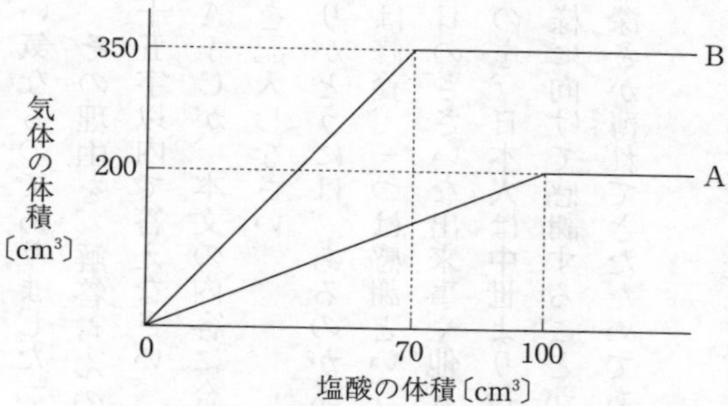

図2 加えた塩酸の体積と，発生した気体の体積の関係

(1) 【実験Ⅰ】～【実験Ⅲ】で発生した気体について述べたものを，1～5から1つ選びなさい。

1 空気より重い気体である
2 レバーにオキシドールを注ぐと発生する
3 卵の殻にお酢(す)を注ぐと発生する
4 試験管に満たし，試験管の口にマッチの火を近づけるとポンという音がする
5 集気ビンに満たし，石灰水を入れて振ると白くにごる

(2) 【実験Ⅰ】で，鉄を10g加えたとき，加えた鉄と塩酸はどのようになっていますか。1～4から選びなさい。

1 鉄のみ無くなっている
2 塩酸のみ無くなっている
3 鉄も塩酸も無くなっている
4 鉄も塩酸も残っている

(3) 【実験Ⅱ】で，気体を80 cm^3 発生させるためには，塩酸は少なくとも ア イ cm^3 必要です。ア と イ にあてはまる数字をそれぞれ書きなさい。

(4) 【実験Ⅱ】で用いた鉄の重さは ア gで，【実験Ⅲ】で用いた鉄の重さは イ gです。ア と イ にあてはまる数字を書きなさい。

(5) 【実験Ⅱ】と【実験Ⅲ】で用いた塩酸の濃度の関係を正しく述べたものを1～4から選びなさい。

1 【実験Ⅱ】が【実験Ⅲ】の2.5倍の濃度である
2 【実験Ⅲ】が【実験Ⅱ】の2.5倍の濃度である
3 【実験Ⅱ】が【実験Ⅲ】の3.5倍の濃度である
4 【実験Ⅲ】が【実験Ⅱ】の3.5倍の濃度である

（注4）「メルシ、グラチエ」…メルシーとグラッチェ。いずれも、「ありがとう」を表す言葉。

問一　――A「まるで自分に言われたように否定するのは、考えてみるといい気なものでありました」とあるが、筆者はなぜそう言ったのか。その理由を、解答らんの「から。」に続く形で、十五字以上二十五字以内で答えなさい。ただし、読点も一字と数える。

問二　次のA～Cが、本文の内容に合っていれば1を、合っていなければ2を記入しなさい。

A　ありがとうには、あるのがふしぎなものという語義があり、一つは修養、一つは感謝という二つの意味に派生(はせい)していった。

B　毎日のささいな出来事や他人に感謝する意味でありがとうと言うのを、日本人は中世より後に行うようになった。

C　神様に向けて感謝することがなくなってきたのは、日本人の信心深さが薄(うす)れてきたためである。

四

次のA～Eの文章を読んで、――のことばの使い方が正しければ1を、まちがっていれば2を記入しなさい。

A　僕は学校の遠足で、ある工場に見学にきています。説明をしてくれる工場長さんが重そうな荷物を持っていたので、その中の一つを持って助けたいと思い声をかけました。
「工場長さん、その荷物お持ちになりましょうか」

B　僕は近所のコンビニへ買い物に行きました。合計百五十円のお菓(か)子を買うのに小銭がなくて千円札を店員さんにわたしました。すると店員さんが「千円からお支払(はらい)ですね」と言いました。

C　わたしは、クラスの仲の良い友達といっしょに、学校で禁止されているコンビニへの寄り道をしたところ、先生に見つかってしまいました。先生に「君たち、こんなところで何しているんだ」と聞かれたので、「いえ、大丈(じょう)夫です」と答えました。

D　お母さんの田舎(いなか)からりんごがたくさん送られてきました。お母さんが隣(となり)の奥(おく)さんにおすそ分けとして七個もっていって、「田舎から送ってきたものですけど、どうかいただいて下さい」と言ってわたしました。

E　わたしはお父さんといっしょに旅行会社の窓口に行き、沖縄(おきなわ)旅行の予約をしました。お父さんが「それでは、よろしくお願いします」というと、旅行会社の人が「かしこまりました。ご希望の飛行機のチケットをすぐに手配いたします」と答えました。

五

――のカタカナを、正しい漢字に直しなさい。

ア　日用ザッカのお店
イ　ともだちをシンヨウする
ウ　感動してアツいものがこみ上げてきた
エ　色のハイゴウを工夫してみる
オ　食べ物のショウミ期限をたしかめる
カ　台風で車がオウテンした
キ　北上のキシベ目に見ゆ
ク　まもなく運転サイカイいたします
ケ　ボウサイの日
コ　TPPの交渉(しょう)はシンヤにまでおよんだ
サ　大軍をヒキいる将軍
シ　大事にホカンする
ス　ビルのカイタイ作業
セ　胃にやさしいセイブン
ソ　ユウヤけが美しい
タ　米中シュノウ会談

歯がゆく思っている。

5　自分が期待していた以上に叔父さんにほめられたことがうれしく、感情を抑えられないでいる。

問六　本文を通じて、「食べる」ということに対して叔父さんはどのように考えているか。その説明としてもっともふさわしいものを、次の1～5から選び番号で答えなさい。

1　食べることは大切なことではあるが、それ以上に作り手の心意気を味わう人になってほしい。

2　さまざまな食べ物の歴史をきちんと勉強したうえで、ふだんの食生活を見直してほしい。

3　食べ物を粗末にしてはいけないと改めて強く意識したうえで、さまざまな食文化に触れてほしい。

4　作り手の愛情を知ることで、食べることが幸せを運んでくるということを理解してほしい。

5　食べることは生きるうえで欠かせないことだからこそ、その過程をもふくめて楽しんでほしい。

三　次の文章を読んで、後の各問いに答えなさい。

アリガトウ

日本人は案外のんきに、たとえば礼というような大切な言葉でも、二つの(注1)ほとんと別な意味に、使っているようなことがありました。それに気がつくということは好い修養で、少なくとも将来は、なるたけそういうことをしなくなります。

アリガタイという言葉などもその一例で、一方には神仏を(注2)尊む場合にも、アリガタイといっておりながら、他の一方には毎日の小さな事にも、女はことにアリガトウを連発しております。双方とも感謝を表するのだから、差し支えないじゃないかというかもしれませんが、それでは神様のほうへ少し失礼になるのであります。

この二つの用い方のうち、どちらが古くからあったものかを知りたい人は辞書をご覧なさい。最初は言葉どおり、あり得ないもの、あるのがふしぎなものという意味で、人間わざを越えた神様の御徳御力を讃えてそう言っていたのが、いつからまた人と人との間のお礼の言葉になったものか、少なくとも後のほうは(注3)中世以前の記録にはないようです。多分は神仏に対して、しきりにこの言葉を口にした時代を通って、何でもうれしいときにはつねにそういったのが、後々これをお礼の言葉に使うようになった起こりだろうと思います。

外国にもこれによく似た例は、たとえばフランス人の(注4)メルシ、イタリー人のグラチエなどがあり、この二つの語はともにもと「神の恵みよ」という意味でありました。ありがとうもこれと同様に、楽しいにつけうれしいにつけて、神または仏を讃えたのであります。それを「どういたしまして」だの、「何のあなた」だのと、A まるで自分に言われたように否定するのは、考えてみるといい気なものでありました。

しかし、今日となっては言うほうもその気なのだから、今さら神仏を信ぜざる者は、「ありがとう」というべからずとも言えません。が、少なくともこうなってきた歴史だけは知っているほうがよいのです。古い日本人は、人に対する感謝の場合に、そうは言わなかったにちがいないからであります。

（柳田国男『毎日の言葉』）

※問題作成の都合上、本文表記を一部改めたところがある。

（注1）「ほとんと」…ほとんど、に同じ。

（注2）「尊む」…尊ぶ、に同じ。

（注3）「中世」…日本史では、一般的に鎌倉時代以降を指す。

「うなぎの歴史まで丸ごと食べるってことかな」なんだか大袈裟な気もするが、自然と口をついて出た言葉がそれだった。

「歴史か。その通りだ、健次。歴史とはいい表現だ。目の前にあるものの[V]にある広大な世界に目を向けることを忘れちゃいけない。歴史を食べてやるんだ」

僕の言葉に叔父さんは急に語気を強め、まっすぐなまなざしと笑顔を向けた。C鼻先を人差し指で撫でる僕の顔は、知らず知らずのうちにはにかんでいた。

(注1)「孕んだ」…内部に含み持った。
(注2)「対峙」…対立する二者がにらみ合ったまま動かないでいること。
(注3)「ペペロンチーノ」…イタリアのパスタ料理の一種。

問一 [I]～[V]にあてはまる言葉としてもっともふさわしいものを、それぞれ次の1～5から選び番号で答えなさい。

I 1 川 2 雪 3 山 4 水 5 時

II 1 青 2 赤 3 黒 4 白 5 黄

III 1 だらだら 2 まざまざ 3 ほのぼの 4 どしどし 5 しみじみ

IV 1 虎視眈眈 2 不承不承 3 意気消沈 4 疑心暗鬼 5 戦戦恐恐

V 1 先端 2 背景 3 原因 4 結果 5 状況

問二 ～～1～5のうち、本文中における意味が他と異なるものはどれか。1～5から一つ選び番号で答えなさい。

問三 ――A「神は簡単には見捨てていなかった」とあるが、どういうことか。その説明としてもっともふさわしいものを、次の1～5から選び番号で答えなさい。

1 叔父さんに挑戦するチャンスがめぐって来たということ。
2 叔父さん特製の料理をお代わりすることができるということ。
3 叔父さんの家にさらにもう一泊してもよいということ。
4 叔父さんに打ち負かされても、両親が助けに来てくれるということ。
5 飛び切りおいしいものをご馳走してもらえるということ。

問四 ――B「それ」の指す内容としてもっともふさわしいものを、次の1～5から選び番号で答えなさい。

1 うなぎを丁寧に焼く店の主人の手さばきに感動し、ほめたたえること。
2 めったにできない経験をしたことを喜び、周囲の者に誇らしげに語ること。
3 叔父さんの問いに対して自分なりによく考え、納得する答えを導き出すこと。
4 学校で習ったばかりの難解な表現を用いて、うなぎのおいしさを伝えようとすること。
5 両親のいない寂しさを紛らわすため、周囲の者につらくあたり散らすこと。

問五 ――C「鼻先を人差し指で撫でる僕の顔は、知らず知らずのうちにはにかんでいた」とあるが、このときの僕の気持ちとしてもっともふさわしいものを、次の1～5から選び番号で答えなさい。

1 僕の発言に対して、思った通りの反応を叔父さんがしてくれたため、とても満足している。
2 あえて得意げな素振りを見せることで、叔父さんとの距離を縮めようとしている。
3 何気なく言った僕の言葉が叔父さんに認められた気がして、少し恥ずかしくもあるがうれしく思っている。
4 冷ややかな叔父さんの反応を寂しく思い、自分の情けなさを

ンターと四人用のテーブル席が二つの、そう大きくはない店だった。カウンターの中では、その店の年季の入った暖簾に相応しい、七十歳は優に超えているだろうおじいさんが黙々とうなぎを焼いていた。そのまた横を甲斐甲斐しくおばあさんとその娘らしき人が働いている。叔父さんは慣れたように「俺はいつもの串セットをお願い。この子にはお重を一つ」と注文した。

僕はこういういかにも大人の男が通っていそうな店に入ったことはなかった。さらりと「いつもの」と注文できる叔父さんを純粋にカッコいいと思い、「カウンターでうなぎを食べたんだぞ」と学校で自慢する計画をぼんやりと練り始めていた。しばらくして、僕の前にうな重がやって来た。

一口食べて、僕は夢の世界の住人になってしまった。今までもうなぎを食べたことはあったが、口いっぱいに広がるタレの甘辛い風味が一生分の食欲を刺激する。経験したことのない何とも言えぬ幸福を［Ⅲ］と感じ始めた時、不意に叔父さんが言った。

「健次、今お前さんが食べているものは一体何だと思う」

僕は、一瞬何を言っているのか分からなかった。「一体何だ」と言われても、「うなぎ」という以外に答えようがない。しかし、あまりにも答えが明白な問いを叔父さんが発するわけはないのだから、頭がいよいよ混乱してくる。

結局、その場で僕は何とも答えることができず、ついにやって来た4好敵手を打ち負かすチャンスは逸せられ、未熟な僕を満足そうに笑って見ながらうなぎとビールを掻き込む叔父さんを睨んでやることすらできなかった。

それからしばらくの間、叔父さんに出された宿題を考える毎日が続いた。あんなに叔父さんに会うのが楽しみだったのに、今はむしろ叔父さんがいつやって来るかと［Ⅳ］としている。いくら考えても、叔父さんを満足させるような答えが見つからなかった。神にも見放された気分だった。

一月ほどして、ついに叔父さんが我が家にやって来た。夕食を一緒に食べた後、叔父さんは僕の部屋に入って来た。

「あの問題の答えは分かったか」

僕は正直に「分からない」と答えた。悔しさで顔は歪み、まともに叔父さんの顔を見ることができなかった。5試験に合格できなかった情けない甥っ子の顔など見せたくない。

叔父さんは少し間を置き、いつもより幾分やさしい口調で、「なあ健次、お前さんはあの店でうな重が出されるまでに何をしていた」と問うた。僕は正直に、そのとき頭に描いていた下らぬ目論見のことを言った。

「Bそれもいい。大人の世界に首を突っ込んだときは、正直に喜んでいいのさ。ただ、俺はお前さんにもう少し食べることを楽しんでもらいたい。いや、生きることを楽しんでもらいたいと思っているんだ。俺はあのとき、あの店でうなぎが出てくるまで、親爺さんがうなぎを焼く一挙手一投足を逃さず眺めていた。うなぎを蒸す。時間が来たら取り出してみて硬さを確認する。炭火にかける。タレをつけて、また炭火にかける。その繰り返しだ。腰の曲がった職人が繰り広げるそれらの営みの果てが、俺たちの目の前に出されるわけさ。いいか、俺たちはただうなぎを食べてるんじゃないんだよ。うなぎが目の前に出されるまでの［Ⅴ］も一緒に味わうんだ。生きるためには食わなきゃいけない。だったらどうやって飯を食うか、どういう心持ちで食に対峙するかが大事なんだよ。分かるか」

僕は叔父さんの言うことが少し分かった気がした。確かに自分も、ああいう雰囲気の空間で初めて食べたことに感動を覚えていたはずだと思った。

1 A・B・C　2 A・C・B　3 B・A・C
4 B・C・A　5 C・A・B　6 C・B・A

問五　次の文は本文からぬけおちたものである。この文が入るべき場所は本文中の(a)〜(e)のうちのどれか。もっともふさわしいものを、後の1〜5から選び番号で答えなさい。

> そのためにも、まずは自国の歴史、経済、文化などを正確に〈知る〉必要がある。

1 (a)　2 (b)　3 (c)　4 (d)　5 (e)

問六　――C「無限に広がる世界のすべてをおおいつくしてゆく感覚」とはどのような感覚か。もっともふさわしいものを、次の1〜5から選び番号で答えなさい。

1 ここで降る雪は豪雪であり、森羅万象をもおおいつくしてしまうほどの自然の力を感じること。
2 ここで降る雪は水分を多くふくんだべた雪で、命あるものないものをすべて眠らせまいとする力強さを感じること。
3 ここで降る雪は人工雪であり、比喩表現を用いて自然のすべてをも手にいれたいとする作者の思いを感じること。
4 ここで降る雪はぼたん雪であり、断続的に降り続く雪によって民家の倒壊など異常気象の恐怖を感じること。
5 ここで降る雪は静かに降る小雪であり、地球全体を温かく優しくつつみこむような幻想的な世界観を感じること。

二　次の文章を読んで、後の各問いに答えなさい。

母から突然「お父さんと久しぶりに夫婦 Ⅰ 入らずで旅行に行くから、和洋叔父さんのところに一泊してね」と言われたとき、僕は思いがけない幸運の到来にほくそ笑んでしまった。中学一年の子どもを置いて楽しく旅行かよ、とほんの少しだけ不満に思わないでもなかったが、むしろ和洋叔父さんと過ごせることへの期待が優っていたので、僕は両親を快く送り出すことにした。

和洋叔父さんというのは父の弟のことで、僕が小さい頃から時折家にやって来ては、いつもちょっとした謎を(注1)孕んだ好奇心をくすぐる話をしてくれた。叔父さんの話はいつも僕を悩ませ、叔父さんは苦悶する僕の表情を見ては「来た甲斐があったもんだ」と笑った。その度に僕は悔しさで胸をいっぱいにしていたから、中学生になって初めての叔父さんとの攻防に腕が鳴らないわけがなかった。

1叔父さんに預けられるとき、「たった一泊だけだからね。いい子にしているのよ」と繰り返す母親に、少し寂しそうな表情をたたえながらも物分かりのよい模範的な少年という大役を演じ切って、僕は両親を送り出した。叔父さんはすかさず「健次少年、なかなかどうしていい息子を演じていましたぞ」とからかうように言った。叔父さんにかかれば、両親ですら見抜けないこともお見通しなのだ。「やはり只者ではないぞ、心して(注2)対峙しなければ、この老練な策士にしてやられるぞ」と、僕は最近2学校の授業で覚えた「対峙」などということばを心の中で使ってみる。この一泊二日の小旅行は、自分が大人への階段を着実に昇っているかどうかを確認する絶好の機会であると思い、3天下分け目の戦いを控えた武者のようなつもりで叔父さんの家に入った。

勇んで飛び込んだ僕の思惑とは裏腹に、叔父さんは何とも穏やかでまっとうな時間を僕に与えた。特に昼食の特製(注3)ペペロンチーノはおいしくて、不覚にもお代わりをしてしまった。胃袋を鷲掴みにされた僕は、早くも叔父さんに最初の Ⅱ 星を喫するという体たらくだった。そんな僕ではあったが、A神は簡単には見捨てていなかった。叔父さんは「夕食は飛び切りいいものを食べさせてやろう」と言い、行きつけらしい一軒のうなぎ屋に入った。中は八人程度が座れるカウ

「韃靼」は広大でゆるぎない存在感を示し、ひらがな表記の「てふてふ」は、危ういバランスで飛び、舞っているかのような印象である。まさに[う]的、微視的といった極端な対比で詩の世界を幻想的に表現している。音読した時の「ダ」音と「タ」音のリズムの繰り返しもおもしろい。

Cの詩も小学校の国語教科書でよくみかける作品だ。一般的な解釈では、雪夜の情景と、子どもを眠らせる母性的な愛情を書いた詩とされているが、はたしてそのような〈読み〉でよいのであろうか。確かにしんしんと断続的に降る雪が「太郎」や「次郎」を眠らせているのに違いないが、この作品は、同じことばを反復することからくる[え]的な響きが、時間芸術のような趣きを演出しているといえる。「太郎」、「次郎」は、すべての命の代表であり、しんしんと降り積もる雪のイメージは、そのような命あるものをすべて眠らせる[お]的な力として、幻想的な世界をかもし出しているのだ。さらに言えば、命を持たない岩や村や川や山や、C無限に広がる世界のすべてをおおいつくしてゆく感覚にとらえられる。

(e)このように、少ない字数の中に、ことばの持つイメージのふくらみを用いて無限に広がる奥行きを感じさせるのは、まさに[か]的手法であって、三好達治の作品にはこうした詩歌形式が数多く見受けられる。

文学作品を〈読む〉時は、表現の一つ一つに立ち止まり、語句の内容を正確に理解し、そこから広がる奥行きを頭の中にいかに思い浮かべることができるかが重要である。残念ながら、先人たちが愛し、人々の心を慰めてきた日本の古き良き風景は、時代とともに消えつつある。しかし、目に見える故郷の原風景がなくなっても、人々の「思い」は記憶とともに、これからも生き続けていくことであろう。

※問題作成の都合上、本文表記を一部改めたところがある。

(注1)「心ざし」…ある方向を目指す気持ち。信念。

問一 [あ]～[か]にあてはまる語句としてもっともふさわしいものを、それぞれ次の1～9から選び番号で答えなさい。

1 写真　2 感覚　3 神秘　4 感動　5 真実
6 配列　7 音楽　8 俳句　9 巨視

問二 ――A「理解したようなそぶり」とあるが、この言葉にふくまれる意味としてふさわしくないものを、次の1～5から選び番号で答えなさい。

1 動作　2 態度　3 一挙一動
4 いたずら　5 ふるまい

問三 ――B「文学はことばからイメージをすることで〈読み〉が深まっていく」とあるが、この場合の〈読む〉とはどのようなことか。その説明としてもっともふさわしいものを、次の1～5から選び番号で答えなさい。

1 作品の行間から読み取れる思いを、頭の中で自分なりに整理をして解釈すること。
2 作品世界のことばを自身の想像力を使い自由に解釈して、独自の主題にせまること。
3 作品世界の表現の一語一語に立ち止まり、そのことばの先に広がる世界を頭に思い描くこと。
4 作品に表現されたことばの意味を辞書でひいて確認しながら、自分のイメージを重ねること。
5 作品の一語一語を丁寧に読むことで、頭の中で情景や登場人物の気持ちに寄りそうこと。

問四 本文中にあるA・B・Cの詩を春から冬の順に並べかえるとすると、もっとも正しいのはどの組み合わせか。次の1～6から選び番号で答えなさい。

平成二十八年度 慶應義塾中等部

【国語】（四五分）〈満点：一〇〇点〉

【一】次の文章を読んで、後の各問いに答えなさい。

つい先日のこと。ある女生徒から「『趣』、『風情』ってどういう意味ですか」と質問を受けた。「辞書をひいても感覚的にわからない」という。すかさず「何かを見た時に、ああ趣深いなって思わないかな。情緒があって心を動かされる景色。日本の古典芸能や伝統的な建造物を見ても感じるよ。視覚や聴覚だけでなく、においで感じることもあるよね」と答えた。女生徒はなんとなくA理解したようなそぶりを見せてお辞儀をして去っていった。

学生時代、和歌の名所めぐりをしたことを思い出した。（a）それまでなんとなくことばや写真を通して理解していた和歌の景勝地を、実際に自分の目で見て、自分の足で訪れることによって、自然の佇まいに心高ぶる経験をしたが、こうした感情もほろびつつあるのだろうか。現代の中学生には薄れゆく［あ］のようだ。B文学はことばからイメージをすることで〈読み〉が深まっていく。そのイメージがわかないとなると、教室であつかう文学作品の読解にも限界が生じよう。（b）知識があっても知性を感じない大人にならないためにも、教育者自らが教科や専門性の枠組みにとらわれず、日ごろから見聞を広め、人間としての質を深めておかねばならないと思わされた問いであった。

これからの時代、外国語教育や情報教育はとても大切なことではあるが、世界の先導者として時代を引っ張っていくことになる若い世代の「子どもたち」には、かつての日本社会を形成した人々が、逆境にあい苦悩しながらも新しい時代を開拓したように、まずは現状に満足することなく、あらゆる社会の現実に対して常に問いを持ち続け、［い］を追求する謙虚な姿勢を持ち続けてほしい。（c）さらに、先人たちが各々生きてきた当時の「（注1）心ざし」や「思い」を知るには文学作品を通してでしか〈知る〉ことができない。歴史や社会の裏側にあった人々の気持ちを〈知る〉こともまた、歴史的な過ちを二度と繰り返さないために必要なことであるともいえる。人間が生きている限り、文学は永久になくならない。

さて、日本の古き良き風景を頭に思い浮かばせる詩を鑑賞してみよう。いずれも明治・大正・昭和という激動の時代に活躍した三人の詩人である。

A　虫が鳴いている
いま鳴いておかなければ
もうだめだというふうに鳴いている
しぜんと
涙をさそわれる
（八木重吉『八木重吉詩集』）

B　てふてふが一匹韃靼海峡をわたって行った。
（安西冬衛『軍艦茉莉』）

C　太郎を眠らせ、太郎の屋根に雪ふりつむ。
次郎を眠らせ、次郎の屋根に雪ふりつむ。
（三好達治『測量船』）

Aの詩は小学校の国語教科書にも採録されているなじみ深い詩である。作者が自然と「涙をさそわれる」のは虫の命に対する向き合い方である。虫の命は極端に短い。虫は自分が生きたあかしを残すべく必死に、懸命に鳴く。作者はその虫の生き方に共感し、自分に照らす。いつ死んでも良いように、今という時間を精一杯生きようとする姿勢は、当時の社会背景をふまえて〈読む〉必要があろう。（d）

Bの詩は現代詩の出発点とされる作品であり、漢語で表記された

平成28年度

慶應義塾中等部 ▶解説と解答

算　数　(45分)　＜満点：100点＞

解　答

1 (1) ア 5　イ 36　(2) ア 1　イ 1　ウ 5　(3) ア 6　イ 22　(4) 44　2 (1) 206　(2) 875　(3) 810　(4) ア 2　イ 2　3 (1) 60　(2) ア 7　イ 1　ウ 5　(3) ア 6　イ 2　ウ 3　(4) ア 1281　イ 12　4 (1) ア 12　イ 60　(2) ア 4　イ 10　ウ 50　5 (1) 50　(2) ア 12　イ 1　ウ 2　エ 33　オ 13　カ 14　6 (1) 260　(2) 133　7 (1) 19　(2) ア 25　イ 8

解　説

1 計算のくふう，逆算，日暦算，時計算

(1) $\frac{1}{N}-\frac{1}{N+1}=\frac{N+1}{N\times(N+1)}-\frac{N}{N\times(N+1)}=\frac{N+1-N}{N\times(N+1)}=\frac{1}{N\times(N+1)}$より，$\frac{1}{N\times(N+1)}=\frac{1}{N}-\frac{1}{N+1}$となる。これを利用すると，$\frac{1}{20}+\frac{1}{30}+\frac{1}{42}+\frac{1}{56}+\frac{1}{72}=\frac{1}{4\times5}+\frac{1}{5\times6}+\frac{1}{6\times7}+\frac{1}{7\times8}+\frac{1}{8\times9}=\frac{1}{4}-\frac{1}{5}+\frac{1}{5}-\frac{1}{6}+\frac{1}{6}-\frac{1}{7}+\frac{1}{7}-\frac{1}{8}+\frac{1}{8}-\frac{1}{9}=\frac{1}{4}-\frac{1}{9}=\frac{9}{36}-\frac{4}{36}=\frac{5}{36}$とわかる。

(2) $\frac{8}{9}-\left(\frac{1}{10}+\frac{2}{3}\div\square\right)=\frac{7}{30}$より，$\frac{1}{10}+\frac{2}{3}\div\square=\frac{8}{9}-\frac{7}{30}=\frac{80}{90}-\frac{21}{90}=\frac{59}{90}$，$\frac{2}{3}\div\square=\frac{59}{90}-\frac{1}{10}=\frac{59}{90}-\frac{9}{90}=\frac{50}{90}=\frac{5}{9}$　よって，$\square=\frac{2}{3}\div\frac{5}{9}=\frac{2}{3}\times\frac{9}{5}=\frac{6}{5}=1\frac{1}{5}$

(3) 金曜日から木曜日までを1週間とすると右の図のようになるので，1月1日の金曜日から25番目の水曜日までの日数は，24週間と6日とわかる。これは，7×24＋6＝174(日)なので，1月1日からかぞえて174日目となる。2016年はうるう年であり，2月は29日までであることに注意すると，174－(31＋29＋31＋30＋31)＝22(日)より，1月1日からかぞえて174日目は6月22日とわかる。

(25－1＝)24週間
金…木 | 金…木 | 金…木 | 金土日月火水
2016年1月1日　　25番目の水曜日

(4) 「0時と1時の間に2回」，「1時と2時の間に2回」，…，「11時と12時の間に2回」のように，1時間あたり2回ずつある。ただし，「2時と3時の間の2回」のうちの1回は3時ちょうどであり，「3時と4時の間の2回」のうちの1回も3時ちょうどである。同様に，「8時と9時の間の2回」のうちの1回は9時ちょうどであり，「9時と10時の間の2回」のうちの1回も9時ちょうどである。よって，これらの重複をのぞくと，午前中だけで，2×12－2＝22(回)あることがわかるから，一日の中では，22×2＝44(回)ある。

〔ほかの解き方〕 長針は1分間に，360÷60＝6(度)，短針は1分間に，360÷12÷60＝0.5(度)動くので，長針は短針よりも1分間に，6－0.5＝5.5(度)多く動く。よって，0時をすぎてはじめて直角になるまでの時間は，90÷5.5＝$16\frac{4}{11}$(分)であり，その後は，180÷5.5＝$32\frac{8}{11}$(分)ごとに直角になることがわかる。また，一日は，24×60＝1440(分)なので，$\left(1440-16\frac{4}{11}\right)\div32\frac{8}{11}=43$余り$16\frac{4}{11}$より，直角になる時間は全部で，43＋1＝44(回)あることがわかる(上の図)。

1440分
$16\frac{4}{11}$分　$32\frac{8}{11}$分 ①　$32\frac{8}{11}$分 ②　……　$32\frac{8}{11}$分 ㊸　$16\frac{4}{11}$分

2 整数の性質，倍数算，相当算，速さ，つるかめ算

(1)　6－2＝4より，6で割ると2余る数は，6の倍数よりも4小さい数とわかる(右の図)。同様に，5で割ると1余る数は，5の倍数よりも，5－1＝4小さい数であり，7で割ると3余る数は，7の倍数よりも，7－3＝4小さい数である。よって，これらに共通する数は，6と5と7の公倍数よりも4小さい数とわかる。6と5と7の最小公倍数は，6×5×7＝210だから，このような数で最も小さい数は，210－4＝206と求められる。

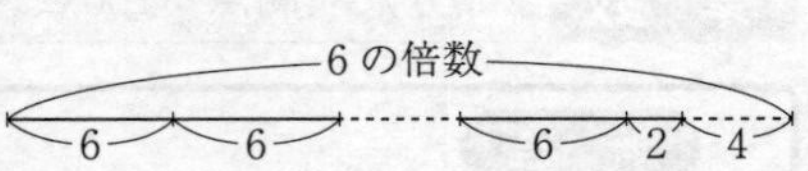

(2)　姉と妹の所持金の和は，お金をあげる前と後で変わらない。そこで，お金をあげる前と後の所持金の比の和をそろえると，右の図のようになる。よって，そろえた比の，25－24＝1(または，16－15＝1)にあたる金額が35円なので，姉のはじめの所持金は，35×25＝875(円)と求められる。

前の比　5：3＝25：15
　　　　和8　　　和40
後の比　3：2＝24：16
　　　　和5　　　和40

〔ほかの解き方〕　姉と妹の所持金の和を1とすると，はじめの姉の所持金は，$1\times\frac{5}{5+3}=\frac{5}{8}$，妹に35円あげた後の姉の所持金は，$1\times\frac{3}{3+2}=\frac{3}{5}$となる。この差が35円だから，1にあたる金額は，$35\div\left(\frac{5}{8}-\frac{3}{5}\right)=1400$(円)と求められる。よって，姉のはじめの所持金は，$1400\times\frac{5}{8}=875$(円)である。

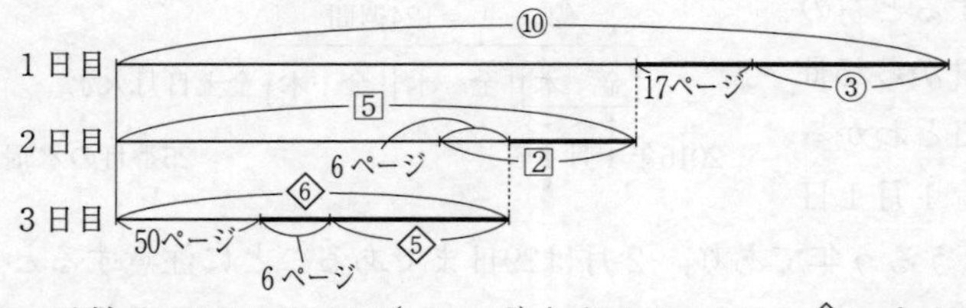

(3)　全体のページ数を⑩，1日目に読んだ後の残りのページ数を5，2日目に読んだ後の残りのページ数を◇6として図に表すと，左の図のようになる。この図から，◇6－◇5＝◇1にあたるページ数が，50＋6＝56(ページ)とわかるので，◇6にあたるページ数は，56×6＝336(ページ)となる。よって，5－2＝3にあたるページ数が，336－6＝330(ページ)だから，1にあたるページ数は，330÷3＝110(ページ)となり，5にあたるページ数は，110×5＝550(ページ)とわかる。したがって，⑩－③＝⑦にあたるページ数が，550＋17＝567(ページ)なので，①にあたるページ数は，567÷7＝81(ページ)となり，⑩にあたるページ数(全体のページ数)は，81×10＝810(ページ)と求められる。

(4)　修理した時間をのぞくと，1時間30分－5分＝1時間25分になるから，右の図のようにまとめることができる。

自転車(時速9km)｝合わせて
歩　き(時速4km)｝1時間25分で10km

自転車で1時間25分進んだとすると，$9\times1\frac{25}{60}=\frac{51}{4}$(km)進むので，実際に進んだ距離(きょり)よりも，$\frac{51}{4}-10=\frac{11}{4}$(km)長くなる。自転車のかわりに歩いて進むと，

進む距離は1時間あたり，$9-4=5$(km)短くなるから，歩いた時間は，$\frac{11}{4}\div5=\frac{11}{20}$(時間)とわかる。よって，歩いた距離は，$4\times\frac{11}{20}=2.2$(km)である。

3 角度，相似，長さ，辺の比と面積の比，面積，表面積

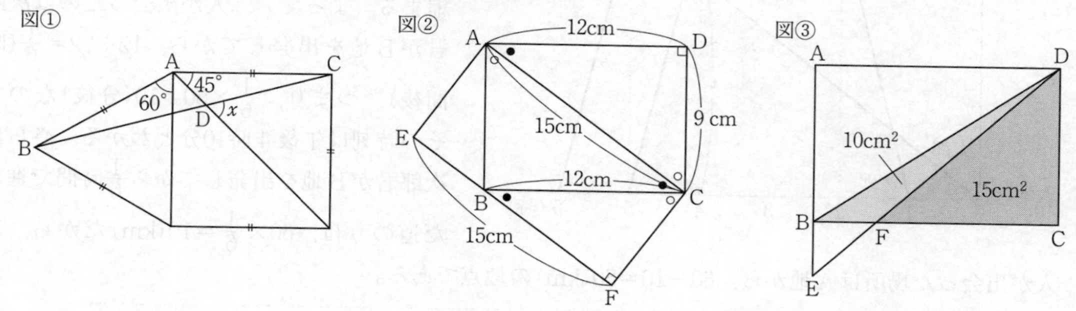

⑴　上の図①で，同じ印をつけた辺の長さは等しいから，三角形ABCは二等辺三角形である。また，角CABの大きさは，$90+60=150$(度)なので，角ACBの大きさは，$(180-150)\div2=15$(度)とわかる。よって，角xの大きさは，角CAD＋角ACB＝$45+15=60$(度)と求められる。

⑵　上の図②で，同じ印をつけた角の大きさはそれぞれ等しいから，三角形ACDと三角形BCFは相似である。このとき，相似比は，AC：BC＝15：12＝5：4なので，CD：CFも5：4となる。よって，CFの長さは，$9\times\frac{4}{5}=7\frac{1}{5}$(cm)とわかる。

⑶　上の図③で，三角形DBCの面積は長方形ABCDの面積の半分だから，$50\div2=25$(cm²)である。よって，三角形DFCの面積は，$25-10=15$(cm²)となる。また，三角形DBFと三角形DFCは高さが等しい三角形なので，底辺の比は面積の比に等しく，BF：FC＝10：15＝2：3とわかる。さらに，三角形BEFと三角形CDFは相似であり，相似比が2：3だから，EF：FDも2：3になる。したがって，三角形BEFと三角形BFDの面積の比も2：3なので，三角形BEFの面積は，$10\times\frac{2}{3}=6\frac{2}{3}$(cm²)と求められる。

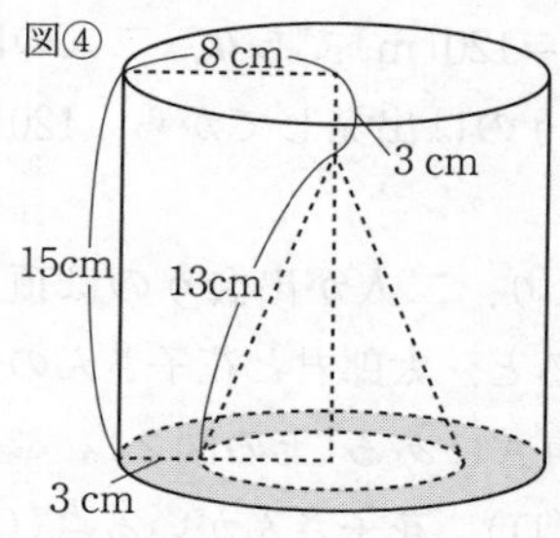

⑷　左の図④のように，円柱から円すいをくりぬいた形の立体ができる。もとの円柱の側面積は，$8\times2\times3.14\times15=240\times3.14$(cm²)であり，円すいの底面の円の半径は，$8-3=5$(cm)なので，円すいの側面積は，$13\times5\times3.14=65\times3.14$(cm²)とわかる。また，もとの円柱の底面のうち，上の面の面積は，$8\times8\times3.14=64\times3.14$(cm²)，下の面(かげをつけた部分)の面積は，$8\times8\times3.14-5\times5\times3.14=(64-25)\times3.14=39\times3.14$(cm²)である。よって，この立体の表面の面積は，$240\times3.14+65\times3.14+64\times3.14+39\times3.14=(240+65+64+39)\times3.14=408\times3.14=1281.12$(cm²)と求められる。

4 グラフ―速さ，旅人算

⑴　行きにかかった時間は5時間，帰りにかかった時間は，$6-5=1$(時間)だから，行きの速さは時速，$60\div5=12$(km)，帰りの速さは時速，$60\div1=60$(km)である。

⑵　太郎君が行きに4時間で進んだ道のり(下のグラフのx)は，$12\times4=48$(km)なので，そのときの二人の間の道のり(グラフのy)は，$60-48=12$(km)とわかる。また，次郎君の帰りの速さは

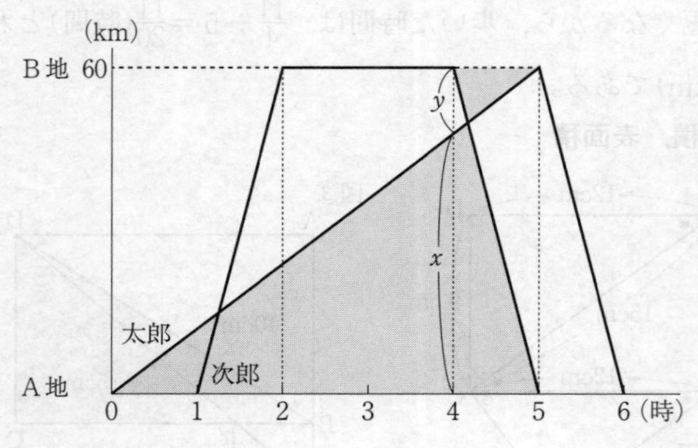

時速，$60\div(5-4)=60$(km)だから，次郎君がB地を出発した後，二人の間の道のりは1時間に，$12+60=72$(km)の割合で縮まる。よって，二人が出会ったのは次郎君がB地を出発してから，$12\div72=\frac{1}{6}$(時間後)，つまり，$\frac{1}{6}\times60=10$(分後)なので，その時刻は午後4時10分とわかる。さらに，次郎君がB地を出発してから$\frac{1}{6}$時間で進んだ道のりは，$60\times\frac{1}{6}=10$(km)だから，二人が出会った場所はA地から，$60-10=50$(km)の地点である。

〔ほかの解き方〕 グラフのかげをつけた三角形は相似であり，相似比は，$5:(5-4)=5:1$である。よって，太郎君がA地を出発してから次郎君と出会うまでの時間は，$5\times\frac{5}{5+1}=4\frac{1}{6}$(時間)，A地から二人が出会った地点までの道のりは，$60\times\frac{5}{5+1}=50$(km)と求められる。

5 図形上の点の移動，旅人算，面積

図1

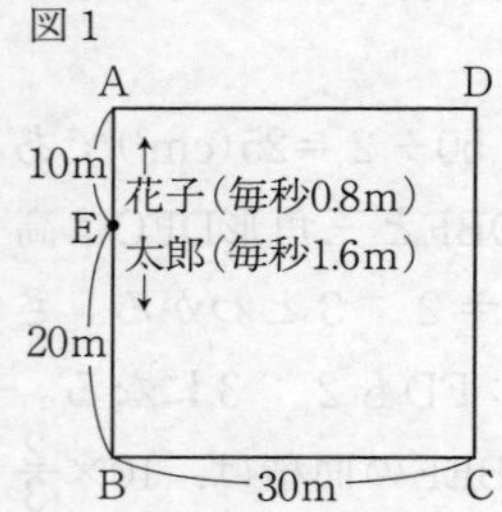

図2

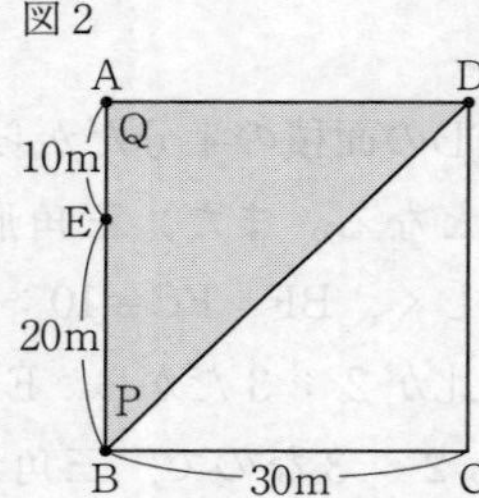

図3

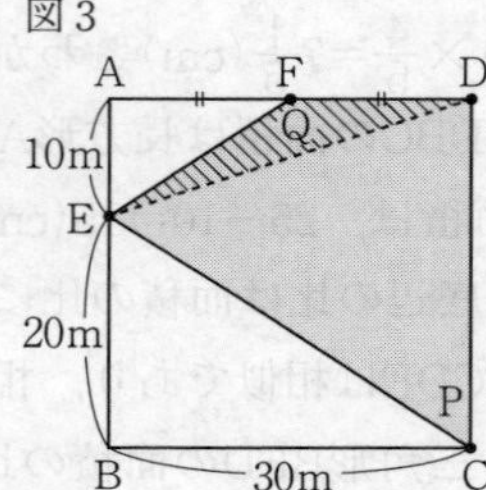

図4

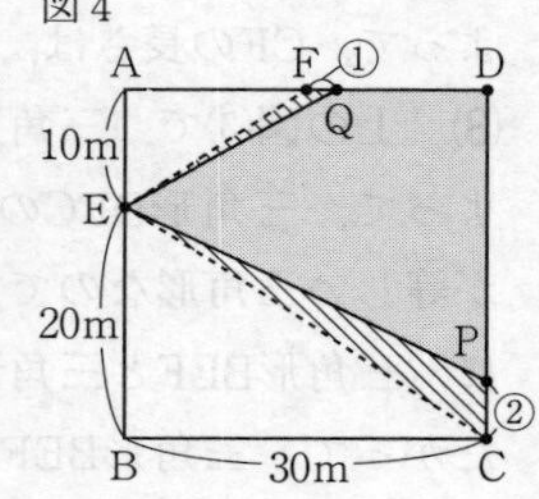

(1) AEの長さは，$30\times\frac{1}{1+2}=10$(m)，EBの長さは，$30-10=20$(m)だから，上の図1のようになる。はじめの二人の間の道のり(正方形のまわりの長さ)は，$30\times4=120$(m)であり，二人の間の道のりは毎秒，$1.6+0.8=2.4$(m)の割合で縮まるので，二人が出会うのは出発してから，$120\div2.4=50$(秒後)である。

(2) 花子さんは50秒で，$0.8\times50=40$(m)進むから，$40-10=30$(m)より，二人が出会うのは頂点Dとわかる。また，太郎君がいる点をP，花子さんがいる点をQとすると，太郎君と花子さんの速さの比は，$1.6:0.8=2:1$なので，Pが頂点Bにあるとき，Qは頂点Aにある(上の図2)。このとき，二人が出発する点(E)，太郎君がいる点(P)，二人が出会う点(D)，花子さんがいる点(Q)を結んでできる多角形はかげをつけた三角形であり，この三角形の面積は正方形の面積の半分になる。よって，はじめて正方形の面積の半分以上になるのは，出発してから，$20\div1.6=12\frac{1}{2}$(秒後)である。この後，かげをつけた部分の面積は増え，Pが頂点Cにきたとき，Qは辺ADの真ん中の点Fにくる(上の図3)。このときの多角形はかげをつけた四角形であり，三角形ECDの面積は正方形の面積の半分だから，かげをつけた四角形の面積は，正方形の面積の半分よりも斜線(しゃせん)部分の面積だけ大きくなる。この後，かげをつけた部分の面積は減り，再び正方形の面積の半分になった状態を上の図4とすると，図3と図4の斜線部分の面積が等しいことになる。図3の斜線部分の面積

は，(30÷2)×10÷2＝75(m^2)であり，図4の三角形FEQとECPの面積の比は，(1×10)：(2×30)＝1：6なので，三角形ECPの面積は，$75\times\frac{6}{1+6}=\frac{450}{7}$($m^2$)と求められる。したがって，CPの長さは，$\frac{450}{7}\times2\div30=\frac{30}{7}$(m)だから，図4のようになるのは出発してから，$\left(20+30+\frac{30}{7}\right)\div1.6=33\frac{13}{14}$(秒後)とわかる。以上より，正方形の面積の半分以上になっているのは，出発してから$12\frac{1}{2}$秒後から$33\frac{13}{14}$秒後までである。

6 場合の数

(1) はじめに，9を使わない場合を考える(6は使ってもよい)。百の位には0をのぞいた6通り，十の位には百の位に使ったカードをのぞいた6通り，一の位には残りの5通りのカードを使うことができるから，6×6×5＝180(通り)となる。次に，9を使う場合を考える。右の図1のアのように9を百の位に使うとき，十の位には残りの6通り，一の位には残りの5通りのカードを使うことができるので，6×5＝30(通り)となる。また，イのように9を十の位に使うとき，百の位には0と9をのぞいた5通り，一の位には残りの5通りのカードを使うことができるから，5×5＝25(通り)となる。ウのように9を一の位に使う場合も同様なので，全部で，180＋30＋25＋25＝260(通り)と求められる。

図1

ア　9□□
イ　□9□
ウ　□□9

(2) はじめに，9を使わない場合を考える(6は使ってもよい)。右の図2のエのように一の位が0のとき，百の位には残りの6通り，十の位には残りの5通りのカードを使うことができるから，6×5＝30(通り)となる。また，オのように一の位が2のとき，百の位には0と2をのぞいた5通り，十の位には残りの5通りのカードを使うことができるので，5×5＝25(通り)となる。一の位が4，6の場合も同様だから，9を使わない場合は，30＋25×3＝105(通り)とわかる。次に，9を使う場合を考える。カのように9を百の位に使うとき，一の位は{0，2，4}の3通り，十の位は残りの5通りなので，3×5＝15(通り)となる。また，キのように9を十の位に使うとき，一の位が0であれば百の位は残りの5通り，一の位が{2，4}であれば百の位は残りのカードから0をのぞいた4通りとなるから，全部で，5＋2×4＝13(通り)と求められる。したがって，9を使う場合は，15＋13＝28(通り)なので，偶数(ぐうすう)は全部で，105＋28＝133(通り)できる。

図2

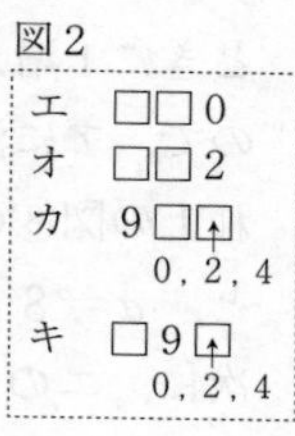

7 条件の整理，消去算

図①

ア 0	イ 0	ウ 0
エ 0	オ 0	カ 0
キ 0	ク 0	ケ 0

図②

ア 5	イ 5	ウ 0
エ 5	オ 5	カ 0
キ 0	ク 0	ケ 0

図③

ア 5	イ 9	ウ 4
エ 5	オ 9	カ 4
キ 0	ク 0	ケ 0

図④

ア 5	イ 9	ウ 4
エ 12	オ 16	カ 4
キ 7	ク 7	ケ 0

図⑤

ア 5	イ 9	ウ 4
エ 12	オ 19	カ 7
キ 7	ク 10	ケ 3

(1) 上の図①のように，各マスをア～ケとする。操作Aを行うとき，アが増えるのは左上の4マス(ア，イ，エ，オ)を選ぶ場合だけである。また，アは5増えるから，左上の4マスは5回選ぶことになる。また，ウが増えるのは右上の4マスを選ぶ場合だけであり，ウは4増えるので，右上の4マスは4回選ぶことになる。同様に考えると，左下の4マスは7回，右下の4マスは3回選ぶことになるから，全部で，5＋4＋7＋3＝19(回)とわかる(実際，左上の4マスを5回選ぶと上の図②，右上の4マスを4回選ぶと上の図③，左下の4マスを7回選ぶと上の図④，右下の4マスを3

回選ぶと上の図⑤のようになる)。

〔ほかの解き方〕 操作Aを行うと，どの4マスを選んでも必ずオが1増える。よって，操作Aを行った回数は，オが増えた数と等しく19回とわかる。

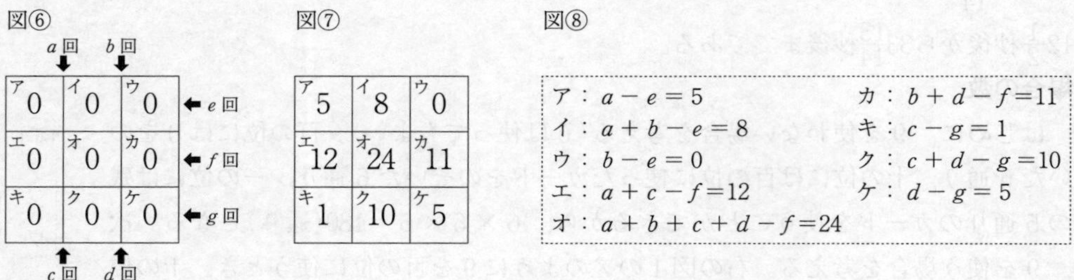

(2) 上の図⑥のように，操作Aについて，左上の4マスを選ぶ回数をa回，右上の4マスを選ぶ回数をb回，左下の4マスを選ぶ回数をc回，右下の4マスを選ぶ回数をd回とする。また，操作Bについて，上段の3マス(ア，イ，ウ)を選ぶ回数をe回，中段の3マス(エ，オ，カ)を選ぶ回数をf回，下段の3マス(キ，ク，ケ)を選ぶ回数をg回とする。アは，左上の4マスに操作Aを行ったときに1増え，上段の3マスに操作Bを行ったときに1減り，全体では上の図⑦のように5増えるので，アに注目すると，$a-e=5$と表すことができる。同様にしてイ～ケに注目すると，それぞれ上の図⑧のように表すことができる。ウの式から，$b=e$とわかり，これをイの式にあてはめると，$a=8$となる。さらに，これをアの式にあてはめると，$e=8-5=3\,(=b)$と求められる。次に，エの式から，$c-f=12-8=4$，オの式から，$c+d-f=24-8-3=13$となる。よって，$c+d-f=(c-f)+d=4+d=13$より，$d=13-4=9$とわかる。これをカの式にあてはめると，$f=3+9-11=1$となり，ケの式にあてはめると，$g=9-5=4$となる。さらに，これをキの式にあてはめると，$c=1+4=5$と求められる。よって，$a=8$，$b=3$，$c=5$，$d=9$，$e=3$，$f=1$，$g=4$だから，操作Aは，$8+3+5+9=25$(回)，操作Bは，$3+1+4=8$(回)である。

〔ほかの解き方〕 上段の3マスだけに注目すると，アとウの和は，$(a-e)+(b-e)=a+b-e-e$なので，アとウの和はイよりもeだけ小さいことがわかる。つまり，eの値は，イ－(ア＋ウ)で求められるから，$e=8-(5+0)=3$とわかる。この考え方を中段に利用すると，f＝オ－(エ＋カ)＝24－(12＋11)＝1，下段に利用すると，g＝ク－(キ＋ケ)＝10－(1＋5)＝4となるので，操作Bの回数は，3＋1＋4＝8(回)と求められる。次に，中段に対して操作Bを行わなかったとすると，オの数は1増えて，24＋1＝25になる。よって，(1)の〔ほかの解き方〕の考え方から，操作Aの回数は25回とわかる。

社会 (25分) ＜満点：50点＞

解答

[1] 問1 2 問2 2→1→3 問3 (例) 冬が長く，大量の雪が降ること。 問4 ㋐ 3 ㋑ 2 ㋒ 1 ㋓ 4 問5 2，6 問6 3 問7 1 問8 3 問9 (例) 品目…山いも 結びつくこと…何ごとにもねばり強くあたれますように。 問10 2 問11 1 [2] 問1 (例) 高級魚が多い焼津に対し，銚子はいわし類など比較的価格の安い魚の水揚げが多いため。 問2 ㋐ 2 ㋑ 4 ㋒ 1 ㋓ 3
[3] 問1 4 問2 (A群・B群の順で) ㋐ 4・3 ㋑ 5・6 ㋒ 2・2 ㋓ 1・4 問3 ㋐ 平清盛 ㋑ 北条時宗 ㋒ 足利義満 ㋓ 徳川家光 問4 ㋐ 4 ㋑ 5 ㋒ 1 ㋓ 2 ㋔ 3 [4] 問1 1 問2 1 問3 A 1 B 2 C 3 D 3 E 2 [5] ㋐ 主権 ㋑ 戦争 ㋒ 基本的人権 ㋓ 法 ㋔ 公共 ㋕ 文化 ㋖ 最高

解説

[1] 北陸地方の地理を中心とした問題

問1 東京—金沢間のこれまでのルートで最も速かったのは，上越新幹線で「越後湯沢」まで行き，そこからほくほく線・北陸本線の特急「はくたか」を利用して金沢に向かうルートで，2があてはまる。3のルートは，信越本線の長野—直江津間に特急列車が運行されていなかったため時間がかかっていた。なお，東京—福井間については北陸新幹線を使うより，東海道新幹線で米原(滋賀県)まで行き，そこから北陸本線を利用する1のルートが現在，最も速い。

問2 1は富山県，2は新潟県，3は石川県にある平野で，東から西の順に2→1→3となる。1には庄川や神通(じんずう)川など，2には信濃(しなの)川や阿賀野川など，3には犀(さい)川や手取川などの河川が流れている。

問3 北陸地方は冬が長く，降雪量が多いことから，裏作ができない水田単作地帯となっている。そのため，冬の間の農家の副業としてさまざまな手工業が行われ，それが多くの伝統工業や地場産業に発達した。

問4 ㋐は燕(つばめ)市(新潟県)で，フォークやスプーンなど金属製洋食器の生産で知られる。㋑は輪島市(石川県)で，わが国の代表的な漆器(しっき)である輪島塗(ぬり)の産地として知られる。㋒は金沢市(石川県)で，周辺の能美(のみ)市寺井町や小松市，加賀市などとともに九谷焼の生産で知られる。㋓は鯖江(さばえ)市(福井県)で，眼鏡フレームの生産が地場産業となっており，国内生産量の90%以上を占(し)めている。

問5 1～6に示された野菜のうち，冬が旬(しゅん)であるのはだいこんとねぎ。きゅうり，なす，しそはいずれも夏が旬。たまねぎは一般に保存性を高めるために乾燥させて出荷されるので1年中手に入るが，白たまねぎのように水分の多い品種は春から夏にかけて収穫され，乾燥をしないまますぐに出荷されており，「新たまねぎ」と呼ばれる。また，1～6に示された水産物のうち冬が旬とされるのはブリと松葉ガニ。いずれも日本海側で多く水揚(あ)げされるが，ブリは夏の間に日本海を北上し，成長して冬に南へもどるものが漁獲され，「寒ブリ」として出荷される。山陰地方で水揚げされる松葉ガニはズワイガニの別名で，冬が旬。なお，ウニは種類によって旬が異なる。アナゴは6

～8月頃，アジは1年を通してとれるが，特に5～7月頃が，それぞれ旬とされる。カツオは5月頃に「初ガツオ」，9月頃に「もどりガツオ」としてよく食べられる。したがって，正しい組み合わせは2と6になる。

問6　主菜は献立の中心となるおかずのことで，肉や魚，卵，大豆などを用いたものをいう。主に野菜やいも類を用いた煮物やあえ物などは副菜，漬物やおひたしなどは副々菜とされる。

問7　和食においては，「ご飯」を左手前，「汁もの」を右手前，主菜を右奥，副菜を左奥に置き，漬物などはそれらの間に置くのが正しい配膳とされている。「ご飯」を左，「汁もの」を右に置く理由については，「日本では価値が上のものを左に置く『左上位』の考え方があるから」「食べるときに左手に持ち，上げ下ろしすることが最も多い『ご飯』茶碗を左側に置いた方が食べやすいから」など，諸説ある。

問8　和食を食べるさいには，最初に汁ものに口をつける。これには，先に箸を湿らせることでご飯などを食べやすくするという意味もあるとされる。また，茶碗やお椀は左手に持って食べる。さらに，配膳された料理のうちの一品だけを集中的に食べることはマナーに反するとされている。

問9　正月に食べるおせち料理は祝いの行事の食事であることから，料理に意味が込められているものが多く，本文に挙げられている「昆布巻き」や「数の子」のほかにも，「黒豆＝マメに働けるように」や「えび＝長いひげを生やし，腰が曲がるまで長生きできるように」「田作り＝(イワシなどの小魚を田の肥料として用いたことから)五穀豊穣を願って」といった例が挙げられる。それらにならって考えること。語呂合わせによるものやこじつけに近いものも多いので，柔軟に考えるとよい。

問10　いわゆるコース料理として出されるフランス料理は，「前菜→スープ→魚料理→肉料理→デザート」の順で食べることになる。前菜は食欲を増進させるためのもの，肉料理より魚料理を先に出すのは魚の方が消化がよいからとされる。

問11　皿を手に持って食べるのは，フランス料理ではマナー違反とされている。

2　日本の水産業についての問題

問1　「全国主要漁港の水揚高」のうち，数量で全国第1位の銚子港が金額で第5位となっているのは，銚子港で水揚げされる魚にはさばやいわし類など，比較的価格の安いものが多いためである。これとは対照的に，価格の高いかつおやまぐろ類の水揚げが多い焼津港は，金額でも上位に入っている。なお，福岡港が金額で第1位となっているのは，まだいやとらふぐ，くるまえび，さざえ，のり類といった単価の高いものをはじめ，さまざまな種類の水産物が水揚げされることや，九州だけでなく中国・四国地方も含めた広い市場をひかえていることによるものと考えられる。

問2　のり類を示すのは2。佐賀県と福岡県では有明海沿岸，兵庫県では淡路島が，それぞれ主産地となっている。ぶり類を示すのは4。鹿児島県では垂水市や長島町など，愛媛県では宇和島市，大分県では佐伯市が主産地。なお，ぶりはいわゆる「出世魚」で成長段階に応じて呼び名が変わるが，養殖もののぶりは「はまち」と呼ばれることが多い。ほたてがいを示すのは1。ほたてがいは水温の低い海域に生息する。北海道ではサロマ湖や内浦湾沿岸，青森県では陸奥湾沿岸で養殖が盛ん。まだいを示すのは3で，愛媛県の宇和島市が主産地として知られる。

3　各時代の歴史的なことがらについての問題

問1　1　㋐は604年，㋑は701年，㋒は723年，㋓は743年のできごと。　2　㋐は1017年，㋑は

1192年，㋒は1338年，㋓は1586年のできごと。　3　㋐は672年，㋑は935年，㋒は1159年，㋓は1467年のできごと。　4　㋐の『古事記』は712年に完成した日本最古の歴史書で，奈良時代初期。㋑の『万葉集』は仁徳天皇の頃から759年までの歌を収録した日本最古の歌集で，奈良時代後期。㋒は平家一族の栄枯盛衰を描いた軍記物語で，鎌倉時代。㋓は紫式部の長編小説で，平安時代。したがって，㋒と㋓の順が逆。　5　㋐は飛鳥時代，㋑は奈良時代，㋒は平安時代後半，㋓は鎌倉時代にあてはまる。

問2　㋐　古代中国の歴史書『魏志』倭人伝に記された3世紀の日本のようすのうち，邪馬台国についてのべたもの。文中にある「女王」とは卑弥呼のことである。　㋑　1232年に鎌倉幕府の第3代執権北条泰時が定めた御成敗式目の内容。御成敗式目は源頼朝以来の先例や武家社会の慣習・道徳をもとに，御家人の権利義務や土地相続の基準などを示したもので，その後につくられた武家法の手本とされた。　㋒　1588年に豊臣秀吉が出した刀狩令の内容。一揆が起こるのを防ぐため，農民から刀や鉄砲などの武器を取り上げた。　㋓　明治時代初めに福沢諭吉が著した『学問のすゝめ』のはじめの部分。人間の平等や学問の重要性などを説き，当時の人々に大きな影響をあたえた。

問3　㋐　保元の乱(1156年)と平治の乱(1159年)の2つの乱を勝ち抜いて政治の実権をにぎり，1167年に武士としてはじめて太政大臣となったのは平清盛。瀬戸内海の航路を整え，宋(中国)と貿易を行って大きな利益をあげた。　㋑　鎌倉幕府の第8代執権は北条時宗。フビライの服属要求を拒否し，元軍の襲来(1274年の文永の役と1281年の弘安の役)のさいには鎌倉にあって御家人たちを統率し，難局を乗り切った。　㋒　室町幕府の第3代将軍足利義満は，明(中国)が倭寇(日本の武装商人団・海賊)の取りしまりを要求してきたのに応じるとともに，明との間で正式な国交を開き，朝貢貿易を始めた。倭寇と区別するため正式な貿易船に勘合という合い札を持たせたことから，この貿易は勘合貿易とも呼ばれる。　㋓　江戸幕府の第3代将軍徳川家光のときの1635年，幕府は日本人の海外渡航と海外在住の日本人の帰国を禁止した。さらに1639年にはポルトガル船の来航を禁止し，鎖国を完成させている。

問4　㋐　法隆寺は，7世紀初めに聖徳太子が現在の奈良県斑鳩町に建てた寺院。7世紀後半に焼失し，その後再建されたことが確実視されているが，それでも現存する世界最古の木造建築とされている。　㋑　唐招提寺は，8世紀半ばに鑑真が平城京に建てた寺院。唐(中国)の高僧であった鑑真は日本側の招きに応じて苦労のすえ来日し，日本に戒律(僧の守るべきいましめ)を伝えるなど，日本の仏教発展につくした。　㋒　平等院は，11世紀半ばに藤原頼通が宇治(京都府)にあった別荘を寺院としたもので，その鳳凰堂は平安時代を代表する阿弥陀堂建築として知られる。㋓　中尊寺金色堂は，12世紀初めに藤原清衡が平泉(岩手県)に建てた阿弥陀堂。奥州藤原氏の繁栄ぶりと浄土信仰の広がりを示す建築物である。　㋔　銀閣は室町幕府の第8代将軍足利義政が京都の東山に建てた別荘で，義政の死後に寺院(慈照寺)とされた。1階に今日の和風建築のもととなる書院造，2階には禅宗様が取り入れられていた。

4　日本の島を題材とした地理と歴史の問題

問1　㋐，㋑　1987年に海上保安庁が発表したところによると，日本には周囲0.1km以上の島が6852ある。また，国土交通省の定義によれば，本州・北海道・九州・四国・沖縄本島の5島以外の島は離島とされるが，離島のうちの6430は無人島とされており，島の数全体の約94%を占めることになる。 ㋒ 日本の人口は約1億2700万人。そのうち約1億330万人が本州に住んでいるから，人口の約81％が本州に集中していることになる。

問２ １は八丈島(東京都)で生産される織物。２は久米島，３は宮古島，４は沖縄本島の伝統的工芸品で，いずれの島も沖縄県に属している。

問３ **A** １『魏志』倭人伝に「一支国」として登場するのは，現在の壱岐島(長崎県)であると考えられている。 ２ 第二次世界大戦末期の1945年４月１日，アメリカ軍が沖縄本島に上陸。約３か月におよぶ激しい地上戦のすえ，沖縄はアメリカ軍に占領された。 ３ 戦後も沖縄は長くアメリカの統治下に置かれたが，佐藤内閣のときの1972年，日本への返還が実現した。 **B** １ 日蓮は他宗派を激しく攻撃し，幕府も批判したことから弾圧を受け，しばしば地方へ流罪となったが，佐渡(新潟県)へも３年ほど流されたことがある。 ２ 南蛮貿易の拠点となったのは平戸島(長崎県)など九州各地の港である。 ３ 佐渡島には金山や銀山があったため，江戸時代には天領(幕府の直轄地)とされた。また，佐渡島は古代から近世にかけて罪人の流刑地でもあった。 **C** １ 対馬(長崎県)は室町時代，倭寇の拠点のひとつとなっていた。 ２ 豊臣秀吉による朝鮮出兵以来，日本と朝鮮の交流は途絶えていたが，江戸時代初め，徳川家康が対馬藩の宗氏に交渉させ，国交が回復された。将軍の代がわりごとに来日した朝鮮通信使には，対馬藩の藩士が案内役として同行している。 ３ 江戸時代に「漢委奴国王」と刻まれた金印が発見されたのは志賀島(福岡県)である。 **D** １ 種子島は８世紀に朝廷の支配下に入り，屋久島などとともに多禰国となったが，平安時代の９世紀前半に大隅国に編入された。 ２ 1543年，種子島に中国船が流れ着き，乗っていたポルトガル人によって日本に鉄砲が伝えられた。 ３ 明治時代に炭鉱の地として栄えた島としては，長崎県の端島や高島などがあるが，種子島に炭鉱はない。 **E** １『古事記』や『日本書紀』に記されたいわゆる「国生み神話」によると，日本列島の中で最初につくられたのは淡路島(兵庫県)だとされている。 ２ 承久の乱(1221年)で敗れた後鳥羽上皇が流されたのは，淡路島ではなく隠岐(島根県)である。 ３ 1995年１月17日，淡路島北部を震源として発生した兵庫県南部地震は，神戸市などで約6000人を超える死者を出す大災害(阪神・淡路大震災)となった。

5 日本国憲法の条文についての問題

㋐ 第１条は天皇の地位についての規定。天皇を日本国および日本国民統合の象徴とすることは，「主権の存する日本国民の総意に基く」とされている。

㋑ 平和主義について規定した第９条の規定。その１項では，「国権の発動たる戦争と，武力による威嚇又は武力の行使」を永久に放棄すると定めている。

㋒ 第11条は基本的人権の尊重についての規定。基本的人権を「侵すことのできない永久の権利」として保障することを定めている。

㋓ 第14条１項は法の下の平等についての条文。平等権の基本となる考え方を示したものである。

㋔ 第22条１項は「居住・移転・職業選択の自由」についての規定。「公共の福祉」とは「社会全体の利益」を意味する言葉で，憲法の中でしばしば用いられている。

㋕ 第25条１項が保障する「健康で文化的な最低限度の生活を営む権利」は生存権と呼ばれ，社会権の中心となる権利である。

㋖ 第98条１項は，憲法の性格についての規定。憲法は国の最高法規であるため，その条規に反する法律や政府の行為などはすべて無効となることが定められている。

理科 (25分) ＜満点：50点＞

解答

1 (1) 1 (2) A 1 B 8 C 9 (3) 3 (4) 3 (5) 3 2 (1) 4 (2) 2 (3) 2，3，5のうちの2つ 3 (1) 2 (2) 1 (3) 1 (4) 2 4 (1) (ア) 2 (イ) 7 (2) 4 (3) 3 5 (1) 4 (2) 2 (3) ア 4 イ 0 (4) ア 4 イ 7 (5) 2

解説

1 星座と星の動きについての問題

(1) うお座は，秋のペガススの大四辺形のすぐ南と東にわたって広がる星座で，(う)はその南側の部分を示している。2匹の魚が尾をひものようなもので結ばれた姿に見立てられていて，黄道12星座の1つだが，1等星がないので目立たない。なお，(あ)はおとめ座，(い)はわし座，(え)はオリオン座である。

(2) Aはわし座の1等星でアルタイル，Bはオリオン座の赤色1等星でベテルギウス，Cは同じオリオン座の青白色の1等星でリゲルという。

(3) ある星座や星が同じ時刻に見える位置は，1日に約1度ずつ東から西に移っていく。(あ)のおとめ座は4月の日没(にちぼつ)後に東の空にあったので，日没後に東とは反対の西の空に見えるようになるのは，180÷1＝180(日後)，つまり，約6か月後の10月ごろである。よって，最も近い9月が選べる。

(4) オリオン座の中心部にある3つ星は，ほぼ真東からのぼり真西に沈(しず)む。星や星座などは1日のうちでは1時間あたりおよそ15度ずつ東から西に移るので，1月の日没後(午後4時半～5時ごろ)に東の空からのぼったオリオン座が，同じ日に約90度移動して南の空に見えるようになるのは，90÷15＝6(時間)後の午後10時半～11時ごろである。さらに，星や星座が同じ位置に見える時刻は1日に約4分ずつ，1か月で約2時間ずつ早くなっていくので，オリオン座は2月には午後8時半～9時ごろに南の空に見える。なお，8月には午前8時半～9時ごろ，11月には午前2時半～3時ごろ，5月には午後2時半～3時ごろに，それぞれ南の空に見える。

(5) オリオン座が東からのぼるときには，中央の3つ星が(え)や1のように地平線とほぼ垂直に並ぶ。南の空にあるときには，3つ星の並びが2のように右上がりになり，西の地平線に沈むころには，3つ星の並びが3のように地平線とほぼ平行になる。

2 電流と方位磁針についての問題

(1) 図A—アより，方位磁針に巻いたエナメル線に北から南に向かって電流が流れこむ場合には方位磁針の針はN極が西側に振(ふ)れ，図A—イより，電流が南から北に向かって流れこむ場合には方位磁針の針はN極が東側に振れる。さらに，図A—ア，図A—イを比べると，流れる電流が強くなるほど針の振れが大きくなることがわかる。図Bでは，方位磁針に巻いたエナメル線に北から南に向かって電流が流れこんでいるので，方位磁針の針はN極が西側に振れる。このとき，N極が南側を向くことはない。

⑵　図D―イは図D―アに比べて，方位磁針の針が振れる向きが変わり，振れの大きさが大きくなっている。これは，図D―アから図D―イに変えるときに，電池を直列に増やして，そのつなぐ向きも変えたことによって，回路内に流れる電流が強くなり，流れる電流の向きが逆になったためである。したがって，プロペラはモーターに流れる電流が強くなるので回転が速くなり，流れる電流の向きが逆になったことで回転の向きも逆になる。

⑶　方位磁針に巻いたエナメル線へ南北方向に電流が流れこむと，方位磁針の針が振れるので，1と4はあてはまらない。6は，2つの電池の間だけで電流が流れるショート回路となっているので，方位磁針の針は振れないが，プロペラが回らないので選べない。2と3と5はいずれも，モーターに電流が流れるのでプロペラは回る。また，方位磁針に巻いてあるエナメル線には東西方向に電流が流れるので，エナメル線によってできる磁力線の向きは南北方向となり，N極が北を向いている方位磁針の針は東西に振れることがない。ここでは，これら3つのうち2つを答えれば正解となる。

3　動物の呼吸についての問題

⑴　大気中には窒素が約78%，酸素が約21%含まれている。ほかにアルゴンや二酸化炭素などが含まれる。

⑵　吐き出した空気には，酸素が約16～17%，二酸化炭素が約4%含まれ，窒素の割合は吸った空気とほとんど変わらない。したがって，これらの割合に最も近い1が選べる。

⑶　肺の中の肺ほうでは，肺ほうを取り巻く毛細血管を流れる血液中に肺ほう内の空気から酸素が取りこまれ，血液中からは二酸化炭素が肺ほう内に放出される。

⑷　ラッコ，イルカはほ乳類，ワニはは虫類で，これらは肺呼吸をする動物である。一方，サメは魚類でえら呼吸をし，ザリガニは節足動物の甲殻類のなかまで魚類と同じくえら呼吸をする。

4　卵の浮き沈みと液体の密度についての問題

⑴　㋐　殻つきの生卵を1%の塩酸に入れると，炭酸カルシウムを主成分とする卵の殻が塩酸に溶けて二酸化炭素を発生する。その二酸化炭素の泡が卵の殻をおおって浮力が増すため，卵が浮く。

㋑　食塩水を加熱し続けると水が蒸発するので，水の量が減り，食塩水の濃度が高くなる。濃度が高くなると，液体の1 cm^3あたりの重さが重くなり，液体が物体にはたらく浮力の大きさが大きくなる。このため，はじめは沈んでいた卵が浮いてくる。

⑵　水は食塩水よりも1 cm^3あたりの重さが軽い。また，実験Cより，2つの液体を混ぜ合わせたときに上の層となったサラダ油は水よりも軽く，エタノールはサラダ油よりも軽い。液体の1 cm^3あたりの重さが軽くなるほど，液体に入れた物体にはたらく浮力が小さくなるので，10%の食塩水に入れたときに沈む卵は，エタノールやサラダ油に入れたときにも沈む。

⑶　エタノールと20%の食塩水を同じ体積ずつ混ぜると溶け合い，1 cm^3あたりの重さがサラダ油よりも重くなる。そのため，食塩水とエタノールが混ざった液体が下に，サラダ油が上になって2つの層に分かれる。

5　うすい塩酸と鉄の反応についての問題

⑴　鉄にうすい塩酸を加えた場合に発生する気体は，水素である。水素を集めた試験管の口にマッチの火を近づけると，ポンという音をたてて燃え，酸素と結びついて水ができる。

⑵　図1は，一定量のうすい塩酸に鉄6gがちょうど溶けて，気体が300 cm^3発生することを示している。このとき，うすい塩酸はすべて反応して残っていないので，鉄10gを加えると，6gの鉄

とうすい塩酸が反応して塩酸がなくなり，10－6＝4（g）の鉄が残る。

(3)　図2のAでは，一定量の鉄が塩酸100cm^{3}と過不足なく反応して，気体が200cm^{3}発生している。よって，気体を80cm^{3}発生させるには，$100\times\frac{80}{200}=40$(cm^3)の塩酸が少なくとも必要である。

(4)　図1より，鉄6gがすべて塩酸と反応すると，気体が300cm^{3}発生する。図2のAでは鉄がすべて溶けたときに200cm^{3}の気体が発生しているので，実験Ⅱで用いた鉄の重さは，$6\times\frac{200}{300}=4$（g）とわかる。同じように求めると，図2のBより，実験Ⅲで用いた鉄の重さは，$6\times\frac{350}{300}=7$（g）となる。

(5)　実験Ⅱで200cm^{3}の気体を発生させるのに必要な塩酸は100cm^{3}である。一方，実験Ⅲで200cm^{3}の気体を発生させるのに必要な塩酸の体積は，$70\times\frac{200}{350}=40$(cm^3)であり，これは実験Ⅱで用いた塩酸の体積の，$40\div100=\frac{2}{5}$(倍)になっている。同じ気体を発生させるのに必要な塩酸の体積はその濃度に反比例するので，実験Ⅲで用いた塩酸の濃度は実験Ⅱで用いた塩酸の，$1\div\frac{2}{5}=2.5$(倍)である。

国語　(45分)＜満点：100点＞

解答

一　問1　あ　2　い　5　う　9　え　7　お　3　か　8　問2　4　問3　3　問4　3　問5　3　問6　5　二　問1　Ⅰ　4　Ⅱ　3　Ⅲ　5　Ⅳ　5　Ⅴ　2　問2　2　問3　1　問4　2　問5　3　問6　5　三　問1　(例)「ありがとう」は，もともと神仏の恵みを讃える言葉だ(から。)　問2　A　2　B　1　C　2　四　A　2　B　2　C　2　D　2　E　1　五　下記を参照のこと。

●漢字の書き取り

五　ア　雑貨　イ　信用　ウ　熱(い)　エ　配合　オ　賞味　カ　横転　キ　岸辺　ク　再開　ケ　防災　コ　深夜　サ　率(いる)　シ　保管　ス　解体　セ　成分　ソ　夕焼(け)　タ　首脳

解説

一　文学作品を通して先人たちが生きてきた「心ざし」を知る大切さを語り，明治・大正・昭和という激動の時代に活躍(かつやく)した三人の詩人の作品を紹介(しょうかい)している。

問1　あ　第一段落につづられた出来事に注目する。女生徒から，「趣(おもむき)」「風情(ふぜい)」ということばが「辞書をひいても感覚的にわからない」といわれたことへの筆者の感慨(かんがい)だから，「現代の中学生には薄(うす)れゆく感覚のようだ」と思うのが合う。　**い**　「社会の現実に対して常に問いを持ち続け」て「追求」するものだから，「真実」があてはまる。　**う**　「広大」な「韃靼海峡(だったんかいきょう)」と「微視(びし)的」な「てふてふ」を対照させているのだから，「巨視(きょし)」的がよい。「微視的」は，人間の視覚でとらえられないほど微細であるようす。「巨視的」は，人間の視覚でとらえられる程度の大きさを持つようす。　**え**　「同じことばを反復すること」で生じる「響(ひび)き」が「時間芸術」のような趣を演出するのだから，「音楽」的が合う。「時間芸術」とは時間の推移のもとに表現される芸術で，音楽，詩歌などがこれにあたる。　**お**「命あるものをすべて眠らせる」力だから，人間の知恵ではかり知れないほど不思議なようすの「神秘」的がふさわしい。　**か**「少ない字数の中に，ことばの持つイメージのふくらみを用いて無限に広がる奥行きを感じさせる」手法だから，「俳句」的だといえる。参考までに，三好達治は俳句に造詣が深く，その詩にも俳句的なものがあるといわれる。

問２　「そぶり」は，表情や態度，動作にあらわれたようす。本当は理解していないのに，「理解したような」風を装ったのである。３の「一挙一動」は“ちょっとしたふるまい”という意味を持つので，あてはまる。４の「いたずら」は，悪ふざけやむだなようすを表すので，あてはまらない。

問３　最後の段落で，「文学作品を〈読む〉時は，表現の一つ一つに立ち止まり，語句の内容を正確に理解し，そこから広がる奥行きを頭の中にいかに思い浮かべることができるかが重要である」と説明しているので，３が合う。

問４　Ａは，鳴き続ける虫の声に「涙をさそわれる」ような切々としたようすだから，秋である。なお，詩の題名は「虫」。Ｂは，「てふてふ(チョウチョウ)」が飛んでいるので，春である。詩の題名は「春」。Ｃは，「雪」の降る冬である。詩の題名は「雪」。

問５　もどす文章に「まずは」とあるので，次に〈知る〉べきことをのべている部分の前に入ると分かる。第三段落に「さらに，先人たちが各々生きてきた当時の『心ざし』，『思い』を知るには文学作品を通してでしか〈知る〉ことができない」とあるので，この直前の(ｃ)に入れるのがよい。

問６　ぼう線Ｃは「しんしんと降り積もる雪のイメージ」である。「しんしん」は，ひっそりと静まりかえるようすなので，５が合う。災害をもたらすほどの大雪を表す「豪雪」，水分が多い「べた雪」，霧状の水を凍らせて作るザラザラした「人工雪」，水分が多めで大きな雪片の「ぼたん雪」は，「しんしんと降り積もる雪のイメージ」に合わない。また，静かに「すべて眠らせる」雪なので，不安をもたらしたり，「眠らせまい」としたり，「民家の倒壊」をもたらしたりする雪ではない。

二　**いつも好奇心をくすぐる話をしてくれ，謎を投げかけてくる叔父さんに一矢報いたいと思っていた「僕」が叔父さんの家に一泊し，新たな難しい問いを宿題にもらう場面である。**

問１　**Ⅰ**　旅行に「夫婦」だけで行くのだから，内輪の親しい者だけで他人を交えないことを表す「水入らず」があてはまる。　**Ⅱ**　大人びたようすで叔父さん宅へ乗り込んだつもりの「僕」だったが，叔父さん手作りの昼食がおいしくて，大人ぶるどころではなくなったのだから，負けることを表す「黒星を喫する」が合う。　**Ⅲ**　うなぎを一口食べて，そのおいしさに夢見心地になり，「幸福」を感じているようすだから，深く心にしみるようすの「しみじみ」が入る。　**Ⅳ**「僕」は，うなぎ屋で叔父さんから「今お前さんが食べているものは一体何だと思う」と聞かれて答えられず，それから毎日考え続けている。答えが見つからず，いつ叔父さんが来るかと落ち着かないのだから，恐れてびくびくしているようすの「戦戦恐恐」がふさわしい。なお，「虎視眈眈」は，じっとチャンスをうかがうようす。「不承不承」は，いやいや行うようす。「意気消沈」は，元気をなくすこと。「疑心暗鬼」は，疑う心があると，何でもないものまで恐れたり怪しく感じたりすることのたとえ。　**Ⅴ**　そこにいたるまでの事情やいきさつの全体を表すことばが入るので，「背景」が合う。

問２　「僕」が叔父さんの投げかける「謎」にいつも悩まされ，いつか一矢報いたいと思っていたことをおさえる。波線２の「学校の授業」以外は，難しい「謎」を投げかけてくる叔父さんへの挑戦をたとえた表現である。

問３　問１のⅡでも見たように，「僕」は叔父さんに大人びたところを見せてやりたいと意気込んでいたが，叔父さんのおいしい昼食を前に大人ぶるどころではなく，「黒星（負け）」を喫したのである。しかし，夕食に「飛び切りいいもの」を「大人の男が通っていそうな店」でごちそうになることになり，もう一度大人びたところを示すチャンスがめぐってきたのだから，１が選べる。１以外は，大人びたところを示したいという「僕」の気持ちをくんでいない。

問４　すぐ前で，「うな重が出されるまでに何をしていた」と叔父さんに聞かれた「僕」が，その時に頭に描いていた「目論見」を答えており，ぼう線Ｂは，その「目論見」を指す。具体的には，「カウンターでうなぎを食べたんだぞ」と「学校で自慢する計画」だから，２がよい。「僕」の返答を聞いた叔父さんが「大人の世界に首を突っ込んだときは，正直に喜んでいいのさ」と言っていることも参考になる。

問５　「はにかむ」は，恥ずかしがること。「うなぎの歴史まで丸ごと食べる」という自分の発言を「いい表現だ」と叔父さんに褒められ，恥ずかしそうにしたのだから，３がふさわしい。

問６　叔父さんは，「生きるためには食わなきゃいけない」のだから「食べること」，そして「生きること」を楽しんでほしいと「僕」に語り，「僕」のことばを受けて「歴史を食べてやるんだ」とも言ったのだから，５が合う。

三　出典は柳田国男の『毎日の言葉』による。「ありがとう」という言葉について考察している。

問１　「ありがとう」と礼を言われた人が，自分が感謝されたかのように受け取って，「どういたしまして」などと謙遜することに対し，筆者は「いい気なもの」と言っている。筆者がこのように言うのは，「ありがとう」が，もともと「神または仏を讃えた」言葉だからである。これを整理し，「もともと『ありがとう』は神仏を讃える言葉だった（から）」のようにまとめればよい。

問２　**Ａ**　「ありがとう」の派生の意味に「修養」はない。　**Ｂ**　第三段落で，「中世以前の記録」に，「ありがとう」を「人と人との間のお礼の言葉」として使っているものはないと説明されている。　**Ｃ**　「信心深さ」についてはのべられていない。

四　ことばの使い方

Ａ　荷物を「持つ」のは「僕」なので，謙譲表現を使った「お持ちしましょうか」「お持ちいたしましょうか」などとするのが正しい。「お～になる」は尊敬表現，「お～する」は謙譲表現である。

Ｂ　「（百五十円を）千円札で支払う」とは言うが，「千円から支払う」という言い方は不自然。この場合，店員が客から「千円」を受け取っておつりを出すのだから，「千円お預かりします」などとするのが自然である。　**Ｃ**　「何しているんだ」と聞かれて「大丈夫です」と答えるのは，すじが通らない。禁止されている寄り道を先生にとがめられたのだから，言い訳をするか謝るのがふつうである。　**Ｄ**　「食べる」のは「隣の奥さん」である。「いただく」は謙譲語なので，尊敬語を使って「めしあがって下さい」「おめしあがり下さい」とすすめるのがよい。　**Ｅ**　「手配いたします」は，「手配する」の謙譲表現。旅行会社の人が自分の行為を，客（「わたし」の父親）に向かって言っているので，正しい。

五　漢字の書き取り

ア　こまごまとした日用品。　**イ**　確かなものとして受け入れること。　**ウ**　音読みは「ネツ」で，「熱心」などの熟語がある。　**エ**　二種以上のものを混ぜ合わせること。　**オ**　よく味わって食べること。「賞味期限」は，製造元が定めた方法で保存した場合に，おいしく食べられることを保証する期限。　**カ**　横倒しになること。　**キ**　陸地が川・海・湖などの水に接するあたり。　**ク**　再び始まること。いったんやめていたことをまた始めること。　**ケ**　災害を防ぐこと。　**コ**　真夜中。　**サ**　音読みは「ソツ」「リツ」で，「引率」「倍率」などの熟語がある。　**シ**　品物などをこわれたりなくしたりしないように管理すること。　**ス**　組み立ててあるものや組織などをばらばらにすること。　**セ**　ものを構成している要素や物質。　**ソ**「夕焼け」で，太陽が沈むころ，西の空が赤く見える現象。　**タ**　組織や団体の中心となり，指導的な役割をはたす人。

平成27年度　慶應義塾中等部

〔電　話〕(03) 5427－1677
〔所在地〕〒108－0073　東京都港区三田2－17－10
〔交　通〕JR山手線－「田町駅」より徒歩10分
都営三田線－「三田駅」より徒歩10分

【算　数】（45分）〈満点：100点〉

〔注意〕解答は，下の〔例〕にならって□の中に0から9までの数字を1字ずつ記入しなさい。

〔例〕

(1) 333mから303mをひくと□□mになります。　解答 3 0

(2) 2.34に6をかけると ア□.イ□□ になります。

ア		イ	
1	4	0	4

(3) $\frac{5}{2}$に$\frac{1}{3}$をたすと ア$\frac{イ}{ウ}$ になります。

ア	イ	ウ
2	5	6

1 次の□に適当な数を入れなさい。

(1) $\left(3\frac{2}{3}-1\frac{3}{4}\right)\div\left\{3.4-\left(\frac{1}{2}+\frac{2}{3}\times1\frac{1}{2}\right)\right\}=$ ア$\frac{イ}{ウ□□}$

(2) $\left(\frac{5}{8}+\frac{3}{4}\right)\times0.5\div\left(3\frac{1}{7}-\right.$ア$\left.\frac{イ□}{ウ□}\right)=1\frac{1}{6}$

(3) 1.7km－272000mm＋63000cm＝□□□□m

(4) 縮尺$\frac{1}{25000}$の地図上で20cm²の土地は，実際は ア□.イ□□ km²です。

2 次の□に適当な数を入れなさい。

(1) A君は所持金の3割を使い，さらに残りの$\frac{2}{7}$を使ったところ，1800円残りました。A君の初めの所持金は□□□□円でした。

(2) A君とB君はそれぞれ一定の歩幅(ほはば)で，一定の速さで歩きます。A君が18歩で歩く道のりをB君は14歩で歩き，1分間にA君は30歩，B君は35歩だけそれぞれ歩きます。A君とB君の速さの比を最も簡単な整数の比で表すと ア□：イ□ になります。

(3) 太郎君は二郎君より2歳(さい)年上です。また，現在この2人の年齢(ねんれい)の和は父親の半分で，5年後には2人の年齢の和は5年後の父親の年齢の$\frac{2}{3}$になります。太郎君は現在□□歳です。

(4) ア□□ 個のリンゴを イ□□ 人の子供に配るのに，1人に3個ずつ配るとリンゴが40個余ったので，1人に7個ずつ配っていったところ，最後の1人だけ7個はあげられませんでした。

3 次の□に適当な数を入れなさい。ただし，円周率は3.14とします。

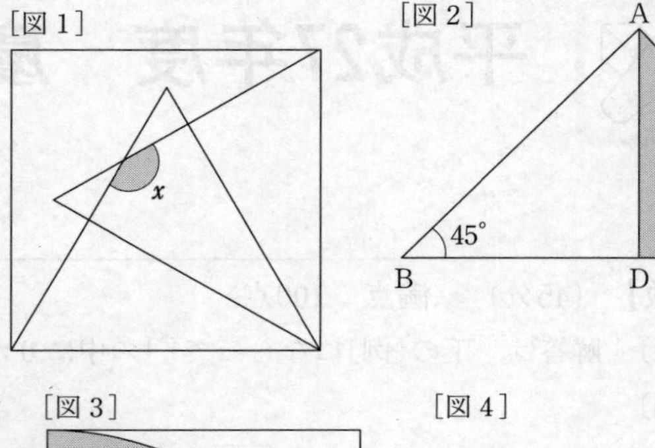

(1) ［図1］は，正方形と2つの正三角形を組み合わせた図形です。角 x の大きさは□°です。

(2) ［図2］は半径4 cm，中心角が45°のおうぎ形と二等辺三角形を組み合わせた図形です。AD＝BD のとき，色のついた部分の面積は ア . イ cm^2 です。

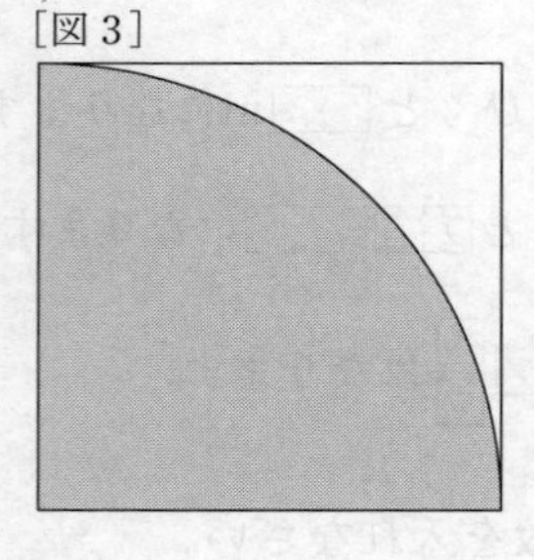

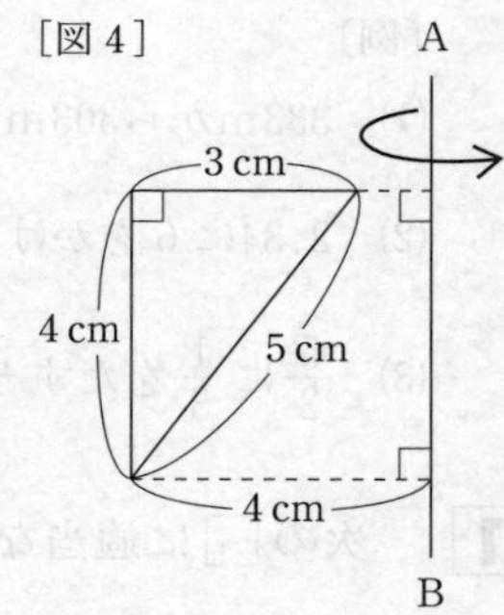

(3) ［図3］は正方形とおうぎ形を組み合わせた図形です。色のついた部分と色のついていない部分の面積の比を最も簡単な整数の比で表すと ア ： イ です。

(4) ［図4］のように，直角三角形を直線ABを軸（じく）として1回転してできる立体の表面の面積は ア . イ cm^2 です。

4 ＜x，y＞は，x を y 個足した値とします。たとえば次のようになります。

＜1，2＞＝1＋1＝2

＜2，3＞＝2＋2＋2＝6

このとき，次の□に適当な数を入れなさい。

(1) ＜4，5＞＋＜12，6＞－＜7，11＞＝□です。

(2) ＜＜2，8＞，＜15，28＞＞＝＜42，□＞です。

5 静水での速さが同じ2隻（せき）の定期船が，30 km 離（はな）れた川沿いのA町とB町の間を往復しています。右のグラフは，定期船が往復する様子を表したものです。始発の定期船はそれぞれ午前8時にA町，B町を出発し，定期船は町に着くと30分停留します。川の流れの速さは一定であるものとして，次の□に適当な数を入れなさい。

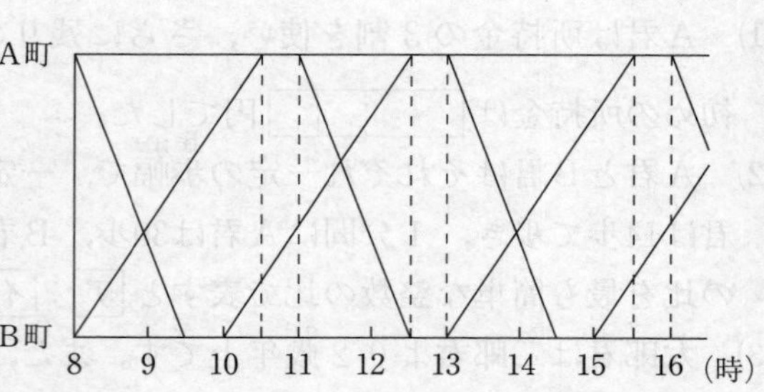

(1) 定期船の静水での速さは時速□kmです。

(2) 2隻の定期船が4回目にすれ違（ちが）う時刻を24時間制で表すと，ア 時 イ 分 ウ 秒です。

6 1，1，2，2，3，3，4，4の8個の数字を全て使って，4つの2けたの数を作ります。ただし，十の位の数字と一の位の数字が同じにならないようにします。このとき，次の□に適当な数を入れなさい。

(1) 4つの2けたの数の合計が最も大きいとき，その合計は□です。

(2) 十の位の数が4つとも違うように2けたの数を作る方法は全部で ア 通りあります。さらに，その4つの2けたの数の中に，3の倍数が含(ふく)まれている場合は全部で イ 通りあります。

7 ［図1］のようにAB＝4cm，AD＝8cm，AE＝2cmの直方体の辺の上を3つの点が動きます。点Pは長方形ABFEの辺の上をA→B→F→E→A→……の順に秒速1cmで，点Qは長方形ADHEの辺の上をE→H→D→A→E→……の順に秒速2cmで，点Rは長方形DCGHの辺の上をD→C→G→H→D→……の順に秒速0.5cmで動きます。点P，Q，Rが同時にそれぞれ点A，E，Dを出発するとき，次の□に適当な数を入れなさい。

［図1］

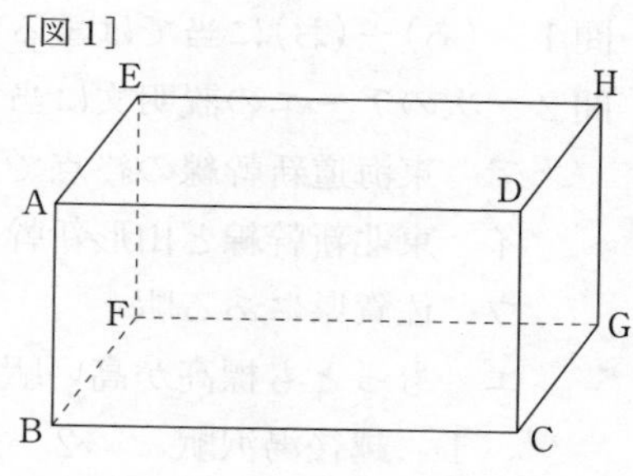

(1) 点Pと点Qが2回目に出会うのは出発してから ア $\frac{イ}{ウ}$ 秒後です。

(2) 3つの点が初めて同じ辺の上に並ぶのは出発してから □ 秒後です。

【社 会】 (25分) 〈満点：50点〉

1 次の先生と生徒たちの会話を読んで，各問に答えなさい。

福沢「2014年は，東海道新幹線の開業50周年ということで，色々話題になりましたね。」

先生「そもそも東海道新幹線は，㋐太平洋ベルト地帯の大動脈である東海道本線の輸送力が限界に近づいていたことから，それを増強するために建設されました。」

小泉「1964年の開業ということになりますが，これは(あ)の開催(さい)に合わせたのですか？」

先生「そうです。東海道新幹線と(あ)は，どちらも日本の戦後の復興を国内外に強くアピールすることになりました。新幹線の着工から開業までは，わずか5年のことでした。」

福沢「その後，1975年には山陽新幹線が全通し，東京駅から終点の(い)駅まで6時間半足らずで結ばれるようになりました。現在では，最速の列車だと4時間台まで短縮されています。」

小泉「その後も日本各地に向けた新幹線が次々と開業されましたよね。」

福沢「1982年には，東北・上越(えつ)新幹線，90年代に入ると山形・秋田・長野の各新幹線，2004年には九州新幹線が開業しています。」

先生「今年の3月には北陸新幹線が長野駅から(う)駅まで開通します。また来年には，北海道新幹線が新青森駅から新函館北斗(ほくと)駅まで開通する予定です。これで，ついに北海道から鹿児島県まで新幹線で結ばれることになります。」

福沢「ところで，地図で路線を確認すると，東海道・山陽新幹線は，在来線より内陸側を通っているところがほとんどですね。」

先生「よく気がつきましたね。これは，市街地の発達した臨海部よりも内陸部の方が，路線建設のための用地買収にかかる費用を低く抑(おさ)えられるためです。一方，国土の約70パーセントが(え)と丘陵(きゅうりょう)地である日本の地理的条件のもとでは，㋑内陸部を通すことと高速化を両立させるために，路線内に数多くのトンネルがつくられています。」

小泉「確かに山陽新幹線では，全路線の約半分がトンネルの区間になっていますね。」

先生「その通りです。他にも東海道新幹線は開業当時，岐阜県から滋賀県にかけてたびたび運行ができなくなる事態が発生しましたが，これを教訓にして，上越新幹線では（　お　）の対策で線路周辺にスプリンクラーを重点的に設置しています。ひとくちに新幹線といっても，路線ごとに様々な特徴があることを知っておくといいでしょう。」

問１　（あ）～（お）に当てはまる言葉を答えなさい。

問２　次のア～エの説明文に当てはまる新幹線の駅を選びなさい。

ア　東海道新幹線の終点であり，山陽新幹線の起点となっている駅
イ　東北新幹線と山形新幹線が分岐する駅
ウ　佐賀県にある駅
エ　もっとも標高が高い駅

　１　越後湯沢駅　　２　軽井沢駅　　３　久留米駅　　４　郡山駅
　５　新大阪駅　　６　新神戸駅　　７　新鳥栖駅　　８　福島駅

問３　下線部㋐について，太平洋ベルト地帯にある工業地帯・工業地域のうち，三大工業地帯に当てはまるものを右のグラフから**３つ選び**，それらを**東から順**に答えなさい。グラフは2012年の製造品出荷額等の総額と内訳を示しています。

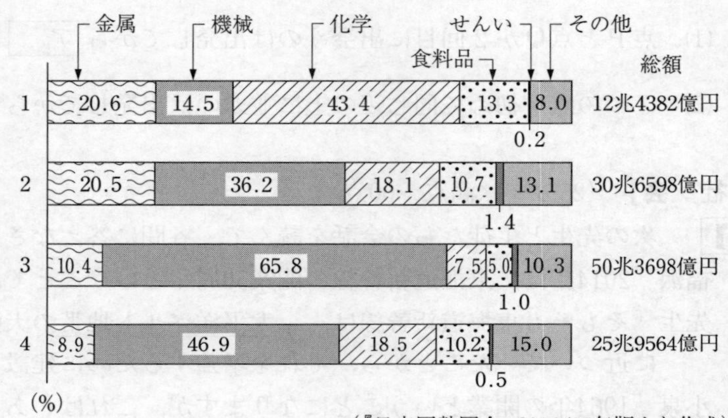

（『日本国勢図会』2014/15年版より作成）

問４　下線部㋑について，トンネルの建設と新幹線の高速化がどのように結びつくのか，25字以内で説明しなさい。

問５　東海道新幹線が渡る次の河川を**東から順**に並べかえなさい。

　１　大井川　　２　木曽川　　３　天竜川　　４　富士川

問６　東北新幹線が通過する**都道府県にはない**世界遺産を答えなさい。

　１　白神山地　　２　白川郷・五箇山の合掌造り集落
　３　日光の社寺　　４　平泉―仏国土（浄土）を表す建築・庭園及び考古学的遺跡群―

問７　北陸新幹線の建設予定地には，環境保全のための国際条約に登録されている中池見湿地があり，建設計画の見直しを求める意見が出ています。この条約名を選びなさい。

　１　ジュネーブ条約　　２　ハーグ条約　　３　ラムサール条約　　４　ワシントン条約

問８　(i)山陽新幹線が通過する海峡名，(ii)北海道新幹線が通過する予定の海峡名を，それぞれ**漢字２字**で答えなさい。

2　次の文章を読んで，各問に答えなさい。

日本にはさまざまな年中行事があります。このうちの節句とは，季節の節目に豊作，無病息災や子孫繁栄を願う伝統的な行事を指します。江戸時代に幕府が定めたものが，人日・上巳・端午・七夕・重陽の「五節句」で，それらは植物の名前で呼ばれることもあります。それでは，関東地方に伝わる風習を中心に，主な年中行事をみてみましょう。

まず，正月を迎えるにあたって，家の門の前に一対の［ あ ］を立てたり，部屋の中には鏡餅を飾ります。おせち料理を用意しますが，おせちが詰められた［ い ］は外側が黒塗り，内側は朱塗りのものがよく使われます。一般的には正月三が日に参拝することを［ う ］といいますが，元日には初日の出を拝んだり，２日には書き初めをする人たちもいます。また，３日には元始祭が行われます。初夢にみると縁起が良いとされることわざに「一（㋐）　二（㋑）　三（㋒）」があります。そして，１月７日が〔 A 〕の節句です。この日は，１年の無病息災を願って〔 A 〕粥を食べます。また，※松の内が終わった１月11日には［ え ］が行われることが多いです。

次に，３月３日は〔 B 〕の節句です。ひな祭りでは女の子の健やかな成長を祈ります。ひな人形は上から順に，１段目には内裏雛（男雛と女雛）を並べ，２段目には［ お ］，３段目には五人囃子と続きます。一般的には〔 B 〕の花，ひなあられ，菱餅なども飾ります。また，この日はちらし寿司と［ か ］のお吸い物を食べて祝います。

続いて，５月５日が端午の節句で，〔 C 〕の節句ともいいます。五月人形とは，男の子の誕生を祝ったり，成長を願うために飾る人形のことです。家の中に飾る「内飾り」には，鎧や兜飾りなどがあります。また，屋外には「外飾り」といって，立身出世（将来の無事と成長）を祈るために［ き ］を飾ります。この日に〔 C 〕湯に浸かることで，暑い夏を丈夫に過ごせるようになるともいわれています。

さらに，７月７日は七夕の節句です。〔 D 〕の節句とも呼ばれます。織姫と彦星が年に一度だけ天の川で会うことが許されている日と伝えられ，人びとは［ く ］に願い事を書いて，〔 D 〕の葉に飾ります。

最後は９月９日の〔 E 〕の節句です。不老長寿（健康であり長生きをすること）を願います。「お九日（くんち）」とも呼ばれ，長崎くんちや唐津くんち（10～11月）はその名残ともいわれています。この日には，食用〔 E 〕やそれを浮かばせた酒の他，栗ごはんや秋茄子を楽しみます。

※松の内…もともとは元日から１月15日までを指すが，近年は１月７日くらいまでを指すことが多い

問１　［ あ ］～［ え ］に入る言葉を選びなさい。

１　一般参賀　　２　鏡開き　　３　門松　　４　熊手
５　重箱　　６　初詣　　７　升　　８　餅つき

問２　［ お ］～［ く ］に入る言葉を選びなさい。

１　右大臣・左大臣　　２　絵馬　　３　鯉のぼり　　４　三人官女
５　短冊　　６　羽子板　　７　はまぐり　　８　松茸

問３　〔A〕～〔E〕に入る言葉の組み合わせとして，正しいものを選びなさい。

１　A　笹　B　菊　C　七草　D　桃　E　菖蒲
２　A　菖蒲　B　笹　C　菊　D　七草　E　桃
３　A　七草　B　桃　C　菖蒲　D　笹　E　菊
４　A　桃　B　菖蒲　C　笹　D　菊　E　七草

問４　（㋐）～（㋒）に入る言葉の組み合わせとして，正しいものを選びなさい。

１　㋐　富士　㋑　鷹　㋒　茄子　　２　㋐　姫　㋑　太郎　㋒　茄子
３　㋐　富士　㋑　鷲　㋒　茄子　　４　㋐　富士　㋑　鷹　㋒　胡瓜

3 次の各問に答えなさい。

問1　1914(大正3)年の出来事について，㋐～㋓に入る言葉の組み合わせとして，正しいものを選びなさい。

1月	桜島が噴火して，(㋐)半島と陸続きになる
4月	宝塚歌劇団が「ドンブラコ」「浮れ達磨」「胡蝶」を初公演
6月	(㋑)事件が起こり，後に第一次世界大戦が勃発
10月	慶應，早稲田，明治の3大学による(㋒)リーグが発足 後に立教，法政，東大が加わり，東京六大学(㋒)となる
12月	(㋓)駅の丸の内駅舎が開業

1　㋐ 大隅　㋑ サラエボ　㋒ 野球　㋓ 東京
2　㋐ 大隅　㋑ ノルマントン号　㋒ ラグビー　㋓ 上野
3　㋐ 薩摩　㋑ サラエボ　㋒ ラグビー　㋓ 東京
4　㋐ 薩摩　㋑ 生麦　㋒ 野球　㋓ 上野

問2　1964(昭和39)年の出来事について，㋔～㋗に入る言葉の組み合わせとして，正しいものを選びなさい。

3月	(㋔)スバルラインが完成(五合目に至る有料道路)
4月	(㋕)の最高司令官であったマッカーサーが死去
9月	気象庁が(㋔)山レーダーを完成
9月	浜松町と羽田空港を結ぶ(㋖)が開業
10月	東海道新幹線が開業
11月	池田勇人首相の退陣後，(㋗)が首相となる

1　㋔ 阿蘇　㋕ GHQ　㋖ 東京モノレール　㋗ 岸信介
2　㋔ 阿蘇　㋕ SAT　㋖ ゆりかもめ　㋗ 佐藤栄作
3　㋔ 富士　㋕ GHQ　㋖ 東京モノレール　㋗ 佐藤栄作
4　㋔ 富士　㋕ SAT　㋖ ゆりかもめ　㋗ 岸信介

問3　2014(平成26)年の出来事について，㋘～㋛に入る言葉の組み合わせとして，正しいものを選びなさい。

2月	冬季オリンピックがソチで開幕
3月	環境省が(㋘)慶良間諸島を国立公園に指定
4月	消費税が5％から(㋙)％に増税
5月	日本人初の国際宇宙ステーション船長を務めた(㋚)さんが帰還
10月	ノーベル物理学賞に青色発光ダイオードを開発した日本人研究者が選出
11月	2027年の開業を目指す(㋛)新幹線の一般向け試乗会を再開

1　㋘ 沖縄県　㋙ 8　㋚ 若田光一　㋛ 中央
2　㋘ 鹿児島県　㋙ 8　㋚ 毛利衛　㋛ 中山道
3　㋘ 長崎県　㋙ 8　㋚ 若田光一　㋛ 東山道

4　㋘　沖縄県　㋙　10　㋚　毛利衛　㋛　中央

問4　1914年以前の出来事で3番目に古いものを答えなさい。

1　大政奉還が行われる　　2　西南戦争が起こる
3　大日本帝国憲法の発布　4　日清戦争が起こる
5　日露(ろ)戦争が起こる　6　廃藩置県(はいはん)を行う

問5　1914年から1964年までの出来事で3番目に古いものを答えなさい。

1　関東大震(しん)災が発生　2　国際連合に加盟
3　東京大空襲(しゅう)が起こる　4　日独伊三国同盟を結ぶ
5　二・二六事件が起こる　6　日本国憲法が施行

問6　1964年以降の出来事で3番目に古いものを答えなさい。

1　沖縄返還
2　昭和天皇の崩御(ほうぎょ)により，平成に改元
3　東京スカイツリーが完成
4　日韓(かん)ワールドカップの開催
5　阪神・淡路大震災が発生
6　東日本大震災が発生

4　次の文章を読んで，各問に答えなさい。

(1)　明治政府は多くの外国人を招いて知識や技術を吸収するとともに，1872（明治5）年には官営模範(はん)工場として群馬県に［ あ ］製糸場をつくり，また新橋と［ い ］の間に鉄道を開通させ，近代化を進めていきました。1880年代になると産業革命の時代をむかえ，政府は日清戦争で得た賠償金(ばいしょう)をもとに，1901（明治34）年には福岡県で官営の［ う ］製鉄所の操業を開始しました。一方で近代工業の発達にともない公害問題も発生し，栃木県の代議士である田中正造は［ え ］銅山の鉱毒被(ひ)害を訴(うった)えました。

(2)　第二次世界大戦後，財閥(ばつ)が解体されるなど連合国軍の占(せん)領下にあった日本経済でしたが，1950（昭和25）年に［ お ］戦争が始まると，大量の物資の注文が入り，日本経済は一気に息を吹(ふ)き返しました。これらを「特需(じゅ)景気」といいます。1960年代になると，池田勇人首相が「［ か ］倍増」をスローガンにかかげ，この時期に日本経済は飛躍(やく)的な発展を遂(と)げました。1970（昭和45）年には，［ き ］で万国博覧会が行われました。

問1　［ あ ］～［ え ］に当てはまる言葉を，それぞれ1～4の中から選びなさい。

あ　1　太田　2　桐生(きりゅう)　3　富岡　4　前橋
い　1　大阪　2　京都　3　東京　4　横浜
う　1　北九州　2　太宰府(だざいふ)　3　福岡　4　八幡
え　1　足尾　2　石見　3　佐渡(さど)　4　別子

問2　［ お ］～［ き ］に当てはまる言葉を，それぞれ1～4の中から選びなさい。

お　1　イラク　2　朝鮮(せん)　3　ベトナム　4　湾(わん)岸
か　1　GDP　2　消費　3　所得　4　貯金額
き　1　愛知　2　大阪　3　東京　4　福岡

5 次のア～エが発見された場所を**A群**から，その場所がある県名を**B群**からそれぞれ選びなさい。

ア 「※月と星」と呼ばれる化石

イ 「漢委奴国王」と刻まれた金印

ウ 「獲加多支鹵大王」の名を刻んだ鉄剣

エ 朱雀や白虎などの「四神」の壁画

A群	1 稲荷山古墳	2 キトラ古墳	3 志賀島	4 野尻湖
B群	5 埼玉県	6 長野県	7 奈良県	8 福岡県

※月と星…ナウマン象の牙とオオツノジカの角の化石

6 各問の(A)～(C)に入る言葉の組み合わせとして，正しいものを選びなさい。

問1 衆議院議員の選挙は，小選挙区制(定数(A))と全国を(B)ブロックに分けて行う比例代表制(定数180)を組み合わせる小選挙区比例代表(C)制がとられています。

1 (A) 300 (B) 16 (C) 併用
2 (A) 295 (B) 11 (C) 並立
3 (A) 295 (B) 16 (C) 並立
4 (A) 300 (B) 11 (C) 並立

問2 参議院議員の選挙は，(A)を単位として，選挙ごとに各(B)人の代表を選ぶ選挙区制(定数146)と，全国をひとつの単位とした比例代表制(定数96)で行われ，3年ごとに全体の半数ずつが改選されます。比例代表制の投票用紙には，(C)を記入します。

1 (A) 都道府県 (B) 1～3 (C) 候補者名または政党名のどちらか
2 (A) 都道府県 (B) 1～5 (C) 候補者名
3 (A) 市(区)町村 (B) 1～3 (C) 政党名
4 (A) 都道府県 (B) 1～5 (C) 候補者名または政党名のどちらか

問3 衆議院議員の選挙に立候補できる年齢は(A)歳以上，参議院議員の選挙に立候補できる年齢は(B)歳以上，都道府県知事の選挙に立候補できる年齢は(C)歳以上です。

1 (A) 25 (B) 30 (C) 25　2 (A) 25 (B) 30 (C) 30
3 (A) 30 (B) 30 (C) 30　4 (A) 30 (B) 25 (C) 25

問4 (A)で内閣不信任決議が可決されると，(B)は(C)日以内に衆議院を解散するか，総辞職をしなければなりません。

1 (A) 参議院 (B) 最高裁判所 (C) 7
2 (A) 参議院 (B) 内閣 (C) 10
3 (A) 衆議院 (B) 内閣 (C) 10
4 (A) 衆議院 (B) 内閣 (C) 7

問5 常会(通常国会)は，毎年(A)回，(B)月中に召集され，会期は(C)日です。

1 (A) 1 (B) 2 (C) 150　2 (A) 1 (B) 1 (C) 100
3 (A) 2 (B) 1 (C) 100　4 (A) 1 (B) 1 (C) 150

問6　日本国憲法改正の手続きは，憲法第96条をもとに，2007年に制定された国民投票法によって具体的に定められています。この第96条では，各議院の（Ａ）の（Ｂ）以上の賛成で国会が発議し，国民投票において（Ｃ）の賛成を必要とすると定められています。

1　（A）　総議員　（B）　3分の2　（C）　過半数
2　（A）　出席議員　（B）　2分の1　（C）　3分の2
3　（A）　出席議員　（B）　3分の2　（C）　過半数
4　（A）　総議員　（B）　3分の2　（C）　3分の2

【理　科】（25分）〈満点：50点〉

1　1円硬貨，10円硬貨を使った実験について，あとの問いに答えなさい。

(1)　上皿てんびんの一方の皿に10円硬貨10枚をのせ，もう一方の皿にはつりあうように1円硬貨をのせました。このときに皿にのっていた10円硬貨と1円硬貨をそれぞれすべて，水を満たしたコップに入れると，あふれる水が多いのはどちらの硬貨を入れたときですか。次の中から選びなさい。

1　10円硬貨のほうがあふれる水は多い。
2　1円硬貨のほうがあふれる水は多い。
3　どちらもあふれる水の量は変わらない。

(2)　10円硬貨を10枚重ねてテーブルのはしに置き，一番上の硬貨がテーブルから完全にはみ出して落ちないようにするには，どのように重ねればよいですか。次の1～3から選びなさい。

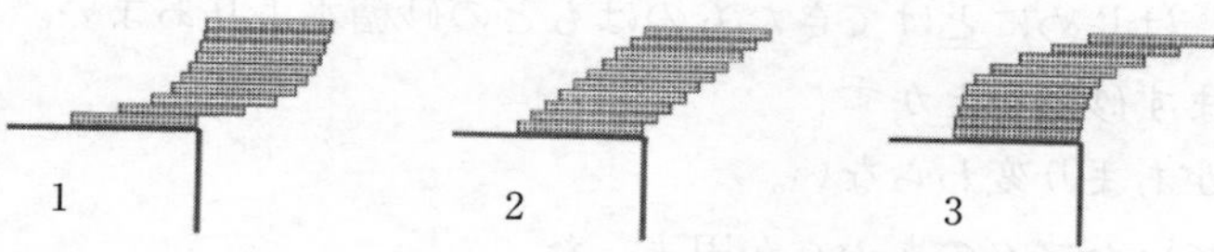

(3)　1円硬貨と10円硬貨をそれぞれ10枚まっすぐに重ねて山にしたものを台車にのせて，台車を動かすと，図1のように10円硬貨だけが台車の進行方向と反対の向きにずれました。また，動いている台車を止めたときには，図2のように10円硬貨だけが台車の進行方向と同じ向きにずれました。また，台車を急に動かしたり，止めたりすると，1円硬貨の山も10円硬貨の山もくずれました。このことを参考にして，次の問いに答えなさい。

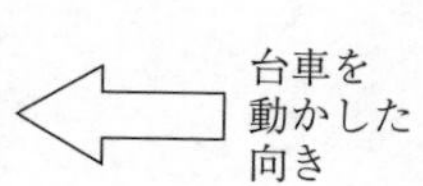

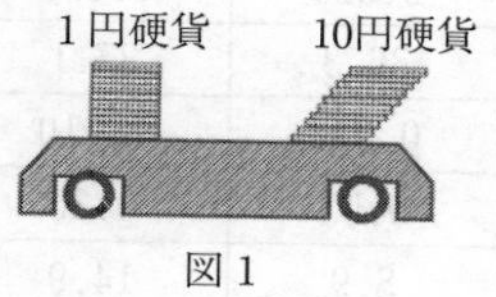

図1

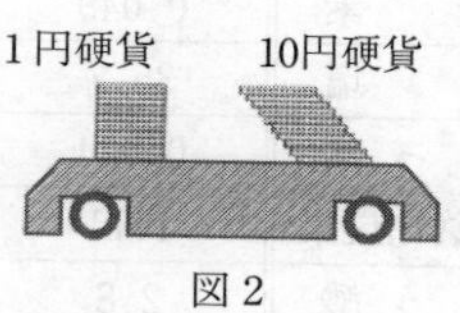

図2

ア　10円硬貨5枚の上に1円硬貨5枚を重ねて台車にのせ，台車を動かしはじめたとき，硬貨がずれました。その様子を示す図を下の1～6から選びなさい。

イ　1円硬貨5枚の上に10円硬貨5枚を重ねて台車にのせ，動いている台車を止めたときに，硬貨がずれました。その様子を示す図を下の1～6から選びなさい。

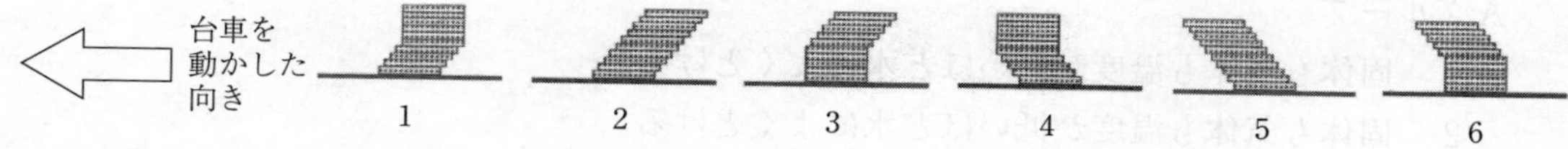

(4)　回転させることのできる丸イスの上の，図３のような位置に１円硬貨と10円硬貨を10枚重ねた山をそれぞれ２つずつ作り，イスを回転させたときに，硬貨の山がくずれる様子を観察しました。次の問いに答えなさい。

①　ア；イスを回しはじめるとき，イ；イスをだんだんと速く回すとき，ウ；イスの回転を止めたとき，一番初めにくずれる硬貨の山はどれですか。それぞれ図３の１～４から選びなさい。

②　ア；イスを回しはじめるとき，イ；イスをだんだんと速く回すとき，ウ；イスの回転を止めたとき，硬貨の山のくずれる向きはどちらですか。それぞれ図４の１～４から選びなさい。

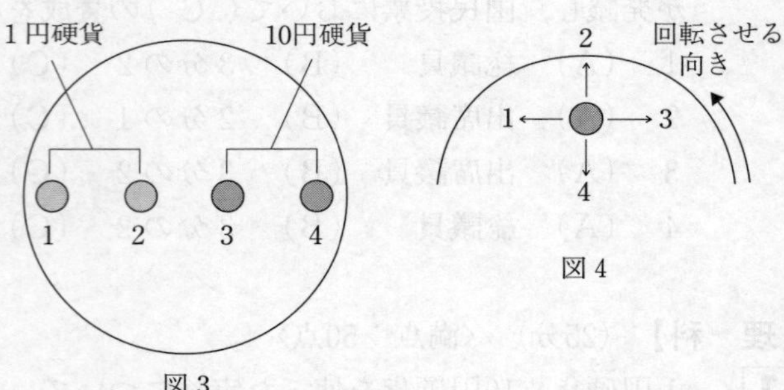

図３　図４

2　「とける」ということばを広辞苑(えん)で引くと――①融(ゆう)解する。固体・固形物が液状になる。②液体に他の物質が混ざって均一な液体になる。――と出ています。①と②はまったく異なる現象をさすので，本来は①の意味の場合は「融」，②の意味の場合は「溶(よう)」という漢字を当てることがふさわしいと考えられます。「融(と)ける」と「溶(と)ける」に関する次の問いに答えなさい。

(1)　次の文の下線部が本来「融」と書くことがふさわしいものであれば１を，「溶」と書くことがふさわしいものであれば２を解答らんに書きなさい。

ア　こおらせた砂糖水が<u>と</u>けると，はじめに<u>と</u>けてきたものはもとの砂糖水よりあまい。
イ　カルメ焼きを作るときには，まず砂糖を<u>と</u>かす。
ウ　食塩は温度によって<u>と</u>ける量があまり変わらない。
エ　フライパンが冷えると，<u>と</u>けていたブタのあぶらが固まった。
オ　チョコレートを口に入れると<u>と</u>けるのは，体温のせいである。
カ　ドライアイスを水に入れると，二酸化炭素が<u>と</u>けて，炭酸水ができる。

(2)　下の表は水の温度が０℃，20℃，40℃，60℃のときの６種類の物質の水にとける量を示しています。これを見て，あとのＡ～Ｄのグループから正しいことを述べている文をそれぞれ１つずつ選びなさい。

温度／物質	０℃	20℃	40℃	60℃
酸素	0.049	0.031	0.023	0.019
食塩	35.7	35.8	36.3	37.1
ちっ素	0.024	0.016	0.012	0.010
二酸化炭素	1.71	0.88	0.53	0.36
ほう酸	2.8	4.9	8.9	14.9
ミョウバン	5.7	11.4	23.8	57.3

※固体は100ｇの水にとける固体の質量〔g〕，気体は１Ｌの水にとける1013 hPaの気体の体積〔L〕を示す。

Ａグループ

１　固体も気体も温度が高いほど水によくとける。
２　固体も気体も温度が低いほど水によくとける。

3　固体は温度が高いほど水によくとけ，気体は温度が低いほど水によくとける。

4　固体は温度が低いほど水によくとけ，気体は温度が高いほど水によくとける。

Bグループ

1　0℃のとき，気体の中で水にとける量がもっとも多いのは酸素である。

2　20℃のとき，気体の中で水にとける量がもっとも多いのは二酸化炭素である。

3　40℃のとき，固体の中で水にとける量がもっとも多いのはミョウバンである。

4　60℃のとき，固体の中で水にとける量がもっとも多いのは食塩である。

Cグループ

1　温度によって水にとける量が逆転するのは，食塩とほう酸である。

2　温度によって水にとける量が逆転するのは，食塩とミョウバンである。

3　温度によって水にとける量が逆転するのは，ほう酸とミョウバンである。

4　6種類の物質の中では，温度によって水にとける量が逆転する組み合わせはない。

Dグループ

1　20gのほう酸は250gの水に，0℃のときはとけきらないが，20℃のときはとけきる。

2　20gのほう酸は250gの水に，20℃のときはとけきらないが，40℃のときはとけきる。

3　20gのほう酸は250gの水に，40℃のときはとけきらないが，60℃のときはとけきる。

4　20gのほう酸は250gの水に，60℃以下の温度ではとけきらない。

(3)　食塩は水にはとけますが，エタノールにはとけません。ア；60gの水に10gの食塩を入れたとき，イ；60gのエタノールに10gの食塩を入れたときの全体の重さはどうなりますか。次の1～5からそれぞれ選びなさい。

1　60gより軽くなる。　　2　60gになる。

3　60gより重く，70gより軽くなる。　　4　70gになる。

5　70gより重くなる。

(4)　氷とろうをそれぞれあたためて液体にしたとき，もとの固体のときと重さを比べると，いずれも変わっていませんでした。また，氷は水に浮(う)き，固体のろうは，液体のろうに沈(しず)みます。同じ重さの氷と水，固体のろうと液体のろうの体積を比べるとどうなりますか。次の1～4から正しいものを選びなさい。

1　氷＜水　固体のろう＜液体のろう　　2　氷＜水　固体のろう＞液体のろう

3　氷＞水　固体のろう＜液体のろう　　4　氷＞水　固体のろう＞液体のろう

3　雲と天気に関する次の問いに答えなさい。

(1)　次のうち，最も高いところにできる雲はどれですか。

1　雨雲　　2　すじ雲　　3　ひつじ雲　　4　わた雲

(2)　雲ができる条件に当てはまらないものを，次の1～4から1つだけ選びなさい。

1　暖かい海水が蒸発していく。

2　工場や車など人間の活動が集中して大量の熱が発生している。

3　山の斜(しゃ)面から強く風が吹(ふ)き下りる。

4　山の斜面に向かって風が当たって空気が山に沿って上がる。

(3)　次のア～エの文は，あとの1～4のどの雲と天気の関係を表したものですか。それぞれ選びなさい。

ア　晴れた日に点々と浮かぶ。この雲がすぐに雨を降らすことはない。

イ　しだいに天気が悪くなる前ぶれで，この雲が厚くなってくると雨を降らすことがある。

ウ　雨の降り方は強くないが，長時間にわたって雨を降らす。

エ　短時間に大量の雨を降らす。

1　雨雲　　2　入道雲　　3　ひつじ雲　　4　わた雲

4　アサガオ，ヘチマ，トウモロコシ，ヒマワリの花についての次の問いに答えなさい。

(1)　アサガオを使って次のア～オの条件で実ができるかどうか調べました。このとき，全く実ができなかったものはどれですか。あとの1～8から選びなさい。

ア　つぼみのうちにおしべをすべて取り去り，花が咲(さ)いてしぼむまで袋(ふくろ)をかけたままにする。
イ　つぼみのうちにめしべを取り去り，花が咲いてしぼむまで袋をかけたままにする。
ウ　つぼみのうちから花が咲いてしぼむまで，袋をかけたままにする。
エ　つぼみのうちにおしべをすべて取り去り，そのまま咲かせる。
オ　つぼみのうちにめしべを取り去り，そのまま咲かせる。

1　アとイとウ　　2　アとイとエ　　3　アとイとオ　　4　アとウとエ
5　アとウとオ　　6　イとウとエ　　7　イとウとオ　　8　イとエとオ

(2)　ヘチマには下の図のA，Bのように，トウモロコシには下の図のC，Dのように形の異なる2種類の花があります。これらのうち実にならないものの組み合わせをあとの1～4から選びなさい。

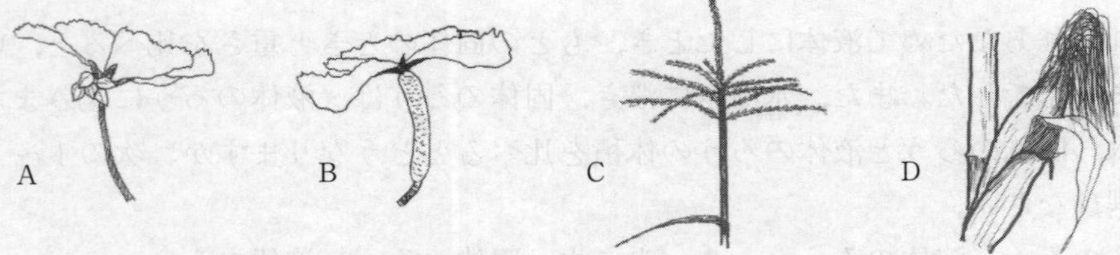

1　AとC　　2　AとD　　3　BとC　　4　BとD

(3)　トウモロコシ畑の中で，いくつかの株を選び，次の1～3のいずれかの操作をしたとき，その株の実が全くならなくなるのはどの操作をしたときですか。1つだけ選びなさい。

1　その株の花が咲く前からしぼむまでおばなに袋をかぶせておく。
2　その株の花が咲く前におばなを取り去る。
3　その株の花が咲く前にめばなのひげを取り去る。

(4)　ヒマワリの花は，右の図A，Bのような2種類の形の異なる花が集まってできています。これらの花のおしべ，めしべの有無について正しく述べた文を次の1～5から選びなさい。

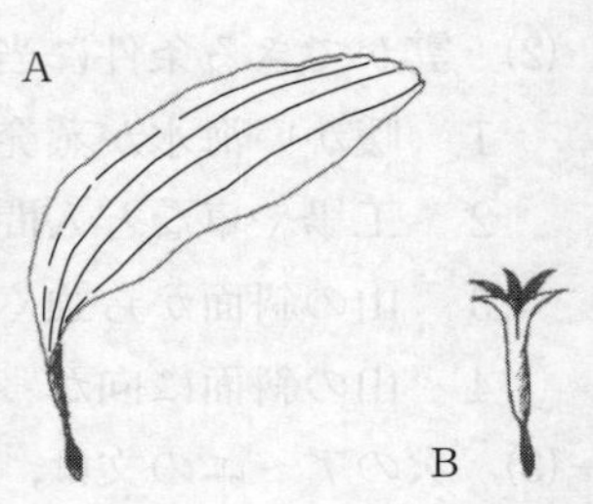

1　Aにはおしべだけがあり，Bにはめしべだけがある。
2　Aにはめしべだけがあり，Bにはおしべだけがある。

3　Aにはおしべもめしべもなく，Bにはおしべとめしべがある。

4　Aにはおしべとめしべがあり，Bにはおしべもめしべもない。

5　AにもBにもおしべとめしべがある。

5　動物の体に関する次の問いに答えなさい。

(1)　図5に示したようなタイを煮(に)付けにして，骨がそのまま残るようにていねいに食べました。本来の骨格を最も正確に表現できているスケッチはあとの1～4のどれですか。

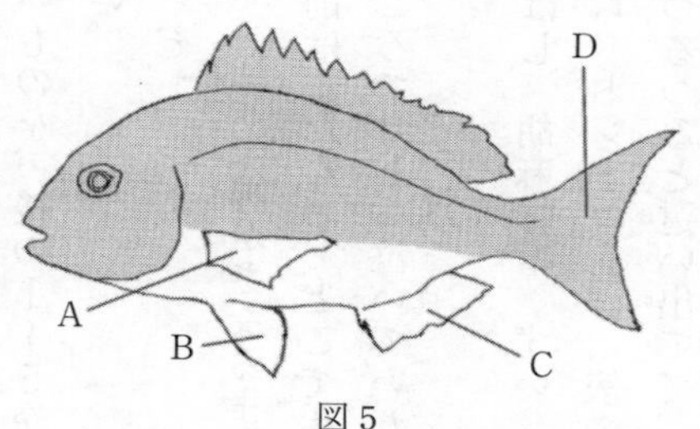

図5

1
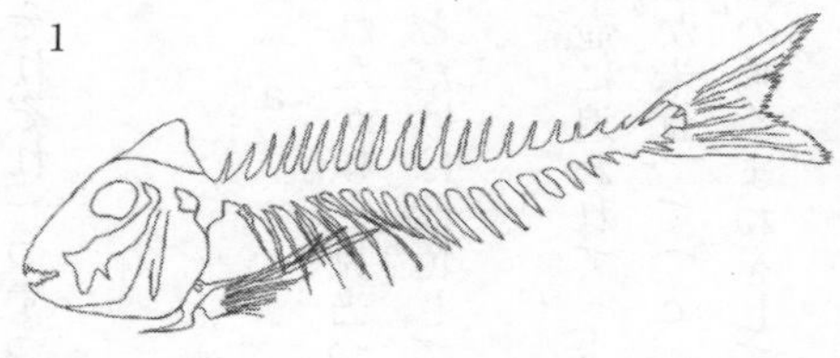

2
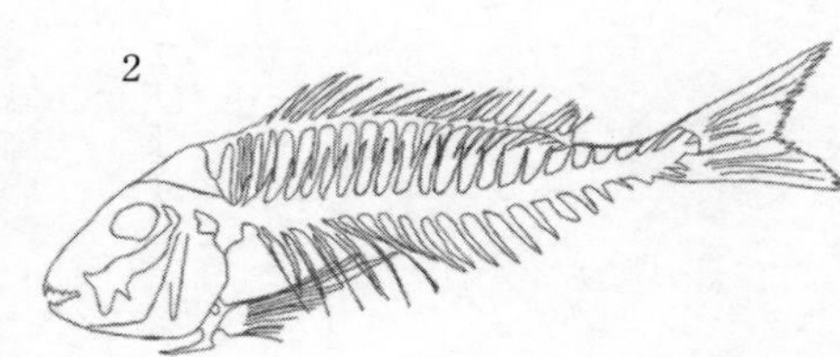

3
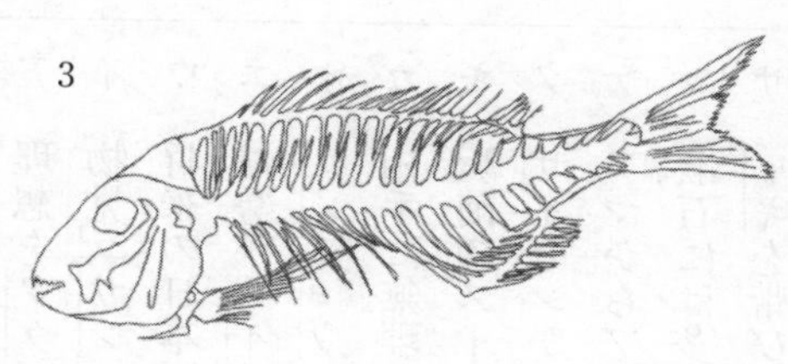

4
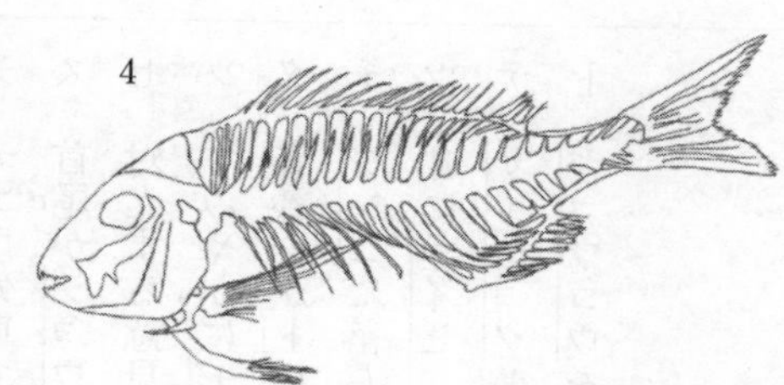

(2)　魚類から両生類への進化の過程で，前あし・後あしへと変化していったのは図5のA～Dのどの部位ですか。次の1～6から選びなさい。

1　前あし…A，後あし…B　　2　前あし…A，後あし…C

3　前あし…A，後あし…D　　4　前あし…B，後あし…C

5　前あし…B，後あし…D　　6　前あし…C，後あし…D

(3)　ホニュウ類と魚類の血液の流れとして正しいものを次の1～6からそれぞれ選びなさい。

1　心臓→肺　→全身→心臓　　2　心臓→全身→肺　→心臓

3　心臓→肺　→心臓→全身→心臓　　4　心臓→エラ→全身→心臓

5　心臓→全身→エラ→心臓　　6　心臓→エラ→心臓→全身→心臓

(4)　ヒトと魚類の体のしくみとして正しいものを次の1～4から選びなさい。

1　ヒトの耳は頭についているが，魚類の耳はえらぶたの内側についている。

2　ヒトは糞(ふん)と尿(にょう)を排(はい)出するが，魚類は糞しか出さない。

3　ヒトも魚類も血液中の二酸化炭素を口から排出する。

4　ヒトは鼻から酸素を取り込(こ)むが，魚類は鼻から酸素を取り込めない。

五 次のA～Eの文章の(a)～(e)にあてはまる動物の鳴き声としてもっともふさわしいものを、後の1～5からそれぞれ一つずつ選び番号で答えなさい。

A 柿主「犬ならこう鳴くぞ」
山伏「はあ。又こりゃ。(注1)鳴かざなるまい。(a)」

B 吾輩は猫である。名前はまだない。どこで生まれたか頓と見当つかぬ。何でも薄暗いところで(b)泣いていたことだけは記憶している。

C ずいずい ずっころばし 胡麻味噌 ずい 茶壺に追われて ドッピンシャン 抜けたら ドンドコショ 俵の鼠が米食って(c)

D 橋がかり、中頃までつるつると這い出でて、狐の鳴くまねをして(d)という。

E (e)と鳴く 尻声悲し 夜の鹿

(注1) 鳴かなくてはいけない

1 かいかい　2 にゃーにゃー　3 びょうびょう
4 びい　5 ちゅう

六 ――のカタカナを、正しい漢字に直しなさい。

ア 理想をグゲン化する
イ 物見ユサンに出かける
ウ 将来の日本のニナい手
エ 情勢がスイイする
オ コンジョウの別れ
カ 相手に無理ジいをしてはいけない
キ 駅前のスーパーがシンソウ開店する
ク サイゼンから雨が降り出した
ケ アマからプロにテンコウする
コ 漱石には多くのモンカがいた
サ ワキを帯びた口調
シ ヤコウ列車で帰郷する
ス 首尾がショウオウする
セ 対立する意見をロンパする
ソ すみやかにゼンショする
タ 審議会がトウシンする
チ ジンゴに落ちない
ツ 味にテイヒョウのある店
テ サイショク兼備の人
ト キュウコウを温める

問三　――②「干支は（Ｂ）ですね」について、次の問いに答えなさい。

a　「支」には動物が割り当てられるが、その種類は全部でいくつあるか、もっともふさわしい数を次の1～5から選び番号で答えなさい。

1　六　2　八　3　十　4　十二　5　十四

b　（Ｂ）に入る動物としてもっともふさわしいものを、次の1～5から選び番号で答えなさい。

1　いぬ　2　うさぎ　3　ひつじ
4　うし　5　ねこ

問四　――③「冬来たりなば　春遠からじ」の意味としてもっともふさわしいものを、次の1～5から選び番号で答えなさい。

1　冬が過ぎ去って、春が訪れた。
2　冬の長さに比べて、春の期間は短い。
3　冬が無かったら、春も来ない。
4　冬は来たけれど、春まではまだ遠い。
5　冬が来たら、春はそう遠くはない。

問五　次の1～5の指摘（てき）について、正しいものを一つ選び番号で答えなさい。

1　「○○先生」の下に、敬称（しょう）である「様」が必要である。
2　「謹賀新年」の前に、冒頭（ぼう）文として「明けましておめでとうございます」という一行を入れるべきである。
3　「桜の咲くころ」ではなく、「梅の咲くころ」と書くほうが時期としてふさわしい。
4　「ご指導」より、「ご指導のほうを」と置きかえたほうが丁寧（ねい）な表現となる。
5　「一月一日」と書いているが、これは不要である。

四　次のA～Eの文章の[a]～[e]にあてはまる漢字としてもっともふさわしいものを、後の1～9からそれぞれ一つずつ選び番号で答えなさい。

A　この事件には何か[a]がありそうだ。
B　あんな言い訳ばかりして、まったく反省の[b]が見えない。
C　「よかった。あの人ようやく一位をとれたね」「いつもみんなによくつくしてくれているから、今回は[c]を持たせたんだ」
D　今年の展覧会では納得のいく展示ができたけれども、実は予算オーバーで[d]が出てしまった。
E　「こんにちは、○○さんいますか」「あら、そういえばしばらく顔を見ていないわね。○○さんのことだから、どこかで[e]を売っているんだと思うわよ」

1　花　2　腹　3　油　4　角　5　泡（あわ）
6　色　7　肩（かた）　8　裏　9　足

問三　この文章に書いてある事がらとしてもっともふさわしいものを、次の1～5から選び番号で答えなさい。

1　親は子どもが犯罪に巻き込まれるのを未然に防ぐために子どもの携帯やスマホを時々点検するべきである。
2　東日本大震災は、親が子どもに携帯やスマホを持たせるようになったことに、大きな影響を与えた。
3　文部科学省は、携帯やスマホの利用時間と全国学力テストの平均正答率との間には、大して関連性はないとの結論を出した。
4　個人情報の流出を防ぐためには、携帯やスマホを持っている一人一人が、ウイルス対策のソフトを購入すればよい。
5　日ごろから、親は子どもが悪いサイトを見ていないかどうかなど徹底的に調べ上げるべきである。

三

慶應国男くんは都内の小学校に通う六年生です。今年、先生に次のような年賀状を書いて送りました。その年賀状を読んで、後の各問いに答えなさい。

> ○○先生
> ①謹賀新年
> 旧年中は（　A　）
> さて　今年の②干支は（B）ですね
> そのイメージのように　のんびりという訳にはいかず
> 今は来月に迫った中学受験の追い込みで
> 昼夜勉強に励んでおります
> 「③冬来たりなば　春遠からじ」と言います
> 卒業までに残された時間もあとわずか
> クラスの仲間と楽しい思い出を一つでも多く残したいです
> そして　桜の咲くころには中学校へ進学します
> 新たな学校　また友人との出会いを待ち遠しく思います
> それでは　本年もご指導よろしくお願い申しあげます
> 二〇一五年一月一日　元旦　慶應　国男

問一　――①「謹賀新年」とはどのような意味か、もっともふさわしいものを次の1～5から選び番号で答えなさい。

1　新たな気持ちで新年のスタートを切ること。
2　つつしんで新年の喜びを申し上げること。
3　神様に願いや祈りをささげつつ、良い年にしようということ。
4　初日の出のまばゆさにあふれて、新年を迎えること。
5　新年を迎え、冬の寒い時期に体を労わってほしいということ。

問二　（A）に入れるのにふさわしい表現を考え、十五字以上二十字以内で書きなさい。ただし、句読点は使用しないこと。

なっているアプリの存在もある。また、ソーシャルネットワークを運営している会社自体が外部から不正アクセスを受け、大量のIDやパスワードが流失する事故も現に何件か起きている。

携帯やスマホはそもそもコミュニケーションをとるための道具であるのに、メールとかLINEとかで自分だけ連絡を飛ばされて無視されるなど、逆にコミュニケーションを阻害して、個人を仲間はずれにするような使い方をしていじめる事件も多数起きている。

（ウ）、こうした状況の中で、親は子どもと携帯をどう付き合わせていったらよいのだろうか。

（エ）、考えなければならないのは、インターネットも含めた形で段階的に利用の仕方を広げていくことであろう。つまり、いきなり、全機能を使わせるのではなく、四段階に分けて、徐々に使える機能を増やしていくやり方である。

子どもたちのインターネット利用について考える研究会によると、Ⅰ体験期、Ⅱ初歩的利用期、Ⅲ利用開始期、Ⅳ習熟期に分けて説明されている。ⅠⅡの段階では保護者が隣で見守る中、通話や特定の相手とのメールだけに限って利用する。この時期、特に大切なことは読み手の気持ちに配慮した文章を書く力を養うことである。

Ⅲの利用開始期に入ったら、保護者の目の届く場で利用することを条件に使わせるが、閉鎖性が高く、見守りにくい携帯・スマホからのメールなどの発信はⅣの習熟期まで待った方が良いそうだ。

次に準備をしておかなければならないことは、もしもの時の備えである。子どもが事件事故に巻き込まれないことに越したことはないが、巻き込まれそうになった時にいち早くキャッチできる親子関係を作っておくことが大事である。

それには、普段から親が子どものネット利用に関心を持っていることを子ども本人に伝えておくことが第一である。例えば、前述のように使用時間や使用場所などのルールを決めておいたり、普段の会話の中でよく利用しているサイトの情報などをつかんでおくことが大事である。日本メディア(注3)リテラシー教育推進機構の藤川教授は、日ごろは緩やかに見守り、異変を感じたらじっくり話し合う姿勢が大事だと述べている。

さて、今まで述べてきたように、携帯やスマホはもとより、最近ではある種のゲーム機などもネットへの入り口となっている状況がある。大切なことはそれらの道具を親もよく理解して、子どもの発達段階に応じて、万が一の時に子ども一人ひとりの気持ちに寄り添える関係を作っておくことであるといえよう。

（注1）プロフィールのこと。簡単な人物紹介

（注2）あべこべに

（注3）ある分野に対する知識や能力

問一 （ア）～（エ）にあてはまる言葉としてもっともふさわしいものを、次の1～6から一つずつ選び番号で答えなさい。

1 しかし　2 だから　3 また
4 まず　5 では　6 もし

問二 次の文章は、本文からぬけおちたものである。この文章が入るべき場所としてもっともふさわしいところを、本文中の（1）～（5）の中から選び番号で答えなさい。

小学生や中学生の子どもを育てている保護者も、決して子どもたちのほしいという声のままに、携帯やスマホを買い与えているわけではない。むしろその怖さをある程度知っているだけに、できれば買い与えたくないというのが本音の親が、大多数であろう。事実、スマホがそれほど普及していなかった五年くらい前までは、高校生でも携帯はまだ早いという考えの親は多かったのである。

二　次の文章を読んで、後の各問いに答えなさい。

先日、中央大学理工学部教授の竹内健さんが『自分はエレクトロニクス・ITの研究者だけど、子供にはスマホもパソコンも使わせない理由』と題してご自身の研究室のブログで子どもに端末を与える前に教育が先決であるというような内容を発信したところ、コメント欄には賛否の意見が多数書き込まれたという記事が朝日新聞に掲載されていた。

（　　　1　　　）

その記事によると、児童・生徒にタブレット端末を配付して授業をする学校が増え、子どもにスマートフォン（以下、スマホ）や携帯電話（以下、携帯）をせがまれ、悩む親も多いだろうということだ。

（　　　2　　　）

おそらく、親たちの悩みの大部分は、自分の子どもにスマホや携帯を持たせることによって起きる、マイナスの面を心配してのことだと思われる。それらの機器を使って、いじめの加害者や被害者になってしまったり、知らない人に与えてはいけない情報を渡してしまうこともありえる。また、交流サイトなどを通じて事件に巻き込まれたり、最悪、被害に遭ってしまうことも考えられる。

（　　　3　　　）

警察庁の資料によると、交流サイトに起因する子どもの被害者は、年々増加傾向にあるそうである。また、そのうち九割近くが携帯やスマホを通して交流サイトにアクセスしている。被害に遭った子どもたちを容疑者が選んだ理由として、容疑者のうちの約四分の一が子どもからメールの返信が来たからだと答えているという。また、容疑者の四割が偽の(注1)プロファイルを使っている。つまり、子どもは最初、相手は女の子だと思っていたら、実はオジサンだったということが四割もありえるということである。

（　　　4　　　）

以上のように、思春期の子どもがいる家庭の親にとって、心配の種は尽きない現状ではあるが、ここで、携帯電話やスマホにはいったいどんな問題があるのか、少し整理してみよう。

（　　　5　　　）

その考え方が一気に変わったきっかけが、平成二十三年の東日本大震災であった。特に関東地方では、まだ余震が多かった半年間に、万一の時に連絡がとれないと心配なことから、自分の子どもに携帯を持たせるようになった家庭が多かったのである。

（ア）、親の心配とは(注2)裏腹に、携帯は緊急連絡用に用途を限定されたままではすまなかった。名古屋市の生徒が編集した携帯手引書には、携帯にはまってしまった体験談が載っている。それによるとメールが一日四十通以上で、しかもすぐに返信する「即レス」が当たり前。月額料金は三万円に達したこともあったという。

（イ）、先日の全国学力テストの結果から、文部科学省は、携帯を長時間使った場合、学習時間が減少する可能性があるとしている。文科省の学力テストは、小学六年生と中学三年生が対象で、今年から、平日にどのくらいスマホなどの携帯電話を使って通話やメール、インターネットを利用しているのかアンケート調査も行われた。その結果、使用時間が長い子どもほど平均正答率が下がる傾向がみられたというのである。

こう考えてみると、携帯やスマホを持たせることはお金と時間の無駄に結びつくといえる。

さらに個人情報流失の危険性の面でも不安は拭えない。自分からネットに情報を公開しないようにするのはもちろんのことだが、たとえ、自分で注意していても、実行すると同時に、記憶されている電話帳やその機器の電話番号などの情報が自動的に外部に送信される仕組みに

かったから。

3　口数の少なかった祖父が、どうしても好きになれなかったから。

4　病状が悪化するまで祖父を見舞わなかったのが、後ろめたかったから。

5　長く会わないうちに、祖父のことを忘れてしまっていたから。

問五　══B「心の中で口籠もってしまった」とあるが、この時の「私」の気持ちの説明としてもっともふさわしいものを、次の1～5から選び番号で答えなさい。

1　こんなに気持ちの良い場所にある墓を父が移そうとしたことに、いきどおりを感じている。

2　物怖じして私から離れられなくなっている息子のことが気がかりで、心が落ち着かない。

3　自分が死んだ時に入るかも知れない墓ではあるが、愛着を感じることができないでいる。

4　祖父の最期に立ち会わなかったことを後悔し、いつまでも申し訳なく思っている。

5　墓に車を乗りつけたせいで、心の準備が出来る前に手を合わせることになり、とまどっている。

問六　══C「しかるべき時期にしかるべき決断をする」とは、どういうことか。その説明としてもっともふさわしいものを、次の1～5から選び番号で答えなさい。

1　百年も残る仕事をした先祖を尊敬し、これからも感謝しながら生きていくこと。

2　小中学校時代の同窓会に出席するのに合わせて、墓参りを続けていくこと。

3　墓を受け継ぐ人のいなくなった時には、共同墓地で永代供養してもらうようにすること。

4　父が生きている間に、原野になってしまった先祖代々の土地を水田や畑に戻すこと。

5　親戚の反対がなくなる頃を見計らって、今の住まいの近くに墓を移すこと。

問七　(甲)にあてはまる言葉としてもっともふさわしいものを、次の1～5から選び番号で答えなさい。

1　原野かな　　2　馬鹿馬鹿し　　3　鬼やんま

4　手放して　　5　北海道

問八　次のタ～ナが、本文の内容に合っていれば1を、合っていなければ2を記入しなさい。

タ　親戚の反対を押し切って、私の父は眺めの良い場所に墓を移した。

チ　久しぶりの墓参を通して、私は北見の墓に親しみを感じるようになった。

ツ　私の父は、私が祖父の最期に立ち会わなかったことを、今でも不満に思っている。

テ　私と息子は、北海道に到着した日の午後、叔母に連れられて墓参りをした。

ト　私の祖父は東京オリンピックの頃までは、奈良で僧侶をしていた。

ナ　私は、父の生家を訪ねた印象を詠んだ俳句の出来ばえに満足していない。

を引かれるに違いない。

(注1) 北海道の警備・開拓のために設けられた農業経営の兵士。
(注2) シソ科の多年草。香料、薬用に栽培される。
(注3) 寺で金銭の布施を受けて、故人の冥福のため、忌日や彼岸などに永久に継続して供養すること。

問一 ～～a「食い詰めた」、b「臨終」、c「元の木阿弥」、d「後ろ髪を引かれる」の語句の意味としてもっともふさわしいものを、それぞれ後の1～5から選び番号で答えなさい。

a「食い詰めた」
1 生活に困った　2 たくさん食べた
3 仕事をかえた　4 農業をやめた
5 つらい思いをした

b「臨終」
1 とても悲しい　2 病気が重くなる
3 重大で急ぐ必要がある　4 亡くなる
5 思いがけない

c「元の木阿弥」
1 大事な物がこわれる　2 僧侶になる
3 苦労が無駄になる　4 木が生えてくる
5 予想通りになる

d「後ろ髪を引かれる」
1 苦々しく思う　2 思い出したくない
3 思い切れない　4 ひどく緊張する
5 忘れられてしまう

問二 （あ）～（か）にあてはまる文としてもっともふさわしいものを、次の1～6から一つずつ選び番号で答えなさい。
1 祖父が亡くなると、我が家に仏壇がやって来た。
2 我が家の墓は、北海道の北見にある。
3 旭川を過ぎる頃から、田んぼにかわって蕎麦畑が目立つようになってきた。
4 それから数年経って、祖父が亡くなった時、私は間に合わなかった。
5 北海道入りしたその日の午後にも墓参する計画だったが、寝台列車の遅れで出鼻をくじかれた。
6 墓参りは学生時代以来十数年ぶりのことで、鉄道好きの息子の寝台列車に乗りたいという希望に乗る形で実現することになった。

問三 ――サ「娘」、シ「叔母」、ス「妹」、セ「いとこ」、ソ「叔父」の人物は、次の系図の1～5のうちどこにあてはまるか、もっともふさわしいものを選び番号で答えなさい。

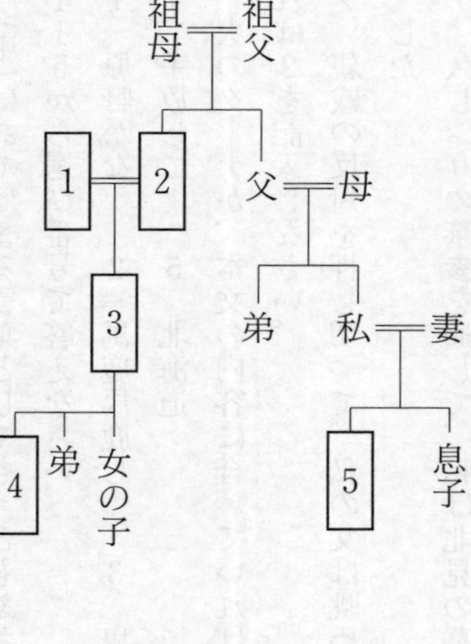

問四 ――A「祖父の最期に立ち会うことを思いつかなかった」とあるが、それはなぜか。その説明としてもっともふさわしいものを、次の1～5から選び番号で答えなさい。
1 大勢の親戚に会わなければならず、気がすすまなかったから。
2 ほとんど会ったこともない祖父を、身近な存在と感じていな

息子が来ることを楽しみにしてくれていたようで、年を聞いたりしては ス妹と一つ違いだとか言って喜んでいる。予定が一日ずれ込んだことを詫びたり、家族の近況を聞いたりするうち、市街地を抜けて森に入る。北見も今年は暑くて、三十五度近くまで上がった日もあったと言う。やがて、丘に出て再び景色がひらけてくると、一面の玉ねぎ畑になった。その中に、一棟目立つ建物が丸裸で建っている。昔この地域の特産品だった(注2)ハッカ農家の建築を移してきたものだそうで、一帯が公園になっている。その裏が、墓地だった。とうとうやって来た。墓地の入口を折れると、車はそのまま墓の間を進んでいく。てっきり駐車場に入るものと思い込んでいたが、叔母が「ここ」と言って車を停めたのは、もう我が家の墓の前だった。空も大地も果てしなく見渡せる気持ちの良い場所だ。叔母が数日前に来て掃除してくれたそうで、まだ色鮮やかなリンドウやキクの花が供えてあった。さらに新しい花を足した叔母は、私に線香を持たせてくれた。息子にも促して、手を合わせる。あまりにあっけなくて、「どうも」とか「ご無沙汰しました」とか B心の中で口籠もってしまった。

家では、女の子の母親で久しぶりに会う セいとこ、女の子の弟、妹も待っていてくれた。初めて会った大勢の親戚を前に、すっかり物怖じしてしまった息子は私にべったりくっついている。そこへ ソ叔父も帰ってきた。トラクターに乗せてやろうかと言ってくれたが、これにも息子は首を横に振る。結局、半日遊んでもらって、それでもなお打ち解けられないでいるうちに、札幌へ戻る列車の時間が来てしまった。今度は一家揃って来ると、別れの挨拶をする。そして、車中のおやつまで持たせてもらって改札を通った。

帰宅後、ついでの機会があって、父に墓参の報告をした。北見に墓を持っている人の中にも、受け継ぐ人がいなくなって(注3)永代供養の共同墓地に移す人があるとか、そんな話を聞かせてもらう。還暦を過ぎて小中学校時代の同窓会に顔を出すようになった父は、故郷でそんな話を耳に入れてくるらしい。我が家の墓も祖父の兄弟の反対で移せなかったが、いずれ強い反対はなくなるだろうとも言う。今回の訪問でようやく親しみを感じられるようになった墓ではあるが、一生の間の Cしかるべき時期にしかるべき決断をすることになりそうだ。

父の生家の跡、祖父の亡くなった家の跡を見てきたことも話した。祖父が離農したのは東京オリンピックの頃のことで、当時は農協の力が強くて農地を自由に処分することはできなかったそうだ。一部を手もとに残すこともできず、遂に全ての土地を手放すことになったとのことだった。これは、初めて聞いた話だった。父の生家はかなり起伏のある土地で、低い土地は水田、傾斜地は畑にしていたと聞いた。現在のようにトラクターを何台も使い分けるような農作業ではなかっただろうが、素人目にもあまり耕作しやすい土地には見えなかった。祖父が手放してから、どれだけ耕作が続けられたのかはわからない。それでも、以前に訪ねた時にはまだ物置小屋か何かが残っていた。今度はそれもなくなっていて、思い入れのある人が見るのでなければ原野としか言いようがない状態だった。私たちを警戒しているのか、一匹の鬼やんまが盛んに飛び回っていた。考えてみれば、明治十年頃に切り拓いた土地が、百年ちょっとで c元の木阿弥になったわけだ。農地としての寿命は、百年に足りなかったかも知れない。半分は我が事であるだけに感慨が湧いて来ないではない。

屯田の百年保たず（ 甲 ）

こんな俳句にしてみたが、もう半分が他人事であるせいか出来は今一だ。そして、こう思い直した。失われた状態を見るから哀れでもあり馬鹿馬鹿しいようでもあるが、百年残る仕事をした先祖の勇気と努力は大したものだったに違いない。その最後の記念碑があの墓だ。しかるべくしかるべくと言いながら、いざ決断を下す時になれば d後ろ髪

平成二十七年度 慶應義塾中等部

【国語】（四五分）〈満点：一〇〇点〉

一 次の文章を読んで、後の各問いに答えなさい。

（　あ　）その白い花もだんだん夕焼けに染まってくる。さっきまで熱心に車窓を眺めていた息子もぐっすり眠っている。

（　い　）生後間もない娘と妻はどこへも出掛けられないので、この夏はちょうど良い機会だった。それに、今年は祖父の十七回忌でもあった。父たちが法要を行ったが、私は駆け付けることができなかった。だから、旧盆に墓参できることになって、何とか申し訳が立つようで安心した。

（　う　）何でも、先祖は奈良で僧侶をしていたそうだ。それが、明治の初年、仏教に対する風当たりが強くなってａ食い詰めたのだろう、(注1)屯田兵として北海道に渡ったもののようだ。

祖父の代に、農地を引き払って北見の市街に出てきた。父は、大学入学の際に東京へ出てきて、そのままこちらでサラリーマンになった。

私は、父が仕事人間だったせいか父の故郷へ連れていってもらうこともなく育った。祖父にも、生まれて間もない頃に対面したきりだった。毎年お年玉を送ってもらっていたが、ほとんどそれだけしか接点がなかった。中学生になって、友達と北海道一周旅行に出掛けた時のこと。北見へも立ち寄って、農家をしている叔母の家に二晩泊めてもらった。一人暮らしをしていた祖父も、昼間は叔母の家で過ごしていて、久しぶりの対面を果たした。とはいえ、その時がほとんど初対面みたいなもので、お互い口数少ないまま終わってしまった。しかも、それが、私が祖父と話をした最後になってしまった。

（　え　）というか、そんな関係だったＡ祖父の最期に立ち会うことを思いつかなかった。先に到着していた母からｂ臨終の報せが入って、今後のことを聞かされて、やっと弟と二人、飛行機に乗った。病院から家に帰されていた祖父に対面し、その後葬儀があった。大勢の親戚の間にあって、取り残されたような私と弟とは、どう振る舞って良いのか分からず大人しくしていた。その時に、初めて墓参りをした。六月のことで、曇っていてうすら寒いような日だった。だだっ広い砂利の墓地の中に我が家の墓があった。

（　お　）仏間となった部屋には、祖父と祖母の遺影も飾られた。私の生まれる前に亡くなった祖母の写真は、初めて見た。紋付きの着物を着たその姿は、歴史上の人物のように見えた。遅まきながら、それ以来祖父母が少し身近になった。反対に、北海道からは足が遠ざかった。たくさんの親戚を素通りしながら旅することが、ひどく窮屈に思われたのだ。

（　か　）ようやく夕方の特急に乗り込んで、北見へ向かっているのだった。旭川からが遠くてまだまだ三時間以上かかる。蕎麦畑が尽きれば、あとは原野が広がるばかりだ。四、五十分に一度ずつ駅に停車するが、どこも寂しそうな土地だ。通過する駅はなおさらだ。八月の夕べとはいえ、だんだんに暮れてくる。車窓に気を紛らわせることができなくなって、曇り空の下の我が家の墓のことが思い出されてきた。祖父の死後、父は墓を移そうとしたそうだ。結局、その企ては失敗に終わって、今は近くの農家に嫁いだ叔母が墓を守ってくれている。当時は、父や母はあの墓に入るつもりでいるのかと信じられない気持でいたが、この頃はそういう考え自体から遠ざかっていた。

翌朝、ホテルまで叔母が迎えに来てくれた。思いがけず良い天気だ。車には四歳の息子のはとこにあたる小学四年生の女の子も乗っている。

平成27年度

慶應義塾中等部 ▶解説と解答

算 数 (45分) ＜満点：100点＞

解 答

1 (1) ア 1 イ 1 ウ 114 (2) ア 2 イ 31 ウ 56 (3) 2058 (4) ア 1 イ 25 2 (1) 3600 (2) ア 2 イ 3 (3) 11 (4) ア 73 イ 11 3 (1) 150 (2) ア 2 イ 28 (3) ア 157 イ 43 (4) ア 226 イ 08 4 (1) 15 (2) 160 5 (1) 16 (2) ア 16 イ 33 ウ 45 6 (1) 146 (2) ア 9 イ 8 7 (1) ア 59 イ 1 ウ 3 (2) 48

解 説

1 四則計算，逆算，単位の計算，相似。

(1) $\left(3\frac{2}{3}-1\frac{3}{4}\right)\div\left\{3.4-\left(\frac{1}{2}+\frac{2}{3}\times1\frac{1}{2}\right)\right\}=\left(\frac{11}{3}-\frac{7}{4}\right)\div\left\{\frac{17}{5}-\left(\frac{1}{2}+\frac{2}{3}\times\frac{3}{2}\right)\right\}=\left(\frac{44}{12}-\frac{21}{12}\right)\div\left\{\frac{17}{5}-\left(\frac{1}{2}+1\right)\right\}=\frac{23}{12}\div\left(\frac{17}{5}-1\frac{1}{2}\right)=\frac{23}{12}\div\left(\frac{17}{5}-\frac{3}{2}\right)=\frac{23}{12}\div\left(\frac{34}{10}-\frac{15}{10}\right)=\frac{23}{12}\div\frac{19}{10}=\frac{23}{12}\times\frac{10}{19}=\frac{115}{114}=1\frac{1}{114}$

(2) $\left(\frac{5}{8}+\frac{3}{4}\right)\times0.5=\left(\frac{5}{8}+\frac{6}{8}\right)\times\frac{1}{2}=\frac{11}{8}\times\frac{1}{2}=\frac{11}{16}$より，$\frac{11}{16}\div\left(3\frac{1}{7}-\square\right)=1\frac{1}{6}$，$3\frac{1}{7}-\square=\frac{11}{16}\div1\frac{1}{6}=\frac{11}{16}\div\frac{7}{6}=\frac{11}{16}\times\frac{6}{7}=\frac{33}{56}$ よって，$\square=3\frac{1}{7}-\frac{33}{56}=\frac{22}{7}-\frac{33}{56}=\frac{176}{56}-\frac{33}{56}=\frac{143}{56}=2\frac{31}{56}$

(3) 1.7km－272000mm＋63000cm＝1700m－27200cm＋630m＝1700m－272m＋630m＝2058m

(4) 実際の面積は地図上の面積の(25000×25000)倍になる。また，$1\,\text{m}^2=(1\times1)\,\text{m}^2=(100\times100)\,\text{cm}^2$，$1\,\text{km}^2=(1\times1)\,\text{km}^2=(1000\times1000)\,\text{m}^2$より，$\frac{20\times25000\times25000}{100\times100\times1000\times1000}=\frac{2\times25\times25}{1000}=1.25$ (km^2)となる。

2 相当算，速さと比，倍数算，比の性質，差集め算。

(1) 3割を使った後の残りのお金は，使う前のお金の，1－0.3＝0.7(倍)になり，$\frac{2}{7}$を使った後の残りのお金は，使う前のお金の，$1-\frac{2}{7}=\frac{5}{7}$(倍)になる。よって，初めの所持金を1とすると，最後に残ったお金は，$1\times0.7\times\frac{5}{7}=\frac{1}{2}$となる。これが1800円にあたるから，(初めの所持金)×$\frac{1}{2}$＝1800(円)より，初めの所持金は，$1800\div\frac{1}{2}=3600$(円)と求められる。

(2) 歩く速さは，(歩幅(ほはば))×(一定時間の歩数)で決まる。A君が18歩で歩く道のりをB君は14歩で歩くので，A君とB君の歩幅の比は，$\frac{1}{18}:\frac{1}{14}=14:18=7:9$とわかる。また，A君とB君の一定時間の歩数の比は，30：35＝6：7だから，A君とB君の速さの比は，(7×6)：(9×7)＝2：3と求められる。

(3) 現在の太郎君と二郎君の年齢(ねんれい)の和を①歳(さい)とすると，現在の父親の年齢は②歳となる。また，5年間で，太郎君と二郎君の年齢の和は，5×2＝10(歳)増え，父親の年齢は5歳増えるので，5年後の太郎君と二郎君の年齢の和は(①＋10)歳，5年後の父親の年齢は(②＋5)歳と表すことができる。この比が，$\frac{2}{3}$：1＝2：3だから，(①＋10)：(②＋5)＝2：3という比例式を作ることができる。比例式の内項（ないこう）の積と外項の積は等しいので，(②＋5)×2＝(①＋10)×3より，④＋10＝③＋30，④－③＝30－10，①＝20と求められる。よって，現在の太郎君と二郎君の年齢は，和が20歳，差が2歳だから，現在の太郎君の年齢は，(20＋2)÷2＝11(歳)とわかる。

(4)　右の図1で，□にあてはまる個数は0個以上6個以下なので，1人に7個ずつ配るときに不足する数は，7－6＝1(個)以上，7－0＝7(個)以下になる。よって，右の図2のように表すことができるから，1人に3個ずつ配るのに必要な数と1人に7個ずつ配るのに必要な数の差は，40＋1＝41(個)以上，40＋7＝47(個)以下とわかる。これは，7－3＝4(個)の差が子供の人数だけ集まったものなので，子供の人数は，41÷4＝10.25(人)以上，47÷4＝11.75(人)以下と求められる。つまり，子供の人数は11人であり，リンゴの数は，3×11＋40＝73(個)となる。

図1
3，3，…，3，3 ➡ 40個余る
7，7，…，7，□
　　　　　　　↑
　　　　　　0～6

図2
3，3，…，3，3 ➡ 40個余る
7，7，…，7，7 ➡ 1～7個不足

3　角度，面積，表面積，相似。

(1)　下の図①で，太線で囲んだ四角形の内角の和は360度だから，角xの大きさは，360－(60＋60＋90)＝150(度)である。

(2)　下の図②で，おうぎ形ABCの面積は，$4\times4\times3.14\times\frac{45}{360}=2\times3.14=6.28(cm^2)$である。また，三角形ABDは直角二等辺三角形なので，ABを底辺としたときの高さ(図②のDEの長さ)は，4÷2＝2(cm)とわかる。よって，三角形ABDの面積は，$4\times2\div2=4(cm^2)$だから，色のついた部分の面積は，$6.28-4=2.28(cm^2)$と求められる。

(3)　下の図③で，正方形の1辺の長さを2とすると，正方形の面積は，2×2＝4，おうぎ形ABCの面積は，$2\times2\times3.14\times\frac{1}{4}=3.14$となる。このとき，色のついていない部分の面積は，4－3.14＝0.86なので，色のついた部分と色のついていない部分の面積の比は，3.14：0.86＝157：43とわかる。

(4)　下の図④のように，長方形CDEFを1回転してできる円柱から，台形GDEFを1回転してできる立体(これは円すいから円すいを取り除いたものであり，円すい台という)を取り除いたものである。辺CDが1回転してできる部分は円柱の側面だから，面積は，$4\times2\times3.14\times4=\underline{32\times3.14}(cm^2)$となり，辺CGが1回転してできる部分は，半径4cmの円から半径(4－3＝)1cmの円を取り除いたものなので，面積は，$4\times4\times3.14-1\times1\times3.14=(16-1)\times3.14=\underline{15\times3.14}(cm^2)$と求められる。次に，三角形CDGと三角形FHGは相似であり，相似比は3：1だから，HGの長さは，$5\times\frac{1}{3}=\frac{5}{3}$(cm)とわかる。また，円すいの側面積は，(母線)×(底面の半径)×(円周率)で求めることができるので，HDを1回転してできる円すいの側面積は，$\left(5+\frac{5}{3}\right)\times4\times3.14=\frac{80}{3}\times3.14(cm^2)$，

図①

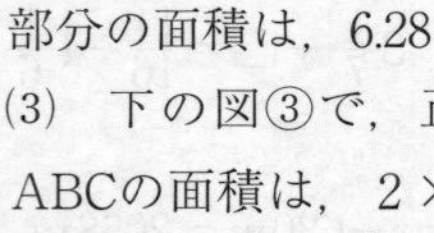

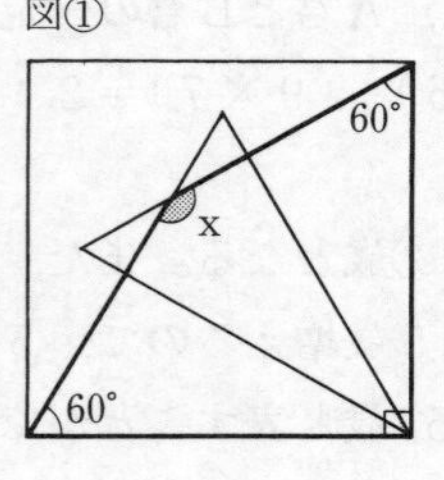

図②

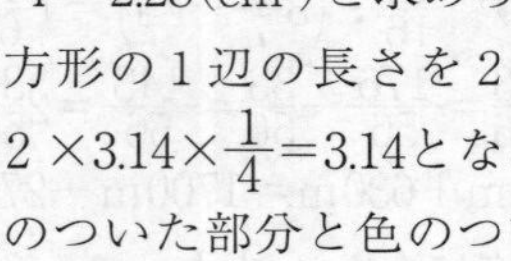

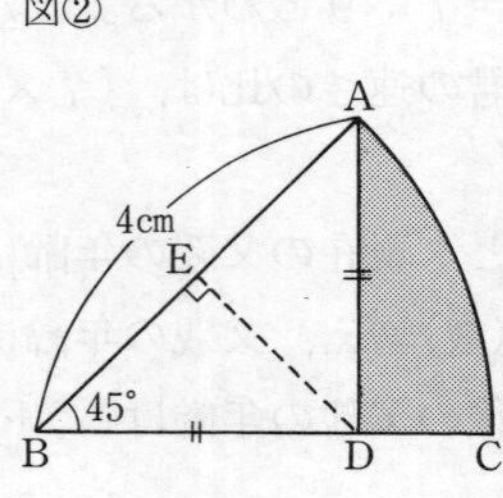

図③

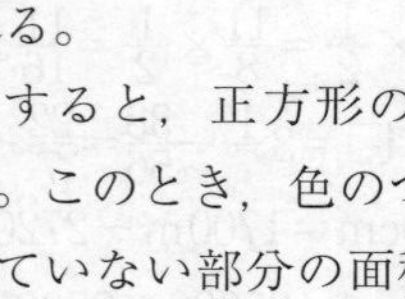

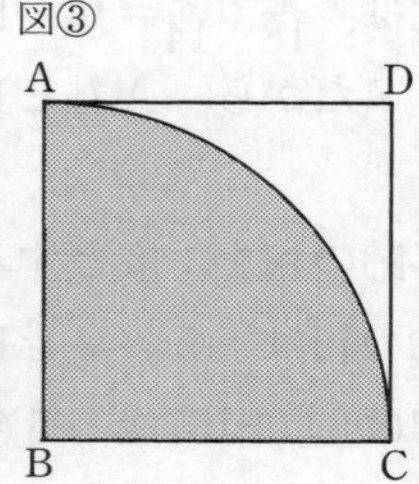

図④

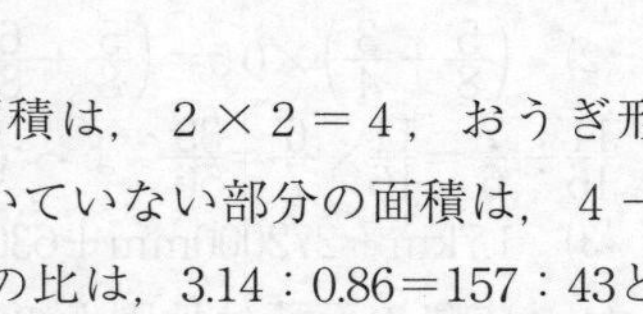

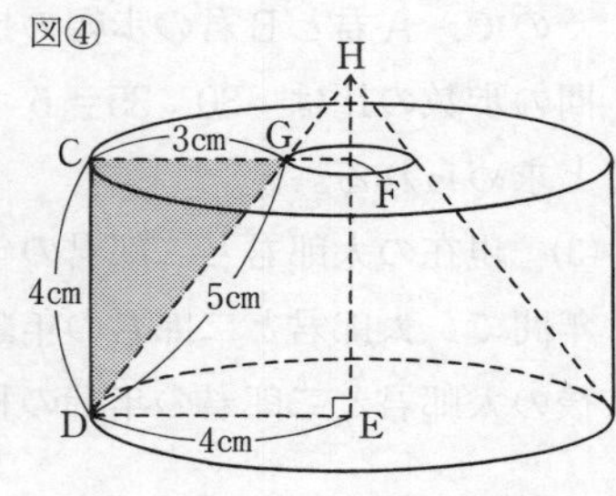

HGを１回転してできる円すいの側面積は，$\frac{5}{3}\times1\times3.14=\frac{5}{3}\times3.14$(cm^2)となる。よって，辺GDを１回転してできる部分の面積は，$\frac{80}{3}\times3.14-\frac{5}{3}\times3.14=\left(\frac{80}{3}-\frac{5}{3}\right)\times3.14=\underline{25\times3.14}$(cm^2)だから，この立体の表面積は，32×3.14＋15×3.14＋25×3.14＝(32＋15＋25)×3.14＝72×3.14＝226.08(cm^2)と求められる。

4　約束記号，逆算。

(1)　〈x，y〉＝$x\times y$と表すことができる。よって，〈４，５〉＋〈12，６〉－〈７，11〉＝４×５＋12×６－７×11＝20＋72－77＝15となる。

(2)　〈２，８〉＝２×８＝16，〈15，28〉＝15×28＝420より，あたえられた式は，〈16，420〉＝〈42，□〉となる。よって，16×420＝42×□より，□＝16×420÷42＝160と求められる。

5　グラフ―流水算，旅人算。

(1)　下の図１から，Ａ町がＢ町よりも上流にあることがわかる。Ａ町からＢ町まで行くのに１時間30分かかるから，下りの速さは時速，$30\div1\frac{30}{60}=20$(km)となり，Ｂ町からＡ町まで行くのに２時間30分かかるので，上りの速さは時速，$30\div2\frac{30}{60}=12$(km)とわかる。よって，下の図２のように表すことができる。図２から，静水での速さは上りの速さと下りの速さの平均になることがわかるから，静水での速さは時速，(20＋12)÷２＝16(km)と求められる。

(2)　グラフの●印の時刻を求めればよい。上りの船が15時から16時までの１時間で進む距離(きょり)(グラフのア)は，12×１＝12(km)なので，16時の２隻(せき)の船の間の距離(グラフのイ)は，30－12＝18(km)とわかる。その後，２隻の船がすれ違(ちが)うまでに，$18\div(12+20)=\frac{9}{16}$(時間)かかるから，４回目にすれ違う時刻は，16時＋$\frac{9}{16}$時間＝$16\frac{9}{16}$時と求められる。これは，$60\times\frac{9}{16}=33\frac{3}{4}$(分)，$60\times\frac{3}{4}=45$(秒)より，16時33分45秒となる。

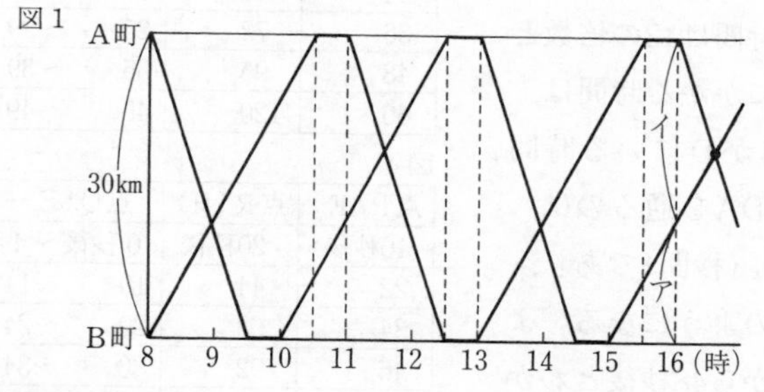

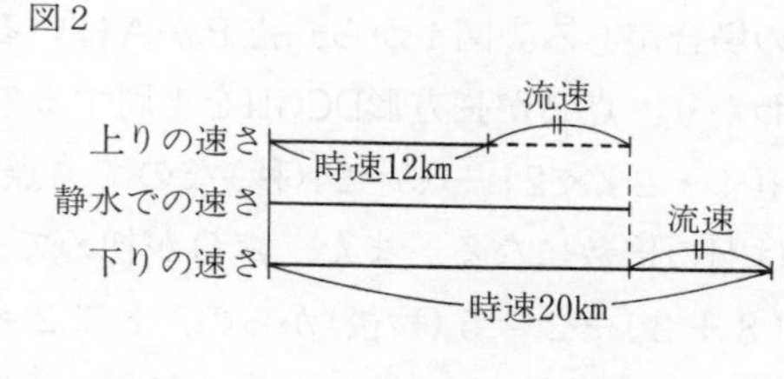

6　場合の数。

(1)　４つの数の合計が最も大きくなるのは，右の図１のように，十の位が４と３になる場合である。このとき，一の位には１と２が２個ずつ入るから，一の位の和は，(１＋２)×２＝６，十の位の和は，(４＋３)×２＝14となる。よって，最も大きい合計は，14×10＋６＝146と求められる。

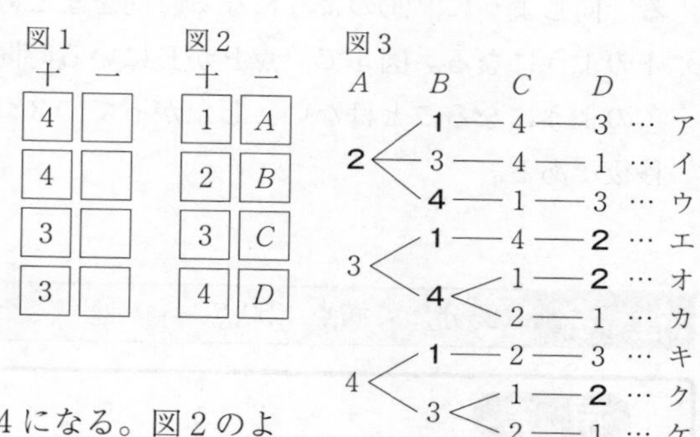

(2)　右上の図２のように，十の位は１，２，３，４になる。図２のように一の位に入る数字をA，B，C，Dとすると，Aには１以外，Bには２以外，Cには３以外，

Dには4以外の数字が入るので，上の図3の樹形図のように，9通り(…ア)の入れ方があることがわかる。次に，1Aが3の倍数になるのはAが2の場合，2Bが3の倍数になるのはBが1と4の場合，4Dが3の倍数になるのはDが2の場合だから，樹形図の太字の部分が3の倍数になる。よって，3の倍数が1つも含まれていないのはケだけなので，3の倍数が含まれているのは，9－1＝8(通り)(…イ)ある。

7 図形上の点の移動，調べ，旅人算。

(1) 点Pと点Qが出会うのは辺AE上である。点Pが初めて辺EAを通るのは，(4＋2＋4)÷1＝10(秒後)からの，2÷1＝2(秒間)であり，その後は，{(4＋2)×2}÷1＝12(秒)ごとに通る。また，点Qが初めて辺AEを通るのは，(8＋2＋8)÷2＝9(秒後)からの，2÷2＝1(秒間)であり，その後は，{(8＋2)×2}÷2＝10(秒)ごとに通る。よって，点Pと点Qが辺AEを通る時間をまとめると，右上の図1のようになる。図1より，出発してから10秒後に点Pと点QはともにEにいることがわかり，これが1回目になる。また，2回目は図1のかげをつけた部分になる。出発してから59秒後に点QはAにいて，そのとき点Pは辺EAの真ん中にいるから，右上の図2のようになる。点Pと点Qが出会うのはこのときから，1÷(1＋2)＝$\frac{1}{3}$(秒後)なので，出発してから，59＋$\frac{1}{3}$＝59$\frac{1}{3}$(秒後)である。

図1

点P(E→A)		点Q(A→E)	
10秒後	～12秒後	9秒後	～10秒後
22	～24	19	～20
34	～36	29	～30
46	～48	39	～40
58	～60	49	～50
70	～72	59	～60

図2

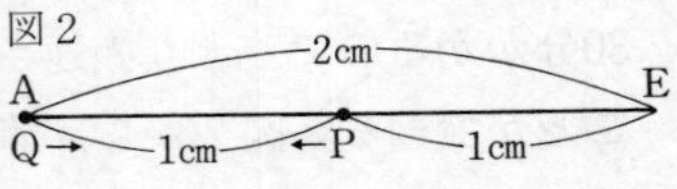

(2) 3つの点が同じ辺の上に並ぶのは，「点PがA，点RがDにいて，点Qが辺DA上にいる場合」(…㋐)，「点PがE，点RがHにいて，点Qが辺EH上にいる場合」(…㋑)の2つの場合がある。図1から，点PがAにいる時間は12の倍数とわかり，点Rが長方形DCGHを1周するのにかかる時間は，{(4＋2)×2}÷0.5＝24(秒)なので，点RがDにいる時間は24の倍数になる。また，点Qが初めて辺DAを通るのは，(8＋2)÷2＝5(秒後)からの，8÷2＝4(秒間)であり，その後は10秒ごとに通るから，右上の図3のようになる。よって，初めて㋐のようになるのは出発してから48秒後とわかる。同じように，㋑のようになる時間をまとめると，右の図4のようになる。図4で，点PがEにいる時間と点RがHにいる時間が同じになることはないので，㋑のようになることはない。したがって，3つの点が初めて同じ辺の上に並ぶのは出発してから48秒後である。

図3

点P(A)	点R(D)	点Q(D→A)	
12秒後	24秒後	5秒後	～9秒後
24	48	15	～19
36	72	25	～29
48	96	35	～39
60	120	45	～49

図4

点P(E)	点R(H)	点Q(E→H)	
10秒後	20秒後	0秒後	～4秒後
22	44	10	～14
34	68	20	～24
46	92	30	～34
58	116	40	～44

社会 (25分) <満点：50点>

解答

1 問1 あ 東京オリンピック い 博多 う 金沢 え 山地 お 雪害(積雪)

問2　ア　5　　イ　8　　ウ　7　　エ　2　　問3　4，3，2　　問4（例）直線的なルートがとれるので，より高速化がはかれる。　　問5　4，1，3，2　　問6　2　　問7　3　　問8　(i)　関門(海峡)　　(ii)　津軽(海峡)　　**2** 問1　あ　3　　い　5　　う　6　　え　2　　問2　お　4　　か　7　　き　3　　く　5　　問3　3　　問4　1　　**3** 問1　1　　問2　3　　問3　1　　問4　2　　問5　4　　問6　5　　**4** 問1　あ　3　　い　4　　う　4　　え　1　　問2　お　2　　か　3　　き　2　　**5**（A群，B群の順で）　ア　4，6　　イ　3，8　　ウ　1，5　　エ　2，7　　**6** 問1　2　　問2　4　　問3　2　　問4　3　　問5　4　　問6　1

解　説

1　各地を走る新幹線を題材とした地理の問題。

問1　あ　東海道新幹線は，1964年の東京オリンピックの開催に合わせて建設された世界初の高速鉄道で，同年10月1日に開通し，東京駅—新大阪駅間を4時間(翌年には3時間10分に短縮)で結び，直後の10月10日にはオリンピックの開会式が開かれた。　い　山陽新幹線は新大阪駅—博多駅間を結ぶ路線。東海道新幹線が乗り入れているため，東京駅—博多駅間を乗り換えなしで行き来できる。　う　2015年3月，北陸新幹線の長野駅—金沢駅間が開通した。　え　日本の国土は山がちで，山地が61.0％，丘陵地が11.8％を占めている。　お　東海道新幹線は関ケ原(岐阜県)付近の積雪により運行の遅れや運休が発生することがある。そのため，全国有数の豪雪地帯を走る上越新幹線では，線路周辺にスプリンクラーを設置するなどの雪害対策がとられている。

問2　ア　東海道新幹線の終点であり，山陽新幹線の起点となっているのは，新大阪駅である。　イ　山形新幹線は福島駅—新庄駅(山形県)間を結ぶ路線。東京から山形方面に向かった場合，福島駅で東北新幹線と分岐する。　ウ　佐賀県にある新幹線の駅は九州新幹線の新鳥栖駅で，博多駅の次の駅に当たる。　エ　国内でもっとも標高の高い場所にある新幹線の駅は，北陸新幹線の軽井沢駅(長野県)である(標高約940m)。

問3　化学工業の割合が非常に大きい1は京葉工業地域。残る3つが三大工業地帯であり，機械工業の割合が60％を超えている3が中京工業地帯，あらゆる工業が発達し，比較的各工業のバランスがとれている2が阪神工業地帯，残る4が京浜工業地帯と判断できる。したがって，東から4，3，2の順となる。

問4　内陸部に鉄道を建設する場合，山間部をどのように通過するかという問題が生じるが，トンネルを掘れば最短経路に近い直線的なルートをとることができるため，列車の高速化がはかれる。

問5　1は赤石山脈の間ノ岳(山梨県・静岡県)を水源とし，静岡県牧ノ原の東部を流れて駿河湾西部に注ぐ。2は長野県西部の鉢盛山を水源とし，岐阜・愛知・三重の各県を流れて伊勢湾に注ぐ。3は諏訪湖(長野県)を水源とし，伊那盆地を南に流れて静岡県西部で遠州灘に注ぐ。4は山梨県の鋸岳を水源とし，富士山の西を流れて静岡県中東部で駿河湾に注ぐ。したがって，東から4，1，3，2の順となる。

問6　白神山地のある青森県，日光の社寺がある栃木県，平泉のある岩手県はいずれも東北新幹線が通るが，合掌造り集落で知られる白川郷は岐阜県，五箇山は富山県にあるから，これには当てはまらない。

問７　中池見湿地は福井県敦賀市にある湿地。トンボやメダカなどさまざまな生きものが生息することで知られ，2012年にラムサール条約に登録された。ラムサール条約は貴重な湿地や干潟を保護することを目的として1971年に調印された条約で，正式には「特に水鳥の生息地として国際的に重要な湿地に関する条約」という。なお，北陸新幹線の金沢駅－敦賀駅間の建設予定地に中池見湿地がふくまれていることから，計画の見直しを求める意見が出ている。

問８　(ⅰ)，(ⅱ)　山陽新幹線は関門海峡の新関門トンネル（全長約18.7km）を通って本州と九州を結んでおり，北海道新幹線（2016年３月に新青森駅―新函館北斗駅間が開業予定）は津軽海峡の青函トンネル（全長約54km）を通って本州と北海道を結ぶ。

２　日本の年中行事についての問題。

五節句のうち人日は１月７日。漢の時代の中国で，１月の６日までは獣畜を占い，７日に人を占ったことからの名といわれる。上巳は３月３日。陰暦３月初めの巳の日であったが，のちに３日となった。端午は５月５日。「端」は初めという意味。もとは月の初めの午の日であったが，「午」が「五」に通じることから５月５日となった。七夕は７月７日。中国の牽牛と織女の伝説と，日本古来の棚機つ女（織機をあつかう女性のことを指し，神にささげる布をけがれを知らない女性が特別な小屋にこもって織る習慣があった）が結びついたものといわれる。重陽は９月９日。最大の陽の数（古代中国では奇数は縁起のよい「陽」の数，偶数は縁起の悪い「陰」の数とされた）である九が重なる（たいへんめでたい）ことによる。なお，３月３日，５月５日，７月７日も陽の数が重なる日である。

問１　あ　門松は正月に家の門や戸口に飾る一対となった松や竹のことで，松飾りとも呼ばれる。木の梢に神が宿るとされたことから，おめでたいものとして飾られるようになった。　い　重箱は料理を盛る箱型の容器で，ハレの日（おめでたい特別な日）の料理を入れるのに使った。何段か重ねて用いるが，四季を表す四重，もしくはその上に神様から授かった福を入れるための空箱を重ねる五重が正式とされる。　う　正月３が日（１月中という考え方もある）に神社や寺院に参拝することを初詣という。　え　鏡餅は正月に神仏に供える円形の餅のことで，大小２つの餅を重ねる。一般に，松の内（元日から１月７日，または15日前後）が終わった後，無病息災などを祈り，１月11日または20日に鏡餅を雑煮や汁粉にして食べる行事を鏡開きという。

問２　お　雛人形は上の段から，内裏雛，三人官女，五人囃子の順に並べる。三人官女は宮中に仕える女官である。　か　女の子の節句である雛祭りには，白酒を飲んだり，ひなあられや菱餅，はまぐりのお吸い物，ちらし寿司を食べたりする。はまぐりを使うのは，はまぐりの貝殻は対になっているものでなければきれいに合わないことから，これを仲の良い夫婦に見立てて幸福な結婚を願い，縁起をかつぐためといわれる。　き　端午の節句には，男の子の成長と立身出世を願い，鯉のぼりを立てる。急流で知られる竜門（黄河中流の難所）をのぼった鯉は竜になるという中国の故事「登竜門」に由来する。　く　七夕には短冊に願い事を書き，笹の葉に飾りつける。

問３　Ａ　１月７日は「七草」と呼ばれ，春の七草を使った七草粥を食べる。春の七草は，せり，なずな，ごぎょう（ははこぐさ），はこべら（はこべ），ほとけのざ（たびらこ），すずな（かぶ），すずしろ（だいこん）の７つである。　Ｂ　３月３日は桃の節句で，その起源は中国の上巳節による。旧暦の３月が桃の花が咲く時期であることから桃の花を供え，雛人形を飾りつけるようになった。　Ｃ　端午の節句は「菖蒲の節句」とも呼ばれ，菖蒲を飾ったり，菖蒲湯につかったりする。菖蒲は「尚武」(武芸を重んじること)に通じることや，菖蒲の葉が刀に似ていることから，男の子の節句に用いられた。　D　七夕は「笹の節句」とも呼ばれ，笹の枝や葉に願い事を書いた短冊などをつるし，さまざまに飾りつける。なお，笹とは小型の竹の総称である。　E　重陽の節句は「菊の節句」とも呼ばれる。旧暦9月が菊の花の咲く時期であることによるもので，菊は不老長寿の薬とされることから，食用菊を食べたり，その花びらを浮かべた酒を飲んだりする。ただし，現代の暦では時期がふさわしくないこともあり，他の節句ほど行われなくなっている。

問4　初夢はふつう元日か2日の夜にみる夢のことで，その日に「一富士，二鷹，三茄子」の夢をみると縁起が良いとされる。その由来については，「徳川家康が富士山，鷹狩り，初物の茄子を好んだため」など，多くの説がある。

3　近・現代の歴史的なことがらについての問題。

問1　㋐　1914年1月，鹿児島湾上にある桜島が大規模な噴火を起こし，山の東側の海に流れ出た溶岩により大隅半島と陸続きとなった。　㋑　1914年6月，バルカン半島の都市サラエボでオーストリアの皇太子夫妻がセルビア人青年に暗殺された。これをサラエボ事件といい，これをきっかけにドイツ・オーストリアなどの同盟国とイギリス・フランス・ロシアなどの連合国の間で第一次世界大戦が始まった。　㋒　東京六大学野球は，1914年に始まった早稲田・慶應・明治の3大学によるリーグ戦を起源とし，1925年までに立教・法政・東京の各大学が加わり，現在のような形となった。　㋓　1914年，東京駅の丸の内駅舎が完成した。佐賀県出身の建築家辰野金吾の設計したルネサンス風の駅舎は，近代日本を代表する建築物の1つであったが，第二次世界大戦末期の空襲で大きな被害を受けた。戦後，補修工事が行われたが，近年，創建当時の姿を復元するための大がかりな工事が進められ，2012年10月に完成した。

問2　㋔　富士スバルラインは富士河口湖町(山梨県)と富士山の五合目を結ぶ「富士山有料道路」の通称。富士山レーダーは気象庁が富士山頂の測候所に設けたものであるが，1999年に運用を終了した。　㋕　アメリカの軍人マッカーサーは，第二次世界大戦後，GHQ(連合国軍総司令部)の最高司令官として日本を占領し，日本の民主化政策を進めた。　㋖　東京の浜松町と東京国際空港(羽田空港)を結ぶのは東京モノレール。東京オリンピックの開催に合わせて建設が進められ，1964年9月に開業した。　㋗　1964年11月，池田勇人首相が病気のため退陣したことを受け，次の首相となったのは佐藤栄作。1972年6月まで7年8か月に及ぶ長期政権を維持した。在任中に非核三原則を打ち出したことや，沖縄返還を実現したことなどが評価され，1974年にノーベル平和賞を受賞している。

問3　㋘　2014年3月，沖縄県の慶良間諸島が全国で31番目の国立公園に指定された。慶良間諸島は県庁所在地の那覇市から船で最短35分の距離にある渡嘉敷島や座間味島などの島々からなり，「ケラマブルー」と呼ばれる透明度の高い青い海と高密度のサンゴ礁，ザトウクジラの繁殖海域があることなどが評価された。　㋙　2014年4月，消費税の税率が，それまでの5％から8％に引き上げられた。消費税はすべての商品やサービスの購入時に価格に上乗せする形で課される間接税で，1989年の導入時の税率は3％であったが，1997年に5％とされ，今回は17年ぶりの引き上げとなった。　㋚　国際宇宙ステーション(ISS)は，アメリカ，ロシア，ヨーロッパ諸国，カナダ，日本などの協力により1998年に建設が始められた有人宇宙基地。日本人宇宙飛行士の若田光一さんは，2013年11月から2014年5月まで，1回の飛行としては日本人最長となる188日間の宇宙滞在を記録した。3月からは日本人初の国際宇宙ステーションの船長も務めた。 ㋛ 2027年の開業を目指しているのは中央新幹線(リニア中央新幹線)。リニアモーターカーを用いた超高速鉄道で，東京の品川駅を起点として神奈川・山梨・長野・岐阜の各県を通り，愛知県の名古屋までを最短40分で結ぶ予定で，将来的には大阪まで乗り入れる計画である。一般向け試乗会は，山梨県都留市にある実験センターで再開された。

問4　1は1867年，2は1877年，3は1889年，4は1894年，5は1904年，6は1871年の出来事。

問5　1は1923年，2は1956年，3は1945年，4は1940年，5は1936年，6は1947年の出来事。

問6　1は1972年，2は1989年，3は2012年，4は2002年，5は1995年，6は2011年の出来事。

4 近・現代の歴史的なことがらについての問題。

問1　あ　明治政府が殖産興業の一環として群馬県の富岡に建設した官営の富岡製糸場は，フランスの機械と技術を導入して1872年に操業を開始した。なお，富岡製糸場は2014年，周辺の絹産業関連遺産群とともに世界文化遺産に登録された。　い　1872年，国内初の鉄道が新橋─横浜間で開通し，両駅を53分で結んだ。　う　日清戦争で清(中国)から得た賠償金の一部をもとに，現在の北九州市に官営の八幡製鉄所が建設され，1901年に操業を開始した。　え　明治時代後半，栃木県の足尾銅山で鉱山から流れ出た鉱毒が渡良瀬川に流れ込み，流域の田畑を荒廃させるなど多大な被害をもたらした。栃木県選出の衆議院議員であった田中正造はこの問題を帝国議会で取り上げ，政府にその対策をせまるなど，被害を受けた農民や漁民を救うために一生をささげた。

問2　お　1950年に朝鮮戦争が起こると，日本に駐留していたアメリカ軍を主力とする国連軍が朝鮮半島に派遣され，韓国を支援した。そのさい，アメリカ軍が日本に大量の軍需物資を発注したため，日本は特需景気となって産業・経済の復興が進んだ。　か　1960年，岸内閣に代わって誕生した池田内閣は「所得倍増計画」をスローガンにかかげ，10年間で国民所得を倍増させるとして，重化学工業化や積極的な公共投資などの政策を進めた。　き　1970年，アジアで初めての万国博覧会が大阪府吹田市の千里丘陵で開かれた。「人類の進歩と調和」をテーマとして3月から9月まで開かれた大阪万博では，のべ6000万人以上の人々が来場し，東京オリンピックとともに高度経済成長期の日本を象徴するイベントとなった。

5 各時代の遺跡と関係の深い県についての問題。

ア　1962年から長野県野尻湖で始まった発掘調査により，旧石器時代の遺物が多く出土した。このうち，並ぶ形で発見されたナウマン象の牙とオオツノジカの角の化石は，牙を「月」に，手のひら状の角を「星」に見立てて「月と星」と呼ばれる。これらの遺物は，旧石器時代にこの地域で人々が狩猟をしていたことを示すものである。　イ　江戸時代の1784年，福岡県の志賀島で「漢委奴国王」と刻まれた金印が出土した。中国の歴史書『後漢書』東夷伝に，紀元57年に倭(日本)の奴国の王が後漢(中国)の皇帝に使節を送って朝貢し，皇帝から金印を授けられたことが記されており，志賀島で発見された金印はそのときのものと考えられている。　ウ　1968年に埼玉県の稲荷山古墳から出土した鉄剣を1978年にX線検査した結果，剣に115の文字が刻まれていることがわかり，その中に「辛亥年」や「獲加多支鹵大王」などの文字があることが明らかになった。「辛亥年」は471年(もしくは531年)，「獲加多支鹵大王」は雄略天皇のことと考えられており，これにより大和王権の支配が5世紀には関東地方にまで及んでいたことが証明された。　エ　朱雀や白虎などの「四神」の壁画がみつかったのは，奈良県明日香村にあるキトラ古墳。1983年に発見されて以来，調査が続けられ，石室の天井に天文図が描かれていることなども確認されたが，カビなどの被害が発生していたことから，壁ごとはぎとって修復保存されている。

6 日本の政治のしくみや日本国憲法についての問題。

問１　衆議院議員の選挙は，各選挙区から１名ずつを選出する小選挙区制と，全国を11ブロックに分けて行う比例代表制を組み合わせた小選挙区比例代表並立制で行われる。小選挙区制の定数は，従来は300名であったが，2013年の公職選挙法などの改正により295名となり，2014年12月の衆議院議員総選挙から実施された。比例代表制の定数は，これまでどおり180名である。

問２　参議院議員選挙は，都道府県を単位として，選挙ごとに１～５名を選出する選挙区制（定数146）と，全国を１つの選挙区とする比例代表制（定数96）で行われる。衆議院の比例代表制では政党があらかじめ（当選）順位を決めて候補者リストを提出。有権者は投票用紙に政党名を書いて投票し，各党への議席は得票数に比例して配分される。これに対し，参議院の比例代表制では，政党が当選順位を決めずに候補者リストを提出。有権者はリストの中から候補者名を選んで書くか，あるいは政党名を書いて投票し，各党への議席は政党名と候補者名の得票の合算数にもとづいて配分され，各党の当選者は各候補者の得票数の多い順に決まる。

問３　被選挙権は，参議院議員と都道府県知事が30歳以上，衆議院議員，市町村長，地方議会議員が25歳以上である。

問４　内閣不信任決議は衆議院だけに認められた権限である。衆議院が内閣不信任を決議した場合，内閣は10日以内に衆議院を解散しない限り，総辞職しなければならない。

問５　常会（通常国会）は毎年１回定期的に開かれ，１月中に召集される。会期は150日間であるが，国会での議決があれば延長することができる。常会でもっとも重要な議案は，次年度の予算の成立である。

問６　日本国憲法の改正は，各議院の総議員の３分の２以上の賛成により国会がこれを発議し，国民投票で過半数の賛成が得られれば成立する。法律案など一般の議案の議決は原則として出席議員の過半数の賛成があれば成立するのに対し，憲法の改正が厳格な手続きを必要としていることに注意する。

理　科　（25分）＜満点：50点＞

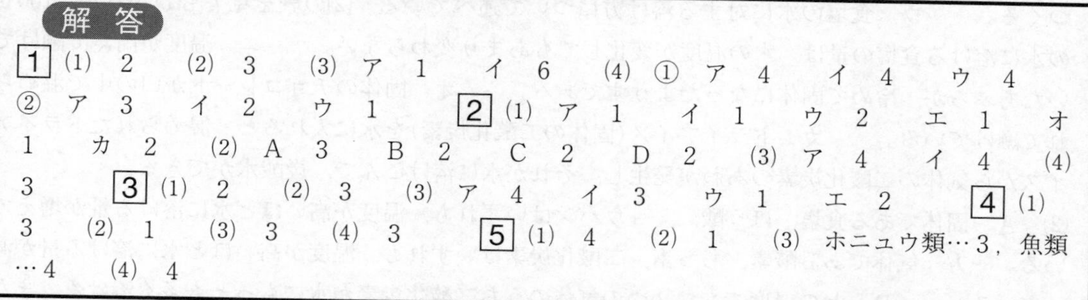

解　答

1 (1) 2　(2) 3　(3) ア 1　イ 6　(4) ① ア 4　イ 4　ウ 4　② ア 3　イ 2　ウ 1　2 (1) ア 1　イ 1　ウ 2　エ 1　オ 1　カ 2　(2) A 3　B 2　C 2　D 2　(3) ア 4　イ 4　(4) 3　3 (1) 2　(2) 3　(3) ア 4　イ 3　ウ 1　エ 2　4 (1) 3　(2) 1　(3) 3　(4) 3　5 (1) 4　(2) 1　(3) ホニュウ類…3，魚類…4　(4) 4

解　説

1 力のはたらき，物体の運動についての問題。

(1)　1円硬貨はアルミニウムのみでできていて，10円硬貨はおもに銅(亜鉛とスズを少量ふくむ)でできている。そして，同じ体積あたりの重さは銅のほうがアルミニウムより重いので，同じ重さあたりの体積はアルミニウムのほうが銅より大きい。よって，同じ重さである1円硬貨の集まりと10円硬貨の集まりでは，体積は1円硬貨の集まりのほうが大きいので，それぞれを水を満たしたコップに入れると，1円硬貨の集まりのほうがあふれる水が多くなる。

(2)　上から1枚目の10円硬貨は2枚目の10円硬貨のはしから半径分までずらせるが，その2枚が落ちないように3枚目の10円硬貨からはみ出させるときは，ずらせる長さが半径分の長さより短くなる。これをくり返して考えていくと，3のような重ね方になることがわかる。このとき，10円硬貨10枚の集まりは，その全体の重心がテーブルの上にあるので，テーブルから落ちない。

(3)　1円硬貨の山は，台車を動かしたり止めたりしてもずれないが，10円硬貨の山は，台車を動かすと進行方向と反対の向きにずれ，止めたときには進行方向にずれる。よって，アでは，下の10円硬貨5枚だけが進行方向と反対の向きにずれ，1のようになる。また，イでは，上の10円硬貨5枚だけが進行方向にずれ，6のようになる。

(4)　①　硬貨の山がずれるのは，動かすときの速さの変化にも関係し，速さの変化が大きいほどずれやすい。図3では，回転の中心に近い2や3より，中心からはなれた1や4のほうが速さの変化が大きい(イスがある角度だけ動いたとき，中心からはなれたところのほうが動きが大きくなる)ことと，10円硬貨の山のほうが1円硬貨の山よりもずれやすいことから，ア～ウのいずれの場合も4が最初にくずれると考えられる。　②　ア　物体には，静止しているときは静止しようとし続け，動いているときはその動きをし続けようとするはたらきがあり，これを慣性という。図4で，イスを回しはじめると，硬貨の山には1の向きに力が加わるが，硬貨の山は静止し続けようとするため，その向きとは反対の3の向きにくずれる。　イ　ゆっくりと回しはじめたときは硬貨の山はほとんどずれないが，だんだんと速くしていくと，硬貨の山に加わる遠心力(円をえがいて運動する物体に中心から外へ向く方向に加わる力のこと)が大きくなっていくため，硬貨の山は中心から外に向かう2の向きにくずれると考えられる。　ウ　イスの回転を止めると，その寸前には硬貨の山は1の向きに動いていたので，その向きに動き続けようとする。そのため，1の向きにくずれる。

2　もののすがた，ものの溶け方についての問題。

(1)　ア　砂糖水をこおらせたもの(固体)が融けて液体になっている。　イ　カルメ焼きは，ゆっくりと加熱して固体の砂糖を液体状に融かしたものに，重そう(炭酸水素ナトリウム)などを加えてつくる。　ウ　食塩の水に対する溶け方について述べている。(2)の表を見てもわかるが，100gの水に溶ける食塩の量は，水の温度が変化してもあまり変わらない。　エ　温度が高くて融けていたあぶらが，冷めて固体になったようすである。　オ　固体のチョコレートが口の中で温められて融けている。　カ　ドライアイス(固体の二酸化炭素)を水に入れると，温められたドライアイスから気体の二酸化炭素のあわが発生し，それが水に溶けこんで，炭酸水ができる。

(2)　A　固体である食塩，ほう酸，ミョウバンはいずれも，温度が高いほど水に溶ける量が増えている。一方，気体である酸素，ちっ素，二酸化炭素はいずれも，温度が高いほど水に溶ける量が減っている。　B　どの温度でも，3つの気体のうち二酸化炭素が水にもっとも多く溶ける。また，3つの固体のうち，0～40℃では食塩が，60℃ではミョウバンが水にもっとも多く溶ける。　C　0～40℃では，溶ける量が多い順に食塩，ミョウバン，ほう酸，二酸化炭素，酸素，ちっ素となっているが，60℃ではミョウバンと食塩の順位が逆になっている。　D　250 g の水にほう酸は，20℃のときには，$4.9\times\frac{250}{100}=12.25$(g)まで，40℃のときには，$8.9\times\frac{250}{100}=22.25$(g)まで溶ける。よって，20 g のほう酸は250 g の水に，20℃では溶けきらないが，40℃では溶けきる。

(3)　食塩などの固体を水やエタノールなどの液体に入れたとき，その固体が液体に溶けこんでもそうでなくても，入れる前の固体と液体の重さの合計と，入れたあとの全体の重さは同じになる。

(4)　同じ体積あたりの重さが液体より重い固体はその液体中で沈(しず)み，軽い固体はその液体に浮(う)く。よって，同じ体積あたりでは，氷は水より軽く，固体のろうは液体のろうより重い。そして，同じ重さあたりの体積は軽いものほど大きいので，氷の体積は同じ重さの水よりも大きく，固体のろうの体積は同じ重さの液体のろうより小さい。

3　雲と天気についての問題。

(1)　4つの中では，すじ雲(巻雲(けんうん))がもっとも高いところにあらわれ，雨雲(乱(らん)層雲)とひつじ雲(高積雲)がその下にあらわれる。わた雲(積雲)は地上に近いところにあらわれる雲である。

(2)　雲は，水蒸気をふくんだ空気のかたまりが上昇(じょうしょう)し，上空で冷えて水蒸気が水滴(てき)に変わることによってできる。空気が下降するときには温度が上がるので，雲はできない。

(3)　ア　晴れた日の上空に，わたのようなかたまりの雲が点々と見られることがある。この雲はわた雲(積雲)とよばれ，比かく的消えやすく，雨を降らせるような雲ではない。　イ　ひつじ雲(高積雲)は，比かく的大きなかたまりの雲が何列にも並んで見え，それがひつじの群れのようなのでその名がついた。低気圧が近づいてくるとあらわれることがあり，そのため天気が悪くなる前ぶれと考えることもできる。　ウ　雨雲(乱層雲)は暗い大きなかたまりの雲で，はげしくはないが，長時間にわたって雨を降らせる。　エ　入道雲(積乱雲)は，強い上昇気流があるところに垂直方向に発達し，はげしい雨を短時間に降らせることが多い。夏などに起こる夕立をもたらす雲である。

4　花のつくりとはたらきについての問題。

(1)　実はめしべの根もとの子房(しぼう)が成長してできるので，めしべを取り去ったイとオでは実ができない。また，実ができるためには，受粉が行われる必要がある。アサガオは自花受粉(同じ花のおしべの花粉で受粉する)も他花受粉(別の花のおしべの花粉で受粉する)もでき，ウでは自花受粉，エでは他花受粉ができるため，ともに実ができる可能性がある。しかし，つぼみのうちにおしべを取り去って自花受粉をできなくし，袋(ふくろ)をかけたままにして他花受粉もできなくしたアでは実ができない。

(2)　ヘチマやトウモロコシには，おしべがあってめしべのないおばなと，めしべがあっておしべのないめばなの2種類の花があり，受粉すると実になるのはめばなのほうである。よって，ここではおばなを選ぶとよい。Aはヘチマのおばな，Bはヘチマのめばな，Cはトウモロコシのおばな，Dはトウモロコシのめばなである。

(3)　トウモロコシでは，めばなのひげに花粉がつくことで受粉する。よって，3のようにめばなのひげを取り去ると，受粉ができずに実ができない。なお，1や2では，ほかの株のおばなの花粉により受粉する可能性がある。

(4)　ヒマワリの花は，Bのように花びらが筒(つつ)状になった筒状花(管状花)の集まりを，大きな花びらのように咲くAの舌(ぜつ)状花が取り囲むつくりをしていて，それらが1つの大きな花のように見せている。舌状花はおしべもめしべもなくて実ができないが，筒状花にはおしべとめしべがあり，実をつくる。

5 動物の体についての問題。

(1) タイなどの魚類は，背骨を中心とした骨格をもつセキツイ動物で，頭骨(頭の部分)から尾びれにつながる背骨のほか，それぞれのひれの内部に骨が見られる。

(2) あしをもつ両生類は魚類から進化したと考えられていて，図5で，Aの胸びれが前あしに，Bの腹びれが後ろあしに変化したといわれている。

(3) ホニュウ類は2心房2心室の心臓をもつ。全身から心臓にもどってきた血液は肺へ送られ，肺で二酸化炭素と酸素を交換(かん)して心臓へもどり，ふたたび心臓から全身へ送り出される。一方，魚類の心臓は1心房1心室で，全身から心臓にもどってきた血液はエラに送られ，そこで酸素を取り入れた血液はそのまま全身へ流れていく。

(4) ヒトの呼吸器官である肺は鼻とつながっていて，鼻から取り入れた空気が気管と気管支を通って肺へ送られる。それに対し，魚類の鼻は一般に目のすぐ下あたりにあるが，においをかぐだけであり，呼吸器官であるエラにはつながっていない。よって，4が選べる。なお，1で，魚類の耳は頭骨の中にあり，内耳(ないじ)だけのつくりになっている。音は側線でも感じることができる。2で，魚類も尿(にょう)を排(はい)出する。3で，エラ呼吸において，口から吸いこんだ水はエラを通り，二酸化炭素をふくんでえらぶたから出される。

国　語　(45分)＜満点：100点＞

解　答

一 問1　a　1　b　4　c　3　d　3　問2　あ　3　い　6　う　2　え　4　お　1　か　5　問3　サ　5　シ　2　ス　4　セ　3　ソ　1　問4　2　問5　5　問6　5　問7　3　問8　タ　2　チ　1　ツ　2　テ　2　ト　2　ナ　1　二 問1　ア　1　イ　3　ウ　5　エ　4　問2　5　問3　2　三 問1　2　問2　(例)　大変お世話になりありがとうございました　問3　a　4　b　3　問4　5　問5　5　四 a　8　b　6　c　1　d　9　e　3　五 a　3　b　2　c　5　d　1　e　4　六 下記を参照のこと。

●漢字の書き取り

六 ア　具現　イ　遊山　ウ　担(い)　エ　推移　オ　今生　カ　強(い)　キ　新装　ク　最前　ケ　転向　コ　門下　サ　和気　シ　夜行　ス　照応　セ　論破　ソ　善処　タ　答申　チ　人後　ツ　定評　テ　オ色　ト　旧交

解　説

一 息子を連れて北海道へ出かけ，地元の親戚(しんせき)の案内で祖父の墓参りをしたこと，父親に墓参りの報告をしたことを中心に，将来の墓の移転や今の自分に続く系譜(けいふ)に思いをめぐらしてつづっている。

問1　a「食い詰(つ)める」は，生活が行き詰まること。　b「臨終」は，死ぬこと。　c

「元の木阿弥」は，いったん良くなったものが，また元の状態に戻ること。　d 「後ろ髪を引かれる」は，なかなか思い切れないこと。

問2　あ　すぐ後で「その白い花も」と受けているので，「蕎麦畑」のようすをえがいた3が合う。い　前後の部分から，「息子」と一緒に「墓参り」するところだと読み取れる。よって，「息子」の希望で「寝台列車」に乗り，久しぶりの「墓参り」に向かっていることをつづった6が入る。う　直前で「墓参り」に来たこと，直後で「先祖」が奈良から「北海道」に渡ったことをつづっているので，「我が家の墓」が「北海道の北見にある」ことを語った2が良い。　え　前後の部分で，「私」と祖父の「関係」が疎遠だったことを語っているので，「祖父」の最期に「間に合わなかった」と書かれている4があてはまる。最期に付き添わない程度の関係だったのである。お「仏間となった部屋」のようすが後に続くので，祖父の死後「我が家に仏壇がやって来た」と語る1がふさわしい。　か 「ようやく」特急に乗り込んだと続くので，その理由にあたる「寝台列車の遅れ」をつづった5が合う。

問3　サ 「私」の子は「息子」と「娘」なので，5にあてはまる。　シ　特急に乗り込んだ場面に，父が墓を移そうとしたものの失敗に終わり，「今は近くの農家に嫁いだ叔母が墓を守ってくれている」とある。つまり，「叔母」は父のきょうだい(妹)にあたるので，2が良い。　ス，セ「叔母」の子が「私」の「いとこ」にあたるので，セの「いとこ」は3に入る。また，スの「妹」とは，「私」の息子の「はとこ」にあたる「小学四年生の女の子」の「妹」のこと。「はとこ」は，親が「いとこ」同士である子どもの関係を言うので，「いとこ」の子どもにあたる4が合う。ソ 「叔父」は父の妹である「叔母」の配偶者だから，1が選べる。

問4　直前の段落に，祖父と「私」の関わりの程度が書かれている。「生まれて間もない頃に」対面した後，中学生の時に会ったが，「お互い口数少ないまま終わって」いる。会う機会もほとんどなかったから，「祖父の最期に立ち会うことを思いつかなかった」のである。2が，この事情に合う。

問5　状況と心情を整理する。叔母の車で墓地に来たとき，「私」自身は「とうとうやって来た」と感慨深いようすだった。ところがその後，車は「駐車場」にも入らず墓の間を進み，直接「我が家の墓の前」に止まって，「私」たちはすぐに「手を合わせ」ている。感慨にふける間もなく，「あまりにあっけなくて」「心の中で口籠もってしまった」のだから，5が良い。「口籠もる」は，うまく言えないこと。

問6　直前の部分で，「私」は父と「墓」の移転について話している。父は「祖父の兄弟の反対で移せなかった」が「いずれ強い反対はなくなる」と言っており，その時点で墓を移す決断をすることになるだろうと「私」は考えたのである。5が，この内容をもっともよくまとめている。

問7　直前の部分で，「先祖」が「屯田兵」として開拓した農地跡のようすについて，「百年ちょっと」で「原野としか言いようがない状態」になり，「一匹の鬼やんまが盛んに飛び回っていた」と語っている。そのようすを詠んだ句なので，季語として「鬼やんま」を入れるのが合う。「鬼やんま」は，秋の季語。季語では，旧暦の1～3月が春，4～6月が夏，7～9月が秋，10～12月が冬にあたる。句の前半，「屯田の百年保たず」で，「屯田兵」が切り拓いた農地が百年も経っていないのに，すでに農地ではなくなっている状況をえがいている。さらに「鬼やんま」を結句に置くことで，「原野」となった今も変わらず「鬼やんま」が飛ぶ自然の力強さや，それを見る人のものさみしさ，季節感を表している。

問8　タ　祖父の兄弟の反対があったことから，父は墓を移していない。　チ　本文の後半に「今回の訪問でようやく親しみを感じられるようになった墓」とあり，これに合う。　ツ　父は「還暦を過ぎて～同窓会に顔を出すように」なる前は「仕事人間」で，「私」たち子どもを「故郷へ連れて」いくことがなかった。祖父の臨終に間に合わなかった「私」をとがめるようすも書かれていない。　テ　墓参りをしたのは北海道に着いた「翌朝」である。　ト　本文の後半に，「祖父が離農したのは東京オリンピックの頃」とある。また，本文の最初の方から，「奈良で僧侶をしていた」のは「先祖」だと分かる。　ナ「私」は俳句について，「出来は今一だ」と語っている。

二　子どもにスマートフォン(スマホ)や携帯電話，パソコンを使わせる場合の親の悩み，使わせることで受ける被害，災害時の利点などを説明し，子どもの発達に応じて段階的に使わせることをすすめている。

問1　ア　東日本大震災の後，多くの親が「緊急連絡用」として子どもに携帯を持たせるようになったが，その用途だけではすまなかったというつながりである。よって，前のことがらを受けて，それに反する内容を述べるときに用いる「しかし」が合う。　イ　子どもに携帯やスマホを持たせることの弊害を前後に並べているので，ことがらを列挙するときに用いる「また」が入る。

ウ　子どもに携帯やスマホを持たせることの弊害を述べた後，子どもと携帯の付き合い方という問題を提示している。したがって，前のことがらを受けて，それをふまえながら次のことを導く働きの「では」が良い。　エ　子どもと携帯の付き合い方について，最初に，「段階的に利用の仕方を広げていくこと」を提案している。よって，“はじめに”という意味の「まず」があてはまる。

問2　空らん5のすぐ後に「その考え方が一気に変わった」とあり，東日本大震災後に連絡用として携帯を子どもに持たせるようになったことが述べられている。つまり，直前にくるべき「その考え方」の内容は，保護者が携帯を子どもに「買い与えたくない」というものであるはずなので，空らん5に入れるとうまくつながる。

問3　問2で見たように，東日本大震災後，親は子どもに連絡用として携帯電話を持たせるようになったのだから，2が合う。　1　子どもの携帯やスマホを親が点検すべきだとは述べていない。　3　文部科学省の全国学力テストとアンケートから，携帯の使用時間が長いと成績が下がるという結果が出ている。　4　ウイルス対策のソフトについてはふれられていない。　5　親が子どものスマホやパソコンの使い方を徹底的に調べなくてはならないとは述べていない。

三　年賀状の文面を題材とした，国語の知識の総合問題。

問1「謹賀」の「謹」は“つつしむ”，「賀」は“喜び祝う”という意味。

問2　慣用的な言い方として，「(旧年中は)大変お世話になりありがとうございました」などがある。

問3　a　十二の動物を割りあてたもので，「十二支」とも言う。　b　二〇一五年の干支は「ひつじ(未)」。十二支は，「ね(子)」，「うし(丑)」，「とら(寅)」，「う(卯)」，「たつ(辰)」，「み(巳)」，「うま(午)」，「ひつじ(未)」，「さる(申)」，「とり(酉)」，「いぬ(戌)」，「い(亥)」の順である。

問4「来たりなば」は“来たならば”，「遠からじ」は“遠くない”という意味。イギリスの詩人シェリーの詩の一節で，“厳しい冬が来たら，春までそう遠くはない(今はつらくとも，やがて明るいときが来る)”という意味である。

問5　「元旦」は一月一日の朝を表すので，「一月一日」と両方書く必要はない。よって，5が正しい。

四　慣用的な表現の完成。

a　「裏がある」は，かくされている事情があること。　b　「反省の色が見えない」は，反省しているらしい態度が見られないこと。　c　「花を持たせる」は，相手を立てて手がらをゆずること。　d　「足が出る」は，予算をこえた出費になること。　e　「油を売る」は，むだ話をして仕事をなまけること。

五　小説やわらべ歌などに出てくる動物の鳴き声。

a　狂言（きょうげん）「柿山伏（かきやまぶし）」の一節で，「犬」をまねた「山伏（やまぶし）」は「びょうびょう」と鳴く。　b　夏目（なつめ）漱石（そうせき）の『吾輩（わがはい）は猫（ねこ）である』の最初の部分で，「猫」の鳴き声だから「にゃーにゃー」が合う。
c　わらべ歌「ずいずいずっころばし」の歌詞で，「鼠（ねずみ）」は「ちゅう」と鳴く。　d　狂言などで狐（きつね）が「こんかい」と鳴くことがもとになっており，それを「こんこん」と鳴くと良いことがあり，「かいかい」と鳴くと良くないことがあると講釈（こうしゃく）する落語がある。　e　秋の夜に「びい」と長く鳴く鹿の声がいかにも悲しげだとうたった，松尾芭蕉（まつおばしょう）の句である。「尻声（しりごえ）」は，終わりを長くのばした声。

六　漢字の書き取り。

ア　「具現化」は，具体的に実現すること。　イ　「物見遊山」は，あちこち見て回ること。
ウ　音読みは「タン」で，「担任」などの熟語がある。訓読みにはほかに「かつ(ぐ)」がある。
エ　状態が変化していくこと。　オ　この世。「今生の別れ」は，この世ではもう二度と会えない別れのこと。　カ　音読みは「キョウ」「ゴウ」で，「強弱」「強引」などの熟語がある。訓読みにはほかに「つよ(い)」などがある。「無理強い」は，無理やりさせること。　キ　設備やかざりつけを新しくすること。　ク　「最前から」で，“さっきから”という意味。　ケ　それまでの職業や方針などを変えること。　コ　特定の師について教えを受ける者。　サ　なごやかな気分。　シ　「夜行列車」は，夜間に運行する列車。　ス　二つのものごとがたがいに対応していること。　セ　議論で相手の説を言い負かすこと。　ソ　適切な処置をすること。
タ　上級の官庁や上役の問いに対して意見を述べること。　チ　「人後に落ちない」で，他人におとらないこと。　ツ　多くの人から認められている評価。　テ　「才色兼備」は，すぐれた才能と美しい容姿を持っていること。主に女性に使う。　ト　「旧交を温める」は，昔の友人や知人と久しぶりの親交を楽しむこと。

Memo

2025年度用

中学スーパー過去問

■編集人　声の教育社・編集部
■発行所　株式会社　声の教育社

〒162-0814　東京都新宿区新小川町8-15
☎03-5261-5061(代)　FAX03-5261-5062
https://www.koenokyoikusha.co.jp

本書の内容についての一切の責任は当社にあります。内容・解説・解答・その他は当社ホームページよりお問い合わせ下さい。

よくある解答用紙のご質問

01

実物のサイズにできない

拡大率にしたがってコピーすると，「解答欄」が実物大になります。配点などを含むため，用紙は実物よりも大きくなることがあります。

02

A3用紙に収まらない

拡大率164％以上の解答用紙は実物のサイズ（「出題傾向＆対策」をご覧ください）が大きいために，Ａ３に収まらない場合があります。

03

拡大率が書かれていない

複数ページにわたる解答用紙は，いずれかのページに拡大率を記載しています。どこにも表記がない場合は，正確な拡大率が不明です。

04

１ページに２つある

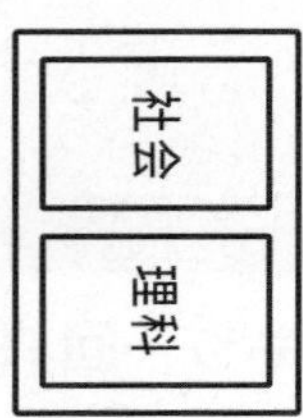

１ページに２つ解答用紙が掲載されている場合は，正確な拡大率が不明です。ほかの試験回の同じ教科をご参考になさってください。

慶應義塾中等部

つかいやすい書きこみ式
入試問題解答用紙編

最近10年間収録

＊解答用紙は本体と一緒にとじてありますから、ていねいに抜きとってご使用ください。

■注意

●一部の科目の解答用紙は小社で作成しましたので、無断で転載することを禁じます。

●収録のつごうにより、一部縮小したものもあります。

●設問ごとの配点は非公表です。採点しやすいように小社が推定して作成したものです。

※ 実際の解答欄の大きさで練習するには、指定の倍率で拡大コピーしてください。なお、ページの上下に小社作成の見出しや配点を記載しているため、コピー後の用紙サイズが実物の解答用紙と異なる場合があります。

声の教育社

２０２４年度　　慶應義塾中等部

算数解答用紙

番号		氏名	

評点	／100

1

(1)			(2)		(3)	(4)	(5)	
ア	イ	ウ	ア	イ			ア	イ

2

(1)	(2)	(3)	(4)		(5)
			ア	イ	

3

(1)	(2)			(3)		(4)	
	ア	イ	ウ	ア	イ	ア	イ

4

(1)	(2)		
	ア	イ	ウ

5

(1)	(2)		(3)		
	ア	イ	ア	イ	ウ

6

(1)	(2)

（注）この解答用紙は実物を縮小してあります。Ｂ５→Ｂ４(141%)に拡大コピーすると、ほぼ実物大の解答欄になります。

〔算　数〕100点(推定配点)

1　各４点×５　2～6　各５点×16

２０２４年度　慶應義塾中等部

社会解答用紙

番号		氏名		評点	／50

1

問1	問2								
	ア	イ	ウ	エ	オ	カ	キ	ク	ケ
右らん									

問3	問4	
	2番目	4番目

2

問1	問2	問3	問4	
			省庁	移転先
	右らん	右らん		

3

問1	問2	問3
		右らん

4

問1	問2	問3	問4	問5		問6	問7	問8	問9
				青森県	福島県				
	右らん	右らん							

問10	問11	問12	問13
	右らん		

5

問1	問2	問3	
		（1）	（2）
			右らん

1

問1			
A		D	
B		E	
C		F	

2

問2

問3
20

3

問3

4

問2

問11

問3

5

問3（2）
20

（注）この解答用紙は実物を縮小してあります。172％拡大コピーをすると、ほぼ実物大の解答欄になります。

〔社　会〕50点（推定配点）

1　問1～問3　各1点×16　問4　2点＜完答＞　2　問1，問2　各1点×2　問3　4点　問4　各1点×2　3　各1点×3＜問3は完答＞　4　問1，問2　各1点×2＜問2は完答＞　問3　2点　問4～問13　各1点×10＜問5は完答＞　5　問1，問2　各1点×2　問3　(1)　1点　(2)　4点

2024年度　　慶應義塾中等部

理科解答用紙

番号		氏名		評点	／50

1

(1)	(2)					(3)
	A	B	C	E	I	

(4)		(5)			(6)
F	J	G	H	K	
					右欄

2

(1)				
(ア)	(イ)	(ウ)	(エ)	(オ)

(2)		(3)	(4)
			右欄

3

(1)	(2)				(3)
	①	②	③	④	

4

(1)		(2)	(3)	(4)	(5)	(6)

1

(6)

2

(4)									

（注）この解答用紙は実物を縮小してあります。Ｂ５→Ａ３（163％）に拡大コピーすると、ほぼ実物大の解答欄になります。

〔理　科〕50点（推定配点）

1 (1)，(2)　各１点×６　(3)～(5)　各２点×６　(6)　１点　2 (1)　各１点×５　(2)～(4)　各２点×３　3 (1)　２点　(2)　各１点×４　(3)　２点　4 各２点×６＜(1)は完答＞

２０２４年度　慶應義塾中等部

国語解答用紙

番号　　氏名　　評点　／100

一　問一　問二　問三　問四　問七

二　問一　問二 A B C D E　問三　問四

問五　問六　問七　問八 ア イ ウ エ

三　問一　問二　問三　問四　問五

問六　問七 (1) (2) (3)

四　問一 A B C D　問二 ア イ ウ

五　ア　カ　サ　イ　キ　シ　ウ　ク　ス　エ　ケ　セ　オ　コ　ソ　み　せず　す

一　問五　〜　問六　20　こと。

（注）この解答用紙は実物を縮小してあります。Ｂ５→Ａ３（163%）に拡大コピーすると、ほぼ実物大の解答欄になります。

〔国　語〕100点（推定配点）

一　問１　１点　問２〜問５　各２点×４　問６　５点　問７　３点　二　問１，問２　各１点×６　問３〜問７　各２点×５　問８　各１点×４　三　問１〜問６　各２点×６　問７　(1)，(2)　各２点×２　(3)　３点　四　各２点×７　五　各２点×15

2023年度　慶應義塾中等部

算数解答用紙

番号		氏名		評点	／100

1

(1)		(2)		(3)	(4)	(5)
ア	イ	ア	イ			

2

(1)	(2)		(3)	(4)	(5)
	ア	イ			

3

(1)		(2)			(3)		(4)	
ア	イ	ア	イ	ウ	ア	イ	ア	イ

4

(1)		(2)	
ア	イ	ア	イ

5

(1)		(2)		
ア	イ	ア	イ	ウ

6

(1)	(2)

（注）この解答用紙は実物を縮小してあります。Ｂ５→Ｂ４（141%）に拡大コピーすると、ほぼ実物大の解答欄になります。

〔算　数〕100点（推定配点）

1～6　各５点×20

２０２３年度　慶應義塾中等部

社会解答用紙

番号		氏名		評点	／50

1

問1	問2	問3	問4

2

問1 遺跡A	問1 遺跡B	問2	問3	問4	問5	問6
		右らん	右らん		右らん	

問7 (1)	問7 (2)	問8	問9
		右らん	

3

問1	問2	問3	問4	問5	問6
			右らん		

4

問1	問2	問3	問4	問5	問6	問7
			右らん		右らん	

2

問2　20　35

問3

問5

問8

3

問4　権

4

問4　30　60

問6

（注）この解答用紙は実物を縮小してあります。Ｂ５→Ａ３（163％）に拡大コピーすると、ほぼ実物大の解答欄になります。

〔社　会〕50点(推定配点)

1　各１点×４　2　問１　各１点×２　問２　４点　問３　２点　問４　１点　問５　２点　問６，問７　各１点×３　問８　２点　問９　１点　3　各２点×６　4　問１～問３　各２点×３　問４　５点　問５～問７　各２点×３

2023年度　慶應義塾中等部

理科解答用紙

番号		氏名		評点	／50

1

(1)	(2)	(3)	(4)	(5)	(6)
					右欄

(7)	(8)	(9)	(10)	(11)
			右欄	右欄

2

(1)			(2)		

(3)	(4)	(5)

3

(1)	(2)	(3)

4

(1)	(2)	(3)	(4)	(5)	(6)	(7)

1

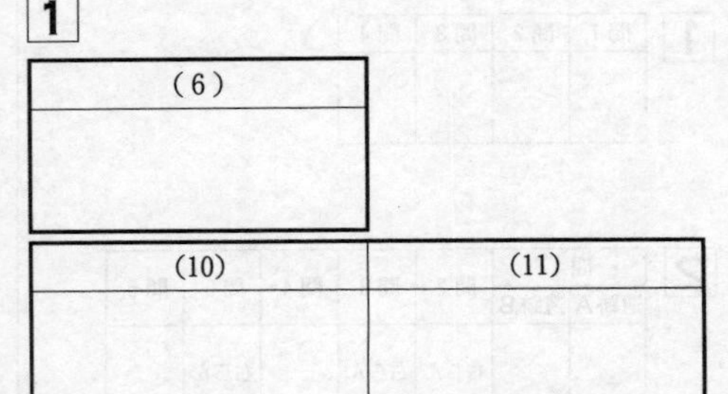

(6)

(10)	(11)

（注）この解答用紙は実物を縮小してあります。Ｂ５→Ｂ４（141％）に拡大コピーすると、ほぼ実物大の解答欄になります。

〔理　科〕50点（推定配点）

1　各２点×11　2　(1)，(2)　各１点×2＜各々完答＞　(3)～(5)　各２点×3　3，4　各２点×10

二〇二三年度　慶應義塾中等部

国語解答用紙

番号		氏名	

評点	／100

一　問一　問二　問三　問四　問五　問六

二　問一　問二　問三　問四　問五

問六 Ⅲ Ⅳ　問七　問八

三　問一　問二　問三　問四　問五　問六

四

A	B	C	D	E	F	G	H	I

五

ア	カ	サ
イ	キ	シ
ウ	ク	ス
エ	ケ	セ
オ　い	コ　る	ソ　く

一　問七

25

ということ。

（注）この解答用紙は実物を縮小してあります。B５→A３（163%）に拡大コピーすると、ほぼ実物大の解答欄になります。

〔国　語〕100点（推定配点）

一　問１～問４　各２点×４　問５，問６　各３点×２　問７　５点　二　問１～問６　各２点×７　問７，問８　各３点×２　三　問１～問５　各２点×５　問６　３点＜完答＞　四，五　各２点×24

2022年度　慶應義塾中等部

算数解答用紙

番号		氏名	

評点	／100

1

(1)	(2) ア	(2) イ	(3) ア	(3) イ	(3) ウ	(4)	(5)

2

(1) ア	(1) イ	(1) ウ	(2)	(3)	(4)	(5)

3

(1)	(2) ア	(2) イ	(2) ウ	(3)	(4) ア	(4) イ

4

(1)	(2)

5

(1) ア	(1) イ	(1) ウ	(1) エ	(2) ア	(2) イ	(2) ウ	(2) エ	(2) オ

6

(1)	(2)

（注）この解答用紙は実物を縮小してあります。Ｂ５→Ａ３（163%）に拡大コピーすると、ほぼ実物大の解答欄になります。

〔算　数〕100点（推定配点）

1～6　各５点×20＜1の(3)は完答，5は各々完答＞

２０２２年度　慶應義塾中等部

社会解答用紙

番号		氏名		評点	／50

1

問1					
A	B	C	D	E	F

問2					
A	B	C	D	E	F

2

問1	問2	問3	問4

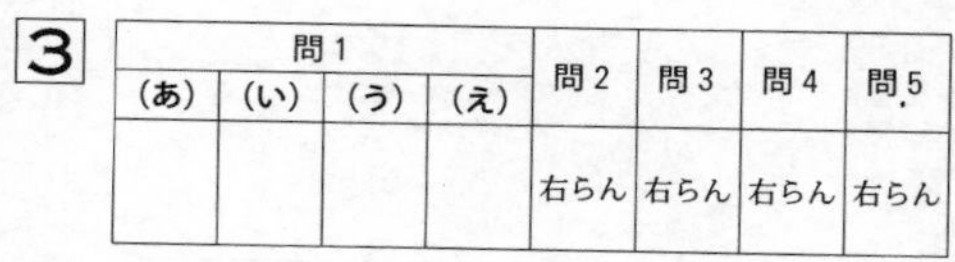

問5							
(1)					(2)	(3)	
(あ)	(い)	(う)	(え)	(お)		(A)	(B)

3

問1				問2	問3	問4	問5
(あ)	(い)	(う)	(え)				
				右らん	右らん	右らん	右らん

4

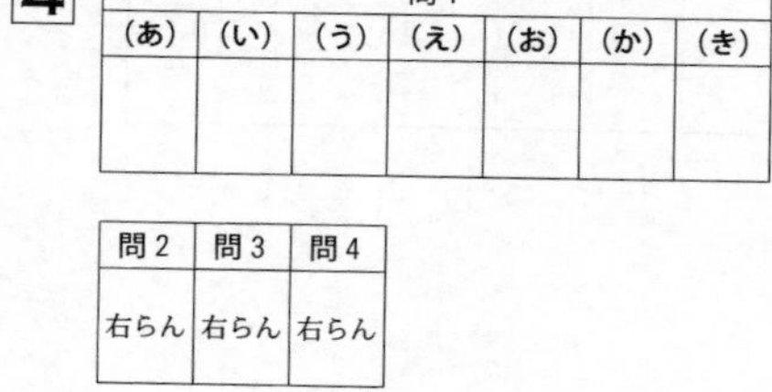

問1						
(あ)	(い)	(う)	(え)	(お)	(か)	(き)

問2	問3	問4
右らん	右らん	右らん

3

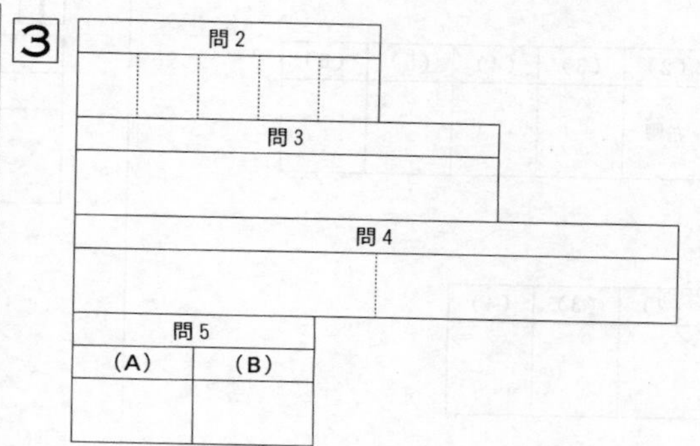

問2

問3

問4

問5	
(A)	(B)

4

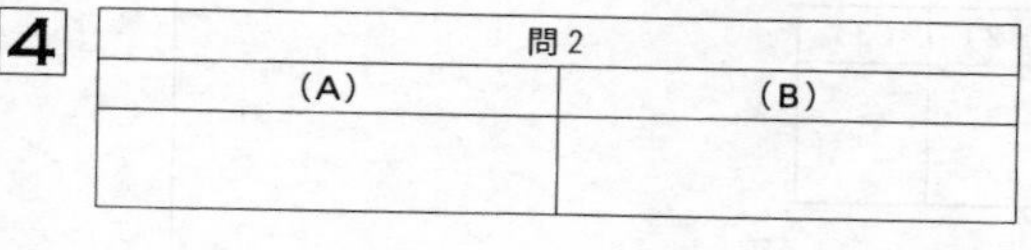

問2	
(A)	(B)

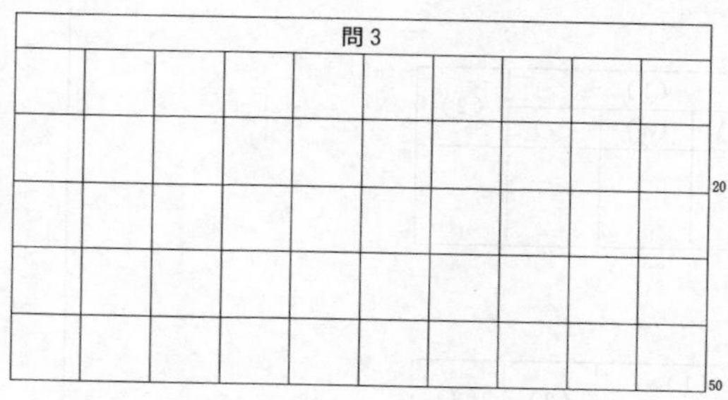

問3

20

50

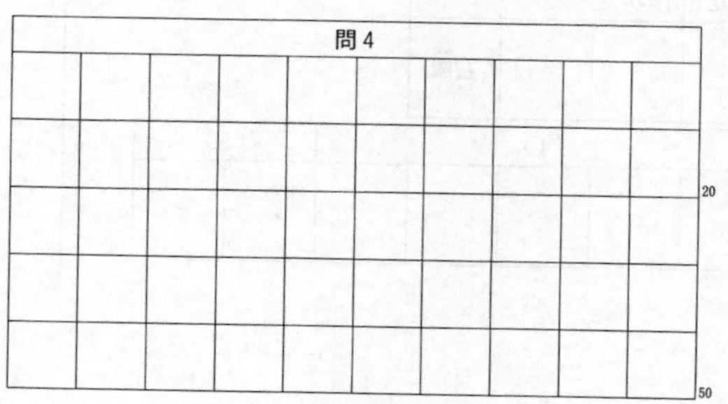

問4

20

50

(注) この解答用紙は実物を縮小してあります。B５→A３(163%)に拡大コピーすると、ほぼ実物大の解答欄になります。

〔社　会〕50点(推定配点)

1～3　各１点×33<3の問３，問４は完答>　4　問１，問２　各１点×９　問３，問４　各４点×２

２０２２年度　慶應義塾中等部

理科解答用紙

番号		氏名		評点	／50

1

(1)	(2)	(3)	(4)	(5)	(6)
右欄	右欄				

2

(1)	(2)	(3)	(4)

3

(1)	(2)	(3)

4

(1)			(2)
(ア)	(イ)	(ウ)	

5

(1)		(2)	(3)
日食のとき	月食のとき		
			右欄

(4)					(5)	

1

(1)				(2)
ア		イ		

5

(3)

（注）この解答用紙は実物を縮小してあります。Ｂ５→Ａ３（163％）に拡大コピーすると、ほぼ実物大の解答欄になります。

〔理　科〕50点（推定配点）

1～4　各２点×18　5　(1)，(2)　各２点×３　(3)　４点　(4)，(5)　各２点×２<各々完答>

二〇二二年度　慶應義塾中等部

国語解答用紙

番号		氏名	

評点	／100

一

問一

i	ii	iii

問二

X	Y

問三

あ	い	う	え

問四

問五　問七

問六

20

と考えること。

二

問一　問二　問三　問四　問五

三

ア	イ	ウ	エ	オ

四

カ	キ	ク	ケ	コ

五

サ	カ	ア
シ	キ	イ
ス	ク	ウ
セ	ケ	エ
ソ	コ	オ
くり	り	す

（注）この解答用紙は実物を縮小してあります。Ｂ５→Ｂ４（141%）に拡大コピーすると、ほぼ実物大の解答欄になります。

〔国　語〕100点（推定配点）

一　問1，問2　各2点×5　問3～問5　各3点×6　問6　4点　問7　3点　二　各3点×5　三～五　各2点×25

2021年度　　慶應義塾中等部

算数解答用紙

番号		氏名		評点	／100

1

(1)			(2)			(3)		(4)	
ア	イ	ウ	ア	イ	ウ	ア	イ	ア	イ

2

(1)		(2)	(3)	(4)	(5)		
ア	イ				ア	イ	ウ

3

(1)		(2)	(3)		(4)		(5)	
ア	イ		ア	イ	ア	イ	ア	イ

4

(1)			(2)		
ア	イ	ウ	ア	イ	ウ

5

(1)	(2)

6

(1)	(2)

（注）この解答用紙は実物を縮小してあります。B5→B4（141%）に拡大コピーすると、ほぼ実物大の解答欄になります。

〔算　数〕100点（推定配点）

1～6　各5点×20＜4の(1)は完答＞

２０２１年度　慶應義塾中等部

社会解答用紙

番号		氏名		評点	／50

1

問1	問2	問3	問4	問5 (1)	問5 (2)	問5 (3) ア	問5 (3) イ	問5 (4)
	右欄							右欄

問6 (1)	問6 (2)	問7

2

問1 (ア)	問1 (イ)	問1 (ウ)	問1 (エ)	問1 (オ)	問2	問3	問4	問5	問6
								右欄	右欄

3

問1	問2	問3

4

問1	問2	問3	問4	問5	問6	問7	問8	問9
					右欄			

問10 (1)	問10 (2)	問11
	右欄	

5

問1	問2	問3	問4	問5
右欄				右欄

1

問2

問5（4）　稲穂　　歯車

2

問5

問6

4

問6

問10（2）

5

問1（25字）

問5（50字）

（注）この解答用紙は実物を縮小してあります。172％拡大コピーをすると、ほぼ実物大の解答欄になります。

〔社　会〕50点（推定配点）

1 問1　1点　問2　2点　問3～問7　各1点×11　2 問1～問4　各1点×8　問5，問6　各2点×2　3 各1点×3　4 問1～問5　各1点×5　問6　2点　問7～問9　各1点×3　問10　(1)　1点　(2)　2点　問11　1点　5 問1　2点　問2～問4　各1点×3　問5　2点

2021年度　慶應義塾中等部

理科解答用紙

番号		氏名		評点	／50

1

(1)	(2)

2

(1)	(2)				(3)	(4)	(5)
	A	B	C	D			
						右欄	右欄

3

(1)	(2)	(3)	(4)	(5)	(6)	(7)
				右欄		右欄

4

(1)	(2)		(3)			
	A	D	B	C	E	F

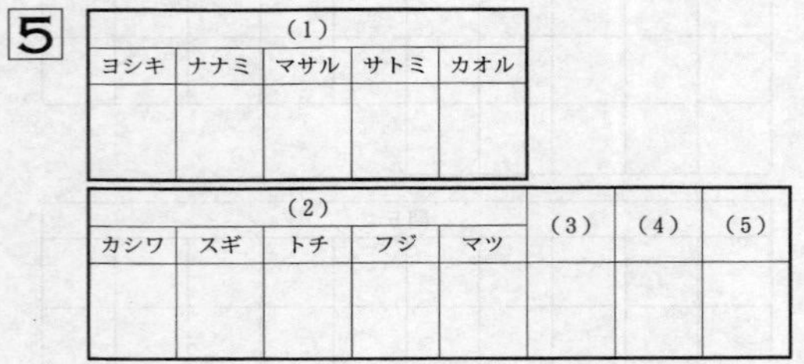

5

(1)				
ヨシキ	ナナミ	マサル	サトミ	カオル

(2)					(3)	(4)	(5)
カシワ	スギ	トチ	フジ	マツ			

2

(4)									

(5)		

3

(5)

(7)		

（注）この解答用紙は実物を縮小してあります。189％拡大コピーをすると、ほぼ実物大の解答欄になります。

〔理　科〕50点(推定配点)

1～3　各２点×14＜2の(2)は完答＞　4　各１点×９　5　(1)　２点＜完答＞　(2)　各１点×５　(3)～(5)　各２点×３

二〇二一年度　慶應義塾中等部

国語解答用紙

番号		氏名		評点	／100

一

問一	問二	問三	問四	問六	問七

問八	問九

問五

森本由紀に対して
（25）
点。

二

問一 I	問一 Ⅱ	問一 Ⅲ	問二	問三	問四	問五	問六

三

問一

A	B	C	D	E

問二

C	D	E	F

四

ア	イ	ウ	エ	オ	カ	キ	ク

五

ア	イ	ウ	エ	オ

カ	キ	ク	ケ	コ
				めて

サ	シ	ス	セ	ソ
				める

（注）この解答用紙は実物を縮小してあります。Ｂ５→Ａ３（163%）に拡大コピーすると、ほぼ実物大の解答欄になります。

〔国　語〕100点（推定配点）

一　問１～問４　各２点×４　問５　４点　問６～問９　各２点×４　二～五　各２点×40

２０２０年度　慶應義塾中等部

算数解答用紙

番号		氏名		評点	／100

1

(1)	(2)		(3)	(4)
	ア	イ		

2

(1)	(2)	(3)		(4)	
		ア	イ	ア	イ

3

(1)		(2)	(3)		(4)
ア	イ		ア	イ	

4

(1)			(2)	
ア	イ	ウ	ア	イ

5

(1)		(2)
ア	イ	

6

(1)		(2)	
ア	イ	ア	イ

7

(1)	(2)	
	ア	イ

(注) この解答用紙は実物を縮小してあります。Ａ４用紙に106%拡大コピーすると、ほぼ実物大で使用できます。(タイトルと配点表は含みません)

〔算　数〕100点(推定配点)

1～7　各５点×20＜6は各々完答，7の(2)は完答＞

２０２０年度　慶應義塾中等部

社会解答用紙

番号		氏名	

評点	／50

1

問１	問２
	右欄

2

問１	問２
右欄	

3

問１				問２	問３	問４
（１）	（２）					
	い	う	え			
					右欄	

問５	問６	問７	
		（１）	（２）
		右欄	

4

問１				問２			
あ	い	う	え	A	B	C	D

問３				問４	
①	②	③	④	（１）	（２）
				右欄	右欄

1

問２

2

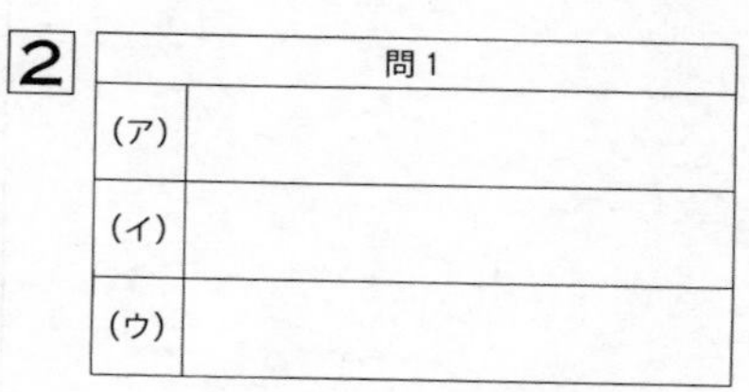

問１	
（ア）	
（イ）	
（ウ）	

3

問３

問７

（１）	

4

問４（１）

問４（２）

（注）この解答用紙は実物を縮小してあります。Ａ３用紙に156％拡大コピーすると、ほぼ実物大で使用できます。（タイトルと配点表は含みません）

〔社　会〕50点（推定配点）

1～3　各２点×17　4　問１～問３　各１点×12　問４　各２点×２

2020年度　慶應義塾中等部

理科解答用紙

番号		氏名		評点	／50

1

(1)	(2)	(3)		(4)	(5)	(6)
		ウ	エ			
				右欄(らん)	右欄(らん)	

(4)		(5)
オ	カ	

2

ア	イ

3

(1)	(2)	(3)	(4)	(5)	(6)
			右欄(らん)		

(4)		
ア	イ	ウ

4

(1)					(2)	(3)
ア	イ	ウ	エ	オ		
						右欄(らん)

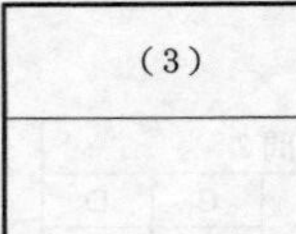

(注) この解答用紙は実物を縮小してあります。A３用紙に159%拡大コピーすると、ほぼ実物大で使用できます。(タイトルと配点表は含みません)

〔理　科〕50点(推定配点)

1～4　各２点×25

二〇二〇年度　慶應義塾中等部

国語解答用紙

番号		氏名	

評点	／100

一

問一

I	II	III

問三　問四　問五　問六

問七

二

問一

I	II	III	IV

問二　問三　問四

問五　問六

三

ア	イ	ウ	エ	オ

四

カ	キ	ク	ケ	コ

五

ア	カ	サ

イ	キ	シ

ウ	ク	ス

エ	ケ	セ

オ	コ	ソ
う	らす	く

一

問二

20

（注）この解答用紙は実物を縮小してあります。Ｂ４用紙に143％拡大コピーすると、ほぼ実物大で使用できます。（タイトルと配点表は含みません）

〔国　語〕100点（推定配点）

一　問１　各２点×３　問２　６点　問３～問７　各３点×５　二　問１　各２点×４　問２～問６　各３点×５　三～五　各２点×25

2019年度　　慶應義塾中等部

算数解答用紙

番号		氏名		評点	／100

1

(1)			(2)			(3)	(4)
ア	イ	ウ	ア	イ	ウ		

2

(1)	(2)		(3)	(4)
	ア	イ		

3

(1)	(2)		(3)		(4)
	ア	イ	ア	イ	

4

(1)	(2)	
	ア	イ

5

(1)			(2)	
ア	イ	ウ	ア	イ

6

(1)		(2)	
ア	イ	ア	イ

7

(1)		(2)
ア	イ	

（注）この解答用紙は実物を縮小してあります。Ａ４用紙に106％拡大コピーすると、ほぼ実物大で使用できます。（タイトルと配点表は含みません）

〔算　数〕100点（推定配点）

1～7　各５点×20＜2の(2)，7の(1)は完答＞

２０１９年度　慶應義塾中等部

社会解答用紙

番号		氏名		評点	／50

1

問1	問2	問3	問4	問5	問6	問7	問8	問9	問10

2

問1			問2			問3
ア	イ	ウ	エ	オ	カ	

3

ア	イ	ウ	エ	オ	カ	キ	ク	ケ

4

ア		イ		ウ		エ		オ	
語群	地図	語群	地図	語群	地図	語群	地図	語群	地図

5

問1	問2	問3	問4	問5
	右欄	右欄		

6

問1				問2	問3	問4	問5	問6	問7
ア	イ	ウ	エ						
									右欄

7　右欄

5

問2	
問3	

6

問7

7

問1

問2

問3

（注）この解答用紙は実物を縮小してあります。169％拡大コピーすると、ほぼ実物大で使用できます。（タイトルと配点表は含みません）

〔社　会〕50点（推定配点）

1～6　各１点×46＜2の問３は完答，4は各々完答＞　7　問１，問２　各１点×2　問３　２点

２０１９年度　慶應義塾中等部

理科解答用紙

番号		氏名		評点	／50

1

(1)			(2)	(3)	(4)	(5)	(6)
①	②	③					

2

(1)	(2)		(3)	(4)
	ア	イ		
右欄				

(5)	(6)	(7)	
		番号の小さい順に書く	

(1)	

3

(1)	(2)	(3)

4

(1)	(2)		(3)
	ア	イ	
			右欄

(3)		

(4)	
番号の小さい順に書く	

5

(1)	(2)	(3)	(4)	(5)

(注) この解答用紙は実物を縮小してあります。Ｂ４用紙に128%拡大コピーすると、ほぼ実物大で使用できます。(タイトルと配点表は含みません)

〔理　科〕50点(推定配点)

1 (1), (2) 各１点×４　(3)～(6) 各２点×４　2～5 各２点×19＜2の(2), (7), 4の(2), (4)は完答＞

二〇一九年度　慶應義塾中等部

国語解答用紙

番号		氏名	

評点	／100

一

問一

I	II	III	IV

問二　問四　問五　問六

問七　問八　問九

二

問一　問二　問四　問五　問三

A	B

三

ア	イ	ウ	エ	オ	カ

四

ア	イ	ウ	エ	オ

五

ア	カ	サ
イ	キ	シ
ウ	ク	ス
エ	ケ	セ
オ	コ	ソ
ち	り	み

一

問三

40

（注）この解答用紙は実物を縮小してあります。Ａ３用紙に152%拡大コピーすると、ほぼ実物大で使用できます。（タイトルと配点表は含みません）

〔国　語〕100点(推定配点)

一　問１　各１点×４　問２　３点　問３　８点　問４～問９　各３点×６　二　各３点×５　三～五　各２点×26

２０１８年度　慶應義塾中等部

算数解答用紙

番号		氏名		評点	／100

1

(1)	(2)		(3)	(4)	
	ア	イ		ア	イ

2

(1)	(2)	(3)		(4)
		ア	イ	

3

(1)	(2)	(3)	(4)	
			ア	イ

4

(1)		(2)	
ア	イ	ア	イ

5

(1)	(2)	
	ア	イ

6

(1)	(2)	
	ア	イ

7

(1)	(2)	
	ア	イ

(注)　この解答用紙は実物を縮小してあります。Ａ４用紙に114%拡大コピーすると、ほぼ実物大で使用できます。(タイトルと配点表は含みません)

〔算　数〕100点(推定配点)

1～7　各５点×20＜5の(2)，7の(2)は完答＞

2018年度　慶應義塾中等部

社会解答用紙

番号		氏名		評点	／50

1

ア	イ	ウ	エ	オ	カ	キ	ク	ケ	コ

2

ア	イ	ウ	エ

3

ア	イ	ウ	エ	オ	カ

4

ア	イ	ウ	エ	オ	カ

5 右欄

6

問1				問2	問3	問4	問5
ア	イ	ウ	エ				
					右欄	右欄	

7 右欄

5

ア	
イ	
ウ	

6

問3	
番号	正しい語句

問4

7

（注）この解答用紙は実物を縮小してあります。A３用紙に167%拡大コピーすると、ほぼ実物大で使用できます。（タイトルと配点表は含みません）

〔社　会〕50点(推定配点)

1～4　各１点×26　5　各２点×３　6　問１，問２　各１点×５　問３，問４　各２点×４<問３は各々完答>　問５　１点　7　４点

２０１８年度　慶應義塾中等部

理科解答用紙

番号		氏名		評点	／50

1

(1)	(2)	(3)	(4)

2

(1)			(2)	(3)	(4)	(5)
a	b	c				

3

(1)	(2)		(3)	(4)	(5)

4

(1)			(2)	(3)		(4)	
番号の小さい順に書く				ア	イ	マツモムシ	ケラ

5

(1)	(2)						(3)
	(ア)	(イ)	(ウ)	(エ)	(オ)	(カ)	

(注) この解答用紙は実物大です。

〔理　科〕50点(推定配点)

1～4　各２点×20＜2の(1)，3の(2)，4の(1)は完答＞　5　(1)　２点　(2)　各１点×６　(3)　２点

二〇一八年度　　慶應義塾中等部

国語解答用紙

番号　　氏名　　評点　／100

一

問一 a b c

問二 甲 乙 丙

問三

問四

問五

問六

問七

ことが大切だということ。

二

問一　問二　問三　問四　問五　問六

三

問一　問二　問三

問四 ア イ ウ エ オ カ

四

問一 ア イ ウ エ オ カ

問二 ア イ ウ エ

五

ア イ ウ エ オ カ キ ク ケ コ サ シ ス セ ソ タ

く い む べ

（注）この解答用紙は実物を縮小してあります。169% 拡大コピーすると、ほぼ実物大で使用できます。（タイトルと配点表は含みません）

〔国　語〕100点（推定配点）

一〜三　各２点×26　四　問１　各２点×６　問２　各１点×４　五　各２点×16

平成29年度　慶應義塾中等部

算数解答用紙

番号		氏名		評点	／100

1

(1)		(2)		(3)	(4)
ア	イ	ア	イ		

2

(1)		(2)	(3)	(4)	
ア	イ			ア	イ

3

(1)			(2)	(3)	(4)	
ア	イ	ウ			ア	イ

4

(1)	(2)

5

(1)		(2)		
ア	イ	ア	イ	ウ

6

(1)	(2)

7

(1)				(2)			
ア	イ	ウ	エ	ア	イ	ウ	エ

(注) この解答用紙は実物を縮小してあります。Ａ４用紙に115％拡大コピーすると、ほぼ実物大で使用できます。(タイトルと配点表は含みません)

〔算　数〕100点(推定配点)

1～7　各５点×20

平成29年度　慶應義塾中等部

社会解答用紙

番号		氏名		評点	／50

1 史跡名は右側の解答欄に記入

ア	イ	ウ	エ	オ

2

問1		問2		問3		問4		問5	
2番目	4番目	2番目	4番目	2番目	4番目	2番目	4番目	2番目	4番目

3

問1	問2						問3	問4
	（1）		（2）		（3）			
	①	④	②	⑤	③	⑥		
右側の解答欄に記入							右側の解答欄に記入	右側の解答欄に記入

4

問1	問2		問3		問4	
	①	②	③	④	⑤	⑥
右側の解答欄に記入						

問5	問6	問7	問8			
			A	B	C	D
		右側の解答欄に記入				

5

問1	問2	問3	問4	問5	問6	問7	問8	問9
						右側の解答欄に記入		右側の解答欄に記入

1

史跡名	
ア	遺跡
イ	神社
ウ	城
エ	金山
オ	製糸場

3

問1　ア　イ

問3

20

問4

4

問1　ア　イ

問7

農業

5

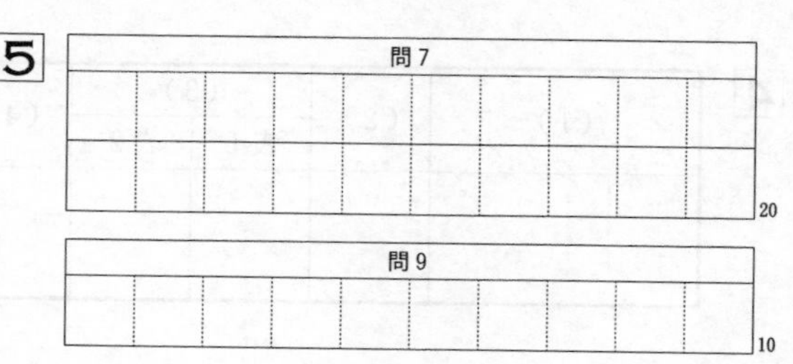

問7

20

問9

10

（注）この解答用紙は実物を縮小してあります。A３用紙に167％拡大コピーすると、ほぼ実物大で使用できます。（タイトルと配点表は含みません）

〔社　会〕50点（推定配点）

1～4　各１点×40<2は各々完答>　5　問１～問６　各１点×６　問７　２点　問８，問９　各１点×２

平成29年度　慶應義塾中等部

理科解答用紙

番号		氏名		評点	／50

1

(1)			(2)									(3)
固体	液体	気体	A	B	C	D	E	F	G	H	I	

2

(1)	(2)	(3)	(4)	(5)

3

(1)	(2)	(3)				
		A	B	C	D	E

4

(1)	(2)	(3)		(4)	(5)
		表1	表2		

(注) この解答用紙は実物を縮小してあります。B４用紙に128%拡大コピーすると、ほぼ実物大で使用できます。(タイトルと配点表は含みません)

〔理　科〕50点(推定配点)

1 (1)，(2)　各１点×12　(3)　２点　2～4　各２点×18

平成二十九年度　慶應義塾中等部

国語解答用紙

番号　氏名　評点　／100

一

問一　問二　問三　問四　問五

問七　問八

問六

絵美は病気の友人や私のことを考えてくれていたのに対して、（20）から。

二

問一　問二　問三　問四　問五

問六

問七

ア	イ	ウ

三

ア	イ	ウ	エ	オ

四

問一

A	B	C	D

問二

五

ア	イ	ウ	エ
オ	カ	キ	ク
ケ	コ	サ	シ
ス	セ	ソ	タ

げ　らか　ば　む

(注)　この解答用紙は実物を縮小してあります。Ｂ４用紙に143%拡大コピーすると、ほぼ実物大で使用できます。（タイトルと配点表は含みません）

〔国　語〕100点(推定配点)

一　問１～問３　各２点×３　問４，問５　各３点×２　問６　５点　問７，問８　各３点×２　二　問１～問４　各３点×４　問５　各２点×２　問６　３点　問７　各２点×３　三～五　各２点×26

平成28年度　慶應義塾中等部

算数解答用紙

番号		氏名		評点	／100

1

(1)		(2)			(3)		(4)
ア	イ	ア	イ	ウ	ア	イ	

2

(1)	(2)	(3)	(4)	
			ア	イ

3

(1)	(2)			(3)			(4)	
	ア	イ	ウ	ア	イ	ウ	ア	イ

4

(1)		(2)		
ア	イ	ア	イ	ウ

5

(1)	(2)					
	ア	イ	ウ	エ	オ	カ

6

(1)	(2)

7

(1)	(2)	
	ア	イ

(注)　この解答用紙は実物を縮小してあります。Ａ４用紙に114%拡大コピーすると、ほぼ実物大で使用できます。(タイトルと配点表は含みません)

〔算　数〕100点(推定配点)

1～7　各５点×20

平成28年度　慶應義塾中等部

社会解答用紙

番号		氏名	

評点	／50

1

問1	問2			問3	問4			
					㋐	㋑	㋒	㋓
				右側の解答欄に記入				

問5		問6	問7	問8	問9	問10	問11
					右側の解答欄に記入		

2

問1	問2			
	㋐	㋑	㋒	㋓
右側の解答欄に記入				

3

問1	問2								問3
	㋐		㋑		㋒		㋓		
	A群	B群	A群	B群	A群	B群	A群	B群	
									右側の解答欄に記入

問4				
㋐	㋑	㋒	㋓	㋔

4

問1	問2	問3				
		A	B	C	D	E

5 右側の解答欄に記入

1

問3

15

問9

品目	
結びつくこと	

20

2

問1

40

3

問3	
㋐	
㋑	
㋒	
㋓	

5

㋐	㋑	㋒	
㋓	㋔	㋕	㋖

（注）この解答用紙は実物を縮小してあります。169％拡大コピーすると、ほぼ実物大で使用できます。（タイトルと配点表は含みません）

〔社　会〕50点（推定配点）

1 問1，問2　各1点×2＜問2は完答＞　問3　2点　問4～問8　各1点×8＜問5は完答＞　問9　2点　問10，問11　各1点×2　2 問1　2点　問2　各1点×4　3～5　各1点×28＜3の問2は各々完答＞

平成28年度　慶應義塾中等部

理科解答用紙

番号		氏名	

評点	／50

1

(1)	(2)			(3)	(4)	(5)
	A	B	C			

2

(1)	(2)	(3)

3

(1)	(2)	(3)	(4)

4

(1)		(2)	(3)
(ア)	(イ)		

5

(1)	(2)	(3)		(4)		(5)
		ア	イ	ア	イ	

〔理　科〕50点(推定配点)

1～5　各２点×25

(注) この解答用紙は実物大です。

平成二十八年度　慶應義塾中等部

国語解答用紙

番号		氏名	

評点	／100

一

問一

あ	い	う	え	お	か

問二

問三　問四　問五　問六

二

問一

Ⅰ	Ⅱ	Ⅲ	Ⅳ	Ⅴ

問二　問三　問四　問五　問六

三

問一

（15）から。

問二

A	B	C

四

A	B	C	D	E

五

ア	オ	ケ	ス

イ	カ	コ	セ

ウ	キ	サ	ソ
い		いる	け

エ	ク	シ	タ

(注)　この解答用紙は実物を縮小してあります。Ｂ４用紙に141%拡大コピーすると，ほぼ実物大で使用できます。(タイトルと配点表は含みません)

〔国　語〕100点(推定配点)

一　問１，問２　各２点×７　問３　３点　問４，問５　各２点×２　問６　３点　二　問１～問３　各２点×７　問４～問６　各３点×３　三　問１　５点　問２　各２点×３　四，五　各２点×21

平成27年度　　慶應義塾中等部

算数解答用紙

番号		氏名		評点	／100

1

(1)			(2)			(3)	(4)	
ア	イ	ウ	ア	イ	ウ		ア	イ

2

(1)	(2)		(3)	(4)	
	ア	イ		ア	イ

3

(1)	(2)		(3)		(4)	
	ア	イ	ア	イ	ア	イ

4

(1)	(2)

5

(1)	(2)		
	ア	イ	ウ

6

(1)	(2)	
	ア	イ

7

(1)			(2)
ア	イ	ウ	

（注）この解答用紙は実物を縮小してあります。Ｂ４用紙に139%拡大コピーすると、ほぼ実物大で使用できます。（タイトルと配点表は含みません）

〔算　数〕100点（推定配点）

1～7　各５点×20

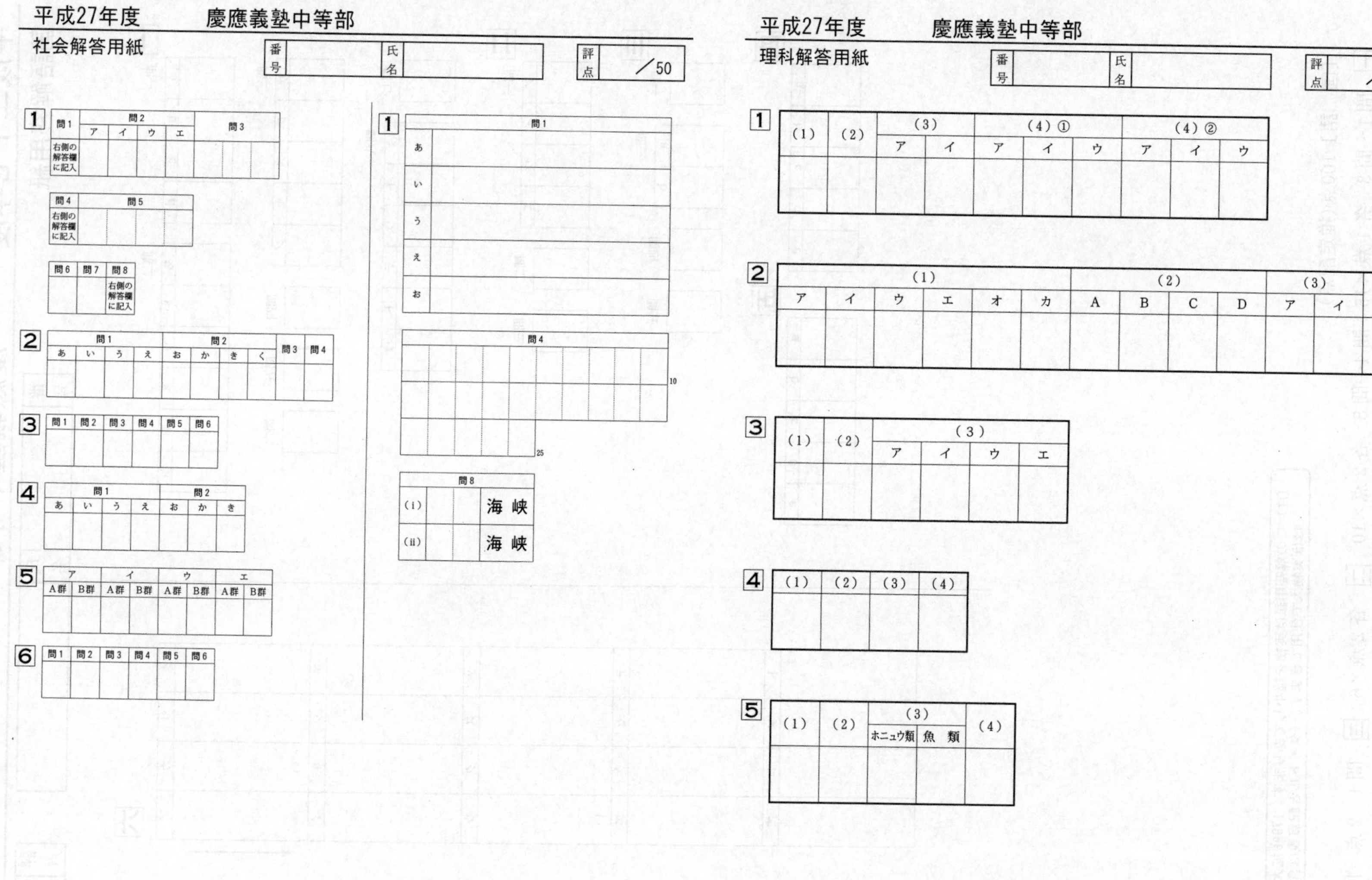

平成27年度　慶應義塾中等部

社会解答用紙

番号		氏名		評点	／50

1

問1	問2 ア	イ	ウ	エ	問3
右側の解答欄に記入					

問4	問5		
右側の解答欄に記入			

問6	問7	問8
		右側の解答欄に記入

問1	
あ	
い	
う	
え	
お	

問4 (10) (25)

問8		
(i)		海峡
(ii)		海峡

2

問1 あ	い	う	え	問2 お	か	き	く	問3	問4

3

問1	問2	問3	問4	問5	問6

4

問1 あ	い	う	え	問2 お	か	き

5

ア A群	ア B群	イ A群	イ B群	ウ A群	ウ B群	エ A群	エ B群

6

問1	問2	問3	問4	問5	問6

〔社　会〕50点(推定配点)

1 問1～問3　各1点×10<問3は完答>　問4　2点　問5～問8　各1点×5<問5は完答>　2～6　各1点×33<5は各々完答>

平成27年度　慶應義塾中等部

理科解答用紙

番号		氏名		評点	／50

1

(1)	(2)	(3) ア	(3) イ	(4)① ア	(4)① イ	(4)① ウ	(4)② ア	(4)② イ	(4)② ウ

2

(1) ア	イ	ウ	エ	オ	カ	(2) A	B	C	D	(3) ア	イ	(4)

3

(1)	(2)	(3) ア	イ	ウ	エ

4

(1)	(2)	(3)	(4)

5

(1)	(2)	(3) ホニュウ類	(3) 魚類	(4)

〔理　科〕50点(推定配点)

1 (1), (2)　各2点×2　(3), (4)　各1点×8　2 (1)～(3)　各1点×12　(4)　2点　3 (1), (2)　各2点×2　(3)　各1点×4　4 各2点×4　5 (1), (2)　各2点×2　(3)　各1点×2　(4)　2点

平成二十七年度　　慶應義塾中等部

国語解答用紙

番号		氏名	

評点	／100

一

問一

a	b	c	d

問二

あ	い	う	え	お	か

問三

サ	シ	ス	セ	ソ

問四　問五　問六

問七

問八

タ	チ	ツ	テ	ト	ナ

二

問一

ア	イ	ウ	エ

問二　問三

三

問一

問三

a	b

問四　問五

問二

15

四

a	b	c	d	e

五

a	b	c	d	e

六

タ	サ	カ	ア

チ	シ	い キ	イ

ツ	ス	ク	ウ

テ	セ	ケ	い エ

ト	ソ	コ	オ

（注）この解答用紙は実物を縮小してあります。179％拡大コピーすると、ほぼ実物大で使用できます。（タイトルと配点表は含みません）

〔国　語〕100点（推定配点）

一　問1～問3　各1点×15　問4～問8　各2点×10　二　各2点×6　三　問1　2点　問2　5点　問3　各1点×2　問4，問5　各2点×2　四，五　各2点×10　六　各1点×20

中学スーパー過去問 抜群の解説・解答!! 声の教育社版

定価2,200円～2,970円(税込)

都立中高一貫校
適性検査問題集

定価1,320円(税込)

首都圏版
中学受験案内

定価2,310円(税込)

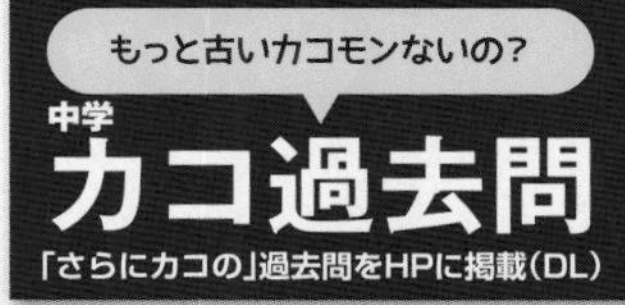

①優秀な解説・解答スタッフが執筆!! ②くわしい出題傾向分析と対策 ③解答用紙が別冊、自己採点ができる!!

●東京都
ア 23 青山学院中等部
2 麻布中学校
73 足立学園中学校
51 跡見学園中学校
54 郁文館中学校
65 穎明館中学校
113 江戸川女子中学校
8 桜蔭中学校
98 桜美林中学校
76 鷗友学園女子中学校
45 大妻中学校
122 大妻多摩中学校
131 大妻中野中学校
12 お茶の水女子大附属中学校
カ 19 海城中学校
3 開成中学校
150 開智日本橋学園中学校
94 かえつ有明中学校
38 学習院中等科
20 学習院女子中等科
61 吉祥女子中学校
149 共栄学園中学校
48 暁星中学校
44 共立女子中学校
130 共立女子第二中学校
5 慶應義塾中等部
55 京華中学校
56 京華女子中学校
77 恵泉女学園中学校
71 光塩女子学院中等科
136 工学院大附属中学校
34 攻玉社中学校
91 麴町学園女子中学校
69 佼成学園中学校
97 佼成学園女子中学校
31 香蘭女学校中等科
70 国学院大久我山中学校
118 国士舘中学校
121 駒込中学校
99 駒沢学園女子中学校
4 駒場東邦中学校
サ 135 桜丘中学校
126 サレジアン国際学園中学校
79 サレジアン国際学園世田谷中学校
139 実践学園中学校
24 実践女子学園中学校
35 品川女子学院中等部
27 芝中学校
87 芝浦工業大附属中学校
95 芝国際中学校
103 渋谷教育学園渋谷中学校
40 十文字中学校
86 淑徳中学校
93 淑徳巣鴨中学校
124 順天中学校
30 頌栄女子学院中学校
117 城西大附属城西中学校
85 城北中学校
25 昭和女子大附属昭和中学校
7 女子学院中学校
90 女子聖学院中学校
127 女子美術大付属中学校
49 白百合学園中学校
41 巣鴨中学校
89 聖学院中学校
60 成蹊中学校
21 成城中学校
75 成城学園中学校
132 青稜中学校
82 世田谷学園中学校
タ 105 高輪中学校
83 玉川学園(中)
106 玉川聖学院中等部
64 多摩大附属聖ケ丘中学校
134 多摩大目黒中学校
120 中央大附属中学校
108 千代田国際中学校
11 筑波大附属中学校
1 筑波大附属駒場中学校
88 帝京中学校
151 帝京大学中学校
78 田園調布学園中等部
14 東京学芸大世田谷中学校
13 東京学芸大竹早中学校
50 東京家政学院中学校
115 東京家政大附属女子中学校
26 東京女学館中学校
100 東京成徳大中学校
160 東京大学附属中等教育学校
112 東京電機大中学校
119 東京都市大等々力中学校
80 東京都市大付属中学校
145 東京農業大第一高校中等部
59 桐朋中学校
109 桐朋女子中学校
28 東洋英和女学院中学部
58 東洋大京北中学校
33 トキワ松学園中学校
110 豊島岡女子学園中学校
53 獨協中学校
153 ドルトン東京学園中等部
ナ 128 中村中学校
133 日本工業大駒場中学校
129 日本学園中学校
92 日本大第一中学校
68 日本大第二中学校
84 日本大第三中学校
52 日本大豊山中学校
116 日本大豊山女子中学校
ハ 147 八王子学園八王子中学校
144 広尾学園中学校
152 広尾学園小石川中学校
74 富士見中学校
63 藤村女子中学校
9 雙葉中学校
32 普連土学園中学校
146 文化学園大杉並中学校
57 文京学院大女子中学校
101 文教大付属中学校
62 法政大中学校
148 宝仙学園中学校理数インター
42 本郷中学校
マ 114 三田国際学園中学校
143 明星学園中学校
46 三輪田学園中学校
16 武蔵中学校
96 武蔵野大学中学校
104 明治学院中学校
72 明治大付属中野中学校
123 明治大付属八王子中学校
43 明治大付属明治中学校
66 明星中学校(府中)
125 目黒学院中学校
22 目白研心中学校
ヤ 140 八雲学園中学校
102 安田学園中学校
29 山脇学園中学校
ラ 37 立教池袋中学校
67 立教女学院中学校
36 立正大付属立正中学校
ワ 17 早稲田中学校
18 早稲田実業学校中等部
81 早稲田大高等学院中学部
47 和洋九段女子中学校

【東京都立・区立6年制中高一貫校】
161 九段中等教育学校
162 白鷗高校附属中学校
163 両国高校附属中学校
164 小石川中等教育学校
165 桜修館中等教育学校
166 武蔵高校附属中学校
167 立川国際中等教育学校
168 大泉高校附属中学校
169 三鷹中等教育学校
170 富士高校附属中学校
171 南多摩中等教育学校

●神奈川県
320 青山学院横浜英和中学校
304 浅野中学校
301 栄光学園中学校
332 神奈川学園中学校
343 県立相模原・平塚中等教育学校
316 神奈川大附属中学校
328 鎌倉学園中学校
322 鎌倉女学院中学校
331 カリタス女子中学校
344 市立川崎高校附属中学校
314 関東学院中学校
339 公文国際学園中等部
321 慶應義塾湘南藤沢中等部
6 慶應義塾普通部
311 サレジオ学院中学校
325 自修館中等教育学校
315 湘南学園中学校
336 湘南白百合学園中学校
327 逗子開成中学校
303 聖光学院中学校
323 聖セシリア女子中学校
337 清泉女学院中学校
310 洗足学園中学校
341 中央大附属横浜中学校
335 鶴見大附属中学校
302 桐蔭学園中等教育学校
318 東海大付属相模高校中等部
317 桐光学園中学校
330 藤嶺学園藤沢中学校
306 日本女子大附属中学校
309 日本大中学校(日吉)
340 日本大藤沢中学校
10 フェリス女学院中学校
308 法政大第二中学校
347 聖園女学院中学校
312 森村学園中等部
313 山手学院中学校
342 横須賀学院中学校
307 横浜共立学園中学校
305 横浜国立大横浜・鎌倉中学校
326 横浜女学院中学校
345 市立南中学校
346 市立横浜サイエンスフロンティア中学校
324 横浜翠陵中学校
333 横浜創英中学校
319 横浜富士見丘学園中学校
329 横浜雙葉中学校

●千葉県
352 市川中学校
361 光英VERITAS中学校
355 国府台女子学院中学部
360 芝浦工業大柏中学校
354 渋谷教育学園幕張中学校
369 秀明八千代中学校
365 昭和学院中学校
362 昭和学院秀英中学校
363 西武台千葉中学校
359 専修大松戸中学校
364 千葉県立千葉・東葛飾中学校
368 千葉市立稲毛国際中等教育学校
356 千葉日本大第一中学校
357 東海大付属浦安高校中等部
351 東邦大付属東邦中学校
358 麗澤中学校
353 和洋国府台女子中学校

●埼玉県
413 浦和明の星女子中学校
418 浦和実業学園中学校
415 大妻嵐山中学校
416 大宮開成中学校
406 開智中学校
425 開智未来中学校
414 春日部共栄中学校
428 川口市立高校附属中学校
424 埼玉県立伊奈学園中学校
412 埼玉栄中学校
419 さいたま市立浦和中学校
427 さいたま市立大宮国際中等教育学校
401 埼玉大附属中学校
407 埼玉平成中学校
404 栄東中学校(A・東大Ⅰ)
426 栄東中学校(B・東大Ⅱ)
417 淑徳与野中学校
402 城西川越中学校
422 昌平中学校
411 城北埼玉中学校
403 西武学園文理中学校
405 聖望学園中学校
421 東京農業大第三高校附属中学校
410 獨協埼玉中学校
409 星野学園中学校
420 本庄東高校附属中学校
408 立教新座中学校

●茨城県
452 茨城中学校
458 茨城キリスト教学園中学校
459 茨城県立中等教育学校・中学校
451 江戸川学園取手中学校
455 常総学院中学校
454 土浦日本大中等教育学校
456 水戸英宏中学校
453 茗溪学園中学校

●栃木県
503 国学院大栃木中学校
504 作新学院中等部
501 佐野日本大中等教育学校
502 白鷗大足利中学校

●兵庫・鹿児島県
601 灘中学校
602 ラ・サール中学校

●算数の過去問25年分
701 筑波大附属駒場中学校
702 麻布中学校
703 開成中学校

声の教育社 〒162-0814 東京都新宿区新小川町8-15
https://www.koenokyoikusha.co.jp
TEL 03(5261)5061(代) FAX 03(5261)5062